対話型組織開発

その理論的系譜と実践

DIALOGIC
ORGANIZATION
DEVELOPMENT

The Theory and Practice of
Transformational Change

Gervase R. Bushe　Robert J. Marshak

ジャルヴァース・R・ブッシュ
ロバート・J・マーシャク

中村和彦 訳

英治出版

対話型組織開発

その理論的系譜と実践

Dialogic Organization Development
The Theory and Practice of Transformational Change

by

Gervase R. Bushe and Robert J. Marshak

Copyright © 2015 Collection only by Gervase Bushe and Robert Marshak
Japanese translation rights arranged with
Berrett-Koehler Publishers, Oakland, California
through Tuttle-Mori Agency, Inc., Tokyo

訳者まえがき

南山大学人文学部教授
中村和彦

なぜ、いま組織開発なのか

ここ数年、日本において組織開発（OD：Organization Development）への関心が高まっている。1990年代以降、日本企業は組織のハードな側面についてさまざまな変革を行ってきたが、それだけでは組織がうまく機能しないことを経営者やマネジャーは経験してきた。大学教授として研究と教育の道を歩みながら、支援者として企業の方々と関わっていると、ODへの期待が近年、急速に高まっていることを肌で感じる。この本は、そうした日本企業からの期待に応える一冊と言えるだろう。

本書をお読みになる前に、この大著が出版された背景や本書の位置づけについてお伝えしたい。それらを念頭に置いてこの本を読んでいただけると、より理解が深まると思う。

日本企業がこれまで注力してきた、組織のハードな側面とは、組織の中で明文化できるものだ。たとえば、戦略、組織の構造（部門や部署の構成）、制度、仕組み、マニュアル化された仕事の手順などである。バブル経済崩壊後、日本企業は新たに戦略を立案し、合併やリストラによって組織の構造を変えた。また、成果主義の導入によって人事制度を改革し、さらにITの導入などによって業務プロセスを改善してきた。振り返ると、日本企業はこれまで経験したことがないほどの大変革を、ごく短期間で実行したと言える。と同時に、こうしたハードな側面の変革だけでは組織はうまく機能しないこと、たとえば成果主義を導入することの弊害なども経験してきた。

そうした経験と反省を踏まえて、2000年以降は、組織の人間的側面（ソフトな側面）が注目されるようになった。まず中心となったのは、マネジャーへのコーチング研修だ。社員の主体性を育むために、指示命令型のコミュニケーションから、引き出し型のコミュニケーションへ、マネジャーのありようが変わることを目指した。また、2005年以降はファシリテーション研修が導入された。そのねらいは、マネジャーがファシリテーションのスキルを高めることで、会議や職場を活性化することだ。しかし、どちらも研修による働きかけであり、研修を受けた個人が学んだことを現場で実践することへの壁（個人が学んだことを現場で実践しようとしない、または、実践しようとしても上長や職場の環境などによって実践できない、など）によって、研修での学びが現場で活かされないという課題に直面した。

そうした流れを経て、2010年以降、大きな注目を集めているのがODである。組織の人間的側面に働きかける手法として、日本企業は研修に力を入れてきた。だが前述の通り、個人の変化だけでは職場や組織はなかなか変わらない。一方でODの特徴は、個人だけではなく、職場や組織全体に直接働きかける点にある。つまり、組織の人間的側面に働きかけることの重要性と、職場や組織全体へのアプローチの必要性という2つの認識が高まっていること。これが、ODが大きな関心を集めている背景である。

30年ぶりの「本格書」

さらに昨今、新しいODの手法が生まれてきた。例えば、アプリシエイティブ・インクワイアリー、フューチャーサーチ、アート・オブ・ホスティングなどである。従来のODでは、OD実践者がアセスメントやインタビュー調査などによってデータを集め、それらを整理して結果をフィードバックする取り組みが行われる。その過程は「診断」と呼ばれている。それに対して新たな手法は、OD実践者による「診断」のフェーズがなく、関係者が集まって「対話」が行われる。

新たな手法が、従来のODの手法の枠組みでは捉えきれないと考えた、本書の編著者であるブッシュとマーシャクは、2009年に、従来のODを「診

断型」、比較的新しいODを「対話型」と分類。新しい手法を「対話型OD」と名付けることで、整理と体系化が可能になると考えたのである。それから6年後の2015年、対話型ODの理論と実践を紹介するためにアメリカで出版されたのが本書である。対話型ODの背景となる考え方や実践のための留意点が、網羅的かつ深く掘り下げて論じられている。

　本書は、ODの入門書ではない。ODをこれから学ぼうとしている初学者にとってはハードルが高いかもしれない。ODの基礎を理解している方、ODの取り組みを始めた企業内の実践者、ODの実践の経験をもつ企業内の実践者やコンサルタント、ODを学ぶ学部生や大学院生、組織開発や人材開発、組織行動論の研究者などが読者として想定されている。

　近年、ODの入門書がいくつか出版され、ODに関心をもつ初学者の方々はそれらの入門書から学び始めている。その一方で、日本にはODの理論と実践について深く掘り下げて論じた書籍は少ない。W・ウォーナー・バークの『「組織開発」教科書』（プレジデント社、1987年）は、理論と実践を掘り下げた名著だが、既に絶版である。そういう意味で本書は、30年ぶりに登場した本格書と言えるだろう。

対話型ODという名の「星座」

　編著者のジャルヴァース・ブッシュ氏とロバート・マーシャク氏は、ODの分野で世界的に知られている研究者であり実践者である。ブッシュ氏はODやリーダーシップ論の研究者であり、カナダのバンクーバーにある、サイモンフレーザー大学のビジネススクールの教授として教鞭を執っている。また、本書で紹介されている対話型ODの手法の1つであるAI（アプリシエイティブ・インクワイアリー）の実践と研究にも精力的に取り組んできた。

　マーシャク氏もまた、経験豊富なODの実践者、研究者である。これまで多くの論文を発表し、さらにアメリカン大学大学院の修士課程でODを長年教えてきた。2000年には、アメリカのODコミュニティであるOD Networkの生涯功労賞（Lifetime Achievement Award）を受賞している。また、若い頃に韓国にいたことがあり、東アジアの儒教文化にも詳しく、*Lewin Meets*

Confucius（レヴィンが孔子と出会う）という論文を書いている。その論文の中で彼は、西洋型の変化のモデルは直線的であり、東アジアの変化のモデルは円環型であるという独自の主張をしている。そして、2011年には南山大学人間関係研究センターの招へいで来日。Dealing with Covert Processes（隠れたプロセスを取り扱う）という6日間のワークショップや、講演会を精力的に実施してくださった。そのワークショップは、参加者の隠れたプロセスに目を向けるために、その参加者が描いた絵を参加者同士のやり取りを通して解釈するという内容だった。絵というテキストに表れたメタファーを解釈するという、彼が第4章で強調している姿勢と一貫したワークショップである。

　ブッシュ氏とマーシャク氏が対話型ODを提唱したのは2009年であったが、その1年前の2008年に *The Postmodern Turn in OD*（ODにおけるポストモダン的な転換）という共同論文を発表している。考え方の基本は対話型ODと同じであったが、マーシャク氏曰く、ポストモダンという言葉はいろいろな解釈ができることから査読者による指摘が多かったそうだ。そこで彼らは「診断型OD」と「対話型OD」という言葉を用いることにしたという。彼らが対話型ODというコンセプトを提唱した後、彼らと多くの研究者や実践者がつながり、その過程を経て本書は出版された。
　対話型ODという考え方が提唱される以前は、新たに誕生したさまざまな理論や手法が、ODという夜空に1つひとつ星のように点在している状態であった。しかし、バラバラだった理論や手法は、「対話型OD」という星座名が与えられたことで、1つのまとまりとして人々に認識されるようになり、体系化されていき、そして本書が生み出された。
　ただし、星座を構成する星の色や光の強さがそれぞれ異なるように、本書も、各章の執筆者によって用いられている言葉や表現のされ方、強調点が異なっている。たとえば、AI、オープン・スペース・テクノロジー、アート・オブ・ホスティングなど、ある1つの手法をベースに書かれている章もある。それでも、本書の最初から最後まで一貫しているのは、対話型ODの特徴はそのマインドセット（世界観、信念、前提、価値観など）にある、という点であろう。

マネジメント・シフト

　対話型ODのマインドセットでは、刻々と変化する環境において、過去の経験や技術を用いた問題解決には限界があると捉える。この世界は複雑で予測不可能であり、私たちは常に自分たちの前提や考え方について、対話を通して探究し、見直し、他者と協働することで新しいアイデアや価値を創発することが重要だとしている。そして、そのためには職場や組織の中で、社員間のコミュニケーション、上司と部下の間のコミュニケーションのありようが変わることが必要だと示唆している。この示唆は、ODの実践だけではなく、日本企業のマネジャーのマインドセットを見直すことにも応用できる。

　日本企業の現在のマネジャーの多くは、バブル期の真っただ中か、その崩壊直後に入社した。当時のマネジャー（つまり、現在のマネジャーが入社した頃の上司たち）は、指示命令型で利益や成果を上げることを重視していた。現在のマネジャーの中には、自分たちの上司が行っていたスタイルを踏襲して、指示命令型で成果を上げるマネジメントを行っている人たちが多くいる。だがバブル期と比べて、現在の企業を取り巻く環境は複雑さも不確実性も増し、いままでのやり方が通用しなくなっている。求められているのは、まさにマネジメント・シフトである。

　そうした状況下で本書が示唆しているのは、マネジャーがコントロールしようとするのではなく、職場のメンバーとともに自分たちの見方や前提について対話を通して探究すること。そして、その探究を通して自分たちの見方や前提に見直しが起こり、話し合いでの「語られ方」が変わることの重要性である。端的に言えば、話し合いでの語られ方やコミュニケーションのありようが変わることでイノベーションは生まれる、ということである。

　「語られ方」という表現は対話型ODのキーワードだが、馴染みのない方も多いだろう。これは、人々が組織の日常においてどのように語っているか、どのような言葉を使っているかを指している。たとえば、残業をしないで定時で帰ることに対して、「やることがたくさんあるのに、早く帰るなんて」と語っているか、「早く帰れるとは、効率的に仕事ができていてすごい」と

訳者まえがき　[7]

語っているかのように、同じ事柄であっても組織によって語られ方は異なる。

　本書の随所に、次のような過程が紹介されている。すなわち、対話を通して、これまでの見方や前提、支配的な語られ方に創造的破壊が起き、自分たちの見方や前提に対する見直しと意味の形成がなされ、その過程で立ち現れる創発を通してイノベーションが起こる、という過程である。こうしたマインドセットは、ODの実践者だけではなく、人事担当者やあらゆる層のマネジャーにとっても有用である。マネジャーが対話型ODのマインドセットをもつことの有用性については、本書の「訳者あとがき」で詳しく述べたい。

　最後に、本書の特筆すべき点は、やはりODにおける最先端の英知が結集されている点である。だが「最先端」というだけあって、読者にとって馴染みのない言葉も登場する。特に重要と思われるキーワードについては、次頁以降に用語解説を設けたので、参考にしていただければと思う。また、本文中に訳注を挿入し、馴染みのない表現であっても理解しやすくなるように心掛けた。

　なかなか一気に読み通せる本ではないが、間違いなく対話型ODの理論と実践の本質に触れられる一冊である。読者の皆さんの実践と研究にとって、多くのヒントが得られるだろう。

用語解説

プロセス（process）

　組織開発（OD）の文脈では、プロセスは、コンテントの対比で用いられる。コンテントはwhat、つまり、何を話しているか、何に取り組んでいるかであり、課題や仕事、話題の内容的側面を指す。プロセスはhow、つまり、どのように話しているか、どのように取り組んでいるかであり、人と人との関わりの中で起こっていることやお互いの間の影響関係を指す。

　プロセスには、個人の気持ちや参加の仕方、メンバー間の関係性、お互いの影響関係、リーダーシップのありよう、コミュニケーションのありよう、決定のされ方、進め方や手順化、役割の明確化や共有のされ方、目標の共有のされ方、暗黙の決まりごとなどの側面がある。日本のビジネス界で使われる「プロセス」は業務プロセスを意味することが多いが、組織開発で用いられる「プロセス」は、上記のように業務プロセスよりも広い意味で使われている。

プロセス・コンサルテーション（process consultation）

　ODの実践者がクライアントを支援するありようの1つ。1960年代にエドガー・H・シャイン氏が提唱した。シャインは、クライアントの支援には3つのモードがあることを示した。

①専門家モデル（クライアントが自分で実施できない方法や得られない情報を専門家から購入し、提供してもらうという支援）。

②医師－患者モデル（クライアントの現状を点検してもらうために、診断して処

方箋を出してもらうという支援)。

③ プロセス・コンサルテーション・モデル（クライアントが現状で起こっているプロセスに自ら気づき、どのように変えていくかを自ら計画して実行していく、その過程の支援)。プロセス・コンサルテーション・モデルのモードから変革の取り組みを始めることの必要性をシャインは強調している。

なお、本書では「プロセス・コンサルティング」という言葉も用いられている。これは、専門家としてソリューション（コンテント）を提供するのではなく、クライアントの現状で起こっているプロセスに焦点づけて、その変革を支援するコンサルティングを指している。「プロセス・コンサルティング」は一般的な用語、「プロセス・コンサルテーション」はシャインによって提唱された理論に基づく用語である。

システム（system）

相互作用する諸要素の複合体のこと。外界との境界線の内側にある、1つのまとまりがシステムであり、1つのまとまりは複数の要素（＝下位システム）から構成される。ある部門を1つのシステムと捉えると、職場は下位システム、そして職場で働く個人はさらなる下位システムとなる。また、対象となるシステムはより上位のシステムから影響を受ける傾向がある。

ODでは、どのシステムのレベルを対象として取り組むかを見定めることを重視する。ちなみに、「クライアント・システム（client system）」という用語は、クライアント（職場、部門、部門間、組織全体など）を1つのシステムとして捉えることを強調した表現である。

アクションリサーチ（action research）

現実に起こっていることに対して、望ましい状態の実現に向けた取り組み（アクション）が行われ、その実践を通して科学的知見を見出そうとする研究方法。クルト・レヴィンによって提唱された。以下のステップが想定されている。

①現状の把握：行動科学の手法を用いた、調査による現状の把握

②アクションの計画：調査結果に基づいて取り組み（アクション）の内容を計画する

③アクションの実施：計画された取り組み（アクション）を実行する

④アクションの評価：調査によって取り組みによる変化を把握し、一連の取り組みの影響を評価する（必要に応じてさらなるサイクルの実施）

⑤科学的知見の同定：一連のサイクルを通して見出されたことを考察し、科学的知見を見出す

診断型組織開発（診断型OD：diagnostic organization development）

アクションリサーチの考え方と進め方をベースとした、ODの伝統的なアプローチ。ブッシュとマーシャク（Bushe and Marshak, 2009）は、診断型ODの典型的な進め方として、NTL Instituteが提唱するモデルである「OD Map」を挙げている。OD Mapでは以下の8つのフェーズを想定している。

①エントリーと契約：クライアントのニーズを把握し、変革の目的や進め方、お互いの役割を合意する

②データ収集：インタビュー、アセスメント、観察などで、現状に関するデータを収集する

③データ分析：収集されたデータを整理して、フィードバックの準備をする

④フィードバック：データをクライアントにフィードバックし、対話を通して現状についてのクライアントの気づきを高める（この対話の場は「フィードバック・ミーティング」と呼ばれる）

⑤アクション計画：フィードバック・ミーティングで見定められた、現状での問題を変革するための取り組み（アクション）をクライアントとともに計画する

⑥アクション実施：計画された取り組み（アクション）がクライアントによって実行される

⑦評価：合意された変革目的がどれくらい達成できたか、一連の取り組

みはどのような影響があったかを明らかにするために、データを収集
して分析を行い、評価する

⑧終結：変革目的が達成された場合は終結する

メンタルモデル（mental model）

物事の見方や行動に影響を与える、固定観念や暗黙の前提のこと。同じ組
織に属しているメンバーは、同じようなメンタルモデルを共有していること
が多い。

足並み揃え：アライメント（alignment）

組織論や経営の文脈で用いられるアライメントとは、バラバラなものの方
向性を一致させ、足並みを揃えること。組織全体として言及される場合は、
戦略、組織、人材、文化などの方向性を合わせ、組織全体での有機的なつな
がりを形成することを指す。本書では「足並み揃え」と訳している。

積極的関与：エンゲージメント（engagement）

仕事に対する活力や熱意に満ちた積極的な心理状態を指し、組織に貢献し
ようとする姿勢や行動があること。本書では基本的に「積極的関与」と訳し
ているが、事例の中で登場するプロジェクト名になっているところなど、文
脈によって一部は「エンゲージメント」と訳している。

社会構成主義（social constructionism）

人々の間で語られることや、人と人の関係性によって現実（リアリティ）が
構成されるとする考え方。「言葉が世界を創る（Words Create World）」という
表現で端的に表される。本書では、「現実の社会的構成」という表現が用い
られているが、これは人が捉える現実が社会的に構成されているという、社
会構成主義の考え方に基づいている。

社会構成主義の逆の立場が実証主義で、全てのことが実在しており、客観
的に測定可能であると捉える。

複雑系科学（complexity science）

　複雑系とは、複雑なシステム（complex system）を指している。システム内の諸要素が複雑に関わり合いながら、全体として何らかのパターンが生起することがある。たとえば、信号のない交差点で交通渋滞が起きている時に、個々の車が渋滞から抜けるためにそれぞれ動いていることが、自己組織的にあるパターンや秩序を出現させる、といった状態である。このような、システム内の諸要素の複雑な相互作用から、一定のパターンや秩序を見出そうとするのが複雑系科学である。自己組織化、創発などの考え方は複雑系科学に由来している。

　対話型ODとは、社会構成主義、複雑系科学、1990年代に誕生した組織開発や対話の手法の実践に基づくアプローチであり、また、それらを統合したマインドセットである。

意味の形成（meaning making, sense making）

　私たちの周りで起きていることや事象の意味を形成すること。未知のことに意味づけること、または既にある認識や意味づけがなされていることが、対話を通して見直されて、新しい意味づけがされることを対話型ODでは重視する。「センスメーキング」という概念は、組織論の研究者であるカール・ワイク氏によって提唱された。

対話（dialogue）

　双方向のコミュニケーションを通して、人々の間に意味が流れるような話し合い。当然と考えている前提を、対話を通して探究することで、新たに意味づけがなされ、自分たちがもつ前提を発見していく。

ディスコース（discourse）

　言葉が、それが語られた文脈の中で何を意味し、どう意味づけられているかを指す。意味づけは固定的ではなく、ある時代に、あるグループや組織、コミュニティの中で共有されている考え方や意味づけにすぎない。たとえば「残業」が、「やらねば仕事が終わらない、当たり前のもの」という意味（支

配的なディスコース）から、働き方改革によって「残業は非効率な仕事をしている表れだから、避けるべき」という別のディスコースへ変化する。「言説」と訳されることも多いが、言説という語が多義であるため、本書では「ディスコース」と訳している。

ナラティブ（narrative）

人が自分自身や周りで起こった出来事について時系列的に語った（記述した）物語。ストーリーと類似しているが、厳密に言えば、ナラティブとストーリーは以下の点で異なっている。

まず、語りの中に私（自分自身）という存在が含まれるかどうかである。ナラティブは私（自分自身）が含まれた語りである。一方のストーリーは、小説や他者の話などの第三者のストーリーを読む（聞く）際に、読み手（聞き手）である私がそのストーリーに介在する必要はない。また、読み手（聞き手）が第三者のストーリーを他者に伝える際に、語り手である私を登場させなくてもストーリーを語ることは可能である。なお、本書（特に第4章）でナラティブという用語が使用されているが、語り手である私の存在が含まれていることを強調しておらず、「当事者によって語られている（記述されている）ストーリー」という意味で用いられている。

ちなみに、本書では「ストーリーライン」という言葉が用いられている。ストーリーラインとは「筋」を意味している。複雑なナラティブやストーリーが要約されて凝縮されることで、よりシンプルな大筋となったものがストーリーラインである。

創発（emergence）

動詞のemergeは「立ち現れる」という意味。複雑系において、個々の要素の総和とは異なるような全体の性質が立ち現れてくることを「創発」という。ODの文脈では、対話によって、個人の考え方や能力を超えた、そして既存の考え方やパターンとは異なる、新たな意味や見方、アイデアが立ち現れてくることが創発である。

創造的破壊（disruption）

disruptionとは、混乱、破壊、分裂という意味。ODの文脈では、組織内でこれまで当たり前とされてきたものの見方、語られ方、前提や意味などについて対話を通して探究されることにより、当たり前と見なされてきたことに揺らぎや見直しが起こることを指す。「混乱」や「分断」という直訳の日本語を本書で用いると、「対話型OD実践者が組織に混乱を起こす」という表現が登場し、誤解を招きやすい。そのため、本書では「創造的破壊」と訳した。

コンテナ（container）

人々が安心して対話し、新しい可能性を探ることができる空間のこと。変革に向けた対話のための、物理的で心理的な「器（うつわ）」をイメージしている。

ホスティング（hosting）

対話のコンテナを企画し、運営する人のことをホストと呼ぶ。ホスティングとは、ホストが対話の場を企画し、運営していくこと。アート・オブ・ホスティング（Art of Hosting）の考え方を背景としている。

目次

訳者まえがき ……………………………… 3 　中村和彦

用語解説 ………………………………… 9

序文　対話型OD

──過去、現在、そして未来 …………… 19 　エドガー・H・シャイン

第I部　序論および概要

イントロダクション ……………………… 33 　ジャルヴァース・R・ブッシュ
　　　　　　　　　　　　　　　　　　　　ロバート・J・マーシャク

第1章　対話型ODのマインドセット ……………… 47 　ジャルヴァース・R・ブッシュ
　　　　　　　　　　　　　　　　　　　　ロバート・J・マーシャク

第2章　対話型ODの実践 ………………………… 79 　ジャルヴァース・R・ブッシュ
　　　　　　　　　　　　　　　　　　　　ロバート・J・マーシャク

第II部　対話型ODの理論的基盤

第3章　社会構成主義者による表象としての知識
　　　への挑戦 ………………………………… 117 　フランク・J・バレット
　　　組織変革の理解に向けて

第4章　ディスコースと対話型OD ……………… 143 　ロバート・J・マーシャク
　　　　　　　　　　　　　　　　　　　　デヴィッド・S・グラント
　　　　　　　　　　　　　　　　　　　　マウリツィオ・フローリス

第5章　生成的イメージ ………………………… 173 　ジャルヴァース・R・ブッシュ
　　　新規性の探索　　　　　　　　　　　　ヤコブ・ストーク

第6章　複雑性、自己組織化、創発 ……………… 207 　ペギー・ホルマン

第7章　「関わりの複雑反応プロセス」として組
　　　織を理解する ……………………………… 247 　ラルフ・ステイシー

第8章　協働的探究としてのコンサルティング …… 283 　J・ケビン・バージ

第Ⅲ部　対話型ODの実践

第9章　変革を可能にするもの ……………………… 311　ヤコブ・ストーク
　　　　対話型ODを推進するためのスキル

第10章　対話型ODにおけるエントリー、レディ
　　　　ネス、契約 ……………………………………… 343　トーヴァ・アヴェルブッフ

第11章　対話型ODにおける変容的学習 ………… 383　ヤボン・ギルピン-ジャクソン

第12章　探究を組み立てる ………………………… 415　ナンシー・サザン
　　　　「美しい問いと向き合う」というアート

第13章　コンテナをホストし、ホールドする …… 445　クリス・コリガン

第14章　「彼ら」から「私たち」へ ……………… 465　レイ・ゴルデスキー
　　　　対話型ODを通してさまざまな関係者と協働する

　　　　　　　　　　　　　　　　　　　　　　　　　マイケル・J・ローリグ
第15章　変革の強化 ………………………………… 493　ヨアヒム・シュヴェンデンヴァイン
　　　　変革を目指す組織のための3段階のアプローチ　ジャルヴァース・R・ブッシュ

第16章　対話型ODパラダイムによるコーチング・527　シュネ・スワート

　　　　　　　　　　　　　　　　　　　　　　　　　ジョアン・ゴベルト
第17章　対話型プロセス・コンサルテーション …… 557　キース・W・レイ
　　　　コンサルティングの現場から　　　　　　　　[解説] パトリシア・ショウ

第Ⅳ部　結論──今後に向けて　599

ジャルヴァース・R・ブッシュ
ロバート・J・マーシャク

謝辞 ……………………………………… 617

訳者あとがき …………………………… 621

執筆者紹介 ……………………………… 629

索引 ……………………………………… 634

［編集部注］

- 読みやすさを勘案し、一部、原書にはない改行を追加しました。

- 訳注は、短いものは文中の［　］内に挿入し、数行にわたる場合は、頁下部に記載しました。

- 組織開発（Organization Development）は、OD と表記しました。

- 編著者 Gervase R. Bushe を本文等ではジャルヴァース・ブッシュと表記していますが、よりネイティブの発音に近い表記はジャーヴィス・ブッシュです。ここに補足いたします。

- 執筆者 Jacob Storch を本文等ではヤコプ・ストークと表記していますが、よりネイティブの発音に近い表記はジェイコブ・ストーチです。ここに補足いたします。

序文 対話型OD ── 過去、現在、そして未来

エドガー・H・シャイン

　本書の出版は絶妙のタイミングと言えるだろう。本書の前提、本書が述べる社会変革や改善は、過去から受け継いだ遺産を礎としている。さらに、これから必要性が大きく増すであろう組織開発（OD）の重要性を強力に裏付けている。

　この序文では、私の60年にわたる経験に照らして、ODに関連するこれまでの流れを再確認する。そして、ブッシュとマーシャクがこの力作で提示しているものに私が強く興味を持った経緯を示したい。

　私が大学院で学んでいたころ、ゴードン・オールポート（Gordon Allport）などの「古風な」教師たちは、常に歴史の重要性を説き、自分たちのルーツとの関連性に目を向けていた。今や私も年をとり、過去からの連続性に注目する必要があることを十分に認識している。だが、本書の執筆者の多くが説いているような「今風の」考えを支持する若い人たちは、しばしば直近の関連性のみに目を奪われて、重要な意味を持つ過去との関連性を見落としてしまう。過去のパターンに目を向けることで、現在の私たちの行動がどのような深い価値の流れの中にあるかがわかる。そして、たとえ新しいものが台頭してきたとしても、未来のために何を残していく必要があるのかを知ることができる。

Tグループとヒューマン・リレーションズ・ラボ

数年前、マーシャクから初めて「対話型OD」について聞いたとき、私は興味をそそられると同時に戸惑いを覚えた。正直なところ、「これは新しいODの概念あるいは手法として、我々のクライアントを混乱させるのではないか」と懐疑的だった（Bushe, 2013; Bushe and Marshak, 2009; Marshak and Bushe, 2013）。

当時の私は回顧録を執筆しており、彼らの論文には軽く目を通しただけで深く考えることはなかった。1940年代後半の体験学習の「発明」に注目するとともに、1958年に私が初めてTグループに参加した時の体験を回顧録に詳細に綴っていた（Schein, 2014）。

Tグループに参加した当時の私は、NTL（ナショナル・トレーニング・ラボラトリー）応用行動科学研究所が、なぜメイン州ベセル発祥のこのプログラムを「ラボ（ラボラトリー）」と呼ぶことにしたのか、よく理解していなかった。スタッフと12人ほどの参加者が誰一人として、いつ、どのように、どんな学びが生まれるのか、よくわかっていない状態からスタートするということが、実はTグループの誕生と発展の基盤となる概念であり、だから「ラボ」なのだと私は後になって理解した。

私たちが学んだ探究の精神とは（Schein and Bennis, 1965）、今になって考えると、本書の第5章に登場する**生成的イメージ**として機能していたといえる。Tグループでは、参加者は自分の学習に自ら責任を負っていた。「教師」はそこにいて場を設け、私たちの学びを支援したが、その他の構造的なサポートはすべて慎重に取り除かれていた。そのような中で参加者は自分自身について、お互いについて、そしてこれがもっとも重要なのだが、**学習プロセス**そのものについて学んだのである。

よく言われたのは、自分たちは、**学び方を学ぶ**ためにそこに参加しているということだった。やがて私たちは、人間関係およびグループプロセスの再構成（ふりかえり）と分析が、学び方を学ぶうえで非常に重要だと悟っていく。それ以来、このテーマは対話型ODのもっとも重要な要素の1つとなっている。

ラボでは、「小講義」を聴講したり、さまざまな種類のゲームやシミュレーションに参加した。その中で、何がコミュニケーションとグループ活動の成果を左右するかについて多くのことを学んだ。また、グループとリーダーシップが実際にどのように作用するのか、よりよい結果を得るためには何を目指すべきかについて、クルト・レヴィンが創案したグループ・ダイナミックスに関する研究成果が明らかにした。これはつまり、逆説的だが、ラボはさまざまな種類の体験的な実習を通して、探究の精神を育むと同時に多くの教えも授けていたのである。

　Tグループは、よりオープンエンドであり、実存主義的であった。そのため不安をもたらす側面もありながら、潜在的に豊かな創造性を育む活動だった。そういう意味で、これまでなかった新しい試みだったといえる。かのカール・ロジャースをして、20世紀のもっとも重要な社会的発明だと言わしめたという。

　当時はそれほど気にしていなかったが、体験学習を分析するうちに私はあることに気づいた。「教師」の頭にはレッスンの形があり、生徒をうまく誘導し、生徒自らの経験から彼らが学習すべき内容を学べるよう導くというケースがある。一方で、ラボの設計者の頭には純粋にオープンエンドな体験のイメージがあり、そのイメージにおいて学習者は学ぶ内容を自らコントロールでき、したがって、その内容は予想不可能なものになるというケースもある。

　両者には大きな違いがある。実際のところ、体験学習が従来型学習と根本的に異なるのは、教師が学習内容ならびに学習プロセスをどの程度まで設計するかという点である。Tグループをはじめ、体験学習では主に学習のプロセスをコントロールするが、その場合でも、「教師」がどの程度まで頭に「レッスン」を描いているかは人によってさまざまである。

　2つの例を挙げよう。1つめは、「サバイバル実習」。これは、グループが生き残るために必要なものをリストの中から決めていく実習だ。はじめに各自が一人でアイテムに順位をつけ、グループで話し合った後、今度はグループで順位をつける。サバイバル専門家による順位づけ（正解）と照らし合わ

せると、ほとんどすべての場合、グループ決定による順位づけは、個人による最も優れた順位づけよりも、妥当である（正解に近い）ことが明らかになった。この実習の趣旨は、グループによる意思決定の力を示すことである。

2つめは、「グリーティングカード実習」。これは、参加者のグループが、グリーティングカード会社で販売できるような2行のメッセージ文を書くために、自分たちを組織化する実習だ。このとき、ほとんどのグループはただちに標準的な組織形態をとろうとする。だが、このエクササイズの趣旨はそれを予測したり、標準的な組織形態について学ぶことではない。なぜグループがそのような行動をとったのか、そして、そこから何を学んだかを、オープンエンドな方法で分析することがねらいなのである。

体験学習は、この2つのカテゴリーに分類される。体験の設計者が、「要点をわかってもらう」ための設計をするか、あるいは、学習者が自らのモチベーションに照らして、「学びたいニーズがある」ことを自由に学べるような体験を設計するかである。

ヒューマン・リレーションズ・ラボ［Tグループ・セッションを中心とした合宿制の人間関係トレーニング］では、両方の学習を体験した。すなわち、オープンエンドで実存主義的なTグループによる学習と、さまざまな実習を通じて特定のことを教える学習である。後者の学習では、組織やマネジメントの「理想的な」型式について学んだ。具体的には、マグレガーのY理論（McGregor, 1960）、リッカートのシステム4（Likert, 1967）、9.9型を理想形とするブレークとムートンのマネジリアル・グリッド（Blake and Mouton, 1964）などである。すべての手法の根底に流れるのは、民主主義と人間尊重の価値観である。

ODはこれらのラボから育ったと言える。そして振り返ると、ブッシュとマーシャクが分類しようとしている2種類のOD（診断型ODと対話型OD）のルーツは、先の2種類の体験学習だと考えられるだろう。サバイバル実習は明らかに診断型ODに分類され、Tグループとグリーティングカード実習は対話型ODに分類される。

いずれの実習も体験型の手法とみなされるだろうが、違いもある。サバイバル実習は、ハイフェッツが「技術的な」問題と呼ぶものであり、診断的な方法を通してよりよい解決策が見つかる。一方、Tグループやグリーティン

グカード実習では「**適応を要する**」行動が求められ、学習は事態を改善するが、問題を解決するわけではない。その理由は、問題がよりオープンエンドであり、複雑であり、絶え間なく変わっていくからである（Heifetz, 1998）。

ブレークとムートンは診断型ODの包括的な考え方を作り上げた。彼らが用いたのは、マネジリアル・グリッドを組織のさまざまなレベルに導入して、9.9型のマネジメントを奨励し促進するプログラムである。ベンチマーキングやリーダーシップ能力のプロファイル［グリッド上での型］の特定、さまざまな種類の組織文化を見出す調査、そして理想的な型の提案。これらはすべてゴールドリブン（目標に向けて進める）型である診断型ODの手法だといえる。

これらの手法が発展する一方で、リチャード・ベックハルドの「コンフロンテーション・ミーティング」をはじめとする対話型ODも登場していた。この手法は、今日の対話型ODの実践者が、複雑で**適応を要する**課題に相対する組織のために（広い意味での「ラージシステムズへの働きかけ」として）設計するプロセスの、一種の原型となっている（Beckhard, 1969）。

対話型ODは、OD本来の精神を再確認させてくれる。それは、実践者は探究のプロセスの推進者だが、自ら成果をコントロールせず、探究の答えも予め用意しないというスタンスである。前提にあるのは、善意の人々にこそ自己組織化の知恵は宿るという対話的な考え方だ。善意の人々とは、自分たちに必要な学習と変革の創出に共通の関心を持ち、本音で関わり合うことを望み、またそのようにできる人々のことである。

プロセス・コンサルテーション

組織コンサルタントの経験から私が学んだのは、理想的な組織の類型化や優良他社のベンチマーキングがほとんど役に立たないということだ。私が関わった組織では、そこでの文化的な意味や制約の中でだけ、自らの問題を解決できていたからである（Schein, 2009b, 2010）。

一定の期間、ある組織でコンサルティングを行う機会に恵まれたとして、間もなく思い知るのは、問題は永久的に**解決される**わけではなく、単に改善

されるだけだということ。そして、コンサルタントにとって最も重要な仕事は、クライアントが**学び方を学ぶこと**ができるように支援すること。つまり、新しく問題が起きたときに、彼ら自身で対応できるようになるということだった (Schein, 2003)。

こうした経験から、情報を伝える「コンテント・エキスパート」と、診察をして解決策を処方する「医師」、そして「**プロセス・コンサルタント**」を区別することを見出していった。プロセス・コンサルタントの特徴は、クライアントが自ら問題を解決し、学び方を学ぶことができるような関係を彼らとの間に築いていくことだ (Schein, 1969, 1999, 2009a)。

やがて私は、支援者、コンサルタント、コーチは機敏さと柔軟さを兼ね備えなくてはならないと主張するようになった。なぜなら、どのような支援が必要になるかは前もってわからないからである。さらに、人とグループに関する問題の多くは状況に応じて変わっていく。その場合、クライアントは学習したことを実行しなければならないだけでなく、ほとんど永久的に学び続けなければならないこともわかってきた。言うなれば私は、診断型（エキスパートまたは医者）と対話型（プロセス・コンサルタント）を行ったり来たりしてきたというわけだ。こうした診断型と対話型の往来については、この本の中でも、対話型ODコンサルタントの行動を紹介する箇所でうまく説明されている。

社会・技術システムとトヨタ生産システム

技術的問題と、適応を要する課題の違いは、別の歴史的な流れを想起させ、未来についても考えさせる。社会・技術システム［社会システム（関係性）と技術システム（仕事の技術的なやり方）の同時最適を探るアプローチ］の概念は、タビストックの研究者と臨床医によって、第二次世界大戦後に初めて発表された (Trist and Murray, 1990, 1993)。彼らは、かの有名な炭鉱現場の研究において、技術の変更は既存の社会システムを激しく混乱させるため、やみくもに技術的解決法の変更のみを推し進めてはならないということを発見したのである。

実際のところは、トヨタ生産方式で明らかなように、仕事を担当する当事者たちが技術的解決法に関わっている場合、システムはうまく機能することが多い（Womack, Jones, and Roos, 1991）。初期の社会・技術モデルでは、「社会」と「技術」が実際に意味を持つこと、つまり、社会的・人間的要素が、最大効率を求める技術的設計と同じか、それ以上に重要であることを明らかにした。

　しかし、米国文化では「実行性」「効率性」「個人主義」を評価し、「グループの説明責任」あるいは「人間関係の構築」は避けようとする。そのなかで、職務と組織構造の設計はエンジニアや生産部門の専門家に委ねられ、何をするべきか、そしてどのようにその仕事をするべきかを従業員に**伝える**だけになってしまった（Schein, 2009a, 2013）。

　その結果、改善の技術として「リーン生産方式」を導入しようと数々の取り組みがなされたにもかかわらず、結局は失敗に終わったのである。原因は、従業員がコーチされておらず、設計通りには実行できなかったことにある。このことは、社会・技術システムにおける社会的な問題を浮き彫りにした。

　また、安全性の領域での例だが、安全メガネという技術的解決法のみを導入することによるジレンマが起こっていた。作業員は安全メガネの装着を要求されるが、彼らが高温高湿の現場に入るとメガネはたちまち曇ってしまって何も見えないという状況だった。作業員とエンジニアという当事者によるタスクフォースが、そのような状況下で利用できる材料を共同で発見したことによって、問題は最終的に解決された（Schein, 2013）。

　診断型ODは技術的要素と人間的要素の両方の重要性を認識している。しかし、対話型ODは大胆にも、多くの状況で技術的な解決法はなく、そのことを人間システムが受け入れる必要があると考えるのである。

対話

　クリス・アージリスは数多くの著作において、職場の風土が不満を生むと指摘している（Argyris, 1964）。彼によれば、仕事が設計通りに進まない、あ

るいは、安全性に不安があるなどの不満があったとしても、効率性や安全性の問題を指摘できるだけの心理的安全性がないために、部下たちは**話し合えない**のだという（Schein, 2009b, 2013; Edmondson, 2012）。はっきり言ってもよいことと、よくないことを規定する文化的ルールが人々の行動を支配している。それは、いくらコンサルタントやマネジメントの第一人者が「開放性」と「透明性」を唱えたところで変わらない。

　Tグループとラボ［Tグループを用いた人間関係トレーニング］がうまく機能したのは、学習が文化的孤島に用意されたコンテナで行われたからである。そこでは、人々がより安心して自分の気持ちを発言できる。それによって、グループ、自分自身、リーダーシップを学ぶ、まったく新しい機会が切り開かれたのである。文化的孤島の重要性が裏付けられたのは、Tグループを組織へ導入しようとした時のことだ。部下たちが気づいたことや感じたことを口に出す勇気を持たない場合、もしくは、口にしたが上司や同僚が反発したり懲罰的になったりした場合、Tグループは機能しなかったのである。

　したがって、この種のオープンエンドの学習には、ラボの設計によって安全なコンテナが作られて、発言の許容範囲の文化的ルールが一時的に停止される状況［何を言っていいか、についての文化的ルールが適用されない状況］が必要となる。

　私は安全なコンテナという言葉の重要性を忘れてしまっていた。だが、物理学者のデヴィッド・ボーム（Bohm, 1989）のモデルに基づいた、ウィリアム・アイザック主催の「対話グループ」（Isaacs, 1999）に参加したときに再認識したのである。対話はいくつかの点においてTグループとは異なるとされている。アイザックは、他人の発言に対して、うっかり思いを口走ったり、直接質問に答えたりすることに代わる選択肢として、「保留」という関わり方を示した。誰かが意見に反対した場合、反論してもよいし、あるいは黙ったままでいて、なぜ自分は反論するのか、このことから自分自身の何がわかるのかを、自問してもよい。この方法によって、自分自身のまったく新しい側面を知ることができるのである。

　アイザックが主張したのは、保留によって、より多くのアイデアが表面化し、より多くのアイデアが理解され、さらに、グループでのより多くのコンセンサスが自然な形でできあがるということだ。これは私も自分自身で確認

できた。一方、意見の相違が生じるたびにすぐさま反応することは、論争を生み、少数派の意見や、場合によっては重要かもしれない突飛なアイデアを押さえつけることにつながる。

　この種の対話のモデルとなるのは、古の部族会議である。長老は直接誰かと話すのではなく、焚火に向けて語りかけ、さらに話をするのは「トーキング・スティック」を持つ者に限られる。話者が焚火に向かって話をすることによって、アイデアは煮詰められ、人々の心に浸透する。私の経験上、目を合わさない方が、他者の意見に意識を集中しやすくなり、自分自身の内なる声も**聞こえやすくなる**。

　対話型ODの実践者が、どの程度、安全なコンテナづくりを重視して組み入れ、異なる意見の発言を促すかは、人によってさまざまだろう。しかし、これらのプロセスが対話型ODの主軸であることは明らかだ。

システム思考と複雑性

　ここでの議論に関係するもう1つの歴史的潮流がある。それは、異文化間ならびに異人種間対立の解決方法に関するアダム・カヘン（Kahane, 2004, 2010）、ピーター・センゲ（Senge, 1990）、オットー・シャーマー（Scharmer, 2007）、ジョセフ・ジャウォースキー（Jaworski, 1996）らの考察によく表されている。

　ここまでの論点と関連する要素は、安全なコンテナを作り、互いに深く対立しているグループを招待することである。そこでストーリーを語ることによって何らかの共感を構築し、より心からのコミュニケーションの実現を試みるのである。

　グループ間に複雑な問題がある場合、あるいは、深刻な文化的差異および集団間差異によって技術的な解決法が実行できない場合（たとえば、気候変動、地球規模での持続可能性など）がある。そうした際に、対話型ODが重視する生成的かつシステム的な考え方が、それぞれの文化や集団の歴史に基づくナラティブを通じた、お互いの違いを探索することと組み合わさることで、あら

ゆる適応的な学習の重要な要素になるだろう。

将来に関する一考察

　将来的に技術的な問題はほとんど無くなり、人間に関する問題の多くが本質的に適応を要する課題になる、という鋭くも暗示的な結論を、対話型ODの支持者たちは下すことになるのだろうか。検討に値する課題である。

　世界はより複雑なもの、予測困難なもの、文化的に相互依存するものに変わりつつあり、適応性をもって対処する以外に方法がないような問題や課題であふれているというのが私の実感である。それゆえに、私たちにはODプロセスが必要になるだろう。ODプロセスにはそのような問題に対処する潜在力があり、ベンチマーキングや現状の詳しい調査だけでは、必要とする創造的な解決策を生み出すことができないと、私たちは最初から認めているからである。

　ここまで述べてきたように**対話型OD**は、さまざまな形で50年以上の間、私たちの世界に存在してきた。しかし、手段を指向する診断型の発展の陰に隠れて、対話型はまだ十分な実力を発揮していない。本書がその助けになるだろうと期待している。

引用文献 ···

Argyris, C. (1964). *Integrating the Individual and the Organization*. New York: Wiley.
（『新しい管理社会の探求──組織における人間疎外の克服』クリス・アージリス著，三隅二不二，黒川正流訳，産業能率短期大学出版部，1969年）

Beckhard, R. (1969). *Organization Development*. Reading, MA: Addison-Wesley. （『組織づくりの戦略とモデル』リチャード・ベックハード著，髙橋達夫，鈴木博訳，産業能率短期大学出版部，1972年）

Blake, R. R., & Mouton, J. S. (1964). *The Managerial Grid*. Houston, TX: Gulf Publishing. （『期待される管理者像──マネジリアル・グリッド』ロバート・R・ブレーク，

ジェーン・S・モートン著，上野一郎監訳，産業能率短期大学，1965年）

Bohm, D. (1989). *On Dialogue*. Ojai, CA: David Bohm Seminars.

Bushe, G. R. (2013). Dialogic OD: A Theory of Practice. *Organization Development Practitioner*, 45(1), 11-17.

Bushe, G. R., & Marshak, R. J. (2009). Revisioning Organization Development: Diagnostic and Dialogic Premises and Patterns of Practice. *Journal of Applied Behavioral Science*, 45(3), 348-368.

Edmondson, A. C. (2012). *Teaming*. San Francisco, CA: Jossey-Bass.（『チームが機能するとはどういうことか──「学習力」と「実行力」を高める実践アプローチ』エイミー・C・エドモンドソン著，野津智子訳，英治出版，2014年）

Heifetz, R. A. (1998). *Leadership without Easy Answers*. Cambridge, MA: Harvard University Press.（『リーダーシップとは何か！』ロナルド・A・ハイフェッツ著，幸田シャーミン訳，産能大学出版部，1996年）

Isaacs, W. (1999). *Dialogue and the art of thinking together*. New York, NY: Doubleday.

Jaworski, J. (1996). *Synchronicity*. San Francisco, CA: Berrett-Koehler.（『シンクロニシティ【増補改訂版】──未来をつくるリーダーシップ』ジョセフ・ジャウォースキー著，金井壽宏監訳，野津智子訳，英治出版，2013年，原書第2版）

Kahane, A. (2004). *Solving Tough Problems*. San Francisco, CA: Berrett-Koehler.（『手ごわい問題は、対話で解決する──アパルトヘイトを解決に導いたファシリテーターの物語』アダム・カヘン著，株式会社ヒューマンバリュー訳，ヒューマンバリュー，2008年）

Kahane, A. (2010). *Power and Love*. San Francisco, CA: Berrett-Koehler.（『未来を変えるためにほんとうに必要なこと──最善の道を見出す技術』アダム・カヘン著，由佐美加子監訳，東出顕子訳，英治出版，2010年）

Likert, R. (1967). *The Human Organization*. New York, NY: McGraw-Hill.（『組織の行動科学──ヒューマン・オーガニゼーションの管理と価値』レンシス・リッカート著，三隅二不二訳，ダイヤモンド社，1968年）

Marshak, R. J., & Bushe, G. R. (2013). An Introduction to Advances in Dialogic Organization Development. *Organization Development Practitioner*, 45(1), 1-3.

McGregor, D. M. (1960). *The Human Side of Enterprise*. New York: McGraw-Hill.（『企業の人間的側面──統合と自己統制による経営』ダグラス・マグレガー著，高橋達男訳，産能大学出版部，1970年）

Scharmer, C. O. (2007). *Theory U*. Cambridge, MA: SoL Press.（『U理論［第二版］──過去や偏見にとらわれず，本当に必要な「変化」を生み出す技術』C・オットー・シャーマー著，中土井僚，由佐美加子訳，英治出版，2017年，原書第2版）

Schein, E. H. (1969). *Process Consultation*. Reading, MA: Addison-Wesley.（『職場ぐるみ訓練の進め方──スタッフ、コンサルタントのための指針』E・H・シェイン著，高橋達男訳，産業能率短期大学出版部，1972年）

Schein, E. H. (1999). *Process Consultation Revisited*. Reading, MA: Addison-Wesley.（『プロセス・コンサルテーション──援助関係を築くこと』E・H・シャイン著，稲葉元吉，尾川丈一訳，白桃書房，2012年）

Schein, E. H. (2003). *DEC is Dead: Long Live DEC.* San Francisco, CA: Berrett-Koehler. (『DECの興亡――IT先端企業の栄光と挫折』エドガー・H・シャイン著，稲葉元吉，尾川丈一監訳，亀田ブックサービス，2007年)

Schein, E. H. (2009a). *Helping.* San Francisco, CA: Berrett-Koehler. (『人を助けるとはどういうことか――本当の「協力関係」をつくる7つの原則』エドガー・H・シャイン著，金井壽宏監訳，金井真弓訳，英治出版，2009年)

Schein, E. H. (2009b). *The Corporate Culture Survival Guide.* San Francisco, CA: Jossey-Bass. (『企業文化――生き残りの指針』E・H・シャイン著，金井壽宏監訳，尾川丈一，片山佳代子訳，白桃書房，2004年)

Schein, E. H. (2010). *Organizational Culture and Leadership* (4th ed.). San Francisco, CA: Jossey-Bass. (『組織文化とリーダーシップ』エドガー・H・シャイン著，梅津祐良・横山哲夫訳，白桃書房，2012年)

Schein, E. H. (2013). *Humble Inquiry.* San Francisco, CA: Berrett-Koehler. (『問いかける技術――確かな人間関係と優れた組織をつくる』エドガー・H・シャイン著，金井壽宏監訳，原賀真紀子訳，英治出版，2014年)

Schein, E. H. (2014). The Role of Coercive Persuasion in Education and Learning: Subjugation or animation? *Research in Organizational Change and Development, 22,* 1-24.

Schein, E. H., & Bennis, W. G. (Eds.) (1965). *Personal and Organizational Change Through Group Methods.* New York, NY: Wiley. (『T.グループの理論――人間と組織の変革 2』E・H・シャイン，W・G・ベニス著，古屋健治，浅野満訳編，岩崎学術出版社，1969年，原著Part3-4を翻訳)

Senge, P. (1990). *The Fifth Discipline.* New York, NY: Doubleday/Currency. (『学習する組織――システム思考で未来を創造する』ピーター・M・センゲ著，枝廣淳子，小田理一郎，中小路佳代子訳，英治出版，2011年，原書増補改訂版)

Trist, E., & Murray, H. (1990). *The Social Engagement of Social Science, Vol. 1.* Philadelphia: University of Pennsylvania Press.

Trist, E., & Murray, H. (1993). *The Social Engagement of Social Science, Vol. 2.* Philadelphia: University of Pennsylvania Press.

Womack, J. P., Jones, D. G., & Roos, D. (1991). *The Machine that Changed the World.* New York, NY: Harper Collins. (『リーン生産方式が世界の自動車産業をこう変える――最強の日本車メーカーを欧米が追い越す日』ジェームズ・P・ウォマック，ダニエル・ルース，ダニエル・T・ジョアンズ著，沢田博訳，経済界，1990年11月)

第Ⅰ部

序論および概要

イントロダクション

ジャルヴァース・R・ブッシュ
ロバート・J・マーシャク

　組織開発（OD）は、組織のコンサルティングと変革の手法として、また学術的な研究分野として、およそ60年の歴史を持つ。その発祥は1940年代のクルト・レヴィンとその同僚たちに遡る（Jones and Brazzel, 2014）。

　関係するあらゆる教科書（Anderson, 2015; Cummings and Worley, 2014; French and Bell, 1978; McLean, 2005）が記しているように、ODは、計画的変革、アクションリサーチ、人間性心理学、グループ・ダイナミックス、サーベイ・リサーチ法、参加型マネジメント、ラボラトリー教育など、第二次世界大戦後に現れたさまざまな思想、価値観、活動がその源流となっている。

　これらODの基礎を形成する理論と手法は、次のように展開されていった。まず1960年代にODネットワークが設立。さらに1969年、アディソン・ウェズリー社からウォーレン・ベニス、リチャード・ベックハード、エドガー・シャイン編集による一連のOD関連書籍が出版。また、ODの研究者と実践者対象の専門誌として当時創刊された *The Journal of Applied Behavioral Science* と *OD Practitioner* は、今日まで発行されている。

　1970年代までには、ODのサーティフィケート・プログラムや大学院学位課程においてODの基本概念が学べるようになった。具体的には、プロセス・コンサルテーション（処方的コンサルテーションとは異なるという意味で）、解凍・移行・再凍結からなる変化のモデル、アクションリサーチ法（データ収集、分析、フィードバックを行って当初の「凍った」状態から真の問題点を見出し、変化を起こすきっかけを生じさせ、続いて望ましい将来の状態を達成して確実なものにするために、応用行動科学に基づく計画的介入が行われる）などである。これらはすべて、人間尊重、民主的、クライアント中心というODの根幹をなす規範

的価値観を基盤としている（Marshak, 2014）。

　ここまで読む限り、ODはある時突然、完全な形を持った認識可能な概念
として出現したように思えるかもしれない。しかし実際は、コンサルタント、
チェンジエージェント、研究者たちは、その時代の社会科学や文化規範に基
づいて、さまざまなアイデアや手法を試みてきたのである。1950年代中ご
ろまでにはODを構成する多くの要素がすでに存在し、実践されていた。し
かし、それらの構成要素が互いに関連し合い、理解可能なパラダイムを形成
すると人々が考えるようになったのは、コンサルティングと変革のための論
理的一貫性のあるアプローチとして概念化されて以降のことである。

　その一助となったのは、ODが、新しいアプローチを表す用語として一般
的に認められるようになったことだ。とはいうものの、ODの意味を正確に
定義することはいまだに難しい。したがって、そういう意味においては、
「OD」なるものは存在しなかったのに、ある日突然この名称を得て、一般
に受け入れられ、広く利用されて、人と実践とアイデアを結びつけることに
なったとも言えるだろう。

　ODという用語がいつ、どこで、だれによって創られたのかは、OD関係
者の間では一種の伝説のようなものとなっている。確かな説はないのだが、
一般的にはこの分野の偉大なる創始者たちが考えたものとされている。

　1974年、*OD Practitioner*の初代編集長だったラリー・ポーターは、創作
者は2人いるとやんわりと示唆した。「ディック（リチャードの愛称）・ベック
ハードは1957年にゼネラル・エレクトリックでコンサルティングを行って
いるときに、ODという語を創作した。ハーブ・シェパードは1957年にエッ
ソのコンサルティングをしているときに、ODという語を創作した」（Porter,
1974, p.1）

　マーヴ・ワイスボードは少し異なり、「ダグラス・マグレガーとリチャー
ド・ベックハードは1950年代、ゼネラル・ミルズで一緒にコンサルティン
グを行っていたのだが……（彼らが）ODという用語を作った」（Weisbord,
1987, p.112）と記している。

　ここでODの歴史に注目するのは、過去数年間の私たちの活動と、本書の

第I部　序論および概要

役割を説明するのに役立つからだ。私たちは1970年代からともに、ODの研究者として、また実践者として活動してきた。自ら参加し観察したODの実践が変化し、拡張しはじめたのは1980年代のことだ。21世紀にかけてさらにその傾向が強まった。

　しかし、多くのODのテキストや論文が、これまでとは異なる新たな実践を、1950年代、1960年代、1970年代初期に形成された基本的なモデルの型に収めようとしていることに、私たちは次第に違和感を覚えるようになった。このままでは、起こっている変化をより深く理解するには至らず、何がODで何がODでないのかという混乱が生じ、さらにOD実践の潜在力が損なわれると考えた。前提と実践の新しい融合が、制約的な枠組みから自由になれば、従来とは異なるアプローチの輪郭が明らかになるだろう。

　私たちは、この新たなアプローチもやはりODの1つだと考える。このアプローチが主としてODの実践者と研究者の活動から発生したものであり、協働的コンサルティングに関する、ODの中核となる価値観およびアイデアと一貫性を持つからである。

　実践の現場で起きていることが教科書で適切に説明されていないと私たちは確信した。そこで、新たなアプローチについて、またこのアプローチがODの基本形とどのように似ていて、どのように異なるかを明らかにする仕事に取り組んだ。そして、2009年に *The Journal of Applied Behavioral Science* に発表した論文において、それぞれのアプローチの主要な側面に着目し、新たなアプローチを「**対話型組織開発**」、基本形のアプローチを「診断型組織開発」と区別した（Bushe and Marshak, 2009）。

　1950年代のODの黎明期を再調査した結果、明らかになったことがある。対話的な変革のアイデアと手法が、今も進化しつつある「新しい」ODといかに合流してきたかについて、私たちは概念的に解釈し、提唱していった。だが、そうしたアイデアや手法は、はるか前から実践者たちが用いていたのだ（Coghlan, 2011）。「対話型OD」と名付けられた、根本的な前提と実践を組み合わせた1つの型の概念としては、確かに「新しい」。しかし、その型を形成するアイデア、理論、手法、実践は決して新しいものではなく、もと

イントロダクション　［ 35 ］

から存在していたのである。

　前述の論文を発表し、さまざまな学会や研究会でプレゼンテーションを行った後、私たちは実践者や研究者から、彼らが現場で感じていたことに一貫性と意味をもたらしたという評価を得た。と同時に、更なる発表を期待された。そのような声に押されて、別の論文も発表し（Bushe and Marshak, 2013, 2014a, 2014b）、以前にも増して大きな反響を得た。

　私たちの取り組みは多くの人々の期待に応え、「対話型OD」という用語とそれに関連する概念は、今日、世界中のコンサルティングと変革の分野に取り入れられ、研究されている。一方、対話型ODへの関心がますます高まっているにもかかわらず、包括的な情報源は存在しなかった。先のアディソン・ウェズリー社のシリーズのようなものはなく、多少詳しく説明するのに役立つような書物もない。そこで私たちは、世界中の研究者と実践者の協力を仰いで、そのような情報源を提供しようと決めた。

　本書の目的は次のとおりだ。組織変革とコンサルティングのアプローチとしての対話型ODが、どのようなものであり、診断型ODとどのように異なり、どのように似ているのか。また、対話型ODという型を形作る主要なアイデアと、実践方法に影響を与える留意事項に関して、包括的な理解を深めることである。

　私たちは対話型ODが、ODの1つのアプローチとして正式に認められるよう望んでいる。また、この概念と手法を従来の確立されたモデルに収めようとして、かえって潜在力を制限するようなことはしたくない。従来のモデルとは、同じように見えるかもしれないが、実は非常に異なる前提に基づいているのである。

　私たちが望むのは、対話型ODという用語が、研究者や専門家によるODの理論と実践の再考と再活性化を促す生成的イメージを持つようになることだ。また、対話型ODのイメージを提案するにあたり、組織と組織化、変革プロセスとチェンジエージェント、ならびにリーダーシップとコンサルティングのそれぞれの本質について語り合う場を創出したい。これらはODの価値観と切り離せないものであるが、従来の診断型の範疇には収まらないからである。

本書の概要

本書は3部構成となっている。

第Ⅰ部は、対話型ODの理論と実践の概要である。

第1章では、対話型ODの成功に不可欠な、基本的な前提を確認する。OD実践者が組織の変革を支援するために現在用いている数多くの手法をリストアップしているが、本書は手法そのものについては詳しく説明しない。本書のテーマは、それらの手法を慎重に活用して成功を収めるための理論と実践である。私たちはこれを「対話型ODのマインドセット」と名付ける。ここでは、対話型ODの8つのマインドセットと3つの基本的な変革プロセスについて説明する。これらは、どの手法を用いるにしても不可欠な要素である。個々の要素については要点の説明に留めるが、本書の理論を扱うセクションでそれぞれについて詳しく検討する。また本章では、対話型ODのおおもとである診断型ODのマインドセットと、対話型ODのマインドセットがどのように異なり、どのように似ているのかについても説明する。

第2章では、対話型ODのすべてのアプローチの基礎となる実践の理論について述べる。OD実践者が対話型で行う相互作用の促進や、対話型イベントの設計、さらに変革の戦略を設計するための活動の数々を手短に説明する。一般的に、対話型ODは2種類の方法で実践されている。1つは、より体系的なアプローチである。OD実践者は、ステークホルダーが対話型変革プロセス（始点、中間点、終点がある）に参加するよう、設計・促進を支援する。もう1つは、それほど体系的でないアプローチである。OD実践者はクライアントとなるシステムに参加し、そこで進行中の多くの相互作用に関わり、システムが発展してより効果的なものとなるよう支援する。私たちは後者の形を「対話型プロセス・コンサルティング」と呼び、この形式の実践については、第Ⅲ部の実践編でより詳しく取り上げる。

第Ⅱ部では、対話型ODの実践者のために、信頼できる理論的根拠を提示する。実践者の成功を支えるのは、さまざまな手法の選択、活用、組み合わせを行うにあたって彼らが拠り所にできる理論的根拠の奥深さと幅広さであ

ると、私たちは確信している。このセクションでは、ODの研究者でもあり実践者でもある著名な執筆者たちが、組織と変革に関する考え方を提供する。理論を説明する各章は、第2章で紹介する3つの基本的な変革プロセス、すなわち、ディスコースとナラティブ、生成的イメージ、および創発と複雑性に関連している。最初の2つの章は、社会的現実の本質についての考え方、ならびにナラティブを変えることを通して変革を創出する方法について、それぞれ異なる、補完的な考え方を紹介している。

フランク・バレットによる第3章は、ODの研究者が診断型ODと対話型ODの哲学的基盤を理解するのに役立つ内容である。バレットは啓蒙主義から発生したモダニズムの考え方の要点を説明し、それらの一部が初期のODの実践と理論にもたらした影響を示していく。

次に彼は、モダニズムに異議を唱える考え方を紹介する。この考え方は、継続するプロセスとしての社会生活に注目することの重要性を唱えるものである。そのような社会生活において、連続的変化が続くという無常性が示唆するのは、組織はできあがったものとして存在するのではなく、形成過程にあるプロセスとして永久的に変わり続けるものだ、ということである。

この章では、ハイデガー、ガダマー、ウィトゲンシュタイン、ならびにガーゲンについて述べている。そして、事実の説明としての知識を重視することから、知識を得るための活動を重視することへの移行が、変革とODの研究にいかに重大な影響を及ぼしたか、また、本書で説明されるイノベーションをどのように可能にしたか、について示している。

第4章では、ボブ・マーシャク、デヴィッド・グラント、マウリツィオ・フローリスがディスコースとナラティブを取り上げる。本章では、ナラティブ、ストーリー、メタファー、対話、ならびに視覚表示、記号、あるいは身振り手振りなどのさまざまなコミュニケーションが、どのように意味を形成し、組織的行動に影響を与えるかについての最新研究を紹介する。彼らは対話型ODの実践において重要な意味を持つ8つの洞察を提供している。そこには権力のダイナミックスと政治的プロセスに関する考察や、対話型OD実践者が内省的である必要性などが含まれる。

ジャルヴァース・ブッシュとヤコブ・ストークによる第5章は、対話的変

[38] 第Ⅰ部　序論および概要

革の第二の基本的プロセスに視点を移し、生成的イメージについて論じる。この第二のプロセスは、社会構成主義と密接に関連しているが、論点は、新しいアイデアがどこから生まれるかという問いである。まず、生成に関する文献を検討し、その概念がODの研究や文献でどのように議論されてきたのかが説明される。次に彼らは、「生成的イメージ」の定義を示し、組織変革に取り組むリーダーたちが生成的イメージを創出し活用することができるよう、OD実践者を支援するための方法について多くのアイデアを提案している。

　第6章は、3つめの基本的変革プロセス、すなわち、複雑性、自己組織化、および創発に焦点を合わせる。ペギー・ホルマンは複雑適応系の理論に関する重要なアイデアを概説し、これらのアイデアがマネジメントの考え方とODの実践にどのように取り入れられてきたのかを時代を追って調べている。また、彼女は創発に関する科学的概念が対話型ODの実践にどのように適用されるかについて概略を述べ、彼女自身が作成した創発のモデルを1つの実践アプローチとして提示し、その内容を要約して論文を締めくくっている。

　第7章では、ラルフ・ステイシーが同僚たちとともに過去20年にわたって展開してきた、関わりの複雑反応プロセスの理論を要約している。ステイシーは、複雑適応系理論は、人間のシステムにそのまま適用するには制約的すぎると主張する。さらに、センスメーキング、不安、政治的プロセスなどの問題が、常に新しく生まれ変わっている現実の社会的構成にどのように影響を与えているかを明らかにしている。また、リーダーは経営に関する実行可能な構想や計画を提供できるという、一般的に広く信じられている考え方に真っ向から挑戦する。そのような考え方は、不安定で意外性に満ちた世界の中で、時には予測可能であっても常に順調とはいかない組織の日常を生きる人々の実体験に適合しないものであり、結果的に対話型ODの誕生を促すことになったと結んでいる。

　第8章では、協働的探究にクライアントを積極的に参加させるという、ODの世界では昔から利用されてきたプロセスに焦点を当てるが、完全に対話型ODの観点から議論を展開する。ケビン・バージは対話型ODの実践中にコンサルタントとクライアントの間に発生する、4種類の異なる会話モデ

ルを提示する。具体的には、共同ミッション、共同設計、共同内省、共同ア
クションのための会話である。バージは、対話型OD実践者の価値コミット
メントと、彼らがどのようにコミュニケーションのパターンを形成するかに
ついて論じる。また、協働的コンサルティングにおいて発生すると考えられ
る政治的な緊張状態やその他の敵対関係についても説明する。さらに、学習
を発展させるための会話を共創する方法についてのアドバイスを提示してい
る。

　第Ⅲ部では対話型ODの実践について論じる。世界中の対話型ODのコン
サルタントが、彼らの活動とその方法に関する知見を提供する。いずれの章
でも、対話型ODに関するさまざまな問題と可能性を説明する事例が登場す
る。

　第9章は、ヤコプ・ストークが組織のグループ内でどのように学習と変革
が起こるのかに焦点を当て、社会構成主義から複雑性の視点まで論じ、対話
型ODのコンサルティングに欠かせないスキルについて説明する。具体的に
は、人々が職場における振る舞いを変えたいと思うような状況を作るために
必要な3つのスキルのモデル（戦略的プロセス設計、イベント設計、対話的エンカ
ウンターの促進）である。ストークはそれぞれのスキルによる対話的な変革の
実践を、事例を使って解説する。彼が強調するのは、関係性の中で反応のあ
る会話に人々が参加することから変革が生まれるということである。そのよ
うな会話は言葉を豊かにし、生成的イメージを生じさせる。さらに、人々は、
多様なアイデアや視点を持つ参加者とのさまざまな会話から生まれる社会的
現実に対応できるようになる。

　トーヴァ・アヴェルブッフによる第10章は、エントリー、レディネス、
契約について論じる。まず、クライアントのレディネスに関する問題を検討
し、対話型ODのコンサルティングになぜ契約が必要なのか、また、どのよ
うに契約するべきかを説明する。アヴェルブッフは対話型のコンサルティン
グを実施する際に通常行われるエントリーでの4つのステージ（「依頼者」と
の足並み揃え、「スポンサー」とのパートナー関係構築、「マネジメント・チーム」との
関わり、多様性に富む「運営委員会」との共創）を提案する。さらに、彼女はコン

第Ⅰ部　序論および概要

サルタントが対処しなくてはならない課題を明らかにし、エントリーでの各ステージを移行していくために重要な質問を提示する。本章の最後では、結果が予見できない状況で契約を結ぶことの複雑性について検討し、この問題への対策としてアヴェルブッフと同僚たちが考案した解決案を示している。

　第11章では、ヤボン・ギルピン－ジャクソンが、スポンサーの個人レベルでの転換的変革プロセスに、彼ら自身が従事するための有効なツールとアドバイスを提供するモデルについて検討する。組織変革を成功させるためには、スポンサーが個人レベルで変わらなくてはならないからである。次に、彼女が提案するのは、当事者として対話型ODのプロセスに積極的に取り組み、最終的に自らが自己変革を成し遂げなくてはならない人々と協働するためのツールとアドバイスである。彼女はメジロー（Mezirow, 1991, 2000）の変容的学習の10フェーズ・モデルを対話型ODの3つのステップ（対話型探究の開始、対話型ジャーニーのファシリテーション、変容の継続）に対応させている。変容的学習理論と対話型ODが多くの点で関連していることを明らかにしながら、現状を支配する社会的なナラティブを効果的に創造的破壊する方法を示す。さらに、創造的破壊によって生じる思いがけない感情の変化をいつどのようにコントロールするか、また、個人が変革の過程を歩んでいくなかで彼らのニーズにどのように応えていくかについて、具体的なアドバイスを提示している。

　ナンシー・サザンは第12章で、5種類の探究について説明し、どのような状況でどのような探究を行うべきか、また、生産的な対話につながる質問をする方法について、対話型OD実践者に役立つガイダンスを提供している。彼女は探究を共創的学習プロセスであると位置づけている。このプロセスによって関係性が構築されるのは、人々が自分たちの今の状況に意味を見出すようになるとき、そして、受け取り方はそれぞれ異なるかもしれないとしても、組織に活気をもたらす多様性に満ちたものの見方と願望の形を人々が発見するときである。また彼女は、5種類の探究（情報共有的、肯定的、批判的、生成的、戦略的）をいつどのように促進するべきかについてガイダンスを示している。

　クリス・コリガンによる第13章は、コンテナの構築を論じ、彼と同僚た

イントロダクション　41

ちが開発した実践の理論について説明する。多様な人々が、新しい方法で新しい会話をする、生産的なイベントの成功を確かなものにするための理論である。多くの対話型ODのプロセスは大人数からなるグループのイベントを用いるが、本章では、そのようなイベントを主催する際の全体的な問題について検討する。コリガンは、コンテナは、人々がその数を増やしながらさまざまなレベルで参加する同心円状の輪の集まりであると説明し、コンテナを作る方法、コンテナが展開していく共通段階、そして、これを終わらせる方法を示している。さらに彼は、対話型ODの実践者がコンテナを構築し管理していくために必要となるスキルと考え方についての洞察を提供する。

　第14章では、レイ・ゴルデスキーが、自分たちが単一の事業体であるとは考えない複数のグループからなるシステムにおいて、対話型ODを用いることで生じる問題に注目し、ここまでのすべての章の内容を見事な形でまとめている。そのようなシステムは1つの組織内の異なる部門であったり、あるいは複数の組織であったりする。ゴルデスキーは豊富な事例を用いて、スポンサーシップ、デザイン・チーム、ならびにイベントの主催に関連して考慮するべき問題に注目し、対話を重視する観点から、これらのダイナミックスにどのように対処するべきかについて見解を示している。

　マイケル・ローリグ、ヨアヒム・シュヴェンデンヴァイン、ジャルヴァース・ブッシュによる第15章は、「変革の強化」というタイトルで、対話的なイベントの最中に解き放たれたエネルギーやアイデアが、イベントの終了後にも継続する息の長い変革を確実に発生させるモデルを紹介している。彼らは、試行（実験）や臨機応変的な変革を可能にする構造やプロセスを創り出すリーダーの役割について論じる。また、現状の構造、プロセス、文化によってよいアイデアがつぶされてしまわないことを保証する構造やプロセスを創るために必要となるリーダーの役割にも言及している。彼らは一見「抵抗」に見えるような行動を従来とは異なる角度からとらえ、そのような行動は変革の計画を組織の現実に確実に根付かせるためには必要不可欠だと考えている。さらに、スポンサーとデザイン・チームが、形成、育成、埋め込みの3つの異なる変革段階において事前に何を考慮しておくべきか、また、対話型の変革プロセスから出現するイノベーションの影響をどのように強化で

きるかについて検討している。

　第16章はシェネ・スワートによる「対話型コーチング」である。ここで私たちはより構造化された対話型ODの世界から離れる。本章と次章では、1対1のこの瞬間の出会いにおける対話型プロセスの促進についてより深く検討する。対話型コーチングでは、話を聞き、関心を示し、プロセスに招待し、質問し、クライアントとともにプロセスを進め、クライアントが当たり前だと捉えている考えやアイデアを確認して識別するのを支援する。こうした方法によってスワートは、コーチングの関係性と変革プロセスをクライアントと共創したいと願っている対話型OD実践者が直面する問題点を明確にする。ここでは、日常のナラティブによってどのような結果が生じるかを知り、自分たちが望む生き方を想像することを通して、クライアントが別の望ましいナラティブを発見できるよう、彼らを支援するための有効な質問を提案している。彼女のモデルは1対1のコーチングにおいても、また、あらゆる対話型ODのプロセスの促進においても有用である。

　第17章の「対話型プロセス・コンサルテーション」では、ジョアン・ゴペルトとキース・レイがODコンサルティングに関する刺激的な見解を紹介する。彼らの見方は、ステイシーの「関わりの複雑反応プロセス」、ピアースとクローネンによる「意味の協応調整」（Pearce and Cronen, 1980）、そして、ショッターの社会構成主義（Shotter, 1993）などのアイデアに基づいている。本章では一連のコンサルティングに関する場面を紹介しながら、習慣化されたプロセスを創造的破壊させて、現実の社会的構成に変革をもたらすために、彼らが選択するものの背景にあるマインドセットを説明する。また、OD実践者が、連続する「今」に最大限参加するコンサルティングの形を示している。そのようなコンサルティングにおいて、実践者は自分たちが参加するあらゆる会話は、過去から続き、今後も引き続いて交わされる、一連の会話の一部であることを認識する。彼らが提示するのは、対話型のイベントや特別な手法の利用を控え、そのかわりに、コンサルタントが本音を表して、完全にシステムに参加し、内省的で生成的な会話を促進するという、一連の「マイクロ・プラクティス」である。

　パトリシア・ショウは本章に解説を寄せており、それによって「コンサル

ティングの現場」の本質について私たちはより深く理解できるだろう。対話型のプロセス・コンサルタントは、オープンエンドの状態、不完全さ、意図の多様性、目標をクライアントが経験するよう働きかける。一般のマネジャーならば、これらは優良企業と真逆の要素であると考えるだろう。しかし、彼女によれば、これらはリーダーシップ教育に必須の要素である。不安定で複雑な世界で生きていくための能力は、教えられたり、決まった形があったり、人に示してもらったりすることができず、そのような能力は、世界との関わり方や、自分自身との向き合い方を大きく変化させる関係性の中からのみ出現するからである。彼女は、組織的な行動をよりコントロールしやすいものにしたいと願う人間の傾向がさまざまな形の抑圧を生み出すと述べる。そして、私たちが意味生成のナラティブ・モードを重視すれば、唯一の真実や現実を主張しようとする誤りを冒さずに、ものごとの意味を明らかにすることができると指摘している。

　最終章では、まだ答えの出ていない重要な問題のいくつかについて議論し、暫定的な提案を紹介する。それらが対話型ODの本質に関する今後の研究と発表を一層進展させるきっかけになることを望んでいる。

最後に

　本書に収められた17の章は、理論、モデル、手法の宝庫である。また、一部の論文の執筆者は別の執筆者の章を読み、コメントを寄せている。私たちは、ここに紹介されたアイデアとそれらを提示する形式を統一性のあるものにしようと努力してきた。ばらばらな意見の寄せ集めではなく、意見を交換し、互いに認め合う人々の異なる意見が集まったものにするためである。

　多くの論文集とは異なり、本書は最初から最後まで流れがつながっている。また、各章が論理的な展開に沿って進行し、対話型OD実践者の役に立つさまざまなアイデアを提供している。全体として、探究を基本にした変革プロセスのビジョンを示しており、個人、グループ、組織、コミュニティが複雑な課題と難題に対処するプロセスを、他のいかなる手法よりもしっかりと支

援する。これが対話型ODの理論と実践の究極的な目的であり、将来のある
べき姿である。

引用文献 ···

Anderson, D. L. (2015). *Organization Development* (3rd ed.). Thousand Oaks, CA:
Sage.

Bushe, G. R., & Marshak, R. J. (2009). Revisioning Organization Development:
Diagnostic and Dialogic Premises and Patterns of Practice. *Journal of Applied
Behavioral Science*, 45(3), 348-368.

Bushe, G. R., & Marshak, R. J. (Eds) (2013). Advances in Dialogic Organization
Development [Special issue]. *Organization Development Practitioner*, 45(1).

Bushe, G. R., & Marshak, R. J. (2014a). Dialogic Organization Development. In B. B.
Jones & M. Brazzel (Eds.), *The NTL Handbook of Organization Development and
change* (2nd ed.) (pp.193-212). San Francisco, CA: Wiley-Pfeiffer.

Bushe, G. R., & Marshak, R. J. (2014b). The Dialogic Mindset in Organization
Development. *Research in Organization Change and Development*, 22, 55-97.

Coghlan, D. (2011). Action Research: Exploring Perspectives on a Philosophy of
Practical Knowing. *The Academy of Management Annuals*, 5(1), 53-87.

Cummings, T. G., & Worley, C. G. (2014). *Organization Development and Change*
(10th ed.). Cincinnati, OH: South-Western College Publishing.

French, W. L., & Bell, C. (1978). *Organization Development* (6th ed.). Englewood
Cliffs, NJ: Prentice Hall.

Jones, B. B., & Brazzel, M. (Eds.) (2014). *The NTL Jandbook of Organization
Development and Change* (2nd ed.). San Francisco, CA: Wiley-Pfeiffer.

McLean, G. N. (2005). *Organization Development*. San Francisco, CA: Berrett-Koehler.

Marshak, R. J. (2014). Organization Development as an Evolving Field of Practice. In
B. B. Jones & M. Brazzel (Eds.) *The NTL Handbook of Organization Development
and Change* (2nd ed.) (pp.3-24). San Francisco, CA: Wiley-Pfeiffer.

Mezirow, J. (1991). *Transformative dimensions of adult learning*. San Francisco, CA:
Jossey-Bass. (『おとなの学びと変容——変容的学習とは何か』ジャック・メジロー著，金
澤睦，三輪建二監訳，鳳書房，2012年)

Mezirow, J. (Ed.) (2000). *Learning as Transformation*. San Francisco, CA: Jossey-
Bass.

Pearce, W. B., & Cronen, V. E. (1980). *Communication, Action, and Meaning*. New
York, NY: Praeger.

Porter, L. (1974). OD: Some Questions, Some Answers. *OD Practitioner*, 6(3), 1-8.

Shotter, J. (1993). *Conversational Realities*. Thousand Oaks, CA: Sage.

Weisbord, M. R. (1987). *Productive Workplaces*. San Francisco, CA: Jossey-Bass.

第1章 対話型ODのマインドセット

ジャルヴァース・R・ブッシュ
ロバート・J・マーシャク

　組織開発の実践におけるあらゆる事例は、実践者のマインドセットの産物であると私たちは考える。マインドセットとは、その人の世界観と世界との関わり方を形作る理論、信念、前提、および価値観の組み合わせである。本章では、いわゆる「対話型ODのマインドセット」の要点を紹介する。

　私たちの考えでは、対話型ODの実践には、診断型ODとは大きく異なる考え方が必要である。したがって、対話型ODと診断型ODのそれぞれのマインドセットを対比させることから始めたい。

　ここで重要なのは、対話型ODと診断型ODのマインドセットは互いに排他的ではないということだ。多くのOD実践者は多かれ少なかれ、両方の影響を受けるだろう。しかし、ほとんどのODに関するテキストは診断型ODのマインドセットのみを教えているというのが現状である。そのため、ここでは診断型ODのマインドセットとして私たちが考えるものについてその要点を説明し、対話型ODと比較する。次に組織と変革の本質に関する8つの重要な前提を提示し、さらに、3種類の基本的な変革プロセスについて説明する。3種類のプロセスは、対話型OD実践者がODテキストに書かれた内容とは形式や意図が異なる実践について考え、それに取り組もうとする際に拠り所となるものである。

　最後に、診断型ODと対話型ODのそれぞれのマインドセットの類似点を論じ、どちらも組織開発のバリエーションである理由について考える。

ODの基本型：診断型ODのマインドセット

　診断型ODのマインドセットとそれに関連する実践は、実質的に1940年代および1950年代にクルト・レヴィン、ロン（ロナルド）・リピットと彼らの同僚や弟子たちによって展開された社会心理学と変革理論を基盤としている（Lewin, 1947; Lippitt, Watson, and Westley, 1958）。それによれば、不安定な均衡状態に存在する力の場によって現状や行動が規定されると考えられていた。力の場は、主に人々が所属するグループ内の社会的均衡の産物である。したがって、レヴィン派の考える変革は、小グループを対象にしたものであって、個人に焦点を当てていなかった。変革は、現状の社会的均衡を「解凍」し、より望ましい新たな将来の均衡に向けて「移行」を創り出し、次にその変化を維持するために「再凍結」を行うという、計画されたプロセスとして概念化された。

　変革を促進する方法に関しては、さまざまな戦略が存在するなかで、ODは主として学習プロセスへのグループの参加を条件とする「規範的－再教育的」な変革戦略を取り入れている（Chin and Benne, 1961）。中心的な手法は、実践者が変えたいと考える人々を自己学習のプロセスに参加させるという、参加型のアクションリサーチである。伝統的にアクションリサーチは、現状の「診断」から始まる。望ましい状態を目指して解凍と変化を引き起こすには、どこにどのように働きかけるのがよいのかを知るために、現状を維持している要素、要因、力を診断する。診断型ODのマインドセットが前提とするのは、診断を行わなければ、人々は、マネジャーや組織が直面する問題や不安の原因をあいまいなままに解釈し、時には間違えて理解してしまう恐れがあるということだ。そして、事実を収集し、それらを正しく理解することがそのような問題等に取り組むための重要な第一歩だということである（Marshak, 2013）。事実、最初に診断を行わないでクライアントにアドバイスをしたり、何らかの対応策を講じたりすれば、診断型ODのマインドセットでは誤った実践とみなされる。よって、レヴィンの有名な言葉「アクションなくしてリサーチなし、リサーチなくしてアクションなし」が成り立つことになる（Marrow, 1969）。

診断型ODのマインドセットの2つめの重要な要素は、社会的な力の場に
おいて、どのような変革に対してもそれを促進しようとする力と抵抗しよう
とする力が働くという、レヴィンの考えに由来する。レヴィンは、促進する
力を大きくするよりも抵抗を抑制するほうが、より建設的に変革を進めるこ
とができると主張した。したがって、診断型ODのマインドセットは、抵抗
を特定して弱める方法を特に重視する。意思決定への参加はODが提案する
重要な解決策であり、民主的な価値観と人間尊重の価値観、ならびに変革を
支援する共同的な学習プロセスの必要性と論理的に一致する。この学習プロ
セスでは、一般的に小グループ（チーム、タスクフォース、組織横断的・階層縦断
的グループなど）をアクションリサーチのプロセスに参加させる。その目的は、
状況に影響を及ぼす現実の要因と力を診断し、それによって解凍、移行、再
凍結に必要なモチベーションとコミットメントを創出することである。理想
的には、OD実践者のガイダンスにしたがって、変革の影響を受ける当事者
が参加し、データ収集、分析、意思決定を行い、プロセスを実行するのが望
ましい。

　3つめの核となる要素が加わったのは、1960年代後半にオープンシステム
理論がODの不可欠な一部分となった頃である（たとえば、Emery and Trist,
1965; Katz and Kahn, 1966; Lawrence and Lorsch, 1969など）。その結果、組織が
将来的な成功を目指すためには、組織的要素（ミッション、戦略、構造、システ
ム、リーダーシップ、文化など）をどのように相互調整して、外部の環境に戦略
的に対応できるようにするべきかを示すモデルが登場してきた。組織を「機
械的」なものととらえる一般的なメタファー（Burns and Stalker, 1961）に対
して、「有機的な」ものととらえる新しいメタファーが、診断型ODのマイ
ンドセットに共通する、組織の健全性と健全なプロセスという概念の形成に
つながっている。

　組織の健全性を高めることは、ベックハードによる初期のODの定義
（Beckhard, 1969）において明確な目標として示されていた。特定のグループ
や組織が「健全な」理想の形から外れている様子や、何らかの部分で不具合
が生じている様子を、正しい診断によって明らかにすることができるだろう
と考えられたのだ。このような診断型の考え方は、診断の基準となる「健全

な」組織、「効果的な」組織、「ハイ・パフォーマンス状態の」組織、あるいは「世界規模の」組織などの理想型を必要とする（Burke, 2011; Weisbord, 1976; Nadler and Tushman, 1980）。たとえば、ティシー（Tichy, 1983）は3つの相互に関連するサブシステム（文化的システム、政治的システム、技術的システム）からなる、より拡張的な診断型モデルを提案している。彼は3つのサブシステムに照らしてすべての組織の状態を評価する手法、ならびに、組織の環境に応じてこれらのシステムがどのように調整されるべきかを示した。

　ベストプラクティスの発見、世界規模の企業を基準にしたベンチマーキング、「正しい」データの収集、そして、分析と専門知識を用いて解決できる類いの問題の1つの原因を探し続ける姿勢。これらを重視する傾向が一般的に広まっているために、今日も診断型ODのマインドセットは健在である。このような傾向は「正解」「最適解」「最新のアイデア」などを追求しがちであり、そのために、成功が保証された解決策を提供できる専門家が暗黙的に求められる。

　つまり、対話型ODと最も大きく異なる診断型ODのマインドセットの特徴は、組織のすべての要素がうまく調整され、さらにそれらが現在の環境や競争の脅威に反応するときに、最大に機能するオープンシステムとして、組織を概念化することである。チーム、組織、あるいはコミュニティの現状は、健全な組織の理想型を用いて診断され、変革が必要な側面と、あらかじめ設定された成果を達成するための最良の方法が明らかにされる。変革は、解凍、移行、再凍結の、計画され管理されたプロセスから生じる期間限定的なものであり、結果である。また、有効なデータ、情報に基づく選択、コミットメントを重視する協働的アクションリサーチのプロセスが変革の成功を導く最良の手段とされる（Argyris, 1973）。

　表1.1は、診断型ODと対話型ODの違いを多角的に示したものである。

■ 表1.1　診断型組織開発と対話型組織開発の対比

	診断型OD	対話型OD
影響を受けたもの	古典科学、実証主義、モダニズムの哲学	解釈主義的アプローチ、社会構成主義、批判哲学、ポストモダニズムの哲学
主要な構成概念	組織は生命体のようなものである。	組織は意味を形成するシステムである。
存在論と認識論	● 現実は客観的事実である。 ● 現実は1つである。 ● 真実は先験的かつ解明可能なものである。 ● 現実は合理的かつ分析的なプロセスを用いて発見することができる。	● 現実は社会的に構成される。 ● 複数の現実が存在する。 ● 真実は内在的であり、状況から出現する。 ● 現実は交渉によって変わり、権力と政治的プロセスの影響を受ける。
変革の構成	● 通常は目的論的。 ● 客観的な問題解決手法を用いて有効なデータを収集し適用することが変革につながる。 ● 変革は、創出され、計画され、管理される。 ● 変革は、期間限定的であり、線形であり、目的志向である。	● 多くの場合、対話的あるいは弁証法的である。 ● 生成的アイデアを生み出すためのコンテナとプロセスを創ることが、変革につながる。 ● 変革は促進することが可能だが、主として自己組織化する。 ● 変革は、継続的であり循環的である。
変革の焦点	● 行動と、人々の行為を変えることを重視する。	● マインドセットと、人々の考え方を変えることを重視する。

出典：Bushe and Marshak（2009）

対話型 OD のマインドセット

　対話型ODのマインドセットの本質は、日々更新される前提、原則、それらに基づく実践など、さまざまな要素が入り混じりながら進化し続けている。そのため、明確な定義というよりは、あいまいな概要しか提示できないという状況である。ここで理解しておくべきなのは、対話型ODのマインドセットはODの実践の新しい方向性を示すものであり、どれか特定の手法に関連しているわけではないということだ。表1.2が示すように、対話型として利

■ 表1.2　対話型ODの手法

1. アート・オブ・コンヴィーニング（Art of Convening, Neal and Neal）
2. アート・オブ・ホスティング（Art of Hosting, artofhosting.org）
3. アプリシエイティブ・インクワイアリー（Appreciative Inquiry, Cooperrider）
4. シャレット（Charrettes, Lennertz）
5. コミュニティ・ラーニング（Community Learning, Fulton）
6. 関わりの複雑反応プロセス
   （Complex Responsive Processes of Relating, Stacey, Shaw）
7. カンファレンス・モデル（Conference Model, Axelrod）
8. 意味の協応調整（Coordinated Management of Meaning, Pearce and Cronen）
9. サイクル・オブ・レゾリューション（Cycle of Resolution, Levine）
10. ダイナミック・ファシリテーション（Dynamic Facilitation, Rough）
11. エンゲージング・エマージェンス（Engaging Emergence, Holman）
12. フューチャーサーチ（Future Search, Weisbord）
13. インターグループ・ダイアログ（Intergroup Dialogue, Nagada, Gurin）
14. モーメンツ・オブ・インパクト（Moments of Impact, Ertel and Solomon）
15. ナラティブ・メディエーション（Narrative Mediation, Winslade and Monk）
16. オープン・スペース・テクノロジー（Open Space Technology, Owen）
17. オーガニゼーション・ラーニング・カンバセーション
    （Organizational Learning Conversations, Bushe）
18. パーティシペーティヴ・デザイン（Participative Design, M. Emery）
19. ピアスピリット・サークル（PeerSpirit Circles, Baldwin）
20. ポラリティ・マネジメント（Polarity Management, Johnson）

用できる手法は多数あるが、それらの多くは診断型としても利用可能だ。どの手法やアプローチを選択し組み合わせるかを含めて、状況をどのように捉えて、どのように関わるかを決めるのは個人のマインドセットである。

　たとえば、アプリシエイティブ・インクワイアリー（AI）を見てみよう。対話的なマインドセットを解説する研究および文献をこれほど多く提供するODのアプローチはない。だが、数多くの論文や書籍、ほとんどのODのテキストは、AIを診断型ODの観点から論じている。そのため、ディスカバリー、ドリーム、デザイン、デスティニーからなるAIの4つの段階は、聞

───────── （これらのアプローチの文献目録に関しては、www.dialogical.net のリソースのページを参照）

21. プリファード・フューチャリング（Preferred Futuring, Lippitt）
22. リフレクシブ・インクワイアリー（Reflexive Inquiry, Oliver）
23. REALモデル（REAL model, Wasserman and Gallegos）
24. リアルタイム・ストラテジック・チェンジ（Real Time Strategic Change, Jacobs）
25. 再記述（Re-Description, Storch）
26. サーチ・カンファレンス（Search Conference, Emery and Emery）
27. 6つの会話（Six Conversations, Block）
28. SOAR（SOAR, Stavros）
29. ソーシャル・ラボ（Social Labs, Hassan）
30. ソリューション・フォーカスド・ダイアログ
　　（Solution Focused Dialogue, Jackson and McKergow）
31. サステインド・ダイアログ（Sustained Dialogue, Saunders）
32. シンテグレーション（Syntegration, Beer）
33. システミック・サステナビリティ（Systemic Sustainability, Amadao and Cox）
34. トーキング・スティック（Talking Stick, preindustrial）
35. テクノロジー・オブ・パーティシペーション
　　（Technology of Participation, Spencer）
36. U理論（Theory U, Scharmer）
37. ビジュアル・エクスプローラ（Visual Explorer, Palus and Horth）
38. ホール・スケール・チェンジ（Whole Scale Change, Dannemiller）
39. ワークアウト（Work Out, Ashkenas）
40. ワールド・カフェ（World Cafe, Brown and Isaacs）

第1章　対話型ODのマインドセット　53

き覚えのある診断型プロセスの段階に焼き直されている。ディスカバリーの段階で集められたストーリーの数々は、組織の「ポジティブ・コア」を発見するための分析データとなる。ドリームは、よりよい（より健全な）組織を確認する手段として位置づけられる。デザインは望ましい将来の状態を作るための解決策を打ち出す段階として説明される。最後に将来の理想的な状態を現実化するためのアクションは、デスティニーの段階で実施されるという具合である。

　診断型マインドセットの角度から捉えなおしたAIは、基本的な診断型ODのアプローチと類似しているように錯覚され、実は対話型の前提やプロセスの潜在力が認識されにくくなっている。適当な条件が揃えば、診断型のマインドセットによってAIを効果的に利用することもありうる。しかし、これには問題がある。なぜなら、ブッシュとカッサムの研究（Bushe and Kassam, 2005）は、いわゆる対話型のマインドセットの前提に基づいて実践されたAIのプロジェクトのみが、結果的に転換的な変革を成功させたことを明らかにしているからである。

　本書では、特定の対話型ODの手法について、詳しく説明したり利用法を解説したりはしない。表1.2にリストアップしたアプローチのそれぞれについては他の書籍、論文、ウェブサイトが説明しているし、*The Change Handbook*（Holman, Devane, and Cady, 2007）がほとんどのアプローチについて要点を解説している。むしろここでは、すべての対話型ODのアプローチを効果的に用いる際に必要となる根本的な理論と手法について論じる。安定的に結果を出しているOD実践者は、実践の根拠となる理論ベースを持っており、それによってさまざまなアプローチを組み合わせ、融合させて、特定の状況に対応する新しいアプローチを作り出していると私たちは考えている。本書ではそのような理論ベースを提供したい。すなわち、OD実践者が対話型変革の前提とプロセスについてより深く考え、慎重に向き合い、その本質を正しく理解したうえで利用できるようになるための、組織と変革に対する考え方を本書は提供する。

　本書に論文を寄せてくれた執筆者とのやり取りや、他の研究者ならびに実践者との交流を通して言えることなのだが、本書が紹介するすべての前提や

原則を、対話型OD実践者が受け入れるわけではないだろう。個々の実践者はそれぞれ独自の方法で前提や原則を組み合わせていて、対話的な要素だけでなく、診断的なルーツを持つ要素も取り入れている人もいて、その割合も重点の置き具合もさまざまである。私たちが本章で提案するのは、1つの理想型（診断型ODのマインドセット）と区別して、私たちが対話型ODのマインドセットと名付ける、別の形の「理想型」である。

理想型という概念は、前世紀末に社会学者のマックス・ウェーバーが提唱した。理想化されたアイデア、態度、行動を系統立てて表し、現実世界と対比することによって社会と組織の現象を研究するために用いられる概念だ。社会組織の最も合理的な形は「官僚制度」であるとする有名な説は、理想型を説明する一例である（Weber, 1947）。ある2つの官僚制度が完全に同じであることなどあり得ないのだが、すべての理想型の概念と同様に、官僚制度の概念は、私たちにテンプレートを提供して、現実世界の組織を研究し、組織と組織、あるいは組織と理想型との間に類似点と相違点を見出し、同様あるいは類似の概念と言葉を用いて話し合えるようにするための構成概念である。

表1.2のOD実践アプローチに影響を与えたさまざまな理論と実践を分析した結果、現在の対話型ODのマインドセットの基礎として、8つの重要な前提が存在すると私たちは考えている（Bushe and Marshak, 2014）。これらの前提の根底にあるのは、複雑系科学と解釈主義の社会科学という2つの重要な知的ムーブメントである。これらは、研究者と多くの実践者の組織と変革に対する考え方を変え、1980年代および1990年代以降にOD の世界でも目立つようになってきた。

複雑系科学は、一見混沌としたシステムに見えるものが実際には秩序を生み出し、さらに秩序は計画やコントロールが無くとも自然界に絶え間なく出現するという科学的発見をもたらした。この発見は、個人の認知から経済発展まで、すべてのヒューマンプロセスの考え方に革命を起こした。複雑適応系理論（Kauffman, 1995）の発展は、対話的マインドセットに大きな影響を及ぼしてきたのだが、これについては第6章と第7章でより詳しく取り上げ、本書の全編を通しても検討する。

現代科学の世界観の核となる原則に異議を唱える哲学的ムーブメント（多

第1章　対話型ODのマインドセット　「 55 」

くの場合ポストモダニズムに分類される）は、社会科学の分野で徐々に勢力を増し、今では主流といってもよいレベルになっている。私たちはこのようなムーブメントの多くを「解釈主義者」に分類してきた。これらがいずれも、世界は私たちから離れて客観的に観察できるものとして存在しているのではなく、私たちがどのように解釈するかによって創られるものだと考えるという点で一致しているからである。社会的現実は人の相互作用を通して創られると考える社会構成主義（Berger and Luckmann, 1966; Gergen, 2009; Searle, 1995）は、対話型マインドセットの形成に大きな影響を及ぼしてきた（Coghlan, 2011）。また、言葉はただ単に情報を伝えるだけではなく、能動的に私たちの考え方を形成し、そして、私たちが生きる世界も形成する（Heidegger, 1971; Rorty, 1979; Wittgenstein, 1967）という考えからも対話型ODは影響を受けている。これらの理論は第3章と第4章で詳しく論じられる。そして、本書の全体を通して、解釈主義が対話型ODに大きな影響を与えたことが十分に明らかになるだろう。理論と実践の各章でより鮮明になるように、対話型マインドセットの8つの前提と3つの変革プロセスは、これら2つの知的ムーブメント（複雑系科学と解釈主義）が融合したものである。

対話型ODのマインドセットの主要な前提

　ここでは対話型ODのマインドセットを特徴づける理論とアイデアを8つの主要な前提として簡潔に紹介する。これらの前提については、本書の理論と実践のセクションでより詳細に取り上げる。

1. **現実と関係性は社会的に構成される。**今日の対話型ODの土台となっているのは、社会構成主義であり、「真実」は複数あるという考え方である。世の中に客観的事実というものがあるかどうかは別にして、人々がそのような事実を社会的にどのように定義し説明するかによって、社会システムにおける意味が創られる。さらに、唯一の客観的な現実、あるいは唯一の正式で権威ある意見または考えというものがあるわけでもない。大事なのは、多方面にわたるさまざまな意見とそれを唱える人の存在を認め、彼らと関わることである。

第I部　序論および概要

2. **組織は意味を形成するシステムである。** 社会構成主義の考え方と一致
して、人と組織は意味を形成するシステムだと捉える。そのようなシ
ステムにおいては、現実および真実は、社会的な相互作用と合意を通
して絶え間なく形成と再形成が行われ、多くの解釈が可能となる。組
織で起こることは、客観的な外的な要素や力と見なされるものがどの
ようにシステムに影響を及ぼすかよりも、人々がどのように関わり合
い、意味づけをするか、そして誰が関わっているかに影響される。

3. **広い意味における言葉が重要である。** 話される言葉、文章の言葉、シ
ンボルによる表現形式は、意味を知らせたり、伝えたりする以上の役
割を果たしている。言葉は意味を創りだすのである。人々の思考は、
言葉と、互いにコミュニケーションをとる時に用いるストーリーライ
ンやメタファーから大きな影響を受ける。言葉とシンボルが使用され
るグループの中でそれらの意味が変わること、および、そのグループ
の中で使われる言葉とナラティブが変わること、この両方の変化が生
じると変革が起こり、それが維持されるのである。

4. **変革を起こすには会話を変えなければならない。** 現実の社会的構成は、
人々が日々お互いに交わす会話とコミュニケーションの中で形成され
る。変化がどの程度推進されるかは、日常の会話がどの程度変わるか
に左右される。会話の参加者、方法、技術、内容を考えなおし、さら
に今の会話の内容とプロセスから何が生まれているかを問うことに
よって、変革は可能になる。話すことがアクション（取り組みの実行）
なのである。

5. **統一性を求める前に、違いを明らかにするための参加型の探究と積極
的な関与の仕組みを構築する。** 参加型の積極的探究という考え方は、
元になるアクションリサーチの概念を拡張したものである。診断型
OD の場合、行動科学者としての実践者は、クライアント・システム
のメンバーが彼ら自身を診断するプロセスと、行動を選択する決定に、

第1章 対話型ODのマインドセット 「 57 」

クライアントを何回も巻き込んでいく。対話型 OD では、人々の関与の方法とその程度について、診断型 OD よりも広い意味での参加を想定している。探究と学習は、システムに関与し、システムを変えるための、診断に代わる手法として多くの実践者に提唱されてきた。結果として生まれる参加型探究、積極的関与、内省のプロセスは、多様性を最大化させ、どれか 1 つを特別扱いすることなく、さまざまな見方とモチベーションを表面化させ、組織の中に統一性と調和を出現させることを目的としている。

6. **グループと組織は絶え間なく自己組織化する。**複雑系科学に従い、組織は自律的に組織化し出現するシステムだと捉える。これは、組織を生命体としてのオープンシステムとする考え方よりも重視される。組織は時折変化するものの本来は安定した実体であると考えるのではなく、永続的に不安定で、変化の程度に違いはあるが、常に変わり続けるものだと見なされる。OD コンサルタントは通常起こっているプロセスを促進させたり、軌道を変えたり、創造的破壊をさせたり、あるいは揺るがしたりするが、解凍と再凍結は行わない。

7. **転換的な変革は、計画的というよりも、より創発的である。**転換的な変革は、合理的に設定された成果に向けて変革を試みるという、チェンジ・マネジメントのやり方で計画的に実施することはできない。むしろ組織を変えるためには、未知の領域に進む間は目的を保留の状態にしておく必要がある。計画して管理しようという試みは、転換的な変革を支援するのではなく、かえって障害となる。実際には、人々が共通の目的やモチベーションを発見できるようにするためには、現状のパターンに創造的破壊が起こることが必要なのである。変革プロセスは階層制に基づくトップダウンのプロセスではなく、より異階層的なプロセスである。変化は組織のどの部分からでも起こる可能性があり、実際に起こるのである。

8. **コンサルタントはプロセスの一部になる。プロセスから離れてはならない。** ODコンサルタントは現実の社会的構成の外側に立って、社会的な相互作用を客観的に観察する人や、その相互作用から独立したファシリテーターになってはならない。単にその中に存在し、意味を作るプロセスに影響を与えるディスコース的ナラティブの一部になるのである。コンサルタントは組織の中に自分が入っていることに気づく必要があり、自分たちはどのような意味を作っているのか、また、自分たちの行動がどのナラティブを重視あるいは軽視しているのかについて、内省しながら考えなくてはならない。

　表1.3（次頁）に示したように、これらの前提は、ODの基礎となる構成要素に関して、従来とは異なる考え方を実践者に提示する。たとえ実践者が診断型ODに準ずるコンサルティング手法を採用したとしても、対話型のマインドセットを基盤として活動することができる。たとえば、ある実践者が組織やコミュニティに入り込み、人々と協働するとしよう。この実践者は懸案事項に関して人々を巻き込んで対策を考える。また、人々がアイデアと情報を伝え合うためのプロセスを創出し、指図をするような専門家にならないように気を付ける。この実践者の活動は診断型ODのテキストの内容そのままであるように見える。しかし、これらすべての活動と、それに伴うプロセス、手段、技法が、対話型ODのマインドセットにしたがって実践された場合、コンサルタントが選ぶプロセスと行動は非常に異なったものになるだろう。

　ショウの言葉を借りれば、次のようになる。「組織化とは本質的に、対話的なプロセスである。すなわち連続と変化が自然発生的に出現する世界の一部である。だから必然的に自己組織化するプロセスである。こう理解するならば、変革に関するあらゆる種類の組織的活動について、これまでとは別の考え方をしなければならない」(Shaw, 2002, p.11)

表 1.3　診断型 OD と対話型 OD のマインドセット
（マックス・ウェーバーが提唱した「理想型」として）

	診断型 OD	対話型 OD
存在論	● 実証主義 ● 客観的現実	● 解釈主義 ● 構成主義 ● 社会的現実
組織とは	オープンシステム	対話的ネットワーク
重視するのは	行動と結果	ディスコースと生成的能力
変革とは	● 計画される ● 期間限定的 ● より発展的に	● 出現する ● 継続的かつ反復的 ● より転換的に
コンサルタント	● 境界上に留まる ● パートナーになる	● 中に入り込む ● 一部となる
変革プロセス	● 階層的 ● 上層部で開始され、下部に広まる	● 異階層的 ● 組織のどこからでも始まり、大きく広まる

出典：Bushe and Marshak（2014）

対話型ODによる組織変革の3つの重要なプロセス

　表1.2の対話型ODの手法（これらはさらに増え続けている）を見ると、対話型OD実践者には実に多くの選択肢があるとわかるだろう。しかし、実際に対話型ODを成功させる基盤となる変革プロセスは、それほど数と種類が多いわけではないと私たちは考えている。表1.2のいずれの手法に関しても、実践者が集う場などでは、一般的に成功談よりも失敗談が語られるほうが多い。書籍や雑誌に掲載されるケーススタディはたいてい成功した事例だが、調査結果を見てみれば、実際の成功率は一般的に50％を大きく下回る（Beer, Eisenstat, and Spector, 1990; Zackrison and Freedman, 2003）。どうやら対話型ODを用いて常に成功を収めている人々が一部にはいるものの、単純にオープン・スペース、アプリシエイティブ・インクワイアリー、その他の対話的プロセスを公式の方法通りに実践しても、組織開発が成功するとは限らないようである。対話型のマインドセットの要点をまとめる仕事に今回取り組んだのは、成功率あるいは失敗率は手段や技法だけではなく、実践者のマインドセットも関連するのではないかと考えたからである。

　これから私たちが提案する3つの重要な変革プロセスは、単独であれ組み合わせであれ、どの対話型ODの手法を用いても、成功に不可欠な要素である。単純にうまく設計されたダイアログに参加したり、人々が自分の気持ちを進んで話せるようなスペースを作ったり、人々がお互いの話を進んで聞けるようなスペースを作ったりするだけでは、転換的な変革を起こすには不十分である。大人数のイベントを主催する場合でも、対話形式のプロセス・コンサルテーションで少人数のグループやチームと協働する場合でも、あるいは1対1のコーチングにおいても、実践の最中に3つの中の1つまたはそれ以上のプロセスが生じることが必要だと私たちは考える。

**変革プロセス1：現在における現実の社会的構成に創造的破壊が生じ、
　　　　　　　　より複雑な再組織化が行われる。**

　対話型ODは、自然界の複雑系がそうであるように、社会システムも自己組織化すると考える。自然界では、リーダーや計画が無くとも、ばらばらに

見えるものがパターンを形成していく。非線形方程式により生じる数列でさえ、パターン化する。組織は出現するのである。自然災害が発生すると、ほんの数時間のうちに何千もの人々が自律的に組織化する。複雑性と創発の概念を取り入れることによって、対話型ODは、「現状を分析し、ビジョンを明確にし、そのビジョンを達成するための計画を策定し、実行する」という変革リーダーシップのモデルに取って代わる、実現可能なモデルを提供できるのである。

　社会秩序（どのように人々がコミュニケーションをするのか、どのように集団に属したり疎外されたりするのか、どのように意思決定がなされるのか、どのように葛藤が解決されるのか、などに現れる社会的関係性のパターン）が、状況に合わなくなった時、あるいは、メンバーが納得できないものになった時、そして、元の状態に戻せる可能性がほとんどない場合、創造的破壊が生じたといえる。創造的破壊は計画的に起こすこともできるが、自然に生じる場合もある。創造的破壊は常に非線形であり、計画によって生じた場合、一般的に予想外の結果をもたらし、時には幸運な結果が生まれる可能性もある。創造的破壊の影響を受けた人々は自己組織化し、リーダーや計画が無くても変容を遂げるかもしれない。不快で望ましくないものかもしれないが、とにかく何かが出現するだろう。

　計画的であろうとなかろうと、現状の意味を形成するプロセスにおいて創造的破壊が生じないことには、転換的な変革が起こる可能性は低い（Holman, 2010; Stacey, 2005）。ODプロセスの一環として、実践者の支援により、リーダーはグループ、組織、あるいはステークホルダーのネットワーク内の、意味を形成するプロセスに創造的破壊を生じさせようと試みる。あるいは、計画外の創造的破壊が生じ、その対策について実践者に支援を要請するかもしれない。さまざまな種類の対話型ODのアプローチでは、コンテナを作るよう考えられている。そのようなコンテナの中では、互いに真剣に話をする参加者や関係者にとって、創造的破壊は原因にも結果にもなりうる（アプローチの種類に関係なく、コンテナを運営するにあたっての一般的な考察は第13章を参照のこと）。転換的な変革には、現在進行中の自己組織化のパターンを破壊させることが必須なのである。

創造的破壊は決して穏やかな現象ではないため、どのようなマインドセットを持つOD実践者であっても、変革に伴う不安をコントロールし軽減する方法を見つけようとする。だが、自己組織化のプロセスを計画したり完全にコントロールしたりすることは不可能であるため、対話型の実践者は創造的破壊の前、最中、後に起こる事象に働きかけ、新しい、より効果的な組織化のパターンが出現するようサポートする。カオス状態に近づいた組織は、何らかの要素が予測不可能な限界を超えるときにその構造を保てなくなる。これが分岐点であり、ここでそれまでの組織が分解しシステムは大きく変化する。この時点では、変革の可能性の範囲はわかっても、特定のシステムがどこに向かうのかはまだわからず、状況に応じた変化が出現しただけである。選択肢の幅は、完全な分解から、複雑系のより高いレベルにおける再組織化まで広がる（Prigogine and Stengers, 1984）。

　対話型ODのマインドセットとは、創造的破壊と創発の自然のプロセスに対処していくことである。たとえば、対話型ODのマインドセットにしたがってプロセスに取り組む実践者は、組織が重大な危機に直面している場合には、たとえ安定した、そして、おそらくは快適な状況であっても、そこにより大きな直面化が起こるように仕向けることがある。人々が状況の複雑性と緊急性に向き合う直面化は、うまくいけば、より強いカオスの感覚をもたらすが、これこそ自己組織化に必要な要素である（Pascale, Milleman, and Gioja, 2001）。自律的な変革が突然湧き上がるように発生し出現するのは、カオス状態になる一歩手前の境界線上であり（Kauffman, 1995）、不安が最大限に膨れ上がった時なのである（Stacey, 2005）。

　ネットワークを広げて強力なものにすることは、不安への対処と自己組織化の促進にとって有効である。そのため対話型ODの実践者は、人々の共通の関心および補完的な関心を見出し、直面する複雑な状況について考え、新たな意味を形成するプロセスを支援しながら、関係と信頼の構築に取り組むのである。対話型OD実践者は、ネットワークのコミュニケーションと関係性が豊かであればあるほど、分岐点を過ぎた後で「より良い」場所に着地できると考える。理論セクションの第6章と第7章では、複雑性と創発について詳しく論じ、対話型ODの実践への影響について考える。

変革プロセス2：1つまたは複数の核となるナラティブに変化が生じる。

　対話型のマインドセットでは、言葉は単に情報を伝える以上の働きをすると考える。言葉は、私たちがどのように考えるか、何に気づくのか、自分たちと他者にとって意味を持つのは何であるか、などを具体的に表す。ハイデガーの言葉を借りれば「語の中に、言葉の中に、初めて物は生じ、また、ある」（Heidegger, 1959, p.13,『形而上学入門』川原栄峰訳、平凡社 より引用）のである。

　対話型ODは、組織において「現実」あるいは「真実」であるもの（たとえば、私たちの目的は何であるか、それを達成する最良の方法は何か、誰が影響力を持ち、誰が持たないのか、利害関係者は誰か、最重要課題は何か、最も大きなチャンスは何かなど）は社会的に構成された現実であると考える。つまり、何が「客観的に見て真実」であるか、あるいは、そうでないかに関係なく、人々が真実であると信じていること（その結果、彼らの思考と行動に影響を与えるもの）は、過去の相互作用に起因する社会的に構成された現実に組み込まれた、社会的な相互作用から生じると考えるのだ。日々交わされるあらゆる会話において、現実の社会的構成が作り出され、維持され、そして変わっていく。組織は、新しい言葉が人々のボキャブラリーに加わる時に変化し、また、人々が言葉に与える意味とその他の「ディスコース的現象」が変わる時に変化する（Barrett, Thomas, and Hocevar, 1995; Marshak, 1998）。ナラティブは、組織の人々の意味の形成に関して、それがどのように維持されているか、あるいは、どのように変わるかを理解するための最も重要なディスコース的現象の1つである。

　核となるナラティブとは、テーマを持つストーリーであり、私たちの組織の日常を説明し、そこに統一性をもたらすような日常会話、文書、メタファー、象徴的表現などに組み込まれている。そして、何が重要であるか、物事がどのように関連しているか、どういう可能性が見込まれるか、組織の一員としてどのように振る舞うべきか、などの判断から成り立つ社会的に構成された現実を作り上げ、人々の間に伝達する（Grant et al., 2004; Marshak, 1998）。核となるナラティブは、単に会議や休憩室で交わされる雑談以上の意味を持つ。それらは、1つのストーリーというよりも、さまざまな相互作

用と事象を網羅できるストーリーラインなのである（Boje, 1991）。たとえば、「組織の健全性についてのナラティブ」はOD実践者の考え方に影響を与え、その逆の考え方をもつマネジャー、すなわち、組織の機械的なイメージに基づく効率性と生産性のナラティブを重視するマネジャーと対峙するために、OD実践者によって用いられてきた。

　個人の行動もまた、個人的なナラティブの影響を受ける。個人的なナラティブは、彼または彼女が誰であるか、何ができて、何をするべきなのか、すべての状況で何が可能であるのかを「伝える」。

　たとえば、自らの人生経験から、成功するリーダーとは「仕切る」タイプで、断固としていて、むしろ恐れられるくらいであるべきだと信じているとする（すなわち、「白馬に乗った救世主」または「艦長登場」のナラティブ）。すると、「サーバント・リーダーシップ」を実行すれば弱いリーダーだと見なされると思い込み、必要な状況においてさえ、そのように振る舞うのを避けるかもしれない。ナラティブは、その内容が白馬にまたがるリーダーでも、機械なみの効率性と生産性の要求でも、あるいは、組織の成長と健全性を高めるような改善であっても、物事に対する考え方の文脈を作り上げ、それにより思考と行動を実行可能にすることもあれば、制限してしまうこともある。

　ナラティブは、現状を支える支配的あるいは意図的な理論的根拠を形成し、同時に新しい潜在的可能性への道筋を示す。対話型ODのマインドセットは、人々に合意された新たなナラティブが出現しないことには、転換的な変革は実現不可能だと考える（Marshak and Grant, 2008）。その新しいナラティブとは、現在またはこれまでにパワーや権威をもつ人によるナラティブの裏側に潜んでいた、新しい現実と可能性を説明し支持するようなものである。新しいストーリーは、変革、特に文化の変革を成し遂げる1つの方法である。そのような変革は、多くの場合、参加者が作り出して広く共有されることになる新しいストーリーの成果として起きる（Brown and Humphreys, 2003; Buchanan and Dawson, 2007）。

　表1.2のさまざまな手法は、組織のナラティブとストーリーを作るプロセスへの意識的な働きかけとして用いることができる。第3章では、社会構成主義の哲学的基盤の概要を論じる。第4章では組織ディスコースの新しい研

第1章　対話型ODのマインドセット　「65」

究分野における最近の成果を紹介する。いずれも対話型ODの実践に関連する内容である。会話とナラティブの変革に関する、さらなるアイデアと情報は、実践のセクションで提供される。特に、第16章の対話型ODのコーチング、第17章の対話型プロセス・コンサルティング、第9章の「変革を可能にするもの」で詳しく論じられる。

変革プロセス3：生成的イメージが導入されるか、または自然に表れ、思考と行動のための新しい説得力のある代替策を提供する。

生成的は、生み出す力、生産する力、創出する力を意味する形容詞である。対話型ODは、転換的な変革には新しいアイデア、新しい会話、新しいものの見方が必要だと考え、それらを生み出す能力やプロセスに注目する。ブッシュの研究によれば、**生成的イメージ**はアプリシエイティブ・インクワイアリーを成功させるための鍵となる要素である（Bushe, 1998, 2010, 2013a; Bushe and Kassam, 2005）。またブッシュは、対話型ODの成功にとっても中心的な要素であると提案している（Bushe, 2013b）。生成的イメージは、社会と組織の現実に関して、新しい考え方を提供する言葉、絵、あるいは、その他の象徴的なメディアの組み合わせである。人々は生成的イメージによって、それが現れる以前には思いつかなかったような決定や行動を想像できるようになる。高度に生成的なイメージのもう1つの特性は、引きつける力を持つことだ。人々は生成的イメージによって喚起される新しい機会に従うように行動したいと考えるのである。

たとえば、対話型の変革プロセスをチームに用いた研究においてブッシュが発見したのは、袋小路に入ってしまったチームでも、最高のチーム体験のストーリーについて話し合う機会を得ると、多くの場合、生成的イメージがチームに生まれ、はまり込んでしまったジレンマから脱する方法を見つけられる、ということであった（Bushe, 1998）。彼が例として紹介したチームでは、メンバーがお互いに相手に負けまいという個人的な感情を抱え、チームの勝利のためには互いに協力しなくてはならないという思いとの板挟みになって悩んでいた。彼らがチームの緊張状態を解くきっかけとなったのは、メンバーの1人が参加していた、寄せ集めのバスケットボールチームの話である。

そのチームでは誰もが斬新な動きやプレイを編み出そうと競い合っていたのだが、ある時、それでは勝てないと気づいた彼らは、皆が他のメンバーに新しい動きを教えるようになったというのだ。「路地裏のゲーム」はこのチームにとっての生成的イメージとなり、最高の競争的行動と最高の協同的行動が結合した、ハイ・パフォーマンスなチームを作るための新しいアプローチが生まれたのである。

　イメージが生成的であるかどうかは、イメージが用いられる状況に左右される。また、グループの人々にとって新しいものであり、彼らを魅了するものでなくてはならない。引きつけるような生成的イメージは、可能性を制限するような強制的なナラティブや社会的な合意を超越する、新しい可能性を人々に想像させる。生成的イメージによって刺激されたアイデアや洞察は、それまでの凝り固まった思考から人々を解放し、不可能あるいは想定外であったかもしれないことを現実的に考えるための道を切り開く（Marshak, 2006）。時として、そのようなイメージによって人は考え方の対立をも克服し、いずれか片方と考えられていたことが、両方の可能性を考えられるようになる。たとえば、持続可能な開発のイメージは、環境保護対経済発展という考え方の対立を超越して、世界中のエコロジーのナラティブを変容させた。

　表1.2のさまざまな手法では、プロセス開始時の探究のテーマまたは質問として生成的イメージを利用できる（Bushe, 2013a; Storch and Ziethen, 2013）。あるいは、新しい生成的イメージが対話と探究のプロセスに出現するよう働きかけるという方法も有効だろう（Bushe, 1998; Marshak, 2004）。生成的イメージの本質とそれらを用いる方法は、第5章と、実践セクションのいくつかの章で詳しく論じられる。特に、第9章（変革を可能にするもの）、第12章（探究を組み立てる）、第15章（変革の強化）では、生成的な会話のプロセス、生成的探究、生成的イメージの活用について議論を展開する。

変革プロセスのまとめ

　今の時点では、転換的な変革を成功させるために、これらの根本的なプロセスが1つより多く必要なのかどうか、私たちにもわからない。しかし、3つのプロセスが互いに関連しているように思われるのは確かである。たとえ

ば、進行中の自己組織化のプロセスにおける創造的破壊を伴わないような、核となるナラティブの変化をイメージするのは難しい。その一方で、長い期間を見てみれば、必ずしも創造的破壊を伴わずに核となるナラティブが変化する場合もある（Barrett, Thomas, and Hocevar, 1995）。もっとも、常に変化し続ける世界においては、たいていの場合「創造的破壊」は一時的に認識される現象にすぎない。同様に、生成的イメージを用いて成功するためには、創造的破壊あるいは核となるナラティブの変化のいずれかが必要であるかどうかも、はっきりしない。しかし、これらすべてが共存できるのは明らかである。私たちがここで提案するのは、対話型ODのマインドセットが、特にこれら3つの変革プロセスとうまく調和するということである。また、優秀な対話型ODのコンサルタントは、意図的に、あるいは直感的に、1つか、または、すべてのプロセスが起こる可能性を最大化するために、多様な手法をミックスし組み合わせるだろう、ということである。

　要するに、対話型ODのマインドセットが前提とするのは、グループや組織とは、ナラティブ、ストーリー、イメージ、シンボル、ならびに対話を通して絶え間なく創出され、維持され、変革されながら、自己組織化する、社会的に構成された現実であるという考えだ。実践者やコンサルタントの役割は、転換的な変革の実現につながる新しい語られ方と考え方の育成、維持、そして促進を支援することである。この役割は、一般的に、現状の相互作用をより多様性のあるものにすること、話題の焦点を問題点から可能性に移すような生成的な質問をすること、さまざまな会話が起こるようなコンテナあるいは場を作ること、そして、有益な成果につながる関わりを促進すること、によって果たされる。

　対話型ODの実践者は、解釈主義の観点から意味を形成するプロセスについて考え、探究を助長し、会話がどのように社会的現実を作るのかに注目し、連続的な創発のプロセスとしての組織の変革を促進する。このような考え方は、組織とは科学的に研究されるべき対象であるとする診断型ODのマインドセットと対照的である。診断型のマインドセットでは、正確な診断を実施すること、会話は客観的現実（事実）を伝えるものだと確信すること、さらに変革は期間限定的なものであり、計画とコントロールが可能なものと考え

ること、という捉え方をする。

診断型 OD と対話型 OD の類似点は何か

　マインドセットがこのように違っているのに、なぜ私たちは診断型ODと
対話型ODの両方を組織開発の型として認めるのだろうか。主な理由は2つ
ある。多くの共通する価値観があること、そして、促進的かつ非指示的な方
法で組織、コミュニティ、ならびに人々の生活をよくしたいと願っているこ
とである。

　対話型ODのマインドセットは、OD創始者たちが提唱したすべての前提
を取り入れているわけではないが、彼らが重視したクライアント中心主義と
プロセス志向、協働的価値観、人間尊重の価値観、民主的な価値観は大切に
守っている。

共通する価値観と願い

　私たちは、あらゆる型のODに共通する、基盤となる価値観が存在すると
考える。いわゆる診断型ODや対話型ODにおいても、そのような価値観と
理想は、人間尊重と民主的な前提として反映されている。具体的には次のと
おりだ。ODの実践は人々をエンパワーする特性や協働的な特性を持つこと。
システムを変えるためにシステムについての気づき、そしてシステムの中で
起こっていることへの気づきを深めること。コンサルタントは実践を促進し
支援する（専門家とは対照的な）役割を担うこと。組織ならびにより広い社会
システムを発達させ改善するという根本的な目的を持つこと、である。

　古典的な診断型の実践と同様に、対話型ODの実践は、参加型の特徴が強
く打ち出されており、既得権による影響力を避けようとする。関係性と組織
の新しい現実を共同構築する際に、システム内の多様な立場の人々ができる
だけ平等に参加できるようにするためである。対話型ODと診断型ODの相
違点がこれまであいまいにされてきたのは、いずれのODも組織における気
づきを促進するという点で共通しているからだ。対話型ODにおける気づき

第1章　対話型ODのマインドセット　　[69]

は、会話と関係性に関する探究のプロセスを通して高まり、それ自体の過程でも変革が生まれる。対照的に、診断型による探究のプロセスは、決められた最終状態に到達する方法を計画する前に、変革が必要な要素を明らかにするためのプロセスである。にもかかわらず、情報とアイデアが共有され話し合われるからという理由で、対話型ODのプロセスも「データ収集」や古典的な診断型と同じであると見なされがちだ。

　探究とデータ収集は同義的でありうるが、対話型ODの探究のイメージは、たとえば、ナドラー（Nadler, 1977）の古典的なODテキストのデータ収集の見方とは大きく異なる。ガーゲン（Gergen, 1978）による初期の分類を借りるなら、「理解すること」のニュアンスは診断型と対話型のマインドセットでは大きく異なる。診断型ODの科学的な見方によれば、「理解する」は水面下を観察すること、どのような人が観察しても変わらずにそこに存在する、普遍的な真理を見出して明らかにすることを意味する。一方で、対話型ODのマインドセットにとって「理解する」とは、意味づけすること、他の経験との統一性または統合性をもたらすような人間の経験を列挙する、または表現する方法を提供することを意味する。診断型ODの「理解」によれば、真実はそこにあって、発見されるものである。対話型ODの「理解」によれば、真実は自分たちが共同で創り出すものである。したがって、診断型のマインドセットにおいては、診断的な探究は変革の前に生じ、変革の方法に関する決定に影響を及ぼす。対話型のマインドセットでは、探究と変革は、同時に、そして継続的に起こるのだ。

　対話型ODにおけるコンサルタントの役割もまた、専門家としてのアドバイスを与えるのではなく、人々を支援して変革の実現を促進することを重視するという点で診断型ODと一致する（Schein, 1969, 1988）。診断型ODのコンサルタントと同じく、対話型ODのコンサルタントも、人間社会のダイナミックスを深く理解し、組織の目標とODの価値観の実現を支援するプロセスを提供することに専門性をもつ。しかし、対話型ODのコンサルタントがこの役割を実行する上での根本的なマインドセットは、診断型とは異なるものであり、これは実践セクション［第III部］のいずれの章を読んでも明らかである。このことは実践者が自分たちの取り組みをどのように解釈し把握する

かという点で多くの違いを生じさせる。たとえば、対話型ODでは、コンサルタントは、個人あるいはクライアントのシステムが自ら変革に取り組むための「コンテナ」を作る人、そして、そこに参加者を招集する人として行動する。彼らは、明示された目標を達成するために、診断し、介入し、対人間やグループでの関わりのファシリテーションをするといった、中心的人物にはならない（これらはすべて診断型ODの特徴である）。

しかし、コンサルタントとクライアント・システムとの関係において、クライアントの問題に特定の解決策を提供するのではなく、社会的なプロセスを機能させることに専門性を発揮するという点では、どちらの型のODも同様である。たとえば、コンサルタントがあるグループの将来の戦略を支援する場合、彼らはどの戦略を適用するべきかのアドバイスを与えるわけではない。最終的に、どちらの型のODコンサルタントも、クライアントのシステムの潜在的可能性の開発を重視し、クライアントがコンサルタントに依存することを避けようとする（Cummings and Worley, 2009）。

コンサルタントの役割として、能力の向上を重視していることは、2つの型のODが共有する最後の特徴である「開発・発達」への関心と関連している。もっとも、組織を開発するということが何を意味するのかは、OD理論の中で最も開発が進んでいない側面である。個人、グループ、組織、そして組織間のレベルの開発（発達）のモデルは、より発達した状態なるものについて似たような概念を共有しており（Bushe and Coetzer, 2007）、少なくとも3つの相互に関連する共通の要素がある。

1つめは、個人、グループ、組織、ネットワーク（「システム」）の発達が進むにしたがって、それぞれの自己に対する気づきが深まる。つまり、自分たち自身について語ることができるようになる。組織の場合、メンバーが組織をどのように見ているかについて、お互い自由に話せるという意味である。

2つめは、より発達したシステムにおいては、感情的で即応的な行動が減少し、理性的な目標志向型の行動が増えるということだ。このような発達した状態は、感情を抑圧したり否定したりして、それについて話し合える雰囲気を無くしてしまうことから生じるのではなく、むしろ正反対である。起こった感情を公表することは、感情に付随する不合理な行動を強制する力を

抑制し、現実的な判断に基づく選択を行いやすくする。

3つめは、システムが発達しているほど、そのシステムは自己の潜在力をよりよく実現できるということである。システムは自己の強みと弱みをより深く認識し、さらに眠っている潜在力にも気づきやすくなる。また、単に不安を恐れて、潜在力の発揮に常に伴うリスクを避ける可能性も少なくなる。

表1.4は診断型ODと対話型ODの類似点の一部をまとめたものである。

時代が違っても、目的は同じ

ここで重要なのは、対話型ODのマインドセットは比較的新しいアイデアや理論の影響を大きく受けており、一方でODの創始者たちはそのようなアイデアや理論に接する機会がなかったということだ。いつの時代においても革新者となる人は、彼らの時代の支配的な生成的イメージやメタファーと対峙しなければならない。今日では、クルト・レヴィンのモデルは時代遅れで機械主義的なものに思えるかもしれない（Boje, Burnes, and Hassard, 2012）。だが、レヴィンがこのモデルを開発した当時、彼の力動的な場の概念は、他の研究者たちと比較してもはるかに生命的でシステム的なものであったのだ。

ロン・リピット（Lippitt, 1980）とレヴィン（Joseph and Neumann, 2014）が、対話型ODのマインドセットとして私たちが紹介してきた前提の一部を取り入れていたという証拠もある。1940年代、1950年代、1960年代は、ポストモダニズムはまだよく知られていないか、あるいは、米国の社会科学に受け入れられておらず、複雑系の理論は存在さえしなかった。しかし、多くの創始者たちも今生きていれば、対話型のマインドセットは、組織と変革について考えるための正当な方法であると認め、ODと呼ばれる実践の分野に属すると考えるだろう。そして現在、このODは、よりよい世界を創るという情熱をもって、組織の内と外との境界線上で活動することを楽しむ、独立独行の人々やチェンジエージェントの支持を獲得している。

ODの研究者と実践者に独立独行的な傾向があったからこそ、従来のODの内部と周辺から、オリジナルな概念として、対話型ODのマインドセットが出現したと私たちは考える。実際のところ、草創期から、ODの成文化と認証機関の設立が常に試みられてきた。たとえば、会計士、ファイナンシャ

■ 表1.4 診断型ODと対話型ODの類似点

- いずれも確固とした、人間尊重の価値観と民主的な価値観に基づく。
- システムについての気づきの高まりを促進する。
- コンサルタントはコンテント（内容）ではなくプロセスを重視する。
- システムの能力の向上と開発・発達を促進する。

出典：Bushe and Marshak（2009）

ル・プランナー、法律家、エグゼクティブ・コーチなどでは、プロフェッショナル業務の権威的な形式を作る有力な方法として資格認定機関が設立されている。その一方で、長年ODの研究者と実践者が憂慮してきたことがある。資格認定機関はメンバーのプロ意識を高め、消費者やクライアントを保護するという立派な目的を掲げてスタートするだろう。だが、やがて必然的にイノベーションの障害になるだろうということだ。したがって、ODの専門家団体は、米国経営学会（Academy of Management）の組織開発・組織変革部門やODネットワークによって設定されたガイドラインに代表される、ゆるやかな指針を示すに留めている。そして、ODと認められる条件や実践と教育の正しい方法を厳しくモニターしたり制限したりするような専門家集団には決してならないと決めている。このような考え方が、何がODであるかを曖昧にし、ODの社会的な認知度を低くしているという意見も一部には見られる。しかし、境界に生きるOD界のメンバーの一員として私たちは、正式に決められた境界線がないために、ODのアイデアと実践は活気に満ちたものとなり、今までにない新しい実践の形として対話型ODが出現したのだと主張する。おそらく、形式的な境界線があり、強制的なメカニズムがもっと強く機能していたならば、私たちは診断型ODと対話型ODの類似性を認めることができず、むしろ相違点のみを強調し、「対話型コンサルティング」はまったく新しい異なる実践の領域だと主張していただろう。だがそうではなく、ODは長年にわたって、イノベーションを受け入れてきた。そし

第1章　対話型ODのマインドセット　　73

て診断型ODと対話型ODには、重要な共通点と共有する伝統があるということは、これらがコンサルティングや変革の全く異なる種類なのではなく、両方とも異なる形態のODなのだということを示唆している。

最後に

　面白いことに、本書の編纂を行っている間に、**対話型OD**という言葉で、私たちが論じた3つの変革プロセスを説明できるという指摘を受けた。つまり、対話型ODは、ODについて考え、話し合うための新しい方法を開拓する**生成的イメージ**である。また、対話型ODは、ODのコンサルティングと変革について人々がどのように教え、話し、考えるかに影響を与える、今までにない新しい**ナラティブ**を提供している。そして、対話型ODは、称賛と批判を同時に集め、現状での創造的破壊を引き起こしている。さらに、ODの領域、特にOD実践者の教育の領域を、より複雑性が高いレベルでODの意味を再組織化しようとする機運が高まっている。この指摘が正しいかどうかは、時間が教えてくれるだろう。いまは、次の章に進み、対話型ODの現在の実践について私たちにわかっていることを見てみることにしよう。

引用文献 ···

Argyris, C. (1973). *Intervention Theory and Method*. New York, NY: Wiley.

Barrett, F. J., Thomas, G. F., & Hocevar, S. P. (1995). The Central Role of Discourse in Large-Scale Change: A Social Construction Perspective. *Journal of Applied Behavioral Science*, 31(3), 352-372.

Beckhard, R. (1969). *Organization Development*. Reading, MA: Addison-Wesley. (『組織づくりの戦略とモデル』リチャード・ベックハード著，髙橋達夫，鈴木博訳，産業能率短期大学出版部，1972年）

Beer, M., Eisenstat, R., & Spector, B. (1990). Why Change Programs Don't Produce Change. *Harvard Business Review*, 6, 158-166.

Berger, P., & Luckmann, T. (1966). *The Social Construction of Reality*. Garden City, NY: Doubleday. (『現実の社会的構成——知識社会学論考』ピーター・L・バーガー，トーマス・ルックマン著，山口節郎訳，新曜社，2003年）

Boje, D. M. (1991). The Storytelling Organization: A Study of Performance in an Office Supply Firm. *Administrative Science Quarterly*, 36, 106-126.

Boje, D., Burnes, B., & Hassard, J. (Eds.) (2012). *The Routledge Companion to Organizational Change*. London, United Kingdom: Routledge.

Brown, A. D., & Humphreys, M. (2003). Epic and Tragic Tales: Making Sense of Change. *Journal of Applied Behavioral Science*, 39(2), 121-144.

Buchanan, D., & Dawson, P. (2007). Discourse and Audience: Organizational Change as Multi-story Process. *Journal of Management Studies*, 44(5), 669-686.

Burke, W. W. (2011). *Organization Change* (3rd ed.). Thousand Oaks, CA: Sage.

Burns, T., & Stalker, G. M. (1961). *The Management of Innovation*. London, United Kingdom: Tavistock.

Bushe, G. R. (1998). Appreciative Inquiry with Teams. *Organizational Development Journal*, 16(3), 41-50.

Bushe, G. R. (2010). Being the Container in Dialogic OD. *Practicing Social Change*, 1(2), 10-15.

Bushe, G. R. (2013a). Generative Process, Generative Outcome: The Transformational Potential of Appreciative Inquiry. In D. L. Cooperrider, D. P. Zandee, L. Godwin, M. Avital, & B. Boland (Eds.), *Organizational Generativity* (pp.89-122). Bingley, United Kingdom: Emerald.

Bushe, G. R. (2013b). Dialogic OD: A Theory of Practice. *OD Practitioner*, 45(1), 10-16.

Bushe, G. R., & Coetzer, G. H. (2007). Group Development and Team Effectiveness: Using Shared Cognitions to Measure the Impact of Group Development on Task Performance and Group Viability. *Journal of Applied Behavioral Science*, 43(2), 184-212.

Bushe, G. R., & Kassam, A. F. (2005). When Is Appreciative Inquiry Transformational? A Meta-case Analysis. *Journal of Applied Behavioral Science*, 41(2), 157-160.

Bushe, G. R., & Marshak, R. J. (2009). Revisioning Organization Development: Diagnostic and Dialogic Premises and Patterns of Practice. *Journal of Applied Behavioral Science*, 45(3), 348-368.

Bushe, G. R., & Marshak, R. J. (2014). The Dialogic Mindset in Organization Development. *Research in Organizational Change and Development*, 22, 55-97.

Chin, R. E., & Benne, K. D. (1961). General Strategies for Effecting Change in Human Systems. In W. G. Bennis, K. D. Benne, & R. E. Chin (Eds.), *The Planning of Change* (pp.32-57). New York, NY: Holt, Rinehart & Winston.

Coghlan, D. (2011). Action Research: Exploring Perspectives on a Philosophy of Practical Knowing. *The Academy of Management Annals*, 5(1), 53-87.

Cummings, T. G., & Worley, C. G. (2009). *Organization Development and Change* (9th ed.). Cincinnati, OH: South-Western College Publishing.

Emery, F. E., & Trist, E. L. (1965). The Causal Texture of Organizational Environments. *Human Relations*, 18(1), 21-32.

Gergen, K. J. (1978). Toward Generative Theory. *Journal of Personality and Social Psychology*, 36 (11), 1344-1360.

Gergen, K. J. (2009). *An Invitation to Social Construction* (2nd ed.). Thousand Oaks, CA: Sage. (『あなたへの社会構成主義』ケネス・J・ガーゲン著，東村知子訳，ナカニシヤ出版，2004年)

Grant, D., Hardy, C., Oswick, C., & Putnam, L. (Eds.) (2004). *The SAGE Handbook of Organizational Discourse*. London, United Kingdom: Sage. (『ハンドブック　組織ディスコース研究』髙橋正泰，清宮徹編訳，同文館出版，2012年)

Heidegger, M. (1959). *An Introduction to Metaphysics*. New Haven, CT: Yale University Press. (『形而上学入門』マルティン・ハイデガー著，川原栄峰訳，平凡社，1994年)

Heidegger, M. (1971). *On the Way to Language*. New York, NY: Harper Collins. (『言葉への途上』マルティン・ハイデガー著，亀山健吉，ヘルムート・グロス訳，創文社，1996年)

Holman, P. (2010). *Engaging Emergence*. San Francisco, CA: Berrett-Koehler.

Holman, P., Devane, T., & Cady, S. (2007). *The Change Handbook* (2nd ed.). San Francisco, CA: Berrett-Koehler.

Joseph, L. E., & Neumann, J. E. (2014). A Lewinian Lens on OD's "Emerging Now". In B. B. Jones & M. Brazzel (Eds.), *The NTL Handbook of Organization Development and Change* (2nd ed.) (pp.649-657). San Francisco, CA: Wiley.

Katz, D. T., & Khan, R. (1966). *The Social Psychology of Organizations*. New York, NY: Wiley.

Kauffman, S. (1995). *At Home in the Universe*. New York, NY: Oxford University Press. (『自己組織化と進化の理論──宇宙を貫く複雑系の法則』スチュアート・カウフマン著，米沢富美子訳，筑摩書房，2008年)

Lawrence, P. R., & Lorsch, J. W. (1969). *Developing Organizations*. Reading, MA: Addison-Wesley. (『組織づくり──その診断と手順（ODシリーズ6）』P・R・ローレンス，J・W・ローシュ著，髙橋達男訳，産業能率短期大学出版部，1973年)

Lewin, K. (1947). Frontiers in Group Dynamics II. Channels of Group Life; Social Planning and Action Research. *Human Relations*, 1(2), 143-153.

Lippitt, R. (1980). *Choosing the Future You Prefer*. Washington, DC: Development Publishers.

Lippitt, R., Watson, J., & Westley, B. (1958). *The Dynamics of Planned Change*. New York, NY: Harcourt, Brace & World. (『変革のダイナミックス――システムを動かすチェンジエージェントの役割』R・リピット，J・ワトソン，B・ウェストレー著，伊吹山太郎訳，ダイヤモンド社，1970年)

Marrow, A. J. (1969). *The Practical Theorist*. New York, NY: Teachers College Press. (『クルト・レヴィン――その生涯と業績』A・J・マロー著，望月衛訳，誠信書房，1972年)

Marshak, R. J. (1998). A Discourse on Discourse: Redeeming the Meaning of Talk. In D. Grant, T. Keenoy, & C. Oswick (Eds.), *Discourse and Organization* (pp.15-30). London, United Kingdom: Saga.

Marshak, R. J. (2004). Generative Conversations: How to Use Deep Listening and Transformating Talk in Coaching and Consulting. *OD Practitioner*, 36(3), 25-29.

Marshak, R. J. (2006). *Covert Processes at Work*. San Francisco, CA: Berrett-Koehler.

Marshak, R. J. (2013). The Controversy over Diagnosis in Contemporary Organization Development. *OD Practitioner,* 45(1), 54-59.

Marshak, R. J., & Grant, D. (2008). Organizational Discourse and New Organization Development Practices. *British Journal of Management*, 19, S7-S19.

Nadler, D. A. (1977). *Feedback and Organization Development*. Reading, MA: Addison-Wesley.

Nadler, D. A., & Tushman, M. L. (1980). A Model for Diagnosing Organizational Behavior. *Organizational Dynamics*, 9(2), 35-51.

Pascale, R., Milleman, M., & Gioja, L. (2001). *Surfing the Edge of Chaos*. New York, NY: Crown Business.

Prigogine, I., & Stengers, I. (1984). *Order Out of Chaos*. Boulder, CO: Shambhala. (『混沌からの秩序』イリヤ・プリゴジン，イザベル・スタンジュール著，伏見康治，伏見譲，松枝秀明訳，みすず書房，1987年)

Rorty, R. (1979). *Philosophy and the Mirror of Nature*. Princeton, NJ: Princeton University Press. (『哲学と自然の鏡』リチャード・ローティ著，野家啓一監訳，産業図書，1993年)

Schein, E. H. (1969). *Process Consultation*. Reading, MA: Addison-Wesley. (『職場ぐるみ訓練の進め方――スタッフ、コンサルタントのための指針』E・H・シャイン著，高橋達男訳，産業能率短期大学出版部，1972年)

Schein, E. H. (1988). *Process Consultation* (2nd ed.). Reading, MA: Addison-Wesley. (『新しい人間管理と問題解決――プロセス・コンサルテーションが組織を変える』エドガー・H・シャイン著，稲葉元吉，岩崎靖，稲葉祐之訳，産能大学出版部，1993年)

Searle, J. (1995). *The Construction of Social Reality*. New York, NY: The Free Press.

Shaw, P. (2002). *Changing Conversations in Organizations*. London, United Kingdom:

Routledge.

Stacey, R. (Ed.) (2005). *Experiencing Emergence in Organizations*. London, United Kingdom: Routledge.

Storch, J., & Ziethen, M. (2013). Re-description: A Source of Generativity in Dialogic Organization Development. *Organization Development Practitioner*, 45(1), 25-29.

Tichy, N. M. (1983). *Managing Strategic Changes*. New York, NY: Wiley.

Weber, M. (1947). *The Theory of Social and Economic Organization*. London, United Kingdom: Collier Macmillan. (『支配の社会学（経済と社会）』マックス・ウェーバー著, 世良晃志郎訳, 創文社, 1960年)

Weisbord, M. R. (1976). Organizational Diagnosis: Six Places to Look With or Without a Theory. *Group and Organizational Management*, 1(4), 430-447.

Wittgenstein, L. (1967). *Philosophical Investigations* (3rd ed.). Oxford, United Kingdom: Basil Blackwell. (『哲学探究』ルートヴィヒ・ヴィトゲンシュタイン著, 丘沢静也訳, 岩波書店, 2013年)

Zackrison, R. E., & Freedman, A. (2003). Some Reasons Why Consulting Interventions Fail. *Organization Development Journal*, 21(1), 72-74.

第2章 | 対話型ODの実践

ジャルヴァース・R・ブッシュ
ロバート・J・マーシャク

　はじめに、私たち編著者が対話型ODと関わるようになった経緯について
紹介したい。まず、ジャルヴァースから。

　　いわゆる対話型ODを初めて体験したのは、1987年にチャーリー・シー
　ショアと仕事をした時のことである。私のパートナーが彼に、シボレー・
　ポンティアック・GMのカナダ本社の品質部門で働く、80名以上の専門
　家集団へのコンサルティングを依頼したのだ。まず、チャーリーは参加
　者たちに4つのグループに分かれるように言った。自分がどのグループ
　に属するかは各自に任せた。次に、それぞれのグループが交代で部屋の
　中央に座り、コンサルタントが彼らに質問を投げかけ、自分たちの部門
　での体験について語るよう依頼した。また、中央のグループに1つだけ
　設けられた空席には誰でも自由に座ってグループの会話に参加できるよ
　うになっていた。その日は午前中を通して、活発な会話が展開された。
　　診断型のマインドセットで仕事をしていた当時の私は、このような介
　入によってデータの収集と処理が同時に行われる様子に驚いてしまった。
　そこではアクションリサーチのプロセスは実質的に崩壊していた。一人
　ひとりにインタビューし、それをまとめ、フィードバックし、その後でよ
　うやくこのような会話を生み出そうとするアクションリサーチの手法に
　比べ、何と効果的だったことか！　後に私はフィードバック・プロセス
　[収集されたデータの分析結果について、当事者にフィードバックしていく過程。その場は
　フィードバック・ミーティングと呼ばれる]においてもあのような会話のレベルを

再現できるだろうかと考え実践してみた。すると、それまでのどのフィードバック・ミーティングよりも探究的かつ創発的なプロセスにすることができた。やがて私は、組織の人々やグループ間のコミュニケーションの中心にコンサルタントを置いても、何も良い結果をもたらさないと考えるようになっていった。AとBの関係を修復できるのは、AとBの本人たちだけであって、情報や問題解決の仲介者としての役割は、せいぜい（あるいは最悪）コンサルティングという安定した仕事を作りだすだけなのだ。

　対話型のマインドセットを持つ今の私は、チャーリーの働きかけを異なる視点から分析することができる。部門を家族というイメージで考えると、一部のナラティブに焦点づけ、その他を弱めることになる。この時用いられたデザインは、比較的安全な方法で、同じ問題に関して多くのナラティブを表面化させる。大きく異なる意見が明らかになる場合もある。この方法によって人々は経験から生まれる感情的欲求と不合理な欲求をより明確に表現できるようになり、それまでよりもさまざまな違いを受け入れられるようになる。つまり、家族のイメージを与えることにより、アイデンティティも目的も異なる多くの人々が、あるグループの一員としての一体感を持つようになるのだ。この手法は個人の特徴を際立たせると同時に、アイデンティティとストーリーを共有する人々に一体感をもたらす。また、そこで生まれる会話は、意見をまとめたり、行動を促したりするためのものではなく、こじれた人間関係の修復を可能にするものである。

　チャーリーとの仕事を経て、1989年からはアプリシエイティブ・インクワイアリーとラージグループ介入の実践と研究に取り組んできた。それらを通して、何か気がかりをもつ人々が大勢集まるグループを主催することによって、創発的で臨機応変の転換的な変革を、通常のアクションリサーチでは不可能なスケールとスピードで実行できると考えるようになったのである。また、経験は人それぞれに異なり、組織に関してだれもが異なるストーリーを持っているのだと信じるようになった。組織の「正しい」ストーリー（診断）への合意を形成しようとする行為は、1

つのナラティブを優遇することにつながり、変革の促進にはそれほど有効ではないのだ。

次はボブ［ロバートの愛称］。

　私が対話型ODを指向し始めたのは、1986年から1996年までの10年間、コンサルティングの実践においてメタファーと隠れたプロセスに注目し、これらを取り入れ始めた頃である。ある日私はリンダ・アッカーマン（現在はリンダ・アッカーマン-アンダーソン）と、発展型、移行型、転換型のそれぞれの変革を区別する、彼女の最新の論文について話し合っていた。その時、私がコンサルティングの現場で長年耳にしてきた「悪くないものはいじるな」という言葉で表される、4つめの変革もあるのではないかと思いついた。その後、人々がこの言葉を用いる場合、彼らは暗に組織を機械としてとらえ、修理またはメンテナンスが必要かどうかという視点で考えていることがわかってきた。やがて、この型の変革は「メンテナンス」と呼ばれるようになる。それ以来、人々が関わっている変革がどのようなものであれ、彼らがそのことについて話す際に用いる明らかなメタファーと隠されたメタファーに心の耳を「じっくり傾ける」ようになったのである。

　たいていの場合、人々はある種の劇的な変革の必要性をはっきり求めながら、暗示的に機械を相手にしているような「修理とメンテナンス」の言葉を用いて変革を語っていた。つまり「我々は事業を全面的に変革する必要がある」が、「迅速に変革を成功させて事業を軌道に乗せなくてはならないのだから、これまでうまく行っていた部分にまで手を付けて時間を無駄にするのはやめておこう」といった具合である。このように言葉と目的の調和がとれていない場合、不条理な要求やコミットメントが発生し（たとえば、現実に経営資源が投入されることなく3カ月で完全な変革を行おうとするなど）、そのために変革の取り組みは失敗に終わる可能性が高かった。そこで私は、契約やその後の実践の最中に、人々が用いるメタファーと暗示的な言葉のイメージに積極的に働きかけるようになった。

第2章　対話型ODの実践　［ 81 ］

私が「えー、ということは、あなた方はてっとり早く解決策を見つけたいということですよね」と聞くと、クライアントは「うーん、そうですね、いやちがう、たぶん……」となり、そうなれば、その後の私たちはそれまでとはまったく違った相互関係を築けるようになったのである。

　現時点での私が、対話型ODのマインドセットの観点から言えるのは、当時の私は対話型のプロセス・コンサルテーションの1つの形を我流で行っていたということである。現在の私は、メタファー、ストーリーライン、およびディスコース的なプロセスが、人と組織の現実とそれに対する反応をどう形成するのかに注目している。また、対話型ODのマインドセットに触れた結果、特定の目標に向けた「働きかけ」や、それに先立つ「妥当なデータ収集」の必要性などの診断型ODのマインドセットはほぐれていき、内容も変わってきている。そして、人々の心の奥に潜み、暗黙的に経験を形作る概念メタファーやストーリーラインに注意を払い、それらに直面した際には、より関心を持ち、より効果的にコンサルティング業務に取り組めるようになっている。

　さらに注力しているのは、クライアントの支配的な語られ方。つまり、当たり前だと捉えている枠組みに注目してみたり、あるいはそれを壊したりして「創造的に破壊」させようとする一方で、人々が十分に安心して新しい可能性を探れるようにすることである。したがって、コンテナを作るようにしている。この取り組みは多くの場合、新しいストーリーラインと可能性を出現させる生成的イメージとしての役割を果たす、代替的な概念メタファーを考えるうえで行われる。たとえば、組織を修理する方法を話し合う代わりに、組織を変える方法（どのように再生するか、どのようにイメージを変えるか、あるいは、どのように構築し直すかなど）について話し合うように仕向けていく。

　また、クライアントと初めて接する時点から相手の話にじっくり耳を傾け、現状に代わる枠組みの案を提示するようにしている。このような早い時期における「働きかけ」は、コンサルティングの方向性を立て直し、組織に根付いた暗黙の了解によって革新が妨げられている部分を指摘し、新しい可能性の出現を促すために有効である。

本章では対話型ODの実践者が何を行い、彼らが変革についてどのように考えるかについて、より具体的に説明する。これ以降は、私たちは2人とも、自分たちがどのように対話型のマインドセットに基づいたODを実践しているかについては語らない。2人の実践方法は大きく異なり、おそらく大方の優秀な対話型OD実践者たちも、一人ひとりが異なる方法で実践に取り組んでいるからである。ここではむしろ、実践方法の種類に関係なく、対話型のマインドセットに基づく実践に共通する基本的な要素を明らかにしていく。

　本書を通して、「実践者」と「コンサルタント」に言及することが多い。どのような職種であれ、組織の効果性と活力を高めるための変革に取り組んでいる人はみな、単なるコンサルタントではなく、対話型OD実践者になることができる。リーダー、マネジャー、専門スタッフ、活動家、地域のまとめ役は、対話型ODのマインドセットに基づいて活動することが可能である。コンサルタントは、実践者の一部であり、組織と契約を結んで専門家として対話型ODを実践する。本書の内容の多くは、すべての実践者に適用できるが、一部はよりコンサルタント向けの内容となっている。

対話型OD実践者は何をするのか

　1980年代以降、解釈主義と複雑系科学、ならびに実践者によるイノベーションから大きな影響を受け、組織、変革、およびコンサルティングに対するマインドセットが変わることから対話型ODの実践は始まった。多くの人々にとって、この移行は、ODの前提と実践に関する知識を学ぶことと、それまでの知識を捨てることの両方を意味していた。冒頭の逸話が示すように、私たちはいずれも診断型ODのマインドセットによる教育を受けてきていた。そのため、対話型の実践をより多く取り入れ始める際には、診断型の核となる前提を忘れるか、あるいは放棄しなくてはならなかったのである。

第2章　対話型ODの実践　　83

診断型ODと対話型ODの実践における重要な相違点

　私たちの論点を明示するために、診断型ODのマインドセットと実践における3つの前提をまず説明したい。

1.　組織には1つの根本的で客観的な現実があり、現状の原因となる要素や力を含んでいるような現実は、組織や組織行動に反映される。より望ましい未来の状態を達成するための介入に先立って、行動科学の理論と手法を用いて、これらの要素と力を診断し分析しなければならない。

2.　組織の変革は、解凍、移行、再凍結を通して、ある半安定的な均衡状態から、別の半安定的な均衡状態へ意図的に移行させるプロセスを用いて、計画し管理することが可能である。

3.　コンサルタントは組織のメンバーと協力して変革に取り組むが、彼らとは一線を画し、診断的な手法と介入の手法を用いる、独立した中立のファシリテーターとして活動する。

　第1章の内容をあらためて強調することになるが、対話型ODのマインドセットは、同じようなODの実践に関して、対照的な、まったく異なる志向性を持つ。それは次のとおりである。

1.　組織と組織行動は、組織のメンバー、ステークホルダー、および関係者の今の関わりから生じる、社会的に創出される現実である。探究のプロセス、特に内省的探究と生成的探究は、現状に創造的破壊を生むとともに、組織変革の実現を可能にする新たな気づき、新たな知識、新たなナラティブを創出する。

2.　「日々の現実の社会的構成」は、人間関係を通して絶え間なく創出され、また再創出される。変化は常に起こっているが、通常は見過ごす

くらいのゆっくりとしたペースで起こる。転換的な変革はより突発的で著しい変化であり、言葉、会話、コミュニケーションのパターンが大きく変わることで新たな将来の可能性が出現するときに生じる。あらゆる人と人との関わりは予想外の結果を生む可能性がある。そのため、組織化のプロセスは、複雑性や流動性があり、創発が起こる。特定の成果は目指すべき目標とはなりうるが、それをコントロールすることはほとんど不可能である。

3. 対話型 OD のコンサルタントは意図的に、組織に変革を起こしつつある進行中の関わりや新しく出現するナラティブの一部になり、組織のメンバーと協働する。その結果として、コンサルタントは自分が何をして、何をしないのか、さらに、そのような自分の活動と活動しないことが、組織の意味の形成にどのような影響を及ぼすかについて、自己内省的（自分が他者やシステムに及ぼす影響を認識していること）でなくてはならない。コンサルタントは決してシステムを客観的に眺める傍観者になってはならない。コンサルタントがすることもしないことも、ともに意味を持つのである。

4. リーダーと組織が直面する問題が複雑であり、多くの人々が関係していて何が起こるか予測不可能だという場合、必要な改革を特定して導入するための「ベストプラクティス」や既存の知識を適用してもうまくいかない。このことはハイフェッツ（Heifetz, 1998）によって、技術的問題と適応を要する課題の違いとして論じられている。また、スノーデン（Snowden, 2000）によって、困難な意思決定と複雑な意思決定の違いとして説明されている（これらのモデルのより詳しい説明は第 6 章を参照）。対話型 OD の実践者は、対話型のプロセスが適応を要する課題に対処するための最も効果的な方法だと考える。

表2.1（次頁）は以上の相違点をまとめたものである。
診断型ODと対話型ODの間には、他にも多くの相違点と類似点がある。

第 2 章　対話型 OD の実践　「 85 」

だが、表2.1にある3つの要素は、対話型ODが従来のODとどのように異なり、その理由が何であるのかを理解するために最も重要であると私たちは考えている。一方で、本書の執筆者たちも含めて、実践者が用いるアプローチや実践の重点の置き方には相当な違いがあると認めなくてはならない。違いが生じる要因としては、個々の実践者の経歴、経験、および関心の向け方がさまざまであること、そして、対話型の実践は最近になってようやくその輪郭が明らかになり、認識されるようになったばかりだということが挙げられる。違いが現れる2つの重要な側面は、個人と組織の行動を導く際に、ナラティブに影響を及ぼすために実践者がどの程度直接的な行動をとるかという点と、対話型の参加プロセスにおいて、どのような境界を設定するのか、あるいは、どのようにプロセスを構成するのかという点である。本章（ならびに本書）では、実践の選択肢として、これらの2つの側面がセットになって登場する。

■ 表2.1　OD実践の基本的構造の比較

	診断型OD	対話型OD
組織の現実に影響を及ぼす方法	介入の前に実施する、既存の事実と力の客観的（科学的）な診断と分析	新たな気づき、知識、可能性を自らが創出する社会的探究のプロセス
変革の方法	解凍、移行、再凍結という期間限定的な一連の変革を実行する必要性を見出し、計画し、管理するために、既存の専門知識を適用する	新たな可能性を出現させるために、現行の安定したパターンに創造的破壊と変化をもたらす方法にステークホルダーを参加させる
コンサルタントの立場	システムとは一線を画した立場からシステムに働きかける中立的なファシリテーター	システムの一部となり、システムと協働する積極的なファシリテーター（またはホスト）

対話型ODの実践者やコンサルタントがしていることを説明する1つの方法は、互いに重なる部分がある、以下の3つの活動内容を示すことだろう（Pearce and Pearce, 2000）。

① 対話による相互作用の促進（個人またはグループの対話による相互作用をその場で支援したり、向き合ったり、あるいはその他の方法で影響を及ぼしていく）
② ミーティングやイベントの設計と促進（ミーティングの目的を果たすために対話の構造とプロセスを考える）
③ 戦略的プロセスの設計と促進（変革への取り組みを支援するために、複数のミーティングと、ミーティング以外の場面で起こる対話の構造とプロセスを考える）

　ここでは順を追ってこれらについて説明する。それぞれの取り組みに必要なスキルについては第9章で解説する。

対話による相互作用

　コンサルティングの実践において、対話型ODの実践者は参加者たちに対して、彼らと組織の現実を創出し続ける自分たちのストーリー、ナラティブ、およびディスコースのパターンをそれまで以上に意識するよう促す（たとえば、Oliver, 2005; Swart, 2013）。はっきりとわかりやすい形で行う実践者もいれば（たとえば、Cooperrider, Whitney, and Stavros, 2008）、このプロセスにはそれほど重点を置かないか、あるいはより遠回しに行う実践者もいるだろう（たとえば、Owen, 2008）。いずれの場合においても、すべての実践者が前提としているのは、変革には、現状維持を担っている言葉、ナラティブ、コミュニケーションによる相互作用のパターンを変える必要があるということである。そこで彼らはみな、新しい可能性の出現を促進するアプローチや手法を取り入れる。一部の実践者は組織内の支配的なディスコースを変えることに重点を置き、新しい成果、おそらくは特定できない成果につなげようとする（たとえば、Marshak, 2013; Shaw, 2002; Storch and Ziethen, 2013; Swart, 2013）。一

方、ディスコースの変化と、それに続いて起こる行動の変化の両方を重視する人々もいる（たとえば、Cooperrider, 2012; Nissen and Corrigan, 2009）。

　対話型OD実践者は、廊下や、ランチや、たまり場周辺で生じる会話や相互作用だけでなく、改まった場面の会話と相互作用も、現実の社会的構成、ならびに、意味を形成するストーリーの共有において大きな重要性を持つと理解している。したがって、彼らはあらゆる相互作用において使用される言葉（ストーリー、メタファー、強調、省略など）に注目する。さらに実践者は、権限を持つ人に好まれるアイデア、組織に受け入れられるアイデア、人気の無いアイデアの存在にも注意を向ける（Schön, 1973）。たとえば、ある組織ではアプリシエイティブ・インクワイアリーは新しいアイデアとして前向きに受け取られても、別の組織では、「やってみたけれどうまくいかなかった」古いアイデアであるかもしれない。そうであっても、アプリシエイティブ・インタビューを一通り行うことが、あるグループにとってその時点では非常に有効だと考えられれば、対話型の実践者（マネジャーまたはコンサルタント）は、アプリシエイティブ・インクワイアリーを示唆しない違う言葉と言語イメージを用いて、この手法を提案するとよいだろう。人々が前向きな関心を示せば、実践者はこのまま**アプリシエイティブ・インクワイアリー**として進める。そうでない場合、アプリシエイティブ・インクワイアリーとは一切言及せずに、単純に何をしようとしているのかを説明するか、あるいは、別のキーワード（いろいろな言い方があるが、「正しい分析」と称されるのを聞いたことがある）を用いて組織に取り入れるのである。

　さらに、対話型OD実践者は、地位と権力を持つ人々が好むナラティブを見逃さないように気をつける（ナラティブとディスコースに関しては、第4章と第16章を参照）。すなわち、組織における公式の会合で使用されている、あるいは、使用を要求されるストーリーラインに注目する（Mumby, 1987; Sonenshein, 2010）。たとえば、ある組織では、何をするにしてもしないにしても、常にその理由として「最終的な収益への影響」という言葉が使われていたりするように。

　組織を支配するストーリーラインに注意を払うなかで、口には出せない事柄があることに気づくようになる。隅に追いやられた、あるいは、抑圧され

たナラティブ、無意識のうちに口をふさぐ「テープ」の存在、現在の方針や活動から生じる恐れのある予想外の悪い結果の話、などである（Argyris, 1990; Marshak, 2006）。このような状況において、実践者は組織のメンバーとの相互作用を通して、彼らが自分たちの今の言葉やディスコースが暗示する意味合いについて考えること、特定のナラティブを強化すること、あるいは、現状を支配するストーリーラインに異議を唱えることなどができるようにサポートし、新たな可能性が出現する余地を創ろうと試みる。

　対話型の実践者は、現実の社会的構成が組織のさまざまな場所で交わされる、あらゆる会話の中で作られると考える。そのため彼らは常に、安定性と柔軟性が会話の中でどのように語られ、表現されているかに注意を払っている。どのアイデアがよく受け入れられているか、どのナラティブが優勢か、集団的行動として好ましく、正しく、価値があるとみなされるのはどういう行為か。このような、人々が自分たちを組織化し協働していく上での指針となる基本的な前提は、会話を通して維持されたり、変更されたりする（Stacey, 2001; 第7章）。すべての会話は、社会的現実を創出し、維持し、そして変革する一連の相互作用の一部なのである（Barrett, Thomas, and Hocevar, 1995; Ford and Ford, 1995; Gergen and Thatchenkery, 2004）。

　言葉に関して実践者が特に注目するのは、メタファー、生成的イメージ（生成的イメージの定義については第5章を参照）、およびストーリーラインであり、これらは物事に対する考え方と対応の仕方を形作る。これらははっきり示される場合もあれば、より暗黙的なテーマ、すなわち、認知言語学者のレイコフとジョンソン（Lakoff and Johnson, 1999）が、認知的無意識における概念メタファーと呼ぶものである場合もある。先述のボブの経験談が示すように、メタファーの世界では、上位に位置づけられる言葉が大きな影響力を持つ（Marshak, 1993, 2004,; Srivastva and Barrett, 1988）。

対話型プロセス・コンサルティング

　ODの中核となる生成的イメージの1つであるプロセス・コンサルティングの観点から、対話型相互作用は対話型プロセス・コンサルティングの一形式であると見なすことができる。プロセス・コンサルテーション［プロセス・

コンサルティングおよびプロセス・コンサルテーションについては用語解説を参照] の概念と手法はODの根幹を成すものであり、特に、専門家としてのコンサルテーションとは区別される。プロセス・コンサルテーションでは、基本的にコンサルタントはクライアントに対して「何を (whats)」という内容を教えるのではなく、「どのように (hows)」をクライアントがよりよく理解できるよう支援する。シャインが定義しているように、「プロセス・コンサルテーションとは、クライアントの環境で起こる事象に関して、彼らが気づき、そのプロセスを理解し、対処するのを支援する、コンサルタントの一連の活動である」(Schein, 1969, p.9)。実験社会心理学者としての知識と、NTL (ナショナル・トレーニング・ラボラトリー) 主催のTグループでの経験から (Schein, 2014)、シャインは効果的な組織パフォーマンスに必要とされる最も重要なヒューマンプロセスを次の6つにまとめている。

① コミュニケーション
② メンバーが担う役割と機能
③ グループによる問題解決と意思決定
④ グループの規範とグループの成長
⑤ リーダーシップと権威
⑥ グループ間の協力と競争

　対話型ODのプロセス・コンサルテーションは、クライアントが自分たちに起こっているプロセスによりよく気づき、それらを理解し、対処できるように支援するという根本的なアイデアを基盤としている。より重視しているのは、内省的探究、社会的構成における「対話的プロセス」、組織内の意味の形成における「対話的プロセス」である。

　対話型のプロセス・コンサルタントが注目するディスコース的プロセスの範囲には次のようなものが含まれる。

● 主に、誰が、どのような情報を、誰に対して、どのように伝えているかに焦点を合わせるコミュニケーション・プロセス。シャインが指摘した

プロセスの一側面（上記の①コミュニケーション）である。

- 人々がどのように考え、どのように行動するかを決定する、支配的な影響力のあるナラティブ。たとえば、「株主の利益」や「最終的な収益」の重要性を説くナラティブが、個人やグループの選択に影響を及ぼすことにコンサルタントは気づくだろう。そのようなナラティブを強化したり、あるいは、代替的なストーリーラインを排除したりするような対話的相互作用のプロセスへの気づきもここに含まれる。

- 組織のあるレベル、または、セグメント（組織内の1つの部分。たとえば、本社など）に特有のナラティブ、ストーリーライン、組織的コミュニケーション。これらは組織の別のセグメントやレベル（たとえば、作業現場など）で見られるものと違いがあり、それらに影響を与える。このような影響には、重要なものとして、支配的なナラティブや「特権を得た」ナラティブによって誰が得をするか、誰が不利になるかも含まれる。

- 組織に浸透した常識と食い違うような会話が制限されるありよう、あるいは、促進されるありよう。たとえば、組織の重要な決定に、どの程度まで多様な人々と意見が含まれるか、あるいは除外されるかなど。

- 会話がどのように展開されているか。連続する会話の中で、何について、どのように話し合われるのか、そして、それらがどのように参加者の思考と感情に影響を及ぼすのか。

- 生成的能力のプロセス。特に、今の社会的現実の構成と再構成に影響を与える、新しいイメージがどのように育まれているか。

対話型OD実践者のマインドセットでは、組織における人々の行動は、単に客観的な情報の交換や「誤解」の訂正を目的として形作られるのではない。組織行動の形成に影響を与えるのは、自分たちの状況に関して人々が描く自分自身のイメージとストーリー、ならびに、社会的に構成されるイメージとストーリー、イベントの前、最中、後における意味の形成である。そして、これらの要素が、生成的能力と新たな可能性の出現を制限したり助長したりする（Bushe, 2001; 2013a; Marshak, 2004; Grant and Marshak, 2011）。

また、組織行動は、組織内の人間関係と人的ネットワークの変化の影響

も受ける（Cross, Ernst, and Pasmore, 2013; Pérez-Nordtvedt, O'Brien, and Rasheed, 2013）。さらに、新しい人が会話に加わるとき、新しいつながりが築かれるとき、そして、古い関係が見直されるときに、そこで生まれてくる新たな可能性も何らかの組織行動を引き起こす要因になる（Kyriakidou, 2011; Marshak and Grant, 2008）。

対話型プロセス・コンサルティングの2つのアプローチ

　対話型のプロセス・コンサルティングと見なされる活動は非常に多岐にわたる。一時的な変革の実践から浸透的な変革の実践まで、互いの境界があいまいな数多くの実践例が存在する。一時的な実践は、イベントを利用して、半安定的なパターンに動揺をもたらし、進行中のディスコース的プロセスを変化させたり発展させたりして、新しい可能性やパターンの出現を促進する。浸透的な実践では、設計されたイベントに頼らず、既存の対話の流れに参加して、現実の社会的構成を変化させたり発展させたりして、新しい可能性の出現を促す（第17章を参照）。2つのタイプを要約すると次のようになる。

[1] 対話型プロセス・コンサルティングと一時的な変革

　このアプローチは、個人またはチームとの相互作用において、彼らの制限的なマインドセットを明らかにし、ナラティブ、ストーリー、メタファー、イメージ、スローガン、シンボルなどを用いて、そのようなマインドセットに働きかけ、新しい考え方と可能性を生み出す（たとえば、Oliver, 2005; Swart, 2013; 第4章）。このタイプの対話型プロセス・コンサルティングは広く実践されているが、より広いOD全体のコミュニティの中では、何が、どういう理由で行われているのかが見えにくく、理解されにくい手法だろう。第8章、11章、16章では、一時的な対話型プロセス・コンサルティングにおいて起こりうる、さまざまな事例を紹介している。より構造化された手法の場合、制限的パターンについて認識することを促進するために言語ベースの方法を用いて、認識の再構築と新しい考え方と行動の出現に導く。このプロセスを実践する方法は第16章のテーマであり、次に挙げるような手法が紹介される。

- 個人またはチームに、自分たちが置かれた状況についての脚本を場合によっては複数回、書いてもらう（Inman and Thompson, 2013; Oswick, 他, 2000）。
- 新たな思考パターンを誘発するために、新しい言葉、フレーズ、またはイメージを取り入れる（Storch and Ziethen, 2013）。
- 暗黙のうちに可能性を制限し、選択の幅を狭めている概念メタファーやストーリーラインを聞き逃さないように耳を傾けて、それらと向き合う（Marshak, 2013; Oliver and Fitzgerald, 2013）。
- 個人またはチームに自分たちが置かれた状況について絵を描いたり、オブジェなどの作品を作ったりしてもらう。その次に、何が起こっているか、そして、何が起こって欲しかったかについて話をしてもらう（Barry, 1994）。

これらすべてのアプローチにおいて、実践者は現状のナラティブ、ディスコース、および会話が、可能性を制限するような不変的パターンをどのように作り出しているのかを認識する手法を用いて、新たな可能性を生み出す新しい言葉とストーリーを引き出すよう試みる。たとえば、あるクライアントのグループは、常に自分たちが戦場の最前線で孤軍奮闘しているようなイメージのもとで話し合いをしていることに誰も気づいていなかったのだが、彼らの状況を概念化する別の（戦場ではない）シナリオを考えるよう導かれ、このイメージを取り払うことができた（Marshak, 2004）。

[2] 対話型プロセス・コンサルティングと浸透的な変革

このアプローチは、個人、チーム、あるいは、より大人数のグループとの構造化されていない継続的な相互作用によって実践される。目的は、日常的に行われる会話とそのパターン（誰が、何を、いつ、どこで、どのように）を変え、それによって新しいパターン、コミットメント、アイデアの自律的な出現を促すことである。このタイプの対話型プロセス・コンサルテーションについては第17章で詳しく説明されるが、米国ではあまりよく知られていない。おそらく実践も少ないと思われるが、広まりつつあるのは確かである。

第2章　対話型ODの実践　93

この種の対話型プロセスの活動は、複雑性、意味の形成、創発、および自己組織化の概念に基づいて、組織のすべての階層と部門で起こる日々の会話を通して、人間関係と組織が連続的に再生し続ける、という前提の上に成り立っている（Goldsmith, Hebabi, and Nishii, 2010; Shaw, 2002; 第7章）。このような会話の性質が変化することによって（たとえば、参加者、強調されること、またはパターンの変化など）、グループがこれまでにない新しい方法で自己組織化する漸進的な変化が促進される。現在の状態からより望ましい将来の状態へ移行するための、特別に構成されたイベントは利用されない（Ray and Goppelt, 2013）。そのかわりにコンサルタントは、自己組織化の連続的プロセスの渦中にあるとされる組織に入り込み、進行中の会話を通して、組織の発展する能力や新たなパターンの出現を阻止したり制限したりしている対話のパターンを見出して伝え、人々に気づかせようと働きかけるのである。

コーチング

コーチングは対話型OD実践者（コンサルタントやマネジャー）が取り組む、独特で特別な1対1の相互作用である。対話型OD実践者はコーチングにおいて、自らに制限を課すような考えやストーリーを人々が断ち切れるよう支援し、彼らが望むストーリーを発見できるよう手助けし、彼らが他者との関係を見直すことができるようサポートする。対話型のコーチが実践に取り入れる可能性がある手法と考え方には、実にさまざまな種類がある。例を挙げると、ファミリーシステム・セラピー、解決志向アプローチ、ナラティブ療法とナラティブ・コーチング、ゲシュタルト療法、ダイアログ、ダブルループ学習、意味の協応調整、リレーショナル・ビーイング、クリア・リーダーシップなどである。

コーチングを扱う第16章と、変容的学習を扱う第11章では、コーチングに携わる対話型の実践者のために役立つアドバイスを提供している。ここでもやはり、クライアントが他者と自分自身に語りかけるメタファー、イメージ、およびストーリーを通して、社会的現実と自己認識をどのように形成および再形成するのかに注目することが重視される。

94　第I部　序論および概要

ミーティングやイベント、および戦略的変革への取り組み

対話型OD実践者は、より構造化された設計とプロセスを用いる場合もあれば、それほど構造化されていないものを用いる場合もある（あるいは、その両方を利用することもある）。より構造化された対話型ODの場合、1回か複数回のミーティングやイベントを利用する。このようなミーティングやイベントの目的は、人間関係を強化すること、および、創造性と積極的関与を育むために、違いについてより深く探究することである。

ミーティングやイベントの場では、新しいアイデアを導くために生成的イメージと質問（第12章を参照）が用いられる。生成的イメージと質問は、リーダーやコンサルタントから与えられることもあるが、多くの場合、イベントの最中に使われるプロセスそのものが、新しいアイデアと生成的イメージの出現を刺激するよう意図されている（たとえば、Barrett and Cooperrider, 1990; Bushe, 2013bを参照のこと）。新たな可能性と生成的イメージの刺激を受けた参加者は、以前には思いつかなかったような行動を選択肢として考えるようになり、新たな変革への手段を手に入れ、新しい成果を達成できるようになる。理想的には、参加者の一人ひとりが自ら新しい行動とプロジェクトへの決意を示すのが望ましい。

イベント終了後、新しい考え方、新しい関係、および新しい会話は、より多くの人々を刺激し、刺激を受けた人々も日々の相互作用において新たな選択を行うようになる。自己組織化されたグループのプロジェクトがイベント後に発生するかもしれない（第15章を参照）。だが、現実の社会的構成の変容は、新しいディスコースのパターンとプロセスの上に成り立つ自分たちの世界を認識し、その意味を形成するための新しい方法を獲得した参加者から生まれる。つまり、社会システムは、人々が共有するナラティブに変化が現れることによって発達していくのである。

ミーティングやイベントの設計

第8章と9章で強調されるように、より構造化されたアプローチを用いる対話型OD実践者は、新鮮で有効な会話が生まれるようなイベントの設計と、

複数のイベントからなる戦略的プロセスの設計にあたり、さまざまなスキルを利用する（Pearce and Pearce, 2000）。ミーティングは、ともに働く人々のグループを含めて、ある目的またはアジェンダのもとで1日以内で行われ、組織にとっては必要不可欠なものである。にもかかわらず、多くの人々は、ミーティングは退屈で非生産的だと考えている。それは無理からぬことであるが、効果的なミーティングの運営こそが対話型ODの得意分野の1つだ。アート・オブ・コンヴィーニングからワールド・カフェまで、ほとんどすべての対話型ODのアプローチが人の集まりをより効果的なものにする方法を提供している。対話型OD実践者がミーティングやイベントの設計と運営において重視するのは、次に挙げる事項である。

①問題に関わる当事者に関与してもらう方法
②全体的な問題に関わる話し合いに人々が積極的に関与するよう促す方法
③自分たちの会話が可能性を制限したり広げたりする状況に対して、人々が常に敏感でいられるよう支援する方法
④イベントで形成されるネットワーク、アイデア、エネルギーが、イベント後も確実に維持され強化されるようにする方法

チームの焦点

　ミーティングとイベントにおいて重要なのは、広い意味でのチーム・パフォーマンスである。対話型のマインドセットは、人々がチームリーダーとして、あるいはコンサルタントとして、チームを作り率いるのを支援する。対話型のリーダーは、チームとチームリーダーシップに影響を及ぼす現状のメタファーとナラティブの内容、それらがチームの目的と課題にとって適切なものであるかどうか、ならびに誰の意見とアイデアが支持されているか、あるいは無視されているかを含めた、相互作用とコミュニケーションのパターンなどに注目する。また、対話型のリーダーはチームが直面する適応を要する課題にも意識を向け、チームがそのような課題に対処するのを支援できるような対話型プロセスを取り入れる。たとえば、明らかな解決策がないような緊急かつ複雑な問題に直面した場合、対話型のリーダーはオープン・

スペース・テクノロジーやワールド・カフェなど、第1章の表1.2（52頁）にある手法を用いることができる。また彼らは、逆説的な問題や厄介な問題に直面した場合には、すべての結果を計画しコントロールしようとはしない。チーム内により適応的な組織化と行動が出現する、自己組織化のプロセスが促進されるような状態を作ろうと試みる。

　そして、対話型ODのコンサルタントは、解釈主義と複雑性に基づく考え方、行動、および働きかけをチームに取り入れ、チームあるいは変革のスポンサーが「より良い」と考える状態にチームを作っていく。コンサルタントは、1つのチームを作るというイベントに関わる場合もあれば、次に詳しく取り上げる「戦略的プロセス設計」が必要となるような長期のプロセスに参加することもある。

　また、多くのケースにおいて、チームリーダーはより効率的な「チームワーク」を望んでチームビルディングを依頼してくる。だが、対話型ODのコンサルタントが手始めに行うのは、リーダーが本音では何を意図しているのかを理解することである。リーダーたちが必ずしも共通の成果を求めて相互依存的に活動するようなチームを望んでいるわけではない、というケースは非常に多い。彼らが望むのは、メンバーが自分自身よりもグループ全体のニーズを優先し、積極的に関われる共通の目標を持って、最高のパフォーマンスができるように支援し合うようなチームである（Bushe, 2004）。

スポンサーの必要性

　公式のイベントや戦略的変革への取り組みに関わる場合は、スポンサーやスポンサーグループが特に必要となる。彼らは変革の影響を受ける製品、機能、グループ、あるいは組織に関して何らかの「オーナーシップ」を有しており、変革を支援してもらう目的でコンサルタントを雇用する。第8章と第10章では、スポンサーとの間に必要とされる協働関係を築くプロセスについて論じる。とりわけ教育やヘルスケアなどの複雑な社会的問題に取り組む場合、スポンサーグループは複数の組織から構成されることが多く、それらが共同で1人のコンサルタントを雇うことになる（第14章を参照）。

　私たちの経験では、対話型ODのアプローチをもっとも熱心に求めるスポ

ンサーは、どのような変革が必要で、どのようにそれを成し遂げればよいのか、はっきりわかっていないことが多い。彼らはあらゆる既存の技術的解決法や既知の解決法の枠を超えた、複雑で、適応を要する課題に直面しているからである（Heifetz, 1998; Pascale, Milleman, and Gioja, 2001; Snowden and Boone, 2007）。彼らは既に問題や懸案事項の一部に対して何らかの対策を講じていたり、モチベーションを上げるような目標や大きな成果を掲げていたりする。だが、どのような変革を起こせば懸案事項に対処できて、彼らの成果を達成できるのかについては、はっきりとわかっていないのである。

スポンサーとの初期のミーティングでは、内省的探究のプロセスを開始したり、変革に合った対話型アプローチを模索したり、役割と人間関係を整理したりする作業を行う。加えて、対話型ODのコンサルタントはスポンサーと協力して、スポンサーの意図するところと、対話型ODのプロセスに参加してもらうべき、潜在的に変革の影響を受けるステークホルダーの範囲を確認する。この時点では、影響を受けるステークホルダーの代表メンバーで構成される、「推進」「企画」「主催」「設計」などを行うグループを形成して変革を進める必要があるかどうかは、決めても決めなくてもよい。この判断が重要になるのは、地域内における移動などの複雑な問題が関係する場合や、複数の下部組織を持つ大規模なグループや超大規模なグループの関与が望まれる場合である。コンサルタントとスポンサーにとって重要なのは、たとえ目標とする変革の成果があいまいで、「私たちは運よく新しい対処法を発見できるだろう」というスタンスで作られていくようなものであったとしても、その目指すべき成果について双方が合意していることである。スポンサーとの協働については、第8、10、14、15章で論じる。

戦略的プロセス設計

対話型OD実践者は、戦略的プロセス設計において、一般的には多様なステークホルダーのグループが参加するアクティビティやイベントを考えて綿密に計画を立て、変革を促進する。この過程はコンサルタントがほとんど自

分で行う場合もあれば、実行する運営グループを教育しサポートする場合もある。あるいは、特定のチームに協力してほしいというコンサルタントへの依頼により、一連のイベントおよびアクティビティのための戦略的なプロセスの設計が必要となる場合もある。関係するグループが大きければ大きいほど、また複雑であればあるほど、変革を成功させるためには戦略的プロセス設計の必要性が大きくなる。

　真に有効なダイアログ、創発、および新しい可能性を生じさせるためには、ナラティブとアイデンティティの多様性を尊重しなくてはならない。そういう意味で、これらを促進する対話型ODは、組織の内外における複数のグループによる共同的な活動を強化するのに適している。複数のグループが関係する場合、参加する人数も増加し、その関係性の境界も多様になる。そのため、大きな変革を起こすためには、ほとんどの場合、ミーティング、イベント、またはアクティビティを複数回開催する必要が生じ、対話型コンサルテーションのプロセスもより複雑な構造になる（この点に関する詳細は第14章を参照のこと）。

　表1.2の対話型ODのアプローチの一部は、戦略的プロセス設計を提供している。たとえば、アート・オブ・ホスティングは次のようなステップを踏んで実践される。まず、スポンサーが目標を明確に理解できるよう支援し、介入方法をデザインし、イベントを主催し、最後に何らかの成果を収穫する。アプリシエイティブ・インクワイアリーは、「肯定的テーマ」を設定する「定義」の段階から始まり、ディスカバリー、ドリーム、デザイン、ディプロイメント［一般的には「デスティニー」と表現される］を提案する。

　いずれのアプローチにも長所と短所がある。特定の状況にもっとも適した対話型アプローチを選ぶ方法を教えてくれるような意思決定の説明書はない。あれば大いに助かるだろう。私たちがこれまで見てきたところでは、優秀な対話型OD実践者は、1つの設計モデルを好んで用いる場合が多い。だが、一般的に彼らは多くのモデルに習熟しており、状況に応じて多様なモデルを組み合わせたり、融合させたりしている。

　対話型ODのアプローチを分類する際に役立つ方法の1つとして、NCDD
［the National Coalition for Dialogue and Deliberation; 対話と熟考のためのコミュニティ］のサ

ンディ・ハイエルバッハと同僚たちが開発した「エンゲージメント・ストリームズ・フレームワーク」が挙げられる。この方法は、表1.2の対話型ODのアプローチの一部について、探究的調査、葛藤の転換、意思決定、および協働的行動における有効性に照らして分類する。しかし、リストアップされているのはコミュニティ開発に適用可能なプロセスのみである（NCDD, 2013）。

戦略的プロセス設計の必要条件

不安感

　自ら変革を望むほどに、人々が現状に居心地の悪さを感じるようにならなければならない。第11章では、変容的学習の開始時における「混乱的ジレンマ」の重要性を説いている。対話型リーダーの役割の1つは、人々が現状に不安を感じるほどまで、リスク、不確定要素、競争の脅威、および市場の需要についてしっかり理解できるよう確実にサポートすること。そして、彼らが目指すべき未来として信じることのできる、引きつけられ活気づけられるような将来のビジョンを提示することである。

　対話型OD実践者は、組織を変革するための戦略的プロセス設計を、重要なステークホルダーとともに開発する。設計を共同で行うプロセスを促進する場合とは対照的に、コンサルタントが設計の内容（コンテント）を提案する場合は、どの程度伝えていくかはさまざまである。組織によっては、戦略的設計を開発するプロセスそのものが組織に変革を起こすというケースも見られる。そのプロセスが、より効果的なミーティングのモデルとなることで、人々がより積極的に関与するようになり、その結果、関係性とネットワークが改善されるような場合である。

運営コミッティ

　コンサルタントが組織についてそれほど詳しくない場合には、たとえ寄せ集めのアドバイザーからなる非公式のグループであったとしても、何らかの運営コミッティが必要である。それはしばしば有益な存在となる。第10章と第14章で論じられるように、効果的な運営コミッティの条件は、変革の

スポンサーと、対象となるシステムの構成を反映するよう選ばれた、多種多様な人々をメンバーに加えることだ。運営コミッティは変革プロセスで用いられる対話型アプローチ、その構成、およびプロセスに関して決定権を持つ。

　運営コミッティを効果的なチェンジエージェントのチームに進化させることは、多数のグループや大規模な組織に関わる対話型の実践者が取り組む、最初の仕事の1つである。複数のグループからなる運営コミッティに参加する人々は、お互いをそれぞれが帰属するグループの代表であると見なし、（程度の差はあるだろうが）自分たちがそれぞれのグループの利益を代表して参加していると感じるものだ。したがって、支援が必要となるようなグループ間のジレンマが運営コミッティに発生すれば、それは対象となるシステムを反映するように参加者がうまく選考されている証拠である。

　リーダーやコンサルタントは、対話型ODの手法を用いて、グループが互いに抱いている制限的なストーリーを過去のものとしてそれぞれ放棄して、個人的な絆を形成し、当事者意識を培う共通の目標をわかちあい、積極的にお互いの探究と会話に参加できるよう支援する。そうすることによって、チームのアイデンティティを強化できるばかりでなく、それ以上の多くのメリットが生まれる。運営コミッティが対話型ODのプロセスがどういうものかを理解すると、彼らのアドバイスはより役立つものとなり、彼らの経験が人々の間で広まって新しいストーリーラインを生じさせる。結果として、より多くの人々をイベントに誘うことができるようになり、変革への道が切り開かれるのである。また、いくつかの研究によれば、1つの大きなグループ内で、その中の小さなグループ間の関係に変化が生じると、より大きなシステムにおける関係性にもその影響を波及させることができる（Alderfer, 1987; Bushe and Shani, 1991）。

多元的なエントリー・プロセス

　ODコンサルタントは、依頼者、スポンサー、マネジメント・チーム、および運営コミッティと協力して戦略的設計を作るプロセスにおいて、第10章で説明される4つの段階のエントリーを経由する。これらの段階を経て、変革プロジェクトの焦点が定められ、状況に合う言葉が使用されるようにな

第2章　対話型ODの実践　［101］

る。設計には1回か複数回の大規模なグループのイベントが伴うことが多く、その場合、参加する必要がある人々が参加できるようにする戦略が必要である。このようなイベントの目的は、関係性とネットワークを構築し、参加者が変革に取り組む価値を実感できるような希望に満ちた将来を明確に示し、多くの人々が望む変革の形を明確化し、人々とグループが自発的に変革に取り組むよう促進することである。また、具体的にその内容がわからなくとも、イベントで生じたモチベーションやアイデアを現実の変革へと展開する方法を探る計画も必要である（第15章を参照）。

適用の環境

対話型ODはさまざまな環境での実践が可能である。その範囲はコーチングのような1対1の状況から、多くの組織を含む大規模で複雑なシステムにまで及ぶ。大規模で多様性に富むシステムでは、スポンサーの役割は複雑化し、意思決定者のネットワークもより広範なものとなり、考慮すべきナラティブの種類も多岐にわたる。組織はその影響力を行使して、自社のサプライチェーンなど、より広範な関係者の参加を促す場合もある。

たとえば、ウォルマートは、世界で最も持続可能な企業になるという野心を持ち、世界中にある自社のサプライチェーンに属する何千もの企業を変革するために、その影響力を行使して対話型ODのプロセスを用いた。オープン・スペース、アプリシエイティブ・インクワイアリー、アート・オブ・ホスティングなどの要素を含む一連の対話型イベントを用いて、ウォルマートは、何千人ものサプライヤーや専門家を多数の大規模グループに集め、古新聞の処理から、途上国における持続可能性の実現に至るまで、何十もの問題に取り組んだのだ（Laszlo, 2008）。一般的に、サプライチェーンの変革プロセスは、サプライヤーに声をかけて会社の発展に焦点を置いた対話型イベントへの参加を促すことから始まる。そして時間をかけて信頼関係を築き、相手の関心を高めたうえで、サプライチェーンそのものに焦点を合わせた変革に取り組むことが多い。

この件について本格的に議論するのは本書が扱う範囲を超えるが、対話型ODのプロセスが、世界そのものを変革するためにも用いられていることに

言及しないのは、私たちの怠慢となるだろう（Yeganeh and Glavas, 2008）。最も有名な事例は、グローバル・コンパクト（Global Compact）である。これは、1999年にスイスのダボスで開催された世界経済フォーラムにおいて、当時の国連事務総長であったコフィ・アナンが、世界経済のリーダーたちは世界全体に十分貢献しているとは言えないと苦言を呈し、ビジネスと理想の世界の新しい生成的イメージを提唱したことから始まった。彼は「世界共通の理念と市場の力を結びつける力を探りましょう。民間企業のもつ創造力を結集し、弱い立場にある人々の願いや未来世代の必要に応えていこうではありませんか」［訳はグローバル・コンパクト・ネットワーク・ジャパンのHPより］と呼びかけた（Hunt, 2012）。

　当時、アナンはこの呼びかけにどれほどの賛同者が現れるか予想できなかった。しかし4年後、デヴィッド・クーパーライダーのファシリテーションによる対話型ODのプロセスによって、アナンも含めて400人以上のリーダーたちが素晴らしいものを創り上げたのだ。開会の宴の席で、アナンは「経済界、労働界、そして一般社会のリーダーが結集する、国連史上最大で最高の集まりとなりました。実に、予想をはるかに超える数の方々が参加を決意してくださいました」と語っている（Cooperrider, 2005）。この対話型の集会は、10原則の採択へと展開され、組織化の方法にもなり、当初誰も予想しえなかったような成果をもたらしたのである。

　グローバル・コンパクトには、140を超える国々からおよそ8,000の企業が署名しており、従業員の総数はおよそ5,000万人となる。また、その内訳はすべての業界を網羅し、企業規模も大小さまざまであり、先進国の企業も途上国の企業も平等に扱われる。それぞれの企業は、人権、労働、環境、および腐敗防止の原則をそれぞれの事業に組み入れ、進捗状況を開示することを約束している。このイニシアチブの規準を守るため、何千もの企業が年に一度の開示義務を果たさなかったという理由で、グローバル・コンパクトから除名されている。企業以外に、4,000を超える非営利組織も署名しており、重要な役割を果たしている。彼らは企業が責任を持って誓約を守るよう注意を払い、また、共通の利益に関して企業のパートナーとなって活動する（UN Global Compact, 2014, p.5）。

第2章　対話型ODの実践　103

包括的な戦略的設計モデル

対話型ODの手法は、実に多種多様だ。対話型OD実践者、特により構造化された手法を用いるコンサルタントが、イベントの設計や長期にわたる戦略的プロセス設計において考慮しているのは、次のような点である。

スポンサーが、将来に焦点づけ、可能性を重視する方法で、自らの希望を明確に表現できるよう支援する

多くの対話型OD実践者が、診断型ODで一般的な方法、つまり、問題解決の手法として変革プロセスを構成するという方法を用いなくなったのには、アプリシエイティブ・インクワイアリーの影響が非常に大きい。彼らはスポンサーや運営コミッティと協力して、望ましい方向性や期待される変革の成果を明確にし、それを、変革プロセスに関与する必要がある人々の興味と熱意を刺激するようなイメージに作り上げていく。典型的なパターンとして、成果は将来に焦点づけたものとなる。現状の悪い部分を指摘するのではなく、望ましい将来の方向性を明示するか、あるいは暗黙的に示す。また、成果は「可能性を重視する」。特定の解決策に焦点づけるのではなく、より望ましい将来を実現するための可能性を探ることにいざなうのである。このような方向性や成果は、テーマとして記述されることもあれば、答えを求める質問として示されることもある。第5章では、これらの成果が生成的イメージである場合に、最も効果的に転換的な変革をサポートできると主張している。

スポンサーに創発的変革の育み方をコーチする

対話型ODは創発と社会構成主義を前提としている。これは多くのリーダーたちが、自分たちの仕事について抱いている、計画と管理のイメージとは大きく異なる。したがって、スポンサーたちは創発的変革を育む活動をする際に、管理しようとしすぎないように、そして、より自己内省的であるように、コーチングを受ける必要が生じる可能性がある。対話型ODが前提としているのは、どの変革も組織に特有のものであること。さらに人による意味の形成は複雑であるため、あるグループや組織でうまくいったものが、別

[104] 第I部 序論および概要

のグループでは失敗に終わるかもしれないということだ。また、あらゆる相互作用には新しい意味を形成するための可能性が満ちているため、事前に原因と結果を予想するのは不可能である。「正しい」変革を特定して、それを皆が目指すことには意味がない。リーダーに必要なのは、どうやって適切な会話に適切な人々が参加できるようにしていくかというビジョンである。将来に対する先見の明ではない。

第6章と第7章は、創発的変革と計画的変革の前提の違いについてさらに詳しく掘り下げている。対話型のイベントとプロセスの要点は、変革が必要なところを見定め、合意し、変革を実行することではないと、スポンサーは最初の段階から理解していなくてはならない。重要なのは、グループや組織を望ましい形に転換させていく中で、参加者の内にある多くのモチベーションとアイデアを引き出し、それらを活性化して、支援していくことである。

スポンサーが、他と比べてオープンエンドな手法である対話型プロセスの必要性を理解できなかったり、プロセスを信頼できなかったりする場合がある。そういう時は、後で対話型ODを用いる可能性を残しながらも、もう一つのOD［診断型ODを指す］を用いる必要がある（Gilpin-Jackson, 2013）。また、あらゆる組織の変革において、組織のリーダーが個人的に変化しなくてはならないというのも事実である。彼らは対話型ODのプロセスを実践していく中で、個人としても学びながら変化していくのである。この点については、変容的学習を扱う第11章で詳しく取り上げる。

コミュニティの重要なステークホルダーを特定して参加を促す。
多様性を重視する

対話型ODのイベントを成功させるためには、変革の影響を受けるすべてのステークホルダーを含める必要があるということを、実践者はますます重視するようになっている。その結果、イベントは大人数を擁するものとなり、その数は数百から数千人にも及ぶ。他のラージグループ介入と対話型ODを区別するのは、実践の根底にあるマインドセットと、その結果としてのさまざまな選択の仕方である。ホルマンは私たちにこう助言している。「システムを構成しているのは誰であり何であるかについて、慣習になっている定義

を超越して考えてみよう。権力の扉の外で抗議する人々のことを考えてほしい。彼らが組織の問題を検討する会話に参加するとどのようになるだろうか。健全なコンテナの中で異なる意見を受け入れる余地を作ることは、創造的な実践につながるのだ」（Holman, 2013, p.22）。

ワイスボードとジャノフ（Weisbord and Janoff, 2010）は、対話型イベントに参加するべき人を、AREIN という頭字語を用いて定義している。すなわち、権威（Authority）、リソース（Resources）、専門性（Expertise）、情報（Information）、ならびに必要性（Need）を持つ人々だ。アクセルロッド（Axelrod, 2010）は、ここに反対者（those opposed）と志願する人（volunteers）を追加しているが、つまりは、参加したい人は誰でも受け入れるということである。エントリーを扱う第10章、コンテナの構築と管理に関する第13章、および、さまざまなステークホルダーとの協働を論じる第14章は、この点に関してより深い洞察を提供している。

また、参加すべき人々を特定するだけでは十分と言えず、彼らが参加することに魅力を感じるような方法でイベントに招かなくてはならない。一部の人々に関しては、スポンサーがその権力をもって強制的に参加させることが可能だろうが、変革に関与するすべての重要なステークホルダーに参加を強制するのはおそらく不可能だろう。ステークホルダーが参加を希望するかどうかは、イベントの構成と招待の仕方にかかっており、これはスポンサーの重要な仕事である。アクセルロッド（Axelrod, 2010）は「参加の輪を広げる」必要性を強調し、イベントとイベントの間に小規模グループによるミーティングを開催して参加を広める方法を紹介している。

会話を設計しホストする

さまざまな対話型ODの手法を区別する1つの要素は、会話を設計・主催するにあたり、どのような方法を提案するかという点である。少人数のグループでも大きなコミュニティでも、これらの手法には1つか、それ以上のイベントが用いられる。これまでは対話型ODに関する首尾一貫性のある説明がなく、このODが広く認められていなかったために、実践者は彼らが実施する特定の手法に関連づけて認識されていた。その結果、彼らはアプリシ

エイティブ・インクワイアリーやオープン・スペース・テクノロジー、ワールド・カフェなどの提供者と見なされ、全体的な変革の取り組みに戦略的なレベルで関わるコンサルタントとしてではなく、これらのプロセスを運営する者として組織に雇用されていた。しかし今後は、注目すべきアプローチとして対話型ODを語るナラティブが出現したので、このような事態は避けられるようになるだろう。

　対話型の実践における合意部分の1つとして、変革の本質的なプロセスに取り掛かる前に、さまざまな人が参加する会話に人々が積極的に関与することができるよう、彼らの立場を保証しておく必要性が挙げられる。ブッシュ（Bushe, 2002）は、これをグループの大小を問わず、プレ・アイデンティティの状態からポスト・アイデンティティの状態に移行する必要性だと説明している。つまり、人々がグループと一体感を持たない状態から、グループのメンバーとして一体感を持つ状態に移行するという意味である。第13章で詳しく説明されるホスティングは、「歓迎すること」を重視するが、グループが多様性に富む場合は特にこの点が強調される（Brown and Isaacs, 2005）。ホルマンはさらに踏み込んで、自己表現と個別の関係を築く機会を創出することについて説明している（Holman, 2010）。イベントが大規模なグループによって行われる場合、小グループへの「ファシリテーション」がなくても、人々が生産的に関わることができるように設計され、運営される（Weisbord, 2012）。これは第12章で説明されるように、特定の質問を通して成立する一連の会話を連続させることによって実現される。しかし、オープン・スペース・テクノロジーのように、参加者が自ら好ましい会話を見出していく、より自己組織的なプロセスによっても可能である（Owen, 2008）。

　そして、対話型イベントを設計・主催する実践者が共有するイメージは、「コンテナ」である。「主催する側として、我々の仕事は介入することではなく、どのような問題が起ころうとそれに対処できる快適なコンテナのような空間を創出することである」（Holman, 2013, p.22）。アイザック（Isaacs, 1999）とブッシュ（Bushe, 2010）はコンテナについて明確に説明しているが、この概念はまだ発展途上である。第13章では、コンテナを「ホストしホールドする」ことに焦点を当て、コンテナが辿る発達段階などのモデルを提示する。

第2章　対話型ODの実践

さらに、人々が単純に「参加」「不参加」とならないように、多様な参加の仕方が許されるようにコンテナを作るべきである、などのアドバイスを提供している。

実行可能性を実行に移す

　1つのイベントの最中、あるいは、連続的なイベントの合間のある時点で、対話型ODのプロセスは話し合いと探究の段階から、活動を開始する段階へと移行する。この移行は、プロセスに出現したものを「収穫すること」と、それを組織の変革につながる、より具体的な活動へ展開することを意味する。収穫と展開のプロセスは、人々がこれまでとは違う行動をとることに合意したかのように見えるかもしれない。職場に戻った人々がその後の日々において、それまでとは違う新しい話をし、行動も変わるからである。一部の対話型プロセスはこの時点でより踏み込んだ探究のプロセスに取り組む。イベントの最中に生じたさまざまな会話や体験をふりかえり、それらの意味を理解することで、今後の指針となるものを見出すためである（たとえば、Holman, 2013; Nissen and Corrigan, 2009）。その一方で、イベントに刺激された新しい構想に対して人々が準備をして、それらに着手することを重視するプロセスもある（たとえば、Bushe, 2013b; Cooperrider, 2012）。

　対話型ODの実践者によって、実践は実にバラエティに富んだものとなる。また、グループや組織の期待と文化のみならず、リーダーの背後にある意図にも影響される。1つの極端な例として、組織のリーダーは主に傍らで応援しながら何らかのリソースを提供するに留まり、少人数のグループが自分たちの提案を全力で実行して臨機応変に活動する、という設計が挙げられる。その正反対の例として、スポンサーが実践の経過に深く関与し、うまくいったものを組織に取り入れる、決定ゲートのような特殊な構成とプロセスを持つ設計もある。

　第15章で強調されるように、対話型イベントの終了後がどうなるかは、イベントそのものの内容と同じくらい重要である。リーダーシップが必要とされるのは、変革を決定し、指揮することにおいて**ではなく**、小さくとも重要なチャンスを認識して評価し、それらを大きく重要な変革へと展開し、組

織に組み入れることにおいてである。現実の社会的構成が変容するのは、対話的イベントの最中に出現した新しい社会的現実の影響を受けて、人々が日々の職場でこれまでとは違う選択を行うときである。特定のプロジェクトでは、チーム、組織、またはコミュニティのメンバー間のより協調的な行動が必要となるかもしれない。また一部の対話型 OD のプロセスでは、重要な変革はイベントの最中に開始されたプロジェクトから生じる。成果が期待できる試みに着手し、それをモニターし、組織に導入するための設計を発展させることは、対話型 OD のプロセスの効果を長続きさせるために不可欠である。

本章のまとめ

　最後にはっきりさせておきたいのは、対話型 OD は単によい対話を促進させることに留まらないということである。実践者、マネジャー、およびコンサルタントの中には、対話型 OD の看板を掲げながら、厳密にそのマインドセットにしたがって仕事をしているとは言えない人々もいるだろう。

　そのような人々が本章を読むと、私たちが対話型 OD の実践を説明する際に、「対話」の実践、話し合いの構成の仕方、参加者が互いの話に耳を傾けるように彼らと協力すること、参加者が安心して会話を共有できるようにすること、積極的に相互作用を促進すること、などにほとんど触れていないことに気づいて戸惑うかもしれない。

　たしかに、コミュニケーションのスキルが向上すれば話し合いも上達するだろう。だが、対話型 OD は人々やプロセスをありのままに受け入れる手法であり、相互作用の「正しい」方法について多くの先入観を持ちすぎないほうがよいと私たちは考えている。OD コンサルタントには高度なコミュニケーション能力が必要だが、対話型 OD の目的は彼らのスキルを参加者に複製させることではない（第9章で示すケースのように、スポンサーがそのように希望する場合はその限りではない）。

　生産的な成果に直結する相互作用を設計または促進する方法には特定のモ

第 2 章　対話型 OD の実践　［ 109 ］

デルやプロセスが想定されるだろう。だが、対話型ODのマインドセットには、人々がどのように会話するべきかの特定のモデルやアイデア、または、「対話」を完成するための正しいグループプロセスは含まれないと私たちは考える。加えて、そのような基準に照らして、人々とグループを暗黙的に評価するようなこともしない。むしろ、対話型ODのマインドセットは、会話の方法、組織化のプロセス、変革をリードしたりフォローしたりする方法を試行錯誤しながら促進することで、参加者の今のニーズと文脈に最も適したものが立ち現れてくると考える。

　対話型ODの実践は、3つの基本的な変革プロセス（創発、ナラティブ、生成）に焦点づけながら、大きな変革が求められる深刻なジレンマと適応を要する課題に対処するために、参加者に本来備わっている知恵とモチベーションをうまく用いて進められるのである。

引用文献 ....

Ackerman, L. S. (1986). Development, Transition, and Transformation: The Question of Change in Organizations. *OD Practitioner*, 18(4), 1-5.

Alderfer, C. P. (1987). An Intergroup Perspective on Group Dynamics. In J. Lorsch (Ed.), *Handbook of Organizational Behavior* (pp.190-222). Englewood Cliffs, NJ: Prentice-Hall.

Argyris, C. (1990). *Overcoming Organizational Defenses*. Needham, MA: Allyn & Bacon.

Axelrod, R. (2010). *Terms of Engagement*. San Francisco, CA: Berrett-Koehler.

Barrett, F. J., & Cooperrider, D. L. (1990). Generative Metaphor Intervention: A New Approach for Working with Systems Divided by Conflict and Caught in Defensive Perception. *Journal of Applied Behavioral Science*, 26(2), 219-239.

Barrett, F. J., Thomas, G. F., & Hocevar, S. P. (1995). The Central Role of Discourse in Large Scale Change: A Social Construction Perspective. *Journal of Applied Behavioral Science*, 31(3), 352-372.

Barry, D. (1994). Making the Invisible Visible: Using Analogically-based Methods to Surface Unconscious Organizational Processes. *Organizational Development Journal*, 12(4), 37-47.

Brown, J., & Isaacs, D. (2005). *The World Café*. San Francisco, CA: Berrett-Koehler. (『ワールド・カフェ——カフェ的会話が未来を創る』アニータ・ブラウン，デイビッド・アイザックス，ワールド・カフェ・コミュニティ著，香取一昭，川口大輔訳，ヒューマンバリュー，2007年)

Bushe, G. R. (2001). *Clear Leadership* (1st ed.). Mountain View, CA: Davies-Black.

Bushe, G. R. (2002). Meaning Making in Teams: Appreciative Inquiry with Preidentity and Postidentity Groups. In R. Fry, F. Barrett, J. Seiling, & D. Whitney (Eds.), *Appreciative Inquiry and Organizational Transformation* (pp.39-63). Westport, CT: Quorum.

Bushe, G. R. (2004). Managers Want Tribes not Teams: An Invitation to Rethink Teambuilding. *OD Practitioner*, 36(1), 9-12.

Bushe, G. R. (2010). Being the Container in Dialogic OD. *Practicing Social Change*, 1(2), 10-15.

Bushe, G. R. (2013a). Generative Process, Generative Outcomes: The Transformational Potential of Appreciative Inquiry. In D. Cooperrider, D. Zandee, L. Godwin, M. Avital, and B. Boland (Eds.). *Organizational Generativity* (pp.89-113). London, United Kingdom: Emerald.

Bushe, G. R. (2013b). Dialogic OD: A Theory of Practice. *OD Practitioner*, 45(1), 10-16.

Bushe, G. R., & Shani, A. B. (1991). *Parallel Learning Structures*. Reading, MA: Addison-Wesley.

Cooperrider, D. L. (2005). The Appreciative Inquiry Summit Is Used by the UN

第2章 対話型 OD の実践　111

Global Compact at a Summit with 500 CEOs, Civil Society Leaders, Labor, and UN Leaders. Retrieved from http://appreciativeinquiry.case.edu/intro/commentFeb05.cfm.

Cooperrider, D. L. (2012). The Concentration Effect of Strengths: How the Whole System "AI" Summit Brings Out the Best in Human Enterprise. *Organizational Dynamics*, 41(2), 106-117.

Cooperrider, D. L., Whitney, D., & Stavros, J. M. (2008). *Appreciative Inquiry Handbook* (2nd ed.). Brunswick, OH: Crown Custom Publishing.

Cross, R., Ernst, C., & Pasmore, B. (2013). A Bridge too Far? How Boundary Spanning Networks Drive Organizational Change and Effectiveness. *Organizational Dynamics*, 42(2), 81-91.

Ford, J. D., & Ford, L. (1995). The Role of Conversations in Producing Intentional Change in Organizations. *Academy of Management Review*, 20(3), 541-570.

Gergen, K., & Thatchenkery, T. (2004). Organization Science as Social Construction: Postmodern Potentials. *Journal of Applied Behavioral Science*, 40(2), 228-249.

Gilpin-Jackson, Y. (2013). Practicing in the Grey Area between Dialogic and Diagnostic Organization Development: Lessons from a Healthcare Case Study. *OD Practitioner*, 45(1), 60-66.

Goldsmith, R., Hebabi, L., & Nishii, A. (2010). *How Practitioners Use CMM: Summary of Research June-December 2010*. Retrieved from http://pearceassociates.com/essays/documents/FINALHowPractitionersUseCMM-ShorterPractitionerVersion-Dec29.pdf.

Grant, D., & Marshak, R. J. (2011). Toward a Discourse-centered Understanding of Organizational Change. *Journal of Applied Behavioral Science*, 47(2), 204-235.

Heifetz, R. A. (1998). *Leadership without Easy Answers*. Cambridge, MA: Harvard University Press. (『リーダーシップとは何か！』ロナルド・A・ハイフェッツ著，幸田シャーミン訳，産能大学出版部，1996年)

Hunt, M. (2012). Business as an Agent of World Benefit: A World-shaping Opportunity. *Huffington Post*. Retrieved from http://www.huffingtonpost.com/michele-hunt/business-as-an-agent-of-w_b_2091045.html

Holman, P. (2013). A Call to Engage: Realizing the Potential of Dialogic Organization Development. *OD Practitioner*, 45(1), 18-24.

Holman, P. (2010). *Engaging Emergence*. San Francisco, CA: Berrett-Koehler.

Inman, J., & Thompson, T. A. (2013). Using Dialogue Then Deliberation to Transform a Warring Leadership Team. *OD Practitioner*, 45(1), 35-40.

Issacs, W. N. (1999). *Dialogue*. New York, NY: Crown Business.

Kyriakidou, O. (2011). Relational Perspectives on the Construction of Meaning: A Network Model of Change Interpretation. *Journal of Organizational Change Management*, 24(5), 572-592.

Lakoff, G., & Johnson, M. (1999). *Philosophy in the Flesh*. New York, NY: Basic Books. (『肉中の哲学——身体を具有したマインドが西洋の思考に挑戦する』G・レイコフ，

M・ジョンソン著，計見一雄訳，哲学書房，2004年）

Laszlo, C. (2008). *Sustainable Value*. Stanford, CA: Stanford University Press.

Marshak, R. J. (1993). Managing the Metaphors of Change. *Organizational Dynamics*, 22(1), 44-56.

Marshak, R. J. (2004). Generative Conversations: How to Use Deep Listening and Transforming Talk in Coaching and Consulting. *OD Practitioner*, 36(3), 25-29.

Marshak, R. J. (2006). *Covert Processes at Work*. San Francisco, CA: Berrett-Koehler.

Marshak, R. J. (2013). Leveraging Language for Change. *OD Practitioner*, 45(2), 49-55.

Marshak, R. J. & Grant, D. (2008). Transforming Talk: The Interplay of Discourse, Power, and Change. *Organization Development Journal*, 26(3), 33-40.

Mumby, D. K. (1987). The Political Function of Narratives in Organizations. *Communication Monographs*, 54(June), 113-127.

National Coalition for Dialogue and Deliberation. (2013). *Engagement Streams Framework*. Retrieved from www.ncdd.org/files/NCDD2010_Engagement_Streams.pdf.

Nissen, M., & Corrigan, C. (2009). *The Art of Harvesting v2.6* . Retrieved from http://www.artofhosting.org/download.php/Art%20of%20harvesting.2.6pdf?mid=221.

Oliver, C. (2005). *Reflexive Inquiry*. London, United Kingdom: Karnac.

Oliver, C., & Fitzgerald, S. (2013). How to Explore Meaning Making Patterns in Dialogic OD and Coaching. *OD Practitioner*, 45(1), 30-34.

Oswick, C., Anthony, P., Keenoy, T., Mangham, L., & Grant, D. (2000). A Dialogic Analysis of Organizational Learning. *Journal of Management Studies*, 36(7), 887-901.

Owen, H. (2008). *Open Space Technology* (3rd ed.). San Francisco, CA: Berrett-Koehler.（『オープン・スペース・テクノロジー——5人から1000人が輪になって考えるファシリテーション』ハリソン・オーエン著，ヒューマンバリュー訳，ヒューマンバリュー，2007年，原書第1版）

Pascale, R., Milleman, M., & Gioja, L. (2001). *Surfing the Edge of Chaos*. New York, NY: Crown Business.

Pearce, W. B., & Pearce, K. A. (2000). Extending the Theory of the Coordinated Management of Meaning (CMM) through a Community Dialogue Process. *Communication Theory*, 10(4), 405-423.

Pérez-Nordtvedt, L., O'Brien, R., & Rasheed, A. A. (2013). What are Temporary Networks and When are They Useful? *Group & Organization Management*, 38(3), 392-421.

Ray, K. W., & Goppelt, J. (2013). From Special to Ordinary: Dialogic OD in Day-to-day Complexity. *OD Practitioner*, 45(1), 41-46.

Schein, E. H. (1969). *Process Consultation*. Reading, MA: Addison-Wesley.（『職場ぐるみ訓練の進め方——スタッフ、コンサルタントのための指針』E・H・シェイン著，髙橋達男訳，産業能率短期大学出版部，1972年）

Schein, E. H. (2014). The Role of Coercive Persuasion in Education and Learning:

Subjugation or Animation? *Research in Organizational Change and Development,* 22, 1-24.

Schön, D. A. (1973), *Beyond the Stable State.* New York, NY: Norton.

Shaw, P. (2002). *Changing Conversations in Organizations.* New York, NY: Routledge.

Snowden, D. J. (2000). Cynefin: A Sense of Time and Place, the Social Ecology of Knowledge Management. In C. Despres & D. Chauvel (Eds.), *Knowledge Horizons* (pp.237-265). Aston, United Kingdom: University of Aston.

Snowden, D. J., & Boone, M. E. (2007). A Leader's Framework for Decision Making. *Harvard Business Review,* 85(11), 68-76. (『クネビン・フレームワークによる臨機応変の意思決定手法』デイビッド・J・スノウドン, メアリー・E・ブーン著, DIAMONDハーバード・ビジネス・レビュー, 2008年)

Sonenshein, S. (2010). We're Changing–or Are We? Untangling the Role of Progressive, Regressive, and Stability Narratives during Strategic Change Implementation. *Academy of Management Journal,* 53(3), 477-512.

Srivastva, S., & Barrett, F. J. (1988). The Transforming Nature of Metaphors in Group Development: A Study in Group Theory. *Human Relations,* 41, 31-64.

Stacey, R. (2001). *Complex Responsive Processes in Organizations.* New York, NY: Routledge.

Storch, J., & Ziethen, M. (2013). Re-description: A Source of Generativity in Dialogic Organization Development. *OD Practitioner,* 45(1), 25-29.

Swart, C. (2013). *Re-authoring the World.* Randburg, South Africa: Knowres Publishing.

UN Global Compact (2014). *United Nations Global Compact Strategy 2014-2016.* Retrieved from http://www.unglobalcompact.org/docs/about_the_gc/UNGlobalCompactStrategy2014-2016.pdf.

Weisbord, M. R. (2012). *Productive Workplaces* (3rd ed.). San Francisco, CA: Jossey-Bass.

Weisbord, M. R., & Janoff, S. (2010). *Future Search* (3rd ed.). San Francisco, CA: Berrett-Koehler. (『フューチャーサーチ――利害を超えた対話からみんなが望む未来を創り出すファシリテーション手法』マーヴィン・ワイスボード, サンドラ・ジャノフ著, 香取一昭, ヒューマンバリュー訳, ヒューマンバリュー, 2009年, 原書第2版)

Yeganeh, B., & Glavas, A. (2008). Green Organization Development. *OD Practitioner,* 40(2), 6-11.

第Ⅱ部

対話型ODの理論的基盤

第3章 社会構成主義者による表象としての知識への挑戦

組織変革の理解に向けて

フランク・J・バレット

　組織開発（OD）とアクションリサーチの概念が現れたのは、産業化時代の真っただ中にあった1940年代である。したがって、基本的なODの手法を創案した人々のマインドセットが、啓蒙主義の伝統を受け継ぐ産業化時代の精神を反映したものであったことに不思議はないだろう。本章では、啓蒙主義から発生したモダニストの思想と、その遺産がODの初期の実践と理論に与えた影響を概説する。さらに、これらの思想が20世紀中ごろの経営論と組織論に与えた影響を明らかにした後に、1960年代以降、「社会構成主義」と呼ばれる概念を支持する人々によって、多くの啓蒙主義の考え方がどう批判されていったかを探っていく。最後に、最新の社会構成主義の考え方が、組織開発と変革の理論と実践に関する従来の前提と手法に異議を唱え、新しいアイデアを対話型の実践に組み込むことで、新たな将来像を示している状況について議論を展開する。

啓蒙主義の伝統：知識の表象理論

　知識と学習に関して今日の私たちが過去から継承し、今も拠り所としている前提の多くは、17世紀中ごろから後半にかけて西ヨーロッパで起こった啓蒙主義の産物である。啓蒙主義の思想家たちは、真の知識はそれ自体に価値があると主張し、客観的な知識は経験と個人の理性を通して獲得できると

考えた。これは啓蒙主義が理性の時代とも呼ばれる理由の1つであり、定められた人々（聖職者、王族、中世ギルドの主）のみが真の知識の媒介者になると主張した、中世スコラ哲学の思想家の考え方と大いに異なる点である。このような哲学的思考の変化により、急進的な平等主義が生まれた。適切な手法によって経験と理性を用いれば、各人が真実を求めることができるというこの考え方は、明らかに、20世紀において初期ODのパイオニアたちによって発展したアクションリサーチの原型に影響を及ぼしている。

　近代哲学の父として知られるルネ・デカルト（René Descartes, 1596-1650）は、『省察』（Descartes, 1641）で啓蒙主義を起こしたことでも知られている。この本の中で彼は、客観的に真実である知識を獲得するための適切な手段の基盤となる「数学の論理」を明確化した。デカルトはガリレオが望遠鏡を用いて宇宙に関する新しい事実を発見したと知り、人が知識を拡大するための方法の理解に関心を抱くようになった。彼はまず、一見そのように見えるものと確実にそうであるものを、人がどのように区別するかに疑問を呈することから始めた。周知のとおり、彼は個人の精神が外的世界を「知ること」ができるという二元論者（精神／身体）、すなわち合理主義者の認識論を唱えた。科学の時代と理性の自然的光明がこれにより始まった。デカルトにとって、知識を発展させるために最も必要とされる技術は、合理的思考であった。知識は純粋な論理的思考と注意深い観察の成果であり、個人は「事実」を入手し、これらの事実が外的世界に及ぼす観察可能な影響について活発に論理的思考を巡らせるとき、客観的知識を蓄積するのである。

　啓蒙主義に基づく世界では、欲望、偏見、モチベーション（すなわち身体）など、客観性の障害物となるものは排除される。個人は世界に関する客観的知識を蓄積しながら学び、成長し、発達していく。イマヌエル・カント（Immanuel Kant, 1724-1804）は、デカルトからの流れを引き継ぎ、個人の理性の本質を探究した（Kant, 1781）。彼は人がある経験をするとき、彼または彼女は感覚を通して経験を理解しようと試みると主張した。その結果、個人は自らの世界を構築するのだが、完全に自由に構築するのではない。個人は精神の基本構造を形成する普遍的なカテゴリー、すなわち、経験より前から存在していた時間と空間の構成概念などのカテゴリーに基づいて、世界を構築す

るのである。個人は自らが得た感覚にカテゴリーを強制的に適用する超越論的自我であり、それらの感覚はその後認識されて「経験」と呼ばれるようになる。カントは後世の思想、および現代の思想に大きな影響を与え、個人とは自己完結型であり、客観的であり、公平さ、冷静さ、ならびに自立を実現できる主体であると見なす考え方を、私たちはカントから受け継いでいる。

　組織研究の分野に常に影響を与えてきた、重要だが暗黙的な知識の理論は、これらの思想と関連している。デカルトと啓蒙主義の伝統を受け継いで、その理論は**知識の表象理論**と呼ばれている。すなわち、世界に存在する物事が精神によって理解され、何らかの象徴システム（言葉、像、数字など）によって表象されるときに知識となって生まれる、という考えである。表象理論は、自然界に存在するものは、それを理解する主体から分離して存在していると仮定する。そして知識とは、観察された対象を正しく理解し、その後、理解されたものを客観的に表象することだと考える。このような考え方を、外的な客観的世界を歪曲されていない形で反映しようとする、「鏡のイメージ」の知識論と呼ぶ人々もいる。

啓蒙主義思想が社会科学に及ぼした影響： 永続性と事実の蓄積の重視

　社会科学は啓蒙主義の伝統から出現した。哲学者オーギュスト・コント（Auguste Comte, 1798-1857）とアンリ・ド・サン-シモン（Henri de Saint-Simon, 1760-1825）は、自然科学を見習って、実証主義者による「社会の科学」を提唱した（Comte, 1853）。この実証主義者による科学の課題は、社会が新たな秩序の形成に向けて発達していく中で、社会のさまざまな領域の相互関係を説明することだった。「実証主義者」という言葉に込められた意味は、論理的表象を用いて、知覚的経験を説明することによって得られる知識のみが有効だということである。そして、彼らが思い描いた新しい社会秩序とは、新しい形で発展しつつあった産業化社会である。人間、とりわけ社会工学者が、よりよい社会を創出するために自然および社会の力を制御できるとされた。

第3章　社会構成主義者による表象としての知識への挑戦　［119］

啓蒙主義の伝統を引き継ぐ多くの思想家は、この実証主義による知識構築アプローチの強力な支持者になった。彼らは、過去の経験と発見を基盤とする、直線的かつ漸進的な科学的進歩の観念を称賛したのである。それはつまり、人間は先入観を持ち、感情的であり、認知能力にも個人差があるため、観察者に左右されない観察結果（客観的で実証的なデータ）を得るための技術が必要であり、そのようなデータはすべて数学的に計測されなくてはならないという考え方であった。これらの前提条件は表3.1に要約されている。

　したがって、社会科学の課題は、自然科学と同様に、実証的データから知識を蓄積すること、および、万物流転の渦中にある永続性を説明するために、反復的で、変わらない、体系的なパターンと、歴史を超越した妥当な原理を明らかにすることだった。啓蒙主義から生まれた社会科学における実証主義的アプローチの基本的な目的は、安定的かつ永続的で予測可能な関係性を探究し、人々の社会生活を説明することだったのである。

　20世紀の社会科学は、研究とは既知の知識を基盤として仮説を立て、社会的および心理的プロセスを測定するために計量的手法を用いていく、という基礎的な前提を掲げることによって、これらのアイデアと考え方を大きく発展させた。その結果、研究者は個人、グループ、ならびに組織における階級間の相違を明らかにするために、詳しい調査やアンケートを用いるようになる。研究結果は、人の心、グループ、組織、あるいは社会全体の構造を持続することの重要性を強調するために用いられた。

組織研究：構造と機能の重視

　社会科学の一分野として、組織研究は知識に対する啓蒙主義的アプローチを継承し、正当化してきた。研究者たちは、個人やグループの階級間の相違を明らかにする調査や質問紙など、実証的な方法を多用する。その前提となっているのは、外観や個人の特殊性といった表面的に見えているものの下には、より深い永続的な構造、すなわち、因果関係の観点から説明できる規則性が存在しているという考えである。観察される事象に現れる不確実性のなかに永続的構造、規則性、およびパターン化されたものを見出すべく社会科学者は最終的な知見を提供するための、または問題をきっちりと解決する

表3.1 モダニズム思想の主要な前提

前提1: 精神と外的世界は別々の実体である。

前提2: 物事はいかなる特定の人からも独立して存在し、観察可能でなくてはならず、また、数学的言語で記録されなくてはならない（これは、物事のありようの本質を明らかにする方法として、常識的かつ決定的である）。

前提3: 私たちが物事を正しく評価し表現することができたとき、客観的世界を知ることが可能となる。

ための、あるいは、「**正解**」を見つけるための研究プログラムを追い求めるようになっている。彼らは、発見されるのを待っている客観的事実というものが存在すると考えているのだが、このような考え方はのちに、社会構成主義者から異議を唱えられることになる。

客観的事実の存在を仮定する研究者として、たとえばデュルケーム（Durkheim, 1938, 初版は1895年のフランス語版）社会学を基礎とする、組織研究の父といえるタルコット・パーソンズ（Talcott Parsons, 1937）を取り上げる。彼は、機能主義のイデオロギーをさらに発展させたのだが、これは後に構造機能主義と呼ばれるようになる。この理論では、社会構造とは、社会秩序を維持するように適応しなければならないという至上命令によって形成される形態であると考える。パーソンズは、社会的な組織が社会の内的安定性を支える特定の仕組みを備えた、自律的で恒常的なシステムとして理解されるべきであると提唱したのである。彼は、人間は構造を変えることのできる行動を自主的にとる能力を持っていると認めながらも、構造は変化に抵抗しようとするものだと考えた。パーソンズの思想と構造機能主義は、組織研究の分野に今も大きな影響を与えている。グールドナー（Gouldner, 1970）が主張したように、この考え方は波風を立てるのを避けて安定性と秩序を好む傾向、つまり、第二次世界大戦後の欧米社会で広く人々に支持された価値観を育むことになる。

20世紀初頭にF. W. テイラーが提唱した測定に基づく方法論が、非常に

第3章　社会構成主義者による表象としての知識への挑戦

大きな影響力をもつことになった理由も理解できるだろう。彼は、自らが「科学的管理法」と呼んだ、当時の大規模工業を組織・管理するための方法論を提唱した（そして、「テイラーイズム」は、当時も今も、労働者側に立つ人々の間では論議の的になっているが）。時間と動作の研究を基盤とするテイラー（Taylor, 1911）のアプローチは、人間の行動はすべて数学的に説明することが可能だと仮定する。この考え方によれば、人間は自分たちが使用する機械工具の一部のようなものと見なされる。リエンジニアリングを唱える人々の一部がそうであるように（Hammer and Champy, 1994）、テイラーと彼の弟子たちは、行動は数値化することが可能であり、いったん体系化されるとその正当性は絶対的なものになると考えた。OD関係者の多くは疑念を抱くかもしれないとしても、テイラーが近代において最初に変革を提唱した理論家であったのは確かである。マネジメントの分野では、テイラーとテイラーイズムの影響力は、クルト・レヴィンとその弟子たちを上回ると主張する人が多い（たとえば、Weisbord, 2012）。

　要するに、啓蒙主義に基づく社会科学のアプローチの基本的前提は、人の知性は先入観にとらわれることなく、外的なものを明確に理解できると考え、この考え方に基づく適切な観察の技術を利用すれば発見できる、客観的事実が存在するということである。次のセクションでは、この前提と、その上に成り立つもののすべてが、社会構成主義によって論駁される。

啓蒙主義の伝統への挑戦

　啓蒙主義の伝統への反論は、20世紀において異なる分野からさまざまな形で現れた。ここでは、その中でも最も重要な理論家たちを取り上げる。彼らは全員、事前の考えと理論的理解がない場合には、そして、同じ理解と前提をもつ他者と当人を関連づける前提（コミットメント）がない場合には、「客観的事実」を実証するのは不可能であると結論付けている。「真実」と見なされているものは、歴史的に、また文脈的に依存している。ある時代では真実と見なされたものが、たとえそれが「科学的」な真実であったとしても、

後の時代では神話的なものになることが多いのだ。「事実」とは、相互作用する人々が合意するという関係的なプロセスの産物であり、「客観性」は、修辞的に作られたものである（Gergen, 1994）。つまり客観性とはそれ自体に自然に備わる特性ではなく、その物事の客観性を提唱する者によって、対象となる「ディスコースのコミュニティ」に受け入れられるように、説明、説得および実証を行うための修辞的なテクニックを用いて主張される必要があるものである。

　リチャード・ローティ（Richard Rorty, 1979）は、その古典的テキストにおいて、啓蒙主義から始まるモダニズムの世界観の限界を指摘した。彼が明確に論じたのは、偏りがない様式で（理想的には数学的に）理解されて他者に伝達される、客観的世界の存在を前提とする考え方が大きく影響してきたことである。彼はこのモダニズムの前提を、知識の表象理論のバリエーションの1つとして、「知識の鏡理論」と呼んでいる。モダニズムでは、正確な知識は、精神が世界の特徴を鏡のように正確に映していると捉えた。あるいは、このような客観的知識についての考え方を「知識の導管理論」あるいは「器理論」（Reddy, 1993を参照）と呼ぶこともある。実質的には、言葉が意味を含み、意味を運ぶものと仮定している。この考え方においては、言葉の機能は、人の意思を正確に表すこと、あるいは、当人と外的世界についての客観的事実を表象すること、すなわち、世界を鏡に映すことである。言葉と文章は、実質的に意味を入れて運ぶ導管として機能する。私たちは「私のアイデアを言葉で**相手に届けようとした**」、あるいは「私はこれを言葉に**込めて**みようと思う」などと言うとき、あたかも器に収められたアイデアが別の場所にいる人に届けられ、その人が器を開けて、客観的意味を受け取るかのように語るのである。

　このように知識を梱包して輸送するという考え方の影響は、知識がその保有者から引き出されて、学習者の精神（空の金庫）に預金されるという教育形態の説明にはっきりと表れている。パウロ・フレイレ（Paulo Freire, 1970）はこれを「銀行型教育」と呼んだ。銀行型教育が行われる教室では、教師は生徒を白紙状態、あるいは空の容器と見なし、生徒は教師をすべての知識と知恵の保有者であると見なす。ジョン・デューイ（John Dewey, 1938）が言う

第3章　社会構成主義者による表象としての知識への挑戦　[123]

ように、このような考え方は、学習の基本的指針として、暗記の重要性を掲げる教育に適している。生徒が知識を受け取り、記憶から取り出すことができれば、知識が確かに預けられたことの証明になる。生徒は後の利用に備えて、預けられた知識を受け取り、分類し、保管する。学習経験は今もこの方法によって構成されており、オンライン学習と遠隔教育が登場しても、この点は変わらない。オンライン学習は、商売や資本主義の取引のメタファーとして表現されている。教育は「配達」される商品となり、技術は物のように「取得」される。評価を下す人は、学習成果、知識、および技術を判定し、それらが適切に預けられ、当初の目的通りに正しく利用されているかどうかを調べるのだ。

　次のセクションでは、社会構成主義の歴史的ルーツを辿り、いくつかの重要な考え方の要点を述べ、それらが組織の変革のアプローチにどのような影響を与えたかについて考える。

社会構成主義のルーツ：偉大なるマルティン・ハイデガー

　20世紀の最も影響力のある哲学者だと多くの人が認める、マルティン・ハイデガー（Martin Heidegger, 1889-1976）は、啓蒙思想家は主体と客体を分離する、デカルト的二元論に囚われた人々であると主張した。彼らによって（さらにはプラトンやアリストテレスによって）私たちは知識の本質と存在そのもの（本性）の本質を歪曲した形で受け継ぐことになったというのである。啓蒙主義による知識は、それ自体で完結する主体と独立の客体を分離するが、ハイデガーによれば、存在は全体的なものである。ハイデガーは、いかなる物体も、目に付くものとして現れるためには、人物とその物体の両方が、統合された背景となる文脈の中に存在しなくてはならないと主張した(Heidegger, 1962、初版は1927年に出版)。背景となる文脈とは、いかなる物体にも意味を与える、信念、手段、およびその他の存在からなる日常の世界である。椅子が認識可能な、意味を持つ物となるのは、私たちが「椅子」というものに関して、さらにテーブル、スツール（腰掛け）、ベンチ、ソファ、ラブソファ、車のシート、および足載せ台などに関して、基本的な経験、考え、および前提を持っていて、そのような文脈の中で観察されるときのみである。した

がって、私たちが知識と考えるものは、すべての背景となる前提や慣習の上に、すなわち、いかなる認識をも可能にする事前の理解の上に成り立つのである。私たちは「世界内存在（世界の中に存在するもの）」であり、世界から遠いところで隔離されているわけではなく、道具、象徴、およびその他のさまざまな存在するものが一体となって全体を作る世界に常に巻き込まれ、吸収され、対処している存在なのである。ある人がある活動に没頭しているとき、その人は「世界の中に存在している」のだが、背景にある慣習や前提に気づくことはほとんどない。何らかの問題が生じたときにのみ、人はデカルトの有名な言葉、**cogito ergo sum**（われ思う、ゆえにわれあり）に表される、客観的な思考を行う状態になるのである。

　ハイデガーは事前の理解の重要性を唱えた。事前の理解とは、私たちがすでに知っている、心身両方に関わる概念と手法、ならびに、私たちが無意識のうちに首尾一貫性をもって協調的に行使できる対処能力である。このような心身一体的な対処能力によって、私たちは世間で出合うものの意味を理解しながら社会で生きていくことができる。ハイデガーによれば、「理解をもたらす、いかなる解釈も、解釈されるべきものをすでに理解していなくてはならない」(Heidegger, 1962, p.194) のである。この考えは、「科学的」と見なされるものも含めて、あらゆる知に影響を及ぼす。

　このような考え方において、言語はどのような役割を持つのだろうか。言語の導管理論または器理論とは対照的に、アイデアは、他者に送られるべき言葉や文に変換されるより以前には、人の心に存在しない。その代わりに、私たちはコミュニケーションに使う概念を形成する言語（単語、メタファー、記号など）を受け継ぐが、これらは当たり前のように存在すると見なされている。しかし、人は自分の文化または状況が過去から受け継ぐ言葉を持たない場合、どのように何かについて説明できるというのか。私たちは、自分たちより前の時代から続いている会話および存在の一部となり、そこに参加し、その中に「投げ込まれる」のだ。人は過去から続く存在の流れに埋め込まれているのである。私たちは、存在するための一手段である言葉の数々を受け継ぐ。その結果、私たちの言語が私たちを語るのであって、私たちが自分の言語を語るわけではない。言語の導管理論とは対照的に、アイデアは言葉の

形を取らずには人の心に存在しえない。私たちが受け継ぐ言語は、アイデアを日常的なものにするための文脈なのである。

ガダマーと意味を生み出す言語

　ハイデガーの弟子であるハンス・ゲオルク・ガダマー（Hans-Georg Gadamer, 1900-2002）は、現代解釈学の創始者と見なされている。彼はハイデガーの思想を発展させて、すべての知識は解釈であると主張した。彼が知識のメタファーとして第一に考えたのは読むことである。つまり、知ることはテキストを理解することと同様であるというのだ。テキストを理解することは、何らかの共通の事柄に関する合意を形成するために、会話の相手と話し合うことだと言える。テキストの理解は、外国のものを自分の言葉で表現する翻訳とよく似ている。ハイデガーと同様に、ガダマーも啓蒙主義が理想とする客観的な姿勢に反論した。知ることは解釈であり、親しんだ言葉への翻訳なのであるから、人の先入観の範囲を超えることは不可能である。実際には、先入観は理解に必要な条件である。人はテキストの意味を理解しようとしても、自分の言葉の範囲を超えることは理解できないのだ。

　　我々は、常に歴史学的な伝統にすでに組み込まれているのであり、テキストの「真の」意味を理解するにあたって、伝統の外に出るのは不可能なのである……歴史や文化の外に出て、物事をより深く理解することはできない。たとえそれに気づいているとしても無駄であり、よりよく物事を見渡すことができる地点、それは……純粋な錯覚である（Gadamer, 1960, p.379）。

　ガダマー（Gadamer, 1960）にとって、あらゆる認識の行為は解釈を伴う。どのようなものについても、客観的に見てそれ自体に内在する意味はないのである。解釈は、何かと遭遇した際に対象物に対して、私たちが抱く先入観と偏見から生まれる。このような解釈に関する先入観とは、私たちが以前の社会的経験から受け継ぐ、意味の構成概念と言語の形式である。ある事象に関して、私たちに特定の解釈を選ばせるのは、自由に操ることができる言語

の形式であるため、ガダマーは精神と世界を分離して考える合理主義者に異論を唱えるのである。

　主体の先入観は、予想、期待、および予測によって**意味を生み出す**。認識と理解には、データをなじみのある理解のパターンにあてはめることが必要であるという観点から、主体の解釈は回顧的なセンスメーキングであると言える。私たちは、自分の頭にあらかじめ存在するアイデアとカテゴリーに適合すると思えるようなものを「認識する」。さらに、これらの先入観は、文化的に深く根付いているため、**言語と先入観を介さず直接的に現実にアクセスすることはできないのである**。たとえば、太極拳をしている人々を見たとしても、私たちの語彙にその言葉がなければ、そのような人々として認識できるだろうか。言葉を知らなければ（さらに、ウィトゲンシュタインが言うところの、家族的類似性のあるものを知らなければ）、彼らの活動を理解するためにさまざまな解釈を並べなくてはならないだろう（ダンスをしているのだろうか、などと）。それぞれの解釈は特定の行為を示唆するだろう。たとえば、彼らが助けを求めて、何らかの合図を送っているのだと解釈すれば、武術の稽古だと理解する場合とは異なる対応をするだろう。重要なのは、私たちはすでに、自分たちが利用している言語の形式を携えて世界と向き合うのであって、そのような形式が、私たちが何に気づくのか、どのように解釈するのか、そして、お互いにどのような行動をとるのか、を決定するということである。このような文化的に受け継がれた言語以外には、世界を理解可能なものにする手段はあり得ないのだ。ガダマーは、このことを次のように簡潔にまとめている。

> 　私たちの存在を成り立たせているのは、私たちの判断力ではなく、むしろ先入観である……私たちの存在の歴史的真実性は、文字通りの意味において、先入観が私たちの経験の最初の方向性を決定することによって成り立っている。先入観と偏見は、世間に対して私たちが自分の心を見せていることを示している。先入観と偏見は、単純に私たちが何かを経験するための、つまり、私たちが遭遇するものが何かを語りかけてくるための前提条件なのである（Gadamer, 1960, p.9）。

ウィトゲンシュタインと言語ゲーム

ハイデガーとガダマーは、思考を可能にするのは言語であると唱え、その逆を主張した啓蒙思想家に対する重要な反論を提示した。啓蒙主義の伝統に対抗した重要な人物としてもう一人、忘れてならないのは、ルートヴィヒ・ウィトゲンシュタイン（Ludwig Wittgenstein, 1889-1951）である。彼の功績は、言語の重要性に注目したことだ。

ウィトゲンシュタインは、言葉と物の対応を、それらの文脈から分離して考えたのでは意味を成り立たせることはできないと主張した。そうではなく、言葉の意味は、コミュニケーションによる相互作用のさまざまなパターン、つまり「言語ゲーム」における文脈によって決められる。この考え方によれば、言葉がどのような特定の意味を獲得するかは、体系立った行動パターンにおける言葉の使われ方に左右される。1つの言葉が、使用される状況によって異なる意味を持つのはそのためである。「自動車」という言葉は、その言葉が使われる文脈が無くては、「自動車」という概念と特定の内在的な関係性を持つわけではない。私が友人に一緒にドライブに行ってもらいたいと考えているような場合には、この言葉を口にすると効果的かもしれない。ところが、息子を飲酒運転のドライバーに殺された母親にとっては、「自動車」は潜在的な武器を意味する。あるいは、自然保護活動家にとっては、この言葉は環境への脅威を意味する。このように言葉の意味は、それぞれ異なる内容の会話を交わすコミュニティの活動や言語のパターンにおいて、どのように使われるかによって変化するのである。組織のディスコースを扱う第4章では、このような、現実、知識、および言語の役割の本質に関する最近の考え方について、さらに議論を展開する。

ガーゲンと関係の中の存在

社会構成主義における最新の議論は、社会構成主義の理論の最も強力な形式を提案する、ケネス・ガーゲン（Kenneth Gergen, 1935-）の著作によって展開されている。社会構成主義は、社会的相互作用および社会的合意 [訳注1] と関連性がない意味のある現実など存在しえないと主張し、コミュニケーション（言語）および社会的相互作用が、現実や事実などと見なされるもの

を創出していると考える（Gergen, 2000）。コップに一定量の液体が入っているとして、それを半分しかないと考えるか、半分は入っていると考えるかは、社会的合意によるのである。

　一部の人々は、ガーゲンの思想が知識の社会的構成の概念を、最も極端な結論に結びつけると考える。ガーゲンの主張によれば、［ある文脈の中で社会的に合意された、言葉や概念の意味についての］同じような約束をもつ他者と関わることで共有された、もともと埋め込まれた理論的な約束がなくしては、「客観的事実」を立証することは不可能だというのだ。彼はまず社会心理学の分野で、社会構成主義の観点からディスコースの探究を始めた。そして、社会科学の分野で生まれた言語の形式と理論が、その分野そのものを形作ることを示した（Gergen, 1978）。

　先述の思想家たち、とりわけウィトゲンシュタインを引き合いに出しながら、ガーゲンは存在の関係的性質を強調する（Gergen, 2009）。私たちは独立した自律的存在ではなく、自分が誰であり、世界について何を知っているのかは、他者との関係によって決められるという。したがって、自分たちが存在するコミュニティを形作っている世界の外側に何があるかを知ることは不

［訳注1］　ガーゲンは、何かを記述し説明する言葉は、関わりの産物であると捉えている。言葉の意味が何かの物事の中に客観的かつ普遍的に存在しているわけではなく、人と人との関わり（社会的相互作用）を通して、ある文脈の中でその言葉の意味が構成されている（社会的合意がされている）と社会構成主義では捉える。「社会的合意」という表現は、言葉が意味するところが、互いに関わり合う特定の関係性（コミュニティ）の中でのやりとりを通して暗黙に合意（共有）されていることを指している。
　　　　たとえば、ODのキーワードである「プロセス」という言葉が象徴的だ。ビジネス界では、「プロセス」は業務プロセス、つまり、業務の手順を意味している。これは、先人が会社（またはビジネスの正解）の中で「プロセス」というカタカナを、業務手順を意味する言葉として（暗黙に）合意したうえで使い、それが日常の会話で使い続けられることによって、「プロセス」が業務手順を意味するものとして会社（ビジネスの世界）の中で歴史的に埋め込まれてきたと見なせる。一方で、ODでは「プロセス」という言葉を、how（人と人との間で起こっていること）を意味するものとして捉えている。これはクルト・レヴィンやエドガー・シャインがそのような意味として用い、ODの歴史の中でその意味が合意された（共有された）うえで言葉が使われてきた。ODという文脈や文化の中で、ODの研究者や実践者が関わりを通してその意味を生み出し、維持してきた例である。

第3章　社会構成主義者による表象としての知識への挑戦　　129

可能である。知識の対象は、世界の中での位置づけによって決まるのではなく、人がコミュニティに参加するときにその意味と重要性を獲得し、また、時間とともに生じる社会的合意を通して意味を獲得するのである。関係性の中で理解され共有された、社会的合意によって知識が意味を獲得するので、世の中の物事は関係性の文脈の中でのみ意味をもつことになる。したがって、あるものが「真」であるか「偽」であるかは、この問いが生まれたコミュニティのディスコース次第なのである。このような見地から、ある見解を「証明する」ために「証拠」を探すのはほとんど無意味である。むしろ、社会構成主義者は次のような質問をするだろう。「このような考え方は誰の役に立つのだろうか。この会話は現実的にどのような影響を及ぼすだろうか」

　ガーゲンは、啓蒙主義の典型的な前提が、実際にどのような結果を招くかを考えるよう私たちに求めている。個人は自分の経験を自ら作る分離した存在であり、自分たちが埋め込まれた過去と現在の関係性から離れて考えたり感じたりできる。重要なのは、このような考え方が正しいか間違っているかではない。ガーゲンが主張するのは、「内側に閉じ込められた自己」の前提は、あまりにも孤立した、自己中心的な、そして反社会的な行動が生まれる世界を創りだすということだ。むしろ自分たちを「関係の中の存在」として考えることを、彼は提唱している。

　　私の望みは、実質的にすべての理解しうる行動は、中断することなく続いていく関係性の中で生まれ、持続され、消滅すると実証することだ。この視点に立つと、孤立した自己、あるいは、完全に自分だけの経験というものはありえない。むしろ私たちは、他者と共同で構築される世界に存在しているのである。私たちの存在は、常に関係性において意味を持つのであって、私たちは決して関係性のないところに存在することはできず、最もプライベートな瞬間においてさえ、決して一人きりということはないのである。さらに後に提案するように、この惑星の将来の繁栄は、私たちがどの程度まで、個人でもグループでもなく、人と人との関係性の生成的なプロセスを育て守っていくことができるかにかかっている（Gergen, 2009, p.xv）。

このような観点から、ガーゲンは既存の知の構造に異議を唱え、心理療法、家族生活、コミュニティ統治、および組織の変革などの、社会生活のあらゆる意見交換の場における、さまざまな対話の形式を根本的に考え直すべきであると提案する。彼の提案する世界についての知識の獲得方法、あるいは世界について語る方法は、コミュニティが特定の目的を達成するために利用されている。この考え方は、意味の共同構築と知識の発展性を強調しているため、対話型の考え方と調和し、対話型をサポートする。しかるべき診断手法を利用すれば、より正確に組織と変革の社会的ダイナミックスを見定めることができる、とは考えないのである。

社会構成主義の柱

　ガーゲン（Gergen, 1982）、サービン（Sarbin, 1986）、ショッター（Shotter, 1994）の著作に基づいて総合的にまとめると、社会構成主義の基本的概念は以下のようなものとなる。

意味は社会的相互作用を通して創出される

　社会構成主義の基本思想は、社会および文化は既定のものとして存在するのではなく、意味は社会的相互作用の中で、あるいは、それを通して創出されていると考える。さらに、社会や文化そのものが、何が現実で、本物で、本質的に重要であるかを決めるのではない。知識は共同の産物であり、正確な診断や表象の結果として生まれるのではない。「現実」および真実であると見なされるものはすべて、人と人との関係性とコミュニティの文脈の中に出現する。一見これといった特徴のないごく普通の物事の表現でさえ、関係性のプロセスの産物である。「部屋の隅にあるあのテーブルが、現実ではないというのですか」と反論する人がいるかもしれない。確かに、物はそこに存在するだろうが、物の意味は、その物自体に本来備わっているわけではないのである。部屋の隅にあるのは、家族が集まって祈りをささげる場所で

あったり、供え物を置く台であったり、机であったり、ドアストッパーであったり、箱などを置いておく場所であったりするかもしれないのである。

　世界は私たちから離れてそれ自体として存在し、私たちが見つけて理解するのを待っているように見えるかもしれない。しかし、私たちが現実として理解する世界は、人々がそこにそれが存在すると合意することによってできあがる、社会的成果なのである。私たちはコミュニケーションを通して、自分たちが住む世界を構築するのだ。知識が歴史的および文化的に生み出されることは、別の形よりもある特定の形が際立った世界をつくる状況を、社会生活のありようが生み出していることを意味している。したがって、OD実践者にとって大切なのは、知識は人の捉え方に左右されると理解しておくことである。間違いのない完璧な知覚［感覚器官を通じて捉えている働き。ちなみに知識は、既に知っている内容］などはあり得ないのであって、社会的および文化的形式が介在することなく、現実を直接的に知覚することは不可能なのである。何らかの歴史的かつ共同的な見方がないところに、客観的に真実である世界は存在しないのだ。

何が善か／正しいか／真実かは、社会的合意によって決まる

　最も基本的な善悪の概念でさえ、関係性に基づいて定義される。何が「善」で、何が「悪」なのかは、自然に決まるのではない。誰かが「善」であると考えるものは、社会的に作り出されたものなのである。「正しい」、「道徳的」という概念は、常に社会的合意から生じる（MacIntyre, 1981; Bernstein, 1983を参照）。価値とイデオロギーはコミュニティの創造物である。最も当たり障りのない中立的な描写でさえも、「善」または「容認可能」と見なされる兆候を何かしら含んでいる。世界を説明する私たちの言葉は、常に他の意見よりもある意見を優先する、何らかの伝統に埋め込まれているのである。いかなる伝統においても、好まれる見解と、疎外される見解が存在するからだ。このことはOD実践者にも関係がある。彼らは、どの見解が暗黙的に好まれて、「善」として掲げられているのか、そして、軽視されているのはどの見解であるかを自問自答しなくてはならないからである。

社会構成においては言語と相互作用が最も重要である

　社会構成主義者は言語の力強いパワーを高く評価する。第4章でより詳しく論じるが、組織はディスコースによって創出され、維持され、変革される。私たちのディスコースは、慣習のあり方や生活様式を維持したり、あるいは、それらに疑問を呈したりする。真実や正常と見なされるものは、日常生活を作り出すコミュニティの言語活動の内に組み込まれている。物事の意味は人々の頭の中に単独で存在しているのではなく、互いに影響し合う人々の協調的行動の中に存在している。

　基本的に私たちは常に会話の中で、人間らしくあるための生き方をサポートしたり束縛したりする、文化的理解を深めているのである。規定されたものもあるが、コミュニティによって創出され再創出される、明らかに社会的合意と言えるような「社会的事実」もある。たとえば、「男性」と「女性」という分類は、遺伝子に基づく既定の事実である。他方、男性らしさや女性らしさの特定の意味、それぞれについて何が可能で何が許されるかという「社会的事実」、および、互いの関係性などは、特定のコミュニティの社会的解釈と合意に基づいて、性差を説明する。さらに、このような解釈は時とともに変化していき、実際的な影響が社会に現れることになる。ウィトゲンシュタインが書いているように「私の言語の限界が、私の世界の限界を意味する」（Wittgenstein, 1922, sec. 5. 6）のである。私たちは、後に現実として発見することになる世界を自ら創り出すのであり、自分たちの会話を通して世界を構成する。モダニズムから受け継いだのは、言語は世界を描写するものだという考え方だが、社会構成主義の観点からは、言語は慣習を作り出す道具なのである。

知識と行動はつながっている

　プラトンならびに啓蒙主義の哲学者たちは、知識の最も高度な形式は観想[人間の知性や理性を働かせて真理を求めること]であると考えた。彼らによれば、私たち人は、考えてから行動する。しかし社会構成主義者は、逆を唱える。私たちは世界に働きかけ、興味を持つものと関わり、それからじっくり考えるというのだ。知識とは行動であって、単なる表象ではない。知識は、フレイ

第3章　社会構成主義者による表象としての知識への挑戦　[133]

レが言う銀行型教育で示唆されるような受け身で授かるものではなく、積極的に社会と関わって獲得するものなのである。知識は、社会的な交渉のプロセス、共通のディスコース、および社会構造の創出を通して、他者と関係する中で能動的に構成される。このような知識と行動は密接に関連しているという主張は、学習とは何か、学習はどのように行われるかについて、改めて考えるきっかけとなる。さらに、常に診断がアクション（実行）に先んじるべきであるという診断型ODの中核となる考え方とまともに競合する。

組織開発および組織変革の分野に与える影響

社会構成主義の考え方は、組織開発と変革の分野にも影響を及ぼし、特に組織内への働きかけ方について考えさせる。社会構成主義の観点からすると、システムの変革とは、会話を変えることである。つまり、ODの実践者にとって、自分たちに使いこなせる最も強力な手段は、新しい会話の方法を提案することである。「言葉が世界を創る」のだから、新しい語彙は新たな可能性を切り開くきっかけになる。組織は社会的合意により構成されるのだから、職場で交わされる会話が変わることによって、組織は望ましいありように革新的に再構成されうる。新しい意味の世界を構成する、新たな声や新たな行動の可能性に私たちが注目することの重要性を、この考え方は示唆している。

社会構成主義に基づく場合、組織開発の考え方や実践は、多くの点で移行することになる。第一に、個人の考え方を変えようとする取り組みから、集団的な考え方を変える取り組みへと移行する。第二に、変革とは安定期と安定期の間に発生するものではなく、持続的に発生するものとして認識が変わる。第三に、チェンジエージェントの活動を介入としてではなく、より解釈的な通訳としてとらえるようになる。第四に、個人主義から他者との関係性へ私たちの焦点が移行することである。

メンタルモデルから関係性へ

　組織研究の分野において受け継がれてきた重要な概念として、メンタルモデルが挙げられる。これはアージリスとショーン（Argyris and Schön, 1978）、センゲ（Senge, 2006）らによってODの分野に広まった。私たちがしばしば耳にするのは、ステークホルダーのメンタルモデルを評価したり変化させたりすることの重要性である。人々の頭の中に何か意味のあるものが存在すると考えるこの概念は、精神の構成は人の頭の中に収められていると仮定する、精神的実体に関するデカルトとカントの概念の影響を受けたものだ。このような考えは、すべての知識は相互作用的な社会的産物であり、個人的な成果物ではないとする、社会構成主義的な観点からは批判を受ける。

　社会構成主義は、個人がその内面に持っている、根本的な論理に基づくものとしての「信念」の概念にも異議を唱える。社会構成主義の改革的思考は、関係性の相互作用、あるいは（ショッターの1994年の言葉を借りれば）「人と人の間」の重視を私たちに促す。とりわけディスコースにしっかり耳を傾けることが奨励される。ローティ（Rorty, 1979）やガーゲン（Gergen, 1994）らの説に従えば、意味と信念のシステムは個人の頭の中に保持されるものではない。私たちの考え方と行動が、コミュニティのメンバーが共有するディスコースによって、いかに形成されるかに気づくべきだというのが社会構成主義の考え方なのである。このことは新たな問いを提示する。つまり、組織のメンバーのメンタルモデルを変えようとするよりも、組織のディスコースが解釈のレパートリーや関係のありようをどのように発展させたり抑制したりするかを問うべきだということだ。これまでとは異なる新しい慣習を生み出すためには、どのようにディスコースを変えていけばいいのだろうか。

　社会構成主義は、ある瞬間に起こる合理的で個別の出来事として意思決定に焦点づけるのではなく、意思決定の際に起こる、日常的な習慣のディスコース的プロセスに焦点づける。意思決定における偏見を克服し、合理性への認識的な障害を取り除こうと努めるのではなく、たとえば、代替的なシナリオを考えて複数の意見を反映させることを重視するのである。

第3章　社会構成主義者による表象としての知識への挑戦　　［ 135 ］

構造志向からプロセス志向へ：
期間限定的な事象としての変革から持続する事象としての変革へ

先に述べたように、組織研究の分野は、プラトンやアリストテレス以来の、変化よりも安定を志向する考え方を継承し正当化してきた。研究者たちは、精神、グループ、組織、あるいは社会全体の持続的構造の重要性を強調してきた。このようなモダニズムの思想は、不変性と構造を重視し、変革とは断続的でも日常的でもない、ドラマチックなものであると考える。この伝統を受け継いで活動する実践者にとって、変革は頻繁には起こらない目新しいものであり、均衡状態の揺らぎである。彼らの考え方の前提となるのは、組織は本質的に活発さを失う方向に向かうため、何らかの適応・順応が必要になれば、不均衡が生じるような、外部の働きかけによって組織が揺らぐ必要があるということだ。

クルト・レヴィン（Levin, 1947）の3段階モデル（解凍・移行・再凍結）は、この伝統の流れを汲むものである。組織は均衡状態もしくは安定した状態であるため、変革を促すために解凍（混乱すること）の状態になる必要があると考える。ジョン・コッター（Kotter, 1996）の変革マネジメントモデルもまた、組織は安定という自己満足の状態に陥りがちであるため、変革プロセスを始動させるためには、リーダーは緊迫感を作り出し、組織を解凍しなくてはならないと考える。

第1章で述べたように、対話型のモデルでは、変革は持続的かつ累積的である。つまり、組織は永久的に進化し続ける。これは近年注目を集める、プロセス理論と一貫する考え方である。世界は常に変化し続ける「永遠に生きる火」であると主張したヘラクレイトスなど、ソクラテス以前の哲学者たち。さらには、アンリ・ベルクソン、アルフレッド・ノース・ホワイトヘッド、ウィリアム・ジェイムズらの、19世紀から20世紀初頭に活躍した哲学者たちを源流として、プロセス理論は、絶え間なく続く変化のさなか、準安定状態が一時的に重なりながら連続するプロセスとしての社会生活に注目することが大切だと唱えている。この観点から、組織は完成されることなく、永続的に変わり続けるものであり、常に生成の過程にあるものとして見なされる（Tsoukas and Chia, 2002参照）。ここで注目すべきなのは、他の文化的伝統、特

に儒教と道教の哲学における、この世は常に流転しているという考え方である。つまり、レヴィンの3段階の理論とは対照をなす思想を、はるか昔から展開してきたということだ（Marshak, 1993）。

対話型の変革は、診断的な調査と内省の後ではなく、その時々の即興性や行動のための機会に注目することを、実践者に奨励する。第7章と第17章で論じられるように、変革は絶え間なく続いていくものだと考える場合、対話型のチェンジエージェントは、新たに出現するダイナミックスに気づき、相互作用と会話の流れの方向を修正する、センスメーカー（意味を作る人）になる。安定した状態を診断してから「解凍」し、システムの外側から何かしら注入する方法を選択する、診断型のチェンジエージェントとは正反対である。「プロセスの連続性」による変革アプローチは、変革が連続する流れの中で起こるということ、新しい言葉や既存の言葉の新しい組み合わせが意味と行動の範囲を広げるということを示唆している。チェンジエージェントは、現状を正確に診断し問題を明確化するために存在するのではない。彼らの重要な役割は、学習と即興性のための機会を作ることである（Barrett, 2012）。

生成、変革、変動を重視することによって、創造性、創造的破壊、予測不可能性、ならびに対話に関して独特の解釈が生まれる。研究者や実践者は、物事の実体、個別の出来事、あるいは、さまざまな状況を否定するのではなく、そのような物事、出来事、状況のあり方に向き合い、これらに伴う複雑なプロセスを明らかにするのである。

働きかける人としてのチェンジエージェントから、通訳者／翻訳者としてのチェンジエージェントへ

チェンジエージェントとしての自らの役割をどう捉えるかによって、私たちのすべての行動が左右される。モダニズムの流れを受け継ぐ診断重視の考え方に従えば、「客観的な」外部者として、文脈やプロセスについての専門的な知識を駆使してシステムをより正確に把握し、働きかけることになる。社会構成主義に基づく対話型の視点から見れば、社会システムが常に変化する中で、チェンジエージェントの役割は、現行のプロセスを明確にしたり、ラベルづけをしたり、ある枠組みから意味づけしたりすること、あるいは新

第3章　社会構成主義者による表象としての知識への挑戦　137

たな可能性と今までにないレパートリーが生まれるよう助長することである。

　チェンジエージェントは、組織の外側にいて、離れたところから関わる診断医ではなく、内部から組織を支援し、状況を解釈して伝える通訳者として活動する。解釈的通訳者は、自分たちが現状の社会的現実をどのように作り出しているのかを人々が認識して理解し、新しく出現する可能性を見出すことができるような、プロセスやイベントを創る手助けをする。そのためには、実践者は自らの行動を内省し、自分たちの解釈の仕方や社会的な文脈への影響度に気づくことが大切である。つまり、いかなる場合でも、解釈から「解放される可能性は決してなく」、パターン化された解釈と「無縁を保ち、誘惑されないままでいる」方法はないのである（Heidegger, 1962, p.213）。

孤立した自己から対話する自己へ

　啓蒙主義から私たちが受け継いでいるのは、私たちは、自律的で独立した存在であり、客観的で公平な判断を下すことができるという見方である。私たちは、内なる自分は本物で正真正銘の自己であると考える。サンプソン（Sampson, 2008）はこれを「所有的個人主義」と名付けた。個人が独立と自主性を「所有している」、また、独立と自主性は所有している人もいれば、所有していない人もいるという考え方だ。そして当然ながら、この考えは、「善」のディスコースに結びつき、独立性や自主性を「持って」いない個人は、たとえば「共依存」などの症状がある人として臨床的に分類される。

　社会構成主義の対話を重視する要素と、意味の創出において、社会的相互作用と社会的文脈がもつ中心的役割を重視するという考え方に基づき、私たちは別の可能性を見出すことができる。対話と人間関係によって成り立つ世界の自然の成り行きとして、人は「他者を称賛すること」を考え始めるのである（Sampson 2008）。ひとたび自分たちは人間関係と会話により成り立つ存在であると思い知れば、人生の本質は、人々との関係性の中に生まれると私たちは認めるようになる。私たちは人との交流を通して、その人生が創り出される、関係性に依拠する生き物なのである。私たちの考え方、判断の仕方、知り方は、会話を通して維持され変化するのである。

［138］　第Ⅱ部　対話型ODの理論的基盤

本章のまとめ

　本章では、再表現としての知識を重視する、啓蒙主義の流れをくむ基本的な前提を説明してきた。再表現とは、知識を得る当人とは離れて存在する客観的世界があるかのように考えて、世界の側面について発見したことを他者に提示することである。このような考え方は、今でも組織研究の分野において使われている。社会構成主義者は啓蒙主義の伝統に異論を唱え、私たちが現実として捉える世界は、自分たちが他者との交流によって創出しているものだと提案する。私たちが一般常識として受け入れているものは、実際は継続的に絶え間なく構築されているものだと考えるのである。この考え方は、組織変革と組織開発に対する私たちのアプローチに大きな影響を及ぼしている。

　「現実」として当たり前に受け入れているものの多くが、実はコミュニティの関係性の中で構築されているのだと明確に理解するのは難しいかもしれない。私たちが世界を構築する方法と、世界が「正常」なものを私たちに提示する方法は、社会的な関係性を基盤としている。このことは、私たちがコミュニケーションを取りながら自分たちの生きる世界を構築していることを意味しており、コミュニケーションの重要性をより一層強調する。語ることによって世界は生まれるのである。

　社会構成主義者の思想は、イノベーションをもたらす大きな潜在力を持っている。また、社会構成主義の思想は、新しい語られ方のありようを導入することによって、世界を構成し再構成することができると主張する、対話型ODの前提と実践に大きく貢献している。新しい声、これまでとは違うメタファー、斬新な言葉づかいなどを取り入れることによって、私たちは伝統的なものごとの認識の仕方に対抗し、新しい意味の世界と可能性を手に入れることができるのである。

引用文献 ···

Argyris, C., & Schön, D. A. (1978). *Organizational Learning.* Reading, MA: Addison-Wesley.

Barrett, F. J. (2012). *Yes to the Mess.* MA: Harvard Business Review Press.

Bernstein, R. (1983). *Beyond Objectivism and Relativism.* Philadelphia, PA: University of Pennsylvania Press. (『科学・解釈学・実践──客観主義と相対主義を超えて』リチャード・J・バーンスタイン著, 丸山高司, 木岡伸夫, 品川哲彦, 水谷雅彦訳, 岩波書店, 1990年)

Comte, A. (1853). *The Positivist Philosophy.* London, United Kingdom: Chapman.

Descartes, R. (1647). *Meditations on First Philosophy.* (1999 version). New York: Penguin. (『省察』デカルト著, 山田弘明訳, 筑摩書房, 2006年)

Dewey, J. (1938). *Experience and Education.* New York, NY: Macmillan. (『経験と教育』ジョン・デューイ著, 市村尚久訳, 講談社, 2004年)

Durkheim, E. (1938). *The Rules of Sociological Method.* Chicago, IL: University of Chicago Press. (『社会学的方法の基準』エミール・デュルケーム著, 宮島喬訳, 岩波書店, 1978年)

Freire, P. (1970). *Pedagogy of the Oppressed.* New York, NY: Seabury. (『被抑圧者の教育学』パウロ・フレイレ著, 三砂ちづる訳, 亜紀書房, 2011年)

Gadamer, H. (1960). *Truth and Method.* New York, NY: Continuum. (『真理と方法──哲学的解釈学の要綱 I ／ II』ハンス・ゲオルク・ガダマー著, 轡田收, 麻生健, 三島憲一, 北川東子, 我田広之, 大石紀一郎訳, 法政大学出版局, 新装版, 2012年)

Gergen, K. J. (1978). Toward Generative Theory. *Journal of Personality and Social Psychology, 36,* 1344-1360.

Gergen, K. J. (1982). *Toward Transformation in Social Knowledge.* New York, NY: Springer-Verlag. (『もう1つの社会心理学──社会行動学の転換に向けて』ケネス・J・ガーゲン著, 杉万俊夫, 矢守克也, 渥美公秀監訳, ナカニシヤ出版, 1998年)

Gergen, K. J. (1994). *Realities and Relationships.* Cambridge, MA: Harvard University Press. (『社会構成主義の理論と実践──関係性が現実をつくる』ケネス・J・ガーゲン著, 永田素彦, 深尾誠訳, ナカニシヤ出版, 2004年)

Gergen, K. J. (2000). *The Saturated Self.* New York, NY: Basic Books.

Gergen, K. J. (2009). *Relational Being.* New York, NY: Oxford University Press.

Gouldner, A. (1970). *The Coming Crisis of Western Sociology.* New York, NY: Basic Books. (『社会学の再生を求めて1──社会学＝その矛盾と下部構造』アルヴィン・W・グールドナー著, 岡田直之, 田中義久共訳, 新曜社, 1974年)

Hammer, M., & Champy, J. (1994). *Reengineering the Corporation.* New York, NY: Harper Business. (『リエンジニアリング革命──企業を根本から変える業務革新』マイケル・ハマー, ジェイムズ・チャンピー著, 野中郁次郎監訳, 日本経済新聞社, 2002年)

Heidegger, M. (1962). *Being and Time.* New York, NY: Harper & Row. (『存在と時間』マルティン・ハイデガー著, 細谷貞雄訳, 筑摩書房, 1996年)

Kant, I. (1781). *Critique of Pure Reason.* (2008 version). New York, NY: Penguin. (『純

粋理性批判』カント著，篠田英雄訳，岩波書店，1961年）

Kotter, J. (1996). *Leading Change*. Boston, MA: Harvard Business School Press.（『企業変革力』ジョン・P・コッター著，梅津祐良訳，日経BP社，2002年）

Lewin, K. (1947). Frontiers of Group Dynamics. *Human Relations*, 1, 5-41.

MacIntyre A. (1981). *After Virtue*. London, United Kingdom: Duckworth.（『美徳なき時代』アラスデア・マッキンタイア著，篠崎栄訳，みすず書房，1993年）

Marshak, R. J. (1993). Lewin Meets Confucius: A Re-view of the OD Model of Change. *Journal of Applied Behavioral Science*, 29(4), 393-415.

Parsons, T. (1937). *The Structure of Social Action*. New York, NY: Free Press.（『社会的行為の構造』タルコット・パーソンンズ著，稲上毅，厚東洋輔訳，木鐸社，1976年）

Reddy, M. J. (1993). The Conduit Metaphor: A Case of Frame Conflict in Our Language about Language. In A. Ortony (Ed.), *Metaphor and Thought* (2nd ed.) (pp.164-201). Cambridge, United Kingdom: Cambridge University Press.

Rorty, R. (1979). *Philosophy and the Mirror of Nature*. Princeton, NJ: Princeton University Press.（『哲学と自然の鏡』リチャード・ローティ著，野家啓一監訳，産業図書，1993年）

Sampson, E. (2008). *Celebrating the Other*. Chagrin Falls, OH; Taos Institute Publicatiions.

Sarbin, T. (Ed.). (1986). *Narrative Psychology*. Westport, CT: Praeger.

Senge, P. M. (2006). *The Fifth Discipline* (rev. ed.). New York, NY: Doubleday.（『学習する組織——システム思考で未来を創造する』ピーター・M・センゲ著，枝廣淳子，小田理一郎，中小路佳代子訳，英治出版，2011年）

Shotter, J. (1994). *Conversational Realities*. Thousand Oaks, CA: Sage.

Taylor, F. W. (1911). *The Principles of Scientific Management*. New York, NY: Harper.（『新訳科学的管理法——マネジメントの原点』フレデリック・W・テイラー著，有賀裕子訳，ダイヤモンド社，2009年）

Tsoukas, H., & Chia, R. (2002). On Organizational Becoming: Rethinking Organizational Change. *Organization Science*, 13(5). 567-582.

Weisbord, M. R. (2012). *Productive Workplaces* (3rd ed.). San Francisco, CA: Jossey-Bass.

Wittgenstein, L. (1922). *Tractatus Logico-philosophicus*. London, United Kingdom; Kegan Paul.（『論理哲学論考』L・ヴィトゲンシュタイン訳，野矢茂樹訳，岩波書店，2003年）

第4章 ディスコースと対話型OD

ロバート・J・マーシャク
デヴィッド・S・グラント
マウリツィオ・フローリス

　第3章は、近年における哲学と社会科学の進展により、世界に対する私たちの考え方が大きく変わり、世界は与えられたもの、理解されるべきものとする見方から、世界は社会的相互作用を通して構成されるものであるとする見方へと移りつつある状況を論じている。これらの新しい考え方は、組織と変革に対する考え方にも明らかな影響を及ぼしている。本章ではこのような変化が、組織や組織変革の学術研究にどのように表れてきているか、さらに、それらが対話型ODにどのような影響を与えるかについて論じていく。

　まず、マネジメント理論に「解釈主義」が現れた経緯とその歴史を簡単に説明する（「ディスコース研究」と呼ばれる研究分野である）。次に、**ディスコース**、**テキスト**、**ナラティブ**という用語を研究者がどう定義しているかに言及する。これらの用語は、普段の会話で使われる意味とは異なるニュアンスで用いられる。これらの意味合いの違いを理解することは、組織のマネジメントと変革の方法について、学術研究が提供する洞察を理解するために役立つだろう。最後に、対話型OD実践者のために、ディスコースを活用するための前提条件と、実践との関連性について説明する。

組織と変革の領域での解釈主義の出現

　20世紀前半、組織と組織変革についての考え方の主流は、組織を機械としてとらえることであり、生産性、効率性、および「機械」を修理して改良

するための変革など、技術的な側面に目を向けていた（Marshak, 1993; Morgan, 2006）。20世紀の半ばごろになると、フォン・ベルタランフィの生物体システムに関する先駆的研究（Von Bertalanffy, 1968）に代表される、オープンシステム理論が優勢になり始めた。生物学的モデルへの移行により、外的（および内的）な要因や力との適応、調和、調整がより重視されるようになった。つまり、効率基準と設計変更の手法（これらのみに限定されるわけではないが）などを含め、いかに効果性を高めるかという側面への関心が強まったのである（たとえば、Katz and Kahn, 1966; Lawrence and Lorsch, 1967; Thompson, 1967）。機械モデルも生命体モデルも、また、これらに関連する組織と組織変革の理論も、物理学、工学、生物学という「ハードサイエンス」と関連性を持ち、組織の診断、変革の必要性、ならびに変革の方法などに対する考え方が、客観主義者的、実証主義者的になる傾向がある。

　20世紀後半になると、「ソフトサイエンス」の新しい理論やアプローチに基づいた「解釈を重視する」傾向が現れ、組織と組織変革に関して新たな問題を提起する（たとえば、Heracleous, 2004）。解釈主義に基づくと考えられるのは、大まかに見て、構成主義とポストモダニズムの視点（Berger and Luckman, 1966; Bergquist, 1993; Hassard and Parker, 1993; Searle, 1995）、コミュニケーションのシステムとして社会システムを考えるアイデア（Luhmann, 1989, 1995）、認知心理学や認知言語学などの「ソフト」科学としての認知科学（Altman, Bournois, and Boje, 2008; Fairhurst, 2007; Schön, 1993）、文化研究（Alvesson, 2002; Martin, 2002）、権力と政治の批判的研究（Alvesson, 1996; Clegg, 1989; Knights and Willmott, 1989）、組織ディスコース研究（Alvesson and Karreman, 2000b; Grant et al., 2004）などである。

　ここで確認しておきたいのは、解釈主義とディスコース研究においては、会話やテキスト、その他のコミュニケーションの方法は、単に社会的現実を表現するためだけの手段ではなく、社会的現実を作る手段であると考えていることだ。また、組織については、多様な登場人物の間に生じる対話的プロセスと、それに関連する社会的、政治的相互作用から社会的現実が出現するシステムであり、意味を形成するため、あるいは、センスメーキング（Weick, 1995）のためのシステムであると考える。

技術的モデルあるいは生物学的モデルは、変革への取り組みに際して、戦略、構造、報酬、目標、命令系統、一体感の養成などの要素を重視する。一方で、解釈主義のモデルは、組織の今の現実が、文化、内部の力関係、複数の形式のディスコース（ナラティブ、ストーリー、対話や会話、メタファー、挑発的質問、象徴的行動など）といった要因を通して、どのように社会的に構成され、維持され、変革されるかに注目する。たとえば、オースチンとバーチュネク（Austin and Bartunek, 2003）は、参加、リーダーの自己内省、アクションリサーチ、ナラティブ／レトリック［言葉を効果的に使い、適切に美しく表現する技法］の4つの要素に対応する、4種類の組織変革アプローチについて論じている。彼らによれば「組織変革において、ナラティブによる働きかけは、レトリックと文章の役割を重視する。組織の人々は、自分たちの経験について語る回顧的なストーリーを通して、また、行動を起こす方向性として自ら創り出す未来志向のストーリーを通して、組織の現実の一部分を創出する。組織のメンバーが自分たちのナラティブを持ち寄ることで、集団的なセンスメーキングが促進される」（Austin and Bartunek, 2003, 31）。

　変革とは具体的で期間限定的な個別のプロセスであると考える伝統的なアプローチもまた、本質的に解釈的な、ディスコースに基づくプロセスとして変革を研究する学者たちから挑戦状を突きつけられている（たとえば、Barrett, Thomas, and Hocevar, 1995; Bushe and Marshak, 2009; Doolin, Grant, and Thomas, 2013; Heracleous and Marshak, 2004; Marshak and Grant, 2008; Oswick et al., 2010）。彼らは機械的なもの、あるいは生命体のようなものとして組織をとらえるのではなく、「継続している会話」のようなものとして組織を解釈している（Broekstra, 1998; Oswick and Marshak, 2012）。組織は、メンバーや他のステークホルダーの継続的なディスコースによる相互作用によって構成されると考えるのである（Boden, 1994）。つまり、組織を変えたいならば、ディスコースとそのプロセスに焦点を当てる必要があるということだ。したがって、一部の学者たちにとって、組織を変革するとは、組織内で支配的になっているナラティブと会話を変えることを意味するのである（Ford and Ford, 1995, 2008; Shaw, 2002）。

第4章　ディスコースと対話型OD　［145］

組織ディスコースの概要

組織研究に携わる学者たちの中で、ディスコースを研究する人々は、主に社会学、言語学、哲学、文学、人類学、コミュニケーション学を参照している（Alvesson and Karreman, 2000a; Grant et al., 2004）。多様な領域を源流としているものの、現在の組織ディスコース研究と関連する考え方の核となるのは、おそらく5つの概念と3つの重要な前提である。

5つの概念

本章での議論において、ディスコース重視の傾向、ならびに、この傾向と対話型ODの関連を理解するために、5つの概念が非常に重要となる。具体的には、ディスコース、テキスト、文脈、ナラティブ、会話の5つである。表4.1は、これらを要約したものだ。

研究者の世界では、**ディスコース**は、単純に人々の会話のみを表すのではない。ディスコースは相互に関連する「テキスト」の集まりである。テキストは、その作成、普及、利用という関連する行為に伴って、アイデアや考えを具体的に表現する手段である（Fairclough, 1992; Parker, 1992）。一例を挙げるならば、組織の健全性のディスコースには、健全であったりそうでなかったりするものとしての組織に関連する、すべての書物や記事、ストーリー、メタファー、話し合い、図表などが含まれる。そして、このディスコースを利用したり、そこに情報を提供したりする人々は「ディスコースのコミュニティ」と呼ばれる。このコミュニティ内では、意味を持つものと、持たないものが存在する。このコミュニティに影響を与えたい人は、ディスコースを通してコミュニティに参入しなければならない。

ディスコースは社会的現実の構成と、その結果として生じる組織行動と実践において中心的な役割を果たす（Taylor et al., 1996）。多くの組織においては（組織の規模にもよるが）、組織の目的や資源の投資先を決めるといった重要な事項に関しては、競合するディスコースが現れがちである。一部のディスコースは「優遇される」ことになるだろう。つまり、権力や権威を持つ人々の前でそのように話すのが好ましいとされたり、あるいは、そのような話し

[146]　第Ⅱ部　対話型ODの理論的基盤

■ 表4.1 組織ディスコースの重要な概念

ディスコース	テキストの作成、普及、利用という関連する行為に伴って、アイデアや思考を具体的に表現する、相互に関連する「テキスト」の集まり
テキスト	内容や主題の意味を伝えるすべてのもの（言葉、シンボル、絵や図表、ジェスチャーなど）
文脈	テキストが組み込まれた、時間的、歴史的、文化的、社会的状況。すべてのテキストは、潜在的に、他のテキストの文脈である
ナラティブ	一連のアイデアや事象を意味のあるストーリーラインに結びつける、主題や問題に重点をおいた、口頭による語り（文書による記述）
会話	2人以上の人々の間の相互作用や交流の一部として、時間的にもレトリック的にも相互に関連する一連のテキストの作成、普及、解釈

方がその組織において適切かつ合理的だと見なされたりするのである。

　ディスコースを組み込んで、収録し、維持するのが**テキスト**であり、必ずしも直接的に関わるわけではない大勢の人々の集団にとって現実を社会的に構成するための手段となる。学術的なディスコースにおいて、テキストは文書だけとは限らない。ロビショー、ジルー、テイラー（Robichaud, Giroux, and Taylor, 2004）は、テキストとは、文書、発話行為、絵や図表、ジェスチャー、シンボルなどを含む幅広い種類の形式を持ち、内容やナラティブの主題を伝える記号論的人工物であると定義している（Iedema, 2007; Taylor and Van Every, 1993）。たとえば、危険を警告するシンボルが近くに置かれたガラスの引き戸は、職場の安全のディスコースに関連する有用なテキストである。

　ディスコースは**文脈**と無関係には存在しえない。ディスコースは時間的、歴史的、社会的文脈に影響される。どのようなディスコースであろうと、他のディスコースとそれらに関連するテキストによって構成される（Broadfoot,

第4章　ディスコースと対話型OD　147

Deetz, and Anderson, 2004; Keenoy and Oswick, 2004; Fairclough and Wodak, 1997)。これはテキストと文脈の区別が難しいことを意味している。というのも、同じテキストが、特定の局所的なディスコースの一部であるのと同時に、より幅広い文脈的なディスコースの一例ともなるからである（Fairclough, 1992)。研究者の間では、これらの用語を正確に定義する方法に関して議論が交わされている。実際のところ、組織においてこれらの用語がどのように意味を獲得するかは、継続的・反復的・再帰的プロセスの一部となる、社会的かつ歴史的に作成されたテキストの複雑な相互作用を通していずれ明らかになるだろう（Alvesson and Karreman, 2000b; Grant and Hardy, 2004)。個人やグループの間で起こるディスコース的相互作用は、組織の内部あるいは外部に存在する他のマクロレベルの「メタ」あるいは「大きな」ディスコースの文脈の中に位置づけられる（Alvesson and Karreman, 2000b)。さらに、「常にディスコースは、以前に生じた別のディスコースとつながっており、同様に、同時に生じるディスコースや後になって生じるディスコースともつながっている」（Fairclough and Wodak, 1997, p.277)。

ナラティブは、会話、レトリック、メタファーなどの比喩的用法、および、シンボルや非言語的な様式によるコミュニケーションとともに、重要なディスコース的要素である。また、一連のアイデアや事象を結びつける主題や問題に重点をおいた、口頭による語り、または文書による記述である（Boje, 2001; Czarniawska-Joerges, 1998; Gabriel, 2004)。ナラティブは、私たちが自分自身について考える方法や他者との交流の方法の基盤となるものである。つまり、「時間の経過に伴って文脈の中に現れる出来事の連続から、結果と先例を関連づけるというナラティブの構成概念は、複雑な組織変革プロセスの展開を理解することと、特に関連性が強いように思われる」（Buchanan and Dawson, 2007, p.672)のである。ナラティブは出来事の意味を解釈するために利用されるストーリーラインのようなものである。たとえば、組織の効果性のディスコースには、環境適合性が欠けている組織は業績が上がらない、というナラティブがある。そして、特定の組織が失敗をした場合、失敗の原因は環境の変化に適応できなかったことにあると説明するストーリーや話は、オープンシステム理論のナラティブと一貫性を持ち、これを裏付けるものと

なる。政治やジャーナリズムの世界は、ナラティブによって人々が出来事の意味を形成する様子を敏感に察知しようとするが、マネジメントの世界でもそのような考え方がますます広まっている。ナラティブは組織に関わる当事者たちのディスコースによる相互作用を通して構成され、強化される。研究によれば、変革のナラティブの構築と普及において鍵となるディスコース的実践は、会話である（たとえば、Buchanan and Dawson, 2007; Ford and Ford, 1995）。

会話とは、2人以上の人々の間の相互作用や交流の一部として、時間的にもレトリック的にも相互に関連する、一連のテキストの作成、普及、および解釈であると定義される（Ford and Ford, 1995; Robichaud, Giroux, and Taylor, 2004; Taylor et al., 1996）。組織におけるディスコースの役割を理解するために、会話は特に重要である。意味のある行動は、分断された個々の発言や、単独で存在するテキストから生まれるのではなく、当事者たちの絶え間ない会話的相互作用を通して生まれるのである。会話の当事者たちは、より幅広いディスコースを利用して、自分たちのナラティブと考え方を生み出す。そうやって生み出されたナラティブと考え方は、次の行動と会話のリソースになっていくのである（Fairclough, 1992）。

会話は再帰的な関係性の中に存在する。つまり、今あるディスコースが、会話に参加する当事者たちにリソースを提供する。当事者が参加する次の会話では、同じディスコースが利用され、再現され、変更されていくのである（Robichaud, Giroux, and Taylor, 2004; Taylor et al., 1996）。組織のダイナミックスについてディスコース的な視点から考えるということは、プロセスと文脈の両方を重視し、会話に焦点を当てて、やがて変革を生じさせることになる再帰的で反復的なプロセスの重要性を強調することである。

核となる前提

第一に、ディスコース的アプローチ、つまり、ディスコースを通して組織の変革を考えるアプローチは、単に組織におけるコミュニケーションや、当事者間における情報の伝達方法に焦点を当てるだけではない。むしろこのア

第4章　ディスコースと対話型OD　149

プローチは、ディスコースとこれに関連するプロセスが、単純に組織の現実を反映するだけでなく、現実を**構成する**という側面を重視する（Hardy, Lawrence, and Grant, 2005）。多様な当事者たちがどのようにディスコース（ナラティブ、テキスト、会話、象徴的なイメージなど）を利用し、再現し、そして変容させるのか。また、自分たちの社会的世界を構成することになるアイデアや考え方を、どのように創出し、伝達し、強化し、そして変えていくのか。組織ディスコースはこれらに注目する（Alvesson and Karreman, 2000a; Keenoy, Oswick, and Grant, 2000）。

　第二に、組織研究における初期のディスコース的アプローチは、主に発話と文書に重点を置いていた。だが最近の研究は、ディスコースが生まれる過程の多様な特徴についても考慮するようになっている（Fairhurst and Grant, 2010; Iedema, 2007; Kress, 2010）。発話とテキストがディスコース研究の唯一あるいはメインの焦点ではないとすることによって、ディスコースとは何であるのか、いかに意味を表現し、交渉し、意味にどのように影響するのか、そして、変革という文脈においてどのように研究し活用されるべきかなどに関して、私たちの考え方を「大きく変えることになっている」（Kress, 2010, p.79）。この視点に合わせて、本章で「ディスコース」というときは、発話と文書に限らず、視覚的表現、ジェスチャー、シンボルなど、意味の形成に寄与するさまざまな形のコミュニケーションを念頭に置いている。

　第三に、ディスコースの研究は、支配的な考え方、特権的なナラティブ、および、凝り固まった考え方が、意見と利害が対立するステークホルダー間における**暗黙**の意味の交渉を伴うプロセスを通して、どのように形成され強化されるかを明らかにする。たいていの場合、組織内のディスコースおよびディスコース的プロセスの影響は、組織の当事者たちには気づかれず、また話題にもされない。支配的な意味がどのように創出されるのかを調べるにあたって、多くの研究は、「批判的視点」という手法を採用してきた。それらの研究では、さまざまなグループが自分たちの利益になるように組織の社会的現実を形作るために、権力および権力がもつプロセスを利用する方法に注目する（Fairclough, 1995; Hardy and Phillips, 2004; Mumby, 2004）。概して、組織で支配的になるディスコースは、好ましく、正当化でき、誰にでもわかりや

すい特定の現象についての考えや語りを「誘導」しながら、その一方で、当事者同士で勝手気ままに話したり行動したりすることは「排除する」か、制限するか、あるいは何らかの方法で規制するものである（Hall, 2001, p.72）。したがって、組織のダイナミックスと変革を理解するためには、組織を支配するディスコースの形成や変革に、組織の力関係がどのように関わっているかを見ることが重要である（Hardy, Lawrence, and Grant 2005）。

ディスコースと変革：洞察と示唆

　組織ディスコースの研究において、リーダーとチェンジエージェントに求められるのは、組織の変革に取り組むにあたって解釈を重視すること、ならびに、現実と理想の形成、維持、変革においてさまざまな形のディスコースが中心的役割を果たしていると理解することである。このことは、組織の変革の実践に現実的な影響を及ぼす。たとえば、もし組織が機械のようなものならば、故障箇所と修理方法を見極めるための診断が実施されるだろう。もし生き物のようなものならば、発達段階、健康状態、環境との適応などを診断し、その健康、成長、適応能力を促進するための処方箋を出したり治療を施したりするだろう（たとえば、McFillen et al., 2013）。

　ところが、もし組織が、当事者の社会的現実を絶え間なく創出する継続的な会話のようなものだとしたら、組織にあるのは対話的なプロセスのみであり、診断の対象となるような独立した客観的現実は存在しない、あるいは、形を持つものは存在しない、ということになる。結果的にディスコースを重視するアプローチは、どのように会話が展開するのか、どのナラティブが現在の状態をそうさせているのかに注目する。そして、多様な当事者間に新しい相互作用とプロセスを生じさせる方法に焦点を当て、新規性のある考え方や行動の出現を促すような、新しいナラティブを創出しようとする。

　したがって、対話型OD実践者にとって、ディスコースに重点を置いた変革への取り組みは、従来のODや変革の理論とアドバイスの大部分を無視することを意味する（たとえば、Cummings and Worley, 2009; Kotter, 1996）。そして、

ディスコースの指向性をもつ変革によって、さまざまなレベルでの、さまざまな形やありようのディスコース的プロセスが組織の連続性と変革を創出していく、そのさまにより気づけるような方法を、OD実践者が適用していくことにつながる。組織ディスコースの研究は、対話型ODと診断型ODの区別にも役立つ組織変革の研究や理論的な基盤を提供している（Bushe and Marshak, 2009, 2014）。さらに、対話型の変革アプローチと実践方法の開発に際して、考慮しなければならない要素やプロセスに関する洞察とアイデアも提示する。次節では、グラントとマーシャク（Grant and Marshak, 2011）によるディスコースと変革に言及した学術論文のレビューを基にして、そこからさらに議論を発展させる。表4.2はその内容の要約である。

ディスコースは、組織の現実の社会的構成において中心的役割を担う

　ディスコースの役割は、情報の報告や反映に留まらない。ディスコースは構成的に機能し、組織の当事者による組織の中での経験の解釈を確立し、強化し、そして問いただす。したがって、第1章で、そして本書を通して強調されているように、既存の支配的なディスコースを変えることが、組織変革のための極めて重要な手段となる。

　言語と多様な形態のコミュニケーションは構成的だと理解する対話型OD実践者は、伝統的なODでは想定しないような疑問や懸念の数々に気づくことになるだろう。いくつかの例を紹介する。日常会話の中で、歴史的、組織的、政治的、あるいは、その他の文脈から作り上げられた好ましい考え方がどのように強調されているか。今のディスコース的プロセスが、ナラティブ、ストーリー、メタファー、会話、視覚的表現、シンボルなどを含む、さまざまな形態を通して、どのように組織行動と変革への取り組みを促進しているか、あるいは、抑制しているか。ステークホルダーの関係性をどのように調整すれば（どのような状況で、どのようなディスコースの方法により、など）、組織全体に新規性のある会話が生まれ、さらに新たな可能性が芽生えて、その実現につなげることができるのか。このような考え方は、職務設計、組織構造、報酬制度などのハードな側面の変革を重視するアプローチとは対照的である。対話型のアプローチもそのような側面に目を向けることの必要性を否定しな

[152]　第Ⅱ部　対話型ODの理論的基盤

▌表4.2 ディスコースと変革に関する洞察

- ディスコースは組織の現実を社会的に構成する。
- 多様なレベルにおいて相互につながりを持つディスコースが、当事者の考え方と行動に影響を及ぼす。
- ディスコースは多様な様式を持ち、発話とテキストに限定されない。
- 人々の考え方と行動様式を形成するナラティブは、会話を通して構成され、伝達される。
- 権力と政治的プロセスが、好ましいとされる考え方や行動様式を形成する支配的ディスコースを決定する。
- どのような状況にも、多様なディスコースが隠れている。
- ディスコースと変革は、反復的、再帰的に、絶え間なく相互に影響し合っている。
- チェンジエージェントは自らのディスコースを内省する必要がある。

いが、ディスコースによって生じる多様な意味の関係性こそが重要であると考える。これらのようなディスコースの役割を考慮せずに、当事者が変革について解釈し、意味を理解していけるように影響力を発揮していくのは難しい。

多様なレベルにおいて相互につながりを持つディスコースが、当事者の考え方と行動に影響を及ぼす

ディスコースは多様な社会的レベルおよび心理的レベルにおいて同時に機能する。多くの研究者がその論文（たとえば、Alvesson and Karreman, 2000b; Grant, Keenoy, and Oswick, 2001; Potter and Wetherell, 1987）で指摘しているのは、チェンジエージェントは、少なくとも5つのレベルのディスコースに関して、これらを変えること、あるいは、これらに影響を及ぼすことを考える必要があるということだ。具体的には、個人の内面、個人、対人間とグループ、組織、社会文化的なレベルの5つである。

第4章　ディスコースと対話型OD　［ 153 ］

個人の内面レベルのディスコースは、内面化されたストーリーや自分のものとして取り込まれた信念という形をとり、人が自分自身についてどのように考えるか、そして社会をどのように解釈するかに影響を及ぼす。認知言語学者と認知心理学者の研究は、口頭、文書、象徴などの形を取るディスコースが、文化的、社会的、組織的な経験による無意識のメンタルマップを源流とする、スクリプト、スキーマ、フレームなどの心的プロセスをどのようにして引き起こすのか、あるいは、そのような心的プロセスからどのようにディスコースが生じるのかを示している（Lord and Kernan, 1987; Lakoff and Johnson, 1999; Marshak et al., 2000）。このレベルのディスコースは、第16章で議論されるように、コーチングに対話的アプローチを取り入れる人々にとって、特に重要な意味を持つだろう。

個人レベルのディスコースには、個人が、言語、ストーリー、影響方略[他者に影響を与えるための働きかけ方]、印象管理、修辞的手法、ジェスチャーなどを利用して、自分の要望、関心、アイデアなどを伝達する方法が含まれる。個人がこのようなディスコースの要素をどのように用いているかを考えることによって、ある特定のステークホルダーの考え方、関係性、信念、動機、価値観について、さまざまな洞察を得ることができる。たとえば、個人が用いるメタファーに多くの研究が注目している。これらの研究は、組織と組織変革についての個人の考え方や見方、そして、その結果として自分が取り入れる活動とそうでない活動を明らかにするために用いられるメタファーに焦点づけている（Marshak, 1996; Morgan, 2006; Oswick and Montgomery, 1999; Palmer and Dunford, 1996）。

対人間およびグループレベルのディスコースは、組織の当事者やステークホルダー間の直接的な相互作用を通して構成される。対人間およびグループレベルのディスコースによる相互作用は、組織の文脈での特定の部分における、個人の活動と行為に影響を及ぼす。文脈となるものは、部署であったり、チームのような特定のメンバーで構成されるグループであったりするかもしれない。また、葛藤、交渉、役割、規範などの問題に関連する文脈であるかもしれない（Hamilton, 1997; O'Connor and Adams, 1999; Preget, 2013）。

組織レベルのディスコースは、組織内にある支配的な考え方、慣習、共有

[154] 第II部　対話型ODの理論的基盤

される社会的視点に影響を及ぼし、ミッション、戦略、価値観、ポリシーなどの主題を方向づける（Anderson-Gough, Grey, and Robson, 2000; Phillips, Lawrence, and Hardy, 2004; Robichaud, Giroux, and Taylor, 2004）。組織全体に及ぶ変革を成功させるには、ステークホルダーたちに変革の価値と目的を納得させるための、組織レベルの新たなディスコースが立ち現れることが必要となる（Barrett, Thomas, and Hocevar, 1995; Fiss and Zajac, 2006）。

　社会文化的レベルのディスコースは、より幅広い社会的レベルで、制度化された組織や範囲を超えて、認識され支持される（Grant and Nyberg, 2014）。そのため、この種のディスコースは「おおよそ標準的な方法で特定の種類の現象に言及し、もしくは、そのような現象を構成する」（Alvesson and Karreman, 2000b, p.1133）。このレベルのディスコースには、当たり前とされるような前提、たとえば、事業や政府、社会の目的や、組織が従業員に対して合理的に期待できること、などが含まれる。また、「ビジネス・リエンジニアリング」「マーケット」「持続可能性」「社会的責任」などの産業界に焦点づけたディスコースなども含まれる。

　先述の文脈についての説明で明らかになったように、どのようなディスコースのテキストも、異なるレベルで機能する他のディスコースやテキストと関連しており、それらの影響を受けている。このような、間テクスト性 [各テキストは個別のものではなく、相互に関連しており、テキストの意味を他のテキストとの関連から理解すること] が意味するのは、組織の変革を首尾よく促進したり実行したりするためには、さまざまなレベルにおけるディスコースの相互関係を理解して対処する必要があるということである（Alvesson and Karreman, 2000b; O'Connor, 2000）。たとえば、グラントとナイバーグ（Grant and Nyberg, 2014）、ライト、ナイバーグ、グラント（Wright, Nyberg, and Grant, 2012）は、新たに出現した「風土改革」についての社会文化的ディスコースを調査し、それらが組織内において他のさまざまなレベルのディスコースにどのようにして浸透し、統合されていくかについて示している。

　組織の安定と変革が、多様なレベルにおけるディスコース的現象の影響を受けるとすれば、対話型OD実践者は戦略的に多くの側面を考慮しなければならない。第一に、異なるレベルのディスコース的現象が、どのように互い

第4章　ディスコースと対話型OD　　［ 155 ］

に影響し合い、強め合うのかを理解する必要がある。そして、その結果、説得力のあるナラティブ、ストーリー、視覚資料、文化的産物、および会話などからなる、変革を可能にしたり妨げたりする複雑な関係性が、どのように構成されるのかをよりよく理解しなくてはならない。つまりチェンジエージェントは、ある特定の変革への取り組みを支援するために、異なるレベルのディスコースやナラティブ、会話にも働きかける必要があるということだ。たとえば、ある部門のマネジャーが、個人間とグループのレベルで新しいやり方を進めようとしても、本社から届く組織的なナラティブ、会話、象徴的なメッセージが今のやり方を強く支持するようなものである場合、このマネジャーが変革を実行するのは非常に難しくなるだろう。

　戦略的に見て、特定のレベルのディスコースを変えることによって、他のレベルのディスコースに影響が及び、その結果、チェンジエージェントは自身の持つリソース、アクセス、条件などに応じて代替的な方法を選べるようになる場合もあるだろう。あるいは対話型OD実践者は、組織の任意のレベルや任意の場所から人々との相互作用を開始して、あらかじめ計画されたトップダウンのアプローチを気にせずに、新規性のある会話とナラティブが組織の他のレベルや場所にも広まるように働きかけることもできるだろう（たとえば、Ray and Goppelt, 2013; 第17章を参照）。たとえば、本社から始めて下部組織に広めるのではなく、現場のマネジャーの会話を変えることによって、全社的なディスコースにも影響を及ぼすという方法が挙げられる。

ディスコースは多様な様式を持ち、発話とテキストに限定されない

　ディスコースは多様なレベルに見られるのと同時に、その様式も実に多様である。多くの研究（たとえば、Cooren et al., 2011; Iedema, 2007; Kress and Van Leeuwen, 2001）は、社会的な目標や目的を実現するために利用される、多種多様な視覚表現（たとえば、グラフ、地図、絵図、ビデオ、書体）、人の手による文化的産物（たとえば、建築、服装規定、科学技術）、ならびに意味を創出するその他の形式（たとえば、金融モデル、空間的位置、ジェスチャー）などに具象化されたディスコースの様式を紹介している（Floris, Grant, and Cutcher, 2013; Gordon and Grant, 2006; Stigliani and Ravasi, 2012）。

ディスコースの多様な様式は、さまざまな特徴を有しており、それらがどのように世界を構成し、意味を創出するかを決定する。クレスによれば（Kress, 2010）、各々の様式は「アフォーダンス」、すなわち、当事者と用いられる手段との関係性から生じる可能性と限界の影響を受ける。たとえば、発話のアフォーダンスには、リズム、速さ、音量、イントネーション、アクセント、沈黙などが含まれる。文書のアフォーダンスには、不変性、余白、句読点、太字、フォント（書体、サイズ、色）が含まれる。その他の非言語的な様式には、物質（硬さ、大きさ、位置、形、色などのアフォーダンスを伴う）やジェスチャーなどがある。ジェスチャーのアフォーダンスは一時的な（はかなく、あいまいな）性質があり、一般的に文書ほどの影響力を持たない（Gordon and Grant, 2006; Floris, Grant, and Cutcher, 2013）。

　それぞれの様式とそのアフォーダンスは、それぞれ異なる意味の創出に適している。たとえば、組織の再編中に使われるレトリックには、論理が利用されているケースが多く（Hellgren et al., 2002; Vaara and Tienari, 2002）、これらは文書と話し言葉の様式で表されると、最も明確に意図が伝わることが過去の研究で明らかになっている。一方で、感情に訴えたり、権限を強調したりするためには、画像、音楽、展示などの様式が大いに役立つ（Floris, Grant, and Cutcher, 2013）。つまり、組織変革の過程で、他の様式を除外して、文書と発話のみを重視するのは、意味の形成における論理の優位性を強調しすぎているということだ（Marshak, 2006）。

　さらに、異なるコミュニティ（組織の部署、グループ、専門的な職業、職種など）にはそれぞれ好みの様式があり、あるコミュニティでは重視されることが、別のコミュニティでは全然問題にされない場合もある。たとえば、ある組織では、職場の事故を表すグラフに、殉職した職場スタッフの名前と写真を添えていた。グラフ本体に示される統計データは、会社の事業を評価する市場アナリストに利用された。その一方で、亡くなった同僚の名前と写真が添えられることによって、すべての社員が職場の安全を自分自身の問題として考えるようになっていた。コミュニティに働きかけたいと考えるならば、そのコミュニティで最も鮮明に意味を形成するようなディスコースの様式を考えて導入しなくてはならないということだ（Kress, 2010）。ある状況では、

グラフや数字が最も有効かもしれない。別の場合には、「変革の事例」について言葉で表現するのが良いかもしれない。あるいは、象徴的イメージの利用が最も効果的だという場合もあるだろう。

　さまざまなレベルのディスコースと同様に、その様式も、組織における考えや行動を促進したり制限したりする、さまざまなナラティブ、象徴、会話、ならびに、これらを源流とするマインドセットを形成する。したがって、対話型OD実践者にとって、対象となるコミュニティにおいて最も影響力を持つのはどの様式のディスコースなのかを敏感に察知できることは有益であろう。あるいは、コミュニティやテーマの特徴に応じて、さまざまな様式を取り入れることも可能だ。たとえば、劇を上演する、音楽を導入する、グループの絵を描く、あるいはグループの像を作るなどといった、アナログ的な手法の利用も選択肢である（Heracleous and Jacobs, 2011）。また、対話型OD実践者は、潜在意識内の問題や不安を示す、比喩的な言葉、ジェスチャー、音楽、視覚的表現などの様式によって表現されるような、表面に出てこない象徴的メッセージにも気づけるようになるかもしれない（Marshak, 2006）。

人々の考え方と行動様式を形成するナラティブとストーリーラインは、会話を通して構成され、伝達される

　組織の変革において、会話とナラティブの持つ意味は非常に大きい。会話とナラティブは、変革や安定をサポートする、組織内で支配的な、または、意図された論理的根拠を伝達する役割を果たすからである。マーシャクとグラントは「意識やマインドセット、社会的合意（たとえば、組織における女性の役割、階層構造、あるいは変革の起こし方などに関する）を変えるには、権力と権威を現在持つ、あるいは以前に持っていた人々によって承認された、支配的なナラティブやストーリーなどに異論を唱えたり、これらを変えたりすることが必要だろう」と述べている（Marshak and Grant, 2008, p.14）。別の研究では、変革、特に文化の変革においてストーリーがどのように機能するか、また、当事者が生み出すナラティブが変わることによってどのように変革がもたらされるかが明らかにされている（Brown and Humphreys, 2003; Kaye, 1995; Meyer, 1995; Chapter 16）。ナラティブとストーリーは、個人と組織の規範と

価値観を理解するための対話的探究のツールとして、また、人々が変革の意味を理解できるよう支援するための手法として用いられてきた。さらに、戦略的変革から導かれる将来の現実を、人々がイメージできるようにするためのツールとしても用いられてきた（Barry and Elmes, 1997; Dunford and Jones, 2000; Rhodes and Brown, 2005）。

　ディスコースを重視するアプローチの要となるのは、会話が単に客観的な情報を伝達するだけではなく、社会的な現実を構成し、経験を形作るという考え方である。そのためどのように会話に働きかけるか（即興的にも計画的にも）は、対話型ODの最も重要な課題である。つまり、対話型OD実践者は、組織全体の日常会話の中で、どのように支配的なナラティブが強化されるのかに注目するべきだということだ（Gergen, 2009; Gergen, Gergen, and Barrett, 2004; Thatchenkery and Upadhyaya, 1996）。さらに実践者は、本書で紹介されるさまざまな手法、たとえば、より開放的な話し合いをするために安全なコンテナを作る、より幅広い意見と多様なコミュニケーションの様式を会話に取り入れる、質問の種類を変える、新しい生成的メタファーやイメージを取り入れる、会話の展開を変える、などの手法を用いて会話を変え、新しいナラティブの出現を促すこともできるだろう（Marshak, 2013）。

権力と政治的プロセスが、好ましいとされる考え方や行動様式を形成する支配的ディスコースを決定する

　権力のダイナミックス（力関係）が、支配的あるいは特権的なディスコースをどのように形成するかは、組織ディスコース理論の重要な論点である。組織は政治的な力関係が作用する場であり、そこでは特定のディスコースが、特定のメンバーによって作られて言葉にして表され、他のメンバーの態度や行動を決定したり左右したりする（Mumby, 2004）。

　ハーディとフィリップスは、権力とディスコースの関係を理解するのに役立つフレームワークを提示している。

　　　権力とディスコースは、相互構成的である。つまり、特定の文脈を特徴づける権力のダイナミックスは、特定のメンバーが、少なくとも部分

的に、テキストが生み出され使われるプロセスにどのように影響していくか、なぜ影響していくかを決定していける。その結果、ディスコースを変化させ、修正し、あるいは、強化する新たなテキストを作ることで影響を及ぼすことができる。言い換えると、ディスコースは権力の関係を形作り、権力の関係は、時間の経過とともに、誰がどのような方法でディスコースに影響を及ぼすかを決める（Hardy and Phillips, 2004, p.299）。

　また、ハーディとフィリップス（Hardy and Phillips, 2004, p.306-307）はこう主張している。影響力のあるディスコースを生み出して普及させる力は、公式の権力、重要なリソース、人脈のつながりなどを利用することによって強められる。さらに人数や地位をバックにして、普及の正当性を認めてその普及範囲を拡大してくれるような人々の支援を利用することも必要だろう、と。

　組織において異なる利害を持つメンバーとステークホルダーが変革に関連する問題について話し合う場合、当事者はさまざまな権力のリソースを用いて交渉し、強調し、特権を得ようと目論んで会話に参加するだろう。社会的合意やコモン・グラウンド（共通の基盤）がこれらの暗黙のディスコース的交渉から生まれるという仮説に基づき、変革の目的、理解、実行に影響を与えるような支配的なナラティブが出現するのである。

　このようなディスコースの傾向は、個人や組織の間で利益が差別的に配分されることにつながる、重大な政治的影響を及ぼす可能性がある（Mumby and Clair, 1997）。一部のチェンジエージェントとファシリテーターが、自分たちのプログラムやプロセスにおいて、相対的に力が均等化された状態を作り出そうとするのは、このような潜在的な政治的影響力を懸念しているからである。

　権力と政治的プロセスが、安定または変革のマインドセットとメッセージを強化するような、支配的なディスコースや定着したディスコースに影響を及ぼすとすれば、対話型OD実践者は、権力とディスコース的プロセスが相互に作用して、変革の取り組みを方向づけていくありようを敏感に察知しなければならない。おそらく、対話型OD実践者は、新しい意見やアイデア、会話やナラティブの出現を促すように、何らかの方法でこのようなプロセス

に対処したり、あるいは、プロセスを修正したりしようとするだろう（Marshak and Grant, 2008）。重要な鍵となるのは、対象となる変革において最も影響力を持つのは誰であるか、また、彼らのストーリーラインと会話を、どのようにして新しいアイデアや可能性の出現と実行に結びつけられるかを理解することかもしれない。そのためにも、対話型OD実践者は自分たちの役割を、組織というシステムの観察者としてではなく、システムの一部であると認識しなくてはならない。

　対話型OD実践者は、以下のような状況を作るためのスキルを養い、働きかけを実行できる必要がある。まず、異なる利害と権力を持つ多様な当事者が、生産的にコミュニケーションをすることができる状況である。そして、新しいアイデアと可能性が生成されるような、オープンで創造的な参加を促進するために、できるかぎり当事者間の力の均衡が保たれるような状況である。ディスコースを重視するファシリテーターは、新しい可能性を追求し支援するために、疎外されている様式やディスコースが、会話に出現するような場や機会を作るという方法も知っておくとよいだろう。

どのような状況にも、多様なディスコースが隠れている

　特定のグループによって認められた「現実」「真実」「現状」によって作り出され、伝達され、強調される社会構造は、全体的な社会構造の一部に過ぎない。どのような状況にも、多様な現実が存在する可能性があるからだ（Boje, 1995）。組織の中のさまざまなステークホルダー、階層、あるいはサイロ［内向きで孤立した部門］は、特定の問題に関して、自分たちが見て経験した通りに物事を捉えるようなナラティブを利用して独自のディスコースを発展させるだろう。個人またはグループの特定のナラティブが、ある問題に付与される意味に関して、組織の中でどの程度まで支配的なものになるかは、先述のとおり権力と関連している。

　とりわけ特定の成果を唱道する人々は、多様な人々や意見から生じるディスコースが変革の取り組みにとって有害だとみなす傾向が強い。しかし2種類の論文が、このような意見の多様性は対話型の変革プロセスのためにはむしろ有利に働く可能性があると論じている。1つめの見解は、変革の取り組

第4章　ディスコースと対話型OD　　161

みが順調に運ばない場合、対話型OD実践者と変革に関与する当事者が、多様なディスコースに目を向けることによってその理由を探ることができるという考えだ（Ford, Ford, and D'Amelio, 2008; Rhodes and Brown, 2005; 当初は抵抗と思われたものを、受け入れて活用する方法に関しては第14章と第15章を参照）。2つめは、支配的なディスコースは、組織における議論を早々に終わらせてしまい、さまざまな意見を抑えつける恐れがあるという見方だ（Czarniawska-Joerges, 1998; Gabriel, 2000）。したがって、変革のリーダーが多様な参加者を受け入れて、彼らからさまざまなディスコースを引き出し、認識し、サポートすれば、革新的な、組織を変容させるような変革を起こせる機会が増えるのである（Boje, 2001; Gabriel, 2000; Rhodes, 2001）。

　対話型の変革をリードしたり支援したりする人々は、会話を変えて組織の変革を促進するために、意図的にナラティブ、ストーリーテリング、グループ単位の絵画や彫刻の制作などの、ディスコース的な方法や様式を取り入れて、多彩な意見を引き出すこともあるだろう（Ford and Ford, 1995; Heracleous and Jacobs, 2011; Marshak and Grant, 2008）。

ディスコースと変革は、反復的、再帰的に、絶え間なく相互に影響し合っている

　ディスコースは、特定のグループや個人の利益を守ったり、強化したりするために、また、さまざまな事象の意味を理解するために、日常的に活用されている。つまり、ディスコースは、継続的、反復的、および再帰的なプロセスにおいて、生み出され、広められ、用いられるのである（Grant and Hardy, 2004; Robichaud, Giroux, and Taylor, 2004; Taylor et al., 1996）。さらに特定のディスコースに関連した会話、ナラティブ、象徴、および、その他のディスコース的な様式は、何らかの意味を備えてどこからともなく現れるわけではない。伝達される意味は、交渉、権力、および多様なディスコース的プロセスを通して、社会的に構成された現実や、合意、マインドセットとともに出現し、絶え間なく修正されていくのである（Grant and Hardy, 2004; Mumby, 2004）。

　したがって、変革の研究がディスコースに焦点を合わせている場合、継続

的なフィードバック・ループとその反復の重要性が強調される。これは、多くの客観主義や実証主義による研究とは対照的である。後者は、変革はある時点において直線的に構成されるものとして考える。ヴァーラ（Vaara, 2002）は、変革に関連づけられる意味とディスコースが、固定されたり断定されたりするものではなく、中心的な当事者が変革そのものについて考え、解釈し、対応するなかで、変革の意味とディスコースが変わっていくものだと提案し、反復性とループをわかりやすく説明している。

第6章と第7章で論じられるように、対話型OD実践者は、変革プロセスとは、現状から将来の状態に向かう期間限定的で直線的な過程ではなく、継続的、反復的、再帰的な過程であると捉えて、変革に取り組むべきだろう。そのため、実践者は現在なされている会話に参加する方法、会話の方向性をそれまでとは異なる向きに変えるためのサポートをする方法、新しい会話の出現を促すための方法、などを知っていなくてはならない（Ray and Goppelt, 2013; Shaw, 2002; 第9章、第17章）。ディスコースと変革は再帰的に相互作用し、過去と現在の会話は将来の会話のリソースとなる。このことは「ディスコース的働きかけ」に関する考え方と取り組み方にも影響を及ぼす。言い換えれば、組織の変革の取り組みは、始まり、中間、終わりがそれぞれ区別できるようにはっきり決まっているわけではないと、実践者は心に留めておく必要がある。プロセスにあるのは、単純に絶え間なく続くディスコース的な相互作用のみであり、それらが支配的なナラティブやマインドセットを継続的に強調したり、あるいは、新たな可能性や行動につながるような新しい意見、イメージ、アイデア、プロセスを取り入れる機会を作ったりするのである。このようなプロセスに関しては、第7章でより詳しく論じられる。

チェンジエージェントは自らのディスコースを内省する必要がある

組織内のディスコースを変えるには、現状を形成する背景と文脈を創出したり、維持したり、広めたりする会話やナラティブ、テキストやコミュニケーションの様式を変えることが必要である。チェンジエージェントは、自分自身の考えとは異なるようなディスコースや支持される様式に気づき、そのような違いに対応し、時にはそれらを用いるなど、状況に応じて変革のプ

ロセスに取り組む必要がある。さらに、チェンジエージェントは、自分自身のディスコースの偏りや見落としがちな盲点にも注意しなくてはならない。たとえば、フォードと彼の研究仲間たちは、チェンジエージェントが望む変革に「抵抗」する可能性がある人々をのけ者にするようなディスコースをチェンジエージェントが広めて、彼らの貢献を無視する例を紹介している（Ford, Ford, and D'Amelio, 2008）。

ディスコースを生み出して組織にもちこむ人々によって、そして、チェンジエージェントも含めた、ディスコースに関わるすべての関係者によってディスコースが構成されるということを、チェンジエージェントが内省することでより理解できるようになる（Doolin, Grant, and Thomas, 2013）。対話型OD実践者には、変革のプロセスに関わる人々の状況に応じて、自分たちのディスコース的な行動を常に内省し、必要であれば、修正するという責任がある。その場合、討論、レトリック、問題提起、およびその他の言語的手法や記号的手法、たとえば、劇作法、印象管理、影響方略に関連する手法などが用いられることになるだろう（Dutton et al., 2001; Fairhurst, 2007; Harvey, 2001）。

同時に、権力とディスコースの間に相互構成的な関係があると考える場合、対話型OD実践者は自分自身とともに仕事をする人々との力関係についても考えなくてはならない。さらに、組織の現状や実践するアプローチに潜在する、権力の関係や政治的プロセスについても考える必要がある。これは実務的な義務ではないとしても、倫理的な側面から必要な行為だとみなされるべきだ（Marshak and Grant, 2008）。多くのチェンジエージェントは、物事を提唱する人にありがちな傾向として、自分たちが変革についてどのように考え、取り組んでいるかを省みるよりも、好みのディスコースやディスコース的プロセス、または、好みの様式を露骨に、もしくは暗黙的に推し進めてしまいがちである。自己内省が行われない場合、対話型OD実践者は、異なるナラティブやディスコース的様式とプロセスを志向する人々から得られる重要な情報を無視したり、間違って解釈したりすることになりかねない。したがって、対話型OD実践者が自己内省と気づきの姿勢を持って、このような危険性と課題に対して柔軟に対応できるスタンスを維持することは、彼らの活動

[164]　第Ⅱ部　対話型ODの理論的基盤

の効果性を高めることにつながる。そうでなければ、彼らは自分自身に都合の良いナラティブやディスコース的様式、そして、組織と変革のプロセスに縛られて、ずっとその限界を超えることはできないだろう。

本章のまとめ

　本章での議論により、ディスコースを重視するアプローチが、対話型ODの理論と実践にどのように役立つかを示すことができれば本望である。本章では、多くの重要な構成概念、特に、社会的現実を構成する会話の連続として組織を概念化することによって、組織の安定と変革がどのように創出されるかが明らかになり、さらに、変革プロセスの内容と成果にどのように影響を及ぼすのかが明らかになるということを提案している。

　ディスコースのレベルと様式の多様性、権力と政治的プロセスを伴う変革のナラティブの構成、および、そのようなナラティブが会話を通して伝達され実行に移されるプロセスは、対話型の変革アプローチにおいて根本的に重要である。それに加えて、多様な意見、表に出てこない意見、代替的なディスコースなどを効果的に取り入れて、新しいナラティブ、思考方法、行動などが生まれるように働きかけることも大切だ。時間とともに変化するディスコースの再帰的、反復的、継続的性質は、組織の変革そのものの本質を理解するために重要な意味を持ち、伝統的な解凍－変化－再凍結による、計画的変革の手法とは異なる方法の有効性を示唆している。最後に、組織のメンバーとともにディスコースを重視する現実を共創していく対話型OD実践者の役割と、彼らが内省をしながら実践に臨むことの重要性は、対話型の理論や実践、倫理の中核的な側面であることを忘れてはならない。

引用文献 ……………………………………………………………………………………………

Altman, Y., Bournois, F., & Boje, D. (2008). *Managerial Psychology: Vol. 1–3*. Thousand Oaks, CA: Sage.

Alvesson, M. (1996). *Communication, Power and Organization*. Berlin, Germany: Walter de Gruyter.

Alvesson, M. (2002). *Understanding Organizational Culture*. London, United Kingdom: Sage.

Alvesson, M., & Karreman, D. (2000a). Taking the Linguistic Turn in Organizational Research. *Journal of Applied Behavioral Science*, 36(2), 136-158.

Alvesson, M., & Karreman, D. (2000b). Varieties of Discourse: On the Study of Organizations Through Discourse Analysis. *Human Relations*, 53(9), 1125-1149.

Anderson-Gough, F., Grey, C., & Robson, K. (2000). In the Name of the Client: The Service Ethic in Two Professional Service Firms. *Human Relations*, 53(9), 1151-1174.

Austin, J., & Bartunek, J. (2003). Theories and Practices of Organization Development. In W. Borman, D. Ilgen, & R. Klimoski (Eds.), *Handbook of Psychology: Vol. 12. Industrial and Organizational Psychology* (pp.309-332). New York, NY: Wiley.

Barrett, F. J., Thomas, G. F., & Hocevar, S. P. (1995). The Central Role of Discourse in Large-Scale Change: A Social Construction Perspective. *Journal of Applied Behavioral Science*, 31(3), 352-372.

Barry, D., & Elmes, M. (1997). Strategy Retold: Toward a Narrative View of Strategic Discourse . *Academy of Management Review*, 22(2), 429 -452.

Berger, P., & Luckmann, T. (1966). *The Social Construction of Reality*. Garden City, NY: Doubleday. (『現実の社会的構成──知識社会学論考』ピーター・L・バーガー, トーマス・ルックマン著, 山口節郎訳, 新曜社, 2003年)

Bergquist, W. H. (1993). *The Postmodern Organization*. San Francisco, CA: Jossey-Bass.

Boden, D. M. (1994). *The Business of Talk*. Cambridge, United Kingdom: Polity Press.

Boje, D. M. (1995). Stories of the Storytelling Organization: A Postmodern Analysis of Disney as *Tamara*-land. *Academy of Management Journal*, 38(4), 997-1035.

Boje, D. M. (2001). *Narrative Methods for Organizational and Communications Research*. London, United Kingdom: Sage.

Broadfoot, K., Deetz, S., & Anderson, D. (2004). Multi-leveled, Multi-method Approaches in Organizational Discourse. In D. Grant, C. Hardy, C. Oswick, & L. Putnam (Eds.), *The SAGE Handbook of Organizational Discourse* (pp.193-211). London, United Kingdom: Sage. (『ハンドブック 組織ディスコース研究』高橋正泰, 清宮徹監訳, 組織ディスコース翻訳プロジェクトチーム訳, 同文館出版, 2012年に収録)

Broekstra, G. (1998). An Organization is a Conversation. In D. Grant, T. Keenoy, & C. Oswick (Eds.), *Discourse and Organizations* (pp.152-176). London, United Kingdom: Sage.

Brown, A. D., & Humphreys, M. (2003). Epic and Tragic Tales: Making Sense of Change. *Journal of Applied Behavioral Science*, 39(2), 121-144.

Buchanan, D., & Dawson, P. (2007). Discourse and Audience: Organizational Change as Multi-story Process. *Journal of Management Studies*, 44(5), 669-686.

Bushe, G. R., & Marshak, R. J. (2009). Revisioning Organization Development: Diagnostic and Dialogic Premises and Patterns of Practice. *Journal of Applied Behavioral Science*, 45(3), 348-368.

Bushe, G. R., & Marshak, R. J. (2014). The Dialogic Mindset in Organization Development. *Research in Organizational Change and Development*, 22, 55-97.

Clegg, S. R. (1989). *Frameworks of Power*. London, United Kingdom: Sage.

Cooren, F. O., Kuhn, T., Cornelissen, J. P., & Clark, T. (2011). Communication, Organizing and Organization: An Overview and Introduction to the Special Issue. *Organization Studies*, 32(9), 1149-1170.

Cummings, T. G., & Worley, C. G. (2009). *Organization Development and Change* (9th ed.). Cincinnati, OH: South-Western College Publishing.

Czarniawska-Joerges, B. (1998). *A Narrative Approach to Organization Studies*. Newbury Park, CA: Sage.

Doolin, B., Grant, D., & Thomas, R. (2013). Translating Translation and Change: Discourse Based Approaches. *Journal of Change Management*, 13(3), 251-265.

Dunford, R., & Jones, D. (2000). Narrative and Strategic Change. *Human Relations*, 53(9), 1207-1226.

Dutton, J., Ashford, S., O'Neill, R., & Lawrence, K. A. (2001). Moves That Matter: Issue Selling and Organizational Change. *Academy of Management Journal*, 44(4), 716-736.

Fairclough, N. (1992). *Discourse and Social Change*. Cambridge, United Kingdom: Polity Press.

Fairclough, N. (1995). *Critical Discourse Analysis: The Critical Study of Language: Language in Social Life Series*. London, United Kingdom: Longman.

Fairclough, N., & Wodak, R. (1997). Critical Discourse Analysis. In T. A. van Dijk (Ed.), *Discourse as Social Interaction: Discourse Studies: Vol. 2. A Multidisciplinary Introduction* (pp.258-284). London, United Kingdom: Sage.

Fairhurst, G. T. (2007). *Discursive Leadership*. Thousand Oaks, CA: Sage.

Fairhurst, G. T., & Grant, D. (2010). The Social Construction of Leadership: A Sailing Guide. *Management Communication Quarterly*, 24(2), 171-210.

Fiss, P. C., & Zajac, E. J. (2006). The Symbolic Management of Strategic Change: Sense-giving via Framing and Decoupling. *Academy of Management Journal*, 49(6), 1173-1193.

Floris, M., Grant, D., & Cutcher, L. (2013). Mining the Discourse: Strategizing During BPH Billiton's Attempted Acquisition of Rio Tinto. *Journal of Management Studies*, 50(7), 1185-1215.

Ford, J. D., & Ford, L. W. (1995). The Role of Conversations in Producing Intentional

Change in Organizations. *Academy of Management Review*, 20(3), 541-570.

Ford, J. D., & Ford L. W. (2008). Conversational Profiles: A Tool for Altering the Conversational Pattern of Change Managers. *Journal of Applied Behavioral Science*, 44, 445-467.

Ford, J. D., Ford, L. W., & D'Amelio, A. (2008). Resistance to Change: The Rest of the Story. *Academy of Management Review*, 33(2), 362-377.

Gabriel, Y. (2000). *Story-telling in Organizations*. Oxford, United Kingdom: Oxford University Press.

Gabriel, Y. (2004). Narratives, Stories and Texts. In D. Grant, C. Hardy, C. Oswick, & L. Putnam (Eds.), *The SAGE Handbook of Organizational Discourse* (pp.61-78). London, United Kingdom: Sage. (『ハンドブック 組織ディスコース研究』同)

Gergen, K. (2009). *An Invitation to Social Construction* (2nd ed.). London, United Kingdom: Sage. (『あなたへの社会構成主義』ケネス・J・ガーゲン著, 東村知子訳, ナカニシヤ出版, 2004年, 原書第1版)

Gergen, K. J., Gergen, M. M., & Barrett, F. J. (2004). Dialogue: Life and Death of the Organization. In D. Grant, C. Hardy, C. Oswick, & L. Putnam (Eds.), *The SAGE Handbook of Organizational Discourse* (pp.39-60). London, United Kingdom: Sage. (『ハンドブック 組織ディスコース研究』同)

Gordon, R., & Grant, D. (2006). Corridors of Power, Critical Reflections and Alternative Viewpoints. In P. Murray, D. Poole, & G. Jones (Eds.), *Contemporary Issues in Management and Organizational Behaviour* (pp.114-135). South Melbourne, Australia: Thomson Learning.

Grant, D., & Hardy, C. (2004). Struggles with Organizational Discourse. *Organization Studies*, 25(1), 5-13.

Grant, D., & Marshak, R. J. (2011). Toward a Discourse-centered Understanding of Organizational Change. *Journal of Applied Behavioral Science*, 47(2), 204-235.

Grant, D., & Nyberg, D. (2014). Business and the Communication of Climate Change: An Organizational Discourse Perspective. In V. Bhatia & S. Bremner (Eds.), *Handbook of Language and Professional Communication* (pp.193-206). London, United Kingdom: Routledge.

Grant, D., Keenoy, T., & Oswick, C. (2001). Organizational Discourse: Key Contributions and Challenges. *International Studies of Management and Organization*, 31(3), 5-24.

Grant, D., Hardy, C., Oswick, C., & Putnam, L. (2004). Introduction−Organizational Discourse: Exploring the Field. In D. Grant, D. Hardy, C. Oswick, & L. Putnam (Eds.), *The SAGE Handbook of Organizational Discourse* (pp.1-36). London, United Kingdom: Sage. (『ハンドブック 組織ディスコース研究』同)

Hall, S. (2001). Foucault: Power, Knowledge and Discourse. In M. Wetherell, S. Taylor, & S. J. Yates (Eds.), *Discourse Theory and Practice* (pp.72-81). London, United Kingdom: Sage.

Hamilton, P. M. (1997). Rhetorical Discourse of Local Pay. *Organization*, 4, 229-254.

Hardy, C., & Phillips, N. (2004). Discourse and Power. In D. Grant, C. Hardy, C. Oswick, & L. Putnam (Eds.). *The SAGE Handbook of Organizational Discourse* (pp.299-316). London, United Kingdom: Sage. (『ハンドブック 組織ディスコース研究』同)

Hardy, C., Lawrence, T. B., & Grant, D. (2005). Discourse and Collaboration: The Role of Conversations and Collective Identity. *Academy of Management Review,* 30(1), 58-77.

Harvey, A. (2001). A Dramaturgical Analysis of Charismatic Leader Discourse. *Journal of Organizational Change Management,* 14(3), 253-265.

Hassard, J. S., & Parker, M. (Eds.) (1993). *Postmodernism and Organizations.* London, United Kingdom: Sage.

Hellgren, B., Löwstedt, J., Puttonen, L., Tienari, J., Vaara, E., & Werr, A. (2002). How Issues Become (Re)constructed in the Media: Discursive Practices in the AstraZeneca merger. *British Journal of Management,* 13(2), 123-140.

Heracleous, L. (2004). Interpretivist Approaches to Organizational Discourse. In D. Grant, C. Hardy, C. Oswick, & L. Putnam (Eds.). *The SAGE Handbook of Organizational Discourse* (pp.175-192). London, United Kingdom: Sage. (『ハンドブック 組織ディスコース研究』同)

Heracleous, L., & Jacobs, C. D. (2011). *Crafting Strategy: Embodied Metaphors in Practice.* Cambridge, United Kingdom: Cambridge University Press.

Heracleous, L., & Marshak, R. J. (2004). Conceptualizing Organizational Discourse as Situated Symbolic Action. *Human Relations,* 57, 1285-1312.

Iedema, R. (2007). Essai: On the Materiality, Contingency and Multi-modality of Organizational Discourse. *Organization Studies,* 28(6), 931-946.

Katz, D., & Kahn, R. L. (1966). *The Social Psychology of Organizations.* New York, NY: John Wiley & Sons.

Kaye, M. (1995). Organiztional Myths as Storytelling and Communication Management: A Conceptual Framework for Learning an Organization's Culture. *Journal of the Australian and New Zealand Academy of Management,* 1(1),1-13.

Keenoy, T., & Oswick, C. (2004). Organizing Textscapes. *Organization Studies,* 25(1), 135-142.

Keenoy, T., Oswick, C., & Grant, D. (2000). Discourse, Epistemology and Organization: A Discursive Footnote. *Organization,* 7(3), 542-545.

Knights, D., & Willmott, H. (1989). Power and Subjectivity at Work: From Degradation to Subjugation in Social Relations. *Sociology,* 23(4), 535-558.

Kotter, J. P. (1996). *Leading Change.* Cambridge, MA: Harvard Business Press Books. (『企業変革力』ジョン・P・コッター著，梅津祐良訳，日経BP社，2002年)

Kress, G. (2010). *Multimodality.* London, United Kingdom: Routledge.

Kress, G., & Van Leeuwen, T. (2001). *Multimodal Discourse.* London, United Kingdom: Hodder Education.

Lakoff, G., & Johnson, M. (1999). *Philosophy in the Flesh.* New York, NY: Basic

Books.（『肉中の哲学——身体を具有したマインドが西洋の思考に挑戦する』G・レイコフ, M・ジョンソン著, 計見一雄訳, 哲学書房, 2004年）

Lawrence, P. R., & Lorsch, J. W. (1967). *Organization and Environment.* Boston, MA: Harvard University Press.（『組織の条件適応理論——コンティンジェンシー・セオリー』ポール・R・ローレンス, ジェイ・W・ローシュ著, 吉田博訳, 産業能率大学出版部, 1977年）

Lord, R. G., & Kernan, M. C. (1987). Scripts as Determinants of Purposive Behavior in Organizations. *Academy of Management Review, 12,* 265-277.

Luhmann, N. (1989). *Ecological Communication.* Chicago, IL: University of Chicago Press.（『エコロジーのコミュニケーション——現代社会はエコロジーの危機に対応できるか?』ニクラス・ルーマン著, 庄司信訳, 新泉社, 2007年）

Luhmann, N. (1995). *Social Systems.* Stanford, CA: Stanford University Press.（『社会システム理論（上・下）』ニクラス・ルーマン著, 佐藤勉監訳, 恒星社厚生閣, 1993-5年）

Marshak, R. J. (1993). Managing the Metaphors of Change. *Organizational Dynamics, 22*(1), 44-56.

Marshak, R. J. (1996). Metaphors, Metaphoric Fields and Organizational Change. In D. Grant & C. Oswick (Eds.), *Metaphor and Organizations* (pp.147-165). London, United Kingdom: Sage.

Marshak, R. J. (2006). *Covert Processes at Work.* San Francisco, CA: Berrett-Koehler.

Marshak, R. J. (2013). Leveraging Language for Change. *OD Practitioner, 45*(2), 49-55.

Marshak, R. J., & Grant, D. (2008). Organizational Discourse and New OD Practices. *British Journal of Management, 18,* 7-19.

Marshak, R. J., Keenoy, T., Oswick, C., & Grant, D. (2000). From Outer Words to Inner Worlds. *Journal of Applied Behavioral Science, 36*(2), 245-258.

Martin, J. (2002). *Organizational Culture.* Thousand Oaks, CA: Sage.

McFillen, J. M., O'Neil, D. A., Balzer, W. K., & Varney, G. H. (2013). Organizational Diagnosis: An Evidence-based Approach. *Journal of Change Management, 13*(2), 223-246.

Meyer, J. C. (1995). Tell Me a Story: Eliciting Organizational Values from Narratives. *Communication Quarterly, 43.* 210-244.

Morgan, G. (2006). *Images of Organization* (3rd ed.). Thousand Oaks, CA: Sage.

Mumby, D. K. (2004). Discourse, Power and Ideology: Unpacking the Critical Approach. In D. Grant, C. Hardy, C. Oswick, & L. Putnam (Eds.), *The SAGE Handbook of Organizational Discourse* (pp.237-258). London, United Kingdom: Sage.（『ハンドブック 組織ディスコース研究』同）

Mumby, D. K., & Clair, R. P. (1997). Organizational Discourse. In T. A. van Dijk (Ed.), *Discourse as Social Interaction* (pp.181-205). London, United Kingdom: Sage.

O'Connor, E. (2000). Plotting the Organization: The Embedded Narrative as a Construct for Studying Change. *Journal of Applied Behavioral Sciences, 36*(2),

174-192.

O'Connor, K. M., & Adams, A. A. (1999). What Novices Think about Negotiation: A Content Analysis of Scripts. *Negotiation Journal*, 15(2), 135-148.

Oswick, C., & Marshak, R. J. (2012). Images of Organization Development: The Role of Metaphor in Processes of Change. In D. Boje, B. Burnes, & J. Hassard (Eds.), *The Routledge Companion to Organizational Change* (pp.104-114). London, United Kingdom: Routledge.

Oswick, C., & Montgomery, J. (1999). Images of an Organization: The Use of Metaphor in a Multinational Company. *Journal of Organizational Change Management*, 21(5), 501-523.

Oswick, C., Grant, D., Marshak, R. J., & Wolfram-Cox, J. (2010). Organizational Discourse and Change: Positions, Perspectives, Progress, and Prospects. *Journal of Applied Behavioral Science*, 46(1), 8-15.

Palmer, I., & Dunford, R. (1996). Conflicting Use of Metaphors: Reconceptualizing Their Use in the Field of Organizational Change. *Academy of Management Review*, 21(3), 691-717.

Parker, I. (1992). *Discourse Dynamics*. London, United Kingdom: Routledge.

Phillips, N., Lawrence, T. B., & Hardy, C. (2004). Discourse and Institutions. *Academy of Management Review*, 29, 635-652.

Potter, J., & Wetherell, M. (1987). *Discourse and Social Psychology*. London, United Kingdom: Sage.

Preget, L. (2013). Understanding Organizational Change as an Interactional Accomplishment: A Conversation Analytic Approach. *Journal of Change Management*, 13(3), 338-361.

Ray, K. W., & Goppelt, J. (2013). From Special to Ordinary: Dialogic OD in Day-to-day Complexity. *OD Practioner*, 45(1), 41-46.

Rhodes, C. (2001). *Writing Organization (Re)presentation and Control in Narratives at Work*. Amsterdam, Netherlands: John Benjamins.

Rhodes, C., & Brown, A. D. (2005). Narrative, Organizations and Research. *International Journal of Management Reviews*, 7(3), 167-188.

Robichaud, D., Giroux, H., & Taylor, J. (2004). The Metaconversation: The Recursive Property of Language as a Key to Organizing. *Academy of Management Review*, 29(4), 617-634.

Schön, D. (1993). Generative Metaphor: A Perspective on Problem Setting in Social Policy. In A. Ortony (Ed.), *Metaphor and Thought* (2nd ed.) (pp.135-161). Cambridge, United Kingdom: Cambridge University Press.

Searle, J. R. (1995). *The Construction of Social Reality*. London, United Kingdom: Allen Lane.

Shaw, P. (2002). *Changing Conversations in Organizations*. London, United Kingdom: Routledge.

Stigliani, I., & Ravasi, D. (2012). Organizing Thoughts and Connecting Brains:

Material Practices and the Transition from Individual to Group-level Prospective Sensemaking. *Academy of Management Journal*, 55(5), 1232-1259.

Taylor, J. R., & Van Every, E. J. (1993). *The Vulnerable Fortress*. Toronto, Canada: University of Toronto Press.

Taylor, J. R., Cooren, F., Giroux, N., & Robichaud, D. (1996). The Communicational Basis of Organization: Between the Conversation and the Text. *Communication Theory*, 6(1), 1-39.

Thatchenkery, T. J., & Upadhyaya, P. (1996). Organizations as a Play of Multiple and Dynamic Discourses: An Example from a Global Social Change Organization. In D. Boje, R. Gephart, & T. Thatchenkery (Eds.). *Postmodern Management and Organization Theory* (pp.308-330). London, United Kingdom: Sage.

Thompson, J. D. (1967). *Organizations in Action*. New York, NY: McGraw Hill. (『行為する組織——組織と管理の理論についての社会科学的基盤』J・D・トンプソン著，大月博司，廣田俊郎訳，同文館出版，2012年）

Vaara, E. (2002). On the Discursive Construction of Success/failure in Narratives of Post-merger Integration. *Organization Studies*, 23(2), 211-248.

Vaara, E., & Tienari, J. (2002). Justification, Legitimization and Naturalization of Mergers and Acquisitions: A Critical Discourse Analysis of Media Texts. *Organization*, 9(2), 275-304.

Von Bertalanffy, L. (1968). *General System Theory*. New York, NY: George Braziller. (『一般システム理論——その基礎・発展・応用』フォン・ベルタランフィ著，長野敬，太田邦昌訳，みすず書房，1973年）

Weick, K. E. (1995). *Sensemaking in Organizations*. Thousand Oaks, CA: Sage. (『センスメーキング・イン・オーガニゼーションズ』カール・E・ワイク著，遠田雄志，西本直人訳，文眞堂，2001年）

Wright, C., Nyberg, D., & Grant, D. (2012). "Hippies on the Third Floor": Climate Change, Narrative Identity and the Micro-politics of Corporate Environmentalism. *Organization Studies*, 33 (11), 1451-1476.

第5章 生成的イメージ
新規性の探索

ジャルヴァース・R・ブッシュ
ヤコプ・ストーク

> 大事なのは……誰も見たことがないものが見えるようになること
> ではなく、皆に見えているものについて、誰も考えないようなこと
> を考えることである。 ——エルヴィン・シュレーディンガー

　新しい行動につながるような新規性のある表現や洞察を生み出したいという暗黙の願いは、すべての対話型ODのアプローチに見られる中心的テーマである。ところが、新規性はどこから生じるのかという、基本的だが重要な問題が注目されることはほとんどない。たいていの人は対話がうまく行われれば、対話そのものが新しいアイデアにつながると考えるだろう。しかし、実際はまったく異なる。

　本章では、新規性を生み出す1つの手段に目を向ける。その手段である生成的イメージは、それまでとは違う新しい概念とメタファーの世界を示し、それによって私たちの今の話し方、暗黙の了解、および可能性と理想についての考え方を変える。変革を最も強力に推し進めるのは新しいアイデアであり、これは新規性のある表現、つまり、新しい言葉やフレーズの中に見つかることが多い。「新しい言葉は、議論の地面にまかれた新鮮な種のようなものだ」(Wittgenstein, 1980, p.2)

　最近の50年間で生成的イメージを最も象徴するものの1つとして挙げられるのは、「持続可能な開発」だろう。この言葉が現れるまで、環境活動家と実業界のリーダーが互いに意見を交わすことはほとんどなかった。環境保

第5章 生成的イメージ 〔173〕

護主義者は、社会活動家として小規模な団体を作って活動するばかりでほとんど影響力を持たなかった。そして彼らは、すべての実業家は宇宙船地球号を破滅へと導く精神錯乱者だと考えていた。その一方で実業家たちは、環境保護主義者があらゆる技術的進歩を阻止することで頭がいっぱいの「エコナッツ」（熱狂的な環境保護論者）や「ラッダイト」（技術革新反対論者）であると考えていた。たとえば、1987年の初めの頃に筆者の1人は、「こんな環境がどうのこうのという問題はすぐに丸く収まるよ」と、世界有数の林業関係企業の将来計画担当副社長がスキー場のリフト待ちの行列で、臆面もなく話していたのを耳にした。

　ところが、その年の終わりごろになって、国連のブルントラント・レポートが「持続可能な開発」という言葉を初めて使用すると、変革の波が瞬く間に世界を覆っていった。ある日を境に、実業家、政治家、そして環境保護論者が共通のテーマに向き合うことになったのである。長年にわたって「私たちの言うことを聞け」と叫んでいた人々が、環境団体の方を向いて「話はわかりました。それで、どうすればいいのですか」と言い始めた。変化の速度があまりにも速く、破壊的とも言えるほどの勢いがあった。そのため、カナダでグリーンピースを立ち上げた組織は、役員や委員になって活動にお墨付きを与えてほしいという要請に、どのように対応するかを巡って内紛が起こり、あやうく組織が内部から崩壊してしまうところだった。この生成的イメージがどれほど大きな変化をもたらし、今もどれほどの影響を与え続けているかは注目に値する。もっとも、**持続可能な開発**という言葉が何を意味するかの一般的な定義はまだ定まっていない。本章で説明するように、意味の曖昧さは、生成的イメージに必要な要素なのである。

　生成的能力という言葉と、生成的探究や生成的ダイアログの概念は、この10年間で広く普及したが、生成的イメージの概念について書かれたものはほとんど見当たらない。対話型の変革プロセスに関する一部の論文が、生成的イメージは対話型ODによる変革を実践するための重要な手段であると説明しているのみである（Barrett and Cooperrider, 1990; Bushe, 2010, 2013a; Bushe and Kassam, 2005; Srivastva and Barrett, 1988）。生成的イメージのアイデアはメタファーのそれに似ているが、すべての生成的イメージがメタファーという

わけではなく、また、すべてのメタファーが生成的というわけでもない。本
章では、生成的イメージというアイデアの本質について考え、組織開発に適
用された例を紹介し、対話型OD実践者がこのアイデアをどのように用いる
ことが可能かを提案する。

ケネス・ガーゲンと生成理論

　第3章で述べたように、社会構成主義者は、私たちは言語を通して世界を
知り、言葉は私たちや他者に働きかけて、思考と経験の体系化を可能にする
と主張している。初期の社会科学（および組織開発）は、中立的な記述で人間
関係の法則を明らかにするという、古典科学の理想の影響を受けて始まった。
20世紀のポストモダン哲学や、日常言語の哲学の洞察は、社会科学の役割
に関する考え方と説明を大きく変えた。

　ガーゲンは、人間関係を理解するための科学的アプローチを批判し、これ
は対話型ODの実践面での発展に大きな影響を与えた。彼によれば「多くの
最新理論は**生成的潜在力**に欠けているように見える。つまり、社会生活に関
する一般的な前提に異議を唱え、新鮮な代替案を提示する能力に欠けている
ということだ」（Gergen, 1978, p.1344、太字は本稿筆者）と述べている。ガーゲ
ンは、私たちの概念理解が自分たちの社会に影響を与え、概念理解の変化が
世界を変えると主張した。人間関係を研究する科学的アプローチは、生成的
能力をほとんど持たない社会理論や心理学の理論を生んでいると彼は指摘し
た。ガーゲンは社会における人々の考え方を変えるモデルと理論を提供し、
社会科学が目指すべきゴールの新たなイメージを提案したのだ。

　ガーゲンは、私たちが「理解」という場合、社会生活の「特徴、特質、あ
るいは微妙な側面の意味を明確にとらえること」を意味する可能性が高いと
指摘した（Urdang, Gergenによる引用, 1978, p.1344に引用）。「理解」をこのよう
な意味で用いることは、探究の科学的視点と一致し、組織開発の診断型アプ
ローチの根拠となっている。しかしガーゲンは、理解について別の角度から
見る方法もあると指摘する。つまり、「あるものに意味を付与すること」と

第5章　生成的イメージ　[175]

して考える方法であり、これは近年、存在感と影響力を増しているポストモダンの考え方と調和する。診断型の視点から考えると、探究者が手始めに行うのは、観察し、その内容を正確に記録することである。やがて彼は帰納的論理学により、対象となる事象を「説明」する普遍的な記述にたどり着けるだろう。しかし、まず「事実」を集めてから物事を理解しようとする場合、調査対象についてもともと有している概念がないものは、関連性のある事実が何であるかを決められないために、明らかにされないまま残る。あらゆる観察は、対象が何であるかの理論［私たちが既に有している概念や意味］に基づいており、したがって、観察された「事実」はすでに人々が確信していることをさらに確認するためのものになる。さらに、どのような帰納的推論のプロセスをもってしても、ある人の論理的思考が、どのようにして具体的なレベルから抽象的なレベルに進むのかは説明できない。「この世に存在するすべての石造物を、根気強く帰納的論理学を用いながら、最大限注意深く観察したとしても、最新の地質学理論と同じ成果を上げることはできないだろう」（Gergen, 1978, p.1347）

　社会科学者の先入観は、自然科学者の先入観と比べて、研究対象に形を与えることに対して、はるかに強い潜在力を持つ。理由は2つある。第一に、社会関係は複雑であり、多くの階層を形成し、さらに常に発展し続けているため、探究者は自分たちの観察対象の周りに垣根を設けて、観察範囲を制限する必要があるのだが、このことが観察結果に非常に大きな影響を及ぼす。たとえば、ある組織における従業員とマネジャーの関係を調査したい場合、両者の心理的な歴史、一連の個々の相互作用における作用のパターン、職場の内外における両者の生活、現在の社会における「マネジャー」と「従業員」の文化的意味などまで調べるような手間をかけるだろうか。それぞれの要素は、彼らの関係について理解するための何らかの役には立つだろう。しかし、そのような理解の本質は、探究者の選り好みによって能動的に形成されたものとなる。社会的事象には、自然現象にあるような時間的、状況的、物理的な安定性がないため、観察する行為を通して観察対象となる事象が能動的に形作られるのである。

　第二に、単純な自然界の生命体とは異なり、人間は、同じ刺激に対して

違った反応を示す。というのも、人間は最初に刺激の意味を理解するからである。探究のプロセスにおいて探究者が用いる記述と説明には、人々の自己や人間関係の理解に影響を与える力があり、したがって、探究者は、実は自らが作り出したものを観察することになるのだ。私たちはガーゲンの議論に、3つめの理由を追加したい。社会に生きる人々は、自分たちの経験を省みて、物事を説明するためのストーリーとナラティブと見解を作り上げるという見解だ。その結果、意味の形成における社会的合意が、科学的説明の合意につながるのである。

　社会的行動は、それ自体に本質的な意味が伴うことはほとんどない。たとえば、あなたの職場に、常に新しい方法のアイデアを提案してくる人がいるとしよう。その人の行動が、創造的であるか、挑戦的であるか、役に立つのか、あるいは、迷惑な行為なのかどうかは、主に社会的な交渉により決まる。その行動が最終的にどのように評価されるかは、コミュニティの合意次第なのである。その結果、観察に基づく意見はすべて、常にその正当性が問われ続けることになる。社会生活において何が「真実なのか」は、主に文化と影響の問題なのである。

　理解することの意味について考える視点を、事実の観察から意味の付与に移すことによって、探究は「今存在していること」を重視する義務から解放され、未知の社会的行動のパターンと関係性の強みと弱みに関心を向けることができるようになる。私たちは関心の対象を、予測とコントロールから、生成的能力へ移せるようになるのである。生成的能力とは、つまり「文化的に従うべきとされる前提に異議を唱え、今の社会について根本的な問題点を見出して提起し、『当たり前』とされている物事を見直し、それによって社会的行動の新しい形を提供する」（Gergen, 1978, p.1346）ためのアイデア、モデル、あるいは理論の潜在的可能性である。ガーゲンによると「個人的な価値観やイデオロギーは、生成的に思索する主な動機の源となる。このようにして、探究者は文化の中に完全に入り込み、人間社会の最重要課題ともいえる価値観の対立という問題に、その根本から取り組むことになるのである」（Gergen, 1978, p.1356）。

　私たちが冒頭で投じた「新しいアイデアはどこから生まれるのか」という

問いに対して、ガーゲンは最終的な解答を提示しているわけではないが、1つの重要な方向は示してくれている。社会に関する真実を発見することから、社会に意味を付与することへと意識を変えること。そして、新しい意味を創出するために、自分たちが真実だと考えていることを一旦棚上げするか、修正する必要があると私たちが気づくことである。私たちの今の物事の考え方は、自分たちがすでに「知っている」ことを形にし、再現するという方法である。生成というアイデアは、斬新なことが出現するようなプロセスを創出する、という課題をOD実践者に与える。そのようなプロセスはどこかから見つけてくるものではなく、自分で創らなければならないのである。

ドナルド・ショーンと生成的メタファー

ドナルド・ショーンは、クリス・アージリスとともに行った組織学習に関する研究によって、OD実践者の間で広く知られた存在だが、彼の研究もまた、生成的能力の概念を想起させるものである。彼は、おそらくガーゲンの研究のことは知らずに、ほぼ同じ時期に「生成的メタファー」（Schön, 1979）を論じている。ガーゲンは批判的社会理論のフランクフルト学派から多大な影響を受けている（たとえば、Horkheimer, 1972を参照）。一方で、ショーンの研究はむしろ解釈学的伝統に則り、私たちがどのように社会を理解するかを考えるにあたり、エルンスト・カッシーラー（Ernst Cassirer, 1946）のメタファー観を基礎にしている。それによれば、メタファーは、ある状況に関して、それと類似するものを提示して、その状況と関連を持たせることによって状況に意味を付与する。メタファーは私たちが社会を理解するために役立つものではあるが、しかし同時に、メタファーと関連を持たない物事に対する私たちの判断力を失わせる（Lakoff and Johnson, 1980）。

モーガンはこの点について論じ、例として、機械としての組織のイメージが非常に強いために、「一般的な組織の概念に、機械的な考え方が深く染み込んでおり、それ以外の考え方をすることが非常に難しくなっている」ことを挙げた。そしてそのために、「組織を機械として考える」マネジャーは、

「それぞれの部分が全体的な機能の中で明確に定められた役割を果たす、連動したパーツで構成される機械として、組織を管理し、デザインするようになっている」（Morgan, 1997, p.7）と述べている。このような視点から見ると、私たちがどのように問題に取り組むか、つまりどのように問題を定義するのか、そして自分たちに実現可能な解決方法をどのように見出すのかは、たいていの場合、意思決定者の気づかないところにあるメタファー的思考によって導かれるといえる。

　ショーンは以下のことを主張した。有効な方針を生むためには、「問題設定」、つまり最初にどのように問題を定義するかが問題解決よりも重要である。問題設定は、トラブルの生じた状況について人々が語るストーリーと、その状況について彼らが作るイメージを通して行われる。人は本質的に問題を察知して、何を修正するべきかを感じ取るものなのだ。たとえば、ある組織が「分裂している」のだとすれば、必要なのは、より統合された組織だということになる。しかし、分裂した組織というのは、別の見方をすれば、「半自治的な部門」からなる組織であるとも考えられる。分裂のメタファーを用いることによって、何か壊れたもの、かつて完全な形をしていたが、今は壊れているために元の完全な形に戻さなくてはならないものとしての暗黙のイメージができあがるのである。ショーンは、自分たちが使うメタファーに気づくことによって、問題設定がより有効に行われ、組織の人々が、ある問題を別の角度から見ることができるような創造的な進歩を遂げると主張した。

　ショーンは、意思決定に関わる者が、直面する問題についてメタファーの視点から考えるべきであると主張しているわけではない。彼が指摘するのは、人々はすでにそのように考えており、メタファー的なイメージは多くの場合、暗黙的に広く浸透している共通のレトリックに含まれているということだ。彼はこれを「生成的メタファー」［訳注1、次頁］と呼んだ。そして彼は、よりよい意思決定が、生成的メタファーを明確にして、疑問に対してオープンになることから可能となることを論じた。私たちが気づいていない、問題設定や意思決定の背後にある生成的メタファーに気づく時、複雑な現実をつくる状況から特徴と関係を浮かび上がらせる。その結果は以下のとおりだ。

第5章　生成的イメージ　179

それら[命名と枠組み]はこれらの要素[特徴や関係]にまとまりのある秩序
　　を与え、それらは将来の転換に向けた方向性から、現在の状況で何が間
　　違っているかを明らかにする。…上品で、説得力があり、明白に見える
　　ようにする形での、規範的跳躍が成し遂げられるような、診断・処方の
　　ストーリーを代表している（Schön, 1979, p.146-47）。

　背後にある生成的メタファーを見出すことができた時、診断と処方を明ら
かにする過程に終止符が打たれる。AとBの間の類似性とともに相違性に気
づき、事実から解決に向かう道はもはや上品でも明らかでもなくなる[＝問
題解決よりも問題設定の省察が中心となる]。本章の後半部分において、変革プロセス
のためのさまざまなメタファーを考える場合に、この考え方をODに適用す
る1つの方法を紹介する。

　リーダーが直面する、最も重要な、いわゆる問題と呼ばれるものの多くは、
問題というよりもむしろジレンマである。つまり、優先事項の決定、乏しい
資源の配分、および達成可能な成果の選択などには、本来トレードオフが伴
うということだ。ハイフェッツ（Heifetz, 1998）の言葉を借りれば、そのよう
な問題は「適応を要する課題」である。このような問題について自由に意見
を交換する場合、問題の定義に関して相反する意見が出るだろう。そのよう
な意見が生じるのは、さまざまな人々やグループが、異なるメタファーを用

[訳注1] ショーンは、社会的問題の解決や変革について、問題解決に比重が置かれやすい
　　　　こと、そして、問題設定の方がより困難であることを主張した。そして、問題を
　　　　設定して解決の方向を定める、ストーリーの土台となるメタファーによって、枠
　　　　組みを構築することが重要であると主張した。この問題を設定するための土台と
　　　　なるメタファーが「生成的メタファー」である。ショーンが例として挙げている
　　　　のが、筆の開発に取り組む研究員のエピソードだ。絵の具の筆がうまく開発でき
　　　　ない時に、ある研究員が「絵筆は一種のポンプだ」と言い、その例え（メタ
　　　　ファー）をもとに、ポンプのごとく絵の具を吸い上げるように、筆の繊維の毛を
　　　　しなやかに曲がるようにすること、と問題設定をしたうえで開発に取り組んだ。
　　　　これは、絵筆（A）がポンプ（B）であるという、異なるものの特徴や関係の類似
　　　　性について命名し枠組みを付与することで生成されたメタファーである。さらに
　　　　ショーンは、AとBという異なるものの間の類似性だけではなく、非類似性（相
　　　　違性）も探求し続けることの重要性を示唆した。

いて状況を語るからである。ショーンの指摘によれば、多くの場合、異なる
アプローチを支持する人々も、事実そのものの内容について合意しないわけ
ではないという。それぞれが異なる事実に注意を向けて、各自にとって重要
なことを問題にしているのだ。状況のそれぞれの説明とは、それぞれが行う
ネーミングと枠付けのプロセスであり、それらが相補的に社会的現実の見方
を構成する。

　たとえば、職員の出勤率に関する問題に取り組む組織を見てみよう。看護
や介護の業界では、毎日の欠勤率が5％から10％に及ぶということも珍しく
ない。この問題を「常習的欠勤」という枠組みで扱う場合、当然、欠勤の理
由を探ることとなり、「なぜ職員が体調を崩すのか」という問いかけをする
ことになる。病気のメタファーを適用することで、私たちは診断の医学的メ
タファーを利用し、体調不良の原因に対処すれば、欠勤率を改善し、組織の
症状を緩和できるだろうと暗黙的に考えるようになる。これは一見完全に合
理的な行動であるように思えるだろうが、単に病人の治癒にのみ焦点を合わ
せて常習的欠勤を減らすという取り組みは、それほど大きな効果が望めない
(Carroll, et al., 2010)。

　一方、別の角度から問題を見てみると、90％から95％の職員は出勤して
いるという事実に気づくだろう。この視点に立つ人々は、「なぜ職員はきち
んと出勤するのだろうか」と考えるだろう。人々の意欲とそれをサポートす
る方法を理解しようとすると、先述の例とは大きく異なる、繁栄とウェル
ビーイングについての会話が生まれる。そのような会話は欠勤の原因を明ら
かにしていない。しかし、この方法を用いた対話型ODのプロセスによって、
デンマークのある地方自治体のヘルスケア担当部門では、6カ月間で常習的
欠勤率が27％低下したのである。この取り組みは5,500名の職員を抱える自
治体の全部門に適用され、全体的な常習的欠勤率は、2年間で、30％以上も
低下した (Attractor, 2012)。これらの実例は、組織の長所に重点を置く活動
のメタ分析と一致している。人々が日々の職場で自分の一番得意な仕事がで
きると考えると、彼らのパフォーマンスは向上することが多く、このことが
高い出勤率と相互に関連している (Harter, Schmidt, and Hayes, 2002)。

　ショーンは、データ収集、分析、および演繹という科学的手法では、適応

第5章　生成的イメージ　　181

を要する課題は解決できないと主張した。それに代わる手法として彼は、課題の枠組みがどのように構成されるか、つまり「枠組みの再構築」について相互に探究することが、新しい、よりよい生成的メタファーを生み出す方法だと提案したのである。ショーンが提唱する枠組みの再構築のプロセスでは、同じ事柄に関する相反する説明として提示された、2種類の説明について考える。そして、それらを1つにまとめる方法を人々に探索させる。これは既存の問題に新しい視点を提供するために新たなメタファーを利用する場合と同じプロセスをたどる。

1. 2つの異なる説明を結び付けようとする試みは、最初は抵抗にあう。意思決定者たちは、両方の説明がともに真実である可能性を理解できず、そのため探究への参加は、いずれの説明も真実であるような要素を持つのかもしれないという内的感覚を持つことから始まる。それらの要素が何であるか、この段階ではまだわかっていない。

2. 2つの説明を結合させる試みにおいて、参加者はそれぞれの説明の要素について、それらの呼称を変え、再分類し、整理し直す。このプロセスで最も重要なことは、参加者が要素を再配置しようとしている状況を具体的に経験することである。具体的な経験を通して、探究者はこの段階で、説明に基づいて状況を理解するのではなく、説明に**関して考える**ようになる。しかし、まだ新しい説明の枠組みを作ることはできない。ショーンによれば、この時点では、ストーリーテリングが重要な役割を果たす可能性が高いという。具体的な経験に焦点を合わせることによって、元のいずれの説明にもとらわれずに、探究者は状況に関して自らの経験のストーリーを語ることができるようになる。

3. ようやく探究者は、自分たちが語ったり聞いたりしたストーリーから、状況の新しい説明を構成することができるだろう。このプロセスにおいて、新しい生成的メタファーが出現する。

ショーンは次のように記している。

> 起こらない事柄にも気づくことが重要である。元の説明は、それぞれの互いに関連する要素を合わせたとしても、2種類の地図を重ね合わせるように対応させることができない。というのも、元の説明はそのような作業に抵抗するように作られているからである。再構築された説明は、互いに調和しあうものになっている。つまり、再構築された要素のペアになるものは、互いに適合する……新しい説明は、「妥協案」ではない。つまり、元の説明に内在していた、価値観の平均あるいはそれぞれの価値観のバランスをとったものではない（Schön, 1979, p.159-60）。

　生成的メタファーが、自明の事柄であると認識されるようになったとして、その影響は、否定的とも肯定的ともなりうる。私たちがAをBとして見るとき、必ずしも以前よりもAをよく理解しているとは限らないのだ。ショーンが強調したのは、意思決定者は自らの状況の認識に影響を与える生成的メタファーに気づく必要があり、そうすることによって、彼らはAとBの類似点と非類似点を理解して、これを説明することができるということだ[訳注2]。ショーンがガーゲンに同意したのは、私たちの会話は、日常生活ではその大

[訳注2] ショーンは、住宅供給政策で語られてきた2つのストーリーの例を挙げている。スラム化したコミュニティを健全にするために、「衰退と再生」と「自然的コミュニティと配置換え」という2つのストーリーが専門家によって語られてきた。「衰退と再生」のストーリーとは、スラム化を引き起こす条件（過密居住など）を除去してコミュニティを再設計することで衰退のサイクルが抑えられるというものであった。このストーリーの生成的メタファーは「荒廃」「病気」であり、A（都市居住）はB（病気）から理解される。一方の「自然的コミュニティと配置換え」のストーリーとは、コミュニティの改善のためには、コミュニティに内在する非スラム化の力を活用する（コミュニティへの所属感や相互作用など）ことが重要であるというものであった。この場合は、A（都市居住）はB（自然的コミュニティ）であると捉えられたことになる。A（都市居住）をB（「病気」または「自然的コミュニティ」）とメタファー的に捉えることで、Aの重要な特徴が歪曲される可能性もあることをショーンは指摘した。そして、AとBの類似性だけではなく、非類似性にも注意を向けることが必要であるとした。その探究を通して、理解がより深まるメタファーを構築することで、新たな枠組みが構築されることが「枠組みの再構築」である。

第5章　生成的イメージ　「 183 」

部分が私たちには見えないように隠されている、意味の全体的なイメージを表現しているという点と、このようなイメージを超越することによって、組織の日常を変革し新たな方向性へと導く道筋が開かれる、という点である。

　新規性は、私たちがすでにしていることと、私たちにできる可能性があることの新たなセンスメーキングの仕方、つまり、既存の行動と今後の行動を違うものとして考える方法の**創発**から生じる、と私たちは指摘したい。これは自分たちが取り組む変革プロセスの生成的能力を高めたいと考えるOD実践者にとって重要な意味を持つ。これらの新しいアイデアと変化は、論理や分析からは生まれない。むしろ、一見関連していないイメージと、論理に見えるものを結びつけたときに誘発される、私たちの探究から生じるのである。

ODの理論と実践における生成的能力

　このようなアイデアが初めて明確な形でODに適用されたのは、フランク・バレット、デヴィッド・クーパーライダー、スレッシュ・スリバストバによる一連の論文である。クーパーライダーとスリバストバは初めてアプリシエイティブ・インクワイアリーの理念を発表した論文（Cooperrider and Srivastva, 1987）で、ガーゲン（Gergen, 1978, 1982）を引用し、ODを妨げる主な障壁は、理論をなおざりにして実行することにうつつを抜かしてきたことだという主張を裏付けている。このような理論と行動の分離は、「解決されるべき問題として存在する組織」という根本的な生成的メタファーと、これに起因する、本来ODは問題解決のプロセスである、という考え方から生じたものだ。彼らによれば、従来のODは、あまりにも多くの規律を重視して、社会システムを変えるための新しいアイデアの力を過小評価してきたのだという。

　　（理論は）人間にとって、自分たちが所属するグループや組織の変化と発展に寄与するための最も強力なリソースだろう……皮肉にも、行動科学の規律は理論と行動の厳密な分離に固執し続け、また、社会の再構成に

[184]　第Ⅱ部　対話型ODの理論的基盤

おける理論の役割を軽視し続けている。しかも、組織に対する文化的評価、つまり、理論的な評価が理想的な状況にまで高まっているにもかかわらず、理論を軽視しているのである (Cooperrider and Srivastva, 1987, p.132)。

　行動の基盤となるものが、アイデア、信条、意義、および目的であるなら、アイデアが生まれるシステムや組織で好まれる話し方などを変えることによって、組織を変革することができる。新しい生成的イメージと理論が生まれるようにするには、どのような探究をするべきだろうか。アプリシエイティブ・インクワイアリーは、当初、生成的理論を生み出すための手法として概念化され、世に問われたのである。

　先述の研究者たちが提案した重要な前提は、理論は、それが可能性の領域を広げ、魅力のある未来を志向する場合、生成的になるということである。こうして、彼らはショーンとガーゲンの生成についての見解を超越し、生成的能力は、私たちが共有する望ましい未来と、そのような未来を可能にする方法に必要な要因であると提案した。多くの理論家の意見や調査研究を検討した結果、生成的イメージを創出する探究は、肯定的な立ち位置から進めていく必要があるだろう、ということが示唆された。

　その後発表された論文 (Cooperrider, Barrett, and Srivastva, 1995) では、手詰まりの相対主義から脱却する方法として、現実は社会的に構成されるのだから、「そこに」発見されるべき究極の真実は存在しないと確信していくことを提案している。組織におけるすべての探究は、本質的に調査する者の立場に基づく先入観の影響を受けると認めながら、この立場というものが知識の探究をあきらめる理由にはならないと彼らは主張する。むしろ、この立場にいることによって、私たちは組織を論理的な結論通りに作ったり想像したりするためのアイデアを自由に採択できるというのだ。つまり、組織の探究は自己および世界によって同時に行われるというのである。何を研究対象にするか、そして、それをどのように研究するかを選択することによって、私たちは世界を発見するのと同時に世界を創り出し、したがって、創造的でポジティブな可能性に満ちた広い世界を目の前に見ることになる。1995年に発表された論文において、クーパーライダー、バレット、スリバストバは、肯

第5章　生成的イメージ　[185]

定的な生成的メタファーである「平等主義の組織」が、そう名付けた組織に与える影響について報告している（彼らは「生成的メタファー」という用語を使っていない）。

　世界について正しく記述しているかどうかの基準は、「私たちは可能な限り役立つように、世界について記述できているだろうか」という問いに置き換わる。このような実用的な問いかけによって、私たちは自らを運転席に置き、自分たち自身の現実を創り出すのである。世界を説明するいくつかの見方は変わらずに存続するだろうが、それはそのような考え方が正しいからではなく、単にそのほうが実用的だからだと主張することによって、相対主義の批判に応えることができる。どちらのストーリーが主流となるかは、時が経ってみないとわからないだろう。私たちが今のストーリーを評価する基準は、過去に作られたものであって、将来のものではないし、将来になってみないと、何が成功し、何が不首尾に終わったのか、わからないからだ。

　スリバストバとバレット（Srivastva and Barrett, 1988）は、ショーンによる生成的メタファーの概念化をさらに拡張し、「社会的状況を、新しい、より複雑な方法で構成するメタファー案」を含めている。グループ発達に関する研究において、彼らが主張するのは、グループのメンバー間に出現するニーズに関わる生成的メタファーが、そのグループがより発達した段階に進むのをサポートするということである。ステレオタイプと偏見は、常にさまざまな経験を分類するために頻繁に用いられるメタファーであると見なされる。私たちはそれらによって自分が見たいと思うものしか見ないようになるのである。彼らによれば、生成的メタファーは概念上、極度に単純化されて具体化された形で機能が停止した世界に活気を取り戻す。人間の今の世界観から大きくかけ離れた新しいアイデアは、抵抗にあいがちだ。しかし、生成的メタファーは、困難な問題に間接的に言及することによって、つまり、ペトリー（Petrie, 1979）の学習理論に非常によく似た方法で新しい気づきを生じさせ、それまでとは異なる現実の意味を作り上げて、学習への抵抗を無くすのである（この問題への別のアプローチとして、第11章の変容的学習を参照）。生成的メタファーの影響に関しては第4章と6章でも触れるが、要は、生成的メタファーによって主流になっている現実の社会的構成が破壊され、新しい可

能性とナラティブの出現を促すことで既存のナラティブを変えるということである。

バレットとクーパーライダー（Barrett and Cooperrider, 1990）は、防御的な考え方に凝り固まったマネジメント・チームが、生成的イメージを利用して、新しい視点から世界を見るためのきっかけをつかむ事例を紹介している。彼らによれば、将来の行動の新しいシナリオを創り出すのに役立つようであれば、そのようなイメージは生成的である。2つの異なるアイデアを融合させると、新鮮な洞察がほとんど瞬時に伝播し、意味の変化と、理解の変化が引き起こされる。彼らは、「生成的メタファーによる働きかけのプロセス」を提案しており、これはOD実践者が生成的イメージを取り入れる際に役立つだろう。

1. 問題そのものに注目するのではなく、問題以外の、クライアントにとってメタファーとなりうるようなことに意識を向ける。彼らが取り上げたのは、心理療法士のミルトン・エリクソン（ヘイリー [Haley, 1973] によって紹介されているように）である。彼は、メタファーを用いることによって、話し合うのが難しい問題への取り組み方を変えるように働きかけた（たとえば、ある夫婦に対して、性生活への不満の原因を直接探らせるのではなく、彼らにこれまでとは異なる新鮮なスタイルで食事をともにしながら話し合うように勧める、など）。
2. メタファーの探索が前向きで楽しいものになるような方法を考え、将来への希望と期待感が生まれるように取り組む。
3. メタファーの状況を十分に経験し、そのような経験の中で価値を置くべき事柄を見出し、これに注目する。
4. 変革の対象となっている問題に関連付けることなく、人々がメタファーの状況の経験について語り、話し合うことができるようにする。
5. 最後に、これまでとは違う将来の形をどのように創りたいかについて、人々に話し合ってもらう。

結論として、彼らはこう主張した。「メタファーが、組織を強力に支配す

る現状の均衡を崩すことができ、理解のプロセスと組織に根付いた体系を再編成でき、肯定的で説得力のある新しい可能性のイメージを提供し、さまざまな文脈で非防衛的な学習が起こることの橋渡しができていくなら、そのメタファーは生成的であるといえる」(Barrett and Cooperrider, 1990, p.236)。新しいメタファーは生成的でありうる。今あるナラティブと考え方の根底にある、すでに定着しているメタファーは、現状を強化したり再現したりするのである。

マーシャク (Marshak, 1993, 2004, 2013) は、ODコンサルタントが日常的なプロセス・コンサルテーションやコーチングにおいて、メタファーを生成的に活用する方法を提案している。コンサルタントは、クライアントが状況について考えたり語ったりするときに用いるメタファー、喩え、イメージなどの明示的なものと暗示的なものの両方に耳を傾けることによって、それらを反射して彼らに返し、その意味についてクライアントが探究するのをサポートすることができる。彼の主張によれば、そのようにすることで、コンサルタントは、クライアントがどのように世界を経験するのかをより深く理解することができ、クライアント自身の可能性と選択の幅を狭めるような物事の理解の仕方に、自らが気づけるように彼らをサポートできるようになる。マーシャクによれば、ある経験に関して、クライアントの思考の中にそれまでとは違う代替的なメタファーとイメージを直接出現させるか、あるいは出現をサポートすることから、生成的な会話が生まれるのである。

マーシャクが研究したメタファーの1つは、変革のメタファーである (Marshak, 1993, 1996, 2002)。彼によると、組織の変革について考えたり、語ったりする一般的な方法は、表5.1に示すように、おおよそ4つのメタファーに分類される。クライアントが現在使っているメタファーとは異なるメタファーを用いて、変革の目的について明確に語るように彼らをサポートすると、変革の方法に関して、新規性のある、よりよい決定につながるような新しい生成的メタファーが出現するだろう。

数々の論文において、ブッシュ (Bushe, 1998, 2007, 2010, 2013a; Bushe and Kassam, 2005) は、アプリシエイティブ・インクワイアリー (AI) の生成的能力に注目し、その結果、変革を創出する生成的イメージの力に基づく対話型

■ 表5.1　変革のメタファー

メタファー	根ざした変革のイメージ	クライアントによる語られ方
修理と維持	壊れたものを修理する	修理、いじる、調整する、微調整する、正しい道具を使う
構築と発達	既存のものを改善する	追加する、成長する、育てる、鍛える、大きくなる／賢くなる／速くなる、発達する
移動と移転	ある状態から別の状態への移行	前進する、AからBへ行く、確かな歩み、節目、障害物を避ける
解放と再創造	新しいものを作ることで過去を壊し、転換する	起床する、枠にとらわれない、新しいパラダイム、自由になる、再考案する

出典：Marshak（1993）

ODの実践理論を提唱している（Bushe, 2013b）。初期の研究は、チームにおいて実践するAIが、どのように生成的イメージを出現させ、それによって問題をかかえたグループを窮状から救ったかを論じている（Bushe, 1998）。アプリシエイティブ・インクワイアリーを実施した20の事例をメタ分析にかけた結果、転換的変化が生じた7つの事例はすべて、新しいアイデアと生成的メタファーの出現を確認できた。一方で、漸進的に変化をした13の事例では、いずれの場合も新しいアイデアは見られず、生成的メタファーの出現を報告したのは1例のみだった（Bushe and Kassam, 2005）。

　その後、大都市の学区を対象に実施された8つのアプリシエイティブ・インクワイアリーの事例では、転換的変化が生じた4つの学区の変革プロセスと、変化が生じなかった4つの学区を比較した結果、前者では新しい生成的アイデアが出現していたが、後者では出現していなかったというのが主な相違点だった（Bushe, 2010）。さらにこの研究で明らかになったのは、転換的変

革のプロセスが生じた例はすべて、重要事項として広く認識された問題に積極的に取り組んでいたのに対して、それ以外のプロセスではそのような取り組みは行われていなかったということであった。このような結果を受けて、ブッシュは、広く認識された、変革に動機づけされるような関心がない場合、人々は転換的変革に必要な労力を費やさないだろうと主張し、また、AIは問題解決の手法ではなく、生成的能力を通して問題に取り組む手法であることを提示した。

　これらの研究から、すべての事例において、AIに参加した人々はポジティブな感情が高まり、将来についてポジティブな期待を持つことが明らかになった。ポジティブさが生成的能力をサポートすると考える十分な理由がある一方で、「最高」と見なされるものだけに重点を置くやり方では、転換的変革を本質的に促進することができないという証拠も存在する。ブッシュは、あまりに多くの実践者や出版物が、AIの「ポジティブへの焦点づけ」を強調しすぎており、生成的能力に対して十分な関心を寄せていないということを主張している（Bushe, 2007）。私たちは、わかりやすい言葉で表現できる、ポジティブさというアイデアに囚われてしまう傾向がある。つまり、ポジティブになるということは、「楽観的」「立派な態度」「やればできる」精神などの、個人的あるいは集団的な感情を生み出すように自分自身を表現することである。このようなポジティブさを求めるアプローチは、非常に不幸な組織を作る。人々は、自分たちが心地よい言葉で自分たちの経験を語ることができないと感じるようになるのだ。さらに、リーダーが考える「ポジティブさ」に合わせて、自主的に表現を規制することを期待されるようになる。そのような状況では、「ポジティブさ」は、可能性に満ちた望ましい将来を目指すためのものではなく、単に耳あたりのよいだけの言葉の1つとなり、創造性と生成的能力をかえって抑制するかもしれない。ブッシュ（Bushe, 2013a）は、それが必ずしもポジティブな感情を伴って経験されるわけではないとしても、ポジティブに焦点づけるよりも、意味があることに焦点づけた方が、より生成的であるという可能性を示している。「ポジティブさ」から「意味のあること」への移行は、人々が活動する固有の状況において、彼らが見出すものが何であれ、役に立つもの、効果的なもの、望ましいものを

評価するための代替的な方法の獲得につながるのである。

　ブッシュ（Bushe, 2013b; Bushe and Marshak, 2014）は、すべての対話型OD
の手法に共通する変革への道筋を示すものとして、生成的イメージの存在が
挙げられると主張する。生成的イメージは、対話型ODのプロセスから出現
するものに加えて、働きかけの開始時までにリーダーまたはコンサルタント
によって考案できるものもあり、探究や会話を刺激するために用いられる。
オープン・スペース、フューチャーサーチ、カンファレンシングなどの手法
を用いる場合であっても、すべての対話型ODのイベントは、問題点の記述
（たとえば、品質管理の予算をいくらにするか、など）、あるいは生成的イメージ（た
とえば、品質は無料、など）をテーマとして設定することが可能である。イメー
ジの生成的能力は、それを用いるグループの人々によって決まる。そして、
イメージが生成的であるためには、2つの特性が必要だとブッシュは唱える。
1つめの特性は、古い問題に対する新しい視点を人々に提供すること。イ
メージ、メタファー、アイデアによって、人々はそれまでは思いつかなかっ
たような行動や意思決定の新しい機会を見出せるようになる。2つめの特性
は、引きつけるようなイメージであることだ。人々はイメージから生じる新
しいアイデアにしたがって行動したいと考えるようになるのである。

　私たちがここで使用する「生成的イメージ」の定義は、ガーゲンの「生成
的能力」とショーンの「生成的メタファー」を基盤としているものの、いず
れとも若干違っている。クーパーライダーとスリバストバ（Cooperrider and
Srivastva, 1987）が唱えるのと同様に、すべての生成的イメージは、その用語
を私たちが定義したように、望ましい将来の肯定的投影に基づいている、
といえよう。ショーンであれば、人は肯定的なイメージと同じくらいに、
否定的なイメージによっても影響されると指摘するだろう。しかし、ストー
クとツィーセン（Storch and Ziethen, 2013）は、リチャード・ローティ（Rorty,
1979, 1989, 1999）の哲学を基盤として、既存の事物を新たな視点から見る方
法に関して、真に生成的なイメージは、当初は意味をなさない言葉やフレー
ズとして始まらなければならないと主張する。ローティは、私たちは自分た
ちが使う言語を通して世界の意味を形成するのだから、私たちの言語が変わ
るときにのみ、意味の形成が変容すると唱えた。彼は、私たちの思考方法の

変化は、「そこにあるもの」を発見することから生じるのではなく、それを新しい方法で再記述することによって生じると提案した。ローティの主張によれば、「十分に議論することではなく、違う話し方をすることが、文化の変革においては重要な手段となる」（Rorty, 1989, p.7）のである。

　ストークとツィーセンは、2008年の金融危機の影響を受けて経営が不安定になっていたデンマークのコンサルティング会社において、「リセッション」[re-session：あえて訳すとすれば「再び集うこと」] という意味を持たない造語を用いることで、どのような影響が現れたかを示している。恐ろしい絶望的なものとして組織内に広まった、不況（recession）に対する不安を、積極的で活力に満ちた気持ちに転換するために、この会社のリーダーは1日がかりのミーティングを始めた。そのリーダーは、いま会社に必要なのは、変化する市場に対応して、自分たちを「リセッション（re-session）」することだと提案した。そして、人々を小グループに分けて、「自分たちがリセッションする（再び集う）というアイデアは、私たちの中からどのような声を呼び起こすか」について話し合うように言った。このミーティングの効果を追跡した研究と、続いて行われた戦略立案の取り組みにおいて明らかになったのは、このミーティングがこの会社に非常に大きな影響を及ぼしたこと、そして、すべての競合他社が業績を悪化させる中にあって、この会社の翌年の業績が伸びた要因は、この「再記述」が引き起こした生成的能力だということである（Storch, 2011）。

　ストークとツィーセン（Storch and Ziethen, 2013）は、生成的なODの働きかけの一環としての、再記述の可能性と限界について論じる中で、すべての新しいイメージが組織の機能を支えるわけではなく、人々は再記述の試みに抵抗する可能性もあると警告している。彼らによれば、再記述を有効に利用するためには、多くの成功要因が必要である。具体的には、適切なタイミングで、適切な場において、適切な立場の人によって導入される、よいアイデアが必要となる。再記述は、従来のODプロセスよりもリスク対効果の比率が高い。「（イメージによって）手に入るのは新しい世界、失うのは現実に生きる合理的人間としての自覚」（同p.24）なのである。

　ブッシュ（Bushe, 2013a）は、生成的能力、生成的プロセス、生成的成果の

それぞれの特徴と、それぞれの関係を、概念上別々なものとして扱い研究することによって、生成的能力についてより深く理解できると提案している。彼は「生成的能力」について、生成的プロセスに参加し、生成的イメージを作り出す、個人、グループ、あるいは組織の能力であると定義している。生成的プロセスは生成的成果につながるプロセスであり、生成的成果には、ポジティブな変化を生み自発的な行動に結びつくような、新しいアイデア、機会、およびネットワークが含まれる。

　ブッシュとパランジャペイ（Bushe and Paranjpey, 2015）は、米国中西部の公共交通機関において、さまざまな探究の生成的能力についてグループ・ダイアログを用いて調べる際に、この基本概念を用いた。彼らは、3つの異なるアイデア生成プロセス（アプリシエイティブ・ディスカバリー、シナジェネシス、問題解決におけるブレインストーミング）に関して、グループから生じたアイデアをオリジナリティ、引きつけられる程度、実用性の面で専門家たちに評価してもらった。また、3つの状況のそれぞれにおいて、意味地図を利用して参加者のメンタルマップ［頭の中での捉え方やイメージ］の変化を調べることによって、これらの3つのプロセスがどのように生成的であるかを調べた。シナジェネシスは、アプリシエイティブ・インクワイアリーのディスカバリーの段階において、生成的能力を強化するために設計された手法である（Bushe, 2007）。この研究での専門家による評価結果からは、シナジェネシスは、他の2つのプロセスよりも引きつけられ、実用的なアイデアを創出することが明らかになった。他の2つのプロセスは、専門家の評価において大きな違いは見られなかった。また、参加者の意味地図の変化によって示されたのは、シナジェネシスとディスカバリーが、問題解決と比べて、より多くの概念化を生み出したということであった。つまり、これら2つは問題解決よりも生成的だということを示唆している。

対話型 OD 実践者への影響と洞察

　生成的能力に関する研究はほとんど行われていないため、私たちからOD

第5章　生成的イメージ　「193」

実践者へのアドバイスの多くは、私たちの長年の実践経験と、見聞きした事例から学んだことに基づいたものになる。その一方で、組織の創造性に関連する論文は豊富にあり（たとえば、George, 2007）、それらは生成的能力と生成的プロセスについて考察するための有効な出発点となるだろう。

組織の創造性についての研究

創造性の研究は、なぜ一部の人々は他の人々よりも創造性が豊かなのか、あるいは、同じ人であっても、知識と感情のレベルに左右されて、創造的になったりそうでなかったりするのはなぜなのか、を説明する1つの変数を見出そうとする傾向がある。多くの研究は、外発的動機づけよりも内発的動機づけのほうが（たとえば、Amabile, 1988, 1996; Shalley, Zhou, and Oldham, 2004）、そして、否定的な感情よりも肯定的な感情のほうが（たとえば、Amabile et al., 2005; Isen, Daubman, and Nowicki, 1987; Isen, et al., 1985）、より豊かな創造性を育むことを示している。

しかし最近の研究は、人の心の状態がどのように状況の文脈と交互作用して創造力を生み出すのかというのは、より繊細な側面を持つ問いであることを示している（George, 2007）。例として、外発的動機づけと他の要因との交互作用を検討していく。外発的動機づけは組織において強力な武器となる。問題は対処されなくてはならないし、競争のためには精神を集中させなくてはならず、事業を継続させるためには創造的な解決策が必要だ。つまり、必要は発明の母なのである。しかし、肯定的な感情に支配されていると、人は新規性と創造性の必要性に目を向けなくなる。否定的な感情を持つ人々は、創造的な解決策が必要な状況を見極め、既存の考え方に頼るのではなく、目の前の事実をより注意深く見ようとする傾向が強い（Kaufmann, 2003; Martin and Stoner, 1996; Schwarz, 2002）。人々が創造性を認めてもらうこととそれに対する報酬を期待していて、そのような気持ちをはっきりと自覚している場合、否定的な気持ちはより豊かな創造性につながることがわかっている（George and Zhou, 2001）。内発的動機づけと外発的動機づけ、肯定的感情と否定的感情、そして、実際にはすべての内的な感情は、文脈に応じて、そして、人々が状況の意味をどのように形成するのかに応じて、創造性の高まりに影

響し得るのだろう。

　同様に、最近の研究は、組織の創造性に影響を及ぼすのは、単純にリストアップできるような個別の変数ではなく、より複雑で、相互に関連する要因だということを示唆している。一貫して組織の創造性に関連していると思えるのは、安全性を伝えるメッセージ、創造性を刺激する要素、上司と部下の良好な関係、および、多様性のあるアイデアや考え方を共有し、それを拡散する社会的ネットワークである（George, 2007）。よりいっそう文脈に左右される関係が創造性に影響すると指摘する研究結果もある。たとえば、リーとその共同研究者（Lee, et al., 2004）は、組織の中で新しいことを試みようという人々の意欲について研究し、評価へのプレッシャーが大きい場合、不確実性（人々を不安にさせる要素）に直面する人々は、それほど創造性を発揮できないが、評価へのプレッシャーが小さい場合には、不確実性に直面する人々もより創造的になれることを明らかにした。つまり、組織の生成的能力を活性化するための単純なメカニズムを明言するのは難しいということである。したがって実践者は、文脈が人々の経験をどのように形作るのかを注意深く観察しながら、繊細なアプローチを心がける必要がある。以下に示すのは、私たちの経験から導き出した、グループの人々から新しいアイデアや行動が出現する可能性を高めると思われる要因である。

対話型ODにおける生成的イメージの活用

1. **リーダーや設計チームと協力して、変革プロセスの指針となる生成的イメージを創出すること。** ブッシュ（Bushe, 2013a）は、一部のAI実践者が他者と比べてよりよい成果を上げているのは、探究の焦点としての生成的イメージを作り上げる能力があるからだと主張する。あらゆる変革の取り組みは、それ自体がより生成的であるように、また周囲を生成的にするように焦点づけることができる（つまり、人々がこれまでと違う考え方をするように導くような方法や説得力を持つ方法で）。たとえば、エイボン社のメキシコ法人では、セクシュアルハラスメントの削減に直接的に取り組む代わりに、「非常に良好な、男女間の職場における関係性」を高めるために、対話型の変革プロセスを採用した（Schiller,

2002)。

　変革の取り組みは、程度の差はあったとしても、根本的に生成的であることを私たちに勧める。また、生成的であればあるほど、成功する確率は高くなる。対話型ODのプロジェクトの出発点で、スポンサーとステークホルダーを巻き込んで、プロジェクトにとってベストな枠組みはどういうものであるかをはっきりさせることは、時間と労力を費やすだけの価値がある取り組みである。プロジェクトを成功させるために必要な要素を以下に示す。

1)　**変革のスポンサーとなる人々が関心を寄せている中核的なテーマを把握する。**テーマの定義が緩やかすぎる場合、スポンサーが興味を持たないこと、あるいは、サポートしようと思わないことに向けてスタートしてしまう恐れが生じる。対話型ODのプロセスには創発と自己組織化を必要とし、テーマの枠組みは本質的なバウンダリー［何を対象としてどのような方向性で変革に取り組んでいくのかという範囲］として作用する。たとえば、スポンサーの関心が市場シェアの拡大にある場合、漠然とやる気を引き出そうとするようなテーマを設定すると（たとえば、世界で一番になる、など）、人々は、各自ばらばらに関係のない方向に進んでしまいかねない。そして、途中で立ち止まるように指示されると、変革の取り組みによって生じたエネルギーと勢いは失われてしまい、今後、彼らは対話型の変革プロセスに対してより慎重になってしまうだろう。「市場で一番」というようなテーマは、いわゆるスポンサーが好みそうなアイデアを生じさせる可能性が高い。さまざまなテーマの設定について検討するなかで、実践者が留意するべきなのは、そのテーマに沿って、人々がどのような種類の無理のないプロジェクトを策定できるかという点である。プロジェクトがスポンサーの関心の的を外れるようであれば、設定の定義を狭める必要がある。

2)　**変革プロセスに関与するべき人々の関心とエネルギーを把握する。**

多くの場合、対話型ODプロセスへの参加は、変革の取り組みを成功させるために参加してもらう必要がある人々の、全員とは言わないまでも、少なくとも一部の人々については本人たちの自由意思に委ねられる。したがって、そういう人たちの関心を引くようにテーマを設定することは非常に重要である。新しいテーマの設定について検討する際には、ステークホルダーの協力を仰ぎ、彼らが最も引きつけられると考える要素を明らかにするべきである。注意してもらいたいのは、耳あたりのよいスローガンを考えようとしているのではないということだ。生成的イメージは、何について取り組んでいくのかの枠組みとなり、焦点づけがなされる必要がある。

3) **探究の焦点を、それまで誰も思いつかなかったような形で設定する。** 対話型ODのテーマとして、「市場シェアを拡大する」などは生成的なテーマとは言えない。このようなテーマは使い古されたものであり、現状を強化するナラティブを形成するだけである。人々にこのテーマについて再認識させるような、新鮮な方法を見出すなら、それはより生成的であるといえる。新しい視点でテーマに向き合うことでどういう結果が生じるかは、すべて組織の文化と歴史によって決まる。再び強調しておくが、関連するステークホルダーと協力してテーマを検討することと、対話型のプロセスに多様性のある参加者と意見を取り込むことが必須である。視点を変える重要性を示すよい例が、ブリティッシュ・エアウェイズの変革プロセスだ。これは乗客の荷物の遅れが引き起こす問題に対して、新しい解決策を見出そうとして始まったプロセスである（Whitney and Trosten-Bloom, 2003）。テーマは「並外れた到着の体験」と設定された。これはブリティッシュ・エアウェイズの人々にとって、それまで考えたことのなかったまったく新しいテーマだった。と同時に、意欲を刺激する、引きつけられるイメージとなり、多くのイノベーションにつながったのである。

2. **人々が現状を理解するのに用いているメタファーに注目し、別のメタファーを試みる。**これはテーマの設定時、あるいは、対話型 OD プロセスのあらゆる局面において有効である。多くの人々が現状について語る際に用いる明示的あるいは概念的なメタファーに気づいたら、別のメタファーを取り入れるよう試みる。たとえば、人々が何かを修理する必要性について話している場合、修理するのではなく、再発明したらどうなるかを彼らに考えてもらうのだ。人々が「一戦を交えることになるだろう」という話をしているならば、「勝つためにプレイする」としたら、あるいは「試合の流れを変える」としたら、どういう行動を取ればよいだろうかと考えてもらう。可能であれば、人々が今用いているメタファーから、別のメタファーを提案できるように働きかけ、そして、別のメタファーがどのような新しい考え方と行動の道筋を作るかを探るように勧める。

3. **生成的イメージを生み出すために、これまで疑問視されてきていない、二者択一の考え方、ポラリティ（対極性）、パラドックス（逆説）について考えてみる。**これまでさまざまな人々が指摘してきたように、グループや組織は、二者択一で問題の枠組みを捉えると袋小路に入ってしまう恐れがあるが、「両方とも選ぶ」解決法を探るとうまくいく場合が多い（Collins and Porras, 2004; Hampden-Turner, 1990; Pascale, 1990）。ジョンソン（Johnson, 1996）は、これを「ポラリティ・マネジメント」と呼び、組織において対極にあると思えるようなこと（たとえば、集中と分散、階層化と権限移譲、専門化と一般化）は、実際のところ、組織の効果的な運営のためには両方とも必要だと指摘している。ブッシュ（Bushe, 1998）によれば、グループ単位でアプリシエイティブ・インクワイアリーを実践すると、生成的イメージを表面化させて、グループを行き詰まらせていた、ある種のパラドックスを解決することができるという。したがって、生成的イメージをどのような場面で利用すれば効果的であるかを知るためには、実際には両方必要であるような要

素を対立させて二者択一の選択をしようとしている状況に注目することが有効である。そして、両方選ぶというイメージを提供してみることは実際に可能である。「持続可能な開発」という概念は、対立するように見えたもの（経済的発展 対 環境保護）を結合させて、両方選ぶというイメージを作り上げた成果だ。その他の例として、「柔軟な管理」「素早い丁寧さ」「集中化された自治」が挙げられる。

4. **生成的イメージが生まれて、それがすべての人々に理解される機会が増えるように、対話型プロセスを設計する。**私たちの経験から考えて、ODによる働きかけの期間中に、人々の生成的能力を向上させる要因として次のようなものが挙げられる。

- 参加者同士の互いを信頼し尊敬する気持ち
- ポジティブな感情
- 遊び心
- 自由に話せる雰囲気
- 相手の話に耳を傾ける姿勢

また、変革プロセスの生成的能力を強化する要因として、次のようなものが挙げられる。

- 強力なエネルギー
- 人々が自分たちに直面する状況
- 思考パターンのかく乱
- 通常とは異なる会話
- 望ましい成果や将来に対する強い気持ち

生成的イメージとはどのようなものであるか、そして、それが変革のプロセスでどのような役割を果たすのかについて説明することも有効である。すべての参加者が生成的イメージの探究に参加するよう働

第5章 生成的イメージ 〔199〕

きかけ、各自が発見した場合には公表するように呼びかける。

5. **質問と探究のプロセスを、生成的なプロセスとなるように設計する。** ブッシュ（Bushe, 2007）が提案する生成的質問の 4 つの特性は次の通りである。

1) **生成的質問には、意外性がある。** 生成的質問は、人々がそれまで話題にしたことも、思い付いたこともないようなものである。また、人々に内省と熟考を促す質問でもある。このような、質問のオープンエンド性が、質問の生成的能力を高める。

2) **生成的質問は、人々の琴線に触れる。** 生成的質問は、人々にとって個人的に意味があることや、彼らが気に掛けていることに言及する。このような質問は、人々の感情に訴える。自分自身の感情や、他者とのつながりを確認させる質問は、2 つの理由から生成的であると言える。第一に、生成的質問は人々にとって本当に重要な問題に関連しており、質問を通して発見されることは、重要な意義を持ち、意味の形成に大きな影響を及ぼす可能性が高い。第二に、生成的質問は、大きなエネルギーを生じさせる。このようなエネルギーは生成的行動に必要である。

3) **生成的質問について話し合い、質問に対する人々の回答に耳を傾けることによって、関係性が育まれる。** 生成的質問は、互いのつながりを人々に実感させるような会話を生む。彼らは自分自身に関する何か重要なことを相手に明かし、そして、相手からも何か重要なことを教えられたと考えるようになる。質問をしたり、答えて語ったりする行為によって、自分をさらけ出しているという無防備な感覚と、相手を信頼しているという感覚が生じてくる。このような感覚は生成的能力に多くの間接的効果を及ぼすが、直接的な効果は、人々の心がより柔軟になり、実現が難しいと思われる

ことでも思い描けるようになって、生成的能力が強化されること
である。人々は、他者から認められていると感じるときや安心し
ているときに、そのような状態になる。

4) **生成的質問は、これまでとは別の視点から現実を見るきっかけを私
たちにもたらす。**これは、質問の問われ方によって、あるいは質
問相手によって、私たちが影響されるという意味である。時とし
て、どのように質問されるかによって、現実を捉えなおすことが
できる。あるいは、質問相手が私たちのステレオタイプや思い込
みと大きく異なる内容を語るのを聞いて、私たちの現実の捉え方
が変わる場合もある。今の考え方が打ち砕かれてオープン・エン
ドな状態が生まれ、生成的イメージが出現する可能性が高まるの
である。

本章のまとめ

　生成的な変革プロセスは、人々に物事に対する既存の見方を見直すための
新たな視点を提供する、新しいイメージとアイデアを生み出し、それによっ
て説得力のある、意思決定と行動の新たな選択肢が創出される。生成的な変
革プロセスは、人々が変革への提案を生み出し、これに従って行動していく
うえでの触媒として機能する。そのため、変革の取り組みの一部は、人々と
組織の生成的能力を高めることに焦点づけることが可能である。新しいアイ
デアとイメージを生み出すための人々の能力とモチベーションを高めること
に注力するのである。また、プロセスそのものの生成的能力に注目すること
も必要だ。つまり変革プロセスが、共同の生成的イメージの創出と活用を、
どの程度促進するかという側面に目を向けるのである。
　対話型ODは、それ自体が生成的イメージである。対話型ODは、従来の
診断型の変革アプローチには限界を感じていた、ODコンサルタントや変革
を志向する他分野の専門家たちから共感を得ている。彼らは、自分たちが実

第5章　生成的イメージ　[201]

践している活動について説明や議論をするための、あるいは、実践対象とな
るコミュニティを見つけるための共通言語を以前は持っていなかったのであ
る。本書で示されるように、対話型ODは新しい理論と手法を生み出してい
る。探究の領域はますますその守備範囲と重要性を広げつつあり、対話型の
道を進むことを選んだ私たちを待っているのである。

引用文献 ··

Amabile, T. M. (1988). A Model of Creativity and Innovation in Organizations. In B.
M. Staw & L. L. Cummings (Eds.), *Research in Organizational behavior: Vol. 10*
(pp.123-167). Greenwich, CT: JAI Press.

Amabile, T. M. (1996). *Creativity in Context.* Boulder, CO: Westview Press.

Amabile, T. M., Barsade, S. G., Mueller, J. S., & Staw, B. M. (2005). Affect and
Creativity at Work. *Administrative Science Quarterly,* 50, 367-403.

Attractor. (2012). Fra Fravær til Fremmøde. Retrieved from http://www.attractor.dk/
laer%20mere/%7E/media/54927C9A8EE1403F935796F28C3FDC8E.ashx.

Barrett, F. J., & Cooperrider, D. L. (1990). Generative Metaphor Intervention: A New
Approach for Working with Systems Divided by Conflict and Caught in Defensive
Perception. *Journal of Applied Behavioral Science,* 26, 219-239.

Bushe, G. R. (1998). Appreciative Inquiry with Teams. *Organizational Development
Journal,* 16, (3), 41-50.

Bushe, G. R. (2007). Appreciative Inquiry Is Not (Just) About the Positive. *OD
Practitioner,* 39, (4) 30-35.

Bushe, G. R. (2010). A Comparative Case Study of Appreciative Inquiries in One
Organization: Implications for Practice. *Review of Research and Social Intervention,*
29, 7-24.

Bushe, G. R. (2013a). Generative Process, Generative Outcomes: The Transformational
Potential of Appreciative Inquiry. In D. L. Cooperrider, D. Zandee, L. Godwin,
M. Avital, and B. Boland (Eds.). *Organizational Generativity* (pp.89-113). London,
United Kingdom: Emerald.

Bushe, G. R. (2013b). Dialogic OD: A Theory of Practice. *OD Practitioner,* 45(1), 11-
17.

Bushe, G. R., & Kassam, A. F. (2005). When Is Appreciative Inquiry Transformational?
A Meta-case Analysis. *Journal of Applied Behavioral Science,* 41, 161-181.

Bushe, G. R., & Marshak, R. J. (2014). The Dialogic Mindset in Organization
Development. *Research in Organizational Change and Development,* 22, 55-97.

Bushe, G. R. & Paranjpey, N. (2015). Comparing the Generativity of Problem-solving and Appreciative Inquiry: A Field Experiment. *Journal of Applied Behavioral Science*, 51, in press.

Carroll, C., Rick, J., Pilgrim, H., Cameron, J., & Hillage, J. (2010). Workplace Involvement Improves Return to Work Rates Among Employees with Back Pain on Long-term Sick Leave: A Systematic Review of the Effectiveness and Cost-effectiveness of Interventions. *Disability and Rehabilitation*, 32, 607-621.

Cassirer, E. (1946). *Language and Myth*. New York, NY: Dover. (『言語と神話』エルンスト・カッシーラー著, 岡三郎, 岡富美子訳, 国文社, 1972年)

Collins, J., & Porras, J. I. (2004). *Built to Last*. New York, NY: Harper Business. (『ビジョナリー・カンパニー──時代を超える生存の原則』ジェームズ・C・コリンズ, ジェリー・I・ポラス著, 山岡洋一訳, 日経BP社, 1995年, 原書第1版)

Cooperrider, D. L., & Srivastva, S. (1987). Appreciative Inquiry in Organizational Life. In R. W. Woodman & W. A. Pasmore (Eds.), *Research in Organizational Change and Development: Vol. 1* (pp.129-169). Stamford, CT: JAI press.

Cooperrider, D. L., Barrett, F. J., & Srivastva, S. (1995). Social Construction and Appreciative Inquiry: A Journey in Organizational Theory. In D. Hosking, P. Dachler, & K. Gergen (Eds.), *Management and Organization* (pp.157-200). Aldershot, United Kingdom: Avebury.

George, J. M. (2007). Creativity in Organization. *Academy of Management Annals*, 1, 439-477.

George, J. M., & Zhou, J. (2001). When Openness to Experience and Conscientiousness Are Related to Creative Behavior: An Interactional Approach. *Journal of Applied Psychology*, 86, 513-524.

Gergen, K. J. (1978). Toward Generative Theory. *Journal of Personality and Social Psychology*, 36, 1344-1360.

Gergen, K. J. (1982). *Toward Transformation in Social Knowledge*. New York, NY: Springer. (『もう1つの社会心理学──社会行動学の転換に向けて』ケネス・J・ガーゲン著, 杉万俊夫, 矢守克也, 渥美公秀監訳, ナカニシヤ出版, 1998年)

Haley, J. (1973). *Uncommon Therapy*. New York, NY: Touchstone. (『アンコモンセラピー──ミルトン・エリクソンのひらいた世界』ジェイ・ヘイリー著, 高石昇, 宮田敬一訳, 二瓶社, 2000年)

Hampden-Turner, C. (1990). *Charting the Corporate Mind*. New York, NY: Free Press.

Harter, J. K., Schmidt, F. L., & Hayes, T. L. (2002). Business-unit-level Relationship Between Employee Satisfaction, Employee Engagement, and Business Outcomes: A Meta-analysis. *Journal of Applied Psychology*, 87, 268-279.

Heifetz, R. A. (1998). *Leadership Without Easy Answers*. Cambridge, MA: Harvard University Press. (『リーダーシップとは何か!』ロナルド・A・ハイフェッツ著, 幸田シャーミン訳, 産能大学出版部, 1996年)

Horkheimer, M. (1972). *Critical Theory*. New York, NY: Seabury.

Isen, A. M., Daubman, K. A., & Nowicki, G. P. (1987). Positive Affect Facilitates Creative Problem Solving. *Journal of Personality and Social Psychology*, 52, 1122-1131.

Isen, A. M., Johnson, M. M. S., Mertz, E., & Robinson, G. R. (1985). The Influence of Positive Affect on the Unusualness of Word Associations. *Journal of Personality and Social Psychology*, 48, 1413-1426.

Johnson, B. (1996). *Polarity Management*. New York, NY: HRD Press.

Kaufmann, G. (2003). The Effect of Mood on Creativity in the Innovation Process. In L. V. Shavinina (Ed.), *The International Handbook on Innovation* (pp.191-203). Oxford, United Kingdom: Elsevier Science.

Lakoff, G., & Johnson, M. (1980). *Metaphors We Live By*. Chicago, IL: University of Chicago Press. (『レトリックと人生』G・レイコフ, M・ジョンソン著, 渡辺昇一, 楠瀬淳三, 下谷和幸訳, 大修館書店, 1986年)

Lee, F., Edmondson, A. G., Thomke, S., & Worline, M. (2004). The Mixed Effects of Inconsistency on Experimentation in Organizations. *Organization Science*, 15, 310-326.

Marshak, R. J. (1993). Managing the Metaphors of Change. *Organizational Dynamics*, 22 (Summer), 44-56.

Marshak, R. J. (1996). Metaphors, Metaphoric Fields and Organizational Change. In D. Grant & C. Oswick (Eds.), *Metaphor and Organizations* (pp.147-165). London, United Kingdom: Sage.

Marshak, R. J. (2002). Changing the Language of Change: How New Contexts and Concepts Are Challenging the Ways We Think and Talk About Organizational Change. *Strategic Change*, 11(5), 279-286.

Marshak, R. J. (2004). Generative Conversations: How to Use Deep Listening and Transforming Talk in Coaching and Consulting. *OD Practitioner*, 36(3), 25-29.

Marshak, R. J. (2006). *Covert Processes at Work*. San Francisco, CA: Berrett-Koehler.

Marshak, R. J. (2013). Leveraging Language for Change. *OD Practitioner*, 45(2), 49-55.

Martin, L. L., & Stoner, P. (1996). Mood as Input: What We Think About How We Feel Determines How We Think. In L. L. Martin & A. Tesser (Eds.), *Striving and Feeling* (pp.279-301). Mahwah, NJ: Erlbaum.

Morgan, G. (1997). *Images of Organization*. Thousand Oaks, CA: Sage.

Pascale, R. T. (1990). *Managing on the Edge*. New York, NY: Simon and Schuster. (『逆説のマネジメント──自己再生のパラダイムを求めて』リチャード・T・パスカル著, 崎谷哲夫訳, ダイアモンド社, 1991年)

Petrie, H. G. (1979). Metaphor and Learning. In A. Ortony (Ed.), *Metaphor and Thought* (pp.438-461). Cambridge, United Kingdom: Cambridge University Press.

Rorty, R. (1979). *Philosophy and the Mirror of Nature*. Princeton, NJ: Princeton University Press. (『哲学と自然の鏡』リチャード・ローティ著, 野家啓一監訳, 産業図書, 1993年)

Rorty, R. (1989). *Contingency, Irony, and Solidarity*. New York, NY: Cambridge University Press. (『偶然性・アイロニー・連帯——リベラル・ユートピアの可能性』リチャード・ローティ著, 齋藤純一, 山岡龍一, 大川正彦訳, 岩波書店, 2000年)

Rorty, R. (1999). Ethics Without Principles. In *Philosophy and Social Hope* (pp.72-91). New York, NY: Penguin Books. (『リベラル・ユートピアという希望』リチャード・ローティ著, 須藤訓任, 渡辺啓真訳, 岩波書店, 2011年)

Schiller, M. (2002). Imagining Inclusion: Men and Women in Organizations. In R. Fry, F. Barrett, J. Seiling, & D. Whitney (Eds.), *Appreciative Inquiry and Organizational Transformation* (pp.149-164). Westport, CT: Quorum.

Schön, D. A. (1979). Generative Metaphor: A Perspective on Problem-setting in Social Policy. In A. Ortony (Ed.), *Metaphor and Thought* (pp.137-163). Cambridge, United Kingdom: Cambridge University Press.

Schwarz, N. (2002). Situated Cognition and the Wisdom of Feelings: Cognitive Tuning. In L. Feldman Barrett & P. Salovey (Eds.), *The Wisdom in Feelings* (pp.144-166). New York, NY: Guilford.

Shalley, C. E., Zhou, J., & Oldham, G. R. (2004). Effects of Personal and Contextual Characteristics on Creativity: Where Should We Go from Here? *Journal of Management*, 30, 933-958.

Srivastva, S., & Barrett, F. J. (1988). The Transforming Nature of Metaphors in Group Development: A Study in Group Theory. *Human Relations*, 41, 31-64.

Storch, J. (2011). *Systemic Thinking, Lived Redescription, and Ironic Leadership: Creating and Sustaining a Company of Innovative Organizational Consulting Practice*. (Unpublished Doctoral Dissertation) University of Bedfordshire, United Kingdom.

Storch, J., & Ziethen, M. (2013). Re-description: A Source of Generativity in Dialogic Organization Development. *OD Practitioner*, 45(1), 25-29.

Whitney, D., & Trosten-Bloom, A. (2003). *The Power of Appreciative Inquiry*. San Francisco, CA: Berrett-Koehler. (『ポジティブ・チェンジ——主体性と組織力を高めるAI』ダイアナ・ホイットニー, アマンダ・トロステン・ブルーム著, ヒューマンバリュー訳, ヒューマンバリュー, 2006年)

Wittgenstein, L. (1980). *Culture and Value*. Chicago, IL: University of Chicago Press. (『反哲学的断章——文化と価値』ルートヴィヒ・ヴィトゲンシュタイン著, 丘沢静也訳, 青土社, 1999年, 改訂新訳)

第6章 複雑性、自己組織化、創発

ペギー・ホルマン

　1977年のノーベル化学賞を受賞したイリヤ・プリゴジンと哲学者のイザベル・スタンジェールは、1984年にベストセラー『混沌からの秩序』(Prigogine and Stengers, 1984) を出版した。3年後、ジェイムズ・グリックは『カオス』(Gleick, 1987) を出版し、これもまたベストセラーとなった。

　新しい科学的概念を紹介する2冊の本が、多くの人々の関心を集めたのは決して偶然ではない。これらの書物は、変わりゆく時代における人々の実体験を反映しており、よって多くの人々の共感を得たのである。

　対話型ODがまだ生まれて間もない1960年代、エバ・シンドラー＝レインマンとロナルド・リピットは、地域のコミュニティにおいて利害関係がある多様な人々の間にある共通の関心事を見出す取り組みを行い、これはラージグループでの協働を可能にする方法の草分けとなった。同時期、英国タビストック研究所のフレッド・エメリーとエリック・トリストは、彼らが後に「サーチ・カンファレンス」と呼ぶ手法を用いて、組織における民主的な原理と自己管理を適用した実験的試行を始めた。この2つのOD実践は、フューチャーサーチに影響を与えることになる (Weisbord, 1992)。

　1981年、キャシー・ダンミラーは、「指揮系統」重視から参加型の企業文化へ変わろうとするフォード・モーター・カンパニーの取り組みに協力し、各回につき130人のマネジャーが参加する一連のミーティングを主催し、ホール・スケール・チェンジの実践を始めた (Holman, 2010)。また、ハリソン・オーエンは1985年、コーヒー・ブレイクから発展した組織トランスフォーメーション・カンファレンスを主催し、オープン・スペース・テクノ

ロジーと呼ばれるアプローチを創出した。これは、多様なバックグラウンドを持つ大勢の人々が数日間にわたって会議に参加し、主体的に課題に取り組むという手法である（Owen, 1992）。ここ数十年の間、ODを成功させる最適なグループの規模や方法論に関する主流となっている知見に先駆者たちは挑んできた（Purser and Griffin, 2008）。これらの新しく発展してきた実践手法は、形式に則ったファシリテーションに頼るのではなく、参加者の主体性をより重視している。これは一体、何を意味するのだろうか。

　幾人かの先駆者たち、とりわけマーガレット・ウィートリー（Margaret Wheatley, 1992）、ラルフ・ステイシー（Ralph Stacey, 1991）、そして、ハリソン・オーエン（Harrison Owen, 1998）は、新しく出現した科学的研究が自分たちの実体験を補完すると気づいた。ステイシーは「組織の実態を意味づけるための、より有益な方法は他にないものかと模索していた」（Stacey, 1996, p.312）という。またウィートリーは「組織がなぜうまく機能しないのかと考えている人間は私ひとりではない」（Wheatley, 1992, p.1）と語っている。ステイシーとウィートリーは探し求めていたものを、ウィートリーが「ニューサイエンス」と呼んだものの中に発見した。すなわち、全体論［あるシステム全体は、それの部分の総和以上のものであるとする考え方。あるいは、全体を部分や要素に還元することはできないとする立場］を志向する科学的活動であり、システムをシステム全体として理解し、一見ばらばらに存在しているように見える各パーツの間にある関係性に第一の価値を置く考え方である。

　本章では、新しい科学理論と対話型実践がどのように結びつき、社会システムにおける「創発」を生じさせたかを理解するために、2つの流れを追っていく。まず、カオス理論から複雑系科学が生まれ、それに関連する自己組織化の概念に変革の実践者たちが注目するようになった経緯を追う。この流れにおける重要なプレイヤーは、化学者のイリヤ・プリゴジン、ジャーナリストのジェイムズ・グリック、生物学者のスチュアート・カウフマン、ミッチェル・ワールドロップによって世に知られたサンタフェ研究所である。

　次に、ニューサイエンスからインスピレーションを得て、やがて自分たちが他の人々にインスピレーションを与えるようになったマーガレット・ウィートリー、ラルフ・ステイシー、ハリソン・オーエンの足取りを追う。

ウィートリーは、科学とリーダーシップの新しい流れとそのつながりをわかりやすく説明することにおいて重要な役割を果たしてきた。グリックやワールドロップと同様、彼女も1992年に『リーダーシップとニューサイエンス』（Wheatley, 1992）を書くにあたって何十万人もの人々を調査した。

ステイシーはマネジメントと複雑性の関係を研究し、この領域に学問的な厳密性をもたらした。彼は、1992年、パトリシア・ショウとダグラス・グリフィンという二人の弟子とともに、ハートフォードシャー大学に複雑性マネジメント・センターを創設し、より綿密な研究を行う場を提供している。

ハリソン・オーエンは、オープン・スペース・テクノロジーという明確でわかりやすい手法を通して自己組織化を具体的に体験することを可能にした。オープン・スペースは単純なルールと初期条件によって生じる複雑な行動、すなわち、カオスの特徴を正確に映しだす手法である。世界中の何十万人という人々がこの手法を通して自己組織化の効果を体験している。

終わりに、2000年代において複雑性がリーダーシップとマネジメントの論文で扱われるようになる経緯を追っていく。また、複雑性の考え方の影響を受けた、新しい世代の実践者にも言及する。本章の最後では、私の著書『創発を引き出す』（*Engaging Emergence*, Holman, 2010）で述べたアイデアを論じる。複雑性、自己組織化、創発が、対話型ODに必要な要素を提供するという考え方である。本章を読者の皆さんが読み終えるまでには、理論が実践に影響を及ぼすのと同様に、実践も理論を固めるために不可欠だとご理解いただけるだろう。読者自身の実践に役立つ基本的な枠組みを発見できているかもしれない。

世界観の変化

世界がどのように機能しているかについて、自分の仲間たちは素直に受け入れている前提があるのに、自分自身は経験的にその前提に納得できないとなると、どうなるか。これは世界を変革する人々が宿命的に経験する状況である。社会通念となっているものが自分のデータと一致しない。つまりそれは……あなたは変化を起こせるということだ。

本章の議論の起点となる時代に支配的であった文化的ナラティブは、いわゆる「ニュートン学説」あるいは「古典科学」と呼ばれるものである。「彼らは、少なくとも原理的には、精度よく決めることが可能な初期条件によって、あらゆる事象が決定されるような世界を想定していた。それは、偶然が何の役割も果たさない世界であり、すべての要素が秩序整然とした機械の中の歯車のようにかみ合う世界である」(Prigogine and Stengers, 1984, p.xiii)。このようなナラティブは、産業化が進展する時代においては完璧なメタファーとして機能し、今日でも、リーダーシップ、戦略的計画、および「チェンジ・マネジメント」（複雑性の視点からは、これは間違った名称であるが）という優勢なアプローチに影響を及ぼしている。「私たちは、あまりにも長い間、物事を部分に分断し、細分化することが物事を理解するための最良の方法であると信じてきたために、全体として変化する異なる秩序に気づくことができなかったのである」(Wheatley, 1992, p.41)

　19世紀の初め、幾人かの科学者が従来の考え方では説明できない矛盾に突き当たった。たとえば熱力学は、世界が機械であるならば徐々に停止に向かうと示唆しているにもかかわらず、ダーウィンの後継者たちは、生物系はますます活発になり、より複雑に組織化される方向に向かっていることを発見したのだ。複雑な全体像は、部分を理解するだけでは即座に説明できない特性を示していたのである (Prigogine and Stengers, 1984)。

　ほんの一握りの探索者たちは、それぞれの領域における研究対象の中に彼らが目にする破壊とよく似た様子の破壊が起こる人間界を生き抜いて、自らの道を突き進んだ。時間がかかったものの、徐々にこれらの革新者たちは仲間を増やし、生物学と経済学などの分野を横断するパターンを発見し始め、「カオス」「複雑性」「自己組織化」「創発」などと名付けられるアイデアを形成していく。最終的に、マレー・ゲルマン［米国の物理学者。1969年にノーベル物理学賞を受賞］などの「名誉と名声とノーベル賞を獲得した高齢の研究者たち」(Waldrop, 1992, p.54) からなる既存のリーダーたちの厚意によって、サンタフェ研究所が創設され、創造的で学際的な研究が可能になったのである。彼らは期待に胸を膨らませてここに集い、ニュートン以来の試みとなる、世界の仕組みの基本的な前提を見直す研究に意欲的に取り組んだ（原注1）。本人

たちは自覚していなかったかもしれないが、彼らの研究はODも含め、実質的に人間のあらゆる営みに影響を及ぼすことになるのである。

カオスなるもの

1970年代の支配的な考え方は、私たちの世界は時計並みに規則正しく展開するものであり、十分な時間と技術と情報があれば歴史から将来を予測できるというものであった。ジェイムズ・グリック（Gleick, 1987）は、このような支配的な考え方の矛盾を当時から見抜いていた、数少ない数学者、物理学者、生物学者、科学者を紹介している。彼らは、種の個体数の増減、天候のパターン、株式市場の動きなど、変動するシステムの不規則性を説明しようと試みた。そして、自分たちが発見した奇妙な現象、つまり、乱雑性、不確実性、破壊などの特徴が見られるものの、どうにか自律的に組織化されて秩序を形成するに至るという現象に注目したのである。

彼らの研究の中心にあったのは、いわゆるカオスだ。単純な原則から生じる複雑な挙動であり、カオスにおいては、初期条件の小さな違いが大きな変化をもたらす。グリックは、人々の思考がニュートン的世界観から、カオスを秩序の源泉とする世界観へと変わっていく様子を年代順に記録し、以下の5つの前提を紹介している。

[1] 単純な原則が複雑挙動を生じさせる：エントロピー（無秩序化）との対比
（システムのエントロピーは決して衰退しないという）熱力学の第二法則は、あらゆる物事は無秩序に向かうというものであり、これは第一法則のエネルギー変換よりもはるかに多くの状況説明、たとえば、社会の衰退や経済の減衰などの説明に利用されてきた。カオスはこれとは別の考え方を提示する。自然が安定と不安定の間を動くときに、複雑性が活発になるという考え方である。

（原注1）皮肉なことに、西洋文化は、もっと早い時期に複雑性を追究する機会があったが、それを逃している。ニュートンの死から数十年後に、ゲーテは、あらゆるものに固有の秩序、つまり「自己組織化」があることを認め、科学は自然との意識的な関わりであると捉えていた。残念なことに、ゲーテの考え方は脇に追いやられてしまったのだが、ヘンリー・ボルトフトが『本質の全体性』（*The Wholeness of Nature*）においてゲーテの考え方を紹介している。

第6章 複雑性、自己組織化、創発 ［211］

数学者・気象学者のエドワード・ローレンツは、気象変動のパターンを発見した。また彼は、複雑なシステムを理解するために、あらゆる変数をたどる必要性はないということも発見した。数少ない重要な規則を発見することが肝心というわけである。複雑な挙動を生じさせる単純な規則という概念が広まると、これを応用して新たな発見をする人々が現れた。たとえば、軌道を理解するための数学の写像は、麻疹感染率についての洞察に貢献し、効果的な予防接種計画の策定につながった（Gleick, 1987, p.316）。

[2] 初期条件が重要である

ローレンツは「バタフライ効果」という言葉を用いて、初期条件のわずかな変化が大きな違いを生じさせるという、鋭敏な依存性を表現した。ローレンツがこの言葉を用いたのは、地球上のある場所で1匹の蝶が羽ばたきをすると、7カ月後、地球の反対側で嵐が起こるという理論的事例を説明するためである。私たちは皆、このような現象を経験している。たとえば、飛行機が遅れて到着したために、乗継便を逃し、重要なミーティングに欠席してしまい、契約の機会を逸してしまう、などという経験だ。対話型ODの実際的な事例としては、会合の場所をどのような形にセッティングするか、椅子を横に並べるのか、円形に並べるのかなどによってグループの相互作用の形が決まることが挙げられる。

表6.1は、科学者がもつ世界観の変化をグリックが表したものだ。このような前提の変化が意味するのは、還元主義的アプローチの終焉であり、より多くの科学者が、全体から切り離された断片的な部分を研究するのは無意味であると認識するようになったことだと彼は結論している。組織をシステムとして理解しようとする、ごく少数の人々にとって、新しい科学的分野の誕生を語るグリックの説得力のあるストーリーは、自分たちの探究と重ね合わせることができるものであった。彼らは全員グリックの著書を読んでいる。ステイシーにとっては天啓だったという。彼は「小説でも読もうと書店の中をうろうろしていた……そして偶然、グリックの『カオス』を手に取った……その本はその後の私の人生を大きく変えたのである」（Stacey, 1996, p.312）と述べている。

■ 表6.1　世界観の変遷（グリック『カオス』より）

ニュートン的世界観	カオスの世界観
単純なシステムは単純に動く。振り子の揺れのように、決定値に関わる変数の数と種類を削減することによって、結果を予測することができる。	**単純なシステムが複雑な挙動を生じさせる。**バタフライ効果のように、化学反応や昆虫集団に見られる変動パターンは、一見ランダムに見えるものを解明する、少数の鍵となる変数を発見することによって理解することができる。
複雑な挙動は複雑な原因を示唆している。野生生物の集団や経済は多くの独立した要素によって制御される。	**複雑なシステムは、単純な挙動を生じさせる。**多様な相互作用によって、動植物は一貫性のある生態系と機能的な都市を形成する。
異なるシステムは異なる動きをする。分野を超えて研究するのは無意味である。神経生物学者、航空機設計者、経済学者に共通項などあるだろうか。	**複雑性の法則は、その内容にかかわらず、普遍的に成立する。**神経細胞の科学的構造、風洞の空気力学、および購買心理はすべて、予想外の変動におけるパターンを見出すことがその研究に役立つ。

　グリックの『カオス』と同様に、プリゴジンとスタンジェールの『混沌からの秩序』もまた、組織の日常を研究する先駆者たちに影響を及ぼした。彼らの著作はなぜ人々を惹きつけたのだろうか。ニュートン的科学は、変数を制限することによって成り立っており、観察しやすいように自然のシステムを閉鎖されたものとして扱った。プリゴジンは、オープンシステムの現実を解明する研究をした。彼は、すべてのシステムは継続的に変化し続けるサブシステムを含んでいると述べ、彼が「散逸構造」と呼んだ化学のシステムにおいて、破壊は必ずしもシステムに死をもたらすわけではないことを示した。むしろ「特異な瞬間」、つまり「分岐点」において、結果は予測不可能になったのである。

　プリゴジンの研究は、システムを「平衡状態」「平衡に近い状態」「平衡か

第6章　複雑性、自己組織化、創発　213

ら遠く離れた状態」に分類した。「平衡から遠く離れた状態」において、カオスから秩序が生じる。彼は、散逸の特異な瞬間に到達するための鍵になるものとして、正のフィードバック・ループの役割を研究した。最終的にプリゴジンは、すべての事象は以前の事象から導かれるものであり、そこに自由意思は介在しないという、因果関係に基づく世界を信じる決定論に疑問を投げかけた。彼は、時間は矢のようなものであって一方向に不可逆的に進むものと考えるならば、ニュートン的科学の基本的前提は意味を成さないと主張したのである。

[3] 構造は均衡から遠く離れた状態にあるとき散逸する

　安定したシステム、たとえば、出生率と死亡率が同じであるようなシステムは、均衡状態にあると見なされる。出生率がわずかに上昇するなどの、ごく小さな変化が生じたとしても、そのような平衡に近い状態の変化はシステムに吸収され、気づかれるような影響は表れないだろう。死亡率の上昇を見ないままに人口が急増すると、システムの反応は予想不可能になる。プリゴジンは、システムが平衡から遠く離れた状態になるとき、そのシステムは「分岐点」に到達し、何か別のものに変容することを発見した。分岐点は予測可能であり、潜在的な変容の範囲も予見できるとしても、ある特定のシステムがどのようになるかは予測不可能であった。彼が**分岐点**という言葉を用いたのは、システムは程度の差こそあれ、ばらばらに分解してしまうか、あるいは再組織化されてより複雑な適応状態になるか、のいずれかであったからだ。秩序はカオスから出現する可能性があったのである。プリゴジンは、そのような秩序はどこから生じるのかという問いの答えを求めていた。彼の答えの鍵となるのは、**ポジティブ・フィードバック**だった。

[4] 秩序はポジティブ・フィードバックを通して生まれる

　ポジティブ・フィードバックは、システムにほぼ同じことを続けさせる。酵素を作り出す化学反応を見てみよう。ある酵素の存在は、同じ酵素をさらに作り出すように働きかける。継続的な変化は、最終的に平衡から遠く離れた状態を導き、化合物は酵素が増えすぎたために安定を保てなくなる。経済

の例を挙げるなら、銀行に不安を感じる一部の人々が預金を引き出し始めると、他の人々の不安を煽り、その結果、取り付け騒ぎから倒産へとつながっていくという事例だろう。社会システムの場合は、1つの相互作用から生じたものが、次の相互作用に影響を及ぼしていく。隣の住人にある話をすると、その人は自分の友人に話を広め、ある日突然全員がサリーとハリーが結婚したと思うようになるのである。コミュニティの人々から見て彼らは夫婦になるのだ。コヒーレンス（統一性）が起こっている。

[5] 時間は一方向に流れるが、孤立（機械）系においては可逆的である

　プリゴジンは時間のパラドックスを解決しようとした。過去、現在、未来を問わず、産業革命を引き起こした古典的方程式は時間を巻き戻すことができた。時計は構造を変えなくても、進めたり、逆行させたりできたのである。機械は組み立てることも分解することもできる。古典科学は全体を分解したり、再び組み立てたりできる、つまり、時計のように進めたり、戻したりできる世界を想定していた。ところが、熱力学の第二法則は、時間は一方向に進むと明言する。ワールドロップがうまく表現しているように、スクランブルエッグは元の卵に戻せないのである（Waldrop, 1992, p.33）。『混沌からの秩序』の最後の3分の1をこの主題に費やして、プリゴジンとスタンジェールは、古典的構造と生物学を共存させる統合的な考え方を提案している。鍵となるのは、「孤立系」という第二法則が成り立つ条件を取りまとめる短いフレーズである。現実の世界では、孤立しているものはほとんど存在しない。エネルギーは流れ、物質は増減する。一部のシステムは崩壊する一方で、他のシステムではますます統一化が進む。それでも、古典的構造の狭くとも有益な孤立系の中では、巻き戻せる時間が蒸気エンジン、織機、飛行機やその他の、今の私たちの世界に存在するものを作る能力を私たちに与えてくれたのだ。

　これらのダイナミックスは、私たちの社会プロセスと類似している。プリゴジンとスタンジェールは、『混沌からの秩序』において特に決定論的な世界観を打破し、これらのダイナミックスの多くに哲学的意味合いを持たせた。彼らが提唱したのは、分岐する瞬間には自由意思が支配的になり、安定時に

第6章　複雑性、自己組織化、創発　　［ 215 ］

は決定論が機能するという統合的な考え方である。自らが身を置いていたニュートン的世界に論議を引き起こしたプリゴジンの散逸構造は、生物学と社会学の両分野において、自己組織化するシステムに関する先駆的な研究にインスピレーションを与えた。スチュアート・カウフマンは、これを生物系に取り入れ、対話型ODの思想的リーダーたちに影響を与えることになる。

自己組織化の条件

1998年、オーエンは「カウフマンの著作に出合い、そういうことだったのかと、ようやく腑に落ちたのである」(Owen, 1998, p.4) と記している。カウフマンが自己組織化の研究に費やした歳月については、『自己組織化と進化の論理』(Kauffman, 1995) において、一般の読者向けにその詳細が述べられている。彼の研究は、リーダーシップ、マネジメント、および組織に関心を向ける多くの人々に影響を及ぼしているが、ハリソン・オーエンにとって、カウフマンは特に意味を持つ人物だった。オーエンは、カウフマンの自己組織化の条件と、彼のオープン・スペースの条件に明確な類似性を見出したのだ。

オーエンは次のように書いている。

> カウフマンは、私たち（そして、すべての生き物）が原始的分子の寄せ集めから、あなたという人、私という人、そして、その他すべての人に進化する道筋を見極めるという、非常に重要な課題を自分に課していた。大がかりなコンピュータ・モデリング、実際的な研究活動を組み合わせた活動を通して、カウフマンは、少数の非常にシンプルな前提条件があれば、システムは自己組織化するという結論に至った。カウフマンの前提条件は、おそらく他の人も提案しているかもしれないが、次のようなものを含んでいる。

> - 相対的に安全な環境である。
> - そのような環境に見られる要素は多様性に富んでいる。
> - 存在する要素の間に起こりうる相互関係に、相当な潜在的複雑性が

見られる。

- 環境によりよく適合する必要性を感じることから生じる、改善への意欲（衝動）が見られる。
- 既存の関係性が希薄である（要素が互いに「強く繋がれて」いない）。
- 一切の混乱はカオスの縁にある。

これらの前提条件がある場合、自己組織化は自然に生じる。

自己組織化したシステムを、カウフマンは「複雑適応系」と呼んだ。多様な複数の要素があり、それらが複雑に相互関連しているという意味において複雑であり、システムは存在する環境に対応して、よりよい方向へ発達し続けることができるという意味において適応的なのである（Owen, 1998, p.2）。

これらの条件を、オーエンが経験から導き出したオープン・スペース・テクノロジーを利用する条件と比べてみる。

オープン・スペースを利用する状況の条件は、解決するべき問題が高度に複雑であること、参加する人々の多様性が豊かであること、潜在的あるいは現実的な激しい葛藤があること（カオスの縁にある状態）、用いることが決定されてから長い時間が経過していないことなどである。問題と解決策がすでにわかっている場合、つまり、問題と人々の結びつきが強いような場合には、絶対にオープン・スペースを用いてはならない。そのような場合には、要素間のつながりの希薄性という条件が損なわれるからである（Owen, 1998, p.4）。

カウフマンは、サンタフェ研究所の設立によって、複雑性の法則を探究する旅の仲間を得ることができた。彼は、『自己組織化と進化の論理』を研究所の同僚たちに捧げている（Kauffman, 1995）。

複雑系科学の誕生

1984年、時代が抱える根源的で複雑な問題を理解するために、科学者たちが集う学際的な研究の場としてサンタフェ研究所が設立され（Santa Fe Institute, 2013）、問題の解明が始まった。

1990年代までには、人々に大きな刺激を与えた「カオス」は、より包括的な「複雑性」に主役の座を譲るようになった。グリックは、カオスは「自然の標準からずれた側面、非連続的で異常な側面」（Gleick, 1987, p.3）であると論じた。ワールドロップは、複雑性について次のように述べている。

> （複雑性のシステム＝複雑系とは）カオスの縁にあるシステムであり、システムの要素は、決して完全に固定されることなく、そうでありながら、完全な混乱状態に陥ることもない。カオスの縁では、生命は自らを十分に維持できる安定性を保ちながら、創造性も有している。カオスの縁では、新しいアイデアとイノベーションが、現状のカオス状態をその縁から少しずつ減らしていく……カオスの縁は、たとえば、何世紀も続いた奴隷制度と人種差別が、突如として1950年代と1960年代の公民権運動に屈することになったところである……複雑系が自発的、適応的、活動的でありうるところである（Waldrop, 1992, p.12）。

ワールドロップの『複雑系』（Waldrop, 1992）は1992年に出版されたが、同じ年にウィートリーが『リーダーシップとニューサイエンス』を出版している。いずれも、複雑性と、リーダーシップ、マネジメント、および組織との関連を研究する後続の人々にとってインスピレーションの源泉となっている。複雑性理論の最新の展開の概要については、ミッチェルの『ガイドツアー　複雑系の世界』（Mitchell, 2009）で論じられている。

組織の日常の研究に影響を及ぼす、新しい世界観を導いた科学者たちについて論じた後は、このような世界観が組織の研究にどのように取り入れられたかに目を向けよう。ここではマーガレット・ウィートリー、ラルフ・ステイシー、ハリソン・オーエンの著作と活動を紹介する。

ウィートリー、ベルカナ、そして現実化

　マーガレット・ウィートリーは、新しく出現した科学的アイデアと組織の日常を関連づけた研究により、リーダーシップとマネジメントの分野にその名が知られるようになった。ウィートリーは研究を始めたきっかけについて次のように述べている。

　　ボストンとソルト・レイク・シティを毎週往復する飛行機の中で、私はそれまで読んだことのなかったニューサイエンスに関する本を初めて手に取った。それは、フリッチョフ・カプラが量子物理学から出現した新しい世界観について書いた『ターニング・ポイント』（吉福伸逸ほか訳、工作舎、1984年）だった。この本を通して、私は世界を理解する新しい方法があることを初めて知った。世界の変革のプロセスと関係性のパターンを理解するという方法である……それ以来、生物学、進化論、カオス理論、量子物理学の分野で手に入れられる限り、ニューサイエンスに関するあらゆる本を読み始めた……変革と絶え間ない創造が、秩序と構造を維持するための新しい方法を生むきっかけを作る、という世界に導かれたのである（Wheatley, 1992, pp.1-2）。

『リーダーシップとニューサイエンス』の中でウィートリーは、組織はニュートン的世界観にしたがって設計されており、予測可能性と秩序を期待するようにできていると指摘した。そして、これからは理論や設計、行動を、現代の科学に基づいて考えるべきであると主張した。また、そのような考え方が組織への参加と関係性に関連する信念や行動にどのような影響を与えるかを論じ、情報の役割とその利用、自主性と自己準拠の重要性を説いている。

　参加型マネジメントは、より実りの多い、より多様性が豊かな、そして、活気に満ちた組織を実現する。量子物理学者が私たちに教えてくれるのは、粒子の存在も波動の存在も、観察者がいなければ確認できないということだ。物質ではなく、出来事や相互作用に注意を向けることによって、物理学者た

ちは、外的なもの、他者と関係しないものなどは存在しないと認めるように
なった。すべてのものはつながっているのである。

　このことが、組織の戦略としての参加の促進にどう関連するか考えてみよ
う。多様な意見を取り入れる余裕を持つことによって、組織の可能性の領域
が拡大する。多様な参加者を得ることで、観察し確認できるデータが増え、
相互作用の形が多様になれば、より内容の濃い情報を獲得することができる。
その結果、さまざまな解釈が検討される議論の場が生まれ、現状の理解と今
後すべきことについて、より多様で、きめの細かい対策を講じることができ
る。

　参加を戦略の中心に据える場合に、組織にとって課題となる点をウィート
リーはいくつか挙げている。人々が協力しやすいグループをどのように設計
するか。どのようにして多様性を組織の強みと創造性の源泉にすることがで
きるのか。葛藤をどのように解決するか。異なる利害を持つステークホル
ダーをグループに含めるべきか。対話型ODはこのような問題の多くに対処
するための現実的な手法である。

　関係性は、機能する構造を形成するための鍵となる要素である。私たちは、
粒子を見るのか、それとも波動を見るのか。物理学者は、観察される対象と
そこから明らかになるものを決定するための鍵となる要因は関係性だという。
粒子は、他との関係を持たずに単独で存在しているのではない。言い換えれ
ば、存在物の間にある目に見えないつながりが、全体を理解するために必要
不可欠だということだ。このような目に見えない力が、空間と挙動を形作る
のである。

　この考え方が、組織のビジョンのようなアイデアにどのような意味合いを
与えるか考えてみよう。ビジョンは一直線で描かれた道の先にある目的地と
いうよりは、むしろ、波のようにあらゆるものを覆い、周囲を巻き込んでい
くような動きをするものである。ビジョン、価値観、倫理観が組織に浸透す
ると、その組織に接する人々は、何らかの影響を受ける。ウィートリーが提
唱したのは、飛躍する組織を作ろうとするならば、規則や手順に沿って運営
される組織を設計するのではなく、まず価値観や倫理観に基づく明確な目的

と理念を設定するべきだということである。

情報は問題を体系化する。 過去数十年間、情報理論は情報を物として扱ってきた。発信したり受け取ったりする、些細な物としての扱いだったわけである。ウィートリーは、新しく出現した進化論的理論によれば、情報は生き物であり、動的であり、構造とプロセスの両方を持っていると指摘した。今や情報は、新しい構造を生み出す力の源泉になっているのである。彼女は情報の最大の発生源はカオスであると特定した。情報が自由に現れて交換されるとき、秩序が生まれ、成長が始まる。知識は新しいつながりから創出されるのだ。

また、ウィートリーは以下の行動を提案している。より多くの場所から、より多くの情報が得られるように、組織をオープンな状態にする。あいまいで、複雑で、すぐには役に立ちそうもないような情報を求める。全体像を見る。参加して、観察する。要点を知るためにさまざまなやり方を試みる。参加者に発言を求め、異なる解釈に耳を傾け、そしてそのようにして集めたものを整理することによって、情報はより価値のあるものになる。彼女によれば、秩序を作りたければ、葛藤や意見の食い違いを生じさせ、それらを処理するための時間と仲間と機会を用意すればよいのである。

確固たる基準枠を持つ自律性と自己準拠が、一貫性と継続性を生じさせる。自己組織化が私たちに教えてくれるのは、秩序は個々の主体間の相互作用から出現するということである。私たちの多くは、自己組織化というアイデアに暗黙的に付随する自律性の高まりが、結果的にすべてを壊してしまうのではないかと恐れている。しかし、ウィートリーは私たちに別の考え方を提案している。世界は本質的に秩序だったものである、という考え方だ。そのような世界では、すべての主体は唯一無二であると同時に、周囲の環境とつながっている。主体と環境の境界線は、主体を保護すると同時に主体と他者を結びつける。自然は単純さを求める。秩序、調和、様態は、複雑な管理を通して作られるのではなく、少数の指針となる原則を通して形成される。木々の葉から銀河や組織に至るまで、個々の主体が高度な自律性を維持しながら、

第6章　複雑性、自己組織化、創発　221

主要なパターンはシステムの全体像を表現しているのである。

　ウィートリーはすべての自己組織化するシステムの原則は、自己準拠だとしている。自己準拠とは、「好き勝手な動きをするのではなく、システムが変化するときにも、システムのそれぞれの部分は、それ自体と、また、システムの他のすべての部分との間に、矛盾のない調和を保っていなければならないという概念である。単純型細胞でさえ、システムの意図を的確に認識しており、個々の細胞の動きとシステム全体との間にはしっかりとした関連性が見られるのである」(Wheatley, 1992, p.146)。

　マネジメント用語で言い換えるならば、継続的な対話を通して広められる、明確な核となる価値観とビジョンが、秩序をもたらすということである。個々の主体とシステム全体との間に深い結びつきがあると信じるのは難しいかもしれない。おそらくマネジメントの課題として最も手強いのは、組織が乱れて人々の意欲が衰退し、創造的な活動が滞っているような状況でも、秩序が出現すると信じて、組織をサポートし続けることだろう。ウィートリーは、このような課題が存在すると認めたうえで、別の視点から考えることを提案している。「私たちは管理することと秩序を作ることを混同したために、自ら困難を招いてしまった」(Wheatley, 1992, p.23)。自己組織化から得られる教訓は、管理のために設計された規則や手順を、活気のある自律的な行動を促進するビジョンと価値観 [による秩序の出現] に置き換えることによって、組織にも個人にもよい成果がもたらされるだろう、ということである。

理論を実践に適用する

『リーダーシップとニューサイエンス』が出版される少し前、ウィートリーは、マイロン・ケルナー・ロジャースらとともにベルカナ研究所を設立した。この研究所は、彼女が著書で記したコンセプトを実践に適用する実験の場となった。彼らの活動の詳細は、ベルカナのウェブサイトで見ることができる。その中からいくつかのハイライトを紹介しよう (Berkana Institute, 2013a)。

　1992年から1996年にかけて、ベルカナ研究所では、ニューサイエンスが人間の組織にとってどのような意味を持つかを考える対話の場が四半期ごとに設けられた。これらのセッションを通して参加者たちは、ニューサイエン

スと対話のプロセスに対する理解を深めた。ここで利用されたのは、デヴィッド・ボームの「ダイアログ」である。20人から40人がグループを作り、全参加者が意味を共有できるようにするプロセスだ。このプロセスは、探究とともに、共有される意味が生まれるようにするために、既存の前提を保留することを重視する (Bohm, 1989)。ウィートリーとケルナー・ロジャースが『よりシンプルなあり方』(*A Simpler Way*, Wheatley and Kellner-Rogers, 1996) を出版したときには、ダイアログによる実験を研究所の外でも実施しようと試みて、国内各地でこの本についての対話会を主催した。また、1997年にはオンラインの対話会も開催し、世界中から300人が参加した。

2000年から2004年まで続いた「From the Four Directions（四方から）」は、世界規模で研究を展開する契機になった。ベルカナ研究所は、地域に密着した実践を基本方針とするピア・スピリット (PeerSpirit) のサークルを利用し、30カ国の若いリーダーたちを対象に、対話の主催者となるためのトレーニングを提供した。ニューズレターとイベントを利用してサークル同士につながりを持たせ、コミュニティ・リーダーたちの世界規模のネットワークを形成したのである。最近では、トゥーク・パウデン・ムイリアとモニカ・ニッセンの着想から生まれた、複雑系科学に基づく対話型の実践アプローチである、アート・オブ・ホスティングに力を入れている。ベルカナ研究所は地球規模のコミュニティに発展しており、関係する実践者たちは、ワールド・カフェ、オープン・スペース・テクノロジー、アプリシエイティブ・インクワイアリー、サークル・プロセスなどの対話型のプロセスを用いて、グループやチームが有意義な会話、熟慮的協働、共通の利益のためのグループ活動に参加できるようサポートしている (Holman, 2010)。

ベルカナ研究所は、彼らの変革理論をシンプルかつ効果的に表す2つのループ・モデルを開発した（図6.1、225頁）。1つのシステムがピークに達して、その後衰退し始めると、離れた場所で別のシステムの発生が始まる。徐々に古いシステムは崩壊し、新しいシステムが発達する。組織において最も重要な取り組みは、古いシステムを穏やかな死に導くとともに、新しいシステムの誕生をサポートし、新旧の世界観につながりを持たせることである (Stilger, 2013; Berkana Institute, 2013b)。

ウィートリーが理論を実践に導入する一方で、ラルフ・ステイシーは複雑性を組織研究の学問分野に取り入れた。その足跡を見ていこう。

カオスから複雑反応系へ

カオスを説明し、それがマネジメントと組織にとってどんな意味を持つかを論じる本を初めて書いたのはステイシーだろう。1991年、自身のストラテジック・プランニングの仕事からインスピレーションを得て、彼は『カオスの最先端』(*The Chaos Frontier*, Stacey, 1991)を出版した。続いて2年後に発表した『戦略的マネジメントと組織ダイナミックス』は教科書として広く読まれ、現在第6版が出ている(*Strategic Management and Organisational Dynamics*, 同, 1993, 2011)。後者は、複雑性の考え方をさまざまな戦略および組織理論に取り入れた1冊である。ステイシーが1996年に出版した『組織における複雑性と創造性』(*Complexity and Creativity in Organizations*, 同, 1996)は、複雑性を論じるさまざまな書籍に言及しており、ワールドロップが『複雑系』で紹介した多くの科学者の論述を引用している。

ステイシーは自身が影響を受けた科学者たちと同様に、自分の研究目的は、組織の日常を理解するための新しい準拠枠［ものごとを認識する際に参照される、内的な枠組み］を組織のメンバーに提供することだと認識していた。そして、次のような説得力のある主張を展開した。

　　秩序など、どこにもないように見える混乱の中で、自律的に組織化するより他はないように放置されて、システムの中で相互に作用する個々の主体は、無秩序ではなく、それまで想像し得なかったような、創造的で新規性のある結果を生み出すのだ……その代償は、最終的な目的地が事前にはわからないということ、あるいは、そこに至るまでの過程をコントロールできないことである(Stacey, 1996, p.13)。

また、組織の日常に関しては以下のような洞察を示している。

[224]　第II部　対話型ODの理論的基盤

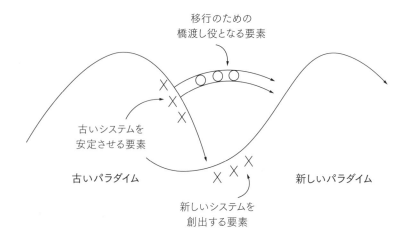

図6.1　ベルカナ研究所の2つのループ・モデル（Stilger, 2013）

- 創造性は崩壊の縁に潜んでいる。創造性は安定と不安定の間に存在する。
- パラドックスと創造的破壊は組織化の一環である。真の対話は本質的に無秩序であり、論争、対立、幻想、および感情などが深く関わっている。
- 因果関係は消失する。自然発生的な自己組織化によって新しい戦略を生み出す、個々の主体の相互作用に取って代わられるのである。

　1995年、ステイシーはパトリシア・ショウとダグラス・グリフィンの博士課程における指導教官になった。そして彼らは、ハートフォードシャー大学複雑性マネジメント・センターを創設した。同センターはこの分野に特化した最初の研究所であり、複雑性と組織の日常の研究をリードする場となっている。ショウやグリフィンとの共同研究は、ステイシー自身にも転機をもたらした。複雑性はマネジャーが直面する多くの問題の1つであるとする考え方から、すべての組織的現象を本質的に複雑なものとして捉える考え方に移行したのである。ショウならびにグリフィンと共同で、ステイシーは「関わりの複雑反応プロセス」という理論を開発した。「人間の将来は、今の現実世界における人と人との間の相互作用を通して永久的に構築され続ける」

（Stacey, 2001, p.4）という理論である。この概念の要点は、知識は固定されたものではなく、人々の相互作用の中で創出され、そこで変化していくものだという考え方だ。システムの外で生きる人はいないのである。

　ウィートリーやオーエンとは異なり、ステイシー、ショウ、およびグリフィンの3人は、複雑系科学は人間のシステムと重ねて考えることが可能であり、それが有用であると認めつつも、直接的に人間のシステムに適用できるものではないと考えた。たとえば、モデリングには、外部のモデルとなる人が必要となる一方で、進化論的プロセスは「いかなる外部の設計にも依存しておらず、システムとみなされてさえいない恐れがある」（Stacey, 2001, p.54）という。ステイシーたちが他の研究者と異なるもう1つの点は、全体的なシステムに注目するのではなく、今の現実世界にある人々の局所的な相互作用に注目したことである。

　本書の第7章はステイシーが自ら執筆している。彼の理論と、パトリシア・ショウが2002年に出版したコンサルティングに関する著作は、特にヨーロッパにおいて最近の対話型OD実践者に影響を与えている。

まず実践ありき：オープン・スペース

　ハリソン・オーエンはオープン・スペースのリストサーブ（自動メーリングリスト・サービス）に、まず行動し、それから理論を考えるというメッセージを掲載した。内容は次のようなものである。

　　少なからぬ著作を世に問うた者として、私は言葉の力を認めている。しかし、また、言葉が最も影響力を持つ状況はどういう場合であるかについても学んできた。何らかの有効な言葉が、誰かが何か新しいこと、たとえば、OS（オープン・スペース）などに挑戦するきっかけを作るというのは真実である。しかし、経験に勝るものはないのだ。経験の後で、その内容を反省したり発展させたりするために使われる言葉は、間違いなく役に立つように思われる。たとえば、とても人には言えないような経

験をした後の言葉などだ……しかし、学校や訓練の現場で行われているのはまったく逆の行為である。まずすべての理論と説明を提示してから、経験させている（Owen, 2013）。

　オーエンがまず経験してから考えようと唱えたことは、オープン・スペースが、成功の理由を説明する理論が無いままに実施された手法であることとつじつまが合う。オープン・スペースから組織化が立ち現れること［＝自己組織化］についての彼の最初の説明は、宗教と神話の教科書における変容の神学的研究を基盤としている（Owen, 1987）。エピスコパル教会の牧師に叙任され、オーエンは1960年代の中ごろを、カオス、秩序、および、原文のアラム語による旧約聖書の創造のプロセスを研究する、古代語の大学院生・学者として過ごした。当時の経験は、カオスと秩序に対する彼の思想の形成に影響を及ぼしている。

　　しかし、カオス理論と複雑性理論に関する新しい情報は、実際のところまったく新しくはないのだ。数千年にわたり、この世の偉大なる伝統は、カオスと秩序は宇宙のなかでダンスを踊るように共存し、あらゆるものを生み出してきたことを理解しているのである。シバ神は創造者かつ破壊者として舞う。道教に基づく道（タオ）は、陰と陽、影と光、秩序と破壊のなかに現れる。そして、預言者イザヤによれば、神は「光を造り、暗きを創造し、幸いを作り、災いを創造する（イザヤ書45:7）」[『イザヤ書』関根正雄訳、岩波書店 より引用]。世界は常にそのようなものだったにもかかわらず、私たちがそのことを忘れてしまったか、あるいは、思い違いをしてしまっていたのだ。しかし、いずれにせよ、現在のカオス理論、時代が培ってきた叡智、あるいは、朝ベッドから起き出して新しい1日が始まるということ……すべてに共通するメッセージは明確だ。世の中は変わり続けるということ。すべては、以前と同じ方向に進むのと同様に、異なる方向にも進んでいく（Owen, 1988, p.37）。

　1990年代に入り、オーエンは、カオスと複雑性の理論を研究に取り入れ

るようになった（Owen, 1994）。彼が2000年に出版した『魂の力』（*The Power of Spirit,* 同, 2000）は、オープン・スペースと複雑性を明確に関連づけており、自身の原則と先述のカウフマンが唱えた自己組織化の原則を対応させている。

複雑性に関するオーエンの考え方の要点は次の通りである。

- すべてのシステムはオープンである。人間のシステムも、その他のシステムも、すべては互いにオープンであり、相互につながり、依存し合いながら、常に変化している。
- すべてのシステムは自己組織化する。開放的で互いにつながったシステムは、互いに求めたり与えたりしながら、相互に作用し合い、ともに進化する。その結果生じる生命としてのコミュニティは、成長するための時間やスペースがなくなると、全体あるいは部分が死んでしまう。
- スペースを作ることによって、生命を継続させるために必要な状況が設定される。人々のコミュニティにスペースが作られると、コミュニティの生命は新たに生まれ変わる。これは絶え間なく続く自然のプロセスである。私たちは意図的にこのプロセスを設定する方法を学んできた。これがオープン・スペース・テクノロジーで起こることである（Owen, 2011）。

活発な、自己組織化された、世界規模でのオープン・スペースの実践コミュニティが目覚ましく成長していることを通して、オーエンの理論が現場で実践されていることが確認できる。正式なオープン・スペース研究所は世界に数カ所あるが、実践のコミュニティははるかに大規模であり、1つの現象となっている。オープン・スペースのコミュニティは、1985年にインターネット上で初期のフォーラム・サービスを利用した、理論と実践を検討する場として始まった。そして1996年、1人の大学教授が自分の専門的知識をコミュニティのサポートに利用できないかと思いつき、メーリングリストを始めた。3万件を超えるメッセージと1,000人以上のメンバーからなる、このリアルタイムの学習ラボラトリーは、初心者からベテランの実践者、そして、オーエン自身も参加する創造的で活発な相互作用が生まれる場となり、国際的なコミュニティの拠点として機能している。正式な進行役は決められてい

ないが、質問とそれに対する回答が示されるという学習と交流の場として常時開設されており、定期的に詩のコンテストが開催されるなど、遊び心のある活動も行われている。

世界規模の年次大会が初めて開催されたのは1992年で、主催者はオーエン本人だった。その後は毎年、有志が自分たちの国で開催し、世界中から参加者が集まっている。他にもさまざまな活動が新しく登場しており、いずれも有志によって運営されている。一例を挙げると、OSList［1996年に始まった、オープン・スペース・テクノロジーの実践者のためのメーリングリスト］において告知された非公式な地域の集まりである「シュタムティッシュ」［ドイツ語で「常連客」「常連のテーブル」の意味だが、ここでは交流会のような集まりを表す］は、2004年、ベルリンにおいてマイケル・M・パンヴィッツの呼びかけで始まったが、今では世界中で開催されている。マイケル・ハーマンは、オープン・スペース・テクノロジーのウェブサイト（www.openspaceworld.org）を開設した。アルトゥール・シルバ、シュクホウ・ツァイ、リサ・ヘフトは、それぞれポルトガル、台湾、米国の出身であるが、スペイン語、バスク語、ロシア語、その他の言語での会話が可能なウェブサイトを開設した。そして、ここに紹介した以外にも多くの活動が実践されている。

オープン・スペース・テクノロジーの正式な組織はないが、このような活動が個人の呼びかけから始まり、コミュニティを結びつける接着剤のような役割を果たしている。オープン・スペース・ワールド・マップ（マイケル・パンヴィッツが主導するもう1つの活動）によれば、オープン・スペースは少なくとも136の国々で実践されている。2008年に出版された『波に乗る人』（*Wave Rider*, Owen, 2008）に記載されたオーエンの大まかな推定によれば、開催回数は10万回を超えるという。

複雑性と組織の日常

2000年代の前半、実業界のリーダーたちと学者たちがいくつかの重要な著作を発表し、複雑性をリーダーシップとマネジメントへ適用する考え方に

影響を及ぼした。ハーバード大学ケネディスクール行政大学院でリーダーシップを教えるロナルド・ハイフェッツ教授は、複雑性には言及していないものの、技術的問題と適応を要する課題を区別する考え方を示した（Heifetz, 1998; Heifetz and Linsky, 2002）。リチャード・パスカルと彼の同僚は、組織的な経験を深く掘り下げて研究し、複雑系科学に基づく4つの原則を導き、1つのマネジメント・モデルを作り上げた（Pascale, 1999; Pascale, Milleman, and Gioja, 2001）。評価ツールとして利用されることの多い、デヴィッド・スノーデンのクネビンの概念は、彼のナレッジ・マネジメントと組織の戦略の研究から生まれたものである（Snowden, 2000; Snowden and Boone, 2007）。

適応を要する課題

　ハイフェッツは複雑系科学のレンズを通して組織を理解しようとしたわけではない。しかし、複雑で不確実性を伴い、多くのステークホルダーが関係する「適応を要する課題」に対処するための効果的なリーダーシップのプロセスに関する彼の考えは、対話型ODと非常に類似性が高い。彼の研究は、新しく登場した対話型ODのプロセスの有用性を理解するために大いに役立つ。

　未知のものに直面すると、人々は慣れ親しんだものを失うかもしれないという恐怖に襲われる。多くの人々は、権威のある人に頼り、答えを求める。残念なことに、このような行動は、ハイフェッツがリーダーシップによる最大で唯一の失敗と呼ぶ事態を引き起こす。つまり、適応を要する課題を技術的問題と同じように扱ってしまうという失敗である（Heifetz, 1998）。技術的問題と適応を要する課題を区別する彼の考え方は、マネジメントの研究に重要な影響を及ぼしている。

　技術的問題は合理的に定義することができ、現場の処理で対応できる。つまり技術的問題は、権限や専門的知識、手順によって解決できるのである。それに対して適応を要する課題は、複雑で込み入っており、問題そのものがあるかどうかについてさえ意見が分かれる。まして、定義するとなると、さまざまな意見が衝突する。適応を要する課題への取り組みには時間がかかり、組織またはコミュニティ全体による試行錯誤、発見、調整が必要となる。つ

まり、問題に関係する人々が自ら取り組み、新しい考え方、価値観、行動を学習し、状況に適応して課題を解決しなくてはならないということだ。

　技術的問題と適応を要する課題を区別する1つの方法は、リーダーシップの責任がどのように異なるかを見ることだ。ハイフェッツはドナルド・ローリーとともに、次のような行動を例示して、違いを強調している（Heifetz and Laurie, 1997）。技術的問題に対処する場合、リーダーは方向性を定め、問題を明確にして解決策を見出す。対照的に、適応を要する課題に直面した場合、方向性の設定とは、問題を特定し、鍵となる質問を考え、関連する事項を整理することである。技術的問題に関してリーダーが重視するのは、組織を外的な脅威から守ることである。適応を要する課題の場合、そのような脅威のプレッシャーは組織にとってむしろよい結果をもたらす。ハイフェッツとローリーによれば、許容範囲内のプレッシャーを組織のメンバーに感じさせることがリーダーの役目だという。技術的問題は役割と責任を明確化することによって解決が促される。適応を要する課題は既存の役割を疑ってみる。

　さらに、適切なリーダーシップのあり方は正反対である。適応を要する課題の場合、リーダーはあいまいさを受け入れなくてはならず、また、早急に新しい役割を決定しようという要求にリーダーは抵抗しなくてはならない。問題が技術的なものである場合、葛藤は解決の妨げとなる。リーダーの仕事は秩序の回復である。だが、問題が適応を要する場合、葛藤は創造性をもたらす緊張感の源泉となる。リーダーの仕事は、葛藤を顕在化させ、表面に浮かびあがらせることなのである。最後にハイフェッツとローリーは、技術的問題への対応においては、組織の規範を維持するよう勧めている。適応を要する課題の場合、もはや意味を成さない規範には異議を唱えるのが最良の対処法であるとしている。

　そしてハイフェッツとリンスキー（Heifetz and Linsky, 2002）は、適応を要する課題に直面した場合に、権限と責任を持つ人々が複雑性に対処して行動するための方法を提案している。地位に基づく権限を持つ人々に対して、彼らが提案するのは、次の5つの行動である。

バルコニーに上がる。全体像をつかむ。細部と同様に全体的な状況を理解

する。ダンスの輪に出たり入ったりしながら、ダンスを踊り、人々の反応を観察し、そして、ダンスフロアから離れる。自分の役割と人々の反応を客観視する。

政治的に考える。あなたを守り、協力してくれるパートナーを見つける。また、反対意見を持つ人たちとのつながりを保つ。彼らは失うものが最も多くなる可能性が高く、したがって、思いやりを持って接することが大切である。中立的な立場を保っている人々にも、あなたの立場から働きかける。彼らが何を失うのか、なぜそれが大切なのか、そして、あなたが彼らに求めていることが彼らにとってどれほど困難であるかを認識する。あなたが人々に求める行動の手本を自ら示す。全員が成果を上げられるわけではないと認める。

葛藤を指揮する。適応を要する課題において、葛藤は当然起こる事態である。というのも、このような問題に対処するということは、理解の境界線の外にあると考えられるものに取り組まなくてはならないからである。人々の違い、熱意、葛藤に対して創造的に対処する。これは対話型ODでも言われていることである。ハイフェッツとリンスキーは対話型ODには言及していないが、彼らは対話型ODの実践を言い表していたのである。問題に取り組むことにはリスクを冒すだけの価値があるというビジョンを語り続け、人々に将来像を示す。人々が安心して問題に取り組むことができる環境、つまり、対話型OD実践者がコンテナと呼ぶものを作る。責任を持って、人々の間に冷静さが保たれるよう配慮しながら、問題がヒートアップしないよう注意を払い、熱気を調整する。実際の作業の流れとともに感情の変化にも気を配り、ペースを整える。後に発表された論文では、リーダーが「不安定を受け入れる」ことが明確に奨励されている（Heifetz, Grashow, and Linsky, 2009）。

仕事を戻す。あなたが抱えていると、あなたが問題そのものになってしまう。仕事を任される立場に慣れてしまった人々にとって最大の課題は、仕事とはその影響を一番大きく受ける人が取り組むべきものだと理解することである。適応を要する課題の解決策は、組織内の垣根を越えて見出されることが多い。解決策を自ら実施しなければならないステークホルダーに解決策を探させる。このようなプロセスは、対話型OD実践者が日ごろから実践して

いることである。

しっかりとした態度を保つ。「人々は変化そのものに抵抗するのではない。人々は何かを失うことに抵抗するのだ」（Heifetz and Linsky, 2002, p.11）。「人を導くこと」が最も難しくなるのは、目指している状況が現状よりもよくなるかどうか誰にもわからない場合だということを、ハイフェッツとリンスキーは私たちに思い起こさせる。リーダーが自分の感情をうまくコントロールできれば、適応を要する課題により効果的に取り組むことができる。激しい非難を受けたとしても、落ち着いて対応し、冷静さを保つようにしよう。問題が複雑化しても、自分のペースを崩さず、問題に焦点を当て続ける。

ハイフェッツは技術的問題と適応を要する課題という言葉を私たちにもたらした。かつてマッキンゼー・アンド・カンパニーのコンサルタントと研究員を務めたリチャード・パスカルは、適応を要する課題に対処するための方策を複雑系科学に見出す可能性に着目し、その洞察をビジネス界のリーダーたちに提示している。

複雑性とビジネス戦略

『カオスの縁で波乗りをする』（*Surfing the Edge of Chaos*）の中で、パスカルと共著者たちは、「自然界の本質」に基づくマネジメント・モデルを提案している（Pascale, Milleman, and Gioja, 2001, p.5）。小売業のシアーズ、バイオ化学メーカーのモンサント、米国陸軍などの事例から、彼らは4つの原則を導き出した。具体的には、長期に及ぶ平衡は終焉の前触れであること、生命はカオスの縁に向かって進むこと、生命はカオスの縁で自己組織化して新しい形が生まれること、そして、生命を管理することは不可能であり、できるのは創造的に破壊することだけだということ、以上の4つである。以下に紹介するのは、これらを組織の事例に当てはめたパスカルの研究の一部である。

終焉の前触れとしての平衡。私たちの多くは、平衡は望ましい状態だと考える。しかし、自然界が私たちに教えてくれるのは、平衡を崩す変化がないと、明らかに私たちは自滅するということである。ジャック・ウェルチが

第6章　複雑性、自己組織化、創発　233

1980年にゼネラル・エレクトリックのトップになったとき、彼は同社が「市場でぬるま湯にどっぷり浸かっている状態だ」と感じた。そこでウェルチは各部門に対して、その業界で1位か2位にならなければ部門ごと売却する方針を打ち出し、ある種の揺さぶりをかけた。続いて、彼は「ワークアウト」という迅速かつ集中的な意思決定と権限委譲によって事業のプロセスを合理化するアプローチを導入した（Ashkenas and Murphy, 2007）。ウェルチを成功に導いたのは、「恐怖心を煽って不均衡な状態を作ることによって、新鮮なアイデアと革新的な対応を引き出す」（Pascale, Milleman, and Gioja, 2001, p.28）という彼の決断だったのである。

カオスの縁。 新しいものが生まれるためには、予想外ではあるがカオスとまではいかない状態、硬直と完全なるランダムさの中間の状態が必要である。サンタフェ研究所を訪問し、そこでインスピレーションを得たモンサントCEO（最高経営責任者）のロバート・シャピロは、生命科学のパイオニアとしての地位を確立するべく、主力だった化学製品事業を売却するという縁まで追い込んだ。伝統重視の保守的な企業だったモンサントは、高度にサイロ化［組織の業務プロセスやシステムなどが、他部門との連携を持たず自己完結で孤立してしまうこと。もとは、牧草や肥料などを保管するための円筒形の建物］しており、このままでは事業が立ち行かなくなるのが目に見えていた。シャピロはカオス理論のストレンジアトラクター［アトラクターとは、あるシステムがそこに向かって結集し、そこから展開する焦点。ストレンジ・アトラクターとは、混沌状態からの脱却を目指して、組織内に新しいパターンを組織化していく際の焦点となるもの。組織の外部者に限るわけではなく、新たなパターンが展開する焦点として、組織内に見出すことも重要］の概念を用いて、科学者と専門家が頻繁に意見を交換できる場を設け、飢餓や健康の問題を地球規模で解決する方法など、人々にインスピレーションを与えるような課題について話し合わせた。すると、従業員たちは積極的に事業に関わるようになり、目覚ましい成果をもたらした。だが経営上は成功を収めたものの、遺伝子組み換えの新技術は倫理的な問題を新たに引き起こしており、同社は今もカオスの縁に立っているといえる（Pascale, Milleman, and Gioja, 2001, p.80）。

自己組織化と創発。 組織を研究する同業者たちと同様に、パスカルも自己組織化と創発に関するスチュアート・カウフマンの研究からインスピレー

ションを得ていた。パスカルは、シェル石油の業務執行役員だったスティーブ・ミラーを取り上げ、彼が現場に知識を導入することによって、同社が強力な競争力と利益性を持つ会社に生まれ変わった事例を紹介している。ミラーが取り組んだのは、小売事業に携わる人々からなる少人数のチームによるワークショップだった。チームのメンバーは、職場での立場も顧客との関わり方もそれぞれ違う人々だったが、ワークショップを通して起業家精神を刺激する、形式張らない持ちつ持たれつの関係性が生まれ、やがて組織の文化にまで発展したのである。ミラーの取り組みは収益性を劇的に改善したのみならず、職場を革新性と活気に満ちた魅力的な場所にした（Pascale, 1999）。

革新するためには、かき乱す。複雑性が私たちに示唆するのは、生命は因果関係によって機能するのではないということだ。むしろ重要な役割を果たすのは、微妙な相互作用と幸運な偶然である。サン・マイクロシステムズによるコンピュータ・プログラミング言語Javaの開発を見てみよう。以下のばらばらに見える出来事を結び付けられるだろうか。たまたま同じホッケーチームでプレイしていたCEOのスコット・マクネリと1人の若い社員の間で偶然交わされた会話。プログラミングのアイデアを閃かせたレーザーが飛び交うロック・コンサート。あやうく取り消しになりそうだったタイム・ワーナー社とのテレビ用セットトップボックスの契約。予期しなかったワールド・ワイド・ウェブの隆盛。製品を無償で提供するという思い切りの良さ。これらの一見ばらばらに見える出来事が重なって、Javaの開発が始まり、苦境に陥っていた同社を復活させたのである（Pascale, Millemen, and Gioja, 2001）。

リーダーの行動に関するこれらの原則は、非常に多くの意味合いを含んでいる。パスカルはこう記している。

> リーダーの役割は文脈を設定すること、そして学習体験を設計することであって、解決策を提示したり、権威を示したりすることではない。草の根レベルで働く人々が、ひとたび問題は自分たち自身の問題であると認識すれば、彼らは自ら解決策を探って実践できることに気づき、非

常に素早く、積極性と創造性を持ってその活動に取り組み、トップダウンによる旧式の戦略方針などよりもはるかに豊富なアイデアを生み出すことができる（Pascale, 1999, p.191）。

　パスカルが紹介する事例は、その多くが伝統的な状況からスタートしている。ハイフェッツとリンスキーと同様に、複雑系科学の考え方を取り入れる一方で、パスカルは組織のヒエラルキーは既定の事実だと見なしている。対話型OD実践者にとって、これはありがたいことだろう。というのも、その方が組織に対話型の実践を導入しやすいからである。組織がこれらのアイデアを受け入れると、より機敏な、自己組織化するリーダーシップとマネジメント構造を持つ組織へと移行していく。そのマネジメント構造はヒエラルキーではなくネットワークを基盤とするものである。

クネビン：意思決定モデルの一例

　ビジネス・リーダーにとって、自らが直面する問題の複雑性に対処するための準拠枠を持つとはどういうことを意味するだろうか。スノーデンの準拠枠は、複雑性の要素を4つの種類（および中心部）に分類する。この準拠枠は、さまざまな分野でリーダーや政策担当者に重宝されており、米国防総省はテロリズム対策に、また、ある製薬会社は新しい製品戦略の開発に用いている（Snowden and Boone, 2007）。スノーデンはこのモデルを「クネビン」（発音はku-nev-in）と命名した。クネビンとはウェールズ語で、環境や経験のさまざまな要因が、私たちには決して理解できないような形で私たちに影響を及ぼす、という考えを表す言葉である。

　図6.2に示されたモデルは、因果関係に基づいて5つの状況を設定している。リーダーは自分たちの状況を検討し、単純な状況、困難な状況、複雑な状況、および混沌とした状況の4つの分類に基づいて取るべき行動を選択する。どの状況に該当するかはっきりしない場合、無秩序が当てはまる。

- **単純な状況**。状況が安定していて、因果関係が明らかである場合は、状況を把握し、事実を分類し、既存の慣行にしたがって行動する。

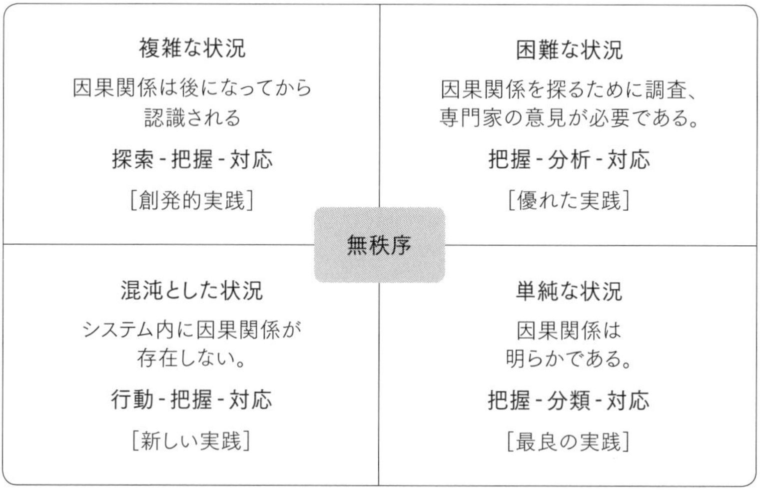

複雑な状況 因果関係は後になってから 認識される **探索 - 把握 - 対応** [創発的実践]	**困難な状況** 因果関係を探るために調査、 専門家の意見が必要である。 **把握 - 分析 - 対応** [優れた実践]
混沌とした状況 システム内に因果関係が 存在しない。 **行動 - 把握 - 対応** [新しい実践]	**単純な状況** 因果関係は 明らかである。 **把握 - 分類 - 対応** [最良の実践]

出典：「クネビン・フレームワークによる臨機応変の意思決定手法」
Snowden and Boone（2007）

図6.2　クネビン・モデル

- **困難な状況**。複数の選択肢が存在し、因果関係が誰の目にも明らかではない場合、分析が必要となる。この状況においては専門家が活躍する。彼らは複数の実行可能な選択肢を分析して、そこに妥協点を見出していく。

- **複雑な状況**。明確な解決策が存在しない場合、実験と徹底的な精査によって、何が起こっているのかを探ることから始める。その後、問題の把握、対応へと進んでいく。

- **混沌とした状況**。状況は常に変化しているため、因果関係を理解しようとしても無駄である。迅速な対処によってまずは出血を止めなければならない。一旦何らかの秩序が現れれば、安定している部分とそうでない部分を把握する。混沌とした状況を複雑な状況に移行させるよう努力する。

第6章　複雑性、自己組織化、創発　[237]

無秩序が支配する状況下では、さまざまな見解が優位性を求めて争う不協和音が響いている。派閥が形成され、対立が起こる。状況のさまざまな側面を理解しようと努力し、他の4つの状況に照らしてそれぞれの問題に対処することが求められる。

　対話型ODの実践は、徹底的な精査と実験によってリーダーたちが自ら学習するという点で、複雑な状況と特に関連している（Bushe, 2013）。コリンズとハンセン（Collins and Hansen, 2011）は、不確実性の中で成功を収めた企業を研究し、「まず弾丸を撃ち込め。それから砲丸だ」というフレーズを紹介している。これは、まず小さな成功体験を積み重ね、そこから学んだことを生かして大きな仕事に挑戦する、というアプローチを言い表した言葉である。この種の即興的、あるいは出現的な変革アプローチは第15章で議論される。

複雑性の考え方を対話型ODに取り入れるその他の研究機関

　ODの世界にも新しい世代の人々が加わるようになり、彼らもまた、頭角を現してきている。パトリシア・ショウとダグラス・グリフィンはラルフ・ステイシーとともに、「組織における複雑性と創発」のシリーズ（Griffin, 2001; Shaw, 2002）を編集した。ステイシーが第7章で論じるように、彼らが提唱する「関わりの複雑反応プロセス」の理論は、このシリーズの基盤となっている。

　カナダのウォータールー大学のインスティテュート・フォー・ソーシャルイノベーション・アンド・レジリエンスもまた、組織のシステムと複雑性に重点を置く研究拠点である（Waterloo Institute, 2013）。同校で教えるフランシス・ウェストリーは、ブレンダ・ツィンマーマン、マイケル・パットンとともに『誰が世界を変えるのか』（Westley, Zimmerman, and Patton, 2006）を著した。この本は、ソーシャルイノベーションの事例と複雑性を関連づけ、社会にある敵対意識やあいまいな部分を明らかにするための探究の根本的なあり方、システムの複雑性に対応するための関係性の重要性、および、パラドックスを受け入れて多様な考え方を認めるための探究心の必要性など、ソーシャルイノベーションへの取り組みに必要なルールを提案している。

プレクサス・インスティテュートは、「複雑系のニューサイエンスから新しく生まれた概念を、人々が活用できるようサポートすることによって、個人、家族、コミュニティ、組織、ならびに私たちを取り巻く自然環境の健康と健全性を促進」(Plexus Institute, 2013) している。リサ・キンボール、キース・マッカンドレス、アンリ・リップマノウィズの貢献により、プレクサスは「リバレイティング・ストラクチャーズ（解放的構造）」というフレームワークを開発した。これは、人と組織が創造的に新しいものを創り出したり、新しいことに取り組んだりできるようにサポートする、対話型のアプローチから生まれたフレームワークである（Group Jazz, 2010)。

ヒューマン・システムズ・ダイナミックス・インスティテュートは、人々がグループ、家族、組織、およびコミュニティでともに仕事をしたり行動したりする際に、カオスから出現する状況のパターンを理解できるようサポートするための、さまざまな概念と手法を提供している（Human Systems Dynamics Institute, 2010)。創設者のグレンダ・オーヤンの中心的研究課題は、自己組織化の過程と結果を形作る、3つの条件を説明するCDEモデル (Eoyang, 2007) である。コンテナ（Containers）は、組織化する「自己」を定義する。違い（Difference）は、変革へのモチベーションを生じさせる。交換 (Exchange) は、個人またはグループがお互いにそれぞれの違いを超えてつながりを持つことである。

ここまで、複雑性と組織に関する私たちの考え方に影響を及ぼしてきた全体像を見てきたが、これらは対話型ODにとってどのような意味を持つのだろうか。私が取り組んできた創発の研究が、何らかの洞察を提示できるだろう。

対話型 OD への影響：創発のパターン

自己組織化が複雑系の性質を言い表す言葉だとするならば、近年広く用いられるようになった**創発**は、カオスから秩序が生じるプロセスを表す言葉で

ある。自己組織化について考える際に、そのプロセスに目を向けてみよう。科学から得られる創発のアイデア（Corning, 2002; 2003; Holland, 1999; Johnson, 2001）と、さまざまな対話型のアプローチから生まれる経験と観察を関連づけることから、組織の日常における創発を考える私の研究が始まった（Holman, 2010, 2013）。以下に続く説明では、私のアイデアは結果までのプロセスが直線的で、きちんと整理されているように見えるかもしれないが、読んで理解しやすいように単純化しているだけだということを断っておく。

　混乱（カオス）が現状を乱す。混乱が生じると、人は、悲しみ、恐れ、怒りなどの自然に起こる反応を示すとともに、分化して、それぞれ異なる行動を取るようになる。たとえば、地震が発生すると、多くの人々は身動きが取れなくなる。しばらくすると、ある人は怪我人の手当てをし、別の人は食料や水を調達するようになる。インターネット上に「大切な人を見つけよう」というサイトを立ち上げる人も現れる。少数の人々が道を切り開き、それに

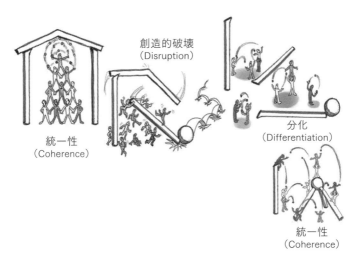

出典：「Engaging Emergence」（Holman, 2010）
　　　イラストはスティーブン・ライト（Seattle, WA, steven@wrightmarks.com）

図6.3　創発：変革のパターン

続く人が出てくる。人々は何が必要とされているかを考えて、自分たちの独自の能力を生かそうとする。こうして新しい秩序が生まれる。

図6.3はこのような変革のパターンの経過を表したものだ。

- **創造的破壊**が現状を崩壊させる。
- システムは**分化**する。イノベーションが起こり、それぞれの部分の違いが明らかになる。
- 異なる部分が相互に作用し、新しい**統一性**が生まれる。

活動の対象が、組織、コミュニティ、あるいはその他の社会システムのいずれであっても、このパターンを知っていると、対話型の実践に役立つだろう。次に示す3つの行動が実践者の取り組みをサポートする（図6.4を参照）。

対話のためのコンテナを創る
- 可能性に目を向けた質問をする
- 多様性に富んだ人々を招待する
- 人々を歓迎する

個人レベルの表現とつながりの機会を創る

ともに内省する

意味を見出し、統一性をもたらすために、ともに内省する

出典：「A Call to Engage: Realizing the Potential of Dialogic Organization Development」(Holman, 2013)
イラストはスティーブン・ライト（Seattle, WA, steven@wrightmarks.com）

▎ 図6.4　対話型の実践アプローチによる行動

第6章　複雑性、自己組織化、創発　［241］

コンテナを創る

コンテナの中では、創造的破壊が生じたとしても、お互いに思いやりをもって対処できる。多様性に富んだ、互いに葛藤している可能性もある主体が、無作為に関わりを持つことができるだけの十分な規模を持つコンテナを組み立てるには、3つの行動が必要だ。

- 可能性に目を向けた質問をすること。
- システムのあらゆる側面をカバーするように、多様性に富む人々を招待すること。
- 人々を歓迎すること。

コンテナをホストすることの詳細は第13章を参照。

個人レベルの表現とつながりの機会を創る

この行動は、分化の状況において人々の創造性を引き出す。オープン・スペースで学んだ、人間のシステムにおける自己組織化の核心は、人は大切に思うものの責任を負うということである。一見パラドックスに見えるのは、自分自身にとって本当に大切な問題に取り組むように示唆された場合、私たちの行動は自己中心的なものではなく、奉仕の精神に基づいたものとなり、全体の利益のために、自分の大切なものを差し出すからだ。

意味を見出し、統一性をもたらすために、ともに内省する

この行動を通して、私たちは賢明な統一性をもたらすことができる。私たちは内省を通して学ぶのだ。活動の流れから離れて外に出てみると、できあがりつつある、より大きなパターンを把握することができる。どのような「単純なルール」、つまりパターン、前提、原則が現れてきているのか。どのような新しい秩序が生まれているのか。

以上の行動は、創発の自然なパターン、つまりコントロールするのではなく、カオスから生じる自己組織化を受け入れることを意図している。対話型

OD実践者として、私たちがより多くの仕事に取り組めば取り組むほど、適応性のある世界観の広まりをより強力にサポートできるのである。

本章のまとめ

ニュートン的世界観は、その矛盾が科学者たちの追究によって露わにされたことによって揺るがされている。その科学者たちがお互いの研究を見出し、その成果をわかちあう中で、有効なパターンと顕著な特徴が浮かび上がってきた。分化のプロセスが始まり、カオス、複雑性、自己組織化、創発、その他たくさんの新しい言葉が定義され、新しい世界観をもたらした。

カオスから私たちが学んだのは、複雑な行動が、単純なルールに従う個々の主体の相互作用を通して引き起こされるということだ。さらに、初期条件が大きな意味を持つ。複雑性とは、一応安定を保っているだけの状態、平衡から遠く離れた、秩序とカオスの間に動的な緊張がある状態である。自己組織化は、複雑系の多様な主体がお互いの間で、そして、周りの環境との間で相互作用するときに自発的に生じる。創発はこのような相互作用の本質を見るためのレンズを提供する。焦点づけるのは、新規性、つまり元の構成部分とは異なる、新しく発生した性質である。

この新しく出現した複雑性科学がもたらす世界観の変化は、私たちに適応する能力、予期しない事象に対応する能力、唯一の真の自己を確立する能力を求める。私たちは他者や環境と相互に作用する中で、他者も同様の能力を発揮できるように働きかけ、やがて新規性とイノベーションを出現させるのである。

第6章　複雑性、自己組織化、創発　243

引用文献 ....

Ashkenas, R., & Murphy, P. (2007). Work Out. In P. Holman, T. Devane, & S. Cady (Eds.), *The Change Handbook* (pp.535-540). San Francisco, CA: Berrett-Koehler.

Berkana Institute. (2013a). History. Retrieved from http://berkana.org/about/history/.

Berkana Instisute. (2013b). Our Theory of Change. Retrieved from http://berkana.org/about/our-theory-of-change/.

Bohm, D. (1989). On Dialogue. Ojai, CA: David Bohm Seminars.

Bortoft H. (1996). *The Wholeness of Nature: Goethe's Way Toward a Science of Conscious Participation in Nature.* Aurora, CO: Lindisfarne Press.

Bushe, G. R. (2013). Dialogic OD: A Theory of Action. *OD Practitioner, 45*(1), 10-16.

Collins, J., & Hansen, M. T. (2011). *Great by Choice.* New York, NY: Harper Business. (『ビジョナリーカンパニー4——自分の意志で偉大になる』ジム・コリンズ，モートン・T・ハンセン著，牧野洋訳，日経BP社，2012年)

Corning, P. (2002). The Re-emergence of "Emergence": A Venerable Concept in Search of a Theory. *Complexity, 7*(6), 18-30.

Corning, P. (2003). *Nature's Magic.* New York, NY: Cambridge University Press.

Eoyang, G. (2007). Human System Dynamics. In P. Holman, T. Devane, & S. Cady (Eds.). *The Change Handbook* (pp.234-238). San Francisco, CA: Berrett-Koehler.

Gleick, J. (1987). *Chaos: Making a New Science.* New York, NY: Penguin. (『カオス——新しい科学を作る』ジェイムズ・グリック著，大貫昌子訳，新潮社，1991年)

Griffin, D. (2001). *The Emergence of Leadership.* New York, NY: Rougledge.

Group Jazz. (2010). *Group Jazz Handbook.* Washington, DC: Group Jazz.

Heifetz, R. A. (1998). *Leadership Without Easy Answers.* Cambridge, MA: Harvard University Press. (『リーダーシップとは何か!』ロナルド・A・ハイフェッツ著，幸田シャーミン訳，産能大学出版部，1996年)

Heifetz, R. A., & Laurie, D. (1997). The Work of Leadership. *Harvard Business Review, 75*(7), 124-134. (『リーダーシップの新しい使命——変化適応の時代における六つの原則』ロナルド・A・ハイフェッツ，ドナルド・L・ローリー著，DIAMONDハーバード・ビジネス・レビュー，2008年)

Heifetz, R. A., & Linsky, M. (2002). *Leadership on the Line.* Boston, MA: Harvard Business School Press. (『最前線のリーダーシップ』ロナルド・A・ハイフェッツ，マーティ・リンスキー著，竹中平蔵監訳，ファーストプレス，2007年)

Heifetz, R. A., Grashow, A., & Linsky, M. (2009). Leadership in a (Permanent) Crisis. *Harvard Business Review, 87*(7/8), 62-69. (『難局を乗り切るリーダーシップ——いかに「新しい現実」に適応するか』ロナルド・A・ハイフェッツ，アレクサンダー・グラショー，マーティ・リンスキー著，DIAMONDハーバード・ビジネス・レビュー，2010年)

Holland, J. (1999). *Emergence.* Jackson, TN: Basic Books.

Holman, P. (2010). *Engaging Emergence.* San Francisco, CA: Berrett-Koehler.

Holman, P. (2013). A Call to Engage: Realizing the Potential of Dialogic Organization Development. *OD Practitioner, 45*(1), 18-24.

Human Systems Dynamics Institute. (2010). The Emerging Vision――What is HSD? Retrieved from http://www.hsdinstitute.org/about-hsd/what-is-hsd.html.

Johnson, S. (2001). *Emergence*. New York, NY: Scribner. (『創発――蟻・脳・都市・ソフトウェアの自己組織化ネットワーク』スティーブン・ジョンソン著，山形浩生訳，ソフトバンククリエイティブ，2004年)

Kauffman, S. (1995). *At Home in the Universe*. New York, NY: Oxford University Press. (『自己組織化と進化の論理――宇宙を貫く複雑系の法則』スチュアート・カウフマン著，米沢富美子訳，筑摩書房，2008年)

Mitchell, M. (2009). *Complexity*. New York, NY: Oxford University Press. (『ガイドツアー　複雑系の世界――サンタフェ研究所講義ノートから』M・ミッチェル著，高橋洋訳，紀伊國屋書店，2011年)

Owen, H. (1987). *Spirit: Transformation and Development in Organizations*. Potomac, MD: Abbott Publishing.

Owen, H. (1988). *Leadership Is*. Potomac, MD: Abbott Publishing.

Owen, H. (1992). *Open Space Technology*. Potomac, MD: Abbott Publishing. (『オープン・スペース・テクノロジー――5人から1000人が輪になって考えるファシリテーション』ハリソン・オーエン著，ヒューマンバリュー訳，ヒューマンバリュー，2007年)

Owen, H. (1994). *The Millennium Organization*. Potomac, MD: Abbott Publishing.

Owen, H. (1998). *Learning for Free*. Santa Barbara, CA: World Business Academy.

Owen, H. (2000). *The Power of Spirit: How Organizations Transform*. San Francisco: Berrett-Koehler.

Owen, H. (2008). *Wave Rider*. San Francisco, CA: Berrett-Koehler.

Owen, H. (2011, September 2). Reflections and an Invitation. [Electronic mailing list message]. Retrieved from http://lists.openspacetech.org/pipermail/oslist-openspacetech.org/2011-September/026246.html.

Owen, H. (2013, October 19). The OST Game. [Electronic mailing list message]. Retrieved from http://lists.openspacetech.org/pipermail/oslist-openspacetech.org/2013-October/031040.html.

Pascale, R. T. (1999). Surfing the Edge of Chaos. *MIT Sloan Management Reviews*, 40(3), 83-94.

Pascale, R, Milleman, M., & Gioja, L. (2001). *Surfing the Edge of Chaos*. New York, NY: Crown Business.

Plexus Institute. (2013). About Plexus. Retrieved from http://www.plexusinstitute.org/?page=about.

Prigogine, I., & Stengers, I. (1984). *Order out of Chaos*. New York, NY: Bantam Books. (『混沌からの秩序』イリヤ・プリゴジン，イザベル・スタンジェール著，伏見康治，伏見讓，松枝秀明訳，みすず書房，1987年)

Purser, R., & Griffin, T. (2008). Large Group Interventions: Whole System Approaches to Organizational Change. In T. Cummings (Eds.), *Handbook of Organization Development* (pp.261-276). Thousand Oaks, CA: Sage.

Santa Fe Institute. (2013). Annual Report. Retrieved from http://www.santafe.edu/

media/annual_report_pdf/SFI_AR_2013_FNL.pdf.

Shaw, P. (2002). *Changing Conversations in Organizations*. New York, NY: Routledge.

Snowden, D. (2000). Cynefin: A Sense of Time and Place, the Social Ecology of Knowledge Management. In C. Despres & D. Chauvel (Eds.), *Knowledge Horizons* (pp.237-265). Oxford, United Kingdom: Butterworth-Heinemann.

Snowden, D. J., & Boone, M. E. (2007). A Leader's Framework for Decision Making. *Harvard Business Review*, 85(11), 68-76.（『クネビン・フレームワークによる臨機応変の意思決定手法』デイビッド・J・スノウドン，メアリー・E・ブーン著，DIAMONDハーバード・ビジネス・レビュー，2008年）

Stacey, R. (1991). *The Chaos Frontier*. Oxford, United Kingdom: Butterworth-Heinemann.

Stacey, R. (1993). *Strategic Management and Organisational Dynamics*. London, United Kingdom: Pitman Publishing.

Stacey, R. (1996). *Complexity and Creativity in Organizations*. San Francisco, CA: Berrett-Koehler.

Stacey, R. (2001). *Complex Responsive Processes in Organizations*. New York, NY: Routledge.

Stacey, R. (2011). *Strategic Management and Organisational Dynamics* (6th Ed.). Upper Saddle River, NJ: Prentice Hall.

Stilger, B. (2013). Disaster as a Springboard for Thriving, Resilient Communities. *Reflections: The SoL Journal on Knowledge, Learning, and Change*, 13(2), 26-34.

Waldrop, M. M. (1992). *Complexity*. New York, NY: Simon & Schuster.（『複雑系——科学革命の震源地・サンタフェ研究所の天才たち』M・ミッチェル・ワールドロップ著，田中三彦，遠山峻征訳，新潮社，2000年）

Waterloo Institute for Social Innovation and Resilience. (2013). About The Waterloo Institute for Social Innovation and Resilience (WISIR). Retrieved from http://sig.uwaterloo.ca/about-the-waterloo-institute-for-social-innovation-and-resilience-wisir.

Weisbord, M. R. (Ed.) (1992). *Discovering Common Ground*. San Francisco, CA: Berrett-Koehler.

Westley, F., Zimmerman, B., & Patton, M. (2006). *Getting to Maybe*. Toronto, ON: Random House.（『誰が世界を変えるのか——ソーシャルイノベーションはここから始まる』フランシス・ウェストリー，ブレンダ・ツィンマーマン，マイケル・クイン・パットン著，東出顕子訳，英治出版，2008年）

Wheatley, M. J. (1992). *Leadership and the New Science*. San Francisco, CA: Berrett-Koehler.（『リーダーシップとニューサイエンス』マーガレット・J・ウィートリー著，東出顕子訳，英治出版，2009年）

Wheatley, M. J., & Kellner-Rogers, M. (1996). *A Simpler Way*. San Francisco: Barrett-Koehler.

第7章 「関わりの複雑反応プロセス」として組織を理解する

ラルフ・ステイシー

　本章では、現実の組織において私たちが身をもって経験することに焦点を当てた組織理論を紹介する。注目するのは、日々の職場で私たちが人として何を行っているかである。私が企業の管理職から大学の教員に転職した1980年代後半は、組織とそのマネジメントに関する主だった研究が非常に抽象的だった。そのため私は、研究と、組織のマネジャーやコンサルタントとしての私の経験との間にほとんど関係性を見出せなかった。その後1990年代の半ばごろに、私は同じような懸念を抱く2名の仲間を得た。私たちは、支配的なディスコースを用いるよりも効果的に組織の日常を研究するための手法を開発し、それを複雑反応プロセスと名付けた（Fonseca, 2001; Griffin, 2002; Griffin and Stacey, 2005; Mowles, 2011; Shaw, 2002; Shaw and Stacey, 2006; Stacey, 2001, 2003, 2005, 2010, 2011, 2012; Stacey, Griffin, and Shaw, 2000; Streatfield, 2001）。

　複雑反応プロセスという言葉の意味を論じる前に、まずは「主だった研究」と「支配的なディスコース」の意味するところを説明したい。

組織とそのマネジメントに関する支配的なディスコース

　大部分のテキスト、ビジネススクールのプログラム、世界各地の研究プロジェクト、プロフェッショナル・マネジメントとリーダーシップの開発プログラム、経営コンサルタント会社、役員を含む組織に属する人々は、いずれ

も組織はどのように運営される**べきか**を語り、たいていは代わり映えのしない、当たり前の前提を繰り返して唱えるばかりだ。少数の優秀な経営陣が力を発揮して、組織が進むべき「方向」を**選択**し、組織の「ビジョン」を実現し、すべてのメンバーが革新性と起業家精神をもって仕事に取り組めるような環境を作り、必要に応じて組織文化を変革し、すべてがコントロールされていて成功を保証するような「構造」と「条件」を選択できる。こうした支配的なディスコースが、真偽を問われず、広くまかり通っている。

　ここで問題なのは、このような行動はすべて、優秀な経営陣の能力、つまり、これまでの経過と現在の状況、そして将来何が起こるかを十分に理解できるという、彼らの能力に頼る部分が非常に大きいことである。経営陣は「事実」に基づいておおよそ合理的と思われる判断を下すと期待されている。しかし、現実を見てみると、企業の経営陣と彼らのコンサルタントも、政治家とそのアドバイザーたちも、これまで何が起こってきたかなどまったく理解しておらず、今何が起こっているかについてもそれほど理解しているわけでもなく、ましてや、自分たちの行動の結果として、将来何が起こるかなど知る由もないのだ。自分たちの行動の結果がわからないにもかかわらず、経営陣も組織で働く他の人々も、ある程度の安定を維持しつつ時折変革も実行し、成功することもあれば失敗に終わることもあるさまざまな技術的イノベーションを生み出しながら、成長や衰退の道を辿っていく。

　支配的なディスコースによって規定された成果を合理的に選択する方法を誰も知らないとして、一体彼らはどのようにこれらの仕事をこなしているのだろうか。この問いに答えるためには、彼らや私たちが日々の職場の業務において、実際に何をしているのかを尋ねることが大切である。私たちが経験する組織の日常における現実について、そして、自分たちの仕事への取り組み方について、真剣に考える必要があるということだ。そのためには、組織における私たちの日常的経験の内容を確かめる必要があるだろう。次のセクションはこの点を論じる。

248　第Ⅱ部　対話型ODの理論的基盤

組織における日常的経験

　私たちは組織について語るとき、抽象的なシステムとして、または変革の「原動力」といった非人間的な力に支配された、実在の「もの」として考える。この傾向は、組織が社会的に構成されるものだと認める場合でも変わらない。しかし、私たちが実際に経験するのは、理論上の抽象的な物事ではなく、お互いの間での**コミュニケーションの反応的行為**で構成された、人々の相互作用の継続的なパターンである。何よりも、そのような相互作用を通して私たちは、「シティグループ」や「マーケット」などという「全体性」の**想像的概念**を作り上げる。

　私たちは自立した、理性的な人間になりたいと考える。しかし、実際に自分たちが経験するのは、他者との持ちつ持たれつの関係である。このような相互依存関係があってこそ、私たちはお互いに抑制し合ったり、何かを成し遂げたりできるのだ。このような関係性において、いわゆる**権力**が意味を持つのであり、権力は私たちが普段は覆い隠している、組織の中心的な現実である。

　組織の成果は、人やグループの選択、意思、戦略によって実現されると考えられがちである。しかし現実には、単純に1つのグループの意思決定でものごとが決まるわけではない。何が起こるかは、その組織と他のすべての組織を含めた、あらゆる組織に属するすべてのグループや個人の**すべての選択、意思、戦略の相互作用**によって決まるのである。

　リーダーやマネジャーは組織をコントロールする存在としてみなされる。しかし現実の世界では、誰も人々の意思の相互作用をコントロールすることはできない。他のすべての組織に所属する1人ひとりが何を選択して、どういう行動を取るかをコントロールすることなど、不可能だからだ。結果として、何が起こるのかを決めたり、コントロールしたりすることは誰にもできないのである。意思の相互作用は、いわゆる「金融危機」などの**新しく出現したパターン**を生み出す。しかしたいていは、誰も意図しなかった、あるいは誰も望まなかった状況になるケースが多い。現実の世界では、意思の相互作用によって**局所的に起こる小さな変化**が発展して、まず国中に広がり、や

第7章　「関わりの複雑反応プロセス」として組織を理解する　　**249**

がて国境を越えて、不透明で予測不可能な変化の大きなパターン、たとえば「グローバル化」「不況」「金融引き締め」「技術革新」などと呼ばれるパターンを引き起こす。だが私たちが組織について考えるとき、こうした可能性までは思い及ばない。

　一般的に私たちは、組織の日常とは先が読めない不確実性に満ちたものであると認めつつも、やがて確実性と予測可能性を前提とした言葉で組織について考えたり話したりするようになる。しかし、実際には、誰も意思の相互作用をコントロールすることはできない。小さな変化が発展して大きくなる可能性があるならば、**不確実性と予測不能性**は、組織の現実の根本的かつ絶対的な特性である。

　不確実性と予測不能性が意味するのは、これから何が起こるのかについて、誰も自信をもって言えないということだ。確実なのは、結果を見て驚くことになるだろうという事実だけである。しかし、既知の未知 [問題の答えはわかっていないが、問題があることは認識されているという状況] のパラドックスが存在するため、実際はより複雑である。私たちは何が起こるかを予測できず、実際の結果に驚くのかもしれないが、その一方では、人間の関わる出来事には何らかの反復性があると知っているため推測することは可能であり、さらに過去をふりかえって何が起こったのかを後知恵で理解することもできる。しかし、私たちは反復のパターンを見て何かしらを知ることはできても、決して確実に知ることはできない。ものごとは変化に対して常にオープンな状態にあるからだ。そのため、不確実性を排除できると信じて、確実性の視点からものごとを考えるのは無益であり、混乱を招くだけである。

　最近の思想の傾向は、「全体性」と包括的な変革に注目する。しかし、私たちが実際に経験するのは、継続するコミュニケーションの**局所的相互作用**、組織の力関係、組織の中での日常的な駆け引きとして現れるイデオロギーに基づいた選択である。

　支配的なディスコースにおいては、リーダーと経営陣を重視し、「ヒーロー」の役割を彼らに期待する。彼らの考えが大きな影響力を持つのは確かだが、たいていの場合、彼らがヒーローからはほど遠い存在だと私たちは経験から学んでいる。彼らも含めて組織に属する多くの人間は、**隠ぺいし、**

[250] 第Ⅱ部　対話型ODの理論的基盤

「法律や規制を逆手にとって悪用し」、人を欺き、他人の利益と同じくらいに自分自身の利益を重視して行動するものだからである。

合意、調和、コンセンサス、連携の必要性はこれまでも主張されてきたが、最近ではこれらに加えて、ポジティブな姿勢、真価を認める姿勢の重要性が強調されるようになっている。それにもかかわらず、私たちの日常生活では、相変わらず他者との意見の食い違いが生じ、合意形成の難しさが無くなる気配もない。**葛藤**は、組織ではよく見られる現象であり、私たちは時としてお互いに認め合い、ポジティブな関係を維持するのが不可能になるような行動を取ってしまう。しかし、このようなどうしようもできない葛藤こそが、新しいものを出現させるための基本的な条件なのである。

支配的なディスコースは、合理的で分析的な意思決定とマクロ的な「システム」の設計を重視する方向に私たちを仕向ける。だが実際のところ、意思決定は、設計された「システム」が局所的な文脈において何を意味するのかを**解釈**しようと試みる、日常的な政治的プロセスにおいて行われる。私たちは純粋に合理性を追求するどころか、**感情に流されやすく**、多くの場合、組織の日常での不確実性に起因する**不安**に対して、無意識のうちに守りの姿勢を固めるように行動する。無意識のうちに選択された行為は、組織の日常において大きな意味を持つ。

私たちは、あいまいさを覆い隠すように考えたり話したりする。しかし、現実の組織における行動を特徴づけるのは、多くの**パラドックス**である。具体的に見てみると、新規性と継続性、既知と未知、お互いに葛藤しながらも互いの能力と価値を認め合う関係、確実性と不確実性の共存、相互作用のパターンを形成しながら、同時にそのパターンの影響を受ける状況などである。

私たちは、いわゆるマネジメントとリーダーシップの手法やテクニックによって組織が改善されると思い込んで、これらを活用することが重要だと考えてきた。私たちは、まず状況を分類し、状況の特殊性を理論的に普遍化する。そして、新たな状況にどの普遍化されたカテゴリーが当てはまるかを考え、それに合った適切な手段とテクニックの利用基準を決めるために、普遍化された分類を用いるべきだと唱えてきた。しかし、実際には、対応するべき状況は非常に不確定な要素が多く、偶発的な特殊性の重要度が高く、私た

ちが作った分類はほとんど意味を成さない。さらに、極めて不安定な、偶発的に発生した状況においては、単純に手段とテクニックを用いることができないために、実践的な判断力（直観）に頼らざるを得なくなる。しかし、そのようなやり方は科学的でも合理的でもないため、正しい方法とは認めがたいのである。

　基本的に、複雑反応プロセスの理論は、以上のような、私たちが組織において協働する中で、日常的にごく普通に経験する事柄に焦点を当てる。そのような論点を踏まえて、複雑反応プロセスに関する論文は、支配的なディスコースの欠点に注目する、その他の論文において紹介されてきた。具体的には、クリティカル・マネジメント（Alvesson and Sveningsson, 2003a, 2003b; Willmott, 1993, 2003)、ナラティブ（Boje, 1991, 1994, 1995; Bruner, 1986, 1990)、社会構成主義（Gergen, 1999)、対話型OD（Bushe, 2013)、プロセス思考（Van de Ven, 1992)、さらに、対話の重視（Shaw, 2002; Shotter, 1993）と生成的イメージ（Marshak, 2004; Marshak and Grant, 2011; Chapter 5）の研究などの領域の文献である。

　しかし、類似する点が多いというものの、複雑反応プロセスの理論は、多くの点において、上記の言説の大部分と異なっている。複雑反応プロセスの理論の目的は、そのようにするべきだと考えられることを研究するのではなく、すでに行われている行為についての研究を展開することである。強調しておきたいのは、この理論は、「するべきこと」の新しいリストを示すのではなく、組織における日常生活に再び焦点を当てるということだ。一言で説明するならば、実際に行っていることについて、より深く考えてみようという提案である。そして結果として、私たちの行動が若干変わるのではないかと考えている。では、複雑反応プロセスの理論がどのようなものかを見ていこう。

局所的な相互作用と全人口に広がる統一されたパターンの出現

　複雑反応プロセスの理論において重要な基盤となるのは、人間の相互作用

[252]　第Ⅱ部　対話型ODの理論的基盤

を類推する源泉である複雑系科学（Gleick, 1987; Kauffman, 1995; Prigogine and Stengers, 1984; Waldrop, 1992）だ。複雑系科学により導かれるモデルは、人間の相互作用にそのまま適用されることはない。複雑系科学の中核となる洞察は、デジタル属性を持つコンピュータ・エージェント間の理論上の関係性において示されるからである。人間の相互作用に例えられるのは、このような理論上の関係性なのであるが、その場合、極めて重要な手順となるのは、デジタル属性を人間のエージェントの属性に置き換えることである。人間のエージェントは、意識を持ち、自己意識があり、感情に流されやすく、時には理性的で、不安を感じ、防御的で、無意識のモチベーションにしたがって行動し、しばしば自発的かつ創造的である。このような人間の属性は、社会学や心理学において研究されるが、これらの学問領域は、複雑反応プロセスの理論の最も重要な基盤に影響を及ぼしている。

　複雑系科学とは何かをここで論じるには紙幅が足りない（1つの見解については第6章を参照）。ここでは複雑系科学における最も重要な洞察であると私が考えるものについて、特に複雑適応系（Waldrop, 1992）に関連する洞察について、簡単に説明したい。複雑適応系とは、局所的な規則にしたがって相互作用する、多数のデジタル・エージェント［エージェントとは要素のことで、この場合はプログラムの1つの要素］により構成されるコンピュータ・モデルである。包括的な設計図や支配するものからの指示が無いにもかかわらず、統一性のある全体的パターンを形成する、自然界および社会の現象を説明しようと試みている。

　この種のモデルの中核となる概念は、自己組織化と創発である。根本となるのは、全体的かつ包括的な統一性は、非常に多くの自己組織化するエージェント［コンピュータ・モデルでは1つのプログラム、生物では細胞、グループや組織では人（個体）、世界経済では1つの国など］の相互作用の中に出現するという考えである。中央による支配を、独立したエージェント間の自由な関係性に置き換えたり、中央の計画を少数の単純なルールからなる設計に置き換えたりすることが、これらのモデルが提供する現場での処方箋であると考えるのは非常に簡単だ。その方がより自然に近い形なのだから、置き換えによってよりよい成果が得られるだろうという考え方である。しかし、このような単純化されたモデル

第7章　「関わりの複雑反応プロセス」として組織を理解する　253

を正当化する根拠はない。**自己組織化**と**創発**の意味は非常に誤解されやすいのである。

　自己組織化は、マネジメント関係の本を書く人々に頻繁に取り上げられている（たとえば、Carlisle and McMillan, 2006; Coleman, 1999; Haynes, 2003; Meek, De Ladurantey, and Newell, 2007）。彼らは自己組織化を特殊な力の一種、いわば解放したり抑制したりできる力の一種だと考えており、人々が自律的に運営する新しい種類の組織として自己組織化に言及している。その一方で、この概念の有用性を否定して、組織における自己組織化は、コントロールを失わせ、無秩序な混乱状態をもたらすと警告する声もあり、その多くはマネジャーから発せられている。私の考えでは、これらすべての解釈は、完全に的を外している。自己組織化とは単純にエージェント間の局所的な相互作用なのである。したがって、すべてのエージェントは、他のエージェントの行動によって、制約を受けたり、能力を発揮したりするのであって、解放されたり抑制されたりする特殊な力や、無秩序な混乱状態などは存在しない。この誤解されやすい言葉の代わりに、私が用いるのは**局所的相互作用**という言葉である。

　創発もまた正しく理解されにくい言葉である。一部の人々の間では、その出現を妨害したり、受け入れたりすることが可能な力として解釈されており、妨害するより受け入れるべきものと考えられている（たとえば、Anderson, 1999; Cilliers, 1998; Robertson and Caldart, 2008）。その一方で、主にマネジャーたちは、創発とは、あらゆる事象はたいがいは偶発的に、いずれにしても発生するということを意味し、エージェントの選択によって生じる事象の対極であると考えている。この解釈によれば、創発においてエージェントの意思はほぼ意味を持たないということだ。しかし、出現するのは偶然の出来事でも、思いがけない事態でもない。実際は正反対で、何が出現するかは、すべてのエージェントが何をするか、そして何をしないかによって決まる。

「創発」とは、エージェント全体をカバーする包括的なパターンを形成するための計画、設計、あるいは青写真がまったく無い状態で、局所的な相互作用から包括的なパターンが出現することである。出現したパターン自体には、本来良いも悪いもない。それを決めるのは私たちの判断である。人々が創発

第Ⅱ部　対話型ODの理論的基盤

を「受け入れる」と言う場合、彼らは「それ」を受け入れるか、そうでない
かを決めることのできる万能の立場にあって、「それ」の外側に位置してい
るという認識が前提となっている。

　さらに、すべてのエージェントが同じであって、同じルールに従う場合、
出現する創発のパターンは1つだけであり、そのパターンは進化しない。し
かし、エージェントに違いがある場合、局所的な相互作用を通して生じる創
発のパターンは進化する。違いがあること、したがって葛藤があることは、
進化に必須の条件なのである。この進化の重要なポイントは、予測不可能だ
という点だ。数学モデルは、予測不可能なパターンを示す。複雑系科学は、
確実性の科学であった従来の科学とは対照的な、不確実性の科学であると考
えることができる。

　以上は、複雑性モデルを人間の領域へと適用するための主な洞察である。
ここで重要なのは、上層部の経営陣が導入する経営管理システム、彼らが作
成して実践する戦略的計画、組織の変革を設計するための介入、あるいは、
新しい文化を導入して新しい価値観を浸透させようという試みなどを通して
行われる組織の継続的な変革は、簡単には実現されないということだ。これ
らはすべてリーダーやマネジャーの観点から高度に普遍化された手段だが、
単にこのような手段を講じたからといって、何かが起こるわけではない。実
際の出来事は、その組織とその他の組織に属する、すべての人々の意図の相
互作用から出現する。組織は進化しながら変わっていき、そのような進化の
パターンは、関連するすべての人々の度重なる局所的相互作用、多くの意図
の相互作用のなかに出現するのである。

　この先に何が起こるのかは不確定であり、常に予期せぬことが起こるばか
りか、そのうちの一部は誰も望まない結果を招く場合もあるだろう。ここ数
年の間に起こった金融危機や、回復期に生じた予想外の出来事や失敗の数々
を見てみれば、不確実性と望ましくない予想外の結果の出現を基本とする複
雑反応プロセスの理論による予測は、支配的なディスコースによる予測より
も正確に私たちの実体験を反映していると言える。複雑反応プロセスの考え
方は、支配的なディスコースを覆えそうとするODの理論を裏付けるもので

第7章　「関わりの複雑反応プロセス」として組織を理解する　［255］

ある。計画的なODの働きかけは、組織変革の一端を担うとはいえ、原動力ではない。組織変革を実現するのは、幾重にも重なる局所的相互作用の力である。そのため、OD実践者が変革の源泉となる局所的相互作用の中に身を置いて、どの程度サポートできるかが効果性を左右する（このような考え方に基づくOD実践の詳細については、第9章と第17章を参照）。OD実践者がディスコースと対話を重視しながら組織の日常に参加するのと同様に、複雑反応プロセスも会話のプロセスに注目する。

　重要な焦点となるのは、**局所的相互作用**である。さらにそのような相互作用に、**選択肢の相互作用、意図、ならびに予測可能でもあり予想不可能でもあるというパラドックスの要素を持つ、創発された**包括的パターンを生むための戦略が、どのように反映されているかという点である。局所的相互作用に焦点を合わせる複雑反応プロセスの理論は、具体的には次のようなものである。

- 組織の中の人々の間に生じる反応的コミュニケーション。
- 人々の間の力関係。組織の人々は、支配的行為や反抗的行為の中で、互いに中に入れたり、外に排除したりしながら、組織内の日常的な政治的プロセスにおいて規律訓練型権力の技法を利用する。
- 常に自分たちのイデオロギーを反映して下される意思決定。

　以下のセクションでは、上記のプロセスについて概説していく。いずれも人々の間での「関わりの複雑反応プロセス」である。

コミュニケーションの反応的行為

　人間は根本的に互いに依存しあう生き物であり、そのような相互依存性は常にコミュニケーションという形に現れる。コミュニケーションがなければ、私たちは何も成し遂げられない。このコミュニケーションの基本形は、一人の人間の**身振り**［「身振り」とは、社会学者のジョージ・ハーバート・ミードがシンボリック相互作用論で用いた用語。いわゆる、身振り手振りと表現されるように非言語的なものだけではなく、音声言語も身振りに含まれる。ちなみに、次のページで展開されている、役割と取得の考え方もミー

ドによるもの〕が別の人間の反応を引き起こすという、身振りによる会話とも言える形式である。相互作用はお互いに相手の言動に反応することによって生まれる。その場合、身振りとそれに対する反応はともに社会的行動となり、その社会的行動の中で社会全体に通用する意味が形成される。したがって、知るということ（ミードによる意識）は、相互作用と関係性の社会的プロセスなのである（Mead, 1934）。

たとえば、ある人が拳を握りしめて叫ぶという身振りを示しているとする。この行動に反応した別のある人は、同じように拳を握りしめて叫ぶかもしれない。あるいは、別のある人は身を震わせて泣き出すかもしれない。叫んだり叫び返したりという社会的行動は、この2人が敵対していることを意味する。他方、叫びとそれに反応して泣くという社会的行動は、支配と服従を意味する。意味は身振りのみによって作られるのではなく、社会的な行動全体の中で作られるということがわかるだろう。意味は当事者間の反応的な社会的相互作用の中に生まれるのである。意味はまず個人が作り出し、次に、それが伝達されていく中で社会的に認識されるという、支配的なディスコースの考え方は誤りであって、意味は、コミュニケーションをする個人と個人の相互作用において形成される。

この考え方は組織内のコミュニケーションを考える上で大きな意味を持つ。たとえば、CEOが組織のメンバーとコミュニケーションを取る場合、意味はコミュニケーションの中にあるという単純な話ではなく、その行為に対する反応の中にこそ意味があるのだ。どれほど明確な言葉でコミュニケーションを図ったとしても、それぞれの状況によってさまざまな意味に解釈される。そのため、人によって、タイミングによって異なる捉え方をされ、これはCEOにもコントロールすることができない。意味は文脈によって左右され、すべての状況のあらゆる文脈の詳細までコントロールできる人はいないのである。効果的なコミュニケーションとは、1回限りの事象ではなく、絶え間なく続く交渉のプロセスである。効果的なコミュニケーションを実現するためには、会話を続けることが重要であり、組織は継続する会話のパターンによって基本的に成り立っていく。つまり、組織の変化とは、組織内の会話の変化なのである。

個人がお互いに相手の言動に反応し、会話を基本として相互に作用する場合、身振りをする前に、一瞬、間をおいて考えるという状況が生まれる。他者との相互作用を繰り返す中で、人はある意味において内的な役割 [ミードが言う「役割」とは、他者から期待される行動やパターンのこと] を演じるようになり、それを通して、他者の態度や行為の傾向を読み取ることを学ぶ。そして、身振りを完了する前に、あるいは、身振りをする前に、次のような、ある種の試行ができるようになる。この身振りは相手に敵意を生じさせるだろうか、それとも強い恐怖、逃げたい気持ち、あるいは、服従の気持ちを呼び起こすだろうか。いずれの場合も、どういう結果が生じるだろうか。

　このようにして、**内的な役割を演じるという形をとることによって、基本的な思考の形式が発達する**。つまり、役割を演じるというのは、自分自身に対してさまざまな身振りを行う行為であり、自分自身でそれに反応してみることによって、思考が生まれるのである。しかし、他者の役割を演じるとき、他者の態度と同じ態度を自分自身も取ることができるようにするために特に有効な身振りは、声を伴う身振りである。自分の声は他者の耳にも自分自身の耳にも同じように聞こえるからだ。これが顔の表情となると、私たちは自分の顔の表情を他者と同じように見ることはできない。精神（個人の内的な演技であり、自分自身との声に出さない会話である）と社会（人と人の間の身振りによる会話）は、身体の動き、特に、言葉を話すという行為を媒体として、ともに姿を現すのである。しかし、話すことと聞くことは、身体的活動であるため、そして、身体には必ず感覚が伴うため、言語という媒体は、常に感覚の媒体でもある。精神と社会は階層レベルが異なるものとして分けることに問題はない。そして精神も社会も、コミュニケーションの一時的な反応プロセスとして理解される。このようなコミュニケーションは、決して抽象的ではない経験のテーマがあるパターンを生み出す、人間の身体の間で起こる。

一般化された他者

　他者と相互に作用する経験を積むにつれて、より多くの役割とより多様な反応の仕方が、内的な役割演技や自分自身との無言の会話に加わってくる。これらの内なる行為は、人前での声を伴う身振りや反応と常に連動している。

このようにして、多くの他者の態度を取得する能力が発達し、一般化される。身振りの会話に参加する個人は、**一般化された他者**の態度を取得できるようになるのである。

　子どもの頃、私たちの多くは、自分の言動に「他の人」がどう反応をするかに気づくようにと両親から教えられる。この場合の「他の人」や、彼らがどう思うかという場合の「彼ら」は、実際に存在する人ではなく、特定の社会において一般化された他者である。やがて、人はその社会集団の態度を取得する能力、つまり多くの研究者がゲームと呼ぶ、社会の態度を取得する能力を発達させる（Bourdieu, 1998; Elias, 1997; Mead, 1934）。言い換えるならば、人々は身振りをしたり他者に反応したりする中で、社会的な態度を取得できるようになるのである。そして、そのような人々は周囲に気を配りながら、社会的に行動することができるため、協力的な相互関係という複雑なプロセスが可能になる。

　以上の説明から、身振りによる会話、つまり、エージェント同士で起こる相互作用の複雑反応プロセスが歴史を作り、その一方で、歴史がプロセスを形作っているということが明らかだ。ここでいう歴史とは、ある人が生きる社会の歴史と、その社会で生きる当人の歴史、つまりは人生である。人々は今も進行中である歴史を通して、自分が他者に示す身振りの潜在的効果を予想する能力を養い、過去の歴史を通して、一般化された他者、グループ、およびゲームの態度を取得できるようになるのである。

　おびただしい数の局所的な出来事において生じる、コミュニケーションによる相互作用は、巨大な複雑系を形成し、ここに統一性が現れる。局所的な相互作用には本質的に、システム全体をカバーする統一性のあるパターンを形成する能力が備わっているからである。しかしこの統一性のあるパターンは、事前に予測ができず、破壊と創造、安定と不安定の二面性を伴う。人間の相互作用は、人々による不完全なコミュニケーションであって、理解と誤解が同時に生じる場合もある。多様性は、さまざまな会話のパターンによる相互作用を通して、意見の相違が生じたり、異なる考え方の人々と交流したりすることから生まれる。このとき、調和と逸脱の間にある緊張状態が重要な意味を持つ。新しい会話のパターンが自然に発生するように、内なる力を

与えるのが逸脱である。

　一般化された他者を理解するという話になると、複雑系科学のモデルはもはやまったく役に立たない。局所的相互作用は、システム全体をカバーする一般化されたものを表現し、解釈する。人間のエージェントは表現や解釈を行うが、デジタル・エージェントには不可能だ。そのため、私たちは視点を社会学に移し、この分野における一般的な他者に関するさまざまな概念を知る必要がある。一般的な他者を意味する別の言葉として**ハビトゥス**が挙げられる。私たちが住む、習慣からなる世界、という意味である。また、文化という概念、ゲームに巻き込まれるという概念なども当てはまる。これらの概念は、私たちの相互作用において維持されたり変えられたりして、ダイナミックに動いており、このような社会的背景を設計あるいはコントロールすることは誰にもできないのである。

権力の関係性と日常の政治的プロセス

　コミュニケーションのプロセスにおいて、人々は、特定の力関係のパターンを形成し、再現し、維持し、変化させる。権力は、個人が持ち歩いたり、他者に与えたり、あるいは、他者から奪ったりするものではない (Elias and Scotson, 1994)。このような権力の見方は、人は独立した自律的な個人であり、お互いに「相手に心を開かない」という考えと関連づけられる。しかし、自律的な人間などは存在しない。人はどう考えても根本的にお互いに依存しながら生きており、社会は互いに依存する人々がともに生きる場所である。私たちは一人では何も成し遂げられない。お互いの協力と競争が無ければ何もできないのである。

　私たちは非常に多くの理由からお互いを必要としている。他者から必要とされるために。愛するために。憎むために。頼りにするために。反抗するために。犠牲にしたり、犠牲にされたりするために。私たちには戦争をするための敵が必要であり、平和を獲得するために友人と対戦相手が必要なのである。

　人間は本質的に相互依存しながら生きるという主張は、生命の根本的な「事実」である。これは相互依存と関わりは好ましいものだという単純なイ

第Ⅱ部　対話型ODの理論的基盤

デオロギー上の見解ではない。というのも、私たちの相互依存関係は、素晴らしい創造性と同様に、恐ろしい破壊性を生じさせる主な原因でもあるからだ。他者との関係性において何が創造的であって、何が恐ろしく破壊的であるかを判断する中で、あらゆるイデオロギーが生まれる。相互依存関係は、善と悪の両方がどのように生じるか、特に、特定の判断やイデオロギーがどのように生まれるのかを明らかにする。人がこのように相互依存しているならば、当然私たちはお互いを必要とすることになり、これこそが、**権力が人の関わりのあらゆる行為**に関係する要因である。

　私は他者を必要としているために、自分の好きなことなら何をしてもよいという訳にはいかず、他者もまた私を必要としているために、好き勝手には生きられない。私たちは、互いに支え合いながら、互いに制約し合っているのである。権力を成り立たせるのは、このような逆説的な関係である。さらに、必要性は双方に均等であることはまれであり、力関係のパターンは常にどちらかに偏っている。もしも、あなたが私を必要としている以上に私があなたを必要としている場合、権力のバランスはあなたの方に傾く。しかし、関係が続く中で、私があなたを必要としている以上に、あなたが私を必要としているということが判明すれば、力関係のパターンは変化して、私の方に傾くようになる。

インクルージョン（中に入れること）とエクスクルージョン（排除）のダイナミックス

「権力」は、一般的には流動的な、知覚された必要性のパターンに関連し、関係性の形態として表現される。このような形態は、ある人は含まれるが、ある人は除外されるという、社会的なグループの形成を伴う。私たちは、自分はこのグループの一員だが、あのグループのメンバーではないということから、自己のアイデンティティを獲得する。私は、研究者と呼ばれるグループの一員だが、サッカー選手というグループからは除外されている。したがって、**私は誰か**という問いには、**私は教師である**と答える。個人のアイデンティティが根本的に社会的なものであり、そこでの力関係の影響を受けるように、集合的な「私たち」というアイデンティティは、個人的な「私」というアイデンティティと切り離して考えることはできない。

第7章　「関わりの複雑反応プロセス」として組織を理解する　261

ここで私が言いたいのは、私たちの経験からの事実として、まず、人間は互いに相手を必要としているが、その必要性の度合いが双方で等しくなることはほとんどない、ということである。そして、その必要性と関連する権力というものは、常に人間関係のあらゆる行為に関わっており、その実態はアイデンティティを形作る、インクルージョンとエクスクルージョンの行為において明らかになるということである。

　さらに強調したいのは、「権力の影響下における行為」として何が認められて、何が正しいかについて、交渉の結果下される判断としてイデオロギーが生まれるのは、日常の政治的プロセスとしての「権力の影響下における行為」そのものにおいてであるという点だ。同時に、これらのイデオロギーに基づく判断は、権力に関連する私たちの行為を形成する。権力の形態は、半永久的なものとなりうるが、その場合、その形態は制度的な取り決めによって示される。権力の形態は本質的に、インクルージョンとエクスクルージョンのイデオロギーを反映したメンバーシップに基づく分類である。たとえば、恭順と女性の役割に関する特定のイデオロギーは、年配の男性をメンバーに入れて、若い男性やすべての女性を排除するという形で、特定のグループの形成に影響を及ぼすだろう。このインクルージョンとエクスクルージョンの形態は、年配男性の権力の座を維持する。このような権力に関するプロセスは、インクルージョンとエクスクルージョンのダイナミックスを伴って、あらゆる人間関係において当たり前に見られる現象である（Elias and Scotson, 1994）。

規律訓練型権力の技法

　権力は時間をかけてゆっくりと進化する。フランスの哲学者、ミシェル・フーコーは、近代の病院、刑務所、学校、および職場は、主に規律訓練型権力の技法によって統治される施設として発展してきたと述べている（Foucault, 1977）。彼によれば、規律・訓練は、階級組織による監視、判断の規範化、ならびに検査という単純な手段を利用して行使される権力の特殊な形である。規律訓練型権力の目的は、グループ、組織、あるいは社会に属する人々の身体と、彼らの身体から生まれる行動を管理することだ。このような、技術的

合理性に基づく手段と技法は、将来の成果を今の時点で設定しコントロールすることの不確実性を理由として、その明確な目的を達成することができないとされる。しかし、それが利用されるべき本来の目的ではないとしても、他者の身体と行動を管理するためにリーダーやマネジャーが利用できる手段としては役立っているのである。

　複雑反応プロセスの理論は、全体的な組織の変革は、局所的相互作用から始まり、どのような変革も、個人間とグループ間の局所的相互作用の中にのみ、その全体的な計画の意味を見出すことができると考える。現代のリーダーは、彼ら自身が規律訓練型権力の技法に従う立場であるため、組織文化に影響を与えるほどの自主性を備えていない。しかし、彼らは規律訓練型の技法の主な実践者でもある。彼らは他者を監督するために規律訓練型の技法を利用するが、彼ら自身も、共同で作り上げられた、組織全体に及ぶ相互作用のプロセスによって常に監督されている。

　強大な権力を持つ個人のみが、さまざまな抵抗を抑えつける「恐怖の技法」を用いて、組織を作り、コントロールすることができる。インセンティブを与えて共通の価値観を広めようとすることは、さまざまな反応を喚起する力による単純な身振りであり、もし組織がカルトの形を取る場合には統制が可能だろう。ここで忘れてならないのは、規律訓練型権力とその技法は、必ずしも組織の日常においてマイナスの側面ではないということだ。現代の組織と社会は、規律訓練型権力がなくては生存していけないだろう。高度に進化した組織と社会は、複雑な課題に対処していくのに十分な秩序を維持するために、規律訓練型権力の技法を必要としている。しかし、リーダーシップの幻想で規律訓練型権力の本質を覆い隠してしまい、よりよい成果を生むためという理由を掲げることで制度的な合理性を重視した手法を利用していることを隠してしまうと、この技法を用いるマイナス面が起こってくる。すなわち、規律訓練型権力の技法が極端な支配力の行使に利用される場合、この技法を用いている自分たちの行動の意味と、自分たちには見えていない部分の倫理的な意味に対する認識を私たちは失ってしまう。リーダーが組織の将来を選択する自由を持ってしまわないように制約をかけることの重要性を見失うのである。私たちは、支配に抵抗する技術（Scott, 1990）もなくして

第 7 章　「関わりの複雑反応プロセス」として組織を理解する　263

しまい、組織の日常のごく一部しか理解しないようになってしまうだろう。

イデオロギーに基づく選択の基盤

イデオロギーは力関係のパターンが絶え間なく変化するなかに出現すると説明した。イデオロギーは規範と価値観の組み合わせであると考えられるだろう。規範は、行動を抑制し、私たちに義務と制約を課し、何がなされる**べきか**、何が**正しいか**を決める基準を設定する。また、願望と行動を評価し、いずれかを選択するための根拠をもたらす。社会に属する人々がますます相互依存的になり、暴力の行使が国家に独占されるという状況［マックス・ウェーバーの「暴力の独占」にちなんだ表現で、この文脈では、社会が非暴力的であり、抑圧的ではない状態を指している］において規範は作られ、進化していく（Elias, [1939] 2000）。人前でしてもよい行為と悪い行為に関して、より詳細な規範が出現してくるようになったため、日常生活において願望は隅に追いやられていく。このような規範は個人の人格を構成する一部分となっており、それを支えるのは、社会生活における恥の概念である。規範は、社会の発達にしたがって生じる制約であり、相互に依存する個人の行動や、時には願望さえも抑制する。このような制約は個人のアイデンティティのあり方を決める要素になる。規範は価値観とは異なるが、切り離して考えることはできないものである。

規範とは異なり、価値観と理想は、モチベーションを高め、行動を起こす機会を開拓し、積極性と自発性を伴うという意味において、魅力的であり、人を引きつける力を持つ。価値観は、私たちを魅了し、人生に意味と目的を与える。私たちの自由な意思を制限するものではなく、自由な意志を最も明確に表現するものとして経験される。同時に、強制と自発的な意思という逆説的な意味も含んでいる。価値観は、目標に向けての行動を刺激的で魅力的な方法で促進するモチベーションとして、私たちの社会的相互作用において絶え間なく生まれている。つまり、他者との交渉において、また、自分自身と向き合うなかで日々生まれているのである。さらに、価値観は私たちが置かれた特定の活動の状況に応じたものだ。つまり、価値観は普遍的かつ永続的な性質を持つとしても、モチベーションとして行動に及ぼす影響力は、それぞれの状況に即して、その都度新たに見直され、特定化されなければなら

ない。

　想像力は、偶発的な可能性を理想化し、全体性、つまり自分の経験との想像上の関係性を創出する。実際には、そのような関係性は存在しないのだが、あまりにも印象的であるために、現実であるように思えるのである（Dewey, 1934; Joas, 2000）。これは個人のプロセスではなく、社会的なプロセスであり、必ずしもよいプロセスである必要はない。なぜならば同じプロセスが、他者が悪と判断するかもしれない価値観を生むからである。価値観は、誰が判断を下すかに左右され、善または悪、あるいは、そのいずれでもありうる。価値観は意図的に作られるものでも、あるいは、正当化と議論を通して作られるものでもないが、そのような意図や正当化、議論は後になって価値観を説明するために適用されるかもしれない。価値観は合理的に作ることができない。人生の目的は人から処方されるものではないのだ。そのかわりに価値観は、特定の行動を取る状況と自らの印象的な経験を通して、主観的に体験することができる。誰かが他者の価値観を選択することができるというのは、その誰かが他者のアイデンティティ、あるいは、自己を形成することができるということである。

局所的相互作用と全体のパターン：実践的判断力

　複雑反応プロセスの理論の主軸となるのは、統一性のある関係性のパターンが、異なる集団に属する人々が局所的な相互作用を何度も何度も繰り返す中で、異なる集団の垣根を越えて出現するということである。一般的にこのようなパターンは、**社会、文化、イデオロギー、社会的背景、社会的対象、習慣行動、ゲーム**などの言葉で表現される。どのような言葉を用いるにしても、対象は同じ現象であり、その要素は、連携、透明性、気配り、腐敗、競争などの大まかに一般化された用語で表される。

　組織とは、組織的習慣あるいはゲームが生じる局所的相互作用において、発言し、考察し、解釈する人々の間に生じる関係性の継続的な時間的パターンとして理解することができる。組織を構成する人々と、彼らが他の組織で

第7章　「関わりの複雑反応プロセス」として組織を理解する　［ 265 ］

関わる人々は、ゲームを形成するが、同時に、ゲームが彼らを形成する。つまり、彼らのアイデンティティそのものを形成する。ここで重要なのは、人々は相互に作用する中で、何も「もの」を創出していないということだ。彼らの行為は、自分たちの関わりのパターンを拡大しているだけなのである。そこにレベルはなく、進行中の相互作用の外側にも場所はない。私たちは、この進行中の相互作用の内側から、相互作用を理解するようになるのである。私たちが「社会」「組織」「ゲーム」と呼ぶパターンは一般化されたものであり、それ自体が命を持つわけではない。しかし、歴史の中に現れて、人々が一般化されたものを特定するにつれて、つまり、人々が特定の、偶発的な局所的状況において一般化されたものがどのような意味を持つのかを解釈する中で、局所的相互作用において維持され、変革されながら続いていくのである。

　創発の理論は、当然、進化の理論であるが、ダーウィン的進化論ではなく、弁証法的な理論である。進化するパターンは、対立するアイデアが変化を示す中に出現する。正反対のものが対立する緊張状態がなくては、社会は発展しないのである。複雑系科学の洞察が明確に示しているのは、システムのパターンはエージェントが互いに異なる場合にのみ進化する、つまり、違いと葛藤がなければ、変化は起こり得ないということだ。複雑反応プロセスの理論は、局所的相互作用の合意－葛藤プロセスに注目する。人々の局所的相互作用は、会話、権力の形態、意図の形成、計画の立案、およびイデオロギーを反映した選択という形になって現れる。これらすべてが日常的な政治的プロセスに関わる活動においてゲームを生じさせる。予測不可能な予測可能性という、逆説のダイナミックスの中で組織が維持され変革されるのは、このような意思や計画、選択が相互に作用する状況においてである。

　ここで、この理論は私たちがすでに実行していることに注目するという点を強調しておかなくてはならない。私たちがすでに行っていることを説明する理論であり、直接的な処方箋を提示するわけではない。独裁的なマネジャーが指揮統制に基づいて管理しているような高度に中央集権的な組織では、人々の会話には力関係のパターンを反映した表現が見られ、彼らは特定

のイデオロギーを反映した判断を下す。そのような組織に属する人々は、特定のゲームに巻き込まれているのである。そして、高度に参加型の民主的な組織についてもまったく同じことが言える。したがって、この理論は組織の理想的な形を提案するのではなく、また、特定のマネジメント手法や技法を提示するのでもない。

　この理論が関心を寄せるのは、そのような手法や技法がどのように生まれたか、そして今現在、局所的相互作用においてそれらがどのように用いられているかという点である。懸念があるとすれば、手法や手順の基準を定めるための方法と見なされる恐れがあるという側面だろう。伝統的なマネジメントの手法や技法は、規則や手順、モデルという形で示されてきた。規則、手順、モデルに従うことによって、ある程度の成果は生み出せるかもしれないが、熟達の域に達した優れた成果を望むならば、さらに先を見なければならない（Stacey, 2012）。

　熟達者と呼ばれる人々は、自分たちのパフォーマンスに影響を与える規則についてはっきり説明できないものだが、それは彼らが単純に規則のみに従っているわけではないからだ。彼らは多くの経験を積み、その時々の特殊な状況に応じて、経験により育まれた実践的判断力（直観）を頼りに仕事に取り組んでいるのである（Dreyfus and Dreyfus, 1986）。熟達者は経験を通して仕事のパターンを認識し、他の状況との類似性とその状況の独自性を識別している（Flyvbjerg, 2001）。彼らが認識するパターンというのは、新しく出現する相互作用のパターンであり、それは彼らが他者とともに創り上げるものである。言い換えるならば、彼らは会話、力関係、およびイデオロギーを反映する、選択の中に現れるテーマを認識しているのだ。どのような組織にとっても、社会的行動のパターンを認識する熟達者の能力は、頼りにできる重要な資源である。つまり、他者との相互作用において、リーダーやマネジャーが用いる実践的判断力は経営資源になるのである。熟達者が実践的に判断を下す際に、「駆動力」の働きをするような規則や手順、モデルを私たちが特定することができないとしても、彼らにとってはごく自然な行為なのである。

　実践的判断力という概念は、アリストテレスによる知の形式の1つである。

第7章　「関わりの複雑反応プロセス」として組織を理解する　267

具体的に見ていくと、1つめの**エピステーメー**は理論的に知ること、2つめの**テクネー**は制作技術など何かをするための方法を知ること、そして3つめの**フロネシス**は実践的判断力である（Flyvbjerg, 2001）。特定の活動に関連する実践的判断力は、その活動を実際に経験することによって徐々に開発される。理想的には、すでに熟達者の域に達している人の指導を受けるのが望ましい。何千年にもわたり、ほとんどの文化において弟子や生徒は、親方や熟練職人と生活や職場をともにしながら、たとえば、生地の製造、機織り、食肉処理、写字、教師などの専門技術を習得してきた。要するに、どのような組織であっても、直属の部下の仕事を見守って監督するのはマネジャーの役割の一部なのである。現在では、多くの組織において、比較的経験の浅いマネジャーが正式な助言者（メンター）として指名されるケースが多く、たとえそうでない場合でも、非公式にその役割を任せられる可能性がある。他者を熟達の域まで導くためには、監督者（スーパーバイザー）や助言者（メンター）は彼ら自身が熟達者でなくてはならない。監督も助言も、実践的判断力が必要な行為である。したがって、監督と助言の行為を規則や手順、モデルに要約してしまってはいけない。

　最も効果的に実践的判断力を養い高める監督と助言の行為は、彼らと部下がどのような仕事をしているのか、なぜその仕事をするのか、そして、なぜそのやり方で仕事をしているのかについて、再帰的に問いかけることかもしれない。相互依存する人々は、互いの交流を通して実践的判断力を開発し維持していくより他に方法がない。実践的判断力を鍛えることによって、会話に現れるテーマやナラティブの傾向によりよく気づくことができる。つまり、直感的に理解することができるようになる。大切なのは、活発な会話を継続させることである。もっとも、当然ながら、会話の中断が求められる状況もあることは心に留めておくべきである。実践的判断力とは、会話を中断するべき状況と、開始するべき状況を見極める能力でもある。

OD との関連性

　複雑反応プロセスの理論は、私たちがすでに実行していることを説明するためのアプローチであり、処方箋を示すものではない。また、OD の実践アプローチとして利用できる、何らかの手法や技法を提案するものでもない。OD 実践者として何をするべきかを考えるものでもない。複雑反応プロセスの理論は、視点を変えて、今私たちが実際に何をしているのかについて、内省も交えて熟考することに重点を置く。理想化された将来の姿を追いかけることはしない。また、その有効性が証拠によって示されないままに、多くの場合は推測に基づいて利用されている手法や技法を重視するのでもない。

　私の考えでは、このように重点の置き方を変えることによって、現状をよりよく理解することができるようになり、その効果は現状を改善するための変革のプロセスに現れる。しかし、これはあくまで私個人の考えであって、根拠となる科学的証拠のようなものがあるとは言い切れない。そのような変革は成否の予想が不可能であって、変革によって状況が改善するという保証もない。それでもなお、組織の日常の研究に関しては、全体としてさらに考えを深めていかなくてはならないと私は信じている。

　複雑反応プロセスの理論が提案するのは、私たちが今していることについて、また、不確実性が前提となる状況で頼りにするべき実践的判断力について、より再帰的に考えることである。私は、再帰的という言葉には、熟考よりも深い意味合いを込めて使っている。再帰的になるというのは、実践的判断力を養うための基本的な方法と考えてよいだろう。

　熟考するということの意味は、主題について深く考えることであり、同義語として、「じっくり考える」「思いを巡らす」「熟慮する」「思案する」などが挙げられる。熟考とは、知的かつ感情的な精神活動であり、その目的は論理的に考えること、慎重に考えること、推論すること、意思決定すること、解決策を見出すことなどである。熟考の対象が自分自身の経験である場合、その行為は内省と呼ばれ、自分自身の考えと感情についてじっくり考え、自分の心理状況を分析することを意味する。

　では、再帰的になるというのはどういう意味だろうか。再帰代名詞は目的

第 7 章　「関わりの複雑反応プロセス」として組織を理解する　269

語であり、その文の中で目的語が主語と同じであることを示す。したがって、主語と目的語は切り離して考えることはできず、同時に存在する。たとえば、「私は自分自身の体を洗っていた」と言う場合、「自分自身」という再帰代名詞は「私」を説明する。この再帰性は、内省として理解されるべきではない。再帰性は内省よりはるかに多くの意味を含むからである。私が本章で論じる再帰性は、熟考とも内省とも区別して考えるべきものである。再帰性とは、私たちは常に他者とともに経験に参加し、経験を作っているのは私たち自身であるという単純な理由から、自分の経験の外側に立って、経験を客観的に観察するのは不可能であることを意味する。

　再帰性とは、私たちが他者と共同で何かを行うときに、他者との相互作用の本質に目を向けて、それについて考えることである。そのため、私が用いるのは、社会的な意味を持つ再帰性の概念である。私たちは相互に依存する個人であるため、再帰性の概念には、私たちと、私たちに関わる他者がどのように相互に作用しているかという考察が伴わなければならない。そのためには、私たちと他者の歴史に注目し、さらに私たちが属するより大きなコミュニティの歴史についてもより深く考えなければならない。

　再帰的に考える能力は、実践的判断力の基盤となる能力であり、より具体的に言うと、グループの相互作用を理解するための基礎的能力である。熟練のマネジャーとは、グループのダイナミックスについて、より多くの側面に気づく能力と、それらを理解する能力を身につけた人である。再帰的思考には、ナラティブを利用した探究が必要だ。経験を語るナラティブは、置かれた文脈の詳細を説明し、経験の中に現れるテーマを明確化するからである。何が起こっているのか、そして、次に何をするべきかについて、私たちの判断を可能にするのは文脈とテーマである。

　ナラティブによる探究の「技法」には、互いに協力して自分たちの状況のこれまでの歴史を調べ、自分たちがどのようにその状況を作ってきたのかを明らかにしようと試みる組織のリーダー、マネジャー、メンバーの関与が必要である。さらに、この「技法」に必要なのは、「コントロールされる」ことのない探究の形式を採用することである。「技法」は予定調和を崩し、ナラティブを利用してより深い考察に進んでいく。

私が強調したいのは、組織において実践的判断力を行使する能力は、あい
まいさと不確実性に支配された状況において、私たちが他者とともに何をし
ているのかを語るナラティブの再帰的探究によって養われ、鍛えられるとい
う点だ。具体的に言うと、リーダーとマネジャーは、同僚やその他の人々の
ために、私が説明してきたような種類の探究の機会を意識的に作るというこ
とである。私はこれをODの再帰的実践アプローチと名付ける。次のセク
ションでは私が現在関わっているいくつかのケースを紹介しよう。

国民健康保険トラストでの取り組み

　英国国民健康保険サービス（NHS）トラストの1つを担当するマネジャー
から仕事を依頼されたのは最近のことである。彼は私が同僚とともに取り組
んでいるアプローチをよく理解していた。私が依頼されたのは、このトラス
トの最大部門を管理する上級マネジメント・チームのミーティングを仕切る
仕事である。NHSで働く人々は、担当する政治家が替わるたびに、健康保
険サービス改善の名目のもと、組織が何度も再編されるという経験をしてい
た。少なくとも20年にわたり、組織改革が繰り返されてきたにもかかわらず、
今もって報告される内容は、何ら改善の兆しが見えないため、今一度の改革
が必要だという提案である。

　直近の再組織化は2013年の4月上旬に始まった。私が上級マネジメント・
チームのミーティングに初めて参加したのは、それから8カ月が経過した頃
である。私がともに仕事をすることになったマネジメント・チームは、繰り
返される組織の再編にうんざりしていたばかりでなく、ODに対して、そし
て、再組織化以上の速さで入れ替わったリーダーたちに幻滅していた。彼ら
は同じような取り組みはもう勘弁してほしいという気持ちを抱えながらも、
自分たちが置かれた困難な状況の中で、お互いに支え合っていくための何ら
かの方法を望んでもいたのである。

　依頼を受けて私が彼らに提案したのは、非公式の、詳細な議題を持たない
ミーティングを開催することだった。議題はないが、明確な目的はある。そ
れは、自分たちが職場で経験していること、および、それに対する自分たち
の考えをお互いに協力して明確化することだった。私たちはまったく新しい

種類の会話を試みようとしていた。というのも、私のそれまでの印象では、組織は会話のやり取りで成り立っているとはいえ、実際の経験とほとんど関係を持たない、難しい専門用語や業界用語が使われて、会話の流れが止まってしまうケースが多かったからである。

　最初のミーティングにおいて、私は、本章で辿ってきた内容に沿って、組織に対する私の考え方の要点をメンバーに説明した。1時間半にわたる説明が終わると、2度の対話セッションを行い、彼らがどういう経験をしているのかを探究した。2度目のセッションでは、彼らが最も懸念している事柄に関して続々と意見が出るようになり、検討するべきナラティブのテーマは、マネジメント・チームと、彼らの業務を監督するチームとの間に生じた葛藤であることが明らかになった。彼らは対立の本質をより深く理解するようになると、他部門のマネジャーと言い争いをするよりも、彼らをミーティングに招待し、お互いの業務についてともにじっくり考えてみることに決めたのである。

　私はすでに自分の考えの概略を説明してあったので、2回目のミーティングの開始時には特に何も話さなかった。実際のところ、何も計画していなかったのだ。私はただともに活動しているという経験を通して、ナラティブのテーマとして現れてくるものに流れを委ねようと思っていた。私はまず、前回のミーティング以降、どんなことが起こったかを尋ねた。その時、部門長が、その話に入る前に、欠席している3人のメンバーのことを問いたいと発言した。この発言はただちにその場のテーマとなり、私たちは午前中をかけて、この問題について話し合うことになったのである。他のメンバーは3人の欠席を問題がある行為として追及し、いら立ちを隠すことなく、怒りの感情さえ露わにした。私は、3人は誰なのか、そして、彼らの役割は何なのかといった問題の細部を明確にしていくために会話に働きかけ、質問を挟んでいった。

　徐々に明らかになってきたのは、マネジメント・チームには、下位集団がはっきりとわかる形で築かれていたということだ。1番目の下位集団は、ミーティングに出席していた人々から成り立っていた。彼らは全員が、人事、品質管理などの部門をフルタイムで管理するマネジャーとして働いていた。

さらに前身となる組織から引き続き数年にわたってともに仕事をしてきていた。前身となる組織は新しい今のトラストに引き継がれ、再編成で名称や上層部の構成は変わったものの、下部の人々は肩書きこそ違え、そのまま働き続けているのである。2番目の下位集団は、欠席した3人から成り立っていた。彼らは患者の治療に関して臨床的な責任を負う医長たちであり、医長としての仕事は彼らの勤務時間の3分の2を占めており、組織のマネジメントに関わる仕事に割けるのは残りの3分の1のみだということだった。また、彼らは旧組織では、マネジメント・チームに属していなかった。

　私は下位集団の存在を指摘した際に、彼らが日常の業務において同じような経験をした覚えがないか、質問した。彼らは、同様のことはよく起こるし、そのたびにいらいらすると答えた。それはチーム全体が、業績の責任を負うことになっていたからである。ここで明らかになったのは、まさにこの2回目のミーティングの開始時に、彼らは日常的によく起こる形を再現していたということだ。この段階での私の仕事は、そこで再現されていたものは何であったのかを指摘し、その部屋で彼らが再現したことの意味を理解するよう働きかけることだった。

　問題の全体像がはっきりしてくる中で、私は、そこに現れている力関係のパターンと、インクルージョンとエクスクルージョンのダイナミックスについて考えてみるよう提案した。この時、権力に関するエリアス［社会学者のノルベルト・エリアス］の見解と、インクルージョンとエクスクルージョンのダイナミックスに関する彼の分析について手短に紹介した。さらに、まずその部屋で何が起こっているかについて考え、次に力関係が大きく変わる、より全体的なパターンの一部として、日々の職場で何が起こっているかについて考えてみるよう提案した。20年前であれば、力関係のバランスがどちらに傾くかは明らかだっただろう。医者は組織のマネジャーをはるかに凌ぐ権力を持っていた。だが20年の間にこのバランスは逆転した。今では、医者よりもマネジャーが力を持っているのだ。このような権力の移行は、政府の健康保険政策の変化にその原因があるのだが、医者たちの間にマネジャーたちに対する強い敵意を生じさせることになった。

　この事実は、葛藤の本質について、および、葛藤が生まれる理由について

より深く考えるための会話に結びついた。ミーティングの出席者たちは、医長たちの立場から問題を捉え始めた。医長たちからすれば、就業時間の3分の2を占める医者としての仕事を、それ以外の仕事よりも優先するべきだろう。就業時間のすべてをマネジメント業務に費やすことができ、医療部門の責任は問われないマネジャーの下位集団と、もう一方の、3分の1の時間しかマネジメントに充てられず、残りの時間を重要な医療業務に費やさなくてはならない下位集団とでは、チームに対する考え方に大きな違いが生じても仕方がなかったのである。ミーティングの出席者たちは、欠席したメンバーに自分たちが何を期待しているかについて考えるようになった。彼らはその日に、その部屋で交わされたのと同じような対話の場を、医長たちと設けることを決めたのである。

　このミーティングでは、会話が非難から、より複雑な内容に変化した。それまでの彼らの業務に大きく影響していたのは当然、非難の感情である。この変化に意味があったのは、全員が協力して仕事に取り組むための、より効果的な方法を探ることへの期待感を彼らに抱かせたからである。このような会話のパターンの変化は、組織が変革されたことを意味し、対立と力関係のパターンに真剣に再帰的に向き合う中で生まれたものだ。

　しかし、再帰的な会話を理想化しないように注意しなければならない。既存の力関係を変えるのではなく、むしろ、強化するために誤用される恐れがあるからだ。危険性をはらむ手法かもしれない。場合によっては、人々が何もかも開示してしまわないように抑制することも必要だ。あまりにもオープンな姿勢は、職場の人間関係を改善するのではなく、簡単に壊してしまう恐れがある。問題なのは、いずれの方法が合うのかについて、事前にはわからないことである。たとえ結果がどうなるか事前に知ることができないとしても、私たちは自分たちの行為の責任を取らなければならず、そのためにも、再帰的な姿勢をもって働くことには、倫理的な意味があるといえる。私たちは結果の責任を負わなくても許されるかもしれず、しかも、その結果も自分たちの判断で、良し悪しが決められる。しかし、自分たちの仕事の内容には責任を持たなければならないのであり、必要であれば償いの姿勢をもって対応しなければならない。

274　第Ⅱ部　対話型ODの理論的基盤

対話型 OD

辞書によると対話（dialogue）とは、2人またはそれ以上の人々の会話である。語源はギリシャ語の**dialogos**であり、「dia」は「through（横切って）」、「logos」は「speech（話）」を意味する。物語、哲学、教訓の手段としての歴史的な起源は、古代ギリシャの時代、特に古代の修辞学に見出すことができる。対話とは、人々が発話を通して共同で完成させる行為である。私が再帰的ODと呼んでいるものは、特殊な形式の対話であり、私たちが自分たちの会話の内容や意見について、どのように考えるかに焦点を合わせる。つまり、より広範囲の、社会における思考の変遷に注目するという考え方である。このような非常に一般的な対話の解釈は、組織に関する文献で主流になっている対話の解釈とは区別される（たとえば、Bohm, 1983; Bohm and Peat, 1989; de Mare, Piper, and Thompson, 1991; Isaacs, 1999; Senge, 1990）。

主流になっている対話によれば、人々は自分たちの仮説を放棄して、友人として仕事をする必要があるとされている。その結果、グループ内に意味の流れが生まれ、集団心理のようなものが生じることが可能となるという。私が再帰的ODと呼んできたものは、このような意味においては、明らかに対話的でない。むしろ、再帰的ODの対話は完全に普通の会話であり、特別なルールを必要とせず、再帰的会話を理想化することもない。集団心に訴えるようなこともない。また、他者との協働をそれほど重視しておらず、むしろ、協働と競争のパラドックスに注目する。

本書の第1章の最初のパラグラフにおいて、ブッシュとマーシャクもまた、対話に対する特定の解釈を示している。彼らは、あらゆる形式のODの実践アプローチは「実践者のマインドセットの産物である……マインドセットとは、その人の世界観と世界との関わり方を形作る理論、信念、前提、および価値観の組み合わせである……対話型ODの実践には、診断型ODとは大きく異なる考え方が必要である」としている。

彼らは、対話型ODのマインドセットを、社会科学の2つの大きな流れに基づいて分類している。1つは複雑系科学（ここに含まれるのは、オープン・スペース・テクノロジー、創発、関わりの複雑反応プロセス）であり、もう1つは解釈

主義による社会学（ここに含まれるのは、意味の協応調整、組織ディスコース、アプリシエイティブ・インクワイアリー）である（Bushe and Marshak, 2014）。彼らは対話型のマインドセットは、従来のODの基盤となる診断型のマインドセットとは大きく異なると主張するが、対話型が診断型に取って代わったわけではないと言い、むしろ実践では2つの型をミックスしたり組み合わせることもあるだろうと予想している。

　また、彼らは対話型ODのマインドセットを基盤とする40の理論または実践アプローチをリストアップしている（52頁の表1.2参照）。対話型ODは、民主的、協働、権限委譲、ならびに平等というODの価値観に従って、組織変革とリーダーシップの本質について参加型で探究的な対話を生み出すことを意図している。実践の方針は、気づきを深めることと、既得権力には頼らないことである。対話型ODには、特定のプロジェクトに関係するステークホルダーを参加させるという構造化されたアプローチや、プロセス・コンサルティングのようなそれほど構造化されておらず、複数の継続的な相互作用に働きかけるアプローチなどがある。

　ブッシュとマーシャクは、リストアップした40の対話型ODの主要な理論または実践アプローチの1つとして、関わりの複雑反応プロセス理論を加えている。この理論が組織の安定と変革の会話的な側面を重視すること、ゆえに対話型ODのプロセスの理解に役立つであろうことを考えると、このリストに含まれるのは理解できる。しかし、本章で論じてきたように、この理論の一番の目的は、私たちが組織の一員として実際に何をしているかに焦点を当てることである。対話型ODの活動の実態と同様に、診断型ODの活動もその対象である。たとえ、会話、力関係、およびイデオロギーを反映した選択のパターンが対話型とは異なるとしても、診断型ODの実践者もまた会話の局所的相互作用に参加する。

　複雑反応プロセスの理論は、組織に関するすべての行為は、局所的相互作用の同じプロセスから生まれると理解することが可能だと主張する。この理論が意図しているのは、価値観や規範、イデオロギーが、会話と力関係の局所的相互作用の中に、どのように出現するかを理解する方法の提示である。そのため、先に挙げたODの価値観の正反対にあるような価値観も含めて、

[276]　第Ⅱ部　対話型ODの理論的基盤

すべての価値観の出現を説明することがこの理論の目的である。最後に、この理論の目的は、私たち全員がすでに行っていることに関してより深い洞察を示すことである。理論そのものがいかなる手法、技法、手順、あるいは推奨される実践となるわけでもない。

　複雑反応プロセスの理論が唱える、組織の日常における会話的性質に関する主張を受け入れるならば、参加者の間で交わされる会話のパターンに注目することは有効だと結論するのは筋が通っているだろう。そして、これらのパターンのいずれが他に比べてより有益であるかについて、実践的に判断することもできるだろう。しかし、理論そのものは、そのような判断を正当化するための手段ではない。判断力は私たちの実際の経験から生まれるのである。私の同僚も私も、理論から推論するのではなく、実践的に判断を下す。組織のメンバーと仕事をする中で、彼らが実際に何をしていて、それについてどう思っているのかに焦点を合わせるためには、そのほうが効果的で有効だからである。つまり、このような再帰性が現実の変革、うまくいけば有益な変革につながるだろうと判断しているのである。私たちは実際の現場では、特定の手法、技法、課題の設定を用いない非構造的なアプローチを好んで利用するが、これもまた、理論からの推論ではない。

　複雑反応プロセスの理論が対話型ODに役立つとすれば、他のどの実践アプローチを用いても有効に働く可能性は高いだろう。この理論は、ODコンサルタントが自分たちの実践を検討し、組織に関連する会話や力関係、イデオロギーを反映した選択をする際に、自分たちがどのように行動しているかについて考えるための一助となるだろう。つまり、対話型OD実践者は、クライアントに対して再帰的探究の実践を勧めると同時に、自分たちの活動についても再帰的に探究することが必要なのである。

　対話型ODの実践アプローチそのものの検証は、実践に関する多くの疑問に答えるという形を取る。その内容は以下のようなものであるはずだ。OD実践者とクライアントの力関係はどういうバランスを保っているか？　誰のために仕事をしているのか？　一般的にクライアントは権力を持つ、地位の高い人々であることが多いが、実践者が既存の権力関係を維持しようとして、変革ではなく安定を求めようとしていないか？　現状の既得権を守らないよ

第7章　「関わりの複雑反応プロセス」として組織を理解する　277

う動くことを求めるなら、そのような行為は正当化されるのか？ そのような行為は一方的なものになっていないか？ 一方的でないとすれば、誰の利益になっているのか？ そのような行為は倫理にかなっているか？ アプリシエイティブ・インクワイアリーを採用している場合、葛藤があるにもかかわらず、それを隠そうとしていないか？ 自分たちはまったくそのようなつもりはないとしても、自分たちのやり方が一部の人々にとって威圧的だと思われていないか？ 成功は、ポジティブさ、シェアリング（思いの共有）、調和、コンセンサスから導かれるだろうか？ 「葛藤解決」は権力にどのような影響を及ぼすのだろうか？

本章のまとめ

　再帰的な思考ができるOD実践者は、クライアントとともに活動し、彼らが自分たちの組織内における役割をより深く理解し、グループのコミュニケーションをより活発で親密なものにすることで、より意義のある意味を創出できるよう支援する。このような活動が単純化されて、規則や手順になってしまってはならない。より流動的で複雑な会話を発達させるためには、リーダーやマネジャーが将来の成果にとらわれて、計画や問題解決を急ぐような組織のパターンが広まるのを阻止しなくてはならない。そのために必要なのは、組織の人々がこれまでどのような行動を取ってきたのかを物語るナラティブを調査し、彼らの行動の歴史と行動の理由に対する理解を深めることである。そのようにして生まれた会話を通して、グループのメンバーは、今の立場から過去を検証し、今の立場から将来について考えるためのより多様で堅実な方法を見出しつつ、自分たちの現状をよりよく理解できるようになる。

　再帰的な方法はナラティブを重視する。リーダーやマネジャーに勧めるのは、今自分たちが直面している厄介な事象について簡単に説明する文章を書き、それについてグループで話し合うことである（この種のアプローチについては第16章を参照）。人々はこのような活動を通して、自らの考えを深め、現

状に関してより深い洞察を得るようになる。

　ここで認識しておかなくてはならないのは、組織に属するすべての人々と同様に、ODコンサルタントもまた、自分たちの活動がどのような結果をもたらすのかを事前に確認できないという、不確実で予測不可能な状況下で仕事に取り組まなければならないことである。ODの実践を必要とするような複雑な状況にありがちな不確実性に直面すると、実践の結果がどうなるかについて事前に特定するのは、不可能とまでは言わなくとも、非常に難しいということがわかってくる。先が読めない世界では、ODの専門家たちも、コンサルティングの対象となるクライアントと同じく、自分たちの実践的判断力に頼る以外に方法がない。だが、自らの実践活動について再帰的に探究することによって、有益な成果を得ることができるだろう。

引用文献

Alvesson, M., & Sveningsson, S. (2003a). Managers Doing Leadership: The Extra-ordinarization of the Mundane. *Human Relations*, 56, 1435-1459.

Alvesson, M., & Sveningsson, S. (2003b). Good Visions, Bad Micro-management and Ugly Ambiguity: Contradictions of Non-leadership in Knowledge-intensive Organizations. *Organization Studies*, 24, 961-988.

Anderson, P. (1999). Application of Complexity Theory to Organization Science. *Organization Science*, 10(3), 216-232.

Bohm, D. (1983). *Wholeness and the Implicate Order*. New York, NY: Harper & Row. (『全体性と内蔵秩序』デヴィッド・ボーム著，井上忠，伊藤笏康，佐野正博訳，青土社，2005年）

Bohm, D., and Peat, F. D. (1989). *Science, Order and Creativity*, London, United Kingdom: Routledge.

Boje, D. M. (1991). The Storytelling Organization: A Study of Performance in an Office Supply Firm. *Administrative Science Quarterly*, 36, 106-126.

Boje, D. M. (1994). Organizational Storytelling: The Struggle of Pre-modern, Modern and Postmodern Organizational Learning Discourses. *Management Learning*, 25(3), 433-462.

Boje, D. M. (1995). Stories of the Storytelling Organization: A Postmodern Analysis of Disney as Tamara-land. *Academy of Management Journal*, 38(4), 997-1055.

Bourdieu, P. (1998), *Practical Reason*. Cambridge, United Kingdom: Polity Press.

Bruner, J. S. (1986). *Actual Minds, Possible Worlds*. Cambridge, MA: Harvard University Press. (『可能世界の心理』ジェローム・ブルーナー著，田中一彦訳，みすず書房，1998年)

Bruner, J. S. (1990). *Acts of Meaning*. Cambridge, MA: Harvard University Press. (『意味の復権──フォークサイコロジーに向けて』ジェローム・ブルーナー著，岡本夏木，仲渡一美，吉村啓子訳，ミネルヴァ書房，1999年)

Bushe, G. R. (2013). Dialogic OD: A Theory of Practice. *OD Practitioner*, 45(1), 10-16.

Bushe, G. R., & Marshak, R. J. (2014). The Dialogic Mindset in Organization Development. *Research in Organizational Change and Development*, 22, 55-97.

Carlisle, Y., & McMillan, E. (2006). Innovation in Organizations from a Complex Adaptive Systems Perspective. *Emergence, Complexity & Organization*, 8(1), 2-9.

Cilliers, P. (1998). *Complexity and Postmodernism*. London, United Kingdom: Rourledge.

Coleman, H. J. (1999). What Enables Self-organizing Behavior in Business. *Emergence,* 1(1), 33-48.

de Mare, P. B., Piper, R., & Thompson, S. (1991). *Koinonia: From Hate Through Dialogue to Culture in the Larger Group*. London, United Kingdom: Karnac.

Dewey, J. (1934). *A Common Faith*. New Haven, CT: Yale University Press. (『人類共通の信仰』ジョン・デューイ著，栗田修訳，晃洋書房，2011年)

Dreyfus, H., & Dreyfus, S. (1986). *Mind over Machine*. New York, NY: Free Press. (『純粋人工知能批判──コンピュータは思考を獲得できるか』ヒューバート・L・ドレイファス，スチュアート・E・ドレイファス著，椋田直子訳，アスキー，1987年)

Elias, N. ([1939] 2000). *The Civilizing Process*. Oxford, United Kingdom: Blackwell. (『文明化の過程──ヨーロッパ上流階層の風俗の変遷（上）』ノルベルト・エリアス著，赤井慧爾，中村元保，吉田正勝訳，法政大学出版局，2010年／『文明化の過程──社会の変遷／文明化の理論のための見取図（下）』ノルベルト・エリアス著，波田節夫，溝辺敬一，羽田洋，藤平浩之訳，法政大学出版局，2010年)

Elias, N. (1997). *The Germans*. Cambridge, United Kingdom: Polity Press. (『ドイツ人論』ノルベルト・エリアス著，青木隆嘉訳，法政大学出版局，1996年)

Elias, N., & Scotson, J. (1994). *The Established and the Outsiders*. London, United Kingdom: Sage. (『定着者と部外者──コミュニティの社会学』ノルベルト・エリアス，ジョン・L・スコットソン著，大平章訳，法政大学出版局，2009年)

Flyvbjerg, B. (2001). *Making Social Science Matter*. Cambridge, United Kingdom: Cambridge Universty Press.

Fonseca, J. (2001). *Complexity and Innovation in Organizations*. London, United Kingdom: Routledge.

Foucault, M. (1977). *Discipline and Punish*. London, United Kingdom: Penguin Books. (『監獄の誕生──監視と処罰』ミシェル・フーコー著，田村俶訳，新潮社，1977年)

Gergen, K. J. (1999). *An Invitation to Social Construction*. Thousand Oaks, CA: Sage.

（『あなたへの社会構成主義』ケネス・J・ガーゲン著，東村知子訳，ナカニシヤ出版，2004年）

Gleick, J. (1987). *Chaos*. London, United Kingdom: William Heinemann.（『カオス——新しい科学を作る』ジェイムズ・グリック著，大貫昌子訳，新潮社，1991年）

Griffin, D. (2002). *The Emergence of Leadership*. London, United Kingdom: Routledge.

Griffin, D., & Stacey, R. (Eds.) (2005). *Complexity and the Experience of Leading Organizations*. London, United Kingdom: Routledge.

Haynes, P. (2003). *Managing Complexity in the Public Service*. Maidenhead, United Kingdom: Open University Press/McGraw-Hill Education.

Issacs, W. N. (1999). *Dialogue*. New York, NY: Doubleday.

Joas, H. (2000). *The Genesis of Values*. Cambridge, United Kingdom: Polity Press.

Kauffman, S. A. (1995). *At Home in the Universe*. New York, NY: Oxford University Press.（『自己組織化と進化の理論——宇宙を貫く複雑系の法則』スチュアート・カウフマン著，米沢富美子訳，筑摩書房，2008年）

Marshak, R. J. (2004). Generative Conversations: How to Use Deep Listening and Transforming Talk in Coaching and Consulting. *OD Practitioner*, 36(3), 25-29.

Marshak, R. J., & Grant, D. (2011). Creating Change by Changing the Conversation. *OD Practitioner*, 43(3), 2-7.

Mead, G. H. (1934). *Mind, Self, and Society*. Chicago, IL: University of Chicago Press.（『精神・自我・社会』G・H・ミード著，稲葉三千男，滝沢正樹，中野収訳，青木書店，1995年）

Meek, J. W., De Ladurantey, J., & Newell, W. (2007). Complex Systems, Governance and Policy Administration Consequences. *Emergence, Complexity & Organization*, 9(1-2), 24-36.

Mowles, C. (2011). *Rethinking Management*. London, United Kingdom: Palgrave Macmillan.

Prigogine, I., & Stengers, I. (1984). *Order out of Chaos*. New York, NY: Bantam Books.（『混沌からの秩序』イリヤ・プリゴジン，イザベル・スタンジェール著，伏見康治，伏見譲，松枝秀明訳，みすず書房，1987年）

Robertson, D. A., & Caldart, A. A. (2008). Natural Science Models in Management: Opportunities and Challenges. *Emergence, Complexity & Organization*, 10(2), 49-61.

Scott, J. C. (1990). *Domination and the Arts of Resistance: Hidden Transcripts*. New Haven, CT: Yale University Press.

Senge, P. M. (1990). *The Fifth Discipline*. New York, NY: Doubleday.（『学習する組織——システム思考で未来を創造する』ピーター・M・センゲ著，枝廣淳子，小田理一郎，中小路佳代子訳，英治出版，2011年，原書増補改訂版）

Shaw, P. (2002). *Changing the Conversation*. London, United Kingdom: Routledge.

Shaw, P., & Stacey, R. (Ed.) (2006). *Experiencing Risk, Spontaneity, and Improvisation in Organizational Change*. London, UK: Routledge.

Shotter, J. (1993). *Conversational Realities*. Thousand Oaks, CA: Sage.

Stacey, R. (2001). *Complex Responsive Processes in Organizations*. London, United Kingdom: Routledge.

Stacey, R. (2003). *Complexity and Group Processes*. London, United Kingdom: Brunner-Routledge.

Stacey, R. (2010). *Complexity and Organizational Reality*. London, United Kingdom: Routledge.

Stacey, R. (2011). *Strategic Management and Organizational Dynamics* (6th Ed.). London, United Kingdom: Pearson Education.

Stacey, R. (2012). *The Tools and Techniques of Leadership and Management*. London, United Kingdom: Routledge.

Stacey, R. (Ed.) (2005). *Experiencing Emergence in Organizations*. London, United Kingdom: Routledge.

Stacey, R., Griffin, D., & Shaw, P. (2000). *Complexity and Management*. London, United Kingdom: Routledge.（『複雑性と管理——単なるブームなのか、あるいはシステム思考に対する根源的疑義なのか』ラルフ・ステイシー，ダグラス・グリフィン，パトリシア・ショウ著，杵渕友子訳，城西短期大学紀要24巻1号，2007年）

Streatfield, P. (2001). *The Paradox of Control in Organizations*. London, United Kingdom: Routledge.

Van de Ven, A. (1992). Suggestions for Studying Strategy Process: A Research Note. *Strategic Management Journal, 13,* 169-191.

Waldrop, M. (1992). *Complexity*. London, United Kingdom: Viking.（『複雑系——科学革命の震源地・サンタフェ研究所の天才たち』ミッチェル・ワールドロップ著，田中三彦，遠山峻征訳，新潮社，2000年）

Willmott, H. (1993). Strength Is Ignorance, Slavery Is Freedom: Managing Culture in Modern Organizations. *Journal of Management Studies, 30*(4), 1-38.

Willmott, H. (2003). Renewing Strength: Corporate Culture Revisited. *Management, 6*(3), 73-87.

第8章 協働的探究としてのコンサルティング

J・ケビン・バージ

　協働的なコンサルティングとは、ほとんど構成化されていないプロセスのことである。第7章と第17章で論じられるように、コンサルタントは基本的に、役割やプロセスに関する細かい交渉をすることなく、組織の流れに身を投じる。多くの場合、協働的コンサルティングは、共同的探究の一形式である。つまり、会話を十分に活用して探究の焦点を明確化し、意味と行動の新しい枠組みを生み出すプロセスを考え、自らの経験について熟考し、そして、将来に必要なステップを決めていくことである。

　すべての対話型ODのコンサルティングは協働的である。というのも、コンサルティングにおける会話とは本質的に、コンサルタントと彼らが関わる人々との協力により成り立つ行為であり、コンサルタントとクライアントという異なる立場の人々が互いに意見を交わしながら展開していくものだからだ。コンサルタントの仕事は会話の中にあり、会話を通してするべき仕事が明らかになる。

　組織の変革とは、コンサルタントとクライアントが、新しいメンタルモデル、理解の仕方、センスメーキングの枠組みを組織に取り入れることによって、既存の会話を変えることである。そのために、既存の考えや立ち現れる考えに目を向ける。また、質問によってそれらの発想をより豊かにして、従業員たちが常識や当たり前のことと見ている物事を新しく捉えられるようにする。

　このように、コンサルタントの仕事はクライアントとの協働的作業である。その作業を進める中で、両者は新しい会話の形、意味と行動の新しい理解の

仕方と枠組みを創出し、組織に取り入れることができる。ODコンサルタントの最も重要な仕事は、「会話や話し合いをホストして人々の参加を促すことであり、振付師あるいは演出者となって『コンテナ』の形成をサポートし、参加者たちの会話を設計し促進することである」(Bushe and Marshak, 2014, p.196)。対話型の視点に立つODコンサルタントにとって重要なのは、組織のメンバーやステークホルダーと協働できているかどうかではない。大切なのは、他者との会話を通じてどのような協働関係を共創したいか、そして、どのような協働関係を通して自分たちの会話によって他者に刺激や変化を与えたいかである。

　組織を生産的な方向に発展させる会話は、有益かつ実行可能な知識を生み出すものでなければならない。シャインが提唱するプロセス・コンサルテーションの概念が重視するのは、人々が探究を通して、自らの経験をふりかえり、将来に役立つ新しい意味と行動を生み出すことである (Schein, 1999, 2002)。ODコンサルタントと組織のメンバーやステークホルダーの会話は、ステイシーが第7章で述べているように、再帰的探究として、また、協働的探究を通して有益かつ実行可能な知識が生まれる学習する会話として考えられるだろう。協働的探究は、人々が会話の中に持ち込む異なる見方や専門知識、価値観、信念を、知識の創出を促進する触媒として利用する (Van de Ven, 2007)。お互いの間にある違いに取り組むことを通して学習と実行可能な知識が生まれるという考え方は、本書の根底に流れる主張と一致する。それは、対話型ODの根幹となる価値観は、多様性を認めることと違いについて考えることであるという主張である。コンサルタントが違いを重視する場合、彼らの会話は、すべての意見が出そろうことを確認する民主的な実践を具現化するだけではない。もしそのような違いが、将来の新たな可能性を開拓するために、肯定と同時に否定の意見も引き出すようなものであれば、生成的能力を育むことになるだろう (Gergen, Gergen, and Barrett, 2004)。

　本章は、対話型ODのコンサルタントが組織のメンバーと協力して学習する会話と協働的探究の促進に取り組む際に、彼らが誘発・設計する会話について考える。対話型ODとは学習する会話を有効に利用するプロセスであり、

さらに意味を創出し、行動の新しい様式を作り、それらを維持することを目的とする協働的探究であると考えるなら、このプロセスの中核となる会話がどのようなものかをまず明らかにしなくてはならない。

シャインは、特定の主題、特定の情報、または専門性に重点を置くコンサルティングと、今起きていることのプロセスを見極めるコンサルテーションを区別している（Schein, 1999; 2002）。後者はプロセス・コンサルティングの領域であり、コンサルタントは人々と協働して組織の変革に取り組む。ODコンサルタントは組織の日常において人々が困難やチャンスに遭遇した場合、彼らがその実態をよく調べ、意味を把握し、適切な対応が取れるようサポートすることによって、彼らがそれまでとは異なる考え方ができるように支援する。コンサルティングの仕事は、クライアントが目の前にある問題を理解し、問題に真摯に向き合い、解決方法を見出す段階で率先して取り組むことができるよう、会話を通してサポートすることなのである（Puutio, Kykyri, and Wahlstrom, 2009）。

ハーセルボとニールセンは、ODコンサルタントは共同の学習プロセスの形成を目指すべきだと提案している（Haselbo and Neilsen, 2000）。この共同の学習プロセスとは、コンサルタントが組織のメンバーと協力して、人々が組織について、そして特定の現象についての意味を形成する過程について考え、組織を構成する意味の構造について積極的に探究し、組織を前進させていく新しいアクション・プランを展開するためのプロセスである。私は同僚のサラ・デンプシーとともに、協働的探究に関連する会話をその特徴によって4つに分類した。共同ミッション（co-missioning）、共同設計（co-design）、共同内省（co-reflection）、共同アクション（co-action）である。本章の最後には、学習する会話と協働的探究に付随して生じる、さまざまな緊張状態を取り上げる。ODコンサルタントは、人々の相互作用に関して、事前に準備したり、それに対処したりする中で、そこに現れる緊張状態を無視するわけにはいかないからである。

共同ミッション

ODコンサルタントは、コンサルティングのプロセスに関して、互いに相手側に期待することを探り設定するためのクライアントとの会話の場を、早い段階で設けなければならない。それがパートナー関係を築いていく。コンサルタントと組織のメンバーは、それぞれ異なる利害を持ち、目標もさまざまで、目的も違っているため、共通の焦点づけや課題を特定するのが難しい。たとえば、ミーズの指摘によれば（Mease, 2012）、多様性を専門とするコンサルタントは、より民主的で人間らしい職場を作ろうと情熱を持って取り組む。一方でクライアントとなる組織のメンバーは、多様性を学ぶトレーニングとコンサルティングを「ビジネスの事例」と結びつけ、業績目標の達成にどう役立つかと考えながら取り組むことが多い。このような相互に異なる目標や目的を調整して、「共同ミッション」を明確化することが重要である。「共同ミッション」とは、コンサルタントと組織のメンバーにとって行動の拠り所となる、共同の課題認識と目的意識であり、互いの責任を明確にするためのものでもある。

共通ミッションを明確化するための会話は、次のような問いを考えるためのものだ。「目の前の状況に新しい洞察をもたらし、お互いの責任も含む自分たちの関係性を築いていけるようなコンサルテーションを実現するために、重点を置くべき焦点をどのように共創できるだろうか」。質問の前半部分に答えるには、意味の形成と行動に新しい考え方をもたらすきっかけとなるような経験について、質問したり、ふりかえって考えたりしながら探究することが必要となる。コンサルタントは、きっかけとなった経験や成果について、もっとよく知りたいとコンサルタントと組織のメンバーが思うように、会話を構築しなければならない。たとえば、キャンベル（Campbell, 2000）は、コンサルテーションへの依頼は、一般的に次のような内容が多いと述べている。「(1)研修・トレーニングの依頼、(2)グループ内の関係性に取り組む依頼、(3)組織の方向性と課題を特定する依頼、(4)この3つの組み合わせ」（p.44）である。トレーニングや対人関係はそれ自体「解決されるべき問題」であるだろう。一方、共同ミッションのための会話を通して、当初の依頼から移行

することもある。エントリーと契約を論じる第10章で詳しく説明されるように、共同ミッションのための会話は、当初の依頼の枠を超えて展開し、依頼の内容に大きく影響する要素についてより深く検討し、コンサルテーションの最中にさまざまな当事者が担うことになる期待と責任を明確化することを目的としている。

　一例を挙げよう。コンサルタントとしてまだ駆け出しの頃、私は自分の大学の内部コンサルタントとして、上級管理職グループのファシリテーターを依頼された。問題は明らかで、彼らはより秩序立ったディスカッションを必要としており、私の役割はミーティングを構成して、その進行をサポートすることだった。コンサルタントとして新米だった私は、世間知らずも甚だしく、何の疑いも抱くことなく、問題に対するグループのメンバーの言い分を素直に聞き入れた。私は自分の役割についてグループのメンバーと直接話し合っていなかったので、どの程度まで彼らの内省を促すべきか、また、彼らが自ら作り出していたジレンマや課題をどの程度まで彼らに認識させるべきか、きちんと理解できていなかった。

　当時の私が共同ミッションの設定に真剣に取り組んでいたならば、ファシリテーションが必要であることを早く共有できるような会話の場を、彼らとともに作っていただろう。また、力関係についても話し合っていただろう。しかし、私自身が雇用されている立場であり、彼らの経験に異議を唱え、彼らが好むセンスメーキングをないがしろにするようなことはできなかったのである。コンサルテーションの開始時に、共同ミッションについて徹底的に話し合わなかったために、結局、グループ内の多様な目標と目的意識を調整することができず、さらにメンバーが自らの経験を語る機会を設けることもできないままに終わったのである。メンバーが自分たちの経験を真剣に内省するよう導き、新しい洞察を生じさせることがファシリテーターとしての私のミッションであった。だが、問題についてより秩序立った、無難な、そして表面的な話し合いができればよいという彼らのミッションと対立し、その結果、私は彼らの精神の最も深いところに根付いていた価値観と先入観に挑戦することはできなかったのである。

第8章　協働的探究としてのコンサルティング　［287］

共同設計

　共同設計［協調設計と訳されることも多い］は、ここ数年の間に現れた新しいアイデアである。IT（Sanders and Stappers, 2008）、顧客サービス（Steen, Manschot, and De Konig, 2011）、ストラテジック・プランニングと変革プロセス（Somerville and Nino, 2007）を含む多くの分野において、ニーズに合ったプロセスの設計をじっくり話し合う場に複数のステークホルダーの参加を促す方法として適用されている。

　共同設計が目指すのは、特定のプロジェクトに関わる人々の間に当事者意識を培うことだ。というのも、プロジェクトには、さまざまなステークホルダーが独自の意見を持って集まるからである。人は自分が創り出したものは自分事にできる。共同設計には、徐々に時間をかけて広がっていく、協働的な場の設定が必要である。その中で、ステークホルダーたちはプロセスを設計し、それを試し、メンバーのさまざまなニーズに合うように修正を加えていく。

　コンサルティングの文脈では、共同設計のための会話において次のように問いかける。「意味の形成と行動の新しい様式の創出を促すために、コンサルタントと組織のメンバーは、コンサルティングのプロセスを構築して実践する方法を話し合う会話を、どのように共創できるだろうか」。この質問によって、私たちは、個々のミーティングの設計の選択肢と、会話の全体的なシステムの設計について考える（Kimball, 2013）。

　スパーノ（Spano, 2001）は、コミュニティ開発におけるイベントの設計と戦略的プロセスの設計を比較する際にも、同様の区別の仕方をしており、この件は第2章と第9章でも論じられている。イベントの設計とは、特定のミーティング、トレーニング、または相対的に自己完結型のエピソードである会話の設計のことだ。一方の戦略的プロセスの設計とは、時間とともに多様なイベントが関連し合って統一性がもたらされるような全体的なシステムの設計である。コンサルタントと組織のメンバーが共同設計について話し合う場合、特定のイベントをどのように構成するかを重視することもあれば、数カ月から数年にわたって断続的に展開される長期的な一連のイベントをど

のように構成するかに重点を置くこともある。

　対話型ODに関する文献には、人々を招集して、重要な問題を大規模なグループで話し合う対話の設計に役立つ数多くの手段、方法、形式が紹介されている（52頁の表1.2参照）。また、これら以外に日々の会話の中で利用可能な手法や技法もある（第11、16、17章を参照）。これらの手段、方法、形式は、コンサルティングの過程で会話の構造を考える際に、コンサルタントや組織のメンバーがリソースとして利用することができる。また、組織のメンバーと協力してプロセスを設計する場合、特定のアプローチだけを取り入れて会話を構成することも可能だ。

　たとえば、アプリシエイティブ・インクワイアリー・サミットは、戦略的計画設定における大規模な会話のプロセスに利用できる形式と設計を提供する。あるいは、さまざまなリソースを利用して、組織のメンバーとともに独自の設計を考える方法もある。一例を挙げれば、トライバル・カレッジ［先住アメリカ人が運営する高等教育機関］を通じて先住アメリカ人の生活に情報技術を導入するというプロジェクトの戦略的計画設定では、5段階からなるプロセスが設計された。組み入れられたリソースは、アプリシエイティブ・インクワイアリー、プロスペリティ・ゲーム、学習サークル、電子投票、コンセンサス・モデル、アクション・プランニングである（Barge et al., 2008）。このような設計に取り組む場合、コンサルタントには臨機応変に対応する能力が必要だ。彼らは組織のメンバーと協力しながら、さまざまな手法の異なる要素から必要な部分を抜き出して、取捨選択し、首尾一貫性と目前の課題解決という両方の要件を満たすよう会話に組み入れなくてはならないからである。

共同内省

　プーチオ（Puutio, 2009）は、コンサルティングにおける内省の重要性を唱え、内省はプロセスを重視するコンサルティングの会話において鍵となる要素であると述べている。ラエリン（Raelin, 2001）によれば、内省とは「その人が今置かれている環境で、最近起こった事象が自分と他者にとってどのよ

うな意味を持つのかを、一歩離れて客観的に考える行為」（p.25）である。内省のプロセスは、その人の思考と解釈を前意識［意識と無意識の中間にあって、意識化の可能な領域］から意識のレベルに単に引き上げる以上の役割を果たす。内省は、経験について異なる解釈や視点から考えることができるよう、また、その人なりの意味の形成を見直すことができるようにするためのプロセスである。既存のシステムに疑問を抱く個人やグループの思考システムに、新しい情報が取り入れられ、その結果、意味の形成と行動のパターンが変わることが可能となる。コンサルタントは、探究の過程において、一人ひとりの思考に揺さぶりをかけ、意味の形成と行動の新しい可能性を引き出すためのさまざまな内省が生まれるよう慎重にサポートする。

　最近の例を紹介すると、STEM（Science：科学、Technology：テクノロジー、Engineering：エンジニアリング、Mathematics：数学）の領域で評価の低い人々の参画を拡大するための方法を検討したケースが挙げられる。このケースでは、雇用主のグループがミーティングを開催し、そのような実習生や従業員に最も適した職務やプログラムを決めることに自分たちが強力なリーダーシップを発揮するべきだという考えのもとで、ミーティングを始めた。しかし、ミーティングに参加した他のステークホルダーのグループによるフィードバックと、ファシリテーターからの質問と意見によって、彼らが当初に掲げた考えは効果を問われることになる。ファシリテーターはフィードバックをもとに、雇用主のグループが自分たちの立場について考えるという建設的な揺さぶりを行った。自分たちの考え方に疑問を投げかけられた雇用主のグループは、他のグループの意見に耳を傾け始め、彼らと協力しながらSTEMに問題を持つグループの参画を拡大するための機会を進展させていくことが、自分たちの役割であると考え始めたのである。共同内省を促す会話を活性化する質問は、次のとおりである。「組織のメンバーが経験についてじっくり考えられる内省の機会を提供することによって、また、質問することによって、私たちはどのように会話を共創できるか」

　コンサルタントがいざない、調整していく、共同内省のための会話は2つのレベルで発生する。1つはコンサルタントとともに仕事をする組織のメンバーとの間の会話であり、プロセス・チェックとも呼ばれる。コンサルタン

トは時折、組織のメンバーとともに、プロセスがうまく機能しているか、意義のあるものになっているかどうか、チェックする必要がある。プロセス・チェックは、さまざまな会話の中で質問を投げかけたり、あるいは、プロセスの経過について内省を促し、必要な修正を加えるためのミーティングを開催したりすることによって実践される。

　2つめのレベルでは、特定の出来事や現象に関連するメンバーやグループの経験について、彼らが自分なりに検討できることに焦点づける。この会話は、彼らがそれまでとは異なる視点から、自分の経験について内省するためのものである。たとえば、内省のプロセスは実習としてしばしば用いられる。その内容は、人々が自分の考えを述べ、それに対するフィードバックを受け取ることによって、自分がどのように見られているか、他者からどのような存在として考えられているかを知り、自分自身についての新しい認識をどのように新しいアイデアの構築につなげていけるかを考える機会を与えられるというものである（Campbell, 2000）。

　オリバー（Oliver, 2005）は、内省のプロセスの構造化を示す、素晴らしい事例を紹介している。内省の手段として彼女が利用する手法の1つは、領域モデルと呼ばれ、組織の活動はそれぞれ独立しているが、互いに関連する3つの領域で展開されるとするモデルである。(1)生産の領域：どのように課題を成功させるかを考える。(2)説明の領域：自分たちの行動を正当化するためのストーリーを語る。(3)美意識の領域：立派な、品格のある、熟練に達した行為とはどのような行為であるかを考える。

　行動マネジメントのトレーニングとして、彼女は組織のマネジャーを集めて、3つの領域に対応する3つのグループに分けた。次に、特定の問題について、各グループにそれぞれの領域の視点から考えるよう促し、その後の全体でのセッションで各グループによる内省の結果を共有した。さらにオリバーは、各グループがすべての領域の視点を経験し、問題を異なる視点から考えることによって、より深みのある繊細な理解ができるようにすることも可能だと指摘している。バージとオリバー（Barge and Oliver, 2003）は、異なる立場のステークホルダーを参加させる方法、実話や噂話、裏話、聞き流される話の関連性に注目する方法、および時系列化を用いる方法など、内省を

第8章　協働的探究としてのコンサルティング　[291]

集団で行う手法を数多く紹介している。

共同アクション

　共同アクションのための会話とは、組織内での将来の活動の可能性を広げるものである。共同アクションを促す質問は「コンサルタントは、組織のメンバーとともに、将来の活動の可能性を広げる会話をどのように共創できるか」である。共同アクションの会話は、まずコンサルティングの最中に現れるアイデアや知識を収集するための会話の枠組み作りに焦点を当てるという場合がある。また、第15章で詳しく論じられるように、コンサルティングの最中または終了後に展開される次の活動やアクション・プランのプロセスの明確化に重点を置く場合もある。キャンベル（Campbell, 2000, p.84）は、コンサルタントの重要な役割は、長期的な探究を可能にするような、また問題を話し合う会話が継続されるような、将来の構造づくりをすることだと述べ、次のように主張した。「社会構成主義のモデルが示唆するのは、コンサルタントが組織を離れた後も、有意義な会話が長期にわたって継続されるような条件を組織内に整える必要があるということだ」

　同様にピアース（Pearce, 2007）もまた、会話には余生があるとした。つまりコンサルタントが去った後も、ずっと会話は続いていくという意味である。したがって、コンサルタントにとって最重要課題は、コンサルティングを通して共創される意味の形成、活動、および実践が、将来も継続されて発展し続け、コンサルタントが去った後も組織の習慣の一部として組み込まれるような会話の構造を創ることである。

　共同アクションとは、他者との探究を通して得られた知識を共有し、組織をさらに発展させていくために、コンサルタントと組織のメンバーがどのように協働するかを考えるためのものだ。共同アクションは、将来への取り組みに向けて共同で生み出された知識の意味、有用性、および影響力について、深く考えるための会話の場となるフォーラムや手段を開発する必要がある。たとえば、学習グループが利用される場合、組織のメンバーはトレーニン

グ・セッションで習得した知識を職場に持ち帰り、それを実際に試してみて、さらに学習グループからのフィードバックを得て、次のトレーニング・セッションで学んだことを発表する（Barge, 2008）。あるいは、新しい会話の文化を組織の習慣にする方法が選択されることもあるだろう。会話の場を作る場合、参加者が知識について話し合い、問題の意味を理解し、可能であれば、自分たちの組織での実践に一石を投じるような活動を具体化できるフォーラムを設計することが大切だろう。

設計としてのコミュニケーション

第9章で詳しく論じられるように、優れた実践とは決して暗記したセリフを会話で話すことではない。重要なのは、どのような会話にすればよいかを、特定の状況の特定の瞬間に、賢明に選択することである。対話型ODのマインドセットに基づいて活動するコンサルタントが常に念頭に置いているのは、次の問いかけである。「協働的探究をさらに進めるために、共同ミッション、共同設計、共同内省、共同アクションのための会話を設計し、対処する方法を、いかに賢明に選択できるか」。この問いの前提となっているのは、会話は相互作用に関する潜在的な問題に対処するための行為であり、コンサルタントが設計する会話は対話型ODの価値観の影響を受けるということだ。

製品や物品、サービスが特定の目的や利用法に合うように設計されるのと同様に、設計としてのコミュニケーションという見方は、会話もまた、特定の目的や意図に合うように設計できると考える（Aakhus, 2007）。そのためには、コミュニケーションの様式について考えなければならない。つまり、イベントやミーティングに特定の会話の構造を導入するための、また、会話の最中に何らかの変化を起こすための、コンサルタントが他のメンバーとともに作り上げたいと希望するコミュニケーションの様式である。

設計としてのコミュニケーションは、人と人の生産的な相互作用を促進するように、また、難解な話や首尾一貫性のない話も登場し、厄介な問題の話し合いも起こるように、会話とディスコースを作ることは可能であるという

前提から始まる。オークス（Aakhus, 2007）が言うように、「コミュニケーションの設計は、相互作用を見直してコミュニケーションの可能性を高めることを目指した、技法、道具、手順を創造し開発していくことを通して、進行中の活動に働きかける時に起こる」（p.112）のである。この考えの根底にあるのは、人は人間関係の問題に直面すると、戦略やテクニックを駆使して会話をコントロールすることで問題を解決しようとするものだという一般的な考え方である。コミュニケーションを設計可能なものとして捉える考え方は、人にもコミュニティにもコミュニケーションの方法に好き嫌いがあると認め、さらにOD実践者の役割は、コミュニケーションのあり方に関して規範となる形を明示し、その理想的な形にできるだけ近づける手段やアプローチを考えることだと示唆している。

設計としてのコミュニケーションは、記述的要素と規範的要素の両方を併せ持つ。まず、設計としてのコミュニケーションは、私たちの関心を行動の効果、つまり相互作用における成果に向かわせる。このレンズを通して見る場合、コンサルタントは行動または会話を設計されたものとして解釈することができるだろう。また、コンサルタントは、会話の中で何が起こっているか、相互作用に関してどのような問題がいま起こっているか、相互作用のパターンに影響する、どのような設計上の論理を人々は用いているのかを説明できるだろう。

設計としてのコミュニケーションは、相互作用の問題に対処するためのコミュニケーションの理想形に焦点を当て、規範を定める要素も持っている。コンサルティングの文脈では、特定の状況においてどのような相互作用の問題が起こりうるかを考え、そのような問題に対処するために、会話の中に問題解決の足掛かりになる要素を組み入れる方法を検討する。足掛かりになる要素とは、特定のミーティングやイベントの設計であったり、会話の流れの中で自然に行われる意味づけ、質問、話のとりまとめなどだ。

コンサルタントが働きかけのために用いるリソースは、会話を用いた基本的なコミュニケーションのプロセスである。オークスとジャクソン（Aakhus and Jackson, 2005）は、相互作用に影響を及ぼす多数の要素を明らかにしている。具体的に挙げると、発言する順序を決める形式、アイデンティティ・マ

ネジメント、相互作用の結論、行動を調整するために会話を修正する方法、および文化的先入観などである。対話型のイベントの設計者は、これらの基本的なコミュニケーション・プロセスを修正したり形を変えたりして、生産的な相互作用を促進する手法を編み出すことができる。たとえば、アプリシエイティブ・インクワイアリー・サミットは、物事を肯定的に捉える姿勢とポジティブさを重視することによって、アイデンティティの問題に対処し、課題に向き合うための手法とも言える。互いに相手を批判したり、問題を批評したりする必要がなくなると、人は組織で機能していることや、組織の中核となる価値観に意識を集中できるようになり、人間関係においても前向きになることができるのである。次のセクションで論じるが、肯定的に捉える姿勢のように、協働的な探究の設計原理として機能する価値コミットメント（価値観を説明するもの）は多数存在する。

対話的感性

設計としてのコミュニケーションは、コンサルタントが、共同ミッション、共同設計、共同内省、共同アクションのための会話の相互作用をどのように活性化できるかという点を重視する。対話型ODの枠組みの中で焦点となるのは、相互作用の望ましい形とはどういうものか、設計に対する考え方を決めるのはどのような規範的価値観かである。すべての伝統や実践コミュニティは、行動に影響する暗示的または明示的な価値観を持っている。私たちはこれを感性と呼ぶかもしれない。これらの価値コミットメントは、実践者が状況に応じて自分の振る舞い方を決める際に、正しい行動、魅力的な行動、あるいは品格のある行動であるかどうかを判断するための基準となる。実践者は感性に基づいて、自らのコミットメント、その状況に特有の事情、あるいは、自分が利用できる手法や技術のレパートリーなどに適合する選択を行う（Barge and Little, 2002, 2008）。アリストテレスはこのような知恵を**実践知**と呼んだ。次に何をするべきかを決めるために、状況の全体を見る視点と特定の問題を考える視点の間を行き来しながら考えることである。感性は、特

定の状況に対応する順応性を実践者に与えてくれる。すなわち実践者は、これらの価値コミットメントを利用して、さまざまな会話の中で、あるいは会話と会話の関係性の中で、首尾一貫しながら特定の状況に対応していく。

　対話型ODも、コミュニケーションの望ましい様式を形作る価値コミットメントの影響を受けるという意味では、他の実践手法と何ら違いはない。ODコンサルタントが真剣に対話的な感性にしたがって実践に取り組もうと考えているならば、対話的な感性の意味を明確化する必要がある。これらの価値コミットメントを説明するには多くの異なる方法があるが（Barge, 2006; Barge and Little, 2002; Barge and Andreas, 2013）、ここで私が提案するのは、実践に必要な対話的感性に影響を及ぼす5つの価値コミットメントである。

1. **肯定**。コンサルタントは、組織の順調な側面、核となる価値観、および活力と活気の源泉となる要素に人々の関心を向かわせるような会話にいざない、その設計を考える。
2. **関係性**。コンサルタントは、問題の本質、歴史、現在の状況、および潜在的な将来の可能性について、人々の理解を深めるための会話にいざない、その設計を考える。
3. **生成的能力**。コンサルタントは、会話、アイデア、ものの見方、問題の枠組み、ポリシー、および問題の解決策の新しい形が創出されるための、個人およびグループの能力を育む会話にいざない、その設計を考える。
4. **想像力**。コンサルタントは、参加者の想像力に訴えるような、また人々の創造力を刺激するような会話にいざない、その設計を考える。
5. **会話**。コンサルタントは、会話を発展させるために、会話の流れ、リズム、およびペースを調整する方法に注意を払う。

　これらの価値コミットメントは、ODの価値観でもあるが、コンサルタントが会話の流れに働きかけるための方法を、その時々に状況に応じて選ぶ際の指針として役立つだろう。また、これらの価値観は、肯定的な会話、関係性を考える会話、生成的な会話、想像力を刺激する会話、ならびに発展性の

ある会話を他者と共創し、維持できているかという観点から、自らの実践を評価する際の基準にもなる。さらに、イベントを準備する段階で会話の設計を考えたり、イベントの最中に進行中の会話の内容を評価したり、あるいはイベント終了後に会話の内容についてふりかえったりする際の評価基準としても利用可能である。

創発、緊張、そして協働

コンサルタントが関わる状況は、すべて特有である。つまりコンサルタントは、その時々の状況に特有の様相に細心の注意を払い、どのような会話の構造や打ち手を導入すれば、生産的な協働関係を築くことができ、協働的な探究を実践できるかを考えて判断していく必要がある。対話型ODは対話に基づく実践に重点を置いているため、対話中に現れる相互作用の問題や課題、ジレンマに伴う緊張状態に対処するコンサルタントの役割を重視している。対話に焦点を合わせるアプローチは多種多様だが、共通するのは、対話的なプロセスには必ずと言っていいほど敵対意識による緊張が生じることだ（Stewart and Zediker, 2000）。たとえば、対話型の実践アプローチは、会話の内容が結論に向けてまとまる方向なのか、あるいは、もっと議論が発展していくのか（Gerard and Ellinor, 2001）、共同的思考に向かうのか、あるいは、それぞれの立場を重視する方向なのか（Barge and Little, 2002, 2008; Bohm, 1990）、生成的になるのか、あるいは、非生成的な方向に進むのか（Gergen, Gergen, and Barrett, 2004）など、それぞれの会話の流れの分かれ目に対処する手法だと考えることができる。基本的に対話の根底には緊張状態があるため、コンサルタントは、その状況に特有の緊張状態の出現に注意を払い、どのような相互作用の問題が生じているのかに注目することが大切である。

対話の中に出現し、対話の設計プロセスと協働的な探究に影響を及ぼす可能性のある緊張状態はいろいろ考えられるが、意見、時間との関係性、知ることの方法に分けて捉えることもできる。

意見

　意見に関わる緊張状態は、対話における意見の多様性、これらの意見の関係性、意見を強力にコントロールするのか、あるいは、コントロールを控えるのか、などの要因に影響される。緊張を招く1つめの要因として、インクルージョンとエクスクルージョンの問題が挙げられる。この種の緊張は協働的な探究の文脈において特に重要な意味を持つ。というのも、コンサルタントは組織のメンバーと協力して、特定の会話に誰を招いて誰を除外するか、判断しなくてはならないからである。たとえば、ある組織は、仕事の流れをより系統立ったものにするために、組織文化を変革しようと取り組み、関連する会話にすべての従業員を参加させると決めた（Barge, 2008）。しかし、全員参加を決めたばかりに、適切なタイミングで適切な人に参加してもらうことができないままに、数年が経ってしまったのである。

　緊張状態をもたらす2つめの要因は、意見の一致と不一致、プロセスにおいてどの程度まで意見をまとめるべきか、そして、異なる意見を取り入れるべきタイミングはいつなのか、という問題である。ワイスボードとジャノフ（Weisbord and Janoff, 1995）が『フューチャーサーチ』の中で推奨するのは、ブレインストーミングや多様な選択肢の検討が必要な場合は、異質なメンバーから構成されたグループを用いること、そして、意思決定や問題解決のためには、同質のメンバーからなるグループを用いるという方法である。どのような状況にも特有の事情が伴い、また、意見の一致・不一致に対処するための方法は多種多様であるという現実を踏まえれば（たとえば、Holman, 2013）、コンサルタントはその状況に合った戦略を発展させていく方法を慎重に考えなければならない。

　3つめの要因は、権力のバランスに関する問題をどのように扱うかである。プーチオ、キキリ、ワールストロム（Puutio, Kykyri, and Wahlstrom, 2009）は、コンサルテーションの最中にアドバイスを与える立場に付随する力関係の問題を取り上げている。ODコンサルタントの立場を考えれば、コンサルタントは十分な能力と専門知識を持っていて当然と見なされ、さぞや貴重なアドバイスを授けてくれるだろうと期待される。しかし、経験を積んだコンサルタントであれば、アドバイスには危険が伴うことを承知している。アドバイ

スはクライアントをコントロールするための手段と見なされるかもしれないが、実は、アドバイスを与えることによって、クライアントは自分たちの経験の意味を解釈するという難題に取り組む必要性から解放される。また、アドバイスの通りに事が運ばないとなれば、コンサルタントは失敗の責任を押し付ける格好の生贄になってしまうのである。

プーチオと同僚たちは、コンサルタントがアドバイスを与える事例において、彼らがどのように力関係の問題に対処しているかを紹介している。彼らによれば、コンサルタントは、アドバイスを与えるタイミングを遅らせる傾向があり、アドバイスの影響力を抑えるために、「これは1つの考え方に過ぎませんが」などの責任を回避するような言い回しを用いることが多いという。「これは1つの考え方に過ぎませんが」や「このアイデアが何らかの形でお役に立つかどうかははっきり申し上げられません。あなたはどう思われますか」などというコメントも用いていけば、コンサルタントとしての立場に伴う力を緩和しながら、アドバイスを求めるクライアントの要望には応えられる。

意見に関連して緊張状態をもたらす要因として最後に挙げられるのは、論調である。対話型ODが発展するに伴い、アプリシエイティブ・インクワイアリーやポジティブ組織心理学の領域で多数のアプローチが開発されている。これらのアプローチは、重要な会話において、非常にポジティブで肯定的な論調を奨励する。そのために、「否定的な」意見や「批判的な」意見もプロセスには必要だという側面を見えにくくしている。たとえば、アプリシエイティブ・インクワイアリーを実践するコンサルタントの中には、クライアントが問題解決に重点を置いたテーマに取り組む場合、そのクライアントは、欠陥を想起させる言葉を使わないようにするべきだと主張する人々もいる。その種の言葉は、直ちに非難や否定的な感情に結びつき、結果として資源や資産などの経済的な側面を重視する言葉が出るようになる、というのが理由である。しかし、ポジティブな意見のみを取り入れて、否定的な意見に耳を貸さなくなると、否定的な感情を持つ人の数を減少させるという、一種の感情的な優生主義が生じ、組織の発展に必要不可欠な多様性が損なわれ、革新や変革をもたらす能力をも低下させてしまう（Barge and Oliver, 2003）。

第8章　協働的探究としてのコンサルティング　299

対話型OD実践者は、「否定的な」意見であっても生成的な影響力を持つ
ように気を配る必要がある（たとえば、Bushe, 2013）。コンサルタントは、批
判的な意見、説得力に欠ける意見、弱い立場の人たちから出される意見など
を無視したり、表に出ないように押さえつけたりしてはいけない。コンサル
タントの役割は、システムが前向きに移行していくことを可能とする、新し
い意味と行動が生まれるように、そのような意見をうまく取り入れることで
ある。

時間との関係性

　時間との関係性においては、緊張状態が、時間の枠組み（コンサルティング
の期間という時間枠、そして、会話や話し合いの焦点が、過去、現在、未来のどこに当
てられる必要があるのかという時間枠の両方）や、タイミング（コンサルティングの
どの時点で特定のイベントや改革を導入するべきか）と、どのように関連している
かを考える。グループや組織に関連する研究分野では、時間に注目する人々
が増えている（Arrow et al., 2004; Bluedorn and Jaussi, 2008）。時間に関連する
緊張状態の1つめは、コンサルタントが質問を考えたり、会話を設計したり
する際に重視する、時間の枠組みと関連している。最近の傾向として、一部
の対話型ODの手法は、クライアントに問題の解決策をわかりやすく示すた
めに、未来志向の質問や手法を用いることの重要性を強調する。未来のス
トーリーを過去や現在のストーリーと関連付けることに対しては、2つの異
なる意見が見られる。まず、1つの見解は、過去や現在のストーリーにス
ポットライトを当てることで、人々が蓄積してきた素晴らしい人生経験を探
索できると考える。過去と現在の出来事や行動に基づいて未来のストーリー
を創造することは、組織の未来に展開される望ましいストーリーの可能性と
潜在性を、確かな証拠で裏付けることになるからだ。もう1つの見解は、過
去と現在のストーリー、特に問題点に焦点を当てることはあまりよい方法で
はないとみなす。そのようなストーリーは、システムの問題を指摘する欠陥
強調型のストーリーや、システムの変革を中断する批判型ストーリーを生じ
させる恐れがあるからだ。むしろ、望ましい未来の形に焦点を合わせること
によって、異なる種類の対話を生じさせ、意味の形成と行動の新しい可能性

を切り開くことができると考える。対話型の実践者が過去と現在のストーリーをうまく活用するためには、望ましい未来のストーリーとどのように関連づけるか、そして、そのようなストーリーに組織を発展させる要素があるかどうかを考える必要がある。

　時間に関連する2つめの緊張状態は、ペース配分に関係する。どの程度のペースで会話を進行させるべきかという問題である。一部の対話型ODの理論家は、人々が自分たちの経験についてより深く考えることが可能となるため、探究のプロセスはゆっくり進めるほうが有効であると主張している（Isaacs, 1999）。その一方で、機敏に対応すること、迅速に行動することの必要性を説く理論家もいる。たとえば、大規模なグループでは、合意に至るまでに長い時間をかけていてはエネルギーを消耗してしまい、納得できる合意を形成できないという主張である（Bushe, 2007）。場合によっては、会話を早々に切り上げることが有効だ。たとえば、計画案を作り、それを現場に持ち込んで詳細に検討してもらい、実際にテストしてみるというプロセスを素早く進めなければならないような場合である。

　ODコンサルタントは、グループをよく観察して、たとえば、会話に集中できていない、メールを無視する、書類のチェックに手を抜くなど、メンバーが仕事を早く進めたいと思っている兆しがないかを見極めなくてはならない。一方、人々が自分の仕事にフラストレーションを抱えているような場合には、ペースを落とす必要がある。たとえば、オープン・スペース・テクノロジーの二本足の法則は、自分のペースで興味のある会話に参加しようというアプローチであり、時間とペースの感覚が同じ人々が集まって会話を進めることができる（Owen, 2008）。さらにコンサルタントは、グループが気分転換を必要としていないか、経験をふりかえるためにもっと考える時間を取る必要があるのではないか、といった点にも注意を払う必要がある。フューチャーサーチは意図的に2日間［オリジナルは3日間］のプログラムとして設計されており、一晩の「浸透時間」を設け、参加者にじっくり考える機会を提供する（Weisbord and Janoff, 1995）。

　3つめの緊張状態は、人々の時間感覚が調和しない場合に生じる。ブルードーンとジョージー（Bluedorn and Jaussi, 2008）によると、人によってそれぞ

れ時間に対する感覚が異なり、会話のペースやリズムについても好みが分かれるという。テンポの速い会話を好む人もいれば、じっくり話すのを好む人もいるということだ。（前述したトライバル・カレッジで行われた）プロスペリティ・ゲーム［複数のグループ間での交渉や葛藤解決を体験するシミュレーション実習］のファシリテーター養成トレーニングのエピソードを紹介しよう。私はあるコンサルタントが先住アメリカ人のグループを担当するのを観察した。参加者の一人が、自分たちはもっと時間を取って、問題についてじっくり話し合う必要があると発言した。それに対するコンサルタントの答えは「いや、先に進もう。次の回までにとりあえず成果を発表しなくてはならないから」というものだった。ファシリテーターの時間感覚は、プログラムの構成とその通りに進めなければならないというプレッシャーに支配され、他方、先住アメリカ人の時間感覚は、彼らの文化的背景の影響を受け、問題について合意に達するまでに十分な時間をかけることを優先した。このケースでは、2種類の時間感覚はうまく調和することなく、葛藤の原因になったのである。

知ることの方法

　対話型OD実践者は会話を通して実践に取り組みながら、同時に、既存の理解の仕方と知識を基にして、新しい理解の仕方と実践可能な知識を生み出す。あらゆる人間のシステムには、知識と見なされるものについて、また、知識を創出する適切な方法について、それらの基となる前提が存在する。これには認識論と、知るために人々が用いるさまざまな方法が関係している。知の様式に伴う緊張状態には少なくとも2つの種類がある。それぞれ経験的知識と分析的知識、肯定と異議の関係性に関連している。

　1つめの緊張状態は根拠とする知識の違いから生じる。ショーン（Schön, 1983）の古典的著作は、組織の活動を考える場合、実践者と学者では根拠とする知識が異なることを強調している。ショーンは沼地のメタファーを用いて次のように説明する。実践者は沼地の低い所に自ら身を置くため、自分たちの経験とその場所に関する知識を用いて沼地を抜ける方法を考えなくてはならない。その一方で、学者は沼地でも高みにある地盤の固い所に立って、実際起こっている事象を遠目に見ながら意見を述べたがるという。

この例は実践者と学者の違いを物語るだけでなく、組織のメンバーの中にある違いにも当てはめることができる。たとえば、組織の変革において現場で変革を導入する責任を負う人々は、自分たちの経験的知識を活用して、日々の仕事に及ぶ直接的影響に基づいて、変革がもたらすプラスとマイナスの結果を論じるだろう。一方、組織の上層部の人々はより戦略的な仕事に取り組んでおり（たとえば変革の設計など）、彼らの日々の仕事のパターンと内容が変革によって大きく変わることはないと思われる。彼らは、数字で表される分析的知識を用いて、業績の向上、原価削減、投資利益率などのプラスやマイナスの結果を強調しようとするだろう。

　対話型ODのコンサルタントは、このような異なる種類の知識をうまく扱わなくてはならない。それができない場合、人々はそれぞれ異なる結論を導き、組織に対立が生じる恐れがある。たとえば、戦略的な業務を担当する上級マネジャーと仕事をする場合、対話型ODのコンサルタントは、現場で変革を導入する役割を担う従業員の意見を彼らに伝え、変革が現場の仕事にどのような影響を及ぼすかを理解してもらう必要がある。反対に、現場の従業員と仕事をするときは、投資利益率や業績を気にする上級マネジャーの話を会話に織り込み、変革を促進しなければならない理由について、現場の従業員がよりよく理解できるようにサポートするのである。

　会話の中でコントロールされるべき2つめの緊張状態は、人々がすでに知っていることの肯定と、彼らが信じていることへの挑戦の間に生じる。ボーム（Bohm, 1996）は、すでに知っていることを一旦保留して、発見のプロセスに参加するよう人々に呼びかけ、そうすることによって、「すべての意見についてその意味を知ることができ」、「たとえ完全な合意に達しないとしても、**共通の文脈を共有**することができる」と主張した（p.30）。

　ガーゲンたち（Gergen, Gergen, and Barrett, 2004）は、会話における意味を作るプロセスは肯定と補足のプロセスから成り立つと主張している。ある人が会話の中で発言したとする。それに対する返答は、発言の一部を肯定しながら、同時に、違う要素を入れることによる反応（補足）で異議を唱えることが可能となる。たとえば、ある組織のメンバーがチーム・ミーティングの最中に、「今回の再編は、従業員の士気に悪い影響を与えるのではないかと

私は心配しているのです」と発言したとする。コンサルタントは、「士気の問題以外で、再編の影響に関して何か他に心配なことはありますか」と聞き返すことによって、彼の発言（士気）を肯定すると同時に、新しい要素（他に心配なこと）を導入して補足もしている。

難しい課題となるのは、生産的な緊張状態が維持されるように肯定と補足を取り入れていくことである。というのも、補足のない肯定から学習が生まれることはほとんどなく、逆に、肯定がなく補足だけがある場合、人々は自分の経験が認められていないと感じて反発するかもしれない。そのため、一部のコンサルタントは「システミック」と呼ばれる、ソクラテスの問いの形式と円環的質問の技法を用いて、人々の返答の中に、および、返答と返答の間に肯定的な要素を取り入れながら、そこに異論も挟んで、会話に新しい情報が加えられるように工夫している（Oliver, 2005）。

本章のまとめ

対話型ODの枠組みの中でコンサルティングを実践する場合、すべての活動はクライアントとの協働作業である。コンサルティングの仕事は会話を通して実践され、会話とは他者との協力により成り立つ行為であるため、協働しないという選択肢はありえない。ODコンサルタントの実践の重点は「どのように協働関係を築くか」から、「共通の目的を達成するために、どのように他者と会話を共創するか、そして、学習を促進する会話にどのようにいざない、進めていくか」という側面に移行している。

協働的コンサルティングを実践するための対話的アプローチは、3つの重要な前提を基盤としている。1つめの前提は、協働的コンサルティングを協働的な探究の一形式と捉えることである。協働的な探究は対話を用いて、問題点の明確化、行動とその行動への内省を生じさせるプロセスの設計、自らの経験を省みること、将来に向けてするべきことの決定などに取り組む活動である。その中で用いられるのは、共同ミッションの設定、共同設計、共同内省、共同アクションのための会話である。

2つめの前提は、特定の問題や課題に焦点を合わせるための会話の設計は、始まる前に行うことも、進行中の会話の流れの中で行うことも可能だということだ。設計によって結果が決まるというような単純な因果関係は想定されないが、特定の方法で会話を構成すれば、共通の目的を達成する可能性が高まると仮定できる。

3つめは、対話型ODの視点に立つ場合、ODの価値観にしたがって会話にいざない、設計することが重要だということである。そのような価値観に含まれるのは、肯定、関係性、生成的能力、創造性、対話の概念である。

組織における協働的な探究と学習を重視し、新しい洞察、考え方、行動を可能にする会話の共創は、科学的行為ではなく、芸術的行為である。真の芸術家と同様に、素晴らしい作品（会話の内容）を作り上げるためには、インスピレーション（対話型の価値観）、適切な道具（設計としての会話）、原材料（会話の構造と進め方）が必要だ。しかし、協働的コンサルティングそのものに特定して考えるならば、素晴らしい作品は単に芸術家一人の意欲があるだけでは完成されない。コンサルタントと彼らとともに仕事をする人々が、ともに実践を進める中で、彼らが共有する価値観から生まれる力によって完成される共同作品なのである。対話型ODのコンサルタントがこれらの価値観を他者との会話の中で実現するとき、人々と協働する関係が築かれ、生成的な会話が生まれる可能性が高まるのである。

第8章　協働的探究としてのコンサルティング　「305」

引用文献

Aakhus, M. (2007). Communication as Design. *Communication Monographs*, 74, 112-117.

Aakhus, M., & Jackson, S. (2005). Technology, Interaction, and Design. In K. Fitch & R. Sanders (Eds.), *Handbook of Language and Social Interaction* (pp.411-436). Mahwah, NJ: Lawrence Erlbaum Associates, Inc.

Arrow, H., Poole, M. S., Henry, K. B., Wheelan, S., & Moreland, R. (2004). Time, Change, and Development: The Temporal Perspective on Groups. *Small Group Research*, 35, 73-105.

Barge, J. K. (2006). Dialogue, Conflict, and Community. In J. Oetzel & S. Ting-Toomey (Eds.), *The Handbook of Conflict Management* (pp.517-544). Thousand Oaks, CA: Sage.

Barge, J. K. (2008). Working Appreciatively to Foster Cultures of Public Service. In S. Odugbemi & T. Jacobson (Eds.), *Governance Reform Under Real-world Conditions* (pp.195-206). Washington, DC: World Bank.

Barge, J. K., & Andreas, D. (2013). Communication, Conflict, and the Design of Dialogic Conversations. In J. Oetzel & S. Ting-Toomey (Eds.), *The Handbook of Conflict Management* (2nd ed.) (pp.609-634). Thousand Oaks, CA: Sage.

Barge, J. K., & Little, M. (2002). Dialogical Wisdom, Communicative Practice, and Organizational Life. *Communication Theory*, 12, 365-397.

Barge, J. K., & Little, M. (2008). A Discursive Approach to Skillful Activity. *Communication Theory*, 18, 505-534.

Barge, J. K., & Oliver, C. (2003). Working with Appreciation in Managerial Practice. *Academy of Management Review*, 28, 124-142.

Barge, J. K., Lee, M., Maddux, K., Nabring, R. N., & Townsend, B. (2008). Managing Dualities in Planned Change Initiatives. *Journal of Applied Communication Research*, 36, 364-391.

Bluedorn, A. C., & Jaussi, K. S. (2008). Leaders, Followers, & Time. *The Leadership Quarterly*, 19, 654-668.

Bohm, D. (1990). *David Bohm: On Dialogue*. Ojai, CA: David Bohm Seminars.

Bohm, D. (1996). *On Dialogue*. New York, NY: Routledge. (『ダイアローグ──対立から共生へ、議論から対話へ』デヴィッド・ボーム著，金井真弓訳，英治出版，2007年)

Bushe, G. R. (2007). Appreciative Inquiry Is Not (Just) About the Positive. *OD Practitioner*, 39, (4) 33-38.

Bushe, G. R. (2013). Generative Process, Generative Outcomes: The Transformational Potential of Appreciative Inquiry. In D. Cooperrider, D. Zandee, L. Godwin, M. Avital, and B. Boland (Eds.). *Organizational Generativity* (pp.89-113). London, United Kingdom: Emerald.

Bushe, G. R., & Marshak, R. J. (2014). Dialogic Organization Development. In B. B. Jones & M. Brazzel (Eds.), *The NTL Handbook of Organization Development and*

Change (2nd ed.) (pp.193-211). San Francisco, CA: Wiley.

Campbell, D. (2000). *The Socially Constructed Organization*. London, United Kingdom: Karnac.

Dempsey, S., & Barge, J. K. (2014). Engaged Scholarship as Democratic Conversation. In L. L. Putnam & D. Mumby (Eds.), *The Handbook of Organizational Communication* (pp.665-688). Thousand Oaks, CA: Sage.

Gerard, G., & Ellinor, L. (2001). *Dialogue at Work*. Waltham, MA: Pegasus Communications.

Gergen, K. J., Gergen, M. M., & Barrett, F. J. (2004). Dialogue: Life and Death of the Organization. In D. Grant, C. Hardy, C. Oswick, N. Phillips, & L. L. Putnam (Eds.), *Handbook of Organizational Discourse* (pp.39-60). Thousand Oaks, CA: Sage. (『ハンドブック組織ディスコース研究』D・グラント，C・ハーディ，C・オズウィック，N・フィリップス，L・プットナム編集，高橋正泰，清宮徹編訳，同文館出版，2012年に収録)

Haselbo, G., & Nielsen, K. S. (2000). *Systems and Meaning*. London, United Kingdom: Karnac.

Holman, P. (2013). A Call to Engage: Realizing the Potential of Dialogic Organizational Development. *OD Practitioner*, 45, 18-24.

Issacs, W. (1999). *Dialogue and the Art of Thinking Together*. New York, NY: Currency.

Kimball, L. (2013). Changing the Organization One Conversation at a Time. *OD practitioner*, 45, 31-36.

Mease, J. (2012). Reconsidering Consultants' Strategic Use of the Business Case for Diversity. *Journal of Applied Communication Research*, 40, 384-402.

Oliver, C. (2005). *Reflexive Inquiry*. London, United Kingdom: Karnac.

Owen, H. (2008). *Open Space Technology* (3rd ed.). San Francisco, CA: Berrett-Koehler. (『オープン・スペース・テクノロジー──5人から1000人が輪になって考えるファシリテーション』ハリソン・オーエン著，ヒューマンバリュー訳，ヒューマンバリュー，2007年)

Pearce, W. B. (2007). *Making Social Worlds*. Malden, MA: Blackwell Publishing.

Puutio, R. (2009). *Hidden Agendas*. Jyvaskyla, Finland: University of Jyvaskyla.

Puutio, R., Kykryi, V.-L., & Wahlstrom, J. (2009). *Sensitivity and the Development of Meaning Potential. Discursive Practices in a Process Consulting Contract Meeting*. Unpublished manuscript, Department of Psychology, University of Jyvaskyla, Jyvaskyla, Finland.

Raelin, J. A. (2001). Public Reflection as the Basis of Learning. *Management Learning*, 32, 11-30.

Sanders, E. B. N., & Stappers, P. J. (2008). Co-creation and the New Landscapes of Design. *CoDesign*, 4, 5-18.

Schein, E. (1999). *Process Consultation Revisited*. Reading, MA: Addison-Wesley. (『プロセス・コンサルテーション──援助関係を築くこと』エドガー・H・シャイン著，稲葉元吉，

尾川丈一訳，白桃書房，2012年）

Schein, E. (2002). Consulting: What Should It Mean? In T. Clark & R. Fincham (Eds.), *Critical Consulting* (pp.21-27). Oxford, United Kingdom: Blackwell Publishers.

Schön, D. A. (1983). *The Reflective Practitioner*. New York, NY: Basic Books. (『省察的実践とは何か——プロフェッショナルの行為と思考』ドナルド・A・ショーン著，柳沢昌一，三輪建二監訳，鳳書房，2007年）

Somerville, M. M., & Nino, M. (2007). Collaborative Co-design: A User-centric Approach for Advancement of Organizational Learning. *Performance Measurement and Metrics*, 8, 180-188.

Spano, S. (2001). *Public Dialogue and Participatory Democracy*. Cresskill, NJ: Hampton Press.

Steen, M., Manschot, M., & De Konig, N. (2011). Benefits of Co-design in Service Design Projects. *International Journal of Design*, 5, 53-60.

Stewart, J., & Zediker, K. E. (2000). Dialogue as Tensional, Ethical Practice. *SouthernCommunication Journal*, 63, 224-242.

Van de Ven, A. H. (2007). *Engaged Scholarship*. New York, NY: Oxford University Press.

Weisbord, M. R., & Janoff, S. (1995). *Future Search*. San Francisco, CA: Berrett-Koehler. (『フューチャーサーチ——利害を越えた対話から、みんなが望む未来を創り出すファシリテーション手法』マーヴィン・ワイスボード，サンドラ・ジャノフ著，香取一昭，ヒューマンバリュー訳，ヒューマンバリュー，2009年，原書第2版）

第Ⅲ部

対話型ODの実践

第9章 変革を可能にするもの
対話型ODを推進するためのスキル

ヤコプ・ストーク

　対話型ODにおける変革とは、組織内の人々によって継続的かつ持続的に実現されるものである。そして、人々が自分たちの業務上のやり方について、あるいは、業務の目的や組織が目指していることに関する各々のストーリーについて、評価と見直しに取り組むことを前提にしている。そのような変革を推進しようとする対話型ODコンサルタントに必要とされるスキルとマインドセットを本章で述べていく。

　さらに本章では、対話型ODのアプローチに基づき、ミーティング、トレーニング、コーチングの一環として組織内で変革を推進する方法を実践的に解説していきたい。単に理論を立てるのではなく、実際のコンサルティングの現場でどのような変革の推進力が作用しているかを考察するのが本章のねらいである。

対話型 OD コンサルタントの役割

　すでに本書が指摘してきたように、対話型の視点に立って組織を変えるには、チェンジ・マネジメント関連の文献に共通して見られるマインドセットからの大きな飛躍が必要となる。レヴィン（Lewin, 1951）の「解凍－移行－再凍結」モデルは、変革を期間限定的な過程と捉えたもので、従来のODやチェンジ・マネジメント関連の文献は、このレヴィン・モデルを基盤として書かれてきた。これに対して、対話型ODは変革を継続的かつ持続的なプロ

セスと捉えるため、必然的に従来のODやチェンジ・マネジメントとは視点が異なってくる。対話型ODでは、組織は単なる「ハコ」ではなく、目的を達成する手段であり、創造と再創造のプロセスを絶えず繰り返す。

診断型ODのマインドセットでは、望ましい変化を起こすには予測し制御する能力が必要であり、この能力が組織の「安定」のレベルを引き上げると捉える。対話型ODのマインドセットでは、望ましい変化に向けて絶えず発展し続ける目標へと、人々のニーズや願望を導く相互作用的な会話を促す能力が必要だと捉える。このような対話型ODの視点に立った場合、変革は間断なく起こり続ける事象となる。あの時点での安定性組織化は、この継続的な変革に対処し、変革を目的へと導いた結果の力動的な状態を指すのである。

このような視点から見ると、アクションは絶えず起きている。一見すると停滞している状況であっても、それは同じである。「停滞」というのは、現状の複雑性に対応できていない実践が継続的に繰り返されている結果だからである。対話型ODのマインドセットは、相互作用的な会話に人々を引き入れることを重視する。相互作用的な会話とは、言葉を豊かにし、生成的なイメージを喚起し、物の見方や考え方が異なる者同士のさまざまな会話から立ち現れてくる社会的現実への対応を可能にするものである。このことから対話型OD実践者の役割は、レヴィンの言う解凍と再凍結ではなく、多種多様な会話を促し、導くことだと定義できるだろう。このような会話の目的は、ナラティブや実践、望ましい状態を見直すことに人々を引き入れることである。またその過程を経て、新たな目標や目的、それらを達成する方法を人々に再記述（Rorty, 1991）してもらうことである。

変革は、人々の行動にこそ求められる。だが、組織における人々の行動や振る舞いに変革を起こすには、具体的に何が必要となるのだろうか？　本章ではこの問いに対し、ある対話型ODの過程に実際に参加した人々の言葉を引用しながら、実践的に答えを導き出していきたい。対話型ODのある実例で人々が経験したことに基づいているが、広く一般に応用でき、組織の変革に何が必要であるかを説明するものとして考えている。

なお実例として紹介するのは、トレーニングが変革の重要な推進力となった、ある対話型ODコンサルティングのケースである。対話のプロセスにト

レーニングを統合する手法は、変革を後押しして持続させる強力なアプローチだと筆者は考えている。トレーニング・セッションの中で、参加者がさまざまなアイデアや物の見方を試せるからだ。さらにトレーニング・セッションには、新たな変革の意味を従来と別の表現で説明することにより、斬新な実践を促す効果も備わっている。対話型トレーニングは二次的な変革、つまり、人々が他者との関わり方を見直し、世界のあり方とそこでの自らの役割の意味を形成するような変革のための機会をもたらすのである。

ケーススタディ：変革の推進力

　筆者は先ごろ、ある地方自治体の法務部における変革ファシリテーション・プロジェクトに参画した。この法務部のリーダーは、組織内で発生した法的課題を解決する専門家という機能から、さまざまな課題に関与してファシリテーションを行うコンサルタントへの移行を実現したいと考えていた。それにより、提案や助言が望ましい成果を確実に導き出し、組織に対する同部の価値が高まると考えたためである。

　これまでもさまざまな課題に対して法的な提案を行ってきたものの、本来意図する形で組織を支援できていないという反省がリーダーにはあった。またときには、極めて困難な関係性の状況下でミーティングを強いられることもあり、フラストレーションや力の不均衡、意見の不一致が生じて、そのために専門的スキルを十分に発揮できず、どうすれば効果的に業務を遂行できるかわからないこともあったという。さらに、組織内のクライアントからのフィードバックとして、助言する際には組織を取り巻く環境や複雑性にもっと対処して、単なる法的助言にとどまらない提案を行うべきだとの声も上がっていた。

　以上の情報をもとに、本プロジェクトのスポンサーとなる法務部長と筆者の間でミーティングを重ね、対話型ODプロセスを策定した。なお、この前年に筆者は、困難な事例を検討するコーチングを同部のスタッフに実施していた。そして法務コンサルタントである一部のスタッフから、組織のニーズにより適したミーティングのファシリテーションやコンサルティングができるようになるための、さらなるトレーニングを受けたいとの希望が出ていた。

第9章　変革を可能にするもの　［313］

このようなことを踏まえて筆者が提案したのが、以下の3つの異なる取り組みに基づく、7カ月間にわたる対話型ODプロセスである。

1. 法務部の各スタッフと、リーダーである法務部長のファシリテーションの課題と学習目的に焦点を当てた、3回のコーチング・セッション。これらのセッションでの会話を通じて明らかになった学習ニーズを踏まえてトレーニング・セッションの内容を策定することにより、カスタマイズされたトレーニング体験の開発を目指した。

2. 法務部全体が参加する3回のトレーニング・セッション。各2日間のセッションでは、対話型ODとは何かを学び、参加者それぞれのストーリーや課題に基づいたトレーニングを行った上で、それらの体験から何を学べたかをふりかえった。2日間の最後には、日常業務に戻ってから取り組み、進展させていくことを自分たちで明確にした。

3. トレーニング・セッションとコーチング・セッションの合間には、新しいスキルの実践とその育成に同部スタッフがグループとして関与し、それによって組織内で実際に新たな実践を行ってその結果から学ぶことが可能となった。プロセスが進むにつれ、アクションラーニングのプロジェクトの数は増え、複雑性も増していった。実践のアクションラーニングによる学習を、トレーニング・セッションとつなげていくように用いることで、変革のストーリーと新たな経験の強化および裏付けを進めた。

これらのプロセスをまとめたものが、図9.1である。

この対話型ODプロセスの効果については、法務部のスタッフの1人が次のように述べている（原注1）。

（原注1）本章で紹介する事例の参加者コメントはいずれも、デンマーク語から英語に翻訳したものである。

第III部　対話型ODの実践

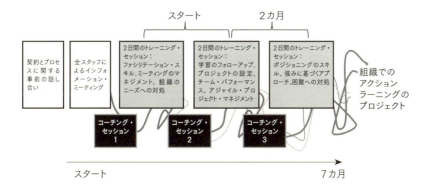

図9.1 法務部のケース

　設計されたプロセスは実際に機能したと思います。個人のセッションもあり、スタッフ同士がお互いをより深く知ることができました。相手が誰で、どのような仕事をし、どのように実践を変化させているか、理解を深められました。自分たちのニーズや、懸念事項も把握できたと思います。理論的トレーニングおよび実践的トレーニングの両セッションで問題点を洗い出し、解決していけたので、どこか楽しみながら、ごく自然な形でプロセスに参加できました。

　あくまで個人的な感想ですが。教室でじっと座って講義を聞き、帰宅後に宿題をこなすような、そういう感じではありませんでした。たぶん、単に講義を聞くのではなく、プロセスを通してお互いを活用しながら、セッションそのものを利用し、実践したからではないでしょうか。参加者自身が積極的にセッションに取り組むこと、つまりセッションの策定に寄与したことと、セッションが進むにつれて徐々に変化していったことが大きいと思います。参加者自身が入れ物に合わせて変化したというより、入れ物のほうが参加者の目的に合わせて変化した点が、大きな効果を発揮したと感じています。

　このような、プログラムづくりへの継続的な関与は、相互作用的な対話の

1つの例だと言えるだろう。参加者が入れ物に合わせて変化するのではなく、プログラムと意思決定が彼らの目的に合わせて変化する。この変化の過程こそが反応性［この文脈での反応性の意味は、変化する状況に反応して対応していくこと］の要点である。反応性は、時とともに立ち現れて変化する目的や意味を確実なものにしていく。

　対話のスタート時は、新たなスキルや実践の学習に焦点が当てられた。だが、最初のトレーニング・セッションの途中から、参加者間の会話を通じて、1つの部署としての機能の仕方にフォーカスが移っていった。こうした目的の変化は、直ちにプログラムそのものの変化、つまりは2日目の軌道修正へとつながっていった。こうした、意味や目的、内容についての絶え間ないやりとりは、この取り組みを通して続けられた。そして、新たに得たアイデアを実際の法務コンサルティング業務に応用することにより、参加者は新たな体験と学習を蓄積させていったのである。参加者の1人が以下に報告するように、このプロセスには参加者に内省の機会をもたらす効果があった。

　　私たちはどうありたいのかという問いについて考えることから始めました。以前は法律問題の解決を専門とした部署と考えていましたが、今では法務部としてどうあるべきか、組織内でどう見られたいか、どういう立場にありたいか、どのような選択肢があるか、といったことを考えながら業務に当たっています。状況によって法務部のあり方は変わるべきだと、今では思っています。つまり、状況に応じて組織内でどう見られたいか、なぜそのアクションを起こすのかといったことを、以前よりも強く意識しながら行動できるようになったと思います。

対話を通じて変革を起こすためのスキル

　首尾一貫したプロセスを創るには、コンサルタントは一連のさまざまなスキルを実践できなければならない。対話のスキルとして、ラポール［信頼関係］を形成する、開かれた質問を行う、仮説を立てる、参加者の話をよく聞

く、他者の環境から見た世界を想像するといった、変化を引き出す会話を生み、人々に関与してもらうスキルが重要である。ただし、必要なのは対話のスキルばかりではない。対話型ODにおいて身につけるべきスキルは他にも多数ある。バーネット・ピアース（Pearce and Pearce, 2000）は、対話型OD実践者がマスターする必要がある3つのスキルセットを提唱した。すなわち、戦略的プロセス設計のスキル、イベント設計のスキル、対話型ファシリテーションのスキルである。

戦略的プロセス設計のスキル

> 戦略的プロセス設計とは、変革の統一性のある「ナラティブ」を考慮して計画することである。変革の統一性のあるナラティブとは、組織のニーズや要件にマッチし、なおかつ、望ましい成果に結び付くような、意図的に選ばれた一連の会話（会話のまとまり）である。そのようなナラティブを、会話の初期段階に明確にすることもできる。なお、戦略的なプロセスは数週間から数年間にわたることもあるため、その過程において人々が学び、実践の中で新たな知識を応用する過程を通して、当然ながらデザインも変化していくこととなる（Pearce and Pearce, 2000, p.415）。

　法務部の事例では、所定の場所と時間で実施するべき一連のアクティビティを、統一性のあるナラティブで描くという、戦略的プロセス設計を行っている。統一性のあるナラティブの提示は極めて重要で、変革を容認していく段階で参加者が体験する不安を、うまく抑制する力を発揮してくれる。統一性のあるナラティブの提示はまた、対話のプロセスへの積極的関与が組織内で重視されていることを参加者に認識させるためにも重要である。説得力のあるストーリーラインや合理的説明をコンサルタントが提示できれば、戦略的プロセス設計はうまくいったと言えよう。
　戦略的プロセス設計は、変革のプロセスの始点・中間点・終点を明確にしていくことであり、人々が意味づけできるように説明することだとも言える。対話型ODの多くのアプローチは、このように変革プロセスにいくつかの段

階を設ける設計手法を用いているが、経験豊富なコンサルタントであれば、より革新的な設計も可能だろう。また大規模なシステムでは、第10章で紹介するように、デザイン・チームの支援の下で設計されることが多い。うまくデザインされた戦略的プロセスでは、参加者は目下のプロセスと変革が、望ましい成果につながっていくという確信のようなもの、あるいは、希望を持つことができる。さらに、先に紹介した参加者の引用が示すように、うまく運営されている対話型ODでは、当初のナラティブが示唆するよりもなお一層、反応的かつ創発的なプロセスを体験することが可能である。

　望ましい戦略的プロセス設計を実践するための、唯一のアプローチというものはまだ見つかっていない。筆者の経験上、アプローチは人それぞれである。だが、対話型ODコンサルティングにおいて押さえておくべきデザインの要点が3つあると考えている。

1. 筆者は草稿として、当該の取り組みの中心になってくると思われる会話フローを複数書く。初めのうちはざっくりとした下書きにすぎないが、第2稿ではより明確で統一性をもつものとなる。統一性が生まれたら、次はデザインと対話フローを美しく提示する方法を考える。グラフィック・ファシリテーションを用いた提示方法は、シンプルながら極めて適切なアプローチであり、テクニックとして身につけるのも簡単である（原注2）。

2. 望ましい成果を得るにはどのような会話が必要とされるか、それらの会話をいかにして実践できるか、という点に筆者は重点を置いている。組織がどのように運営され、意思決定を行っているか、さまざまな会話に誰が参加しているか、といったことはプロセス設計の意味を形成する際の重要な情報になっていく。デザインを100%完成させられることは稀だが、つながりが欠けているところは直感でわかるケースも多い。実際のコンサルティングでは、プロセスのいずれかの段階で立

（原注2）　詳細は次を参照：http://www.youtube.com/watch?v=S5DJC6LaOCI.

ち現れることによって、必要なつながりが見えてきてデザインを完成
できる。

3. 重要なのは、クライアントとの対話を継続することである。筆者の場
合は、デザインの過程でもクライアントと繰り返し話し合う。草稿は
ブレインストーミングのような対話でクライアントとともにミーティ
ングを行う際に生み出すことが多く、ミーティング後にブラッシュ
アップする。最近では、3年間に及ぶ大型プロジェクトの草稿を提案
しなければならないことがあった。その際はミーティングの席におい
て、対話アプローチで変革を目指す、異なる2種類のデザイン案を提
示した。

　万能の戦略的プロセス設計というものは存在しない。ある組織でうまく
いったデザインが、別の組織でも成功することはめったにない。とはいえ、
「必要十分な」統一性を備え、このプロセスならば望ましい成果に必ずたど
り着けると人々が信じることができるようなナラティブを提示できるなら、
それは優れたデザインと呼べるだろう。アプリシエイティブ・インクワイア
リーやオープン・スペース・テクノロジー、フューチャーサーチといった既存
の組織開発アプローチのように、広く認識されていることによる権威に頼っ
て、それらを利用することもできる。これはコンサルタントにとってもクラ
イアントにとっても、確かに魅力的で確実性の高い方法だ。しかしコンサル
タントにとっては、クライアントの目的に合わせてアプローチを変えるべき
ところを、アプローチに合わせて目的を変えてしまう危険性が潜んでいる。
　優れたデザインには、優れたコンサルティングが不可欠であり、そうでな
ければ望ましい違いを生み出すことはできない。そして、望ましい違いを生
み得るプロセスを設計するには、さらに2つのスキルが欠かせないのである。

第9章　変革を可能にするもの　319

イベント設計のスキル

> イベントとは、一度のミーティング中に行われる一連のアクティビティのことで、1時間足らずで終わるものもあれば、数日間にわたるものもある。意識的に配置された、一連の多くのタイプのイベントが、（対話の）戦略的プロセスにおいて実施される（Pearce and Pearce, 2000, p.416）。

　先の事例で見たように、さまざまなアクティビティを実施し、参加者の反応をトレーニングの内容（コンテント）やプロセスへと随時反映させることにより、デザインを微調整していくことが可能である。優れたコンサルタントは打つべき手を多数用意しているため、既存のアプローチや段階的なプランニングに頼ることなく、組織のニーズや要件に合わせた独自の提案ができる。つまり優れたコンサルタントは、プロセスと内容の選択に常に柔軟性を持たせて、人々の関与のレベルや新たに生まれた意味に呼応させてデザインを見直していけるのである。法務部のケースでは、戦略的プロセス設計は一種の足場として確保しておき、同じ業務環境の参加者グループ内での相互作用的な対話や、コンサルタントとスポンサーの間、各グループメンバーとの間の、および、グループ全体との間の関係性に基づいて、各セッションを個別に微調整していった。なお、創発的な対話のプロセスの各側面について詳細は後述したい。

　表1.2（52頁）の対話型ODアプローチの多くは、イベント設計に基づく方法論だと言える。オープン・スペースやワールド・カフェ、ワークアウトといったよく知られた手法に加え、ODコンサルタントがあまり多用しないが知っておくべきものとしては、シャレット、モーメント・オブ・インパクト、インターグループ・ダイアログなどがある。コンサルタントが経験豊富であればあるほど、これらの手法を「そのまま」使うのではなく、複数の手法を組み合わせることによって、特定の文脈においてより効果を発揮するデザインを生み出すことができる。

　さらに重要なのは、デザインの背後にあるマインドセットである。診断型ODは、望ましい成果を達成するために分析やプランニングを積極的に行う。

これに対し対話型ODは、より反応的で、進展していき、積極的関与を推進する手法である。診断型ODコンサルタントはクライアントと同化せず、あくまで組織の外側からアドバイスを提示する。だが対話型ODコンサルタントはクライアントと同化し、プロセスの一部となって組織の内側から助言するのである。また、診断型ODは明確なアジェンダと内容を設定し、それらを実施して、想定した学習成果に基づいた評価を行う。しかし対話型ODでは、そこまでの明確な設定はせず、より反応的、発展的、創発的である。

対話型ODと診断型ODの違いを、前者は「芸術的」、後者は「道具的」[心理学では、目的達成の手段になる行動などを「道具的」と呼んでいる。道具的コミュニケーション、道具的動機づけなど] と表現することもできるだろう。あるいは、前者を明確なデザインなしで柔軟に、かつ統一性をもって反応する能力、後者を明確なアジェンダの下でイベントを段階的に実施するアプローチ、と表現することもできる。こうした違いはあるが、必ずしも2つのアプローチのうちのどちらかを選択しなければいけないわけではない。いかなる変革の取り組みにも、芸術的な側面と道具的な側面がある。両者の最良のバランスは、状況によって異なる。とはいえ、複雑な状況や、適応を要する課題、厄介な問題などを取り扱う場合には、極端に道具的なアプローチはあまり効果を発揮しないようだ。また、対話的なアプローチのほうが説明が難しい反面、成功の比率は高いと考えられる（Weick and Quinn, 1999）。対話型のほうが、参加者を直接的にプロセスに取り込んで、組織内の個々の文脈を踏まえた意味のある変革をもたらせるからだ。

1つひとつのイベントが立ち現れる意味や人々のニーズに呼応していればいるほど、学習への積極的関与を高めることができる。このことが可能になるように、事例ではコーチング・セッションをもとにトレーニング・セッションの内容を見直す、各トレーニング・セッションの1日目が終了してから2日目の内容を決定する、ということをプログラムに組み込んでいた。またイベントの実施中、コンサルタントはジャズの即興演奏のように連続的に反応していく必要がある（Barrett, 1998, 2012）。つまり、音楽に身をゆだねながらも、曲が進むにつれてプレイヤーが増えるのに伴い、音楽やリズムに新たな意味が立ち現れることを信じ、そのチャンスをつかむ準備を整えておく

第9章 変革を可能にするもの ［321］

のだ。これを実現するには、ジャズプレイヤーと同様、コンサルタントもトレーニングやコンサルティングの経験が必要である。

　経験不足なコンサルタントであれば、脚本に忠実になることで確信を得ようとするだろう。だが脚本に忠実であることは、新たな意味や望ましい成果へとつながり得る、複雑かつ反応的な人と人との相互作用によって起こることを、事前に計画するというパラドックスに突き当たることも意味する。このパラドックスを克服するには、対話型ODコンサルタントは「舞台の上で」スキルを発揮しなければならない。参加者とその瞬間にともにあるスキル。参加者が変革に対して抱く不安を和らげるような答えや間違った確信を与えることなしに、そうした不安に対処して意味づけするスキル。そして、新たな可能性を生成するような会話を促すスキル。これらは、対話型ODコンサルタントに欠かすことができない。即時のアクション、そして未来に向けたアクションが可能となるために、とりわけこれらのスキルが重要である。これらのスキルが具体的にどのようなもので、どのように発揮できるかについては後述したい。

対話型ファシリテーションのスキル

　　イベントの成否の一部は、参加者が何らかの行動を起こしたその瞬間に、ファシリテーターがいかに対応するかに左右される。タイムキーピングのスキル、ツールを提供するスキル、会話の記録スキル、全参加者が考える十分な時間を確保するスキルなどが、ファシリテーターに求められる第1レベルのスキルである。第2レベルのスキルとしては、円環的・再帰的・対話的質問によってコメントをフレーミング／リフレーミングするスキル、参加者をリフレクティング・チームとして、あるいは組織を外から見る「観察者」として位置付けするスキル、そして、対話的コミュニケーション・スキルを参加者にコーチングするスキルの3つがあげられる（Pearce and Pearce, 2000, p.417）。

　引用中の第1レベルのスキルは極めて基本的なものだが、第2レベルのス

［ 322 ］　第Ⅲ部　対話型ODの実践

キルはより複雑であり、別格の理解力と実践力が求められる。表1.2の対話
型ODアプローチの一部は、ファシリテーション・スキルと見なすことが可
能だ。たとえば、アート・オブ・コンヴィーニング、ダイナミック・ファシ
リテーション、ナラティブ・メディエーション、オーガニゼーション・ラー
ニング・カンバセーションである。第2レベルのスキルについては、2つの
次元があると考えられる。一方は、会話の流れを保つために質問をすると
いった、外に向かって反応する力である。もう一方は、参加者の経験をその
瞬間に理解するような、コンサルタント自身の内部の経験に基づいたスキル
である。ピアース（Pearce and Pearce, 2000）は外に向かうスキルを数種類紹
介している。以下では3つの外に向かうスキルについて述べたい。

リフレーミング［違う枠組みから捉え直すこと］：参加者の言葉の裏に隠された意
図を、進行中のプロセスをサポートするような形で改めて明確化する能力の
ことである。たとえば、妨害的なコメントを発する人がいたら、その否定的
な意見の裏にある肯定的な意図を強調するような、肯定的なリフレーミング
を行う必要がある。何の解決策もアクションの提案も含まれない否定的意見
は、生産的な会話を妨げてしまう。さらに、残りの参加者が否定的な意見の
正しさや妥当性について論じようとすれば、とりわけその傾向が強まる。
　たとえばある参加者が、「お手上げだな、こんな会話じゃどこにも向かわ
ないよ」と言ったとしよう。ここでコンサルタントはリフレーミング・スキ
ルを活用し、「私たちがどこに向かう必要があるかを思い起こさせてくれて
ありがとう。そして、モチベーションを高く保つために、前に進むことが重
要です」などと応じることが可能だ。さらに続けて、「ではどうすれば、私
たちが望む成果に再び焦点づけて、賢い前進ができると思いますか？」とい
うように、リフレーミングを強化するような質問ができればなおよい。
　このように参加者の意見をリフレーミングすることで、コンサルタントは
どのような意見も等しく重要なのだと参加者に伝えることができる。この手
法には少なくとも2つのメリットがある。1つには、自分は正しい／間違っ
ていると参加者の誰一人として感じることのない、全員が中に含まれ、偏っ
た判断をしないような会話を実現できること。そして、何をするかについて

第9章　変革を可能にするもの　［ 323 ］

は指示せず、問題や互いの力動関係に対する別の視点を提示することによって、生成的能力を助長できることである。

　円環的質問：円環的質問とは、あらゆることが別の何かと関連していると参加者に気づかせることである。たとえば参加者が、今とは違う行動を取っている自分を想像しにくいことを表明したとしよう。法務部の事例では、社内のクライアントへの対応方法をどのように変えればいいかわからないという質問が法務部スタッフの1人から出た。これに対し筆者は次のように返した。「では、法務部のコンサルティングの方法についてどう思われますかとクライアントに尋ねたら、どのような回答が返ってくると思いますか？」、「望ましい対応方法が見つかったとして、変化を遂げたあなたによる対応を通じて、クライアントにどんな体験をしてほしいですか？」。つまり、円環的な質問を行うには、物事の関係性を別の視点から見るように促せばいい。

　人は外側から自分たちを見るような問いかけをされることで、「これは自分には無理だ」という考え方から、「自分にこれができたら、周囲は何を得られるだろう」と想像できるようになる。「自分をどう思うか」という質問と、「自分はどう思われていると思うか」という質問では、視点がまったく異なる。円環的質問は、参加者に主観的な視点と客観的な視点を同時に持たせることによって、それまでとは違う考え方を促し、一層の創造性と新しい行動様式を後押しするのである。

　リフレクティング・チーム［熟考や内省のためのチーム］：対話を進めてアクションを起こすという目標の達成を支援する、一種の反響板の役割を果たすのがリフレクティング・チームである。外に向かうスキルの1つが、リフレクティング・チームづくりをし、そのファシリテーションをすることである。対話では、誰かの課題が明らかになると、ほかの参加者はその問題にどのように対処すべきかのアイデアを出し合う。このとき、ほかの参加者は課題や不安を抱える人にただ助言するのではなく、リフレクティング・チームとなって課題の詳細に耳を傾ける。そして、課題を抱える人に直接語りかけるのではなく、参加者同士でそのジレンマについて話し合うように促される。

このような手法を取ることにより、課題を抱える人は個々の発言に応えずに、純粋に傾聴することが可能になる。すると、自己防衛することなく、より深く耳を傾けられるようになる。また、さまざまなアイデアの中から、自分にとって意味のあるアイデアを選ぶことも可能になる。結果的に、アイデアに対してより強固なオーナーシップ（当事者意識）が形成されるため、何がわかったか、今後どのようなことを進めていくかといった質問をされたときに、困難な問題に対する元々の見方から変化が生じていることがわかるのである。

内に向かうスキル

　コンサルタントに求められる3つめのスキルは、起きている問題や目の前にある問題に対する、自身の内的反応に目を向けて、それに対処する能力である。コンサルタントはコンサルティングの過程において、さまざまな身体的変化や感情を体験する。たとえば、喜び、恐れ、悲しみ、幸福感、脈拍の変化、発汗、口の乾き、さまざまな願い、欲求、モチベーション、内なる対話などである。これらの変化や感情に注目しながらコンサルティングを行うためには、まずコンサルタント自身がプロセスの当事者であり、目下の状況に反応を示すのが当然であることを理解しておかなければならない。つまり、対話型ODコンサルタントは自己に気づく力と内省のスキルを駆使して、人というものがさまざまな状況においてどのような身体的変化を起こすか、いかなる動機や欲求によってアクションへと駆り立てられるかを理解する必要がある。さらには、目下の状況に対処する能力しだいで、内なる対話をゆがめることも活性化することもあるのだと認識しておくことが大切だ。私たちの内なる自動的な反応からあふれ出す意味に気づかないなら、人は自らの意味だけに心を奪われ、他者に起こっていることや、他者が形成した意味を見失ってしまう。

　ソルソ（Solsø, 2012）は、コンサルティングにおいてこのような内的側面を育むことについて、興味深い語りを報告している。以下は、あるグループに対してソルソが行ったコンサルティングの最終日のエピソードの引用である。グループのリーダー（カール）がコンサルティング・プログラムを締めくくる言葉を述べた後の展開について、ソルソは次のように記している。

第9章　変革を可能にするもの　［ 325 ］

カールの言葉を受け、私は参加者一同の顔を見回した。何人かはうなずいていた。大部分は、これでコンサルティング・プログラムは終了だと納得した表情だった。だが、私自身は納得し切れないものがあった。はっきりとはわからないが、違和感のようなものを覚えていた。長い1日を終えた参加者の疲れを感じ取ったのかもしれない。あるいはそれは、もっと別の感情かもしれない。そのとき、プログラム参加者の1人であるエリースがカールに尋ねた。「あの……それで、あなたは私たちに何をしてほしいのですか？」

　私はカールの視線を感じ、ここは自分が一同に行動を促すべき場面だと悟った。とはいえ、胸の内にはまだ疑念がある。だがコンサルティングの過程で下すさまざまな選択について、コンサルタントはその意図を明確にし、クライアントに見せていくことが重要であると、自らのトレーニングの中で理論的に理解している。やはりここでは、プロセスの最終段階に関する私自身の意図を参加者に明らかにしなければならない (Solsø, 2012, pp.24-25)。

　再びカールがコメントを述べ、今度は別の参加者［カーステン］が不安と疑問を口にした。ソルソはさらに内省を続ける。

　（従業員で参加者の1人である）カーステンのコメントが、私自身の疑念にストレートに響いてきた。彼女のコメントはもっともな内容だったが、プロセスをさらに紛糾させるものであり、予定通りに終了するのは困難になりそうだった。グループの今後について適切な回答を提示しなければならないと、私は焦り、一同を見つめた。幾人かがうなずいて、カーステンへの賛意を示した。自分の考えをしっかり述べたカーステンは称賛に値する。問題は、グループが今後、具体的に何をどうすればよいかである……。

ソルソの内省のエピソードから、コンサルタントにはあるスキルが必要な

ことがわかる。それは、コンサルタント自身のあいまいさや不確実さを認める力、そして、その自覚を、その場で決断を下すための原動力へと変えるスキルだ。この事例では、コンサルタントであるソルソは参加者に決断を求められる以前から身体的変化を覚えている。しかし、ソルソは自身の心配に気づきつつ、即座に行動に移ってはいない。不安をきっかけに内なる対話を開始し、対応策をあれこれと考えて、打つべき手を検討している。第7章でステイシーが述べた「実践的判断力」を熟練したコンサルタントはもっていて、ファシリテーションをしているプロセスに関与する参加者のニーズに関係的に反応していくことができる。

　内に向かうスキルは、週末の集中講座で学べる類いのものではない。身体的変化にフォーカスした長期にわたるトレーニングと、熟練のメンターやプロフェッショナルとの関係性や彼らによる指導が不可欠である。たとえば、ソマティック・リフレキシヴィティ（身体の再帰性）の専門的技能を有したコーチや、身体心理療法士などに学ぶ必要がある（筆者の場合はプロの俳優やコーチに学んだ）。

変革を可能にする条件：実践からの学び

　ここまで本章では、対話型ODによる変革の推進力について、その理論を主に述べてきた。ここからは、実例をもとにコンサルティングの実践について論じていこう。自信を身につけ、熟練のコンサルタントになるには、十分な実践と体験が不可欠である。実践において最も重要なものは、手法やテクニックではない。エピソードの細部に関係的に反応するように関与していくことである。このことは、慎重に試みながら、対話的に構成された会話に他の参加者とともに十分に入り込んでいき、自発的にその会話の一部として自らが機能していくことを意味している。ショッター（Shotter, 1993）はこのような対話に基づいた相互作用的な関与を、「第3の知り方」［ショッターは、「第1の知り方」を理論的な知識（○○を知る）、「第2の知り方」を技術やスキルの知識（「どのように」を知る）、そして「第3の知り方」を共同の知識（他者とともに共同で知り、保持する）とした］と

第9章　変革を可能にするもの　［327］

呼んだ。手法やテクニックによるアプローチの違いは、単に地図を見ながら目的地を目指すことと、地図をたどって地形や風向き、太陽の動きなどを読むことの違いによく似ている。

　以下に先述の、法務部のさまざまなエピソードを引きながら、何が法務部にアクションと変革を促したかを紹介する。エピソードごとの短い説明とともに、参加者によるコメントを引用した。いずれのエピソードも法務部の事例という1つのケースから取ったが、多くの状況に一般化できると思う。

クライアントとコンサルタントの協働的な関係

　　　コンサルタントのおかげで、プロセスに対するオーナーシップ（当事者意識）を持てました。また、プロセスの過程において必要と思われる調整を実践する機会も得られました。

　協働的な探究に関する第8章でも述べたように、対話型ODコンサルタントはクライアントとパートナー関係にあり、両者の間に主従関係や対立関係は存在しない。両者は積極的に関与するプロセスを通して、互いに学んでいく。コンサルタントは参加者について、たとえばクライアントが何者であるか、どのように協働できるか、いかなる課題に直面しているかを学ぶ。クライアントもコンサルタントについて、同様のことを学ぶ。さらに、コンサルタントはプロジェクトの意味に関して、特にプロジェクトの進捗に伴って意味がどのように変化するかという視点から学ぶ必要がある。

　コンサルタントは常に、クライアントのグループや個人の中で起こっている、そして、周囲との間で起こっている学びに注目する必要がある。このような方法の1つとして、現状でいかなる変化が起こりそうか、明文化されていない課題や機会はないかを考えるアプローチが有効である。人は自らの置かれた環境を相手に理解されていることを実感できると、その相手への信頼を深めるからである。さらに、参加者がプロセスを共構築するという意味のある機会を持つことや、参加者が重要な意思決定をすることを確実にしていく。そのためには参加者に問いを投げかけ、参加者にとって意味あるプロセ

「328」　第Ⅲ部　対話型ODの実践

スや変化はどのようなものか、それらの意味を一層深めるには何をどのように していくことが必要かを尋ねることが大切である。加えて、参加者にとっ てのジレンマや、よい選択をするための互いのアイデアを明らかにし、それ らのアイデアに対して反応的に動くことで、参加者の意見や見方をエンパ ワーすることも可能になる。以下に引用するある参加者のコメントは、コン サルタントと参加者の関係性を示したものと言えるだろう。

　　コンサルタントは、私たちの置かれた環境を理解しようと心から努め てくれました。私たちが直面している複雑性や、組織内における私たち の役割、私たちの職務上のバックグラウンド、教育研修などを知ろうと してくれました。それらの理解に基づいて、法的手段に頼らずに法関連 の課題を解決する方法をいかに目指せばよいかを提案してくれました。 私たちの環境を理解した上で、法務部に適した形で変革プロセスを調整 してくれたのが、とてもよかったと思います。法務部のことを真剣に考 えているのが伝わってきました。変革プロジェクトの参加者のニーズや 観点を重視しながら、それと同時に、参加者の希望がコンサルタントの それと一致せず、時に参加者のある種の抵抗に遭ってしまうような場合 には、プロフェッショナルとしての誠実さや意志を保とうとする、その バランス感覚が重要なのだと思います。

別の参加者は次のようにコメントしている。

　　ともに決定を下し、ともに貢献し、積極的に参加するというのがどう いうことなのか、実感を伴って理解できました。このようなアプローチ だからこそ、さまざまなレベルにおいて効果を発揮できたのだと思います。 プロセスに参画しながら、自分の意見をきちんと伝えるとはどういうこ となのか、実践から感じ取ることができました。各セッションの合間には、 職場でこの体験を生かし、他の人たちに同じように関わるようになった と思います。

第9章　変革を可能にするもの　329

最初の引用からは次のようなことが読み取れる。参加者がコンサルタントとの緊密な関係構築を評価していること。コンサルタントが参加者の置かれた環境を掘り下げ、彼らが直面している複雑性を理解しようと努めたこと。コンサルタントが法務部の課題を正しく理解した証として、法的手段を用いずに法関連の課題を解決することを、遊び心を込めて、変革プロジェクトの目標として提案したこと。そして、コンサルタントがその専門技術を駆使し、自らの判断が参加者の考えと一致しない場合であっても自身の判断を曲げなかった点を、参加者が評価していること。対話型コンサルティングの一環として、専門的な提案を行うのは間違っているという認識があるが、それは誤って導かれた考え方である。むしろ、コンサルタントが自らの発言の裏にある考えについてオープンに伝えることで、コンサルタントの透明性をクライアントが感じ取る場合、コンサルタントが専門的な提案をしていくことは非常に生産的になり得るだろう。この立場や考え方はコンサルタントの間でも賛否が分かれている。

また、2つめの引用からは、コンサルタントと対話的な関係を結べたときに、参加者がどのように感じるかが読み取れる。そのような関係は、あらゆる可能性を生むものだ。人は相互作用的な関係を構築することにより初めて、相手への信頼を表明するようになり、自らの意見や考えが軽んじられることはないと安心できるようになる。すると人は主導権を握ろうとするのをやめ、その結果として、対話を通した変化が促される。この変化は、プロジェクト終了後に組織内での行動が変化するという形で実現される。対話型ODが持つ力の、優れた実例だと言えよう。

対話の環境作り

　このように集中的なミーティング・セッションは非常に重要だと思います。たとえば、会議室で毎週木曜日の午前中に2時間のミーティングを行っていたら、今回の集中ミーティングのような効果を得ることはできなかったでしょう。

イベントの準備に際しては、環境作りも重要である。望ましい環境はプロジェクトによって大きく異なり、統一性のあるナラティブの構築と併せて、さまざまな要素を検討する必要がある。最初に検討するべきポイントは、対話型ODコンサルタントを含めたプロジェクトの全参加者が、望ましい成果を得るためにどのような会話を必要としているかである。続けて、どこで何時間、対話を行うかを検討する。必須の要件はあるか？　部屋の中のアレンジメント（机やイスの配置）はどのようにするのがいいか？　基本的には、あらゆる重要なポイントについて心に留めて注意を向ける。会話の環境が、望む成果の達成を支援することもあれば、妨げることもあるからである。

　これらの要素は基本的なものだが、検討しないままで済ませてしまう人は多い。たとえば、大学は学習の場として最適な環境が整っているだろうか？筆者はこれまでに中国からグリーンランド、米国、北欧諸国など、さまざまな場所でコンサルティング業務に当たってきた。文化を背景とした、国ごとの実用的な違い、そして感覚的な好みの違いは極めて大きい。人を集めてイベントやトレーニングを実施するのに、どれほどの予算がかかるかを考えてみれば、ODコンサルティングにおいても予算について常に配慮する必要があるだろう。大規模なミーティングに遠くからわざわざ足を運んで参加してみたら、朝食は用意されていない、視聴覚設備は使えない、会議室のテーブルや椅子は整頓されていない、会議室は狭すぎて移動もままならない。そんな状態では、はなからつまずいてしまう。ミーティングの参加者にしてみれば、たとえクライアント企業がそれらをアレンジしたとしても、こうした簡単な準備の成否はコンサルタントの責任になる。

　法務部の事例では、グループ・セッションの際に参加者全員を収容できるような広さの部屋が必要だった。また、席を自由に替わりながら対話を行ってほしかったので、テーブルは円形を選んだ。テーブルには白のテーブルクロスを掛け、大判の用紙も並べることで、エレガントかつ清潔感あふれる雰囲気を作りつつ、テーブルでノートも取れるようにした。視聴覚設備も用意された。部屋へのエントランス周辺では、参加者を歓迎するとともに、対話を促すような雰囲気を出した。さらにコーヒーセット、肘掛け椅子、ハイテーブルなどの準備も必要であった。フリップチャートやペン、付箋といっ

第9章　変革を可能にするもの　331

た文房具類もクリエイティブなアクティビティ用に十分な数を揃えた。朝食には焼き立てのホームメードパンとカプチーノ、昼食にはおいしいビュッフェを用意した。朝食は贅沢なものではなかったが、すべてにおいて細部まで考慮しているという暗黙の了解を生むには十分だったと思う。コンサルタントはこのような環境作りによって、静かな環境でミーティングに専念できるという安心感に包まれた参加者から、リラックスした反応を引き出すことが可能になるのである。

　この事例では、参加者がいつものオフィスを離れることも大切だった。ある参加者はこうコメントしている。

> 　日常の業務は多忙を極めるので、集中ミーティングをオフィス以外の場所で行えたのは非常によかったと思います。また、2日間のセッションの間は業務から解放され、オフィスも離れられたので、とても集中することができました。

　事例では学習の舞台を設けるために、オフィスを離れた環境を用意することが重要だった。規律正しく、効果的に大量の業務をこなすという、法務部スタッフの方針に合致する、集中できる環境を生むためである。また、彼らの自己イメージを反映した環境であることも大切だった。自己イメージに合った環境を作れていなかったら、その点が参加者に問題視され、コンサルタントの判断ミスの一例と見なされて、対話やトレーニングにも悪影響を及ぼしていただろう。

成功への焦点づけ

> 　日々の業務に追われていると、仕事に没頭してしまって、自分たちがどれだけ忙しいのかさえ忘れがちです。だから、時々手を休めて会話をすることが大切なんです。仲間の成功を称えるためにも、知識を共有するためにも。

他者の成功例について尋ねるのは、多種多様な状況で大きな効果を上げることができる（Cooperrider and Srivastva, 1987）。成功の詳細について尋ねれば、その効果は絶大である。たとえば、具体的に何をしたか、何が起こったか、どのように起こったか、といった細部を尋ねるとよい。このような会話を行うことで、少なくとも2つの副産物が得られる。1つは、他者との直接的な関与を通じて、他者の知識を評価し、広められることである。さらに知識の普及によって、成功例の価値が高まるというメリットも得られる。人は、組織内で評価され、価値を認められる行動ならば、自分もやり続けたいと思うものだからだ。2つめの副産物は、学習の意図せぬ成果を知ることができるという点である。このような意図せぬ成果をパスカルとスターニン（Pascale and Sternin, 2005）は「ポジティブ・デビアンス（ポジティブな逸脱）」と呼んでいる。プロセスにおいて得られる顕著な成果は往々にして、意図せず生じるものである。ポジティブ・デビアンスの力は甚大であり、変革のプロセス全体に対して大きな学習効果を与えることができる。ポジティブ・デビアンスが起きた結果、「これができたなら、何だってできるはずだ！」といった言葉が参加者グループから発せられるわけである。

　法務部の事例では、ファシリテーションのための新たな手法の獲得が出発点となった。ここでは、2つの顕著なエピソードが確認されている。1つめは、法務部の変革を望まない、あるスタッフに関するエピソードである。当初から彼女は、変革プロジェクトの目的と妥当性に疑問を抱いていた。しかし、最初のミーティング後に180度の変化を遂げ、新たなアプローチの実践に才能を発揮し、グループ内の仲間の手本となった。2つめは、トレーニングがグループ全体に影響を及ぼしたエピソードである。トレーニングを経て、グループは業務パターンを見直し、個々に業務に当たるのではなく、協働するようになった。結果的にはこれが全体の流れの文脈にも影響を与え、単なるトレーニング・プログラムから、組織の変革プロジェクトへと進化したのである。

　また別の参加者は、すべての成功例と、組織および法務部の業務に最大の価値をもたらした要因についてふりかえるリフレクション実習について、次のように報告している。

第9章　変革を可能にするもの　　333

この実習のおかげで、自分たちがどれだけ前進し、どれだけ業務を見直せたかがはっきりとわかり、成功例を正しく評価できるようになりました。1つひとつの新たな挑戦に焦点づけて、ポジティブな体験を数多く得られる、優れた実習だと思います。この1カ月間で成し得た成果のすべてを、参加者全員が確実に把握するきっかけとなりました。

　組織内で刻々と行われている日常的な、その瞬間瞬間での活動も、このようにふりかえってみれば特別な体験あるいはストーリーとなり、模範として牽引する力をもつのである。参加者全員に対して成果をはっきりと示すことにより、変革を後押しし、さらなる前進をサポートすることが重要である。

インクルージョンの感覚を創ることへの焦点づけ

　みんなで一緒に取り組んでいる、共有しているという感覚がありました。全員で協力し合ったからこそ、成功したのだと思います。

　ODの変革プロセスは学ぶことを主な目的としているが、それはグループがグループとしてではなく、個人として学ぶという暗黙の了解がなされている場合がよくある。しかし、包括的な調査の結果、個人個人がプロセスに関与する人々とともに学んでいることが明らかになった。グループはグループであるからこそ、「実践コミュニティ」としてグループ全体で学ぶことが重要である（Wenger, 1998）。事実、社会心理学に関する初期の研究結果（Lewin, 1951）からも、人はグループの人々に誠実さを感じているのなら、新しい行動を実行する責任をもつことができ、前向きに行動を変えていけることがわかっている。このようなグループとしての学びを実現するには、プロセスの目的を積極的に共有し、インクルージョン（すべての人が中に入っていること、一体感）の感覚と所属感を醸成することが重要である。法務部の事例では、参加者の1人が自身の体験について次のように語っている。

第Ⅲ部　対話型ODの実践

一種の自主性が生まれて、変革を成功させたいと心から思えました。一緒に働く仲間とこの感覚を共有することが、物事を推し進めるには大切なんです。協力し合うことで、従来のやり方では不可能だったことも可能になるのではないでしょうか。自主性という言葉が適切かどうかはわかりません。むしろある種の闘志と言ったほうがいいのかもしれません。みんなで目標を共有し、当事者意識をもって臨めました。その感覚が、変革に最適な空間を生んでくれたのだと思います。時間が経つのも、プロセスが進むのもあっという間でした。誰もが前向きに参加し、成果を上げようと走り続けたのは、同じゴールをみんなが一生懸命に目指せたからだと思います。

　チーム・パフォーマンスに関する研究結果からは、全体のパフォーマンスが個人のパフォーマンスに勝るものであることがわかっている（Losada and Heaphy, 2004; Rath and Conchie, 2008）。事実、チーム・パフォーマンスは、組織のパフォーマンスと相関した唯一の測定単位でもある（Harter, Schmidt, and Hayes, 2002）。これは、学習にも、特定のタスクにも当てはまることだ。ただし、コミュニティが成功を収めるためには、コンサルティング・プロセスに注意を向けて、一体となることが欠かせない。コンサルタントの持つ対話型ODのスキルも大切である。チームにおける学習は、協働し、対話を実践できるか否かにかかっており、そこからアイデンティティや可能性、あるいは、感情や期待に関する新たなナラティブが生まれるからである。

遊びとしての学習

　いま手にしているツールは、以前から必要だと思っていたものにとてもよく似ています。でも使い方は、遊びながら、あるいは、以前には考えもしなかった方法で学んでいます。

　幼い頃からの私たちの遊びの能力は、学びの能力と深くかかわっている（Bateson, 1972）。人は遊びながら、実は2つのレベルの学びも体験する。最

第9章　変革を可能にするもの　335

初のレベルは遊びそのもので、ここでは遊びは即興で行われる。遊びながら、さまざまな役割や行動、アイデンティティを試行し、創り上げていくのである。しかし、次のレベルでは遊びは文脈の間の橋渡しをするように機能し、ここで人は既知の文脈と新しい文脈をつなぎ合わせようとする。遊びと仕事では、遊びのほうがずっと自由度が高い。仕事ではルーチンや規則、スケジュールによって役割の大きな部分が定められるからだ。したがって遊びには、何か新しくて優れたことを体験したときに、その文脈を別の場所で再利用する機会を得ることができる、つまり、最終的に仕事に戻ったときに、より容易に変革を実践できるという強みがある。学びの場では、喜びと笑いと楽しさに満ちた、明るい雰囲気を常に作ることが大切である。そうした雰囲気が、新たなアクションを試み、新しい形の実践を試行する気持ちを育むからである。また、過去の成功体験ほど、大きな自信をもたらしてくれるものはない。法務部の事例でも、参加者が次のように語っている。

> うまくいっている、理にかなっていると身をもって感じられると、単なる義務感ではなく、純粋な欲求として、他の場面でもそれをやってみたいと思うものです。今はいくつかのアプローチを遊び心とともに試みているところで、あるツールを試してみて、やっぱり別のツールのほうがよさそうだ、そのほうが理にかなっていると思えば、別のもので再挑戦するでしょうね。

　人は遊びにおいて、合理的な理由から今やるべきことを決めたりはしない。別のことを試したらうまくいった、という成功体験をもとに決める。プロジェクトの参加者は遊びの中で成功を体験することにより、そのときの遊びの文脈を日々の業務にも当てはめられるようになる。その結果、さまざまな課題に遊び心をより持ちながら、成否を気にすることなく取り組めるようになるのである。

安全性と不確実性のバランス

> プロジェクトを始めたばかりの頃は、プロフェッショナルスキルを磨くことが目的なのか、それとも、人としての成長を目指すことがねらいなのか、わかりそうでわかりませんでした。ホームグラウンドではないから、不安を感じていたんです。でもプロジェクトが進み、トレーニングを受けていくうちに、これはスキルを高めるためのものなのだと確信できました。

ODコンサルタントの多くは不確実性よりも調和を好み、参加者が自分たちの関与について肯定的で、幸せを感じるようにしたいものである。確かに、学びと変革のプロセスにおいてよい雰囲気を作るのは大切である。しかしながら、学習理論においても明らかなように、不確実性はときに、学びを強く促す要因にもなり得る。人は不安のない確実な環境に置かれたとき、潜在能力のすべてを発揮しようとはしない。これはスポーツ選手や子どもはもちろん、組織にも当てはまる。したがって、対話型ODコンサルタントの役割は、プロセスのバランスをうまく調整することにより、変革の可能性を見出すために、不快で未知なところに人々が入っていけるよう、十分なサポートを提供することである（この問題については第13章のコンテナをホストすることに関するセクションでも触れる）。実践でこれを行うには、プランに確実に沿うよりも、流れに応じて柔軟に対処することが重要となる。新しい知見や洞察は、むしろ混沌から生まれることがよくあるからである。法務部の事例では、多くの参加者がトレーニング・セッションについて、日常業務に戻ったときのために備えられる、安全な学びの場だと感じたようだ。たとえば、ある参加者は次のように述べている。

> さまざまなアプローチが実際の現場でどのように機能するか、安全な学びの場で試すことができたのがよかったと思います。安全とはいえない現場に戻った後にもやっていけると、確信が持てるからです。課題へのさまざまな対処方法を学び、その学びを通じて、ミスを犯してもすべ

第9章　変革を可能にするもの　　337

てが台無しになることはないのだと実体験できることが、変革プロセス
では大切なのではないでしょうか。

　この引用からも明らかなように、安全性と不確実性の巧みなバランスが、
生成的な成果を生み出すのである。行動を変えようとするとき、人は困難や
不確実性に直面するが、安全な学びの場を見出すことにより、困難への対処
能力を身につけていく。反対に、安全でプレイフルだと実感できたときには、
人はあえてその快適なゾーンを離れ、複雑な状況に躊躇せず立ち向かえるよ
うになる。いずれにせよ、確実性と不確実性のバランスが成果を生み、アク
ションと変化を促すのである。

ロールモデルとしてのリーダー

　私たちが成功できた理由の1つとして、リーダーが非常に優れたロー
ルモデルとなり、ミーティングの場で新しいアプローチなどを実践して
みせてくれたことがあると思います。

　リーダーを中心として組織の変革プロジェクトを進めるという考え方自体
は、特段新しいものではない。にもかかわらずODの実践現場では、これを
優れたアイデアとして認めつつも、リーダーが自らロールモデルにならず、
コンサルタントに頼ってしまうケースが極めて多い。しかし、変革のプロセ
スに積極的に関与しないリーダーは、プロセスが滞る原因となる。この問題
は本章のテーマとは若干離れているため詳しくは触れられないが、積極的に
関与しないリーダーが人々に及ぼす影響に、対話型ODコンサルタントが関
与していく必要があることを強調しておく。このようなリーダーに対して対
話型ODコンサルタントは、積極的に関与しない理由と、それがプロセスの
成果に及ぼし得るリスクをリーダーに熟考するよう促さなければならない。
法務部の事例では、積極的に関与するリーダーがどのような効果をもたらし
たか、参加者が次のように報告している。

[338] 第Ⅲ部　対話型ODの実践

模範的なリーダーの姿を見ることができました。私たちが前に進める
よう優しく背中を押してもらったと感じています。リーダーがいたから、
学んだことを日々の業務で生かせたと思います。特に初期の段階ではそ
うでした。

　学びの場やトレーニング・セッションでリーダーがいると、みんなで
一緒に取り組んでいる、ゴールを共有していると実感できます。業務に
戻ってからは、すべてがうまく噛み合わなくてもいいから、学んだこと
を試みるようリーダーが促してくれました。リーダーシップ・トレーニ
ングを受けたリーダーの存在は、私たち全員にとっても強みになりました。
私たちだけでは成し得ない成果の達成を、リーダーが導き、後押しして
くれるからです。頼りになる優れたロールモデルだったと思います。

　本事例は、模範となって導くことができ、新たなアプローチを率先して試
みるように従業員を促すファシリテーション／コーチング能力に優れたリー
ダーが、参加者に大きな影響を与えたことを歴然と示している。また、リー
ダーがすべてのセッションに出席したため、チームワークの重要性がより強
化されたと推測される。さまざまな活動でリーダーと協働したことにより、
参加者らはリーダーと同じレベルに立っていると実感し、対話の可能性も広
がったと考えられる。

複雑性を理解する

　根源的な変化がもたらされたと思います。たとえ葛藤やジレンマがあっ
ても、誰もが異なる視点や組織内の複雑性を受け入れるようになりました。
この根源的な変化によって、今では人々が他者の意見を理解し、仕事に
対する新たな認識を得られるようになったと思います。

　対話を実践するためには、複雑性を理解しなければならない。つまり、世
界には理解や配慮が及ばないことが常にあると認識しておかなければならな
い。大切なのは、何かを正しく理解しているかどうかではなく、世界に対す

第9章　変革を可能にするもの　［ 339 ］

る理解が生産的であるかどうか、良いものであるかどうかなのだ。人はときに、決定不可能な領域において決定を下し、管理不可能なものを管理しなければならない場面に立たされる。世界は、人の感情や知性で容易に対処できる場所ではないのである。だからこそ多くの人は確実性を求め、複雑性や内省に背を向けようとする。

皮肉なのは、組織で生きるためにつきものの複雑性を否定したり抑圧したりすることで、かえって新たな複雑性を生んでしまう点である。確実性やシンプルな答えを得ようとするには、異なる視点や考え方の存在を無視しなければならず、必然的にあらゆる意思決定は組織内で調和しないものとなる。しかし、その場の複雑性を無視した意思決定では、問題点が解決されることはない。結果的に、意見が通った者とそうでない者との権力争いが続くことになる。しかし複雑性を理解することにより、人は世界を違う観点から見て、新たな方向性や他者の視点を受け入れられるようになる。結果的にこれが、さまざまな問題点やニーズに配慮した意思決定、および複雑性を感じにくい行動につながるのである。複雑性を理解することの大切さを学んだ人の多くは一種の気づきを体験しており、法務部の事例でも参加者が次のようにコメントしている。

> 以前は、複雑性に気づかないうちから、それを減らそうとする傾向がありました。でも今では複雑性と正面から向き合い、解きほぐそうと努めています。何を知ればいいか、誰をプロセスに招き入れるべきか、じっくりと考えられるようにもなりました。複雑性を理解できなければ、後になって誰かが不満や意見を口にし、再度同じ問題に当たる必要が生じてしまうと思います。

複雑性の視点および複雑反応プロセス（第6、7章を参照）は、難解な理論に思えるかもしれない。しかし、その実践は驚くほど簡単である。2つの理論はいずれも、世界のあり方を私たちに示し、社会がさまざまな個別のモノの寄せ集めではなく、モノと人が相互に結び合って構成されていることを教えてくれる。すべての事象がプロセスに対する人々の相互関与によって生じて

いる。つまり、プロセスにおいて次に起こることや、浮かび上がってくる意味を100％コントロールできる人はいないのである。このように相互作用的なプロセスの実践をコンサルタントが支援・促進できるならば、綿密に計画されてコントロールされたプロセスよりも一層大きな成果を、一層多くの人にもたらせるだろう。

本章のまとめ

　本章では、組織が絶えず活動し、変化の過程に置かれているときに、人々が自ら仕事へのアプローチを変えるために、ODコンサルタントはどのように関わるかについて論じた。1つの事例をあげ、組織における変化を促進するために、ODコンサルタントが少なくとも3つのレベルのスキルを身につける必要があることを明らかにした。そのうちの2つは、プロセスの計画で組み入れられる、さまざまなアクティビティに関して統一性のあるナラティブを構築するスキルと、対話型ミーティングを立案・運営するスキルである。さらに重要な3つめのスキルとして、ODコンサルタントの自己への気づきと内省のスキルも指摘した。そのようなスキルを備えたコンサルタントが舞台の上で対話に臨んだときにこそ、人々はそのプロセスに積極的に関与するべきかどうかを判断するからである。特に緊張や曖昧さが内在する状況においては、コンサルタントの自己への気づきと内省のスキルが試されることとなる。

　以上の理論および実践に関する解説とあわせて、本章ではある組織でどのように変革が実現されたかを紹介した。プロジェクトの参加者による語りを引用しながら、参加者にアクションを促した要因について論じた。これらの要因から、プロフェッショナルな人々のグループにおける変革のプロセスのファシリテーションを行う際に、コンサルタントに求められることの全体像が見えてくるだろう。これらの要因は単独では作用しないし、あらゆる変革のプロセスに典型的な要因というわけでもない。しかし、対話型OD実践者が関与するすべての変革のプロセスにとって、有効かつ信頼できる要因である。

第9章　変革を可能にするもの　341

引用文献

Barrett, F. J. (1998). Creativity and Improvisation in Jazz and Organizations: Implications for Organizational Learning. *Organization Science*, 9(5), 605-622.

Barrett, F. J. (2012). *Yes to the Mess*. Boston, MA: Harvard Business Review Press Books.

Bateson, G. (1972). *Steps to an Ecology of Mind*. Chicago, IL: University of Chicago Press.（『精神の生態学』グレゴリー・ベイトソン著，佐藤良明訳，新思索社，2000年）

Cooperrider, D., & Srivastva, S. (1987). Appreciative Inquiry in Organizational Life. *Research in Organizational Change and Development*, 1, 129-169.

Harter, J. K., Schmidt, F. L., & Hayes, T. L. (2002). Business-Unit-Level Relationship Between Employee Satisfaction, Employee Engagement, and Business Outcomes: A Meta-Analysis. *Journal of Applied Psychology*, 87(2), 268-279.

Lewin, K. (1951). *Field Theory in Social Science*. New York, NY: Harper & Row.（『社会科学における場の理論』クルト・レヴィン著，猪股佐登留訳，誠信書房，1979年）

Losada, M., & Heaphy, E. (2004). The Role of Positivity and Connectivity in the Performance of Business Teams: A Nonlinear Dynamics Model. *American Behavioral Scientist*, 47(6), 740-765.

Pascale, R., & Sternin, J. (2005). Your Company's Secret Change Agents. *Harvard Business Review*, 83(5), 72-81.（『ポジティブ・デビアンス――「片隅の成功者」から変革は始まる』リチャード・タナー・パスカル，ジェリー・スターニン著，DIAMONDハーバード・ビジネス・レビュー，2005年）

Pearce, W. B., & Pearce, K. E. (2000). Extending the Theory of the Coordinated Management of Meaning (CMM) Through a Community Dialogue Process. *Communication Theory*, 10(4), 405-423.

Rath, T., & Conchie, B. (2008). *Strength Based Leadership*. New York, NY: Gallup Press.（『ストレングス・リーダーシップ――さあ、リーダーの才能に目覚めよう』トム・ラス，バリー・コンチー著，田口俊樹，加藤万里子訳，日本経済新聞出版社，2013年）

Rorty, R. (1991). *Objectivity, Relativism and Truth*. Cambridge, United Kingdom: Cambridge University Press.

Shotter, J. (1993). *Cultural Politics of Everyday Life*. Toronto, Canada: University of Toronto Press.

Solsø, K. (2012). Hvor Blev Kroppen Af? "Udforskning Indefra" i Praksis. *Erhvervspsykologi*, 10(1), 24-40.

Weick, K. E., & Quinn, R. E. (1999). Organizational Change and Development. *Annual Review of Psychology*, 50, 361-386.

Wenger, E. (1998). *Communities of Practice*. New York, NY: Cambridge University Press.

第10章 対話型ODにおけるエントリー、レディネス、契約

トーヴァ・アヴェルブッフ

　本章のテーマは、対話型ODにおいてクライアントとコンサルタントが行う、初期段階の関係構築である。エントリー、レディネス、契約の３ステップを中心に、20年に及ぶ実践から考察したモデルを紹介したい（原注1）。まずは、対話型ODの「契約」をなぜするのか、いつするのかについて論じる。続けて「レディネス」の定義に触れ、対話型ODに向けての初期のレディネスと、醸成中のレディネスの評価の仕方を述べる。さらに、コンサルタントが組織内に存在するいくつもの垣根を越えながら、プロセスに関与するステークホルダーの輪を広げていく過程として、組織への「エントリー」を解説する。本章の最後では、「契約」の意味を定義し、契約に固有の課題について詳しく見ていくと同時に、対話型ODプロジェクトにおける契約方法の全容を明らかにする。さまざまな引用から、各トピックへの理解を深めていただきたい。

（原注1）　ストーリーの公表を了承してくださったすべてのクライアント、サポートしてくださった同僚ならびに友人に感謝したい。特に、筆者に本章の執筆を勧め、編集を手伝ってくれたペギー・ホルマン、プロとして編集プロセスをサポートしてくれたジャルヴァース・ブッシュとボブ・マーシャクにお礼を申し上げる。また、ペギー、ジャルヴァース、ステファン・カントール、オラ・セッター、シェイリー・フレメンダーには貴重な助言をいただいた。

根本的な問い：対話型 OD の契約をなぜするのか、いつするのか

組織のリーダーが成果を重視し、コントロール型のリーダーシップの習慣がある場合、自己組織化を実践するためのコンサルティング契約はどうあるべきだろうか。マネジャーや従業員が既知の業績への貢献度によって人事考課を受けている場合、対話型 OD のような、明確なゴールも定かでないままにその道を歩み始めていく未知で創発的なプロセスを契約し、提供されることの、彼らにとっての意味はいつ生まれるのだろうか。

対話型 OD の契約はなぜ必要か、いつ契約を結ぶのが最も効果的かがよくわかる1つの事例として、インターネット業界の世界的危機に直面した、ある企業を紹介しよう（Averbuch, 2011）。

世界各国の政府を顧客とする通信インフラ企業の INN 社は、甚大な経営危機に陥っていた。一時解雇を3回実施し、資金が必要な状態で、同社は頼れる経営コンサルタントのハリエットに対し、早急な売上拡大に向けて優秀なマーケティング・スペシャリストを推薦してほしいと依頼した。だがハリエットは、市場が低迷している現状ではどれほど優秀なマーケターでも売上の改善は見込めないと判断し、代案を提示した。アライメント［組織や経営の文脈でのアライメントとは、いわゆる、足並みを揃えること、ベクトルを合わせること。組織全体として言及される場合には、戦略、組織、人材、文化などの方向性を合わせ、有機的なつながりを形成することを指す］を実現することで、市場回復後に目標を達成できるような環境を整えておくのが最善の戦略だろうというのが、ハリエットの考えだった。こうしてハリエットは、筆者を INN 社に推薦した。

経営陣およびハリエットとのミーティングで、筆者はまず INN 社の現在の苦境と今後の願望について学んだ。アライメント実現の方策として筆者が提案したのが、オープン・スペース・テクノロジー（OST; Owen, 1997）だった。OST は、目の前の問題に責任をもって取り組もうとする人々に自己組織化を促して、意味と賢明なアクションをともに見出す手

法である。本プロジェクトの目の前の問題は、INN社の生き残りだ。私たちは早速、多様なスタッフから成る準備委員会を結成した。方向性の決定と賢明なアクションの策定に向け、全ステークホルダーが参画できるようなプロセスを設計するという呼びかけに応じた人々が準備委員会のメンバーであった。こうして誕生した準備委員会がOSTを試した結果、本プロジェクトにふさわしいアプローチとの賛意を得ることができた。その後、委員会は社内のさまざまなグループから参加を希望するスタッフを、社外からコンサルタントやヨガのインストラクターといった人々をチームに招いた。その集まりは、「いかにして今年、100万ドルを稼ぎ出すことができるか？」に焦点づけるものとした。

　最終的には総勢140人が、1泊2日のオープン・スペースに参加することになった。ファシリテーターを務めたのは、ハリエットと筆者の2名。開会に際してCEOが一時解雇計画を発表するという、異例のオープン・スペースとなった。420人の従業員のうち100人が、近い将来に解雇を余儀なくされるという。会社は苦境に立たされており、ビジネスの活性化には1日たりとも無駄にはできないので、解雇計画とオープン・スペースの開催を同時に進めるのは、やむを得ない判断だったことを彼は説明した。ただしCEOは、現時点でいつ、誰が解雇されるかは決まっていない、よりよい未来のために皆さんにはオープン・スペースに協力し合って参加してほしいとも述べた。痛みを伴いながら、その場に集まった参加者は、自分たちが明日にも解雇されるかもしれないということは考えずに、会社の存続のために尽力しようと心を決めた。そうして最初の1時間で、まずは2日間のアジェンダを策定した。誰もが意見を述べ、自分たちは誇りをもったコミュニティなのだという雰囲気が醸成されていった。2日目の終わりには、社内で足並みの揃っていない部分を明らかにし、改善策に取り組むための実施グループが結成された。ビジネスに再び命を吹き込むべく、組織が1つのコミュニティとして取り組む姿が見られた。

　以上のオープン・スペースの終了後、筆者は毎月ハリエットとミーティングを持ち、その後の進捗を確認した。売上は改善していなかったが、参加者らは誇りをもって、素晴らしいコミュニティの一員として活動し

ているということだった。また、オープン・スペースの1カ月後には100人の解雇が実施されたが、残された320人の尽力のおかげで、いずれも新たな就職先を見つけていた。ただ本プロジェクトは筆者が手掛けた初期のOST案件の1つであり、筆者としては売上の拡大に寄与できなかったのが悔やまれた。また、オープン・スペースを通して従業員らが創発的な知恵を得ることができていない様子であったことも、心残りだった。

その後半年にわたり、INN社は売上向上に努めたものの、すぐには成功に結び付かなかった（国規模のインフラ・プロジェクトは通常、調達契約に至るまでに1年はかかるものである）。とはいえ、社内の足並みが揃い、統一性が生まれ、諦めないという決意によって、苦境にあっても活気を失わないといった重要な成果が確認された。さらに、従業員が団結した結果として、INN社のオーナーは、各部門や部署ごとではなく、全社の売却に向けた交渉を始めた。そうしてオープン・スペースの開催から11カ月後には、同社は320人の従業員ともども買収された。さらに1カ月後、買収元企業の株価は劇的に上昇した。同月には、1年前にスタートしていた通信インフラの大規模な調達プロジェクトもついに契約にこぎつけたのである。

このストーリーの前半は、対話型ODが「いつ」必要になるかを如実に示している。対話の取り組みが最も必要とされるのは、特にホールシステムやラージグループへの働きかけにおいて、緊急性が高い問題や、簡単な答えがない複雑な課題を抱えており、ホールシステムでの足並み揃えが求められるようなケースである。また、問題は、自己組織化や共同的な意味の形成、賢明なアクションを促すようなものでなくてはならない。

本事例のストーリーでは、光の当たる対象が、いかにして内容から「創発プロセス」へと変化していくかも読み取ることができる。この変化のために重要な役割を担ったのが、コンサルタントのハリエットである。ハリエットの支援により、経営陣は自分たちが求めているサポートを「マーケティングとセールスのスペシャリスト」から「社内の足並み揃えのスペシャリスト」へとリフレーミングすることに成功した。さらに彼らは、会社の存続に向け

346　第Ⅲ部　対話型ODの実践

た自らの役割を受動的なものから、共創的なものへと見つめ直すことができるようになったのである。

　ストーリーの後半は、危機的で不確実性をはらむ複雑な状況において、対話型ODプロセスが「なぜ」必要になるかを示している。危機を憂える人々が、専門家に任せきりにせず、自ら責任を負う道を選んだとき、想定外の可能性が生まれることが読み取れるだろう。本事例では、ホールシステムが人々とビジネスの両方をいかにして救い、全ステークホルダーに大きなメリットをもたらしたかが見てとれる。このように予測が不可能な状況下において、実に目覚ましい成果だったと言えるだろう。急速に変化する状況を慎重に診断していては、こうした成果は得られない。また、既定の目標やマイルストーンに沿ってトップダウンで策定・主導できるものでもない。

　現代のリーダーは、今まで以上に複雑で急速に変化を遂げる環境に直面しており、その多くは自分たちがすべてを理解していないということをわかっている。あるいは、ハイフェッツとローリー（Heifetz and Laurie, 1997）が記したように、現代のリーダーは技術的な問題ではなく、適応を要する課題に直面しているとも言える（適応を要する課題については第6章を参照）。適応を要する課題には、過去の解決策がない（つまり、一度も検討されていない）。したがって、今体験していること、探究していること、解明しようとしていることに対して何が必要であるかがわからない。このような適応を要する課題に直面したとき、対話型ODはリーダーに対し、ホールシステムを構成するすべてのステークホルダーが課題に関与することを求める。利害もアジェンダも異なるステークホルダーが関与することによって、まだ誰も達成方法を知らない目的を達成できるからである。さらにリーダーは、変化が急速であること、またプロセスが広く相互に結び付いていることを踏まえて、いかなる専門家や権威にも何をなすべきかはわからない、という事実を受け入れる必要がある。リーダーは専門家の知識に頼るのではなく、会話を主催して、新しくよりよい関係性や組織化のパターンが創発する機会を生み出さなければならないのである。

レディネス

クライアント・システムにおいて、対話型の取り組みに対する準備が整っているかどうかを見極めるにはどうすればいいだろうか？　対話型ODに適した環境と、まだ適していない環境とはどのように見分けることができるだろうか？　この問いに答えるには、本セクションで述べる「初期のレディネス」と「醸成中のレディネス」が役に立つ［レディネスとは、何かの取り組みに対する準備状態が整っていること］。プレエントリーとエントリーという対話型ODの2つのステップと合わせて考えてみたい。

プレエントリー：対話型ODの実践に向けたレディネスの初期評価

プレエントリーの段階では、筆者は必ず、コンタクトしてきた人物（コーラー、依頼者）とまず話をする。対話型ODを進めることで依頼者との合意に至ったら、ODの対象となる組織／ユニットの責任者（スポンサー）とも話をし、協働の可能性を確認する（Weisbord, 2012）。プレエントリーにおけるこれらの会話では（場合によってはエントリーおよび契約の最初の段階でも）、レディネスの初期評価をするために、クライアントとの協働作業、ならびに、クライアントとの対話型ODを実践できるかどうかについて簡単なスクリーニングを行う。ここでは通常、次のような問いをクライアントに投げることになる。

- 過去について：なぜコンサルタントの支援を必要としているのですか？　なぜいま支援が必要なのですか？　懸念事項は何ですか？解決に向けてすでに試した施策とその効果はどのようなものでしたか？　など。
- 現在について：私が全能でどんな質問にも1つだけ答えられるとしたら、何を尋ねますか？
- 未来について：プロセスが成功したとしましょう。対話型ODが終了し、あなたはすべてにおいて心から満足しています。さて、それまでに何が起こっていますか？

これらの問いを投げかける際には、クライアントの答えにじっくり耳を傾けつつ、以下のレディネス・レベルについて検討しなければならない。

　組織の状況のレディネス・レベル：誰もよい答えを出すことのできない、差し迫った重大な問題を組織が抱えているだろうか？　未知の新しいプロセスが必然とされる状況だろうか？　この2つの問いから現時点での「緊急性」と「複雑性」が見えてくる。それらを指標として、対話型ODの実践が適切かどうかを判断できる。筆者の経験から言って、人は「真の問題」に向き合うことができたときのみ、何かに突き動かされるようにやる気を得て、個人としてのエネルギーや組織としてのバイタリティを生かせるようになる。これらのエネルギーやバイタリティが、新しい試みや改善の原動力になっていくのである。

　クライアント・システム内の人々のレディネス・レベル：システム内の人々には最低限でも、自分たちの懸念事項に関する対話に積極的に関与しようとする「本来の気持ち」が備わっていなければならない。彼らが本当にやりたいと思う気持ちがあれば、それで充分である。対話を望む理由は、悩みでも、好奇心でも、あるいは、彼らの元々の性質というのでも構わない。対話に関与するという選択が人々に「主体性」、すなわち、自己組織化に必要なエネルギーを与える。このような気持ちを足掛かりとして、後述する4つのエントリー・ステップを踏み出すことが可能になる。そして、レディネスが高まり、関係性が構築され、能力が高まりながら、クライアントと協働することが可能になっていく。

　コンサルタントのレディネス・レベル：コンサルタントは以下を自問しなければならない。ODコンサルタントとして、クライアント・システムとの協働に積極的に関与する準備ができているか？　クライアントが必要としているものを備えているか？　クライアントと有益なパートナーシップを構築できるか？　これらの問いへの回答が「イエス」ならば対話型ODを進める。回答が「ノー」ならば丁重に辞退するか、自分の中の懸念事項を、対話を通

じてクライアントに明らかにする。この対話の結果として、コンサルティングを受けることもあれば、別の可能性をクライアントに指摘する場合もある。

対話型が適さないケース：クライアント側で、対話型の取り組みを実践する準備が整っていない場合にはどうすればよいだろうか。最初のスクリーニングの時点で、組織内の状況や属する人々に対話型ODが適していないと判断した場合、コンサルタントはよりふさわしいODプロセス（専門外のプロセスを含む）を提案するか、または、クライアントにとって自分がふさわしいコンサルタントではないと判断した場合は、別のコンサルタントを推薦することが求められる。

エントリー：クライアント・システムの垣根を越え、ステークホルダーの輪を広げていく

エントリーとは、組織の外から内側へと、敷居や境界線を越えて中に入っていくことを意味する。いくつもの敷居を越え、意思決定を行いながら、組織の内側へと入っていく一連のプロセスである。これは発展的なプロセスであり、1つの敷居を越えるにはそのためのレディネス（成熟度）が必要とされ、一歩前のエントリーの主なタスクを成功裏に解決していることが前提となる。エントリーの一連の流れの中の各ステップは、その前のステップを含むとともにそれを越えていて、より多くの人々が関わり、その関与はより深まり、クライアント・システムに波及効果が広がる。

各エントリー・ステップにおいては、クライアント・システムおよびコンサルタントによる選択あるいは意思決定が必要となる。本章では、エントリーの各ステップにおけるレディネスの醸成および評価についても触れたい。

エントリー・ステップの数は状況によって異なるが、ここでは最も一般的な4つのステップを以下に紹介する。

1. 「**依頼者**」**との足並み揃え**（アライメント）：依頼者とは、クライアント

［ 350 ］　第Ⅲ部　対話型ODの実践

を代表してコンサルタントにコンタクトを取り、専門的支援を求める人のことである。

2. 「スポンサー」とのパートナー関係構築：スポンサーとは、目の前の問題について組織内で正式な権限を有する人のことである。

3. 「マネジメント・チーム」との関わり：マネジメント・チームとは、スポンサーとともに働く人々や、スポンサーに報告義務がある人々のことである。

4. 多様性に富む「運営委員会」との共創：運営委員会とは、さまざまなステークホルダーから成るグループで、意思決定や招待、働きかけの各プロセスの設計・主導・運営の支援を目的とする（原注2）。

第1のエントリー：依頼者との足並み揃え

対話型ODは、組織のシステムに支援が必要だと考えた人物（依頼者）がコンサルタントにコンタクトを取ることから始まるのが一般的である。依頼者は特定の手法に深い関心を持っていることもあれば、漠然と人々の積極的関与や創発プロセスが必要だと感じている場合もある。この最初のコンタクトの段階では、コンサルタントは組織について、すなわち、依頼者が考える組織のニーズと期待について学ばなければならない。また、可能性を探る、クライアントのニーズを傾聴する、日程や予算に関する「譲れない条件」（Williams, 2007）を確認した上で、その妥当性を検討するといった作業も必要である。さらに、コンサルタント自身の能力や好み、予定との適合性についても確認する。依頼者がコンサルタントを選んだ理由も明らかにし、依頼者の抱えている不安や希望、コンサルタントおよびODプロセスに対する期

（原注2）筆者は対話型の取り組みを、エントリー、招待、一体化という一連の螺旋状のプロセスとして捉えている。この視点に立つと、さらに3つのエントリー・ステップがプラスされる。

1. ホールシステムによる、1つ以上のイベントの実践（システム全体との協働作業）。
2. さまざまな手法を用いた、変革の波及効果の拡大と強化。
3. クライアント・システムにおけるあり方と行動の仕方に関する、対話パターンの具体化。

待についても学ぶ。これらの全情報に基づいて、一致していなければその場で終了し、一致していれば次のステップに進む方法を検討することになる。

プロセス全体において依頼者が果たす役割を考えると、依頼者が組織のことを真剣に考えて、積極的に関与している人であることは大きな価値がある。また、依頼者による最初のコンタクトは、組織を未知の場所へと導く橋渡しとして、自発的なものでなければならない。組織のシステムにコンサルタントによる支援が必要だと心から確信できる自発的な依頼者であれば、たとえ先行きが不透明であっても、この支援が必要だという信念を依頼者が組織を代表して維持できるからである。なお、依頼者の信頼の対象は、コンサルタント、特定の手法、あるいは対話型というスタンスなど、まちまちである。

さらに依頼者は、コンサルタントの最も信頼できる協働者となる場合もあるが、単なる入口となるような場合もある。後者のケースでは、次の展開として3つのシナリオが考えられる。

1. 依頼者がODに積極的に関与し、主導するようになる。
2. 依頼者が単なる「仲介人」となり、スポンサーとコンサルタントが会えるよう計らう。結果的にスポンサーは、依頼者とスポンサーの2つの役割を果たすことになる。
3. 依頼者が「障害物」となり、コンサルタントがスポンサーと話をすることを阻止する。依頼者は上司に提出するための提案書の作成をコンサルタントに求める。このように両者が対話を実践できないと、エントリーの成功確率は極めて低くなる。

筆者のこれまでの経験では、たいていの依頼者は創発や関与、ホールシステムのプロセスに適した最初の環境を積極的に作り、あるいはコンサルタントとスポンサーのミーティングに前向きな姿勢を示してくれた。

依頼者の役割を果たす人物は、リスクを負う覚悟ができていなければならない。たとえば、新たな冒険に挑戦する機会を組織に提示するという個人のリスクを依頼者は負うことになる。依頼者はまた、対話型ODは実行可能なだけではなく、極めて有益であること、あるいは必要であることを認識し、

確信していなければならない。依頼者は一般的に、現状を正す救済者と見なされるか、失敗して責められ疎外されるか、2つに1つというリスクも背負う。筆者の経験では、優れた依頼者は起業家精神に富むマネジャーであることが多く、影響力を備え、混沌とした状況においても地に足が着いた行動を取ることができる。

依頼者が直面する課題については、筆者の元クライアントであり、地方自治体で戦略策定を担当していたシガル・モラン氏による、*Human Resources Magazine* の2004年の年次総会での発言がうまくまとめられている。

> 2002年、ブネイ・シモン市（イスラエル）では、市長が当選後2年に及ぶ尽力を経て、公約をすべて果たしていました。実は市長は周りの政治家の方々から、「とにかく何もせず、再選を目指しなさい」と助言されていました。しかし、市長も私もこの助言には耳を貸しませんでした。
>
> その一方で、対話を通じて有権者に次の課題を尋ねるべきだという案に、市長が簡単に同意してくれたわけではありません。私は、自ら対話のプロセスを実践しようと決心しました。最も苦労したのが不確実性との折り合いです。「わからない」状態を受け入れることが中々できませんでした。物事が起こるさまを、ただ見ていることができないとでも言えばいいでしょうか。個人的にも、職務の上でも、先々のことまで計画しておくのが常だったからです。（中略）バスケットボール・スタジアムでのある日の出来事が、当時の私の心境をよく表していると思います。バスケットボール大会が今にも始まろうとしているのに、一体何人の観客が集まるか、それとも誰も来ないのか、私にはわかりませんでした。そこへ市長が現れてこう言いました。「シガル、時間の無駄だよ、誰も来やしない」。最終的に観客は250人を数えましたが、その時点でもまだ不安でなりませんでした。試合が始まっても誰も盛り上がらなかったら、試合後に誰も話題にしてくれなかったらどうしようと。こういう状態は、そのすべてに責任を感じる人間にとっては辛いものです。

この6年後に市長は退任。シガル・モラン氏が市長選に立候補し、当選。

2期目となった現在も、市民や市職員との対話のプロセスを実践している。

依頼者は逆風に耐え、クライアント・システムとコンサルタントの接点あるいは翻訳者として行動することが求められる。また、組織内の1つの有益なリソースとして、スポンサーを含むシステム内の誰かが不安を抱いたときに支援を提供したり、抑止役を担っていく。一方コンサルタントは、依頼者の意図やリスク、ニーズを理解して、伴走者として依頼者と協働するのがよい。プロセスに対する不安や恐れが見られても、それを対話や積極的な関与を厭うからだと誤解してはならない。不安やエゴ、コントロール欲求といったものはすべて、対話のプロセスを構成する要素であり、重要な情報源である。したがって、プロセスを進めながら、これらについて話し合い、対処することが望ましい。

以上のような依頼者とのエントリーにおいては、コンサルタントもしくは依頼者のいずれかが、次のステップに進まないか進めるかを決めることができる。

次のステージに向けた問いかけ

- 依頼者は創発のプロセスに進む準備ができているか？　好奇心と積極性をもって未知のことを探ろうとしているか？
- 依頼者は、スポンサーとコンサルタントのミーティングを後押し、または支援してくれるか？

第2のエントリー：スポンサーとのパートナー関係構築

スポンサー（Owen, 1997, pp.18-22）とは、関連する組織的なシステムに対して、正式な権限を有する1人以上の担当者のことである（暫定的／非公式なシステムの場合は、組織内で広く認められているリーダーがスポンサーとなる）。スポンサーとの最初の会話は、スポンサーが快適に過ごせて、邪魔の入らない場所で行うのが望ましい。最初の会話では、スポンサーの懸念事項、望ましい未来のイメージ、コンサルタントとプロセスに対する期待、自身が考えるスポンサーの役割といったことをコンサルタントは聴きながら学ぶ。この第2のエントリーのプロセスはスポンサーにとって、対話のあり方と進め方を具

体的に知る機会でもある。コンサルタントはアプリシエイティブ・インタビュー（Cooperrider, Whitney, and Stavros, 2008）、生成的質問（第5章）、イメージといった手法を使って、望ましい未来に焦点づけることもできる。ほかにも、第8章の「共同ミッション」、第12章の「探究を組み立てる」、第11章の「変容的学習」といったテクニックが、会話のための有益な問いかけのアイデアとなる。

　こうした会話のための時間をスポンサーが取れない場合、転換的な変革が起きる可能性は極めて低くなる。したがってコンサルタントとしては、スポンサーとの会話なしでは以降の対話を進めないという方針を定める必要がある。対話型ODをよく知らないスポンサーは、対話をスポンサーの直接的かつ積極的な関与を必要としない、一種の「プロジェクト」と見なしがちである。しかし、対話型ODの目的が組織の変革であるからには、組織を主導しコントロールする人物の積極的な関与が求められるのは当然のことだろう。

　このエントリーは、コンサルタントであるあなたが、クライアントと協働できるかどうかを見出すステップでもある。したがってここでは、コンサルタント、その他の関係者、成功に必要と思われるプロセスを、スポンサーが積極的に受け入れてくれるかどうかを探らなければならない。契約に至るには、コンサルタントは自分がスポンサーに何を求めているのかを明確に伝える必要がある。具体的な要望を伝えるのを遠慮してはならない。たとえば、オープンになってほしい、折り返しの電話がほしい、運営委員会に参加してほしい、共創のプロセスへの権限を委員会に与えてほしい、透明性を保ってほしい、といった要望である。

　この会話の間には、現状の問題に関わっている多様なステークホルダーに対して、成果をオープンにし、積極的な関与を促し、分有型リーダーシップを促すことへのレディネスがスポンサーの中で整っているかどうかを、コンサルタントとスポンサーが相互に見極める必要もある。コンサルタントは、対話のプロセスにおいてスポンサーに何が求められるかを伝えつつ、スポンサーが対話のプロセス（あるいは特定の手法）を通じて何を得ることを望んでいるかを探らなければならない。時間をかけて、不安や懸念について話し合うことが大切である。スポンサーが、リーダー／マネジャーとしての責任を

持ちながら、対話をコントロールするのではなく推進していくイメージにいざなう。さらに、スポンサーがコンサルタントに何を求めているかを尋ねるとよい。

この段階では、スポンサーによってはコンサルタントに対する境界線として「譲れない条件」を提示することがある。検討あるいは支援したくない事柄について、具体的な問題にからめながら（「従業員の満足度について話す際に、給与について触れるつもりはない」など）、あるいは、具体的なプロセス・ダイナミックスにからめながら（「従業員の自己組織化の目的が責任回避なら、経営陣としては自己組織化を認めるわけにはいかない」など）、条件を提示する場合がある。こうした条件は通常、スポンサーがプロセスや成果をコントロールできないことに対する不安や懸念を抱いており、なおかつ、ホールシステムの対話プロセスが持つダイナミックスやその過程をよく知らないために生じる。

そこでスポンサーには、対話のプロセスは創発的なものであり、スポンサーがそこに参加し、自らの意図を明らかにすることによって影響を及ぼす必要があるということを、明確に伝えておきたい。人の言動を完璧にコントロールするのはそもそも不可能だが、課題の解決を目指す共同体には本来、知性が備わっており、コントロールされることさえなければ、自らを是正しようとするものである。そのために、筆者はスポンサーに対しても、譲れない条件に固執せず、もっとオープンな気持ちで目の前に立ち現れてくることをいかにサポートできるかを考えてほしいと助言するようにしている。そうすればたいていのスポンサーは、組織の中の人々に健全さや見識が備わっていること、彼らが熱意をもって課題に取り組めばリソースを生み出せることに、しばしば気づいてくれるものである。

スポンサーがたどるべき変容は、簡単なものではない。したがって可能であれば、スポンサー個人への短期的なコンサルティングの実施を推奨したい。このコンサルティングを通じて、対話のリーダーとしてのスポンサーの目的と自己認識に焦点を当てることにより、ODプロセスを支え、加速させることが可能だ。なお、スポンサーの変容的学習を促進し、対話型ODのリーダーとしての成長を促す手法については、第11章で詳しく述べている。このような変容的学習の実践により、スポンサーは想定外の事象を冷静に受け

入れ、対話の取り組みを自ら体験できるようになるはずである。スポンサー
の変容的学習の一例として、筆者のコンサルティング事例におけるエピソー
ドを紹介しよう。

　　N社は設立10年を迎えるハイテク系のスタートアップ企業である。2
人の創業者は1年ほど前から、成長に向けた組織の再設計を支援してく
れるコンサルタントを探していた。2人は組織の再設計の必要性を実感し
てはいたものの、［リストラなどによって］400人の献身的な従業員に痛みを与
えるのは避けたいと考えていた。未知のプロセスに着手する準備が創業
者にどの程度整っているかを確認するため、私は創業者のひとりに問い
かけた。「全社的な改革のプロセスに取り掛かる前に、ご自身の次なるス
テージがどのようなものになるかを考えてみましょう。たとえば改革の
プロセスにおいて、ご自身の仕事がいまと同じような形では必要とされ
なくなったらどうしますか？」。この問いに創業者は心底驚き、ショック
を受けたようだった。私は続けて説明した。「従業員を尊重したプロセス
を望むのなら、それはご自身を尊重することであり、未知なことに対し
て準備することです。変革後、ご自身は必要とされるかもしれないし、
されないかもしれない。それでも準備することが大切なんです」。創業者
は短期間の自問自答を経て覚悟を決め、私たちはプロセスに着手するこ
とになった。創業者は自らの立場をふりかえることで、この複雑かつ困
難な状況に対してよりオープンな気持ちで冷静に、正々堂々と向き合え
るようになったのである。

　このエピソードにおいてスポンサーは、以下の問いへの答えを自ら導き出
した。「自分の立場に危険を感じたり、権威を失ったりすることなく、自分
自身とシステムを根底的にオープンにして、ボトムアップ的に組織に影響を
及ぼすにはどうすればよいか？」。これには確たる信念や、優れたスキルと
アプローチが求められる。だからこそスポンサーの確たる信念は高く評価し
なければならない。対話のプロセスは双方向であると同時に、想定外の事象
も起こり得る、有害かつリスキーな要素を含んだプロセスだからである。そ

こにはたとえば、自己をさらけ出さなければならない場面や、権威に対して異議を唱えられることが増える可能性が潜んでいるのである。

対話型ODは火急の課題に対してラージグループ（Bunker and Alban, 2006）、ホールシステム（Weisbord and Janoff, 2010など）といった手法を用いる。だが、その成果ばかりを重視するのは少々リスクがある。多様な参加者が多く集まれば当然、プロセスを一歩進めるごとに期待が高まり、視界も広がる。また、透明性や正直な物言い、分有型リーダーシップを実践しようとすれば、スポンサーは自分に都合の悪いときや場所でも情報を開示しなければならない。すると、スポンサーは自己をさらけ出すことへの不安を深め、傷つきやすい気持ちになる。よいことも悪いことも起き得るのである。だが、たとえばスポンサーが重視する課題に、人々が熱意も献身も示さなければ、スポンサーの権威は損なわれるはずだ。このような結末と、期待される大きな成果（課題の明確化、チーム内での足並み揃え、積極的関与の実現、豊かなネットワークの構築、自発的な変革）とを、正しく秤に掛けることが大切である。

スポンサーのリーダーシップを構成する要素として、不可欠なものの1つが「意志」である。スポンサーが成果を受け入れ、チームの多様な視点を認めて共創する心構えで臨めば、熱意ある人々の率先した積極的関与を促すことができる。反対に参加型のプロセスに懐疑的だと、関係性や信頼、士気の醸成に大きなマイナスの影響が及び、将来的な協働も妨げかねない。コミットメントが心からのものでなければ、失敗は目に見えている。目の前の問題に対し、スポンサーが少数の望ましい選択肢（対話を含むいくつかの手法）を正しく理解し、その中から最適な選択をするように努力できるかどうか、コンサルタントは見極めなければならない。

スポンサーのレディネスを把握する際、コンサルタントは率直な答えを得られることもあれば、以下のような問題に直面する場合もある。

- スポンサーが懐疑的なコメントを述べる。ただし、新しいアプローチに挑戦することについては心から前向きで、目下の課題に最適な手法だと信じている様子がうかがえる。

  経験則：スポンサーに確かな意志があれば、プロセスを進めるにつれ

てレディネスが培われ、ふさわしい言葉使いができるようになる。

- スポンサーは対話のプロセスに非常に熱心だが、コントロールを手放すことはできない（自分ではやめられると信じている）。このような場合は失敗する可能性が高い。プロセスが進捗し、共同的なエンパワーメントが必要となった頃合いに、スポンサーが耐えきれなくなり、コントロール指向に戻り、指示をし始めるというリスクが伴うからである。結果的にチームの人々は騙された、裏切られたと感じ、ODプロジェクトをスタートする前よりも状態が悪化することもある。

　　経験則：スポンサーが夢中になりすぎて、プロセスにおいて直面する自身の課題が見えなくなったり、否定したりする場合がある。そういうときは、スポンサーが経営陣や運営委員会とどのようにコミュニケーションを取っているか、両者がオープンかつ意欲的に対話を進めているか、しっかりと観察したい。そうした状態が確認できないときは、スポンサーのレディネスを高める作業にさらに時間を割く必要がある。それが不可能な場合は、スポンサーの上司をプロセスに呼び込むのが望ましい。上司はプロセスが頓挫しそうになったときにリーダーシップを発揮して、プロセスを支援し、立会人となり、意味づけを後押ししてくれるだろう。

スポンサーとのエントリーについて、より詳細なアドバイスはブロック（Block, 2011）、ワイスボード（Weisbord, 2012）を参照してほしい。スポンサーとの課題をすべて解決したら、正式な契約を交わす段階に入る。契約に関しては後のセクションで説明しよう。

次のステージに向けた問いかけ

- 少なくとも短期間は、スポンサーが成果をコントロールすることを手放して、創発的で共創的な場においてリーダーシップを共有する準備ができているか？

第3のエントリー：マネジメント・チームに関わる

シニアマネジャーはスポンサーの役割を果たさない場合もあるが、たいていはODプロセスに自然かつ重要な影響を及ぼすものである。コンサルタントはシニアマネジャー陣とミーティングを持ち、必要な全情報（コンサルティングの実例を伝えることやデモンストレーション、短いワークショップなど）を提供して、対話型ODのイロハを教えると同時に、コンサルタント独自の手法を実地に体験してもらわなければならない。このような実地体験では、シニアマネジャーらの好みや懸念についての会話を引き出しながら、対話型のプロセスと分有型リーダーシップの役割／あり方に関する探究を促すことができる。対話型ODと通常のトップダウン・アプローチとの違いを探る機会にもなるだろう。「境界線」、「譲れない条件」などについても話し合い、火急の問題が何であるかを理解するよう努めたい。この段階でスポンサー、依頼者、マネジメント・チームは、「ホールシステム」に属するべきステークホルダーをともに列挙して、その構図を反映させた運営委員会を構成する。そして、その運営委員会がプロセスを主導する公認集団として協働できるよう計画していく。

対話のプロセスの目的の1つは、イベントの全参加者を対話において等しく重要に扱うことにより、組織のフラット化を目指すことである。すべてのステークホルダーが現状に対し、独自の価値ある視点を有しているという前提に立つことが大切だ。コンサルタントはヒエラルキーを越えるよう後押ししなければならないし、誰もが発言でき、誰とでもコミュニケーションできる環境をマネジメント・チームが築かなければならない。さらに、肩書きや専門性にかかわらず、参加者一人ひとりが重要だと思うことや、情熱を注げることに着手できるよう促す必要もある。

ただしこのような環境は、公式の権限を有する立場にある人々に混乱や脅威を与えることもある。したがって、プロセスの各段階におけるマネジメント・チームの役割について話し合いを促進し、実践する必要もある。マネジメント・チームをはじめとした、コントロールや権力の行使を手放す必要がある人々のレディネスを醸成することにより、今よりも適応性に富む新たなアプローチでの対処と組織化が可能であるという自信を、彼らに持たせるこ

とができるだろう。マネジメント・チームについてはこのほかにも、ラージグループのイベント後に果たすべき役割を認識し、それに備えることが求められる（詳細は第15章を参照）。これらの理由から、マネジメント・チームとのミーティングは不可欠だ。

　プロセスにおいてマネジメント・チームがどのような課題や問題に直面するか、1つの事例を紹介しよう。管理・指示する権限を持った人々には、この事例のようなグループ・ダイナミックスが働きがちである。事例から、より広い視野と協働の適応的なパターンを身につけるために、それらの権限を放棄しなければならない理由を読み取ってほしい。

　　2013年7月、私はあるクライアントから依頼を受けた。全国規模のNGOにおいて、イスラエルのアイデンティティの構築と回復に携わるグループのために、「実行可能な戦略的プロセス」を策定してほしいという内容だった。依頼には、「防衛的で存続することだけを目指すモードの現在のグループを、より能動的かつ計画立案的なモードのグループに変える」ことも含まれた。さらに今回のプロセスについてグループ・マネジャーは、「長期的な試みのあくまで出発点とし、将来的にはイスラエル社会のためのコミュニティ開発を目指したい」との展望を明らかにしていた。プロセスのゴールは、グループのメンバーとの最初のミーティングで明確に理解できた。では、どうすればそのゴールに到達できるか。この問いへの答えも私には明白だった。すべてのステークホルダーと、その分野で活躍する人々が透明性をもって協働し、当該分野のマッピングを行い、このグループならではの脅威や機会について話し合い、相互に戦略的連携を築けるような環境を醸成することである。問題は、このようなプロセスに着手する準備が彼らにあるかどうかであった。

　　多くのステークホルダーの関与が必要なプロセスだが、マネジメント・チームはメンバーがたった4人と小規模な上、ラージグループによる自己組織化や創発のプロセスに懐疑的だった。幸いだったのは、スポンサー（部門のマネジャー）が積極的だった点である（Averbuch, 2013, p.336）。

第10章　対話型ODにおけるエントリー、レディネス、契約　361

この事例では、マネジメント・チームが3つの不安を抱えていることがわかった（同p.337）。

1. プロセスに「のまれることへの恐れ」。グループをコントロールすることが全くできなくなるのではないかという恐れ。

2. 「疎外への恐れ」。プロセスの方向性に自分たちが興味を持てない、あるいは、進め方がわからないのではないかという恐れ。

3. 「見捨てられることへの恐れ」。ステークホルダーが参加してくれないのではないか、参加しても途中で放棄されるのではないかという恐れ。

このクライアントとのコンサルティングを通じて筆者は、マネジメント・チームが抱える恐れと、それらへの対処について2つの重要な教訓を得た。

1. 3つの恐れによく耳を傾けた結果、マネジメント・チームがそのように語ることを「変革への抵抗」と見なすのではなく、「価値ある情報提供者」だと捉えるという教訓を得た（詳細は第15章を参照）。この教訓から、本事例では恐れを道しるべとして、より複雑だが賢明なプロセスを策定した。高度に考慮され、構築された方法でデータ収集を行い、緩やかに導かれた創発プロセスで意味づけを行って新たな方向性を定めた結果、連携が生まれ、共同で主導していく実践が可能となった。

2. 自問自答しながら一歩ずつ前進することで、次のステップに向けたレディネスが培われるという教訓を得た。本事例では、マネジメント・チームの懐疑的な見方はやがて恐れへと変化している。だが彼らに率直な対話を促した結果、信頼と勇気が徐々に生まれた。次のステップに向けたレディネスの醸成にはさまざまな要因が働いた。具体的には、グループリーダーや筆者と対話を実践する、ステークホルダーから積極的な参加の意志を引き出す、当該分野で活躍する人々から肯定的な評価を得るといったことに加えて、計画立案、統合、共同思考、電話

インタビューによる情報収集などが効果的だった。

本事例からわかるように、コンサルタントとスポンサーが対話のプロセスを用いて協働し、対話の姿勢を維持すれば、マネジメント・チームや他の支援的なスポンサーらのレディネスが醸成され、組織およびステークホルダーとの対話を通じた取り組みが実現されるのである。

次のステージに向けた問いかけ

- シニアマネジャー陣は、同じ問題にともに直面している人々を、プロセスを一緒に歩むパートナーとして扱える準備ができているか？

第4のエントリー：デザイン・チームまたは運営委員会との共創

運営委員会は、大規模な組織またはシステムにおける対話型ODの支援を目的に設立される。多様な人々によって構成され、運営委員会のほかにも、デザイン・チーム、プランニング・グループ、準備委員会などの名前で呼ばれる（Averbuch, 2006）。運営委員会の権限が限定的すぎると、プロセスの進捗は著しく遅延する。また設立に際しては、スポンサーと数人のシニアマネジャーも委員に含め、ステークホルダーの多様性を映した最大限の多様性（年齢、性別、地域、地位、役割、専門性など）を確保することが大切である。理由は、運営委員会を組織の縮図とするためだ。さらには、組織にとって運営委員会が対話の手法を最初に学ぶ場であり、そこから組織全体へと知識を波及的に広げていくためでもある。

運営委員会は戦略的なプロセス・デザインを創り出す（第9章を参照）。したがって、委員会には以下の課題が課せられる。

- プロセスの目的の明確化
- 重要テーマの策定と、探究のための問いの組み立て（第12章を参照）
- 方法の選択と全体的なデザインの承認
- 成功のための環境づくり（第9、13、14、15章を参照）

1つ以上のラージグループを含むプロセスなら、運営委員会はイベントの準備も担うため、以下の事柄について決めていく。

- 参加者
- 参加者の集め方（招待状の内容、参加しやすく、プロセスを促進するような場所の選定などを含む）
- 透明性のある情報の創出方法
- ロジスティクス関連（スペース、食事、課外活動などについて）
- 文書化のプロセス
- 変革を維持し、さらに展開するために、組織が「プロセス終了の翌日」からするべきこと（第15章）
- プロセスを通して生み出されたものについて何をしていくか？
- 主体的な取り組みや望ましい変革を誰が、どのようにサポートするか？

こうした決定や構成、インフラなどは、ラージグループの集まりの最初にはっきりと開示していく。そうすれば参加者は入手した情報に基づいて、どこまで関与していくか、自己組織化の機会をいかに生かすことが可能か、それぞれに判断することができる。

運営委員会は、いろいろなアイデアを試し、確認するという実験的な場でもある。委員会メンバーは相互に、さらにはコンサルタントとも協働して、プロセスを共創していく。対話型ODプロセスの成功に向けて、その精神を組織全体に伝え、インフラを用意し、必要となる状況を創り出していくのが運営委員会の仕事である。システムの各部門はミーティングの機会を通して、それまで知らなかった、あるいは懐疑的に見ていた別の部門のことについて互いに理解し、互いに向き合うことができる。コンサルタントがファシリテーションをする運営委員会ミーティングであれば、委員会メンバーはじかに対話のプロセスを体験できる。さらには、彼らが対話のメリットを組織内に広めたり、プロセスへの参加を他者に促したりすることによって、プロセスへの熱意を高めることも可能だろう。これがひいては、対話のスキルを高め、絆や信頼、パートナーシップの構築につながるのである。

364　第Ⅲ部　対話型ODの実践

筆者のコンサルティング事例から、運営委員会がスポンサーを支援して、信頼構築へのプロセスをデザインしたエピソードを紹介しよう。

　某企業の子会社のOP社は、社内の信頼が著しく不足していた。そこで同社は、「OPが誇りをもって楽しく働ける組織になるには何が必要か」というテーマの下で変革を目指した。この変革プロジェクトにおいて、アイデアや意見を述べた人がかえって面倒な立場になることがあってはいけない。テーマを定めた運営委員会は1つの対策として、今後の対話のプロセスについてCEOに繰り返し向き合って、「スタッフの意見が気に入らなかったらどうしますか？」、「スタッフのアイデアが、CEOにとっては重要性の低いものだったらどうしますか？」といった問いを投げかけた。プロセスに着手する前に、CEOが真摯に対話にのぞむ姿勢を確認するためである。

　ようやくCEOの意思が確認できたところで、委員会は変革プロジェクトに関する社員向けプレゼンテーションをつくり、組織内の全員に個人宛てで配布した。プレゼンで委員会は、一度に20〜70人の社員が集まるミーティングを開催するプランを提案した。ミーティングの内容については、各社員の指揮系統への報告は行わないことに決めた。参加者がミーティングの席で自由に質問し、思ったり感じたりしていることを言えるようにするためだ。委員会はこのプレゼン後、全社員750人と面談を行い、最終的に180人がミーティングに参加した（すべて自由参加）。さらに委員会は、参加者と参加できなかった社員がミーティング後に交流できる場も設け、後者が改めてプロセスに関与できる機会を用意した。

　このエピソードからもわかるように、運営委員会は組織内に広くアンテナを張って、パートナー関係にあるスポンサーの意思決定を後押しして、対話のプロセスの品質を保証していった。こうした役割を正しく担うために、運営委員会には以下の2つの変化が求められる。

1. **「代表者」から組織の縮図としての「1つのグループのメンバー」へ認**

第10章　対話型ODにおけるエントリー、レディネス、契約　　［ 365 ］

識が変化する。この認識の変化を遂げるには、グループの代表者という認識を自己に対しても他者に対しても抱いている多様なステークホルダー・グループのメンバーが、その認識から脱却して1つのチームとなることが求められる（Bushe and Shani, 1990）。運営委員会の初期のミーティングでは、グループ間の緊張や対立などが浮き彫りになることもよくある。このような集団が1つのチームになるには、個々のメンバーが、各自が所属するグループの代表者としての自己認識を捨て去り、一個人として参加しているという認識を持たなければならない。多様性がなければ、効果的かつ明確に組織全体について問い、考えることはできない。委員会のメンバーは所属グループの代表者ではなく内省し熟考する人である。このことを、多少時間はかかっても、委員会の全メンバーが理解する必要がある。一人ひとりの委員がグループの代表者としてではなく、十分にその人自身として存在していれば、それで申し分はない。

2. **境界線がより透過性があるように変化する。** 運営委員会については、プロセスの初期段階ではステークホルダーのサブグループを除外しがちで、やがて徐々に、通常ならば組織の一員と見なさない人々（顧客やエンドユーザー、規制者、戦略上のパートナー、競合他社など）に門戸を開いていくというパターンが非常によく見られる。対話を通じて協働することにより、多様性の素晴らしさや価値に気づき、一層の多様性を求めるようになるからだ。

　対話のプロセスを通じた運営委員会の構築がうまくいけば、より多くの主導的取り組みが生まれ、自己組織化が促進される。リーダーシップも大勢によって共有され、さまざまな課題をめぐって今起きていることや、今しなければならないことについて、最高のアイデアや情報、見立て、アドバイスが提示されるようにもなるだろう。

　以下に紹介する軍関係のある組織では、運営委員会が「招待」の段階で選択眼を身につけることに成功している。共創がよりよいプロセスを生み出す

という好例である。

> 運営委員会との作業の中で私は、人がプロセスに積極的関与をしよう
> と思うためには、参加するかしないかを自分で選べる必要があると説明
> した。人がプロセスに参加するには、命令されるのではなく、招かれな
> ければいけないのだと。しかし軍からは、「たとえ招待状でも、空軍最高
> 司令官の署名があればそれは令状、すなわち、命令なのです」と言われ
> てしまった。運営委員会と私と、どちらが欠けてもこのプロセスが成功
> しないのは明白だった。組織の文化に精通した人々と、人とシステムが
> 創発のプロセスに着手するには何が必要かを理解している私。どちらも
> 重要な役割を担っているのである。
> 選択と積極的関与の相関性に気づき始めると、やがて運営委員会が素
> 晴らしいアイデアを思いついた。ファントム戦闘機の形にカットしたカ
> ラフルな招待状に、通常とはまったく異なる気さくで明るい文体という
> 組み合わせだ。もちろんそこに最高司令官の署名があれば、受け取った
> 人はやはり令状と見なすだろうが、今までとは異なる話し合いの場だと
> いうメッセージは伝わるに違いない。

運営委員会の意思決定プロセスにおいて筆者は委員会に対し、決定はあく
まで「進行中」とし、その案に拘泥しすぎないよう助言している。あらゆる
ことを「今日の案」と見なすことによって、他者のアイデアを取り入れたり、
共同成果物を継続的に改善したりすることが容易になるからである。物事を
深刻に捉えすぎないことで、熟考や学習、創発のプロセスが促される。過剰
な意図はこれらのプロセスを妨げるが、好奇心と探究心に支えられた積極的
関与へのエネルギーはプロセスを促進するのである。

次のステージに向けた問いかけ
- 運営委員会はプロセスを自分事化しているか？
- 運営委員会は積極的に他者をプロセスに招き、対話の精神でプロセスを
  ともにリードしようとしているか？

第10章　対話型ODにおけるエントリー、レディネス、契約　367

エントリーについてさらなる考察

　エントリー・ステップの進捗とともに広がっていくステークホルダーの輪は、その広がり方を1つのパターンとして、組織が新たな課題に直面するたびに調整を加えながら繰り返し活用することができる。ステークホルダーの輪を広げていくこの手法は、懸念を有する問題について対話を通じて対処していくアプローチであり、たとえば探究や学習、熟考、課題に関わるコミュニティ全体の積極的関与による実践が用いられる。この対話型のあり方は、コンサルタントの支援がなくても拡大できる。反復、自分事化する体験、継続的な熟考、そして生み出されたさざ波が、組織あるいは人生そのものにおいて、対話的なあり方と行動の仕方を促してくれる。

　ただし、対話のプロセスに挑戦するときは一点注意してほしい。個々の課題の性質を無視して、対話の姿勢あるいはアプローチを常に解決策として主張してはならないという点である。場合によっては対話の是非から話し合いを始め、ほかの可能性を探ることが望ましい。そもそも対話の手法では、人はどのような場合も、一時的あるいは部分的にしか物事を理解できないという前提がある。

　エントリー・ステップに関してはもう1つ、多くの場合、人は独力では何もできないという点を念頭に置いておきたい。筆者もコンサルタント・チームの一員として働くときは、クライアント・システムへのエントリーにチーム全体で参加することによって、システムのニーズに合った可能性を（自分たちがしていない実践も含めて）提供し、クライアントの反応をしっかり見極めるよう呼びかけている。コンサルタント同士がクライアントの前で、あるいは、クライアントも交えて行う対話は、共創のプロセスとはどのようなものかについて、クライアントにインスピレーションを与え、ロールモデルとなっていく。しかしそのためには、コンサルタントがチームの仲間をよく理解し、人として、プロフェッショナルとして、互いへの敬意と感謝の念を持つことが必要とされている。

契約

　対話型コンサルティングにおいてクライアントとの関係を確立するには、法的拘束力のある一般的な雇用契約などよりも、コンサルティングの関係性のニーズをより重視した適切な契約が必要となる（Block, 2011; Cummings and Worley, 2009）。ここでは「契約」の一般概念と定義を説明した上で、いくつかの事例を紹介しながら、対話型ODの契約につきものの複雑性や課題に触れてみよう。

　契約とは、2人（2組）以上の当事者による合意であり、両者がその関係性において何を期待し、どのように行動するかの指針を成すものである。契約には、すべての当事者に何が求められ、何が約束されるかが明示される。また、合意済みの契約は、いずれかの当事者が必要に応じて参照するための枠組みでもある。

　契約には2種類ある。1つは、当事者の相互の期待を述べたり、話し合ったり、同意したりした会話を基盤とする、非公式な「心理的契約」。もう1つは、クライアントとコンサルタントの署名がなされた文書による「公式な契約」である。「公式の契約」には通常、目的やフェーズ、期日、サービスの対価など、心理的契約における合意の一部だけが明記される。ときにはクライアント側がサプライヤーとの契約書フォーマットを持っており、そこにコンサルタントからの、そして、コンサルタントへの要件や義務が明記される場合もある。また、最悪のシナリオをたどった場合の解決策を明らかにしておくために、極めて公式的な契約を用意することもある。極めて公式的な契約は、重要事項に留意するという意味では便利だが、（公式の契約を含め）ODにおいて必要とされるケースはめったにない（もちろん、必要なこともある）。重要なのは、コンサルティング契約には心理的契約と公式の契約（当事者の署名の有無は問わない）の2種類があるという事実を踏まえた上で、それが効力を発揮するのはあくまで、クライアントとコンサルタントの双方がコンサルティングの必要性を認めたときだけであると認識することである。

対話型ODの契約ならではの課題

　未知のプロセスを受け入れ、カオスの縁で共創しなければ、新たなパターンは生まれてこない。しかしながら、結果の測定や予測が可能な世界、すなわちコントロールすることが重視される文化においてこれを実現するのは容易ではない。契約は、合意済みの目的やゴール、コスト試算を含む業務計画を反映していなければならない。矛盾するようだが、その一方で契約は創造的破壊を歓迎し、変化を推進し、創発をいざなうものでなくてはならない。だからこそ対話型の契約は、複数の相反する力をうまく取りまとめて活用し、両極の間で創造的な緊張を維持・調整する必要がある。

　対話型ODの契約においてこのような両極性（別々の方向に向かおうとする相反する力）や矛盾にしばしば遭遇するのは、以下のような理由からだ。

- 不明確かつ予測不可能な状況において、確実性を求めるため。
- 答えがわからない状況において、測定可能な結果を求めるため。
- 創発的な結果を促すような、計画的なプロセスを求めるため。
- どのようなときも自由に選び取れる、さまざまな選択肢を求めるため。

　必要なのは、形（構造、安定性、コントロール）があり、流れ（創造性、意外性、影響力）を促すことができ、システムの変革（統一性から混乱を経て、新たな統一性に向かう変革）を可能にするようなプロセスである。さらにそのプロセスにおいてコンサルタントは、創造的な緊張を維持し、生産と創造の機会へと極性を転換させなければならない。契約のステップにおいてコンサルタントは、クライアントと交渉する大きな力を有しており、この力を利用してコンサルティングを支援・実践する必要がある。

契約の基本

　契約は通常、「目的」、「提供すること」、「役割と期待」、「コンサルティング料」、「バウンダリー（境界線）」という5つの要素で構成される。これら5つの要素は、あらゆるODコンサルティング・プロセスに関係がある（Weisbord, 2012）。ここでは、対話型ODコンサルティングの契約における

個々の要素について見てみよう。

目的：ゴールと目標の共有。対話型ODコンサルティングの目的は、望ましい未来のありようが話し合われ、探索され、それが立ち現れるように共同で探究して、新しい意識と賢明なアクションが実践されていくような場や条件を創っていくことである。

この点がチェンジ・マネジメントとの違いだ。チェンジ・マネジメントの場合は望ましい未来があらかじめ規定されており、その未来に向けた実践が目的となる。対話型ODの場合、筆者は以下の4つの要件が不可欠だと考える。

- 「知らない」というスタンスを持つこと。すでに知っていることに留まるのではなく、共同で発見するプロセスを奨励すること。「知っている」というスタンス、手持ちの知識を利用する環境から離れること。
- ヒエラルキーのない対話的な話し合いへの「多様な人々」の積極的参加を奨励すること。トップダウン式のコミュニケーションや、一方的な指示・命令をやめること。
- 結果とプロセスの両方を「創出し」、共創すること。
- 「未来」に焦点を当てること。是正や排除を必要とする過去の失敗ではなく、未来の可能性に基づいた、望ましく、意図的に目指していく状態に焦点づけること。

対話型ODの契約における、これらの特徴がよくわかるよう、先に紹介したOP社の事例を再び見てみよう。

> 2004年、私はある電話を受けた。依頼者（人事担当の副社長）いわく、「モチベーション」の専門家として私を紹介されたとのことだった。経済が上向きになったために、同社人事部では主力社員がより好条件の競合他社に流出する恐れがあるという。同社は過去に解雇や賃下げを行っており、そのために社員らの間で「会社に裏切られた」という雰囲気が漂っ

第10章　対話型ODにおけるエントリー、レディネス、契約　［ 371 ］

ているようだった。私はまず、人事部に望ましい未来のビジョンを尋ねた。そして回答から、主力社員との敵対的な関係をパートナーシップへと変えることが目的だと理解した。その上で、自分は「モチベーションの専門家」ではないが、社員のモチベーションや考え方、気持ちなどを理解する必要がある、鍵となる人々が真摯な会話をして、未来のパートナーシップのための新たな基盤を作っていく、好ましい環境づくりならお手伝いしましょうと提案した。

　その後、同社の人事部やCEO、経営幹部、多様性に富む運営委員会とミーティングを重ね、変革のテーマを「モチベーションの向上」から「OPが誇りをもって楽しく働ける組織になるには何が必要か？」に見直し、全社員のプロセスへの参加を推し進めることにした。

　この事例では、クライアントは依頼時に恐れを抱いており、「主力社員の流出」という、経営陣の望まない状態に焦点を当てていた。しかし、エントリーと契約の過程を経て、より大きな可能性へと新たに目を向け、「全社員が誇りをもって楽しく働ける組織」という望ましい未来を描くようになった。その結果、好奇心あふれる開放的な組織を目指すようになり、積極的関与を望む誰もが参加できるヒエラルキーのない対話、「知らない」というスタンス、自己組織化の推進、新しく、より適応的なパターンの創出などを実践するに至っている。

　提供すること：コンサルタントが提供するサービス／商品。コンサルタントがクライアントに提供するのは、共創や創出がもたらされる「プロセス」である。では何に対して契約するのだろうか？　コンサルタントが「売るもの」、クライアントが「購入するもの」は何だろうか？

　筆者は構造化された対話型ODにおいて提供することを、以下の4つのフェーズから説明している。

フェーズ1：発見のプロセス
コンサルタントは「明確性」を提供する。このフェーズではスポンサーと

協働し（場合によってはマネジメント・チームとも協働し）、以下の問いについて
明確にする。

- 問題や課題は何か？
- 目的・意図は何か？
- 望ましい未来のイメージはどのようなものか？
- その未来にたどり着く手段を獲得するために、どのようなアプローチが
  必要か？（ここでコンサルタントとともに進めるかを決める）

フェーズ2：準備
コンサルタントは対話の精神の醸成と、その精神を反映し、成功に向けた
最初の条件を整えた、対話に適したインフラを提供する。このフェーズでは、
関係者が積極的関与をする、生成的な対話が可能となる以下のような構造と
プロセスを提供する。

- 火急の課題に関する問いの探究。生成的で、引きつけられ、望ましい未
  来への前進を促すような探究。
- 対話型ODアプローチの選択と決定。必要な情報に基づいて、望ましい
  アプローチを熱意をもって選択・決定する。
- 多様性のあるステークホルダー・コミュニティの創造的な積極的関与。
- ロジスティクス、文書化、イベント後の主導的な取り組みへのサポート
  などに関する詳細な計画。
- 対話がもたらす価値によって培われる精神。たとえば以下のような精神
  が醸成される。

    - 予備的なタスクやプロセスを、人々が自ら選択して積極的に実践する
      ようになる。
    - 人々が積極的に垣根を取り払って、組織の外から重要なステークホル
      ダーを招き入れるようになる。
    - リーダーが探究的なスタンスや、分有型のリーダーシップを持つよう

第10章　対話型ODにおけるエントリー、レディネス、契約　373

になり、あらゆる職位の人をプロセスに招き入れるようになる。

フェーズ3：重要な対話のファシリテーション／ホスティング

このフェーズでの具体的な提供価値は対話型ODのアプローチによって異なるが、いずれの場合にも提供されるのは以下のようなものだ。

- 組織の活性化。閉じ込められていたエネルギーが開放される。
- プロセスに参加した人々の積極的関与と、コミュニティの一員としての意識の醸成。
- 組織全体と、組織の各構成員に対するより深く高度な理解。
- 望ましい未来のために必要なことに向けた足並み揃えと調和。
- 可能性や希望の広がり。
- 古いパターンの排除と、新しく、より適応的なパターンの創出。
- アクションに向けた新しいアイデアとエネルギーの高まり。

このフェーズでは何はともあれ、「システムの均衡を破り、新たなパターンの創出を推進するような環境を作る」、「システムを導く中核的なナラティブと問いを見直す」、「新たな生成的イメージを活用・創出する」という3つの主な変革プロセスのうち、1つ以上のプロセスを提供する必要がある。いずれの変革プロセスも、あり方と行動の「より適応的なパターン」という究極のゴールへとシステムを導いてくれるはずである。

フェーズ4：変革の継続と加速化

対話型ODプロセスの契約において、おそらく最も見過ごされがちなのがこのフェーズである。しかし第15章で論じているように、優れた対話型ODのイベントが生み出すアイデアやモチベーションは、組織がそれを選ぶなら、継続的な変化になり得る。このフェーズで提供することには、以下のようなものが含まれる。

- ラップアップ・ミーティング［ふりかえりミーティング］。プロセスを通じ

て組織に生命、意味、および、望ましい結果を与えたものは何か、記憶しておくべきことは何か、を学ぶための場。

- プロセスから生まれた新たなアイデアと主導的な取り組みをサポートする、最適なインフラ。
- 組織の構造と制度のスクリーニング。このスクリーニングを通じ、イベントによって誘起され、組織が普及させようとしている価値や手法、実践方法（組織のアセスメントをよりアプリシエイティブなアプローチへと変える、オープン・スペース・フォーラムを毎月開催する、問題解決にカフェを用いる、など）が、組織に調和しているかどうかを検討する。

役割と期待：明確化と合意。ODサービスに対するクライアントの期待はよく、西洋医学に対する私たちの期待になぞらえられる。人は不調を覚えると医師にかかる。このときに医師が果たすべき役割は診断、予後の見通し、治療計画とその実践である。患者は受け身な人もいれば、素直な人、質問好きな人などさまざまである。簡単に言うなら、患者は生きている限り、病を治すために医師を雇い続けるわけである。以上のような期待はあらゆるタイプのODにおいて課題となるが、特に対話型ODではより大きな問題となる。

スポンサーの役割に関する期待：リーダーには、準備に積極的に関与し、人を招き入れ、奮起させ、開放することが求められる。リーダーはまた、十分に望ましい選択肢が創出されるまで、現在の快適な領域から知らない領域へと活動の場を移し、知らない領域に留まらなければならない。

コンサルタントとクライアントの関係に関する期待：対話型ODにおける「パートナーシップ関係」は、「契約ベース」の関係からやがて、「盟約ベース」の関係へと変化していく。後者では、両当事者は平等かつ補完的な関係において単に協働にコミットするだけではなく、万が一パートナーシップにひびが入っても反故にされることのない「至高」の協働にコミットしなければならない。盟約とは、プロセスで創出されるあらゆることに関与するという約束である。未知の領域に足を踏み入れたとき、人は単なる法的な契約以

上のもの、すなわち盟約を必要とする。法的な理屈だけでは、深い信頼を築くことはできないからである。対話型ODにおいては、より大きなエコシステムを認識する義務があり、「一堂に会したシステム全体」と透明性をもって協働していることに気づく義務がある（Bunker and Alban, 1997, p.44）。

　コンサルタントはコンサルティングにおいて、クライアントとの対話的なパートナーシップを期待する。共通の原則に基づいて行動しようと努める、積極的かつ活動的な仲間とのパートナーシップと言ってもいいだろう。このパートナーシップにおいてはさらに、いかなるときも自由な選択ができること、システム全体とその構成要素の両方に配慮できること、（恥じることや責めることなく）学習を通じて一層の改善を図れることが望ましい。第8章でも、このパートナーシップで大切な他の要件に触れているので参照してもらいたい。加えてODコンサルタントは、コンサルティング関係に何を求め、何を必要とするかを明確に定めなければならない。また、自身の限界と望ましい環境とを正しく認識して、それらを未来のクライアントに伝えることも重要である。真摯な相互敬意によって生まれる真の絆や連携が、新しいことや未知への挑戦を可能にする、相対的な安全性を確保するからである。以上のような環境は、対話の初期段階では整えられないかもしれない。しかし初期段階においてこそ、このような関係を作り上げようとする意志が必要とされるのである。

　コンサルティング料。成果が不明なのに、コンサルティングが急務とされる案件の場合、いかにして料金を決めればよいだろうか。以下に紹介する筆者の古い事例から、対話型ODコンサルティング料を決める際の課題を読み取ってほしい。

　　イスラエル航空宇宙軍は2020年を目標に、参加型プランニングのプロセスの導入を検討していた。それは2000年のことである。最高司令官らはオープン・スペース・テクノロジーに感銘を受け、まさに探し求めていた参加型アプローチだと感じた。私もビジネスパートナーであるアヴナー・ハラマティもこのプロジェクトを手掛けられることに興奮を覚え

たが、コンサルティング料の設定をどうすればよいか、まったくわからずにいた。

具体的なコンサルティング・プロセスについてクライアントに説明し、予算を策定する段階で、私たちは2つの問題に直面した。

1. コンサルティングに時間とコストがかかりすぎる。

2. コンサルティング・プロセスについて、クライアントが極めて具体的な説明と、総コストの試算を求めている。

さらにクライアントは、対話型ODに適した環境とレディネスが整うのを待つ余裕はないという。このような場合、コンサルティング料を時間当たりで請求するのは割に合わない。こちらが必要だと思う内容に反して、クライアントが最短の準備期間でプロセスを進めようとするからだ。このままではプロジェクトは失敗し、クライアントとパートナーシップを築くどころか、敵対的な関係に陥ってしまう恐れがある。

そこで私たちはクライアントに、料金体系について2つの選択肢を提示することにした。時間当たりのコンサルティング料と、プロセス全体に対する固定料金の2つである。アヴナーと私は後者を希望した。そのほうが、必要と思われることを自由に実践できると考えたからである。「今回のコンサルティングではお互いが、プロセスの成功に向けた環境を整えるために必要なことをすべて実践しなければなりません」とクライアントに主張し、ようやく納得してもらえた。固定料金でプロジェクトを進めれば、実は私たちは金銭的なリスクを負うことになる。コンサルティングに1時間費やすごとに、こちらの利益は減るのだ。だがこの方式を取ることにより、クライアントとコンサルタントの間で信頼が醸成され、利益と目的が一致した。その結果、パートナーシップ構築のための確かな基盤が築かれたのである。こうして私たちは、クライアントに「料金メーターの上昇を心配させることなく」、必要に応じていつでも、どこでもコンサルティングを行えるようになった。

その後半年間にわたり、アヴナーと私は軍のさまざまな組織と長い時間をかけて準備作業を進め、クライアントが目標を定義するのを支援し、各種の

対話アプローチ（アプリシエイティブ・インクワイアリー、ワールド・カフェ、フューチャーサーチなど）について伝えた。しかし最終的に、自分たちがこのプロセスを請け負うのは望ましくないとの結論に達した。理由は何と言っても、こちらのビジネスが成り立たないからである。私たちは常に、クライアントに100％自らの判断に基づいた意思決定を委ねるようにしている。対話アプローチについて知った今、クライアントがプロセスを進めないとの判断を下す可能性は大いにあったし、そのほうが理にかなっているとも考えられた。クライアント側でも、人によって判断は違うだろう。問題は、あらゆる選択肢を試せる創発的なプロセスを実践しようにも、適正料金がわからないという点だった。

　クライアントとの初期の準備に数カ月をかけてようやく、私たちはその取り組みが本契約に向けたプレセールではないのだと気づいた。私たちが行っていたのはまさに短期間のODコンサルティングであり、その過程で私たちは、クライアントが今後の道筋を決めるのを支援してきた。主な課題や目標を明確にし、望ましい将来を描くのをサポートしてきた。望ましい未来に行き着くための、さまざまなアプローチも教えた。そして、この体験を通して私たちは次のことに気づいた。第一に、真の対話を実践するには、盟約ベースのパートナーシップを築き、不確実性に向き合わなければならないということ。第二に、コンサルタントとしての利益（料金体系など）を、クライアントの目的および利益と合致させなければならないということである。この体験を経て、私たちは2つの料金モデルを開発するに至っている。

固定料金モデル：フルコンサルティングを希望するクライアントが、すべてを含めたサービスに対して固定料金を支払うモデル。第1フェーズ（道筋を定めるフェーズ）後にコンサルタントとクライアントが本契約を結ばないという判断を下した場合は、固定料金を適用せず、事前に定めた時間給に基づいて請求する。

　ラージグループへの働きかけを用いる可能性がある、創発的な対話型プロセスでは、筆者はこちらの料金モデルが望ましいと考えている。前述した通り、固定料金モデルのほうが相互の利益を調整しやすく、盟約ベースのパー

トナーシップ構築に向いており、共同的な創発プロセスを支援しやすいからである。

固定料金モデルで依頼を受ける場合には、コンサルティングにかかる時間を予測し、以下の乗数を用いて料金を見積もる。

- 準備段階：コンサルタントの通常レート＋約10％のバッファー
- ラージグループ・ファシリテーション：コンサルタントの通常レートの2倍

時間給モデル：クライアントによっては、時間給での契約を望む場合がある。合計額を訊かれたら、上記と同様の計算式をバッファーなしで用いることになるだろう。ラージグループでレートを2倍にする理由をよく訊かれるが、これまでの経験から言って、ラージグループの対話プロセスでは集中力が必要とされ、各イベントの前後にエネルギーを使い果たし、再充電を完了するまでに少なくとも半日はかかるからである（コンサルタントがひとりだけの場合や、自分がコンサルタント・チームのリーダーの場合はそうした傾向が顕著だ）。

バウンダリー（境界線）。コンサルタントは、明確ではない契約を断ったり、不十分な環境を拒否したりすることで、対話型の実施と契約に関する大切な教えをクライアントに伝えることができる。本心からの、かつ、真実味のある関係性やプロセスのために交渉を行い、それが不可能ならば交渉をやめ、重大な価値が損なわれたときには契約を破棄することによって、真のパートナーシップに根差した話し合いがどのようなものかを示すことが可能だ。クライアントにとって契約時の話し合いは、さまざまな利益や動機、可能性がぶつかり合う対話のプロセスを実際に体験する、最初の機会となるかもしれない。コンサルタントはこれを、関係構築とパートナーシップについて伝えるチャンスと見なすことが可能である。このチャンスを通じて、対話が生む価値や対話そのものを活用しながら、両当事者がいかにして合意を目指し、修正を加え、結べるかを示すことができる。

契約の過程において最も重要な問いは、契約の終了に関するものである。

対話型ODの契約を終了するべきタイミングはいつか？　終了する理由は何か？　どのように終了すればよいか？　筆者も幾度となく、こうした問いにぶつかってきた。前述したINN社の事例から、契約の終了について学ぶことができるだろう。

> 「年内に100万ドルの売上達成」を目指すINN社では、対話の精神に基づいて着々とプロセスが進められていたが、イベント前日になって同社CEOが私に告げた。「ひどい状況だ。月末までにさらに100人の解雇が必要になった。発表はイベント後にしようと思う。イベント前に発表したら、何もかもが台無しになってしまうからね」。私はショックを受け、混乱し、怒りを覚えた。私たちの目的、メッセージ、実行について、社員への透明性と誠実性を保つことがいかに大切か、CEOと人事部長に説明することから始めた。話し合っている何十分の間、これは私自身と彼らの戦いだと感じた。私は最後にこう付け加えた。「社員の皆さんにいつ、どう話すべきかは、私にもわかりません。でも、彼らに現状を知らせないまま、今回のイベントのファシリテーションを行うことは私にはできかねます」。ここが私のバウンダリーだ。やろうと思えばできるが、やるつもりはない。その後も私はCEOらとの話し合いを続け、何とかして解決策を見出そうと試みた。そしてイベント当日、CEOはこう発表したのである。「解雇はもう行わないと社員の皆さんにお約束したいところだが、約束はできなくなってしまいました」

本章のまとめ

本章のまとめとして、「出発点」に格別な注意を払うことを読者の皆さんにアドバイスしたい。コンサルティングの出発点は、プロセス全体のトーンを決める音叉［楽器の音合わせに使う道具］となるからである。対話の精神に基づいた、平等かつ共創的なスタンスでエントリーと契約に臨めば、独自のトーンがやがて明らかになり、プロセスに新たな空気を吹き込んでくれるだろう。

[380]　第Ⅲ部　対話型ODの実践

レディネスの把握と醸成、エントリー、契約というフェーズは、その後の一連の取り組みのための単なる「準備」ではない。これらのフェーズはまさに対話が「生まれる場」であり、その後のあらゆる取り組みに大きな影響を及ぼす。そのために以下を推奨する。これらのフェーズで長々とした説明をしないで、このフェーズをモデルとして使うこと。対話型の人間かつ対話型OD実践者としてのありようのよい例となること。そして、自分たちがともに携わっていく取り組みを反映するような、新しいことを用いていくこと。

引用文献

Averbuch, T. (2006). Building Coalitions to Create a Community Planning Tool in Israel. In B. Bunker & B. Alban (Eds.), *The Handbook of Large Group Methods* (pp.219-230). San Francisco, CA: Jossey-Bass.

Averbuch, T. (2011). Opening Space for Collective Wisdom, a Lecture Given at TEDx Jaffa, September 7, 2011. Retrieved from https://www.youtube.com/watch?v=adf1sjnXERE

Averbuch, T. (2013). The Little Engine That Could. *Challenging Organizations and Society, Reflective Hybrids, 2(2),* 333-351.

Block, P. (2011). *Flawless Consulting* (3rd ed.). San Francisco, CA: Wiley-Pfeiffer.

Bunker, B., & Alban, B. (Eds.) (1997). *Large Group Interventions: Engaging the Whole System for Rapid Change.* San Francisco, CA: Jossey-Bass.

Bunker, B., & Alban, B. (Eds.) (2006). *The Handbook of Large Group Methods.* San Francisco, CA: Jossey-Bass.

Bushe, G. R., and Shani, A. B. (1990). *Parallel Learning Structures.* Reading, MA: Addison-Wesley.

Cooperrider, D. L., Whitney, D., & Stavros, J. (2008). *Appreciative Inquiry Handbook.* Brunswick, OH: Crown.

Cummings, T. G., & Worley, C. (2009). *Organization Development and Change.* Cincinnati, OH: South-Western College Publishing.

Heifetz, R., and Laurie, D. (1997). The Work of Leadership. *Harvard Business Review, 75(1),* 124-134. (『リーダーシップの新しい使命——変化適応の時代における6つの原則』ロナルド・A・ハイフェッツ，ドナルド・L・ローリー著，DIAMONDハーバード・ビジネス・レビュー，2008年)

Owen, H. (1997). *Open Space Technology.* San Francisco, CA: Berrett-Koehler. (『オープン・スペース・テクノロジー——5人から1000人が輪になって考えるファシリテーション』ハリソン・オーエン著，ヒューマンバリュー訳，ヒューマンバリュー，2007年)

Weisbord, M., & Janoff, S. (2000). *Future Search.* San Francisco, CA: Berrett-Koehler. (『フューチャーサーチ——利害を越えた対話から，みんなが望む未来を創り出すファシリテーション手法』マーヴィン・ワイスボード，サンドラ・ジャノフ著，香取一昭，ヒューマンバリュー訳，ヒューマンバリュー，2009年，原書第2版)

Weisbord, M. (2012). The Organization Development Contract. In J. Vogelsang, M. Townsend, M. Minahan, D. Jamieson, J. Vogel, A. Vetts, C. Royal, & L. Valek (Eds.), *Handbook for Strategic HR* (pp.53-60). New York, NY: Amacom.

Weisbord, M., & Janoff, S. (2010). *Future Search* (3rd ed.). San Francisco, CA: Berrett-Koehler.

Williams, B. (2007). The Genuine Contact Program. In P. Holman, T. Devane, & S. Cady (Eds.), *The Change Handbook* (2nd ed.) (pp.227-233). San Francisco, CA: Berrett-Koehler.

第11章 対話型ODにおける変容的学習

ヤボン・ギルピン-ジャクソン

「変化だけでは足りない。必要なのは転換だ！」

　上記のせりふにはいくつかのバリエーションがあり、現代の企業リーダーの間でよく使われている。継続的な変化と複雑性の高まりに直面しているなかで、適応を要する課題の解決能力を、従業員とワークグループが自ら開発することの必要性にリーダーたちは気づいている (Heifetz, Linsky, and Grashow, 2009)。さらにリーダーは、内外の絶え間ない変化を予測し統合して、それらの変化の意味づけを行い、組織の前進を後押しする適切なアクションを取ることを組織内の人々とグループに対し求めている。見識あるリーダーであれば、これらを実現するには、組織のあらゆるレベルで責任を共有してリーダーシップを分散する作業を、変化が起こるたびに迅速かつ反復的に行う必要があることに気づいている。

　こうした成果を上げるには、組織のマインドセットと文化をシフトさせ、俊敏で適応性に富む、転換的な能力を培わなければならない。本章では、組織の転換［訳注1、次頁］が成功するために必要となる、個人の自己変容のプロセスに役立つ理論やツールを備えた1つのモデルを検討していく。対話型ODプロセスに積極的に関与し、その過程を経て最終的に自らの個人的な変容を遂げていく人々との協働に役立つ、さまざまなツールやアドバイスをこのモデルから得られるだろう。

転換的な変革とは、多くの個人やシステム、ならびに多数の要因が関わる継続的かつ創発的で、複雑な変化のことである。明確に定義付けられた期間限定の一時的な出来事とは異なる（Marshak, 2002）。転換的な変革は通常、内外の環境の相互的な結び付きに影響を受けて、まったく新しいミッションや戦略、リーダーシップ、組織の文化が生まれる形で起こる。つまり転換的な変革とは、組織における「考え方」、「仕事の仕方」、「自身のあり方」の根本的な変化だと言える。あるいは、組織の構成員の集合的な前提やアイデンティティの変化と言ってもいい。このような、個人やリーダー、システムの根本的な変化を説明する用語や視点は多数あり、変革を目指すべきリーダーに関する文献でも詳しく紹介されている（Anderson and Ackermanm-Anderson, 2010; French and Bell, 1999; Lee et al., 2013; Pearson, 2012; Porter-O'Grady and Malloch, 2011; Quinn, 1996; Weick and Quinn, 1999）。対話型ODは1つの独特なアプローチとして、ODと転換的な変革のつながりを非常に明確に示してきた。転換的な変革は、人々が自分たちの未来の生成的イメージを共に構築し、維持するために自己組織化するときに起こるものであり、ナラティブとディスコースの意味の形成を通じて現状を創造的に破壊する（Bushe and Marshak, 2014a）。

［訳注1］転換（transformation）とは、さなぎが蝶になる、車がロボットに変形する（映画「トランスフォーマー」）など、元の形態が変わることを伴う変革である。本書では、transformationを転換、transformational changeを転換的変革と訳している。一方、本章が扱うtransformational learningは変容的学習が定訳となっている。本書全体でtransformationalを変容的と訳すと、transformational changeが「変容的変革」となってしまい、語呂が悪いため、本書全体では「転換」「転換的」と訳した。

　　本章では、本書全体との整合性を保ちつつ、定訳である「変容的学習」を用いていくために、transformationおよびtransformationalについて以下のように訳した。

- 組織レベルの変化（変革）を意味している場合は、「転換」「転換的変革」とした。
- transformational learningの文脈で記述されている場合は、「変容」「変容的学習」とした。
- どちらのレベルも明示的に含む場合は「転換／変容」とした。

転換的な変革の促進を専門とする実践者として、筆者は対話型ODのアプローチを用いて自らの能力を構築し、またブッシュとマーシャク（Bushe and Marshak, 2014b）の言う「対話型マインドセット」を継続的に育んできた。第1章で述べているように対話型マインドセットは、社会構成主義の原則と前提に基づく解釈主義と複雑性の考え方を中心とした視点である。転換的な変革は対話型ODのまぎれもない目的である、というブッシュとマーシャクの指摘は筆者には当然の主張であり、筆者の体験にも一致している。だが彼らの指摘は、実はもう1つ別の視点も与えてくれる。

　筆者は組織の転換的な変革に関する文献を読む中であるギャップを感じていたのだが、ブッシュとマーシャクの指摘によってあることに気づき、そこから対話型ODの実践方法を学ぶことができた。それらの文献は、転換的な変革を後押しするリーダーシップや変革戦略をテーマに掲げていながら、その基盤となる変容プロセス（転換的なプロセス）に関する十分な考察を行っていなかったのである（Lee et al., 2013）。たとえば、変容プロセスに関する次のような問いが、これまでは提示されていなかった。「変容を体験している個人は、そこでどのような基本的プロセスを経るか？」、「グループやシステムが経るどの基本的プロセスが、組織の転換へとつながるのか」。筆者はOD実践者の立場から、転換的なアプローチがうまくいくようなファシリテーションには、これらの基本的な変化のプロセスを理解することが不可欠だと考えている。

　筆者自身はこれらの基本的プロセスについて、成人教育や社会変革をルーツとする変容的学習理論（transformative learning theory）から学んだ（Cranton, 2006; Mezirow and Taylor, 2009; Taylor, 2009）。これらの文献は、変容的学習のプロセスを定義すると同時に、個人や集団における転換／変容のファシリテーションのための戦略についても論じている。本章では、筆者の実践手法の基礎となった変容的学習の中核的な理論を概説した上で、変容的学習と対話型ODの関連性について述べる。そして、変容的学習の手法を対話型ODの実践に統合する中で筆者が得てきたファシリテーションの戦略や事例、学びなどを紹介していきたい。

変容的学習理論

変容的学習の各種理論は、分析するユニットの次元（個人の変化か、社会の変化か）、および、変化に影響する内的プロセス（理性的な変化か、超理性的な変化か）といった視点によって区別されることがよくある。これらの視点が、変容理論をいかに統合し、あるいは細分化させているかについては多くの議論がなされている（Cranton and Taylor, 2012; Dirkx, Mezirow, and Cranton, 2006; Merriam, Caffarella, and Baumgartner, 2007）。とはいえこれらの視点には、いずれも人間性尊重および社会構成主義に前提を置くという共通点が見られる。いずれの理論も、学習の過程をたどることによって物の考え方や自身のあり方を転換／変容させ、ナラティブや将来の見通しの変化、ひいてはアクションの変化を提案しているのである。

変容的学習を個人による理性的な変容プロセスとして提唱したのが、ジャック・メジローとその共著者らである（Mezirow, 1991, 2000a, 2009）。メジローは以下のように述べる。

> 変容的学習とは、人々が当然のものと見なしてきた準拠枠（意味パースペクティブ、心の習慣、マインドセット）を変容させて、それらをより包括的で洞察力に富み、オープンかつ情緒的な変化を許容し得る、適応性に優れた準拠枠へと変えるためのプロセスである。それによって、アクションを導いていく、より信憑性が高く合理的な信念や見解が新たに生成されていく。変容的学習においては、建設的なディスコースへの参加を実践することによって、他者の体験を用いてこれらの前提の正当性を見極め、そこから生まれた洞察に基づいてアクションの意思決定を下す（Mezirow, 2000b, pp.7-8）。

さらにこのプロセスの大前提として、変容的学習を実践するには「自由や平等、寛容、社会的公正、合理性といった価値観を持ち、それによって、ディスコースに自由な状態で十分に参加し、体験を十分に理解できるような基盤を構築する」（Mezirow, 2000b, p.14）ことが必要となる。メジロー

(Mezirow, 1991, 2000b, 2009) は変容的学習について、以下のような10のプロセスを直線的にたどることを提唱した。

1. 混乱的ジレンマ
2. 恐れ、怒り、罪悪感、羞恥の感情の自己吟味
3. 前提に対する批判的評価
4. 人の不満と変容のプロセスが共有されていることの認識
5. 新たな役割、関係、アクションの選択肢の探索
6. 一連のアクションの計画
7. 計画を実行するための知識と技術の獲得
8. 新たな役割の試行
9. 新たな役割と関係性における能力と自信の構築
10. 自己の新たな視点が提示する条件に基づいた、生活への再統合

　変容に関するメジローの視点は極めて理性的である。したがって、メジローの理論を考察する際には、超理性的な変容的学習に関する研究者や理論家の研究にも当たりたい（Dirkx, Mezirow, and Cranton, 2006; Easton, Monkman, and Miles, 2009; Hyland-Russell and Groen, 2008; Johnson-Bailey, 2012; Lange, 2004; Merriam, Caffarella, and Baumgartner, 2007, 141; Ntesane, 2012; Taylor, 2000; Taylor and Cranton, 2012; Tisdell and Tolliver, 2003）。というのも、対話型ODのマインドセットには超理性的視点が不可欠であり、そのような視点を持つことで、情緒的自己やスピリチュアルな自己を含めた全人格を認識し、ナラティブやアートの活用といったプロセスを踏むことが可能になるからである（Bushe and Marshak, 2014a）。また、メジローは個人の変容に焦点を当てているが、社会文化的な視点を持つことで、グループや社会システムに変容的な変化のプロセスを応用することについて理解を深めることも可能である（Brookfield, 1986; Freire, 1970）。メジローの10フェーズ・プロセスやその他の超理性的・社会文化的視点については、筆者の事例を紹介する中でさらに詳しく述べたい。

対話型ODの実践における変容的学習の活用

　対話型ODと変容的学習の特徴を比較した結果、両者の基盤を成す哲学的前提や変容のプロセス、変容がもたらす成果といった面で多くの共通点が確認された。比較内容をまとめたものが表11.1である。

　では、対話型ODの実践者は変容的学習の理論と実践を組織のシステムにおいて活用することで、変容／転換的変革のための環境をいかにして醸成できるだろうか？　この問いを考えるための1つの指針として、筆者の過去の事例やエピソードを紹介していこう。なお、各事例に出てくる名前は特に記していない限り仮名である。いずれの事例も、筆者の考える対話型ODの3つの段階、すなわち「対話型探究の開始」、「対話型ジャーニーのファシリ

■ 表11.1　対話型ODと変容的学習理論の比較

	対話型OD	変容的学習
哲学／社会科学的な方向性		
社会科学的な視点	解釈的アプローチ、社会構成主義、批判的／ポストモダン的哲学	社会構成主義、批判的社会科学、ポストモダニズム、解釈的アプローチ
主な組織の構成概念	組織が意味を形成するシステム、あるいは、対話のためのネットワークとして機能	個人が意味づけを行う
認識論／存在論	現実は社会的に構成され、複数の現実が存在する	現実は主観であり、社会的に構成される。したがって、現実／見方は複数存在する
中核的な価値	民主的、人間尊重、かつ協働的探究	民主的、人間尊重、かつ協働的探究

（右頁へつづく）

第Ⅲ部　対話型ODの実践

	対話型OD	変容的学習
変化のプロセス／条件		
変化のあり方	創発的、継続的、転換的／変容的	変容的
変化する単位	組織	個人／社会
変化の方法	探究、ナラティブ、内省、生成的能力、創発	批判的内省（客観的／主観的）、ディスコース、ナラティブ／ストーリーテリング、アート
変化に影響を与える内的プロセス	人そのもの（身体、感情、知性、霊性）	理性（認知的）および超理性（情動／感情、霊性、無意識／プシケ［心］、内なる魂など）
チェンジエージェントの役割	相互作用に積極的に関与する／参加する	相互作用に積極的に関与する／参加する。変容の条件を設定する
変化のプロセスの目標	より複雑で適応的な再組織化、既存のナラティブの創造的破壊、複数の視点の獲得、生成的能力	探究、世界観の変化（より複雑な思考の再構築）、既存のナラティブの創造的破壊、複数の視点の獲得
変化の強調	マインドセット／関係的な／組織的な	マインドセット／関係的な（コミュニケーションの）／生活の変化
変化のプロセスの成果		
マインドセットの変化	創造的破壊と社会的現実の生成が新たな思考やアクションを導く	混乱的ジレンマと、前提に対する疑問が生じた結果として、より複雑な思考の再構築が進む
ナラティブ／生活世界／継続的な変化	組織の中核的なナラティブが新たに生まれる	個人／社会のナラティブが新たに生まれる
ビジョンとアクションの変化	適応を要する課題に見合う生成的能力とアクション	世界観とナラティブの変化

テーション」、「変容の継続」に則って紹介していく。まずは2つのシナリオを提示し、これらの3つの段階に沿って変容的学習を促す際の、筆者の考えやアプローチについて述べていこう。

事例

　メアリーはシニアリーダーとして、変革型リーダーシップを社内で推進している。以前勤めていた会社では、社員同士の共感や敬意といった人間尊重の価値観を全社的に普及させる環境があった。この経験からメアリーは、質の高い「仕事」は深い信頼関係によって途切れなく実現されると考えた。そして、現在の職場でも同様の文化を醸成するべく、筆者にコンサルティングを依頼してきた。まずは自身が率いる8人のリーダーシップ・チームでプロジェクトに取り掛かり、いずれは、各拠点合わせて120人のリーダーから成るチームにも参加してもらう計画だという。コンサルティングに向けた、私たちの初期のミーティングではメアリーから、全社員の足並みが揃った職場環境が自身の仕事とリーダーシップにどのようなプラスの影響を与えたかを説明した後、同様の成果を上げたいとの希望が提示された。さらに現状については、リーダーシップ開発や心構えのレベルに個々人の差はあるが、いずれも「よい」仲間とともに積極的に仕事に当たっている、ただし、仲間たちの可能性を最大限に活かし切れているとは言えないという見方が表明された。また、繰り返し発生するのに焦点が当てられていない「厄介な」問題について、自身のチームを含めた全社的なリーダーシップ・チームの間に、あきらめムードが広がっているとの指摘も聞かれた。対話型探究を始めるにあたり、筆者がメアリーに重点的に行った問いは以下の通りである。

- リーダーシップ・チームを統合した結果として、どのような違いを生み出す必要があるか？
- 最も厄介な問題を打開できた場合、どのような成果が期待できるか？
- 自身とそのチームの可能性を引き出し、活かす上で、リーダーは何をし

なければならないか？

　2つめの事例として、ダグとスーザンのエピソードも紹介しよう。ダグ（副社長）とスーザン（人事部長）は、2,000人の社員が参加する大規模な組織変革プロジェクトの統括を担当している。新たな戦略的ビジョンの策定と、従業員のエンゲージメント向上を目標として掲げている。プロジェクト開始前の職場環境としては、昔ながらのヒエラルキー、サイロ化された組織構造、指示待ちの姿勢が挙げられた。ファシリテーターとして筆者と同僚がエントリーを行う前までは、ホールシステムでのプロジェクト展開は懐疑的に受け止められていた。従業員らの間には、対話イベントなどというものは、リーダーによる既存の意思決定を覆い隠すためのパフォーマンスにすぎないという見方が広がっていたのだ。ファシリテーションに向けた初期のミーティングで筆者は、ダグが従業員に権限を与えたいと言う一方で、従業員のエンゲージメント向上プロセスを「コントロール・管理」したがっている点に注目した。このクライアント・グループに対する対話型探究を始めるに当たり、重点的に行った問いは以下の通りである。

- 思い描く未来を実現し、行動するためのあらゆる裁量と自由を持った、エンゲージメントが向上した従業員は、リーダーシップ・チームに何を求めるだろうか？
- 従業員に真の権限を与えたとき、リーダーにもたらされる新たな可能性は、ダグとスーザンにとってどのような意味を持つだろうか？

　以上の2つの事例は、経験豊富なコンサルタントであれば見慣れたものだろう。では、筆者はなぜこれらの問いをクライアントに提示したのだろうか？　また、対話型ODの実践とそれがもたらす転換に、これらの問いはどのように活かされたのだろうか？

第1段階：対話型探究の開始

探究を開始する段階において、コンサルタントの役割は、クライアントとともに現状とその意味を把握することだけではない。より大きなシステムにおいて対話のジャーニー（道のり）を展開していけるかどうか、クライアントのレディネスを把握し、醸成することも大切である。対話型ODと変容型学習の原則である社会構成主義においては、あらゆる相互作用と探究がクライアントへの働きかけであるとされ、それらの働きかけが意味の形成と変化を可能にする。したがって、変容を喚起するような探究と対話は、初期段階から促さなければならない。そこで筆者も最初の対話の段階から、前述したメジローの10フェーズ・プロセスの最初の3つのフェーズを指針として活用しつつ、クライアントと探究と協働の意味形成を行った。メジローの提唱した最初の3つのフェーズは以下の通りである。

1. 混乱的ジレンマ
2. 恐れ、怒り、罪悪感、羞恥の感情の自己吟味
3. 前提に対する批判的評価

1. 混乱的ジレンマ

最初の3つのフェーズを促す上で有益なスキルの1つが、クライアントが直面している固有の混乱的ジレンマを明確にする問いかけを、前提を批判的に省察できるような形で提示することである（Cranton, 2006）。混乱的ジレンマとは、変容を促す混乱を推し進めるものであり、当たり前の知識や事実にそぐわない状況に陥っている状態を指す。混乱的ジレンマは準拠枠を広げ得る学習の機会をもたらし、それにより個人や組織がさらに高次の役割を果たせるようになる。

メアリーにとっての混乱的ジレンマは、それまで慣れ親しんできた人間尊重の価値観や仕事の仕方が、今の会社では当たり前のこととして共有されていないという現状に気づいたことによって生じたものだ（ただし、人間尊重の価値を重視する風潮はある）。一方、ダグとスーザンの混乱的ジレンマは、従業

員に権限を与えつつ主導するという立場にありながら、リーダーとして慣れ親しんできたコントロールを放棄することへの強い不安によって生じている。筆者が彼らに投げかけた問いは、彼らが混乱的ジレンマと向き合い、変容的学習に不可欠な批判的内省と評価を促すことを目的としたものであった。ただし批判的内省を促す前に、まずは混乱的ジレンマがどのような感情を引き起こすかを詳しく見てみる必要がある。

2. 感情の自己吟味

筆者の体験では、変容のプロセスの2つめのフェーズである感情（恐れ、怒り、罪悪感、羞恥）の自己吟味は、混乱的ジレンマと向き合うプロセス（フェーズ1）と、前提に対する批判的評価のプロセス（フェーズ3）においても継続してなされるものである。クライアントへのコンサルティングの中で筆者はよく、彼らが直面しているジレンマがもたらす経験的な不安を、彼らの言葉にならない声や身振りから読み取り、感情的な言葉や訴えから聞き取っている。変容的学習のこの2つめのフェーズは、大きな難関となることが多い。ジレンマと向き合うには自己吟味が不可欠だが、この作業は恐れや怒り、罪悪感、羞恥といった感情を呼び覚まして、それらの感情を認め、対処することを余儀なくさせる。

変容の過程で起こるさまざまな感情にクライアントが名前を付け、それが何であるかを探るよう促すには、クラントン（Cranton, 2006）が「螺旋的・情緒的質問」と呼ぶアプローチが最も有効である。また螺旋的・情緒的質問には、それ自体が変容を促進するというメリットもある。螺旋的質問は、人の体験のあらゆる側面について、相互の結び付きや影響力、つながりを明らかにするからである。組織において最も効果的な螺旋的質問は、変容のプロセスにおける幾層もの複雑性を浮き彫りにし、より重要な目的あるいは大局に焦点を当てることを可能にしてくれる。たとえば、次のような螺旋的質問が有益である。「より広い視野に立った場合の目的は何か？」、「大局はどのようなものか？」、「なぜそれが重要と考えられるのか？」、「変容は人々やその役割、組織、業界などにどのような影響を及ぼすか？」。メアリーの事例では、「あなたのビジョンが実現した場合、システムにどのような影響が及

第11章　対話型 OD における変容的学習　393

ぶでしょうか？」といった螺旋的質問によって、彼女のビジョンが大切である理由を大局的な視点から考えることが可能になるだろう。

　クラントン（Cranton, 2006）は情緒的質問の目的について、ジレンマおよび自己吟味にどのような感情が関わっているかを明らかにすることだとしている。中でもダイレクトな情緒的質問は、単刀直入な質問を投げかけることによって、クライアントが感情に気づくことを可能にするものである。たとえば以下のようなダイレクトな情緒的質問が考えられる。「変革に関する自身のビジョンについて、現在どのように感じているか？」、「今の気持ちはどのようなものか？」。また、変容がもたらすインパクトを個人に当てはめて考えさせるような質問は、混乱的ジレンマが生む不安に向き合い、ポジティブな体験につながるイメージや感情を引き出すことができるため、クライアントの前進を促す上で非常に有益である。

　この種の情緒的質問を筆者は、パーソナライジング・インクワイアリーと呼んでいる。これに該当する、体験をクライアント自身に向けさせる情緒的質問としては、次のようなものが考えられる。「これは、あなたにとってどのような意味を持つか？」、「現状でどのような変容をあなたは望むか？」。メアリーの事例では、「あなたにとって、このプロジェクトを達成する意味は何か？」という個人に向けた質問と、「達成によってあなたは何を感じるか？」というダイレクトな情緒的質問が、メアリーの中にポジティブなイメージを描く助けとなった。そして、そのイメージを現実のものとするためには抑圧的な感情に基づいて行動するべきではないということを悟るきっかけとなった。

　混乱的ジレンマや感情の自己吟味が喚起する不安や恐れをクライアントが乗り越えて前進できるように促す、変容的学習の有益な戦略としては、臨界事象の考察、意識高揚につながる実習や課題といったものもある（Cranton, 2006）。臨界事象とは、特に好ましい、あるいは、好ましくないものとして際立った事象のことを言う。アプリシエイティブ・インクワイアリーのインタビューは、変容的学習と生成のためにこの臨界事象を積極的に活用するアプローチである。クライアントが既存のものの中で何をより求めているかを認識できるよう促す際によく用いられる（Cooperrider and Whitney, 2007）。ク

ライアントに、過去に成功した変容と、それらの変容の初期過程で戸惑いや不安を乗り越えた経験を思い出させることがねらいである。

意識高揚につながる実習と課題は、対話型のアプローチではあまり使われない手法である。それまで当然のものとしてきたイデオロギーや哲学、または役割などに疑問を抱くような実際の、あるいは模擬的な状況にクライアントを置くという方法だ。OD実践者によって活用されてきた、人の思考や行動を導く無意識の前提を明らかにするための方法は、Tグループをはじめとするラボラトリー方式の体験学習のプロセスやロールプレイ、シミュレーション、ライフストーリー・インタビュー、自伝作成などである。筆者の場合はクライアントに、自身やそのシステムに影響を与えたストーリーやナラティブを書いてもらう（文字通りでも、頭の中だけでもよい）ことによって、彼らの中にある自己吟味と変容のポテンシャルを引き出すというアプローチを用いている。この手法では、古いナラティブと新たに創出しつつあるナラティブの両方に関わる感情を明らかにする必要がある（ナラティブの再記述についての詳細は第16章を参照）。また、相互作用的な意識高揚の実習には実験的な要素もあり、それが可能性や認識の拡大につながって、より幅広い視点を持つことが可能になるケースもある。

以下のエピソードは、意識高揚の実習がいかにして感情の自己吟味と、変容的学習の次のフェーズである批判的評価を促すかを示すものである。

ダグとスーザンは、自分たちに対する従業員らの不信感や、彼らの不正な行動について耳にした話を筆者に伝えることで、自分たちが彼らをコントロールするのが正当であると繰り返し主張した。両者に共通したもう1つのナラティブは、従業員らに何度アイデアを求めてもめったに意見が出てこないため、自分たちの視点から「命じる」必要性が生じてしまうというものだった。そこで筆者は、2人が内心の恐れと向き合って、既存のナラティブに対抗するカウンター・ナラティブを見出せるよう、同僚の共同ファシリテーターとともにミーティングのデザインに取り掛かった。それは、変容のプロセスへの参加意欲が最も低いと思われる少人数の従業員グループを集めた、エンゲージメント向上のためのミーティ

第11章　対話型 OD における変容的学習　[395]

ングである。

　筆者はダグとスーザンに、ミーティングでは普段の行動は抑制して、グループの前進に寄与し得る行動を心がけるよう指導した。具体的には、声を荒らげる、発言をさえぎるといった、あからさまな態度で感情をあらわにしない。プロセスにおける従業員の失態を指摘しない。彼らに命令をしないなどである。その代わりに、従業員の話をさえぎるのではなく耳を傾けること、質問を通して自分たちと異なる視点への理解を深めること、プロセスに対する自分たちの恐れや不安を打ち明けることを勧めた。さらに、ミーティングルームで起こることを公平な視点で観察しつつ、自らの感情を主観的に吟味するよう求めた。

　ミーティング終了後に設けた報告の席では、ダグとスーザンは今回のミーティングが積極的な対話と意味づけ、深い理解につながったことを驚きとともに報告してくれた。参加した従業員らは、恐れや不安を言葉にして表明し、それに対する解決策まで提案したという。スーザンはダグよりも積極的にミーティングに臨めたようで、自制心を維持するのは困難だったと正直に認めた上で、従業員らのエンゲージメント向上を妨げていたのは自らの不信感や恐れ、彼らをコントロールしようとする姿勢だったことに気づけたと語ってくれた。

　このエピソードが示すように、筆者の体験はテイラー（Taylor, 2000）の指摘と一致する。テイラーは、変容的学習の実践は反復的なものであり、直線的なプロセスというよりもむしろ「回帰的かつ発展的で、螺旋的なプロセス」（同 p.290）であるとした。変容の各フェーズはそれぞれに異なるものだが、個々のフェーズは続くフェーズと混ざり合い、繰り返されていくのである。

3. 批判的評価

　批判的評価とは、人が抱く前提を内省的に吟味することである。そこから体験の意味を形成し、新たな理解や広い視点の獲得を目指す。変容的学習プロセスの3つめのフェーズとして行われる批判的評価には、2つの型がある。

第III部　対話型ODの実践

客観的リフレーミングと主観的リフレーミングである。客観的リフレーミング、あるいは前提の批判的省察においては、他者のナラティブやタスクのコンテント、プロセス、基本的な前提の評価が行われる。主観的リフレーミング、あるいは前提の自己省察においては、自身の前提や感情などについて、そのコンテント（何を）、プロセス（どのように）、前提（なぜ）を深く考察する（Mezirow, 1998; Taylor, 2009）。このうち、コンテントの評価ではどのような前提や考えを当然のものと見なしてきたかを、プロセスの評価ではどのようにそれらの前提を抱くに至ったか、あるいは新たな準拠枠を築くに至ったかを、そして、前提の評価では信念体系の基盤を、それぞれ考察する（Cranton, 2006; Mezirow, 1998, 2000b）。

　実際の対話型ODにおいて探究を開始し、クライアントと協働する際に、成功へと導くためには、客観的リフレーミングあるいは前提の批判的省察だけではなく、主観的リフレーミングあるいは前提の自己省察も不可欠である。クライアントが混乱的ジレンマに向き合いつつ、自らの前提を批判的に評価するのを支援する上で、筆者が特に有益だと実感したのが、彼らのジレンマを質問内に埋め込み、そのジレンマがもたらし得る可能性の生成的イメージを喚起するという手法である。この方法は、新しく有益なアプローチで個人と組織が考えながら行動できるような革新的アイデアについて、その意味の形成を促すことを目的としている。誘導尋問と捉えられがちな手法だが、むしろプロセス・コンサルティングにおいてクライアントに新たな方向の創出を促す問いかけの技術、すなわち、「真っ向から対決する質問（confrontive inquiry）」に似たアプローチである（Schein, 1999）。

　たとえばメアリーの事例では、「リーダーシップ・チームを統合した結果として、どのような違いを生み出す必要があるか？」という最初の問いが、コンテントの評価のための問いである。メアリーが自身の前提や考え、自身が率いるリーダーシップ・チームの働きといったものを批判的に省察することの促進を目的として、彼女にとっての望ましい未来の生成的イメージを引き出そうと試みている。2つめの「最も厄介な問題を打開できた場合、どのような成果が期待できるか？」は、プロセスの評価のための問いであり、新たな未来の想定、可能性に関する新たなナラティブの創出を促すことを目的

としている。3つめの「自身とそのチームの可能性を引き出し、活かす上で、リーダーは何をしなければならないか？」は、前提の評価のための問いであり、リーダーシップ・チームが変化するべき理由の考察を促すためのものである。チームが可能性を最大化するために、新たな生成的アイデアに目を向けることはなぜ必要かを問うものだと言ってもいい。

　ダグとスーザンのケースでは、最初の2つの問いはいずれも前提の評価のための問いとなっている。2つの問いの目的は、従業員のエンゲージメント向上と新しいリーダーシップが実現された未来がどのようなものかについて、新たな生成的イメージを生むようクライアントに促すことだ。この事例でクライアントが直面していたジレンマは、リーダーシップに関する前提、チームを率いることの意味に関する前提に関係している。したがって、クライアントがリーダーシップと従業員のエンゲージメント向上の前提について深く考察し、それらを変容させてからでなければ、コンテントの評価およびプロセスの評価のための問いを行っても、あまり成果は得られないと筆者は判断したわけである。

対話のジャーニーのファシリテーションへの移行

　クライアントのレディネスが醸成され、対話型ODの展開に向けていかなる働きかけが行われるかが明らかになるにつれ、システムに対するOD実践者の関与も拡大していく。しかし筆者の体験では、取り組みの対象となる集合的なグループが創発や生成、新たなナラティブの創出といった対話型ODプロセスへと歩みを進めるためには、グループを構成する個々人もまたフェーズ1からフェーズ3をたどらなければならない。さらにグループの個々人によるフェーズ1〜3の反復的なサイクルは、グループ全体が前進し始める前に行われることも重要である。

　個人がこのサイクルをたどっている段階は、グループが対話型ODに積極的関与ができるようになるまでのいわば過渡期なのである。人は組織の変革に際して、行き詰まったり、懐疑的になったり、不安を覚えたりする。過去の失望の記憶が恐れや不信、怒り、羞恥の感情を生むためである。過去における変革のプロセスの失敗体験、リーダーシップの不足、一時解雇、組織変

革の同じような経験などが、新たな取り組みの主導を阻む場合もある。否定的な感情やイメージのように、制限された感情やイメージに取り組みの進路を阻まれれば、協働での意味づけやビジョン策定、新たな未来の共創は難しくなる。さらに、これらの失敗体験やそれに伴う感情に気づいて集合的に処理されない限り、変革の取り組みを阻み続ける。したがってコンサルタントは、グループを構成する人々が変容的学習のフェーズ1〜3をたどれるように促進した上で、対話型探究を本格的に開始したほうがよいといえる。

　グループの個々人が変容を遂げる過程においては、グループ内での足並み揃えと、集合的なレディネスの醸成も実現される。グループを構成する大半の人が、可能性を追求してそこに向かっていくために自己吟味を行い、制限された感情を手放すからである。また、他者の弱点や個人的な変容のさまを目にすることで、共同での変容の道のり（ジャーニー）に関与しようという気持ちが深まる。とはいえ、すべての人が一様に前に進める状態になる必要はない。個人の変容が起こるペースには差があり、個人の変容は各自の人生経験や、過去の変化や変容の経験と深く結び付いているからである。筆者の体験では、グループの大半の人のレディネスが醸成されていると、グループ全体で前に進みやすい。理由は恐らく、変容の初期フェーズにいた人が仲間に感化されて、変化や変容は本当に可能なのだという信頼を抱けるようになるからだろう。

　グループが前進できる状態なのに、自らの混乱的ジレンマと向き合えていない、または自らの制限された感情を吟味できていない個人は、変革に対して懐疑的、あるいは変革の「抵抗者」と見なされがちだ。このような場合、変容のファシリテーションに携わる対話型OD実践者は、初期フェーズにいる人に批判的評価や自己評価を継続的に促すと同時に、すでにレディネスが醸成されている人が「抵抗者」の前提やラベリング、ナラティブについて考えられるよう支援しなければならない。第15章で述べるように、対話型探究の視点から見ると、変革において無意味な役割は1つもない。この段階で「抵抗者」と見なされる人々にしても、考察するべき別の視点の存在を伝える「センサーの役割」を果たしている。ただしセンサーは、すぐにも前進できる状態の人々から尊重されないこともよくある。したがってここでは、セ

ンサーの視点や体験を100％理解できるようにグループ全体の前進の速度を緩めつつ、その一方で、対話のジャーニーとさらなる変容への前進の勢いを後押しするというように、2つの作業をバランスよく実践することがコンサルタントの課題となってくる。

　筆者も前述したような実験的な意識高揚の実習および質問の原則を用いて、グループが現状から望ましい未来の形へと前進するためのファシリテーションを多数実践したことがある。また筆者は経験から、グループや組織といった単位で混乱的ジレンマと向き合う作業は、主流となっている社会的ナラティブを創造的に破壊する、有益なツールになると考えている。主流となっているナラティブを創造的に破壊させることは、対話型ODにおいて、変容的学習理論のいわゆる「意識化」および「イデオロギー批評」に相当するものである。それらは、システム内の抑圧的な、あるいは、制限された信念を批判的に認識するプロセスを示す（Brookfield, 2000）。

　フレイレ（Freire, 1970）は、支配的な環境を生み出す社会的、政治的、経済的矛盾を認識し、それらに名前を付ける（意識化する）ことが、環境を変容させるための第一歩だとしている。対話型ODのアート的な実践では、前進のためのエネルギーを生み出すために、必要な情報または創造的破壊の体験に組織のシステムを直面させる。その際、システムが停滞を起こすほどの強烈な不安に陥ったり可能性を排除するような、シングルループ学習や一方的支配のマインドセットへ後退したりしないよう配慮する（Argyris, 2005; Zander and Zander, 2000）。

　変革のスポンサーは、対話型探究の開始段階においてフェーズ1〜3をたどる必要がある。ただし、フェーズ1〜3にグループを関与させるタイミングは、第1段階（対話型探究の開始）と第2段階（対話のジャーニーのファシリテーション）のいずれかを選ぶことが可能である。選択基準となるのは、グループを構成する人々のレディネスのレベルであろう。レディネスは、変革がもたらすジレンマに対し、システム内の人々が制限された感情をどの程度表明しているかによって予想することができる。システム内の人々が、初期の対話段階で恐れや怒り、罪悪感、羞恥を広く訴えるような場合には、第1段階（対話型探究の開始）でフェーズ1〜3を経て個人の変容を促進した後に、第2

段階のグループ全体での対話のジャーニーに進んだほうがよい。ダグとスーザンの事例がまさにこのパターンで、システム内の多くの人々が恐れを抱き、変革リーダーを信頼していなかった。そのために、エンゲージメントが社内で最も低かった従業員に対して行った意識高揚セッションを、組織内の他のグループにも実施した。大部分のセッションでは同様の成果が得られ、組織全体でのエンゲージメントの向上を実現する前に、組織内のさまざまなグループで変革を支持する人が現れる結果となった。このような支持者が生まれたのは、協働して意味の形成を行い、過去からの変化を目指す機会を従業員に提供したからであろう。

　メアリーのケースでは、混乱的ジレンマが機会につながり得るという考えが組織内で広く共有されていた。そこで、ジレンマとの向き合い、感情の自己吟味、ならびに批判的評価の3つのフェーズを、第2段階の初めの対話型ホールグループ・セッションで実施することにした。リーダーシップ・グループ全体を対象としたこのセッションでは、ステージでのジャズ・バンドのチームワーク、オーケストラの動画、指揮者の役割など、音楽の分野でのいくつかの実例を用いて、優れたチームワークや可能性の持つ力に関する対話をグループに促した。その過程において参加者らは、自分たちにとってのリーダーシップの意味を深く理解し、優れたチームとなるために何を手放す必要があるか自発的に対話を進めることができるようになったのである。

第2段階：対話型ジャーニーのファシリテーション

　この段階では、メジローの10フェーズ・プロセスの4、5、6のフェーズを実践する。これら3つの意味づけのフェーズは、個人ではなく集団レベルでの転換／変容の必要性を明らかにすることにより、個人がいかにしてコミュニティとつながるかを示すものだ。3つのフェーズは以下の通りである。

4.　人の不満と変容のプロセスが共有されていることの認識
5.　新たな役割、関係、アクションの選択肢の探索

6. 一連のアクションの計画

4. 人の不満と変容のプロセスが共有されていることの認識

　変容のプロセスの4つめのフェーズでは、「変容に対するジレンマや不満、希望はグループ内で共有される」という認識を、変容へのモチベーションとして活用する。変容的学習のこのフェーズは、アプリシエイティブ・インクワイアリーやオープン・スペース、ワールド・カフェといった、構造化された対話型ODの各種アプローチ、もしくは、対話型プロセス・コンサルティングを用いてクライアントをサポートしながら、ナラティブや組織化のパターンをともに見直し、変容させていくという手法で進められる（Bushe and Marshak, 2014b）。たとえばメアリーの事例では、彼女の率いるリーダーシップ・チームとの継続的な探究に続き、120人のリーダーが参加するラージグループ・セッションで可能性を探るというアプローチを取った。これに対しダグとスーザンの事例では、筆者と共同ファシリテーターが対話型プロセス・コンサルテーションのツールを使ってホールグループ・セッションを行い（第2章と第17章を参照）、その後に、小規模グループでの探究セッションに移行した。各地で行われた一連のミーティングではスタッフの約8割が参加し、目指すべきエンゲージメントのパターンやリーダーシップの役割について検討を進め、そのような未来を築くための自己組織化を行った。

　メアリーのケースではリーダーらが、同僚と体験や対話を共有したことにより、アクションへとつながるモチベーションを高められたと報告している。また、セッション後にも参加者同士で計画や体験を話し合えるという意識が、前進や変革を支えてくれたという。一方、ダグとスーザンのケースでは、意識高揚セッションを通じて現れた変革の支持者らが、自身のエピソードや体験を共有し、従業員のエンゲージメント向上という共通のビジョンの実現に向けた共同的な対話を促進するようになった。結果として、グループ全体で前進できるようになり、大多数による創発の意志がそれ以外の人々に対してさらなる活動への参加を促すという成果が得られた。類似した、他の対話型ODプロセスのフォローアップ調査および評価において参加者から、共通の目的を持ったコミュニティの一員であるという意識が、変容を後押ししたと

402　第Ⅲ部　対話型ODの実践

の報告を得ている（なお、この事例では「万人がひとりのために」をゴールに掲げていた）。

　社会における変容的学習についてダロー（Daloz, 2000）は、共通の利益を目的とした変容的学習を促進する4つの条件を明らかにすると同時に、それらの条件下での提案を行っている。4つの条件のうち2つが、共通の理解とビジョンの創発を促す上で特に有効なので以下に紹介しよう。

- 多様性のある対話の実践に不可欠な、他者の存在。グループでの対話を促進することで、お互いの違いに対する認識や、違いを理解しようとする姿勢を育みつつ、個々人の主張も促す。ダローは、対話に他者を呼び込むだけではなく、「他者らの生き方や信念を、根本的な疑念や揺るぎない信念と対比してみること」を提案している（Daloz, 2000, p.118）。
- 内省的なディスコース、すなわち、個人と集合体の体験の意味づけを行えるような、積極的な探究および対話の実践。ダローは、現状における社会（もしくは組織）の影響力に関する対話を促進しながら、新しい組織のあり方に関する生成的イメージの創発を後押しするよう提案している。

　このようにして内省的なディスコースを通じ、多様性と異なる視点への理解を深めることにより、参加者らは対話を始める前よりも幅広い視野と、望ましい未来への共通認識、高次の前提を獲得することが可能になる。メジロー（Mezirow, 2000b）の言う構成的ディスコースでもこれらの成果が得られるが、その実現のためには積極的な探究と対話、忍耐力、民主的な価値観が欠かせない。筆者の体験から言って、参加者らは自身の見解や信念を安心して述べるために、こうしたディスコースの環境を求める場合が多い。他者との対話を通じた、このような内省的なディスコースは、新たな意味を形成するために、障害となった前提を明らかにする時に起こる学習や変容の中心となる。

5. 新たな役割、関係、アクションの選択肢の探索

　このフェーズでは、参加者らは共通のビジョンの獲得のさらに先へ進み、

そのビジョンを現実のものとするための方法を探究する。着想、プロトタイピング、可能性の試行など、さまざまな作業を必要とするこのフェーズは、アプリシエイティブ・インクワイアリーのデザインのフェーズ、第15章で述べるモデリングのフェーズに相当する。この段階で重要なのはさまざまなアイデアを探ることであって、慌ててアイデアを絞り込んではならない。メアリーの事例では、120人のリーダーがともに過ごしてアイデアを創出・共有しながら、継続的に相互コーチングを行うことによって、探索の妨げとなるような組織的な制限に縛られない、オープンな状態を維持した。また参加者らは、可能性の前に立ちはだかる制限的な考えを排除し、次のような問いを実践した。「このアイデアを実現させるには何が必要か？」、「このアイデアが現実のものとなったら、どのような変化が訪れるか？」、「このアイデアを実現させるための、革新的な手法はすでに存在するか？」、「組織内のどこで、このアイデアはすでに実現しつつあるか？」

　新たな役割と関係性を生むには、探索以上の作業も必要となる。制限的なアイデアの誤りを明らかにするために、たとえば、新たなアイデアや役割、関係性、アクションを実際に試すことも大切だ。このフェーズにおいて筆者は参加者に、職場で小規模なプロジェクトとアクションを試してみるよう推奨している。たとえばダグとスーザンのケースでは、ホールシステム・セッションの後にエンゲージメント向上のための新しいアクションを職場で試してもらい、後日のセッションでそれらの試行結果を確認することを提案した。アイデアを試す目的は、さらなるディスコースに進む前にアイデアの影響力を確認することにある。この過程を経て、抽象的なアイデアは具体的になり、個人とグループが1つの行動様式に則って、ビジョンの共有からアクション実行に向けた探索へと前進できるようになる。

6. 一連のアクションの計画

　アクション実行計画は、変容的学習には欠かせない作業だ。対話型ODの視点から見ると、プロセスに関与する人々の自己組織化および生成的な計画策定を経た、アクションに向けた計画が最も成功につながりやすい。反対に、トップダウン方式のアクション計画や、型にはまったアクション計画は成功

しにくい。後者の場合、初期の段階で生まれた変容的学習プロセスが持つ力は、上層部からのアクション命令に取って代わられてしまう。しかし上層部は、転換／変容のための行動へと人々を駆り立てる原動力となるような、機運あるいは動機を理解していないこともある。筆者の考えでは、転換／変容を維持・増幅し得る、目的志向でなおかつ緩やかな組織構造を築くことができないと、アクションには制限がかかってしまう。さらには、参加者が単に触れ合うだけの、楽しいが究極的には意味のない体験しかできない状況に陥ってしまう。以下に、自己組織化を経たアクション計画とアクション実践を促す2つの組織構造について、変容的学習に関するダローの文献（Daloz, 2000）から紹介しよう。

- 助言し合うコミュニティ。対話型プロセスを通して自然に形成される、アクションのためのコミュニティ。
- 学習や体験、ジレンマを共有し、行動を実行し続ける、実践により関与していくための機会。

メアリーのケースではまず、リーダーシップ・グループ全体で、アイデアの探索と共有の次に取るべき具体的なステップの策定を行った。続けて、120人のリーダーが率いる個々のリーダーシップ・グループで具体的なアクション計画を立て、各グループがカンファレンス後に取るべきアクションのための具体的な内容を確認した。スーザンとダグのケースでは、組織内の協働を促す別の方法を探る作業と同時進行で、アクション計画の策定が進められた。いずれのケースでも、アクションを実践するコミュニティは、機能別のサブグループ内や地域別のリーダーシップ・グループ内に自然と形成されていった。これらのコミュニティで体験の共有やメンタリング、ピア・コーチングを進めたわけである。また、ホールシステム・セッションの後にフォローアップを行い、そこでもアクションと学習のさらなる共有を推し進める形を取った。

第3段階：変容の継続

変容を目指して対話型ODを継続的に実践していく際に、筆者が勧めるのが、アクションについて確認するための積極的なフォローアップの機会を作るという戦略である。グループを定期的に招集する体制を作って、実践者の助けがなくても、グループが新たなナラティブになじみ、自己組織化できる能力を身につけるまでフォローアップを続けていく。メジローの10フェーズを締めくくる4つのフェーズが、個人、グループ、システムのレベルで転換／変容を維持するために、検討し注力する領域を明らかにしている。

7. 計画を実行するための知識と技術の獲得
8. 新たな役割の試行
9. 新たな役割と関係性における能力と自信の構築
10. 自己の新たな視点が提示する条件に基づいた、生活への再統合

積極的なフォローアップの実践に向けて筆者の場合、対話イベントの終了後からしばらくの間は、クライアント・システムの様子を聞く、報告セッションを定期的に開くという方法を取っている。ダグとスーザンの事例でもこのアプローチを用いた。フォローアップの目的は、クライアントが新しいあり方、考え方、アクションに自信と安心感を抱けるよう後押しすること。そして、それらがクライアントにとっての新たな標準、つまり、新しい当たり前のあり方となるよう支援することである。フォローアップは、新しい経験の意味づけが効果的ではなくなったり、転換／変容がもう一度必要になるまで行われる。

フォローアップ・セッションを体験することで参加者らは学習を共有し、批判的内省を行って、さらなるアクションを継続できる。ある事例で筆者は、フォローアップ・セッションを月1回から隔月1回に減らしつつ、1年間にわたり行った後にクライアント・システムから離脱した。筆者が知る限りでは、このグループは筆者の離脱後も転換を続け、クライアント・システムが自己組織化を経てセッションを継続している。参加者の報告によると、グ

ループで進捗を共有することを怠ると、やがて変革の効果が薄れ、旧来のパターンに戻ってしまうという。反対に、内省的な対話とグループ内でのつながりを継続すると、新たなパターンが維持されたそうだ。

第3段階の4フェーズでは、新たに学んだことをシステムに埋め込み、再統合することによって、従来の慣れ親しんだ習慣に戻ってしまうのを回避しなければならない。また、組織レベルで転換を支える構造を築くことにより、効果が長続きするよう支援することも大切である。以上のことは第15章で述べる、促進と埋め込みのフェーズに当たる。メジローの各フェーズはOD実践者、スポンサー、ならびに変革チームに1つのレンズを提供してくれる。このレンズを通して見ることで、組織の転換的変革に従事する個人が何をなすべきかがわかるはずだ。

変容的学習の実践においては、最終の4フェーズで、積極的フォローアップの一環として次の一連の問いについて検討し、答えを導き出す必要がある。「すでにある知識とスキルは何か？　これから身につけるべき知識、スキル、能力は何か？」、「いかなる役割を担い、果たすべきか？」、「いかなる資質（適性など）、潜在能力（自信など）を発揮すべきか？」、「変容的学習で身につけたことを維持するために、どのような変化が必要か？」。メアリーのリーダーシップ・グループではこれらの問いに基づいてアクションとフォローアップを継続することで、学んだ成果を活用し、システムに埋め込むことに成功している。10番目のフェーズは、転換／変容のプロセスの成否を最終的に決定付けるものである。個人とグループが新たなあり方、考え方、アクションを、新たな視点に合わせて実践することによって生活を再統合・再定義できれば、プロセスは成功したと言える。

倫理に関する注意点

この種のコンサルティングに関する注意点として、変容的学習ならではの限界と倫理的境界の存在をしっかりと念頭に置かなければならない。個人の変容を目指す場合、クライアントは自らの内面に深く向き合って、自身の物の考え方や自分という存在について熟考しなくてはならない。さらにこのような自己吟味のプロセスでは知的、情緒的、精神的な自己の再統合が求めら

れることもよくある。クライアントやグループがODのコーチングおよび探究のみを通じて、これらすべての領域において進化を遂げることができれば、それはそれで素晴らしい成果だと言えよう。しかし、プロセスの途上で心理的な深い問題が浮かび上がり、カウンセリングやセラピーが必要になってくるケースも中にはある。そのような問題が認識された場合には、適切な方面からの対応が不可欠なのである。

実践者の変容的学習

　ブッシュとマーシャク（Bushe and Marshak, 2014b）はコンサルタントの役割について、「変容的可能性の創発へとつながる、新たな話し方や考え方を奨励し促進すること」（同p.198）と定義している。この役割を果たすためにコンサルタントは、クラントン（Cranton, 2006）が指摘するように、転換を目指すグループのプロセスを支援し、個人とグループが混乱的ジレンマやナラティブを乗り越えて心理的適応を遂げるのを助け、参加者らのアクションを後押しする能力を備えていなければならない。そのために実践者には、第9章および13章で述べる、対話を促進するODスキルに加えて、マインドフルネスや謙虚さ、真正さが備わっていなければならない。フレイレ（Freire, 1970）はこの「真正さ」について、人々への愛、謙遜の心、創造・再創造する人々の力に対する信頼、批判的思考と継続的転換を経て意味づけが行われることへの信頼と希望などが含まれると説明している。転換のために必要な同様の価値観や要件に関しては、本書では他の多くの章においても論じているので参照されたい。

　転換のプロセスにおいて真正さをもってクライアントと協働するために、対話型OD実践者はオープンな態度で、プロセスを通して積極的に自らの変容を目指さなければならない。筆者自身、クライアント・システムが現状と望ましい未来の姿を認識できるよう支援するために対話型のアプローチを選んだ際、上述の役割を自分に課している。コンサルタントは、自身とクライアントが新しい自分になるプロセスにおいて情緒的・心理的な変化を遂げる

のを後押しし、さらには、自身とクライアントが新しい自分と統合するのを支援する必要がある。つまり対話型ODとは、協働での意味づけを実践することであり、究極的には、プロセスに関与する1人ひとりが学習の過程を経て自分と向き合い、変容を遂げるものなのである。

変容のための空間を自分がつくれているかどうか確認するための方法を、筆者は「私自身とのチェックイン法」と呼んでいる。自らの継続的な変容を後押ししてくれるコンテントやプロセス、前提、自身とクライアントの可能性について、自分に問いかけるアプローチである。たとえば次のような問いが有益である。

- クライアントの現状について、どのような前提や考えを持っているか？
- 変容のプロセスを共創する過程でどのような体験をしているか？
- どのような可能性に私は目を向けているか？
- 新たな可能性やつながりとして、どのようなものが生まれつつあるか？
- プロセスに対して何を感じているか？
- 共創者らが生き生きと働き続けられるようにするには、何が必要か？
  （Zander and Zander, 2000）

結論とまとめ

本章では、対話型ODと変容的学習理論の関連性、ならびに、変容的学習の理論と実践を活用していかに対話型ODの実践を発展させることができるかを論じた。主なポイントは表11.2（次頁）にまとめている。

本章で筆者は、よくあるファシリテーション戦略およびグループ戦略を別の視点から用いることによって、変容的学習を促進する方法を明らかにしようと努めた。「変化だけでは足りない。必要なのは転換だ！」と切実に願うクライアントに対し、対話型ODの実践者が変容的学習理論の知識を用いながら、明確な道筋を示すのを支援するのが本章の目的である。

筆者は前著において、クライアントの複雑性やレディネス・レベルに基づ

第11章　対話型ODにおける変容的学習　409

いて診断型OD、対話型OD、あるいは、両者の混合型ODのいずれかを実践する際の枠組みについて論じた（Gilpin-Jackson, 2013）。その中で筆者は、レディネスの高さが対話型ODの成功の中心となることを示唆した。変容的学習を対話型ODに適用し、不足しているレディネスを醸成するには、変容のプロセスの初期段階において、クライアントの情緒面を支援することが重要である。

■ 表11.2　変容的学習が対話型ODの実践に与える影響

対話型ODの段階	対話型探究の開始
ファシリテーターの役割	意味づけの支援、対話型探究の開始に向けたクライアント／リーダーのレディネスの醸成
変容的学習プロセス	1. 混乱的ジレンマ 2. 恐れ、怒り、罪悪感、羞恥の感情の自己吟味 3. 前提に対する批判的評価 　　a. 既存のナラティブの創造的破壊 　　b. 意識化とイデオロギー批評
変容的学習戦略	以下のような問い／探究を通じた混乱的ジレンマの明確化に基づく批判的評価 ● コンテント（何を） ● プロセス（いかにして） ● 前提（なぜ） 螺旋的／情緒的質問とパーソナライジング・インクワイアリー 批判的内省と前提の自己吟味 意識高揚の実習 臨界事象の吟味

第Ⅲ部　対話型ODの実践

本章は、変容のプロセスをたどるクライアント・システムと対話型OD実践者が、いかにして自分と向き合い、発展を遂げるべきかを明らかにしている。対話を通じた考え方、あり方、アクションの変容的学習は、個人とグループの両方のレベルで行われなければならない。2つのレベルでこれを実践できて初めて、組織全体での転換的な変革が成果として達成できるのである。

対話型ジャーニーのファシリテーション	変容の継続
対話型OD実践におけるクライアントの支援	継続的な変容とアクションを後押しする構造とプロセスの構築
4. 人の不満と変容のプロセスが共有されていることの認識 5. 新たな役割、関係、アクションの選択肢の探索 6. 一連のアクションの計画	7. 計画を実行するための知識と技術の獲得 8. 新たな役割の試行 9. 新たな役割と関係性における能力と自信の構築 10. 自己の新たな視点が提示する条件に基づいた、生活への再統合
グループレベルでの、第1段階のプロセスのより双方向な実践 違いの探究と認識の促進 内省的なディスコースの促進 アクションのためのコミュニティの構築 積極的なアクションの実践に向けた構造の構築	対話型プロセスのフォローアップ・セッション、セッションを基盤とした批判的評価および前進

OD実践者のプロセス：目的／意図の設定、真正さの維持、私自身とのチェックイン

引用文献 ⋯⋯⋯⋯⋯⋯⋯⋯⋯⋯⋯⋯⋯⋯⋯⋯⋯⋯⋯⋯⋯⋯⋯⋯⋯⋯⋯⋯⋯⋯⋯

Anderson, D., & Ackerman-Anderson, L. S. (2010). *Beyond Change Management.* San Francisco, CA: Pfeiffer.

Argyris, C. (2005). Double-Loop Learning in Organizations: A Theory of Action Perspective. In K. G. Smith & M. A. Hitt (Eds.), *Great Minds in Management* (pp.261-279). Oxford, United Kingdom: Oxford University Press.

Brookfield, S. (1986). *Understanding and Facilitating Adult Learning.* San Francisco, CA: Jossey-Bass.

Brookfield, S. (2000). Transformative Learning as Ideology Critique. In J. Mezirow (Ed.), *Learning as Transformation* (pp.125-150). San Francisco, CA: Jossey-Bass.

Bushe, G. R., & Marshak, R. J. (2014a). The Dialogic Mindset in Organization Development. *Research in Organization Development and Change, 22,* 55-97.

Bushe, G. R., & Marshak, R. J. (2014b). Dialogic Organization Development. In B. B. Jones & M. Brazzel (Eds.), *The NTL Handbook of Organization Development and Change* (2nd ed.) (pp.193-211). San Francisco, CA: Wiley.

Cooperrider, D. L., & Whitney, D. (2007). Appreciative Inquiry: A Positive Revolution in Change. In P. Holman, T. Devane, & S. Cady (Eds.), *The Change Handbook* (pp.73-88). San Franscisco, CA: Berrett-Koehler.

Cranton, P. (2006). *Understanding and Promoting Transformative Learning.* San Francisco, CA: Jossey-Bass.

Cranton, P., & Taylor, E. W. (2012). Transformative Learning Theory: Seeking a More Unified Theory. In E. W. Taylor & P. Cranton (Eds.), *Handbook of Transformative Learning* (pp.3-20). San Francisco, CA: Wiley.

Daloz, L. A. P. (2000). Transformative Learning for the Common Good. In J. Mezirow (Ed.), *Learning as Transformation* (pp.103-124). San Francisco, CA: Jossey-Bass.

Dirkx, J. M., Mezirow, J., & Cranton, P. (2006). Musings and Reflections on the Meaning, Context and Process of Transformative Learning: A Dialogue Between John M. Dirkx and Jack Mezirow. *Journal of Transformative Education, 4*(2), 123-139.

Easton, P., Monkman, K., & Miles, R. (2009). Breaking out of the Egg: Methods of Transformative Learning in Rural West Africa. In J. Mezirow & E. W. Taylor (Eds.), *Transformative Learning in Practice* (pp.227-239). San Francisco, CA: Wiley.

Freire, P. (1970). *Pedagogy of the Oppressed.* New York, NY: Seabury. (『被抑圧者の教育学』パウロ・フレイレ著, 三砂ちづる訳, 亜紀書房, 2011年)

French, W. L., & Bell, C. H. (1999). *Organization Development.* Upper Saddle River, NJ: Prentice Hall.

Gilpin-Jackson, Y. (2013). Practicing in the Grey Area Between Dialogic and Diagnostic Organization Eevelopment. *OD Practitioner, 45*(1), 60-66.

Heifetz, R., Linsky, M., & Grashow, A. (2009). *The Practice of Adaptive Leadership.*

412 　第Ⅲ部　対話型ODの実践

Boston, MA: Harvard Business School Press.（『最難関のリーダーシップ——変革をやり遂げる意志とスキル』ロナルド・A・ハイフェッツ，マーティン・リンスキー，アレクサンダー・グラショウ著，水上雅人訳，英治出版，2017年）

Hyland-Russell, T., & Groen, J. (2008). *Non-Traditional Adult Learners and Transformative Learning*. Paper presented at the 38th Annual Conference of University Teaching and Research in the Education of Adults, July 2-4, University of Edinburgh, United Kingdom.

Johnson-Bailey, J. (2012). Positionality and Transformative Learning: A Tale of Inclusion and Exclusion. In E. W. Taylor & P. Cranton (Eds.), *Handbook of Transformative Learning* (pp.260-273). San Francisco, CA: Wiley.

Lange, E. A. (2004). Transformative and Restorative Learning: A Vital Dialectic for Sustainable Societies. *Adult Education Quarterly*, 54(2), 121-139.

Lee, S.-Y. D., Weiner, B. J., Harrison, M. I., & Belden, C. M. (2013). Organizational Transformation: A Systematic Review of Empirical Research in Health Care and Other Industries. *Medical Care Research & Review*, 70(2), 115-142.

Marshak, R. J. (2002). Changing the Language of Change: How New Contexts and Concepts Are Challenging the Ways We Think and Talk About Organizational Change. *Strategic Change*, 11(5), 279-282.

Merriam, S. B., Caffarella, R. S., & Baumgartner, L. M. (2007). *Learning in Adulthood* (3rd ed.). San Francisco, CA: Jossey-Bass.

Mezirow, J. (1991). *Transformative Dimensions of Adult Learning*. San Francisco, CA: Jossey-Bass.（『おとなの学びと変容——変容的学習とは何か』ジャック・メジロー著，金澤睦，三輪建二監訳，鳳書房，2012年）

Mezirow, J. (1998). On Critical Reflection. *Adult Education Quarterly*, 48(3), 185-198.

Mezirow, J. (2000a). Learning to Think Like an Adult: Core Concepts of Transformation Theory. In J. Mezirow (Ed.), *Learning as Transformation* (pp.3-34). San Francisco, CA: Jossey-Bass.

Mezirow, J. (Ed.) (2000b). *Learning as Transformation*. San Francisco, CA: Jossey-Bass.

Mezirow, J. (2009). Transformative Learning Theory. In J. Mezirow & E. W. Taylor (Eds.), *Transformative Learning in Practice* (pp.18-31). San Francisco, CA: Jossey-Bass.

Mezirow, J., & Taylor, E. W (Eds.) (2009). *Transformative Learning in Practice*. San Francisco, CA: Jossey-Bass.

Ntesane, P. G. (2012). Transformative Learning Theory: A Perspective From Africa. In E. W. Taylor & P. Cranton (Eds.), *Handbook of Transformative Learning* (pp.274-288). San Francisco, CA: Wiley.

Pearson, C. S. (Ed.) (2012). *The Transforming Leader*. San Francisco, CA: Berrett-Koehler Publishers.

Poter-O'Grady, T., & Malloch, K. (2011). *Quantum Leadership*. Sudbury, MA: Jones & Bartlett Learning.

Quinn, R. E. (1996). *Deep Change*. San Francisco, CA: Jossey-Bass. (『ディープ・チェンジ——組織変革のための自己変革』ロバート・E・クイン著, 池村千秋訳, 海と月社, 2013年)

Schein, E. H. (1999). *Process Consultation Revisited*. Reading, MA: Addison-Wesley. (『プロセス・コンサルテーション——援助関係を築くこと』エドガー・H・シャイン著, 稲葉元吉, 尾川丈一訳, 白桃書房, 2012年)

Taylor, E. W. (2000). Analyzing Research on Transformative Learning Theory. In J. Mezirow (Ed.), *Learning as Transformation* (pp.285-328). San Francisco, CA: Jossey-Bass.

Taylor, E. W. (2009). Fostering Transformative Learning. In J. Mezirow & E. W. Taylor (Eds.), *Transformative Learning in Practice* (pp.3-17). San Francisco, CA: Jossey-Bass.

Taylor, E. W., & Cranton P. (Eds.) (2012). *Handbook of Transformative Learning*. San Francisco, CA: Wiley.

Tisdell, E. J., & Tolliver, D. E. (2003). Claiming a Sacred Face: The Role of Spirituality and Cultural Identity in Transformative Adult Higher Education. *Journal of Transformative Education*, 1(4), 368-392.

Weick, K. E., & Quinn, R. E. (1999). Organization Change and Development. *Annual Review of Psychology*, 50, 361-386.

Zander, R. S., & Zander, B. (2000). *Transforming Professional and Personal Life*. London, United Kingdom: Penguin Books.

第12章 探究を組み立てる

「美しい問いと向き合う」というアート

ナンシー・サザン

　コンサルティングやティーチングの豊富な経験を積んできたコンサルタントならば、優れた質問に大きな力が秘められていることを知っているはずだ。探究（inquiry）［訳注1］は継続的な学習を助け、人々が価値観や願望、ジレンマを共有できる「場」へといざなってくれる。これを私たちは「探究の場」と呼ぶとよいと考えている。ともに発見しようとすることが信頼関係やコミットメントを育む場である。そのような探究の場に参加した人々は、既知の事実を単に共有するのではなく、ともに学んで新たな理解を生み出し、新たな未来のメタファーとイメージを創出して、前進のための戦略を策定できる。

　本章では、共通の理解と方向性の明確化を目的とした、探究の場の創り方、効果的な質問の組み立て方、および、人々をそれらの問いと向き合わせる方法を論じたい。まずは、探究への積極的関与を促進する「前提」について検討する。探究のタイプには、情報共有的、肯定的、批判的、生成的、戦略的という5種類がある。各々について、いかにして現状の文脈の発見、変革の可能性の発見、あるいは、アクションの発見を支援するかという観点から紹介していきたい。さらに章末では、ミーティングあるいはラージグループ・イベントにおけるダイナミックな探究プロセスの設計に関しても論じたい。

［訳注1］inquiryは、「問い」や「質問」という行為と、「探究（探求）」や「調査」という問いかけることが継続的になされる過程の2つの意味を含んでいる。たとえば、シャイン著『問いかける技術』は前者の意味だと考えられる。また、アプリシエイティブ・インクワイアリーは継続的な問いかけと探究であり、後者の意味と捉えられる。本書では、継続的な探究という後者の意味で使われることが多い。この章でも、後者の意味としてinquiryが用いられている時は「探究」と訳している。

第12章　探究を組み立てる　［415］

好奇心——探究を導くメンタルモデルと「あり方」

対話型ODを成功へと導くために、コンサルタントは学び続け、他者と積極的に関係を構築して、プロセスにおける自らの役割を維持することが大切である。優れたOD実践者であるために、筆者は何と言っても学習の意欲が重要だと考えている。対話型ODを支援するコンサルタントは、参加者が希望や願望を抱き、変容的学習と変革に向けた環境を構築するように関与していく。対話型ODにおいてはまた、他者と向き合ったときの自分のあり方を理解し、他者との関係性や関与がもたらす影響力を認識することも大切である。芸術家が自身のアート作品を、1つのインスピレーションを具現化したものとして認識しなければならないのと同様に、対話型OD実践者も自身の仕事を、他者との関与を通して具現化されたアートとして捉えるべきであろう。

4つの大前提

以下の4つの大前提は、上記で述べた他者との積極的関与のアートをサポートする。

私たちは関係的存在であり、常に関係性の中にいて、関係性を通して形作られる。従来のODは、客観的な視点を持った自己、すなわち、独立した自己を前提とする行動科学から発展したアプローチである。したがって従来のODの実践においては、チェンジエージェントとして「ユース・オブ・セルフ」が重視される。クライアントと私たちの、そして、その組織と私たちの関係に焦点づける、対話型ODとはまったく異なるアプローチだ。チェンジエージェントとして存在するという焦点から離れ、変革を生み出す関係性に存在するという焦点を移すことで、コンサルタントは他者との関与の仕方が変わる。前者の「チェンジエージェントとしてのセルフ」という立場は、コンサルタントが手法や技法に依存しすぎる恐れがある [訳注2]。一方、後者の「関係性におけるセルフ」という立場は、クライアントから学び、クライアントの積極的関与を最大限に促進し得るようなプロセスを共創することをサポートする。

ODにおいて学習と変革は同義語である。変革の推進に関する理論は多数あり、それらのすべてが、変革の複雑性を理解するヒントを与えてくれる。筆者は、ODにおける変革の基礎を成すものは学習だと考えている。ある時点で知っていることを、私たちは「真実」と決めてかかることはできない。私たちは、他者の力を借りて発展的な学習のプロセスを経ながら、意味を形成し、現状や文脈について共通の理解を形作っている。さらに私たちは会話に参加する人々のグループについて、全員がすでに適切な情報を有している、あるいは、考え得る限りの視点をすべて理解できるだけの十分な多様性をすでに有していると決めてかかることはできない。人は絶えず新たな理解を獲得し、新たな視点を発達させながら、学習や変革を推し進めているのである。

メアリー・キャサリン・ベイトソン（Bateson, 2004）は、学習が私たちの存在をどのように定義付けているかについて、次のように記している。「人は知っていることによって存在するのではなく、これから学ぼうとしていることによって存在する」（同p.8）。つまり、学習者として生きるには、知識や信念、大前提について問う能力や、さらには、好奇心と可能性を見出そうとする目をもって、あらゆる出会いや状況にアプローチする能力が必要なのである。

学習の実践には好奇心と、謙虚な姿勢が必須である。すでに知っていると考えるとき、できる可能性があることや、学びたいと思うことに境界線を引いて制限をかけてしまう。つまり学習は、知らないという場所に存在する能力、体験と関係性を通して絶えずさらなる理解を得ようとする能力によって促進されるものなのである。不確実性を受け入れることができ、好奇心とオープンな心が一層の明確性をもたらすことを信じることができるとき、人はさらなる理解を深めるように尋ねることができ、そして問い続けることができる。

［訳注2］ユース・オブ・セルフを提唱しているゲシュタルトODの推進者からは、この表現は誤解を生じさせると批判を受けるだろう。ゲシュタルトODでは、ユース・オブ・セルフとは、手法や技法に依存せず、コンサルタントのプロセスの見方や感情を変革に用いていくことだと考えている。

第12章　探究を組み立てる　［ 417 ］

問いは必ずしも答えを得られなくてもよい。問いに対して、新たな理解へと結び付くような形で焦点を当てていく。それとは反対に、答えを得ることに集中してしまうと、短期的な解決に至るばかりで、体系的な変革へとつながらないことがよくある。対話型ODのマインドセットでは、問題に対する答えや解決策を得ることを目的としない。効果的な問いと向き合い、視点を広げていきながら、世界における新しいあり方を発見するのが目的なのである。

　ウォーレン・バーガー（Berger, 2014）は、意味のある仕事と人生を生きる方法として、問いのテクニックを推奨している。バーガーは、美しい問いを模索することで、新たな目的意識と方向性を見出せると指摘した。美しい問いとは、前提に疑問を呈し、新たな可能性を考慮し、アクションと変革のきっかけとなるようなものである。そのような美しい問いを創出し、問いと向き合うのは、ある種のアートである。そして、このアートを会得するには、他のアートと同様、実践と実践を通じた学習を要する。適切な実践を経た芸術的な探究は、変容的学習と革新的な変化をもたらすのである。

　このようなマインドセットを持つことによって対話型ODの実践者は、探究の場を築き、そこへ他者をいざない、目の前の問題に対して即座に解決策を見出すことに焦点づけないことによって起こる、緊張を保ち続けることができるようになる。また、探究の場については、文脈を正しく認識することも重要である。文脈こそが、探究の組み立ての基盤となるからだ。

文脈の重要性：現状理解のための探究の組み立て

　文脈への理解は、体系的な視点をもたらしてくれる。信念や前提がいかにして行動パターンにつながり、行動パターンがどのようにして「これはできる／できない」といった信念や前提を強化するのかを探ることによって、クライアントは変革を促す文脈をより深く理解できるようになる。行動パターンが生まれることで、そのパターンを支える構造が築かれ、さらにその構造が行動パターンを強化する。組織はそのようにして設計され、人々はそのようにして文化の形成に関与しているのである（Southern, 2006）。

クルト・レヴィンの提唱したアクションリサーチにより、コンサルタントと組織の構成員は文脈を探り、文脈に働きかけることへの扉を開いた。しかしその後、アクションリサーチは、組織の問題を診断するための枠組みへと発展した。結果的にOD実践者は、（文脈をともに探るというよりは）「現実の」問題を診断することに組織の構成員とともに関与していくようになっていった。これによってOD実践者には、組織とシステムのダイナミックスに関する知識を基に、問題への解決策を策定したり、提案したりする役割が付与された。しかし、エドガー・H・シャインのまとめたコンサルテーションの活動のリストを参照すればわかる通り、診断型ODのマインドセットに固有の姿勢と前提は、コンサルタントとクライアントの本来の関係とはまったく異なるものだ。シャイン（Schein, 1987）が挙げたリストでは、コンサルタントまたはコンサルテーション・マネジャーには以下の3つの役割もあると定義している。

> 何らかの理由でラインのマネジャーが、するべきことの意思決定や命令を下せないときに、それらの役割を代行する。意思決定に関する責任を負い、未来の不確実性に関する不安を緩和する。特別な権限を持った部外者としての立場を利用して、ある種の行動に賞罰を与える（同p.20）。
> ［訳注3］

以上の引用からわかるように、診断型ODのマインドセットには、トップダウンのマネジメントや行動科学の前提と共通する部分がある。このような診断型のアプローチを用いることによってコンサルタントは、クライアントが問題をより深く理解し、いかにしてそれに対応するかを支援する、お手伝いやコーチのような、セラピスト的な役割として自分自身を捉える。だが、近著（Schein, 2009）や本書の序文に明らかなように、シャインも近年はより

［訳注3］ シャインはコンサルタントの役割として、これら3つを含む10のリストを挙げている（Schein, 1987, p.20）。これらは「コンサルテーションについての混乱」という見出しの節の中で、クライアントが通常期待する、コンサルタントの役割として挙げられたものの一部である。診断型ODを実施するコンサルタントの役割としてシャインがこれら3つを挙げているわけではない。

第12章 探究を組み立てる 419

対話型ODのマインドセットにシフトしつつある。

　対話型ODは、発見のプロセスを用いて組織の状況の文脈を理解することに用いることもでき、見た目としては診断型のプロセスにも似ている。OD実践者は発見のプロセスを設計し、あるいは、クライアントと共同設計して、アプリシエイティブな見方から真価を認めるような問いを組み立て、どのようなアプローチがうまくいくか、どこに緊張があるかを明らかにしていく。発見のプロセスには1対1の会話やインタビュー、小グループまたはラージグループでの会話、プロセス観察、文書記録のレビューといった作業が含まれる。ただし対話型ODの場合、この発見のプロセスへの関与の仕方や、そこから創発されるものが診断型ODとは異なる。対話型ODの発見のプロセスは、問題や修正すべき点を明らかにすることが目的ではない。多様な視点や力の真価を高めること、あるいは、「組織」という関わりのパターンの複雑性を高めることが目的である。また、プロセスを経て創発されるものは複数のナラティブであり、そこから個人や集合体の信念や前提、行動パターン、支持的な構造、イベントのどのレベルで変革が可能であるかについて、より深い洞察を得ることが可能となる。

　このような協働関係を通して人は、集合体の一員として文脈を理解し、変革のプロセスに参加しながら、体系的で創造的な考え方を育んでいく。文脈や現状を理解するこのアプローチを適切に活用できれば、共創的な学習プロセスを経て、組織の今と、集合体として臨む方向性、望ましい未来へ前進するために何ができるか、についての共通の認識を確立することが可能となる。さらにこのアプローチは、関係構築のプロセスとして機能する。クライアントとコンサルタントは、探究の場において、自分たちが直面する複雑な状況に対する理解を深めようとすることにより、相互に絆を深め、学習と変革に一層邁進できるからである。

探究のタイプ：意図的な探究を組み立てるには

　探究にはいくつかの種類がある。本章ではその中でも、情報共有的、肯定

的、批判的、生成的、戦略的という5つのタイプについて検討していく。望ましい積極的関与をもたらすためには、どのタイプの探究を用いるかを意識的に選択しなければならない。また、アプリシエイティブなスタンス（真価に目を向けるという立ち位置）から、これらの異なるタイプの探究を組み立てることも大切である。探究がもつ力には、たとえば、新たな未来を築き、リーダーシップ力を開発し、コミュニケーションの壁を乗り越え、学習の文化を醸成し、人々の最良の部分を引き出し、ポジティブな変革の可能性を広げる、などがあるが、そのような探究がもつ力の真価を認識する必要がある（Whitney and Trosten-Bloom, 2003）。探究に備わったこのような力を認めて尊重することによって、組織と人とプロセスが潜在的な望ましい未来を実現する能力を推進することができるのである。

　本章では5つの探究を、ある状況下で機能する順番に沿って紹介する（探究の反復的な実践については第14章を参照）。対話型ODの実践者の場合は、常に文脈を踏まえ、目的に最適な探究を設計することが大切である。5つの探究のタイプの概要を表12.1（423頁）にまとめた。

情報共有的探究：共通点を探る問い

　情報共有的探究は、現状と望ましい未来に関する問いを通じてコモン・グラウンド（共通の基盤）を築くことを目的とする。共通の理解やビジョン、全員の最も理想的な願望を発見することを後押しするものである。たとえば、ワイスボードとジャノフ（Weisbord and Janoff, 2010）が提唱するフューチャーサーチでは、参加者が過去と現在に注目して、最も重要なトレンドを挙げて共有していく。このプロセスの目的は、参加者に過去の体験やその意味の集合的な感覚をもたらすこと、そして、それらの過去が人々の現状の解釈の仕方を形作り、また、人々が最も重要な側面だと考えていることを形作っているという認識をもたらすことである。

　たとえば、次のような情報共有的な問いが考えられる。

- なぜ変革が必要なのか？　その変革はなぜ重要なのか？
- 現状をどのようなメタファーで言い表すことができるか？

第12章　探究を組み立てる　421

- この組織のビジョンはどのようなものか？
  - そのビジョンは組織内で、大部分の構成員にどの程度まで共有されているか？
  - あなたの個人的なビジョンは組織のビジョンにどの程度一致しているか？
- 組織が明示している価値観は何か？
  - その価値観は組織内で、どの程度まで共有されているか？
- 変革プロセスにおける自身の役割は何か？　また、どのような形で貢献したいと思うか？
- どのような変革が実現してほしいか？
- 望ましい未来の形を、どのようなメタファーで言い表すか？

　情報共有的な問いかけは、情報や希望、願望を共有することによってコモン・グラウンドを築くのを助ける。メタファーやイメージは、解釈と意味の形成のプロセスを推し進める。目標や方向性の感覚を育むことを目指すグループでは、このようなタイプの探究が有益である。これらの質問は、1対1の探究でもグループでの探究でも、現状をまず把握する際に活用できる。また、組織の新たな方向性を定めるために、ビジョンを作り出すプロセスを始める際に用いることもできる。

肯定的探究：人生とその可能性を肯定する問い

　肯定的探究は、人々が真価を認め、大切にし、生み出したいと希望するものを媒介として、過去と現在と未来を探ることを目的としている。うまく機能していること、人々が自らと組織の強みとして認めるもの、未来について人々が抱く希望や夢、自らと他者の長所、といったものを見出すための質問である。問いの焦点となるのは、個人、関係性、組織、コミュニティ、世界など多岐にわたる。「最良の状態」へと導くような肯定的探究の場に参加することによって、人々は可能性を見出し、より挑戦的な、批判的な探究や生成的な探究に移行することができる。

　発見の場に参加し、そこで可能性を探るとき、人々は肯定的な質問を投げ

■ 表12.1　5つの探究タイプ

探究のタイプ	探究の目的	問いの例
情報共有的	情報を引き出し、コモン・グラウンドを生み出す	1. なぜ変革が必要なのか？ 2. 何を生み出したいか？ 3. 現状と望ましい未来を、どのようなメタファーで言い表すか？
肯定的	「最良の状態」を明らかにし、その実現に向けて何ができるかを探る	1. 私たちの独自性は何か？ 2. 最良の成果を上げている状態を、どのようなメタファーで言い表すか？ 3. 1人ひとりの個性を、協働的な取り組みの成功にどのように活用できるか？
批判的	今の現実と変革の必要性に関する、体系的な理解を促す	1. 変革の必要性を示唆する出来事は起こっているか？ それはどのような出来事か？ 2. 変革に寄与し得る行動パターンはどのようなものか？ 3. 変革が不可能だと思うのは、どのような側面か？
生成的	創造的な思考と組織化の新たなアプローチを後押しする	1. 最大の機会は何か？ どうすればその機会を生かせるか？ 2. 機会を生かすために、新たにどのようなメタファーやイメージを創り出せるか？ 3. 新たにどのような対話を始めれば、積極的な関与を実現できるか？
戦略的	進むべき道筋と、取るべきアクションを定める	1. 望ましい未来に向けて、どのように前進することが可能か？ 2. どのようなシナリオを想定しておく必要があるか？ 3. 変革を後押しするような状況を、いかにして創り出せるか？

第12章　探究を組み立てる　423

かけることによって、共通の価値観や希望を介して相互につながるありよう
を感じることができる。問いを通じて、組織に参画した理由が肯定され、一
緒に創り出している意味のある文脈を共有している他者とともにあることに
真価を認められるようになる。このような肯定の場に参加することで人々は、
敬意や信頼、そして批判的探究に挑戦する勇気といったものを育むことの重
要性を認識し、可能な未来と今の現実の両方をあわせ持つことで起きる緊張
を探っていく。フリッツ（Fritz, 1989）はこれを「創造的緊張」と名付け、セ
ンゲ（Senge, 1990）は創造的緊張が組織内の学習を促す重要な要因であるこ
とを見出した。創造的緊張を認識し、保持することによって、人々は肯定的
なスタンスを取れるようになる。また、ほとんどの組織に存在する、未来と
現実の間のギャップによって意気消沈することを回避するようにもなる。

　ホイットニーとトロステンブルーム（Whitney and Trosten-Bloom, 2003）は
「優れた肯定的な質問は、想像力を高め、多様な方法を試す契機となる」と
している。手始めに以下のような問いが考えられる。これらを参考に、人々
がつながり、一体感を覚え、希望を抱けるような問いかけを組み立てる最良
の質問を自ら考えてほしい。

- 組織とそのビジネスに独自性をもたらしているものは何か？
- 誇ることができるサクセスストーリーは何か？　その成功に私たちはど
  のような形で貢献したか？
- 組織／チームが最高の形で活動している状態を、どのようなメタファー
  で言い表すか？
- 組織の最大の強みは何か？　その強みが発揮されるのはどのようなとき
  か？
- 素晴らしいチームを創る上で、各自のどのような資質を活かすことがで
  きるか？
- ともに働く仲間について、どのような面が良さだと感じているか？
- 個人／グループの違いが、私たちの協働の成功をどのような形で後押し
  しているか？
- 私たちの職場の環境に刺激をもたらすものは何か？

424　第Ⅲ部　対話型ODの実践

● 望ましい未来を描くとしたら、どのような絵になるか？

　肯定的探究は、多くの対話型ODプロセスにおいて、人々の積極的関与を促す手法としてよく用いられる。肯定的探究のアプローチの中には、アプリシエイティブ・インクワイアリー・サミットのように単独で実施されるものもあるが、他の探究と組み合わせることで功を奏する場合が多い。

**批判的探究：前提を疑い、緊張を認識し、変革が必要な理由を
理解するための問い**

　批判的探究は、変革のための現状と可能性についての体系的な理解を助ける。診断型ODは通常、「健全な」あるいは「効果的な」システムの既存モデルを用いて情報を収集する。これに対して、対話型ODにおける批判的探究は、特定の局所的な課題と必要とされる変革の本質、ならびに、それらの局所的な課題と変革に影響を及ぼすより大局的な文脈についての理解を深めることを目的とする。このタイプの質問は、評価のプロセスで用いることもできるが、グループでの会話にも効果的で、組織がシステム思考の能力を高めるのに役立つ手法である。批判的探究の問いとしては、次のようなものが考えられる。

● 変革の必要性を生じさせているのは、私たちの周りで起こっている、どのような出来事か？
● 対処するべき問題を生じさせているのは、どのような行動パターンか？
● 何がそれらの行動パターンを強化させているのか？
● それらの行動パターンを変えるのは、私たちのどんな能力か？
● 共有されている価値観と行動の間にギャップはあるか？
  ● それらのギャップが生まれた原因は何か？
  ● それらのギャップを埋めるには、どのような変革が必要か？
● 組織内で議論できないテーマはどんなことか？
  ● なぜそれらのテーマについて議論できないのか？
  ● オープンなコミュニケーションのための安全な場を作るには、どのよ

第12章　探究を組み立てる　425

うな変革が必要か？

● 組織内で変革が不可能だと思わざるを得ない、主な要因は何か？

　● なぜそう考えているのか？

　● 不可能だという考えに向き合うために、何を見て何をすることが必要か？

● この組織での変革に対する人々の考え方・感じ方を、どのようなメタファーで言い表すか？

　● それらのメタファーの背景には、どのような考えや前提があるか？

　● 組織の変革力や革新力を高めていくことに対して、あなたや他の人々はどのような役割を果たすことができるか？

　力関係が常に存在するような組織の場合、批判的探究はリスクを伴うことが多い。したがって、第13章でクリス・コリガンが述べるように、組織の上級職は「対話型ODプロセスにおいて生まれてくるものを、守り、育む」という重要な役割を担わなければならない。組織のリーダーが批判的探究を促し、システムの課題や変革の必要性として人々が指摘し声に出すのは価値があり、尊重されることだという風土を確実に根づかせることが大切である。

生成的探究：新たな可能性の創発に適した環境を構築するための問い

　生成的探究は、実践者が人々を創造的な対話のプロセスに関与することを望むときに有効な手法である。ここでいう対話のプロセスは、新たなアイデアの創発を促す個人的な会話でも、ある特定のイベントにおける小規模またはラージグループの会話でも、体系的な変革のための能力の構築をサポートする継続的な会話でもよい。生成的探究の問いが、創造的な思考と、新たなアイデアやアプローチの創発を促してくれる。ただし、問いに答えるのは簡単ではなく、豊かな会話または対話を通じて新たな思考を浮き上がらせ、新たな可能性を解放する必要がある。うまくいけば、第5章で議論された、生成的イメージの創発へとつながる。

　生成的探究では、「知りたい」という欲望や、「知っている」状態がもたらす安心感や力を手放すことを私たちに求める。むしろ、「知らない」状態を

[426]　第Ⅲ部　対話型ODの実践

歓迎し、現在の視点や考え方を形作っている前提に向き合って疑い、傍に置いておく必要がある。かつてない視点や新たなメタファー、イメージ、言葉を生み出すことで、新たな思考や集合的な意味形成を可能にするのが生成的探究である（Southern, Taborga, and Zabari, 2013）。

　第5章で述べたように、生成的な問いには4つの特徴がある。すなわち、(1)意外性をもたらし、(2)人々の琴線に触れ、(3)関係が育まれ、(4)別の視点から現実を見るきっかけをもたらす。このような特徴を備えるためには、問いが現在の文脈に即していること、そして、人々の関心を引いて想像を促すようなものであることが重要である。したがって、探究の目的にかなった問いを組み立てることがまず大切で、さらには、他者と協力して組み立てることが必要だろう。

　生成的探究については、さまざまな見方が存在する。新たな可能性を想像し、刺激や新たな思考、アイデア、可能性を現実のものとする行動を生み出す探究であるという点は共通した見方だが、生成プロセスの前提に関してはいくつかの異なる考え方がある。たとえば、本書の執筆陣の一部は、生成は無意識に起こるものであり、生成的探究は目の前の現実を熟慮する必要はないとしたショーン（Schön, 1979）の説を支持している（Bushe, 2013など）。これに対し、IDEOなどのコンサルティング会社のクリエイティブチームは、デザイン思考に基づき、問題や問いに関連する文脈やニーズの理解を深めることによって（意識的に現実を熟慮し）、それらの文脈やニーズに対する多様な視点を探り、新たなアプローチの想像、プロトタイピング、デザインを推し進めるという手法を取る。筆者の場合はコンサルティング業務を通じ、人は適切な枠組みと、新たな何かを作り出せる力が自分たちにあるという確信を持っていれば、課題に意識的に対処しながら創造的かつ生成的になることができる、という考え方に落ち着いた。

　無意識のプロセスが生成的な思考を後押しする可能性は否定しないが、意味形成と変容的学習に関する研究を通じて筆者は、内省的で再帰的なプロセスこそが真の生成的探究を可能にし、現在の文脈においてメタファーやイメージの持つ価値や意味を見出すことができるという考えに至っている。生成的な問いやメタファー、イメージの意味を考える能力は、それを探ること

第12章　探究を組み立てる　　427

にどれくらいエネルギーを注ぐのかを考えることを助ける。たとえば、第5章でブッシュとストークは生成的イメージの代表例として、「持続可能な開発」を挙げている。だが、「持続可能な開発」に可能性を見出すにはまず、それが具体的に何をもたらすかを人やビジネス界が明らかにしなければならない。次に考慮される可能性というものは、再帰、すなわち新たな思考と行動を実践するためには何を変えればいいかを考える能力によって生成される。生成的探究において、「これは私／私たちにとってどのような意味を持っているか？」と尋ねることは生成的な問いであり、このような問いこそが可能性の場を切り開いてくれる。そして再帰には、当たり前とされてきた価値観や前提を疑うような問いを発し、可能性を新しい視点から見直すのを後押しする実践が不可欠なのである。

　さらに、私が見出してきたことは、望ましい未来と現状のギャップに直接目を向けることによって、新しい視点や考え方、行動を生み出すことができるということである。現在の状態と望ましい状態のギャップに気づいたときに生まれるエネルギーや情熱は、フリッツ（Fritz, 1989）が指摘するように、生成的探究を助けるものとなる。現在機能していないことについての細部を掘り下げるような質問に、これからできることについての力強いイメージを組み合わせるというアプローチは、上述した生成的な問いの4つの特徴にも合うだろう。このときに生じる緊張が、深い熟考と再帰を後押しすることになる。緊張を生み、ダイナミックな生成的探究を行うことで、望ましい成果を生み出したある病院グループの事例を本章の後半で紹介しよう。

　情報共有的、肯定的、批判的探究を通して身につけたスキルは、より活発なものである、生成的探究の実践をサポートしてくれる。生成的探究においては、さまざまなスキルが求められる。たとえば、それまでとは違う聴き方、生成の過程全体とそこで自らが果たす役割についての深慮、枠組みや前提を認識して内省するスキル、「知っている」という意識を手放すこと、未知に十分に関与しようとすること、現在の現実の限界と思われるものに制限されることなく、可能なことをイメージすることなどである。しかし、これらのスキルがない場合でも、生成的探究への積極的関与をためらうべきではない。概念的メタファーと力強いイメージを考える過程で生まれてくる、無意識の

プロセスを体験できる場合があるからである。

生成的探究を後押しするような問いとしては、以下のようなものが考えられる。

- 私たちの目的を踏まえて考えたとき、組織の未来を左右するようなことは業界内で生まれているか？
- 今すぐ目を向け、創造的エネルギーを注ぎ込む必要があるのは何か？
- どのような問いが、組織の運営と相互関係のあり方のイメージを導き出すか？
- 私たちが発見する必要がある、私たちの潜在力は何か？
- 望ましい未来の実現を後押しするような新たなアプローチがあるとしたら、それはどのようなものか？
- わが社にとって最大の機会は何か。それを最もよい形で現実のものとするには、どうすればよいか？
- それらの機会を現実のものとするために、どんな新たなメタファーやイメージを作り出すことができるか？
- 興奮と新たな思考、アクションへとつながる新たな可能性を生み出すために、今日からどのような会話を始めることができるか？
- 私たちの変革力が高まるように、個人やみんなの才能をどのように引き出せるか？
- 私たちがまだ尋ねていない問いは何か？

今の現実と可能性のギャップを明らかにするような問いとしては、次のようなものが考えられる。

- 今私たちが見ているもので見落としているものは何か。私たちが見ていないものは何か？
- 望ましい変革に向けて前進するための私たちの力は何か？
- 私たちの潜在力を最大限に活かすのを妨げる、または制限するものは何

第12章　探究を組み立てる　429

か？

● 私たちが前進するような、創造力と革新力をどのように改善できるか？

生成的探究は、可能性や課題にどのように対応すればいいかが不明確なときに、とりわけ重要となる。また、すでに機能しないある行動パターンから、人々やグループが抜け出せないときにも効果を発揮する。生成的探究は、従来のやり方から人々を抜け出せなくさせるような信念や前提、行動パターン、支持構造、イベントなどからの脱却を可能にすることによって、組織文化に変化をもたらす（Southern, 2005）。それまでと違うやり方で相互交流し、組織化している自分たちを想像し、実際に見ることができたとき、転換的変革の潜在力が解き放たれる。

戦略的探究：前進する道をつくるための問い

戦略的探究は、いかにしてアクションを実行するかを決定する際に役立つ。可能性を信じ、可能性と今の現実の間のギャップを認識したとき、戦略的探究が、望ましい未来を現実のものとするために必要なアクションを明らかにする。マーヴィン・ブラウン（Brown, 2005）が「組織の誠実性」と呼んだ、ビジョンとアクションと目的について意図的に足並みを揃えることを後押ししてくれるアプローチである。ブラウンは組織の誠実性とは、一貫性、関係性への気づき、一体性（インクルージョン）、価値ある目的の追求であると述べた。企業のリーダーが、目的を追求する理由を見失うことによって誠実性の機会を逃したとき、従業員や顧客、一般大衆の信頼をなくすことにつながる。

戦略的探究をサポートするような問いとしては、次のようなものが考えられる。

● 私たちの仕事に関連する、世界で起きている変化は、私たちのミッションや目的にどのような影響を及ぼしているか？
● 私たちにとっての望ましい未来はどのようなものか？
● 製品やサービス、ワークライフの改善をサポートすることで、望ましい

未来に向かうにはどうすればよいか?

- 変革を目指す上で、どのようなシナリオを想定する必要があるか?
- 変革に適した環境を最良の形で作り出すためには、どのように人々とグループの足並みを揃え、より強固な関係を築き、変革を促進していけばよいか?
- 目的を達成できたとき、どのようにそれを知るだろうか?

第7章でステイシーは、世界の予測不可能性や複雑性を踏まえ、ストラテジック・プランニングの価値を問題にした。未来を想定あるいは予測し、目標を定め、成果を測定するという形でのストラテジック・プランニングは、今日のように急速に変化し続ける世界においては効果を発揮できないかもしれない。しかしながら、戦略的な思考によって私たちはさまざまなシナリオに適応するための代替案を想定することができ、それによって、私たちが生きている世界を形づくることを後押しする。戦略的探究に基づく戦略的な思考とは、私たちが生き、働いている文脈を理解すること、求めるものと可能なもの（あるいは不可能なもの）の意味を把握すること、そして、望ましい未来にいかにして進むべきかを考えることを含む。

前述した通り、生成的探究は、新たなアイデアや言葉、アクションの創発を後押しする。これに対して戦略的探究とそこから生じる集合的思考は、望ましい未来に向かって最良の形で前進するという文脈において、それらの新たなアイデアや言葉、アクションの活用を後押しするものである。つまり戦略的探究は、目の前の複雑性への理解力を育み、複雑性の中での最良の生き方や働き方を集合的に決定する力を醸成するのを助けてくれるのである。

上記の5種類の探究はいずれも、転換的な変革の過程で、私たちが何をしているのか、なぜそれをするのかをより深く理解するのをサポートする。探究のプロセスは、多様な視点を歓迎し、私たちが異なる視点を受け入れる個人的／集合的な能力の向上を可能にしてくれる。対話型OD実践者はこのプロセスにおいて、人々のエネルギーと関心を引き出し、新たな理解や創造的思考へと導くような問いを創り出すスキル、そして、それらの問いに人々を積極的に関与させるというスキルを発揮しなければならない。次のセクショ

第12章　探究を組み立てる　　431

ンでは、そのような優れた問いを作る際のヒントをご紹介しよう。

優れた問いの作り方

これまで例示してきた質問は、多くの異なるクライアントとのプロジェクトから集めたものである。さまざまな条件下で有効に利用できる質問もあるが、このような既定の問いを使うのではなく、探究に関与する人々との発見のプロセスを通じて問いを発展させることが重要である。強力な会話へとつながる問いを作ることは一種のアートであり、探究の文脈を理解した人々との協働によって最良の形で問いを完成させることが可能となる。以下に、対話型OD実践者が問いを作る際に検討するべきポイントをまとめよう。

素早い結論ではなく、新たな思考を生み出す問い

新たな思考を生み出すには、シンプルな開かれた質問以上の問いが必要とされる。また、現状に関する前提を含まない問いであることも大切である。「なぜ変革が必要なのか？」といった問いは、「いかにして成果を改善できるか？」といった問いよりも、強い好奇心と関心を引き出すことができるだろう。前者が状況を体系的に見つめるスペースを生み出すのに比べ、後者は成果の改善に焦点づけることが人々のニーズであるという前提に立ってしまっている。

望ましい成果に焦点づけた問い

シャイン（Schein, 2013）は「謙虚な問いかけ（humble inquiry）」を、「相手の警戒心を解くことができる手法であり、自分では答えが見出せないことについて質問する技術であり、その人のことを理解したいという純粋な気持ちをもって関係を築いていくための流儀である」（原賀訳, 2014, p.17）と定義した。シャインの定義は、発見と関係構築のためのオープンな場を築こうとする、アプリシエイティブな生成的能力の立場に立ったものだといえよう。欠陥思考（欠陥があることを前提とした思考）の立場から、問題について鋭く、深

く踏み込むような問いとは、正反対の問いである。

　たとえば、あるチーム内に葛藤が生じて、望ましい成果が得られずにいるとしよう。欠陥思考の立場では、「葛藤の要因は何か？　どのようにそれを解決できるか？」といった問いしか生まれてこない。そうではなく、葛藤が価値を生み得るようなストーリーを探っていくことが大切なのである。たとえば、「チーム内で葛藤が生じた結果、良い成果につながったことはないか？」といった問いは、葛藤から生まれた価値に人々が目を向ける上で役に立つだろう。このようなアプローチは、異なる視点やアプローチがどのように仕事へのコミットメントを高めてくれるかについて、新しい考え方を生み出すだろう。葛藤の解決に焦点を当てるのではなく、葛藤がパフォーマンス改善をもたらす機会に価値づけることで、葛藤したままでもチームが生産的に働ける能力を育むことに焦点を当てていく。

ストーリーを生み出す問い

　他者がインスピレーションを受けたと感じたときに何を考えたか、目前にどのような課題があるか、どのような可能性があるか、それらの可能性にいかに対応できるか、といったことを理解しようとするとき、ストーリーは集合的な意味の形成と理解を助けてくれる。ここで求められるのは豊かなストーリーなので、文脈やメタファー、イメージを重視することが大切である。ストーリーを生み出す問いの例としては、「他者と協働して何か新しいものを作り出すとき、どのような場面で情熱がわき起こるか？」、「何がその情熱や興奮を生み出しているか」、「あなたの働きからどのような結果になるか？」というものになるだろう。

答えが難しい問い

　新たな思考や変容的学習を後押しする問いは通常、容易に答えることができない。むしろそうした問いは、何らかの緊張を生み、緊張状態が保たれた場合に新たな思考を生むことが多い。新たな会話や思いがけない洞察を生み出すのが、この種の問いの特徴である。個人やグループに対して、このような答えが難しい問いを投げるのをためらう必要はない。なぜなら、これらの

第12章　探究を組み立てる　　［　433　］

問いは非常に強力なものになり得るからだ。「自分たちにとっても、顧客にとっても、コミュニティにとっても、もはやメリットをもたらさないやり方で仕事を続けるのはなぜか？」、「必要とされるものをより提供するなら、それは何か？」。これらの質問は、明らかになっていない答えや、複数の見方から益を得るような答えを発明するために、保持し、考え、対話に入れ込んでいくことが必要である。

ケーススタディ

　以下は、5種類の探究を用いて対話型ODプロセスを生み出し、変容的学習と変革を実現したクライアントの事例である。

　　筆者がコンサルティングを提供する機会を得た公立病院の医師や看護師、実践者らは、患者の安全性の向上を目指し、一層の協働体制を築くことを目的としていた。病院長はシステム的な思考と行動が、患者の安全性の向上につながるとの認識をすでに持っていた。同院では、職員向けの行動指針がいくつも用意されていた。しかし、患者をリスクにさらしている要因の多くは、職員同士のコミュニケーション・パターンや関係性にあるというのが院長の見方であった。院長いわく、医師と看護師の相互交流やコミュニケーションを左右するメンタルモデルに「医療業界ならではの文化」が影響を及ぼし、結果としてコミュニケーションが損なわれ、医療サービスに支障をきたしているのだという。筆者はこのクライアントに対話型ODプロセスを適用することによって、支配的なメンタルモデルの是非を問い、新たな関係を想像／構築して、それまでとは違うコミュニケーションと行動のパターンを生み出し、あらゆる医療サービスにおいて実践することを目指した。

　　クライアント・エンゲージメントのために、まずは8人の職員を選んで運営チームを結成した。筆者の役割は、運営チームの教育者、コーチ、コンサルタントである。さらに、病院長がチーム・ミーティングを設計

するのをサポートし、転換的な変革のコンセプトとプロセスに関する洞察を与えることであった。加えて、1日がかりのラージグループでの探究となる「サミット・イベント」の設計とファシリテーションを運営チームと協働して行った。チームは率先してイベントの設計に携わったが、これは他の職員の積極的関与を促進する上でも重要なポイントであった。

　さらに筆者は6カ月間にわたって隔週のペースでチームと会い、学んだことを共有し合いながら、ストーリーテリングや探究に他の職員の参画を促すためのアクティビティを計画した。サミット・イベントに向けて探究の場を築くためである。こうしてチームは強固な学習コミュニティへと成長し、複雑かつ困難な現状への理解を深めていきながら、200人以上の職員が一堂に会する、転換となるようなサミット・イベント開催の努力がいかに価値あるものかを認識していった。

　この価値づけとサポートの過程における注目すべき事柄として、当初は運営チームの未熟さが問題視されていた点をあげておきたい。このプロジェクトは彼らの大半にとってなじみのないものであり、プロセスとその成果が組織内でどのように受け止められるかがチーム内で懸念されていた。しかし第10章に記述されているように、運営チームは対話のプロセスを経ることにより、変革に対する当事者意識を育み、可能な未来像を描き、組織内のチェンジリーダーとしての能力を自ら高めていったのである。さらにチームは、サミット・イベントに先駆けたグループ・ミーティングからのフィードバックを得ることでも、チェンジリーダーとしての自信を強めていった。

　運営チームはまず、情報共有的、肯定的、批判的探究を積極的に実践して、職員が現状をどのように体験しているか、さらには、職員間の関係や医療サービスの提供に関連していかなるメンタルモデルを持っているかを探った。病院という環境では、変革が必要とされる理由を定量的データで示すべきだというのがチームの考えだった。そこで情報共有的探究ではアンケートを行い、現状と、職員が現状をいかに体験しているかを調査した。さらに、患者の安全性およびリスクの発生という観点から、他の病院と比べて自分たちの病院がどのように評価されているかについ

ての情報収集も行った。

　続けて、運営チームは院内の各部署でミーティングを開き、問題点と機会を指摘すると同時に、チームの目標はハイクオリティな医療サービスの提供であるとの説明を行った。その後、肯定的探究と批判的探究を実施し、ハイクオリティなサービス提供という目標にそぐわない実例について、職員らからストーリーを引き出していった。これらのミーティングでは激しい感情の発露が見られ、職員らが現状にどのような緊張を感じているかを明らかにしてくれた。このように、職員らが批判的探究に積極的に参加したことによって、コミュニケーションの断絶を彼らがどのように体験したかが深く理解できた。そして、次のより大きなプロセス、すなわち院内のさまざまな部署から職員が参加し、転換的な変革を目指すサミット・イベントに向けた環境を整えることに成功した。

　1日のサミットはできる限り多くの職員の参画を促すため、土曜日の開催となった。当日の勤務予定がない医師を含む全職員に、参加が義務付けられた。強制参加はかえってマイナスになるのではないかと筆者は危惧したが、チームはCEOとの話し合いを経て、医師らの参加が特に重要だとの結論に達したという。ここで指摘しておきたいのは、OD実践者としてのコンサルタントは、クライアントとメンタルモデルが合致していない場合であっても、クライアントの見方や考え方によく耳を傾けて検討しなければならないという点である。強制参加に関するチームとの議論の中で筆者は、批判的探究を実践し、チームが自らの決定と、それが及ぼす影響について十分に考えるよう促した。この探究が議論を深め、代替案の探究を促進し、最終的に筆者を含むチームの全員が、強制参加が正しい選択であるとの結論に落ち着くことができた。

　同院のCEOとその他の経営陣、ならびに、数名の役員もサミットに出席し、参加者数は合計200人を超えた。関係構築や重要な議論を目的とする、この種の緻密に設計された探究／対話イベントにおいては、座席についての検討も重要である。通常なら同席することのない多様な人々が対話に臨めるよう、事前に座席を指定しておくべきだというのが筆者の考えだ。もちろん、対話型OD実践者の中には、対話には対話に適し

た人々しか参加しないという前提に立ち、自由に席を選ばせる方法を好む人もいる。だが多くの場合、人は同席して最も快適な相手のそばに座ろうとするものだ。それでは、望む成果の達成を最良の形でサポートすることはできないだろう。

　運営チームは、肩書きや職位、性格などの異なる人々を各テーブルに同席させたほうが、探究や対話が新たな思考や行動につながる可能性が高まると考えた。事前の座席指定は当初あまり評判が良くなく、イベントルームに集まった人々の間に緊張が生まれるのがわかった。しかし最終的には、各テーブルへの職員の多様な配置にも大きな意味があったとの認識を誰もが持ち、話しやすい相手と同席していたら同じような会話は決してできなかっただろうと言ってくれた。

　サミットではまず、運営チームが患者のリスクに関する統計データと力強いビデオ映像を使い、現状に関するプレゼンテーションを行った。新生児が誕生時に障害を負ってしまうストーリーを、チーム・メンバー自らが演じたビデオである。プレゼンテーションは、運営チームが情報共有的、肯定的、批判的探究を通じて学んだことをうまくまとめたものだった。このプレゼンテーションを見て、参加者らの間に緊張とある種の感情が生まれ、この話し合いに対する目的意識が明確に芽生えた。

　続けて、対話型の探究をいかに進めるかを説明するため、筆者が図12.1のモデルを紹介し、このモデルを基にテーブルごとに具体的な事例への理解を深めてもらうことにした。ちなみにこのモデルについて筆者は、体系的な変革と組織文化の変革を目指した探究や会話に参画を促す上で、多くの人々にとって有効だと考えている。

　参加者には、次に示す原則に従って参加するように依頼した。テーブルでの会話に先だって、それらの原則と、原則がもつ意味について特に強調した。そして筆者は、歩き回りながら、各グループがうまく取り組んでいるかどうかを観察し、コーチングすることで関わった。

- ここに十分に存在する。
- よく聴き、進んで影響を受ける。

- より理解を深めるために探究する。
- 自らの有している前提を言葉で伝える。
- グループ内の前提を認識し、問いを投げる。
- 言う必要があることを言うためのリスクをとる。
- 非難を避ける。
- イベントのシステム的な性質についてともに考える。
- 自らのストーリーと多様な視点を共有する。

　筆者は通常、グループの強みを肯定することを目的とした肯定的探究から始めることが多い。しかし、運営チームは各テーブルの対話の発端として、患者へのリスクの要因となっているチームワークの欠如について、各自のストーリーを共有する方法を選んだ。この批判的探究が感情の発露と、ビデオに描かれたようなチームの弱さに対する認識を生み、参加者を対話へと導いて、個々のテーブルで関係の強化が図られていった。さらに、テーブルグループ全体で1つのストーリーを選び、図12.1のピラミッド・モデルに基づいて、患者への障害を引き起こした出来事を分析した。チームワークを阻んだ支持構造、あるいは、チームワークを支えるためにあるべきだった支持構造、医師と看護師を含む職員の行動パターン、および、有害な行動パターンの背景にある信念や前提を明らかにしていった。

　各テーブルの2回目の対話では、肯定的探究の手法により同様のプロセスを繰り返した。焦点は、患者の健康に寄与した、優れたチームワークに関するストーリーである。やはりイベントを分析する作業によって、優れたチームワークと患者への貢献に寄与した支持構造や行動パターン、信念や前提を明らかにした。対話後は、各テーブルのグループが全体に対する報告を行った。

　これら2つの対話を経て、テーブルごとの3回目の対話に移った。ここでは生成的探究の手法により、支持構造や行動パターン、信念や前提に対する改善点および改善案を明らかにしていった。これらの対話を通して参加者らは、望ましい変革をどこまでコントロールできるかを認識し

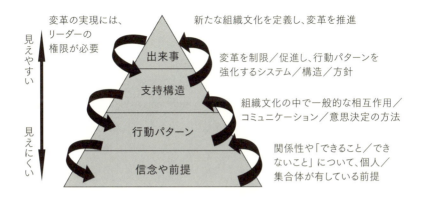

図12.1 システム的な思考を通じた組織文化の変革

ていった。さらに、医師の指示に対して看護師はどこまで質問できるか、職員間でいつ支援を要請できるかといった問題を巡り、その背景にある信念や前提をいかにして変えられるかを検討した。つまり、医療業界に深く浸透して疑問に思われることさえない、業界固有の文化を形成している前提である。こうした生成的な対話が新たなエネルギーを生み、高品質な医療サービスの提供という共通目標の達成に向けた、相互支援や希望、機会を大切にする感情が形成された。

　生成的探究が生んだ結果を明確にし、共有した後、参加者らは医療サービスと患者の安全の改善に向けて個人として、あるいは、チームとして何ができるかに焦点を当て、戦略的探究に移った。その結果、各職員が実践するべきアクションを網羅した、「相互依存の宣言」が策定された。各職員には、自身が担うべきアクションを1つか2つ書き出してもらい、後日、その内容を各自にリマインダーとしてメールで送るという手法を取った。

　サミット・イベントを行った結果、グループとして新たなあり方と協働の仕方を生み出さなければならないという意識が改めて生まれた。職員らは自分たちに共通する弱みの感覚、つまり、個人では大きな変化は起こせないが、

第12章　探究を組み立てる　439

協力し合い、頼り合い、相互に助け合うことで変革を実現できると理解する体験をした。さらに、それぞれの役割を果たしていく上での基盤となる、コミュニケーションと関係性に関する複数の原則を策定した。これらの原則には、通常のコミュニケーションにおいて探究をより活用することも含まれる。

　参加者の多くはイベントについて、「転換をもたらしてくれた」、「患者のために協働する可能性について意識を改めてくれた」との感想を述べていた。また、「必要だと感じたときにはより自由に意見ができるようになった」とも語っていた。参加者らはイベントを通じ、自分たち自身もまた病院が抱える課題の要因であり、人々が協働して解決策を見出そうとする組織において、新たな文化を形成していく大きな責任を負うべきであるとの認識を持つようになった。組織への参画のあり方を見直すことによって、患者の安全にも変化をもたらすことができると認識してわくわくしていた。

探究の場を作る

　対話型ODの1つの前提として、適応を要する課題に対処するためには、人々の考え方や働き方、共生の仕方を転換することに向けた、探究に焦点を当てたイベントが必要だという考えがある。とはいえ、探究のための時間と場所を設けて人々を集めるのは簡単ではない。また、問題の解決ではなく、可能性の探究を目指した対話を実践するのも容易ではない。

　探究のプロセスの設計に当たって、対話型OD実践者はまず、探究の目的を念頭に置かなければならない。また人々の関与をいざなうのは、望ましい姿勢とダイナミックスを生み出すことから始まる。さらには、人々がプロセスに費やす時間に価値を見出し、自らの参加がいかにして新たな関わりを生み、それが組織のあり方に変化をもたらすとともに、組織のゴールやミッションを支える自分たちの能力に変化をもたらすかを認識できることも重要である。筆者の場合は必ず、クライアント・グループのリーダーに対し、人々が積極的に参加できるような方法で彼らを招待するよう助言し、リーダーが招待の枠組みを作るのを支援している。

440　第Ⅲ部　対話型ODの実践

本書の中の実践について書かれた章の多くでは、探究のための「場」あるいは「コンテナ」をつくることについて指針を提供している。つまり、探究にいざない、後押しし、関係性に目を向けリスクをとることや、意味のある高レベルな関与をサポートする「場」あるいは「コンテナ」である。意味のあるオープンな探究を行うためには、対話型OD実践者はクライアントや参加者と協働し、探究と対話を自由に展開できるような快適かつ安全な場を作ることができる必要がある。第13章でコリガンは、次のように述べている。「生成的な対話を促進するよいコンテナとは、人々が十分にそこに存在でき、十分に参加でき、人々が貢献する機会を持つことができ、共創できる場である」（457頁）。病院の事例では、まさにこのような探究の場が構築された。このことからも、人々の積極的関与を促す上では探究が重要で意味があることを強調したい。

　第9章で強調されている通り、コンテナの構築に当たっては、物理的環境から感情的環境、会話の環境に至るまで、さまざまな場の側面を検討する必要がある。当然ながら、窓のある健全な部屋には、閉じた部屋とはまったく異なる感情の場が生まれるものである。人々が開放的になり、深呼吸ができ、世界とつながっている感覚にひたれるような空間とは、どのようなものだろうか。たとえば、座り心地のよい椅子と健康的な食事は、強固な心の結び付きや傾聴、生成的な思考を後押しするエネルギーを維持する上で大切だろう。また、他者とつながるための十分な時間や、動き回ることができる十分な環境を提供することも大切である。ただし2〜4人程度の少人数で行う探究なら、歩きながら、あるいは立ったままでも可能だろう。

　さらに重要なのが、感情的環境の構築である。理想は、人々が支え合い、リラックスしながら、エネルギッシュに、サポートし合いながら、課題に向き合って対話ができる環境である。変容的学習を目指すなら、混乱的ジレンマも場にあったほうがよいかもしれない。第11章にあるように、変容的学習の始祖とされるジャック・メジロー（Mezirow, 1990）は、変容的学習の場を開放する1つの方法として、混乱的ジレンマの重要性を指摘している。この考え方は、人々がそれまで避けてきた複雑性や矛盾に直面することで、快適ゾーンから抜け出して可能性を追求していけるような緊張感を生み出し、

人々をある種の無防備な状態に置くことによって、より深い探究、つながり、および学習を促すというものである。

このような望ましい感情的環境は、さまざまな方法で構築することができる。たとえば、ストーリーや意味深いナラティブの共有（病院の事例で人々の涙を誘ったビデオなど）、あるいは、楽しいアクティビティの実践といった方法がある。では探究の目的に対して、どのような感情的な場が重要なのだろうか。病院の事例では、スポンサーはイベントにおいて参加者らの感情を表出することを期待していた。運営チームは、患者を危険にさらすという過誤の個人的な経験によって、傷つき、恥じ入り、罪悪感をもつ人々がいることを知っていた。通常、グループでの関わりでは、他者を責めるという自己防衛反応が生じがちである。傷つきや恥、罪悪感といった感情を抱える集合的な場を作ることで、参加者全員により一層配慮すると、状況を変えるには互いに支え合うことが大切なのだと各自が認識できるようになる。いかなるケースにおいても、切迫感やコミットメント、驚き、発見の感覚を参加者に促し、生成と転換のプロセスを後押しできるような感情的環境をいかにして構築するかを考えることが重要である。

このような形で人々が参加することを促進するには、グループ内の知識やスキルのレベルに応じて追加的なツールを利用することも可能である。利用できるものはいろいろある。たとえば、クリス・アージリス（Argyris, 1990）に基づいており、センゲらによる『フィールドブック 学習する組織「5つの能力」』（Senge, 1994）で紹介された、メドウズ（Meadows, 2008）のシステム論と「推論のはしご」が有益だ。組織内での対話に役立つリソースとしては、ウィリアム・アイザックの著書『ダイアログ』（*Dialogue*, Isaacs, 1999）がある。

組織内での継続的な探究の後押し

探究に基づいたイベントを設計することにより、新たな思考と会話、関係性への扉が開かれる。探究は、人の考え方や言葉使い、関係におけるあり方、人としての組織化のあり方に変化をもたらす、最も重要なプロセスの1つで

ある。20世紀に私たちが作り上げた社会システムは、教育、政治、ビジネス、あるいはヘルスケアのいずれの領域においても、もはや私たちを適切にサポートしてはくれない。私たちは分野や領域、文化、国家をまたがって思考し、協働し、互いから学びながら、21世紀に必要とされることを支える新たなモデルを共創していかなければならない。転換的な変革を主導し、支援したいと考える人々にとって、そのプロセスへの他者の関与を引き出す上で探究は重要なアプローチだ。探究に今よりも多くの時間を費やすことができたとき、私たちに何が創造できるか、その創造のためにどのように協働できるか、という可能性は計り知れないのである。

　優れた質問には、学習と変革を後押しするような形で、人々をプロセスに積極的に関与させる力がある。優れた質問は、あたかも羅針盤のように、私たちが現状と望む未来とを再度見極めるのを助けてくれる。組織とコミュニティにおける変革をサポートするという、この重要な仕事に就くすべての人が、探究の力を活用し、協働し、優れた問いの生成を続けることによって、意味深い会話と革新的な変革を後押しすることを願ってやまない。

引用文献 ··

Argyris, C. (1990). *Overcoming Organizational Defenses*. New York, NY: Prentice Hall.

Bateson, M. C. (2004). *Willing to Learn*. Hanover, NH: Steerforth Press.

Berger, W. (2014). *A More Beautiful Question*. New York, NY: Bloomsbury USA.（『Q思考——シンプルな問いで本質をつかむ思考法』ウォーレン・バーガー著，鈴木立哉訳，ダイヤモンド社，2016年）

Brown, M. (2005). *Corporate Integrity*. Cambridge, United Kingdom: Cambridge University Press.

Bushe, G. R. (2013). Generative Process, Generative Outcome: The Transformational Potential of Appreciative Inquiry. In D. L. Cooperrider, D. P. Zandee, L. N. Godwin, M. Avital, & B. Boland (Eds.), *Organizational Generativity* (pp.89-113). Bingley, United Kingdom: Emerald.

Fritz, R. (1989). *Path of Least Resistance*. New York, NY: Ballantine Books.

Isaacs, W. (1999). *Dialogue*. New York, NY: Doubleday.

Meadows, D. (2008). *Thinking in Systems*. White River Junction, VT: Chelsea Green. (『世界はシステムで動く――いま起きていることの本質をつかむ考え方』ドネラ・H・メドウズ著，小田理一郎，枝廣淳子訳，英治出版，2015年)

Mezirow, J. (Ed.) (1990). *Fostering Critical Reflection in Adulthood*. San Francisco, CA: Jossey-Bass.

Senge. P. (1990). *The Fifth Discipline*. New York, NY: Doubleday. (『学習する組織――システム思考で未来を創造する』ピーター・M・センゲ著，枝廣淳子，小田理一郎，中小路佳代子訳，英治出版，2011年，原書増補改訂版)

Senge, P., Kleiner, A., Roberts, C., Ross, R., & Smith B. (1994). *The Fifth Discipline Fieldbook*. New York, NY: Doubleday. (『フィールドブック――学習する組織「5つの能力」企業変革をチームで進める最強ツール』ピーター・センゲ著，柴田昌治監訳，スコラ・コンサルタント監訳，牧野元三訳，日本経済新聞社，2003年)

Schein, E. (1987). *Process Consultation: Vol. 2*. Boston, MA: Addison-Wesley.

Schein, E. (2009). *Helping*. San Francisco, CA: Berrett-Koehler. (『人を助けるとはどういうことか――本当の「協力関係」をつくる7つの原則』エドガー・H・シャイン著，金井壽宏監訳，金井真弓訳，英治出版，2009年)

Schein, E. (2013). *Humble Inquiry*. San Francisco, CA: Berrett-Koehler. (『問いかける技術――確かな人間関係と優れた組織をつくる』エドガー・H・シャイン著，金井壽宏監訳，原賀真紀子訳，英治出版，2014年)

Schön, D. A. (1979). Generative Metaphor: A Perspective on Problem-Setting in Social Policy. In A. Ortony, (Ed.), *Metaphor and Thought* (pp.137-163). Cambridge, United Kingdom: Cambridge University Press.

Southern, N. (2005). Creating Cultures of Collaboration That Thrive on Diversity: A Transformative Perspective on Building Collaborative Capital. *Advances in Interdisciplinary Studies of Work Teams*, 11, 33-72.

Southern, N. (2006). Creating a Culture of Collaboration in a City Government. *OD Practitioner*, 38(4), 12-17.

Southern, N., Taborga J., & Zabari, M. (2013). Shifting from Knowledge Power to Generative Inquiry: Creating a Field for Transformative Learning in Healthcare and Business. Retrieved from http://integralleadershipreview.com/10993-1127-shifting-knowledge-power-generative-inquiry-creating-field-transformative-learning-healthcare-business/.

Weisbord M. R., & Janoff, S. (2010). *Future Search* (3rd ed.). San Francisco, CA: Berrett-Koehler. (『フューチャーサーチ――利害を越えた対話から、みんなが望む未来を創り出すファシリテーション手法』マーヴィン・ワイスボード，サンドラ・ジャノフ著，香取一昭，ヒューマンバリュー訳，ヒューマンバリュー，2009年，原書第2版)

Whitney, D., and Trosten-Bloom, A. (2003). *The Power of Appreciative Inquiry*. San Francisco, CA: Berrett-Koehler. (『ポジティブ・チェンジ――主体性と組織力を高めるAI』ダイアナ・ホイットニー，アマンダ・トロステンブルーム著，ヒューマンバリュー訳，ヒューマンバリュー，2006年)

第13章 | コンテナをホストし、ホールドする

クリス・コリガン

　対話型OD実践者にとって「コンテナ」［container：器や容器という意味］とは、対話のツールとプロセスの結果であると同時に、それらのツールやプロセスを活用する空間も意味する（原注1）。コンテナは無形だが、グループの潜在能力と可能性を解放してくれる有形の空間でもある。またコンテナには、物理的・心理的な境界が存在する。多くの場合は感覚的に認識されるものだが、深い対話プロセスの現実的な側面を形成するものでもある。

　対話型OD実践者の重要な役割の1つが、このようなコンテナの構築と維持である。対話型ODはコンテナの中で展開される。コンテナの存在によって、人々は創発と、自らの潜在能力と目的の実現を目指した関係性に入っていくことができる。コンテナの構築は非常に重要な作業であり、グループに影響を及ぼして、彼らが定めた目標の実現を後押しすることもあれば、実現を阻止することもある。対話型OD実践者は、対話の取り組みを行っていくコンテナへの深い意識をもたらし、コンテナという空間の特性がグループにとって明確になるような実践を展開していく必要がある。

　対話型ODにおけるコンテナは、対話が行われる空間である。とはいえ単なるミーティングの場を指すわけではなく、探究や学習、意味の形成が起こる、入れ子状の空間と考えることができる。対話型OD実践者は、そのよう

（原注1）本章の執筆に当たり、アイデアやリソースをくださり、インタビューに応じていただいた、以下の方々に感謝している。クレーン・ストゥーキー、アダム・カヘン、テレサ・ポサコニー、ペギー・ホルマン、ジェフ・ブラウン、リア・バエク、ロク・ガノー、ボブ・スティルガー。

第13章　コンテナをホストし、ホールドする　［445］

に複数の階層からなるコンテナづくりを目指すと同時に、対話型ODのプロセスにおいて、その各階層を横断して空間をホールドすることに配慮する必要がある。

　本章では、コンテナの特性を考えるとともに、変革のプロセスにおいてコンテナと対話型ODコンサルタントの役割がいかに発展していくかを見ていきたい。コンサルタントの役割を説明するに当たっては、「ファシリテーター」と「ホスト」という、置き換えが可能な2つの呼称を用いる。リーダーやマネジャーは、1つのグループに対して、リーダーとホストの役割を同時に演じることが自分たちに可能かどうか、しっかりと見極める必要がある。不可能であれば、対話型ODのコンテナのホスト役としてコンサルタントを雇用することで、おおむねそのコストに見合う価値が得られるだろう。

　本章でこれから述べる通り、ホストとリーダーの役割は大きく異なる。そして、変革を体験するチームや組織においては、リーダーがリーダーとして変革のプロセスに積極的関与をすることが重要なのである。

コンテナの特性

　サイズやスケールにかかわらず、対話のコンテナには共通の特性がある。第一に、コンテナには必ず、中心と縁がある。中心は対話の目的と直接関連しており、縁は対話型プロセスの適用範囲に関連する。多くの対話型プロセスにおいて、ミーティングが行われる物理的な空間はこの構造を反映しており、物理的な中心にはその変革の取り組みにとって重要なモノが置かれるのが一般的である。また、コンテナの縁は、空間に人々を歓迎するという行為、つまり、参加者が敷居をまたいで空間に入ることを歓迎する行為によって示される。敷居をまたぐという行動が持つダイナミックスへの配慮は非常に重要なので、これについては、本章を通して詳しく見ていこう。

　対話型ODでは、答えやアイデアはシステムのどこからでも得ることが可能だと考える。そして、人々を招集し、コンテナをホストすることで、この可能性を現実のものにできる。輪という構造が、答えやアイデアはシステム

第Ⅲ部　対話型ODの実践

のどこからでも得ることができるという可能性を理解する上での有用なメタファーとなる。輪の中では、各参加者は平等な立場にあるため、知識やリーダーシップはどこからでも生まれ得る。また参加者は、それぞれの見方を述べるように勧められると同時に、中心にあって共有されるもの、すなわち、共通の理解に貢献すること、そして個々の意味［私にとっての意味］よりも大きな集合的意味［私たちにとっての意味］の創発に貢献することも求められる。よく機能するコンテナができた時は、集合的な洞察を得るために参加者自身の経験を提供し合いながら、中心を介して互いに話すという体験をする。このような空間の作り方は、「すべての参加者をリーダーとする」アプローチとも言われる（Baldwin and Linnea, 2010）。参加者らは、コンテナを維持するために個人的かつ集合的責任を負わなければならないのである。

　対話のコンテナについて、その物理的な側面を検討するのはとても有益だ。ワールド・カフェの世界では、コンテナの物理的な特性を構築する作業は「もてなしの空間の創造」と呼ばれる（Brown and Isaacs, 2005）。変革のための取り組みにおいて、そのような空間は一般的なミーティングのありようからの脱却を意味する。従来とは異なるアクティビティが進行中である、従来とは異なる組織化が必要である、というメッセージを参加者に伝える役割を果たすだろう。また、よい対話の空間は、参加者が集中して対話にフォーカスするのを後押しする。物理的空間については、そこで行われる対話の特質を反映していることも大切だ。たとえば、輪という形は、コンテナ内のどこからでも知恵を歓迎するようなプロセスでうまく機能するだろう。グループ内での会話を促したいのであれば、小グループにしたほうが、参加者同士で傾聴し、学習する機会が増える。ミーティングの目的が知識の拡散にあるなら、ひとりの話者に全員が集中できるような物理的空間を作るとよいだろう。

　物理的なコンテナがそこでの取り組みのニーズにマッチしないと、明白な不協和音が生じることとなる。たとえば、参加者の対話を目的としたプロセスで講演式のコンテナを作れば、参加者は最善を尽くせないだろう。一般的に対話型プロセスでは、1人ひとりが互いにコンタクトできる小グループで、互いに話し合い、傾聴できる機会が持てるような空間が望ましい。

　物理的空間については、参加者らが取り組むために必要な、そして、知識

や学習を集合的に見えるようにするために必要なツールを提供することも重要である。たとえば、空間の美観を高めるようなモノ、よい取り組みをするのに役立つようなモノもツールに含まれる。さらに、学習と持続可能な成果を収穫するための、機能的なツールも必要である。デジタルツールやマーカー、ペン、あらゆるサイズの用紙、付箋、創造的デザインを促すようなモノといったツールはいずれも、よい取り組みを促す物理的コンテナに欠かせない構成要素である。

　コンテナにはライフサイクルがある。対話型プロセスにおいて参加者らが通る積極的関与の段階については、多くの理論家がこれまで明らかにしてきた（Isaacs, 1999; Scharmer, 2009; Block 2008）。対話型OD実践者はどのような段階があるのかを理解した上で、適切な環境のための空間をホールドする必要がある。たとえば、アイザック（Isaacs, 1999）は次のような4つの段階があると述べている。

- **コンテナの不安定の段階**：最初の段階では、参加者らは自分たちが足を踏み入れたコンテナそのものの安定性と信頼性に懸念を抱く。
- **コンテナ内が不安定な段階**：この段階では、個人個人が抱いている信念や前提が衝突する結果、参加者らが葛藤や分裂に直面する。これらの葛藤が表面化するまでには、時間がかかる場合もある。参加者が信念や前提を保留できれば、次の段階に移ることができる。
- **コンテナ内での探究の段階**：参加者が、葛藤や分裂について深く考え、探究する段階である。この段階で参加者は、グループ内でのまとまりのなさの程度に応じ、集合的な痛みを体験する。このことが次の段階につながる。
- **コンテナ内での創造の段階**：集合的な見方に基づいた新たな理解が生まれ、参加者がより生成的な思考に、ともに積極的に関与する段階である。

　これらの積極的関与の段階には、適切な始まりと終わりも不可欠だ。コンテナのライフサイクルが進むにつれ、対話型OD実践者は、コンテナをホストしていくために必要な、わずかな変化に注意しなければならない。つまり

ファシリテーターは、話されているコンテント（内容）だけではなく、プロセスに気づき、グループのニーズに正確に対応する必要がある。たとえば、グループがまだテーマを模索している段階であれば、収束へと導こうとするのは賢明とはいえない。同様に、グループが複数のアイデアを統合して新たな洞察を見出すことに苦戦している段階であれば、あえて不安定な葛藤の状況に彼らを置くことで、人々の関係性に転換をもたらし、新たな発見を促すことができる。このようなタイミングの感覚は重要なスキルであり、実践と体験を通してしか身につけることはできない。コンテナがうまく機能しているとき、ファシリテーターはプロセスを促進する専門性を参加者に提供できているが、その役割をプロセスの中核を担うコアチームと各参加者も果たすことができたときには、持続可能なコンテナが共創されるのである。

　コンテナがうまく働いているとき、参加者の間にはソーシャルフィールド［social field：社会的土壌］が生まれる。オットー・シャーマー（Scharmer, 2009）はソーシャルフィールドについて、あらゆる変革の取り組みに欠かすことのできない「基本的な条件」だと指摘した。ソーシャルフィールドがあると、参加者の間に高水準の信頼と尊敬、創造的な関与が生まれる。このようなソーシャルフィールドを作ることが、社会的な学習には欠かすことができない。ソーシャルフィールドを支える基盤は、懸念される課題への十分な関与と責任を参加者に促すような、人と人との関係性である。この基盤が、集合的学習を推進する。効果的なコンテナは、グループ内の人々が自分自身から集合的な全体へと焦点を移すことができるような環境を作ってくれる。そして、ソーシャルフィールドを備えたコンテナは、グループが創発する能力と、集合的な知から発見をする能力を高めてくれるのである。

　ソーシャルフィールドは、グループが信頼し合い、協働し始めるとともに耕されて、そこに深く耕されたソーシャルフィールドの特徴が現れてくる。自分たちの目標や課題にしか関心を示さない個人から成るグループが、お互いのニーズと幸福に関心を示すグループへと成長するとき、そのグループは、質の高いソーシャルフィールドでしか培われない行動を取るようになる。グループの各人が、積極的に自らの考えや視点を共有し合い、1つの状況下で複数の視点を統合できるようになる。複雑な状況に関与していくためには、

第13章　コンテナをホストし、ホールドする　　449

こうした能力は特に重要である。このような能力が、多様性に富むグループの創造性を育み、グループが前例のない困難な状況に直面したときにもレジリエンス（回復力）を発揮し、臨機応変に対応することを可能にするからである。

コンテナの形成と安定化

　コンテナ形成の第一歩は、プロジェクトの主目的の決定である。そのためには、小規模なコアチームがプロジェクトの目的についてともに感じ取り、集合的に明確化していき、その目的の展開をサポートするような構造を設計していく必要がある（第10章を参照）。コアチームがこのプロセスを経るためのコンテナは、その後もプロジェクトの中心に置かれることになる。コアチームのコンテナは、より大きなシステムの縮図として、コンテナの質を設計、ホールド、維持、変更する役割を担う人々のグループによってメンテナンスされなければならない。このグループは、プロジェクトの主目的の達成に焦点を当てていくことになる。彼らがプロジェクトの目的と意図に基づいて設計したプロジェクト全体のコンテナ内で、コアチームが個別の取り組みをホストするためのより小さなコンテナを作ることも可能である。

　コアチームの結成と同時に行わなければならないのが、コンテナを機能させる、あるいは、機能を抑制する力と権限を有した、組織内のマネジャーやリーダーによる支援と保護の確立である。対話型ODでは、関係構築や信頼の醸成、集合的感覚の形成といった無形の成果を目指すため、組織内でパワーをもつ人たちにコンテナを保護する役割を担わせる必要があるからだ。いかなる変革の取り組みにもリスクはつきものだが、対話型ODにおけるリスクは、組織内で対話型ODを主導する責任を負いながら、命令するという自らの責務も果たさなければならない人々によって引き起こされるケースが最も顕著である。コンテナを保護するには少なくとも、対話型ODプロセスから生成されるものを保護して育む立場にある人が、適切なリソースでODの取り組みを支援し、自らの責務と取り組みを結び付ける必要がある。一番よいのは、リーダーやマネジャーなどの権限を持つ人々が全員、コアチームの中に入ることで、それによって成果を後押しし、働きかけによって立ち現

れてくる変革への深い理解を生んで、変革を持続させることが可能となる。

　ファシリテーター／ホストとしての実践者がエントリー後に最初にすることが、コンテナの確立である。つまり、(1)コアチームと目的を共創し、(2)招待のプロセスを支援して、(3)敷居をまたいでコンテナに入る参加者らを歓迎する作業である。対話のためのコンテナは招待の段階、すなわち、参加者を選抜し、プロセスへの参加を呼び掛ける段階で生まれるのである。この段階で大切なのは、招待が共鳴性（人々が気がかりに感じていることと呼応していること）と挑戦の両方を兼ね備えていることである。目的が明確に示され、参加者1人ひとりの潜在的な貢献が目的と結び付けられている招待ならば、より共鳴しやすいだろう。第5章にあるように、そのような招待はより生成的であり、生成的プロセスに結び付きやすい。

　効果的な招待はまた、枠の承認、あるいは、ピーター・ブロック（Block, 2008）が「ハードル」と呼ぶものに注意を払っている。ハードルは参加者に、敷居をまたいで積極的関与をすることの意味を熟考させる役割を果たす。敷居をまたいでコンテナに入ることを選択した参加者は、プロセスに何となく参加し、何となく離脱する人よりも、真剣さや貢献度が高い。招待の際のハードルの具体例としては、かかる時間、あるいは、プロセスに関与することで参加者に求められるコストや労力を、事前に伝えておくといったことがある。そのようなハードルを前にしたときに参加者は、自らグループの任務をサポートすることを選び、その意志を表明することができる。ハードルがなければ、コンテナとの境界線は抜け穴だらけで、参加者は好きなときにそこから出入りできてしまい、任務やプロセスの成果に対して最小限の労力しか提供してくれなくなる。コンテナへのアクセスのよさ［コンテナへの入りやすさ、敷居のまたぎやすさ］は確かに大切だが、アクセスのよさと参加者の前向きな意志のバランスを保つことも重要である。

　対話型ODは参加者の貢献によって成否が決まる。そのため、人々が自らの貢献力を見越して参加できるようなコンテナを作ることが大切である。コンテナは同心円を描く場合が多く、円の中心に近づくにつれて、参加者に求められるものが一層、明確化される。また、参加者は個々の円を前にして「出る／入る」の選択をするのではなく、「一進／一退」の選択をするという

第13章　コンテナをホストし、ホールドする　451

特徴もある。典型的な対話型ODの変革を主導する取り組みでは、次の4つの同心円を持ったコンテナが作られる。

1. 目的達成を目指すコアチームが作る、中心の円
2. 取り組みに利害関係があり、定期的に参加する人々が作る円
3. プロセスをフォローし、可能な限り参加する人々が作る円
4. 取り組みの影響を受けるが、他の責務に注力している人々が作る外側の円

　プロセスの着手時に、対話型OD実践者とコアチームが、それ以外の参加者／関係者とコミュニケーションを取り、信頼関係を構築できることが望ましい。プロセスの中心から離れた人々が、プロセスを知らないがために否定的な考えを抱くことはよくあるからだ。

　上記のような構造だと、プロセスへのサポート体制が入れ子状に層化されるため、コンテナそのものが安定化する。すると参加者は、貢献度の度合いによって自由に円から円へ移動できるようになる。コアチームのメンバーも状況の変化に応じて中心から離れることができ、そこからさらに、知識と経験を有したメンバーが中心円に参加する筋道も生まれる。つまり、コアチームのメンバーがプロセスの目的に貢献できなくなった場合には、それまでの取り組みについて知っている外側の円の参加者が、代わりに中心の円に参加するという仕組みだ。こうした流動的な仕組みがあると、新たにコアチーム・メンバーとなった人が最初から行われてきた取り組みにいきなり参加した場合に起こりがちな分断を避けつつ、中心円の参加者を変えることができるのである。

コンテナ内の安定化

　第2の段階においてファシリテーターは、参加者がコンテナ内で協働できるようなプロセスの確立に注力しなければならない。対話が進むにつれ、当然ながら、異なる視点や考え方が明らかになっていく。するとそこに葛藤が生まれるが、この段階では参加者がまだ利己的な面を捨てることができてい

ない場合が多い。したがってこの段階では、コンテナの中心を確立するとともに、システム内での参加者の役割に目を向けてもらうようなプロセスを創ることが重要となる。また、チェックイン（ミーティング／イベントが始まるにあたって参加者1人ひとりが今の状態や気持ちを伝えること）のような敷居をまたぐ行動を実践することによって、これから対話の取り組みをしていこうとするコンテナの存在を参加者に認識してもらうことも大切である。対話型ODのコンテナに入るとき、参加者は「日常の業務」の環境から、別の環境へと移動している。この移動について身体的にも心理的にも認識することが、参加者には必要なのである。コンテナ内に入ったら、ファシリテーターはコンテナ内での参加者の活動を支援するために、集合的に考えるための基本的な原則、行動のためのガイドライン、および参加者への招待を策定して、彼らがシステムの中で貢献し、役割を責任をもって果たせる状態を作る。

典型的な対話型ODでは、参加者にルールを一方的に強制するよりも、原則を集合的に活用したほうが、コンテナ内が安定化しやすい。そうした原則はさまざまな対話の手法の中で明確にされているが、おおむね次のような共通点が見られる。

- 参加者は対話において、その場に十分に存在し、話して、注意深く聴くことで参加し、積極的に関与する。
- グループ全体で、洞察を集合的に得ていく責任を持つ。
- 参加者1人ひとりが、自身のニーズに対して自らの責任で対処して、コンテナの維持に向けて自らのリーダーシップを発揮する。
- 参加者はグループの一員として、対話の明確化に向けて耳を傾け、貢献していく。

対話型OD実践者は、原則をホールドして、グループが自らを見つめ直し、グループ内の多様性に気づいて肯定的に捉えることができるようなプロセスをデザインすることで、コンテナの安定化に寄与していく。

コンテナ内が安定化すると、コンテナは自立し、ホストの役割も小さくなっていく。自立したコンテナは強力な中心を生み出し、人々がともにそれ

を支えホールドするようになる。ここまで来たら、ファシリテーターは他の参加者がいるコンテナの縁に移動し、そこでプロセス・ファシリテーションを行っていくことになる。

コンテナ内での探究のサポート

対話型ODプロセスは、誰も答えを持たないことへの開かれた質問から始まる。これらの質問を組み立て、集合的かつ創発的な理解を促すための空間を創るのが、対話型OD実践者の重要な役割である（第12章を参照）。明確な目的に基づいて質問が組み立てられ、参加者がその場にいる理由を明瞭に理解できていれば、対話が進むにつれてグループの潜在能力がきちんと引き出されるだろう。また、探究をサポートするようなコンテナには、コンテナ内において参加者が互いに配慮し合い、傾聴し合い、相互関係を尊重できるという特徴がある。グループで創発を体験する場合、緊張が高まり過ぎて、コンテナの質を損なってしまうことも多い。だが、強いコンテナの中では、難しい対話も可能であり、参加者はより機知に富む体験ができるのである。

ケイナーら（Kaner, 2007）はこの段階を「うめきのゾーン（groan zone）」と名付け、コンテントよりもむしろ、関係性と共通の見方に注意を向けられるよう、ファシリテーターがグループを支援する必要があるとしている。うめきのゾーンにおける難題は、他者との見方のすり合わせだ。人は自らの見方を維持する場合にも、捨てる場合にも、精神的エネルギーを消費する。安定したコンテナはこの精神的エネルギーを内部にホールドできるが、不安定なコンテナは崩壊してしまう。また、うめきのゾーンでは、同心円状のコンテナが威力を発揮する。参加者が困難な会話に耐えられずに一時的に離脱したいと思った場合、外側の円に退避できる場所があれば、対話のプロセスから完全に離れてしまわずに済むからである。対話型ODでは、コンテナにこのような複層的な構造を持たせることによって、参加者が一時離脱を望んだときに、プロセスやコンテナを破壊することなく、離脱できるようにしておく必要がある。

うめきのゾーンに入った人は、その苦悶をコンテナのせいにしがちで、ファシリテーターが非難の的となることも多い。このような場面でコンテナ

をホストしていくには、勇気と信念、そして、グループのメンバーが必ず可能性を見出してくれると信じる力が大切だ。この空間で、ファシリテーターがコンテナをコントロールしようとするのは難しい。ファシリテーターはたいてい、そのような権限を有していないからである。そのような場合、コンテナの目的をスポンサーが再確認するのが適切なこともある。うめきのゾーンから移行しているグループは、お互いの内的なつながりを強め、取り組みの中心的な目的との関連を強めることによって、その移行に成功している。

> カナダの小都市において街づくりをサポートしている、某グループに携わった事例を紹介しよう。このグループでは、予算不足に関する論争がメンバー間で起こっていた。グループ全体で共通課題の解決を目指す中、プロジェクト予算をどのように配分するべきかで議論が白熱していたのである。ついにある日のミーティングで、メンバー同士の中傷合戦になり、互いに協力するどころの話ではなくなってしまった。うめきのゾーンにはまり込んだ彼らに残された唯一の選択肢として、メンバー全員がプロセスから一時離脱し、3週間、リラックスした状態で非公式な場でお互いにプロジェクトの目的そのものについて話し合うことが合意された。
>
> 結果的に、メンバーは無事に元通りの信頼関係を取り戻し、プロセスへコミットメントすることを再確認することができた。そして3週間後、メンバーらは気持ちも新たに、より強いつながりの下で取り組みを再開できた。輪になって対話を進める中で、全員が葛藤について意見を述べたり、代替案を出したり、それまで激しく反目し合っていた側からありがたい申し出が提示されるなどの成果が見られた。

うめきのゾーンを乗り越えたとき、グループ内にはまったく新しい洞察が立ち現れる。異なる見方と見方が組み合わさって、新しい何かが生まれるのである。そのような思考の仕方が新しい何かを創出し、より大きなパターンや、過去に類のない解決策が誕生することもある。またグループ全体でそうした新たな洞察について熟考し、話し合うことは、学んだことから積極的か

第13章　コンテナをホストし、ホールドする　　［ 455 ］

つ継続的にフィードバックを得ていくためにも非常に重要である。ハーベスティング（収穫）ともいえるこの段階は、プロジェクトを実際に走らせ、その中で話し合い、分析し、学ぶことから起こる場合もある。ファシリテーターはこの段階において信頼を取り戻し、参加者の学びをハーベスティング（収穫）するための手法やプロセスを用いることで、グループを支援することができる。集団発達理論に詳しい人なら、「形成期、混乱期、標準期」のモデルに基づいて、この収穫の段階を活性化していくプロセスに働きかけることができるだろう。

「コンテナの果実を収穫する」というメタファーが意味するところは、コンテナ内で育まれたものから学び、用いていく、生命的なプロセスである。より具体的に言うなら、新たに創発された知識や理解、集合的な洞察、アクションへの意欲といったものが、適切にホールドされたコンテナ内で生まれた対話の成果として収穫される。コンテナからの収穫物の取り扱いについては、第9章と第15章を参照されたい。

コンテナの終了

よいコンテナには力が備わっており、粘度のある土壌を形成してくれる。そのようなソーシャルフィールド（社会的土壌）には、強固な関係性、広大なネットワーク、社会関係資本、豊かな経験、参加者同士のストーリーの共有といった特徴が見られる。そうした良いコンテナも、その役割が終わったら、新たな敷居を作ることによって参加者が外に戻るのを促し、コンテナを閉じて終了していく。単一のミーティングであれば、これはチェックアウトのプロセスになり、これまでのプロセスと取り組み内容についての洞察を参加者が共有する、内省の時間を持つ。これを経て、自分たちの取り組みについてともに総括し、外界に戻る（リエントリーする）のである。ところが長期にわたる変革の取り組みの場合、コンテナの終了は通過儀礼のようなもので、気づいたときにはすでに敷居をまたぎ終えていたりする。だが敷居をまたいで外界に戻ったという自覚がないと、参加者は解決に至らなかったという感覚をもってしまうこともある。したがって、変革への取り組みが継続中、あるいは、発展中であっても、1つのコンテナのライフサイクルが終了したとい

［ 456 ］ 第Ⅲ部 対話型ODの実践

う認識を参加者に持たせると有効である。

コンテナをホスティングするための実践

　対話型ODの確立に伴って、実践者たちは特定のツールについて学ぶ段階から、さまざまな環境下でさまざまなツールを有益に用いていく実践について学ぶ段階へと歩を進めてきた。たとえばアート・オブ・ホスティングの実践コミュニティ（Corrigan, 2007; Art of Hosting Community of Practice, n.d.）が、そのような実践の典型例である。何が対話を生成的にするかについて、長年にわたって抽出された学びから立ち現れてきた実践である。端的に言うなら、生成的な対話を促進するよいコンテナとは、人々が十分にそこに存在でき、十分に参加でき、人々が貢献する機会を持つことができ、共創できる場である。そして、このような強力なコンテナをホストする際、OD実践者はその実践に個人的に参加して、グループ内でパターンが生まれることを可能にしていく必要がある。

　対話型ODで機能するコンテナは、フラクタル［自己相似性。全体と一部が相似する傾向のことで、複雑系科学でも原理として用いられる］である。つまり、あるレベル（特定のミーティングなど）で見られるパターンや実践が、別のレベル（プロセス全体のデザインなど：第9章を参照）においても見られる。第10章にある通り、対話型OD実践者はクライアントとの初期のエントリー・ミーティングの段階から、このようなフラクタルな形を用いていくことを通して、変革プロセスを通じて対話を広げていく基盤を築くことができる。その一方で、ブッシュ（Bushe, 2010）が指摘するように、コンテナはファシリテーターとコンテナ内の全参加者によって共創されるものでもある。したがって、共創を導く人のプレゼンス（存在のありよう）や性格が、共創のテクニックよりも、コンテナの質を大きく左右する場合もある。

今ここに存在する

　ハノーバー・インシュアランスの元CEOであるビリー・オブライエンの

有名な言葉に、次のようなものがある。「働きかけの成否は、働きかける人の内面の状態によって決まる」(Isaacs, 1999)。対話のためのコンテナを創り、ホールドしていくことは非常な労力を要するのと同時に、実践者が十分に今ここに存在することが必要とされる。さらに対話型ODプロセスが進むにつれ、それが単一のミーティングであるか、長期的な変革の取り組みであるかにかかわらず、実践者は取り組みの可能性をホールドし続けることによって、コンテナを体現していくという役割も担うようになる。そのために実践者は、その取り組みと参加者の潜在力に対して、心からの好奇心を抱いていく。

　ただし実践者はコンテナをホールドしながら、同時に参加者からの判断や批判、恐れとも向き合わなければならないので、確実に対話の場を維持し、グループのニーズに目配りするのが難しくなる場合もある。また、ファシリテーターが自身の過去の体験に無自覚だと、個人的な恐れを和らげようとする無意識のホスティングの結果、プロセスをコントロールしてしまうこともある。これにより、グループが創発的な洞察を見出していく力を弱めることになり、あらかじめ方向付けされていた結論に落ち着いてしまったり、意外な成果を上げられなかったりする。こうした誤りが起こると、その後の対話型の変革推進に対する信頼も損なわれてしまう。だが実践者は今ここに意識を向けて、自分がコントロールしようとするのをすぐさま止めることによって、グループが取り組むのを促すことができる。

　対話型OD実践者の多くは、自己成長のためのパーソナルな実践をすることで、何が自身の感情の誘因となるかについての理解を深めている。そのため、コンテナの縁をホールドする役割を果たしながら、同時に、好奇心とオープンな姿勢を保つことができる。これは「ホスティング・セルフ」と呼ばれている。つまり、葛藤や感情的な場面において、恐れなどの内なる声によって実践者は穏やかでいることが難しくなるが、そのような内なる声に対して自らホストするような、内面のコンテナを準備することである。

　対話型ODは、行き詰まったダイナミックスの中でもそれに引っ張られたり、不安になったりしないで、目が澄んだ状態でグループをしっかり見て、参加していくことができる力が実践者に求められるアートなのだ。パーソナルな実践には、たとえば瞑想や内省、リトリート（日常から離れた場での自分と向き合

うプログラム）、コーチングを受けること、といったものがある。「バイロン・ケイティ・ワーク」（Katie, 2002）が提唱するような自己成長プログラムも、臨機応変な対応を阻むストレスフルな思考への対処を助けてくれるだろう。

　コンサルタントが効果的に機能するか否かは、主に、今ここに存在し続けられる力、そして、プロセスに参加しながらコンテナ内のダイナミックスに巻き込まれない力があるかどうかにかかっている。したがって、コンサルタントが冷静さを保ち、自分自身に気づき、可能性に焦点を当てるのを助けるような、パーソナルな実践をすることが重要となる。特に、感情面での困難を伴うようなコンテナのホスティングを行う場合にそうした実践は不可欠だ。ブッシュ（Bushe, 2010）はこうした態度でコンサルティングに臨むことを、「不安のないプレゼンス」と呼び、コンテナのファシリテーターにとって、自らの体験に気づきつつ、そこから距離を置くことが大切だと指摘した。つまりファシリテーターは、自身の考えや感情、欲求などを認識しながらも、それらに動かされて行動してしまうのではなく、自身と他者の不安を受け止め、和らげていくことが必要だという指摘である。ブッシュはさらに、気功や太極拳といった身体を使ったパーソナルな実践も、自身とグループのエネルギーに対処する上で有益なスキルになると述べている。

　コンテナをうまくホールドすることで、コンテナ内の参加者が目の前の取り組みに意識を向けて今ここに存在する機会も生む。今ここに存在するとは、取り組みの意図と目的にのみ焦点を当てて、グループに対して自らの力を活かすようになることである。参加者が精神的にも情緒的にも今ここに存在できれば、創造性が高まり、可能性を育み、方向性の修正を推し進め、無用なダイナミックスに注意を払えるようになる。参加者がコンテナ内の今に意識を向けられるようにホストしていくには、注意力の散漫さを最小限に抑制できるような物理的かつ心理的空間を創ればよい。つまり、対話に適した場所を選び、空間を創る作業には、コンテナの安定性を維持するための重要な意思決定も含まれるのである。グループを日常的な環境から引き離すことでも、対話への集中力を大いに高めることが可能である。日常的な環境から引き離すのが難しければ、敷居をまたぐ体験を提供することが重要となってくる。たとえば、参加者にチェックインのプロセスを経てもらう、職場と異なる室

第13章　コンテナをホストし、ホールドする　459

内レイアウトにする、ミーティングの最初と最後に静かな時間を設ける、といった方法で、いつもとは違う空間だという意識をもってもらえるだろう。

　目の前の取り組みへの集中力を高め、参加者が今ここに存在することを助けるような物理的空間を創るには、細部への配慮も大切である。取り組みの目的を象徴するような物理的な中心をつくることは、何に注目していくのかを喚起するためによく用いられている。たとえば、グループのミッションや目的を象徴するようなオブジェを空間の中心に置くのも非常に有効だ。グループにとって意味のあるオブジェは、彼らが目の前の取り組みに専念するのを後押しするからである。

　参加者が敷居をまたいでコンテナに入ったところで、彼らにチェックインの機会を提供すると、グループがその場に落ち着き、リソースに焦点を当てる準備を整えることができる。たとえば、沈黙の時間を設ける、内省を促す、傾聴に焦点づける、参加者によるパーソナルなストーリーテリングを行うといった方法を実践者が用いることで、コンテナの中に参加者の全体としての私たちという感覚をもたらし、お互いが関与することができるだろう。

参加する

　対話型ODでは、十分に参加することが重要である。実践者にとっては、参加者1人ひとりがその場にどのように参加しているかに気づくことも重要である。しかし、気づくために、実践者がコンテナの外側に立つというのは論外だ。コンテナの上ではなく、コンテナの中で実践者は動いていく。そのためには、参加者1人ひとりが持つ特権や力、彼らの言葉使い、彼らが持っているナラティブといったものに気づき、集合的な目的にかなうような方法で彼らがコンテナに参加できるよう後押しすることが必要である。その際、実践者はプロセスとは別のところにいると捉えるのではなく、実践者もプロセスの一部であると認識することが必要とされる。

　コンテナを創り、保持していくことは参加型リーダーシップの原理に基づいて行われるわけだが、これを実践するには、コンテナ内での参加を高めるような実践が必要となる。たとえば、通常のODでは、コアチームが招待を策定し、参加予定者に提示するのが一般的だ。しかし、対話型ODの場合に

は、実践者はより参加型のアプローチで招待を策定しなければならない。カナダ・ノバスコシアでチェンジリーダーとして活動するティム・メリーと若手の同僚たちのチームは「私たちに関係することすべてに、私たちは関与しよう」というスローガンを掲げている。これこそ参加型のアプローチだと言えよう。イベントの終了時に行うハーベスティング（収穫）の際にも同様に、参加型のアプローチで行うことが可能である。たとえば、オープン・スペース・テクノロジーのミーティングのように、参加者が書きとめた記録をまとめて共有ブックにするという方法が知られている。

　最大限の参加が可能となるコンテナを設計することにより、強い土壌を作り、集合的な取り組みがなされていく。そのために実践者は、世界に対して好奇心を持って積極的に関与していくという、自身の実践に基盤を置くことが必要である。それが、コンテナの中で起こっていることを体現し、それに反応し、支援することを可能にする。

貢献のための空間をホストする

　生成的な対話をホストするには、空間の設計において、参加者1人ひとりがその場に貢献できることを最大化するような選択を行う必要がある。イノベーションや新たな解決策はたいてい、一般的な思考の枠外で生まれるものだ。したがって対話型OD実践者は、その枠外に目を向けるような、そして、新たな思考をプロセスへの贈り物として取り込めるようなアプローチを創造する必要がある。具体的には、参加者の声に耳を傾け、コンテナにおける多様性（表現方法の多様性や人種・文化の多様性）を歓迎し、場への貢献が目に見えるようにしていく。

　このような貢献を促すコンテナでは、明快な答えがなく、なおかつ、変革の取り組みの目的と密接につながった、開かれた質問が中心となる。そうした質問は、前進する方法はさまざまであるという意識にグループをいざない、また、組織が曖昧さや不確実性に耐える力を養う上で役立つ。実践者はさらに、参加者らの貢献を最適化し得る最良のプロセスが生まれる場を提供していくために、コンテナ内のエネルギーの流れを感じとり、それとともに変化していく必要がある。そのためには深い傾聴と、場合によっては、痛烈な質

問を投げる勇気を奮うことが大切である。つまり実践者は、コンテナの形をホールドしながら、文脈や場面に応じて即興で対応できることが望ましい。取り組みが推進されるようにコンテナの形をホールドすることと、取り組みの変化とともにその形を変えていく柔軟性を持つことの、バランスを恒常的に維持することが重要だ。対話型OD実践者は、時を経てこのバランスを感じられるようになり、より熟達していくものである。

共創する

　共創が起こるようにコンテナをホストするためには、対話型OD実践者がまず共創を自ら実践する必要がある。これについては、クリスティーナ・ボールドウィン（Baldwin, 1994）の次の一文が端的に説明している。「いかなるグループも、1人のメンバーが『このグループは安全だ』と定義しただけでは、それを証明することはできない。グループは時間をかけて、健全であること、多様な人々のニーズに応えていることを証明するしかない」（同p.172）。コンテナとは、究極的にはホストを含むすべての参加者によって共創され、ホールドされるものである。したがって実践者は、プロセスにおいて起こるべきことへの思い込みを捨て去り、集合的な知恵を活用し、多種多様な支援とリーダーシップをいざなうことで、共創を実践していく。また、いろいろな人のリーダーシップが発揮されるには、コントロールやパワーを共有し分有することも大切となる。よって、コンテナ内にコントロールやパワーの共有を阻む力がないかどうかを見極めることも重要だ。そのような望ましくない力のダイナミックスや、コントロールの行使が見られたら、それをグループに対して示し、パワーとリーダーシップの分有を図らなければならない。創発的な学習を確実に進めるには、構造を集合的に全体でホールドしていくことが望ましいのである。

　では、コンテナ内をコントロールしている状態と、ファシリテートしている状態は、どのように見分けられるだろうか。ブッシュ（Bushe, 2010）は有益な見分け方を提唱している。第一に、ファシリテーターがその役割に備わった権限に無自覚だと、コンテナの所有権の大部分を握ってしまいがちである。またファシリテーターの行動が、コンテナ内で起こっていることへの

他の人たちの所有権を奪うようなものであれば、そのファシリテーターはコントロールし過ぎていると言える。本来ファシリテーターは、ときには一歩下がって、コンテナ（とその内部のエネルギー）が何をなそうとしているのかを見極めなければならない。場合によっては、コンテナが始まった時に意図するよりも、ずっと深く、豊かで、意味深い意図がグループ内に隠されていることもあるからだ。さらに、強く、前向きなコンテナから生まれようとするものをファシリテーターが黙殺したり、あるいは、創発を阻んだりするようなら、そのファシリテーターはやはりコントロールし過ぎているといえるだろう。グループ内で何かが共創されようとしているとき、ファシリテーターが当初のプランの調整を図らない場合も同様である。

> ファシリテーターが自身の感情や反応に引っかかりを感じ取ったときに、新たな可能性に好奇心を示せるかどうか、あるいは、可能性に対してオープンになれるかどうかが、コントロールの状態とファシリテーションの状態の違いである。誰かと話がかみ合わず、その相手と議論したい、相手を説得したい、あるいは、無視したいと思ったとき、相手の体験を心から理解しようと努める前に相手を変えようとしている自分にその場で気づけるかどうか、その能力の有無が違いを生む。ファシリテーターは、好奇心を失った自分に気づく力、極端な反応を抑える力、そして、好奇心を取り戻す力を身につける必要がある。これらの能力がなければ、ファシリテーターのコントロールし過ぎる行動によって、コンテナは柔軟性や透過性に欠けたものとなってしまう。（中略）ファシリテーターがコントロールすることを避ける上で最も重要なのは、コンテナの透明性を維持すること、そして、コンテナを共創する過程において、情報に基づいた自由な選択の機会を他の人々に与えることである（Bushe, 2010, p.14-15）。

本章のまとめ

対話型ODの実践において、コンテナを創り、ホストし、維持する能力は

不可欠である。コンサルティングの実践で中核的なこの能力は、繊細かつ重要なものだ。うまくホストされたコンテナは、見識の豊かさと創造性をもたらし、グループが集合的な知を身につけるのを助けてくれる。対話型ODにおいては集合的な意味の生成が、成果という観点から極めて重要なため、コンテナをホストする能力がチームにとって非常に重要な意義を持つのである。適切にホストされなければ、コンテナはたちまち恐れや命令、コントロールを基盤としたものになってしまう。そのようなコンテナ内でのプロセスからは、対話型ODの目的や実践を損なうような成果しか生まれないのだ。

引用文献

Art of Hosting Community of Practice (n.d.). The Art of Hosting—Four-Fold Practice [Video file]. Retrieved from http://vimeo.com/69785461.

Baldwin, C. (1994). *Calling the Circle*. New York, NY: Bantam.

Baldwin, C., & Linnea, A. (2010). *The Circle Way*. San Francisco, CA: Berrett-Koehler.

Block, P. (2008). *Community*. San Francisco, CA: Berret-Koehler.

Brown, J., & Isaacs, D. (2005). *The World Café*. San Francisco, CA: Berrett-Koehler.（『ワールド・カフェ──カフェ的会話が未来を創る』アニータ・ブラウン，デイビッド・アイザックス，ワールド・カフェ・コミュニティ著，香取一昭，川口大輔訳，ヒューマンバリュー，2007年）

Bushe, G. R. (2010). Being the Container in Dialogic OD. *Practicing Social Change*, 1(2), 10-15.

Corrigan, C. (2007). Hosting in a Hurry. Retrieved from http://www.artofhosting.org/wp-content/uploads/2012/10/Hostinginahurryversion1.5ChrisC.pdf.

Isaacs, W. (1999). *Dialogue*. New York, NY: Crown Business.

Kaner, S., Doyle M., Lind, L., & Toldi, C. (2007). *Facilitator's Guide to Participatory Decision Making*. Gabriola Island, Canada: New Society.

Katie, B. (2002). *Loving What Is*. New York, NY: Crown Publishing. （『ザ・ワーク──人生を変える4つの質問』バイロン・ケイティ，スティーヴン・ミッチェル著，神田房枝訳，ティム・マクリーン監訳，高岡よし子監訳，ダイヤモンド社，2011年）

Scharmer, O. (2009). *Theory U*. San Francisco, CA: Berrett-Koehler. （『U理論［第二版］──過去や偏見にとらわれず，本当に必要な「変化」を生み出す技術』C・オットー・シャーマー著，中土井僚，由佐美加子訳，英治出版，2017年，原書第2版）

第14章 「彼ら」から「私たち」へ
対話型ODを通してさまざまな関係者と協働する

レイ・ゴルデスキー

> わざわざ言うほど目新しくもないが、何度でも言っておくべきこと
> がある——この世のすべては創造であり、変化し、変遷し、変容
> するのだ。
> ——ヘンリー・ミラー（1944）

　25年前、筆者はある大手通信企業の研修開発担当のマネジャーに任命された。同社は当時、新たなグローバル競争に直面していた。業務に当たる中で筆者は、この破壊的な環境を活かすためには、各拠点のスタッフを本社に集めて研修を行うよりも、現場にこちらから赴き、そこでチームと協働するほうが理にかなっているのではないかと思うようになった。そもそもそのようなアプローチのほうが、日常業務にほとんど無関係な昔ながらの研修プログラムよりも、投資に対してよりよい効果があると言われている。

　筆者はさっそく、各部門のスタッフとその顧客を集めて、社会構成主義（Searle, 1970）、および、デヴィッド・ボームの対話メソッド（Bohm, Factor and Garrett, 1991）に基づいた対話型プロセスを試みた。その結果、部門横断的な協働が生産性を高め、探究欲を向上させ、さらに仕事の進め方と協働の仕方についてのメンタルモデルが見直されるという成果が得られた。問題は、私を雇った研修開発部門が、私に対してどのような形で対価を算出すればよいかわからなかった点くらいだろう。役員たちはそれまで、同部門は研修室に人を集めることが成果と考えていたからである。

　それから間もなくして、筆者はマーヴィン・ワイスボードの著書と彼が提唱

するフューチャーサーチの手法に出合った（Weisbord, 1987）。その後、オープン・スペース（Owen, 2008）、アプリシエイティブ・インクワイアリー（Cooperrider and Whitney, 2005）を知り、対話の手法の発展系（Isaacs, 1999）や、ワールド・カフェ（Brown and Isaacs, 2005）、リアルタイム戦略的変革（Jacobs, 1994）などを学んだ。そして、これらのアプローチから原理を導き出し、それを実践に活かすようになっていった。

　私が実践してきたことを同僚らは「組織開発」と呼んだが、筆者はその呼び名に違和感を覚えていた。過去の経験から、組織は壊れた配管のように直すことのできる「モノ」ではないと認識していたからである。むしろ、組織は動詞のようなものであり、人々が協働して成果の達成を目指しながら、部門間のコラボレーションを阻むさまざまな障壁を克服していく、活発なコミュニティであると考えていた。

　このように書くと、まるで筆者が極めて自覚的にこれらの実践に取り組んでいたかのように思われるかもしれない。だが実際はそうではなかった。取り組みの中で、複雑性は増すばかりで、わからないことも多く、コントロールがきかず、人とのつながりを望んでいた。都市計画に関する名著『アメリカ大都市の死と生』（Jacobs, 1961）でジェイン・ジェイコブズが指摘するように、最も躍動的な都市は、整然とした計画に基づいて造られてはいない。そうした都市は、単純な相互作用が複雑にからみ合ってできたパターンの結果であり、計画に参画した人々ですら、ずっと後になってからでないとその効果を認識できないのである。筆者も、パターンが生まれたところに目を向けることで学習し、発見した。ジェイコブズの指摘に背中を押され、彼女が記したような躍動的かつ創発的な空間を生み得る状態をいかにして創造できるか、試行錯誤を繰り返していたのである。

　組織開発を教えるようになった頃は、このアプローチの全体像を説明するのに適切な言葉すらなかった。加えて、学生たちには理論と実践の両方を授けることが必要だった。そうしたことを背景に、伝統的なODのアクションリサーチをさらに拡大し、補完するような手法を考案するべきだと考えるに至った。以上のような過程を経て、筆者はビジネスパートナーのイングリッド・リヒタートとともに何時間もかけ、ホールシステム・アプローチやリー

ダーシップ開発、アクションラーニング（Marquardt, 2004）、実践コミュニティ（Wenger, 1999）のホスティングといった分野での経験と、自己適応システムとレジリエンス（精神的回復力）（Westley, Zimmerman and Patton, 2009）に関する研究成果を組み合わせ、変革の理論を構築していったのである。

　本章では、この変革の理論について紹介したい。ごく簡単に言うなら、筆者の理論はこういうものだ。「持続可能な転換的変革は、さまざまな領域の関係者（ステークホルダー）がともに学び、ともに取り組み、ともに意味を形成したときにこそ起こりやすい」。リーダーシップ・チームへのコンサルティングでも、グローバルに事業展開する大企業へのコンサルティングでも、この理論は確かに当てはまった。多くの関係者が変革に積極的に関与することによって、職場において生産性に富む関係を築き、（アイデンティティや知識のように）確かだとされるものに疑問を投げかけ、イノベーションの新たな道筋を開き、急速かつ混乱させるような変化に直面したときのレジリエンスを高めることができるのである。

　本章ではまず、変革を実践するためになぜ多くの関係者が協働する必要があるのかを論じ、協働に適したタイミングについて考えてみたい。さらに、マルチグループによるイベント［さまざまな関係者が参加する対話の場。以下では「マルチグループ・ダイアログ」と表現されている］のホスティングにおいて対話型OD実践者が検討し、対応するべき課題について見ていく。最後に、さまざまな分野や領域の人々を呼び寄せ、協働して新たな未来を構築するための必要条件について論じたい。

多様な関係者を集めることで達成できること

　多様な関係者を集めるとは、(1)あるテーマや課題について多彩な見方を持ち、(2)ある課題に何らかの形で関与するコミュニティまたはネットワークに属し、(3)それぞれに異なるグループに属していると自認する、多様な構成員が一堂に会することである。1つの組織の複数の部門や拠点から人々が参加する場合や、複数の組織から人々が参加する場合があり得る。納入業

者や顧客、サービスプロバイダーなど、対話型ODを始めようとする組織と関係のある人々を呼ぶこともできる。特定の見方を代表することは誰にも求められていない。むしろ、独自の体験や知識を有しており、なおかつ、特定の見方を代表しない人であることが望ましい。たとえば、輸送車業界の組合員に、組合を代表するような意見を求める必要はない。輸送車業界で働く個人としての体験や見方を、対話のプロセスにもたらしてくれるのを期待するべきである。

　このような条件を付けるのは、ホールグループに1つのコミュニティとしてのアイデンティティを共有してもらい、それによって組織の伝統的なアイデンティティや組織内での役割、文化的・人種的な嗜好、システム内での力関係や職位といった背景を忘れてもらうためである。こうして形成されるコミュニティは、一度のミーティングのために暫定的に活動する場合もあれば、数年にわたって存続し、何かを実践したり、ソーシャル・イノベーションを実践し持続したりする場合もある。

　　筆者は最近、100年以上にわたる採掘活動によって汚染された土地の復旧を共通の目的とし、緩やかな結び付きの下で設立されたグループにコンサルティングを行った。同グループは1つの名前の下、2つのビジョンを掲げていたが、法人化はしておらず、有給のスタッフもいない。複数の現地組織と、1つの採掘企業、2つの大学から集まった9人のスタッフで構成されたグループだ。

　　コンサルティングの依頼内容は、今回の取り組みのためにさまざまな組織やコミュニティから集まった彼らのミーティングのファシリテーションだ。共通のビジョン策定、ならびに、ビジョンに基づいた法人組織への転換プランの策定を支援することであった。ミーティングの準備として参加者は、汚染された土地の写真や、先住民の年長者たちと会ったロッジの写真、稼働中および非稼働中の採掘場の地図を壁に貼った。

　　最初のミーティングの目標は、グループ内に欠けているチームとしての意識を醸成することであった。まずは2時間にわたってチェックインを行い、各自がこのグループの活動やあり方について重視したいポイント

を語った。この対話のプロセスにより、参加者らの間にそれまで欠けていたある種の一体感が生まれた。次の段階として、アウトカム・マッピング（Earl, Garden and Smutylo, 2001）と呼ばれるモニタリング評価プロセスを応用したアプローチを用い、参加者らに達成したいことを3枚のフリップチャートに書いてもらった。1枚目には最低限でも達成しなければならないことを、2枚目には達成できればよいと思うことを、3枚目には是非とも達成したいと思うことを書いてもらった。そしてこのチャートを基に、個々の達成項目がどのような意味を持つかについて対話を進めていった。

　約2時間におよぶ対話のプロセスで、参加者らはこの活動の設立からの歴史や採掘地域の歴史、この取り組みの根底にある価値観、参加者同士の結び付き、目指すべき成果について意見を交換した。それにより、共通のアイデンティティ、あるいは、新たな中核的ナラティブを持った1つのコミュニティを形成することができた。確固たるコミュニティとは言えないかもしれないが、それまで取り上げるのが難しかったテーマについて、生産的な対話が行える程度にはまとまりのあるコミュニティになった。この対話のプロセスで筆者は、参加者らの以前の対立を解決に導く、あるいは、信頼感の醸成を促すといった試みはしていない。対話そのものが、参加者が言うべきことを言える空間、多様性をそのまま受け入れることができる空間を作り上げたのである。

　この事例が示すように、組織は多数のシステムと相互に結び付いて、絶えず変化し、動いている。そこに行動パターンが立ち現れ、しばらくの間そのパターンが続くか、消滅するか、あるいは、まったく予期せぬ変化を遂げる。複雑な問題の解決をある単一のグループや部門で試みても、その問題の「部分」しか見ることはできない。そのような場合には、（1つの、または、複数の）組織のさまざまな領域から人々を集めて、それぞれの経験から意味を形成することにより、相互の結び付きを生かすことが可能になるのである。

適応を要する課題への対処

マルチグループ・ダイアログは、適応を要する課題（Heifetz, 1998）、すなわち、既知の解決策が存在しない複雑な課題に対処する際に有益である。組織横断的にコミュニケーションや学習、関係構築を推進しながら、解決が難しかった課題に取り組むためのアプローチだと言える。たとえば、直接的な体験からでは完璧な理解が及ばず、未知の、あるいは、想定外の方法で理解が深まっていくような課題に適している。

多様な関係者を集めることで、集合的な意味生成とアイデア創出のための場となり、対話を通して、適応を要する課題に関する生成的なイメージや新たな可能性を生み出すことができる。

ある児童福祉機関は、家庭内暴力に苦しむ人々へのサポートのあり方を見直すため、各部門の職員と役員、クライアントを集め、マルチグループ・ダイアログを行った。同機関はそれまでにもさまざまな形で家庭への介入を試みてきたが、改善には至らず、むしろ多くの介入が子どもたちを家庭から一層孤立させる結果となっていた。初めての試みとして、職員や事務局、クライアントが1つのコミュニティとして招集され、それぞれの経験と、望ましいサポート体制について話し合いが行われた。

参加者間に信頼関係がなかったためか、対話は当初なかなか進まなかったが、やがて新たな洞察が立ち現れてきた。対話には、ケア中の子どもたちも呼ばれ、彼らの体験が参加者間で共有された。それにより、児童福祉に関する新たな中核的ナラティブが創発されていった。このままでは仕事を失うのではないかと恐れていた職員たちも、ケアサービスをいかにして発展させられるかを検討できるようになっていった。こうしたアイデアは現在も生まれ続け、機関内での実践経験や対話を通して検証が行われている。また、参加者らは今も定期的にミーティングの場を設け、子どもたちと家庭をサポートするためのケアサービスと方針のさらなる改善を図っている。

多様な見方と知識の活用

　多様な関係者を集めることによって、組織は参加者が対話の場にもたらす多種多様な現実を活用することができる。診断型マインドセットでは、1つの現実があり、それをうまく測定できるほど、結果として、望ましい成果を達成するためにさまざまな活動を正しく調整できると想定している。しかし、組織内で特に解決が困難とされてきた問題の多くは、技術的な関連性や複雑性、曖昧性を帯びているため、補完的なマインドセットが必要となってくる。目の前の現実を一反の布としてではなく、変化し続ける多面的なものとして捉えられるようなマインドセット、すなわち、対話型マインドセットが必要なのである。

　　農学科学者は、食糧生産に関係する多くの側面について調査・研究を行っている。ある調査機関では、そうした農業関連の調査に際し、移民問題や人々の嗜好の変化、食糧生産市場でのグローバルな競争の激化、気候変動といった要因が加わったために、限られた予算の適切な配分がますます難しくなっていた。それまで同機関では、最高の科学者と役員だけが集まって、話し合いにより予算配分を決定していた。ところが、政府がこうした調査分野への助成金に関する方針の見直しを行い、いわゆる純粋な調査研究ではなく、応用研究が優先されるようになった。そのため、科学者の間には不満が、生産者の間には失望が広がっていた。こうした状況を踏まえ、同機関はそれまでの中央での小グループによる問題解決や意思決定のアプローチを見直し、各地域のセンターから部門横断的に科学者を招集し、さらにユーザーグループや生産者団体も集めて、対話を行うことにした。

　　過去に例がない、このアプローチにより、同機関に所属する研究者、生産者、大学の研究者、生産者団体の代表者などから成る、地域ごとのグループが形成された。そして以後は、各グループが地域内の状況や新たに出現する機会に基づいて、助成金をいかに活用するかを決定するようになった。この取り組みですべての不満や失望を解消できたわけではないが、かつてない生産的な関係が構築され、研究予算の使い方につい

第14章　「彼ら」から「私たち」へ　471

てよりスムーズな意思決定が行われるようになった。

トレードオフや少人数での意思決定からの脱却

　マルチグループ・ダイアログは、適応を要する課題の解決を目的として開催するほかにも、組織における生産的な関係構築や、集合的な意味づけ、目の前の課題の複雑性をより理解することを目指して開催することができる。さらにこうしたことを目指しながら、何をどのように変化させるかについて、その場で即興的に検討していける場をつくることも可能だ。対話では、人々が向き合うことになるジレンマや緊張を、あるものは他のものに相対するというように、トレードオフにしてはならない。たとえば、職場における生産的な関係構築を目指す場合、懸案事項について人々が直接向き合って対話をする十分な時間を設けることと、複雑かつ矛盾した問題を単純な二者択一の意思決定に簡略化してしまわないことが基本だ。マルチグループ・ダイアログとは、両立する解決策を導き出せるアプローチなのである。

　　たとえばヘルスケア業界では、病院は治療というミッションの達成を目指しつつ、同時に、コストを適切に管理し、サービスの質を改善できるような運営を追求しなければならない。このような場合、医師、看護師、事務、各種の医療従事者、保険会社、政府、患者とその家族、コミュニティ・メンバーといった、さまざまな関係者から成るグループをつくる。すると、システム全体で自らをふりかえり、目の前のジレンマの意味づけを行って、生産的な関係を構築し、独力では成し得ない洞察を創出することができる。

　　筆者がコンサルティングを行ったある医療機関は、リーン・シンキング（Wolmark and Jones, 2003）の実践に向け、複数回にわたるマルチグループ・ダイアログを開催した。クライアントは、コスト効率がさらに向上することと同時に、医療サービスの改善のための包括的な解決策を探る体験となるような、リーン・シンキングのプロセスを実施することを望んでいた。医療機関がコスト削減のためにリーン・シンキングを実践する場合、対象領域を患者のフローとワークフローに関わる技術的プロセ

[472]　　第Ⅲ部　対話型ODの実践

スの改善に絞ってしまうケースが多い。しかし、クライアントのマルチ
グループ・ダイアログは、サービスの質の向上と適切なコスト管理を目
指すものであり、コスト削減のみを目的としないという、共通のテーマ
のもとでともに学ぶ関係を築いていった。結果的にクライアントは、マ
ルチグループ・ダイアログを通じて組織内に存在する多種多様なニーズ
と制約を明らかにすることができ、誰かのニーズのために他の誰かのニー
ズを犠牲にすることなく、両立する解決策を見出すことができた。

　以上の事例では、参加者同士のつながりも拡大して深まり、問題発生時の
より迅速な対処を助ける新たなネットワークが生まれた。さらに、創発に関
する第6章で述べられているように、混沌状態に陥ったときにもシステム全
体がより適応的な形で再組織化できるようになった。

　バリー・ジョンソンは40年以上にわたり、大きな目的を達成するために
は両極性、つまり「持続性」と「変化」のように相互依存する要素が必要だ
と論じてきた（Johnson, 1992）。相互依存する要素は、たとえば重力のように
常に存在するものであり、それを生むエネルギーを排除することはできない。
ジョンソンの理論が示唆するように、組織において相互依存する要素が、あ
たかも解決するべき個別の問題のように扱われると（例：中央集権化が進み過
ぎたときに、分散化を解決策にする）、重大な機能不全につながる。このような
危険を避けるために、中央集権化と分散化のジレンマの両極がプラスの結果
をもたらしているのであり、それらの結果を活用して、持続可能な変化とよ
り大きなイノベーションを生み出せるというのがジョンソンの指摘だ。

　筆者の体験でも、「相容れない相違に直面した」という組織が、実際には
両極性の一端しか見ていなかっただけということが少なくない。ジレンマの
一極を排除すれば（例：ヒエラルキーをなくして、権限を分配する）、目の前の問
題は解決できると考えてしまう組織は非常に多いのである。

　　急速な成長を遂げているある教育支援機関では、理事や役員が成長を
　促進するための構造とプロセス（中央集権化）を模索していた。ただ、各
　地の提携団体が地域ごとに異なる環境に適応するために必要な柔軟性や

自律性（分散化）については、ほとんど考慮していなかった。理事・役員と資金調達担当者から成るチームが、プログラム・リーダーらとともに集まり、成長領域や、相容れない相違点について対応方法を話し合った。しかし、双方とも他方の視点を受け入れることができず（そもそも両者は、文字通りミーティングのテーブルの両サイドに分かれていた）、仕方なく筆者が双方の意見をまとめて、両極にマッピングしてみせることとなった。一極は、ある一定の形のプログラムとその質をすべての地域で導入する案（中央集権化）、もう一極は、地域ごとの環境やニーズに合わせてプログラムを調整した後に導入する案（分散化）である。

　より具体的に言うと、大都市を想定して開発されたコミュニティベースのプログラム（低所得層の若者が中等教育まで進めるよう支援するプログラム）の実践手法と価値を維持しつつ、人口動態やニーズが異なるさまざまな地域への導入をいかに進めるべきかが話し合いの焦点となった。話し合いを経て、双方の視点を認めることで創発的になることを理解した結果（実際、プログラムが大きな効果を上げるには双方の視点が必要だった）、新たな中核的ナラティブが生まれた。こうしてクライアントは元々のプログラムの実践手法と価値を維持しながら、各地域の環境に合わせてプログラムを調整する余地を残すことに成功した。さらに、この取り組みが実践されるようになってほどなくして、対話を通じて生まれた新たなナラティブからイノベーションと生成的イメージが生まれ、なお一層のイノベーションが実現された。

多様な関係者を集める際に検討するべきポイント

　マルチグループ・ダイアログは個人と組織にとって、多大なる時間とエネルギーと資金を要する。したがって、いつ実践するべきか、それが本当に最適なタイミングなのかどうか、熟慮の上で判断することが大切である。効果的なマルチグループ・ダイアログ開催のための必須条件はさまざまで、実践者によって考え方が異なるが、筆者は以下の4つの問いについて検討するべ

きだと考えている。マルチグループでの対話型ODプロセスを実践する際には、実践者がスポンサーとともに、これらのポイントを踏まえてリスクの有無を判断するべきだろう。

1. 開催の判断

　クライアントとの最初のミーティングでは多くのポイントについて検討しなければならないが、特に以下の3点が重要である。

1.　クライアントが抱えている課題は、既存のアプローチや手法が役に立たないほど複雑なものか？
2.　組織に対して責任を負う人々が、ただ単に実施するということを超えて、2つ以上のグループと積極的に関与し、独創的なゴールの取り扱いを含めて、そこで生まれる成果を目指そうとする焦点づけや意志、能力を有しているか？
3.　2つ以上のグループと積極的に関与することで、組織は学習と成功のより大きな効果を得られるか？　学習や関係構築を、対話の主な成果と見なせるか？

　上記の問いへの答えがすべて「イエス」なら、マルチグループ・ダイアログを開催する強固な基盤が組織内にあると言える。とはいえ、対話型OD実践者と組織がマルチグループ・ダイアログの開催を検討する際に直面する状況は、非常に多くの問題と絡み合っており、スポンサーも実践者もこれらの問いにそう簡単には答えることができないだろう。

　3つの問いのそれぞれが対話につながり、なぜマルチグループ・ダイアログが最適な選択肢なのか、答えが徐々に明らかになっていくはずだ。この過程において、スポンサーと対話型OD実践者が何らかの不確実性を感じないということはまずあり得ない。たとえマルチグループ・ダイアログの開催が望ましい状況だと両者が判断している場合でも、不確実性を感じるはずである。

　上記の問いは閉ざされた質問の形式だが、対話型OD実践者が今後スポン

第14章　「彼ら」から「私たち」へ　［ 475 ］

サーやパートナーになり得る人々との契約に向けた会話を開始する際にも活用できる（第8章、10章を参照）。またこれらの問いは、対話の全参加者が固定観念や過去の否定的な経験を乗り越え、別のグループのメンバーを知ろうとするきっかけともなるはずだ。3つの問いがメンタルモデルを見直す機会を生み、固定観念に別の視点から働きかける可能性を開いてくれるのである。

上記のことの実例として、対話型プロセスの例を1つ紹介しよう。ダイアログに参加予定の2人の人物が過去にあからさまな敵対関係にあったなど、不確実性をはらむプロセスだったが、スポンサーがそれらの不確実性を認識しつつ、ダイアログの開催を決定した事例である。

南アフリカのある機関は、高校生の起業のスキル開発を促進することをミッションとしていた。スキル開発推進プログラムの実践には、パートナー・ネットワークを有効に活用したいと考えていた。ところがこのネットワーク内で、オランダ系移民であるアフリカーナの男性と先住民であるズールー族の女性が敵対関係にあったことがわかった。長年にわたるアパルトヘイト政策と女性の権利はく奪を要因として、お互いに偏見を抱いていることは想像に難くなかった。しかし、デザイン・チームとスポンサーは、マルチグループ・ダイアログが市民による、生産的な話し合いを可能にするだろうと考え、2人がさらに対立する危険性を踏まえてもダイアログを実践するべきだと判断した。デザイン・チームはフューチャーサーチの手法（Weisbord and Janoff, 2000）を取り入れ、過去を探りながら、価値観や共有する歴史、深刻な過去の誤りを認めることを基に関係構築を試みた。

以上のプロセスを経た結果、パートナー・ネットワークはまず、夢の実現に向けて共有するべき希望や行動を明らかにした。そして、3日間にわたり行われた複数の対話を通し、2人は歴史を背景としたそれまでの敵対関係からは想像できないような形で互いを理解し、認め合うようになった。この成果はデザイン・チームの信念を裏付けるものであり、適切な形でダイアログを開催できれば、歴史的背景を乗り越えて南アフリカが発展を遂げるために、異なるグループが協働して学習と成功を実践して

いく大きな機会が得られることが実証されたと言えよう。フューチャーサーチを終了する頃には、2人はコミュニティの経済的発展に向けて協働していく意志を明らかにし、その後、さまざまな施策によって、コミュニティの暮らしの改善を実現していった。

2. マルチグループ・ダイアログの開催目的の明確化

マルチグループ・ダイアログは、単なるコンサルティングとは異なる。第一に参加者が、議論される課題について当事者意識を持たなければならない。さらに、ダイアログを推進しようとするグループがホールシステムを深く理解しているという前提の下に開催されるという特徴もある。明確な目的がないままにマルチグループ・ダイアログを開催するのは、ケーキの個々の材料がどのような役目を果たすかを知らずに、すべての材料を混ぜてしまうようなものなのだ。

たとえば、筆者はあるクライアントから、海外支社の主だったスタッフを集めたダイアログのファシリテーションを依頼されたことがある。ミーティングの日時と参加者はすでに決まっていた。だが2日間のミーティングの目的の明確化をさまざまな形でクライアントに対してサポートしたにもかかわらず、ミーティングは明確な目的のないままスタートした。そして、結局スポンサーも明確な目的などいらないのだと納得してしまった。参加者らは対話に積極的に関与し、有益な洞察を生み出そうと努力していた。しかし、多くの参加者はミーティング中に（あるいは筆者に対して個人的に）、明確な目的がなければ、せっかく時間を割いても望むような成果は得られずに終わるのではないかと不満を述べる結果となった。

マルチグループ・ダイアログの目的が明確化されていない場合、あるいは、「良さそうな手法だから試してみよう」という程度の段階にある場合には、開催目的の明確化を図るための枠組みとなる問いを、以下のような観点から組み立てるとよい。

- 多くのステークホルダーが、これは自分にも関係のある課題だと思えるような問いであること。

第14章 「彼ら」から「私たち」へ [477]

- さまざまな見方が求められる理由がよくわかる問いであること。
- 問題に焦点を当てた問い、あるいは、学習やイノベーションに関する課題についての問いであること。

目的を形作る問いのよい例を以下に挙げる。

- ドロップアウトの危険性がある高校生の支援機関として、組織とスタッフはどのような発展を目指すべきか?
- 公衆衛生が大きな危機に直面したときに、スタッフとパートナーが効果的に協働して対応するためには、どのような体制が必要か?

クライアントがマルチグループ・ダイアログを行う目的の明確化を避けようとする、あるいは、明確化できずにいる場合には、可能であれば開催を延期し、より多様な見方を持った、より大きなデザイン・チームが結成され、目的に向けてダイアログに貢献できるまで待つのが望ましいだろう。

3. 課題に対する新たなアクションと進展に向けたレディネス・レベル

課題に対して新たなアクションを起こし、進展させようとする意志の有無は、2つの観点から見極めることができる。過去の単独のミーティングを参照してみて、ダイアログに十分な予算と時間を投じる準備がどの程度整っているか、そして、回避できない失敗を粘り強く乗り越えて、アイデアを実践に移す自発性がどれだけあるかの2点だ。つまりジョン・コッター (Kotter, 2008) の言う「危機感をもった粘り強さ (urgent patience)」が、マルチグループ・ダイアログには求められるのである。レディネスを見定めるための問いは、次のようなものが考えられる。

- 課題に対してアクションを起こしたいと考えている、必要最低限以上のグループがいるか?
- スポンサーに、他のグループに対しても課題への積極的関与を呼びかける準備があるか?

アクションを起こしたいと考える必要最低限以上のグループがいない場合、ダイアログ参加予定者をマッピングし、アクションを起こす準備のある人を明らかにして、成果につながる可能性の高い小規模なアクション（最小限の時間とリソースのみで着手できるアクション）にスポンサー・グループとともに取り掛かるとよい。クライアントと対話型OD実践者にとってこの方法は、新たなアクションを実行することの妥当さを証明し、信頼性を高める上で有益である。

　アクションの実践に向けたクライアントのレディネス・レベルが定かでない場合は、個々のステークホルダーと1対1のミーティングを行い、それぞれの関心事を明らかにした後、関心事を共有し、新たなアクションを起こす準備のあるグループ同士を結び付ける方法を模索するとよい。以上の過程を経たうえで、スポンサーだけがマルチグループ・ダイアログの開催を望んでいる段階にあるとわかったら、まだ開催するべきタイミングではないと判断したほうがよいだろう。

4．デザイン・チームの結成

　第10章（および上記）で述べているように、対話型ODプロセスにおいては、運営委員会もしくはデザイン・チームの結成が必要となる場合が多い。マルチグループ・ダイアログでは不可欠だ。デザイン・チームは、ダイアログを始めていく組織が変革させたいと考えるシステムを部門横断的に網羅したグループと見るとよい。後に行うマルチグループ・ダイアログに参加することになる、さまざまな関係者も経験していくもがきに、デザイン・チームは目を向けて積極的に関与していく。

　デザイン・チームの結成に当たっては、多様なグループ（変革の支持者やイノベーターだけではなく、変革への抵抗者も含む）の課題やそれらに対する見方を理解できる個人を選出することが大切である。スポンサーの人選では対話が成果を生まないと思われる場合、通常は、その候補者と同じグループの別の誰かと交代させる方法を取りたくなるものだ。この方法でうまくいく場合もあるが、筆者の体験では、組織のエコシステム［エコシステムとは、生態系をビジネ

スにも適用した言葉。複数の関係者、グループ、部門、会社などのサブシステムがつながり共存しているまとまり（システム）] を見渡して、メンバーを選ぶほうが望ましいようである。

　実際にメンバーを選ぶ際には、組織と、組織を取り巻くより大きなエコシステムの全体図をざっくりと描いてみるとよい。たとえば病院であれば、病院を大きな円として、そこで働くさまざまな職種や技術者（医師、看護師、事務員、マネジャー、財務・IT・保守部門などのスタッフ）を円の中に描く。クライアントが対話を通じてどのような成果を上げたいかによって、多様な見方を持ったグループを結成するとよいだろう。

　筆者のクライアントでは、組織のスタッフやリーダーだけではなく、理事や顧客、出入り業者、コミュニティ・メンバーなどをデザイン・チームのメンバーに選んだ例もある。競合他社をメンバーに含めたケースもあった。これらのメンバーについては、理事は組織の円の中心に置き、残りは組織の外側の円として描くことができる。こうして選ばれた個々のメンバーには、それぞれの見方と経験を話し合いの場にもたらしてもらう必要があるが、システム内における個々の役割を代弁してもらう必要はない。たとえば、非組合員のスタッフが多い病院の場合、組合員からデザイン・チームのメンバーとなった人は組合の代表として、あらゆる意思決定に際して組合と相談する必要はない。むしろ、自身の業務や組合での経験から培ってきた理解や知識を対話に提供し、他のメンバーとともに意思決定に臨むことが望ましい。デザイン・チームの結成に当たっては、以下のような問いについて検討するとよいだろう。

- 組織は「外部の」ステークホルダーと働く際の関係性を、どの程度改善したいと考えているか？
- メンバー候補者は、所属するグループの他の人々に対し、将来行われるダイアログへの参加を促せるかどうか？
- メンバー候補者の異なる見方は豊かさと互恵性をもたらし、対話を推進しようとするグループに影響を与えてくれるか？

第Ⅲ部　対話型ODの実践

これらの問いに対して、明快な回答を得るのは難しい。したがって、これらの問いについてはむしろ、クライアントとの対話の取っ掛かりとして検討するのが望ましい。またデザイン・チームは、当初は組織内の小さなグループだけで構成してもかまわない。デザイン・チームの結成における対話型OD実践者の役割は、対話を始めようとしているグループが自分たちを取り巻くエコシステムの全体図を描き、上記のような問いについて考えるのを支援することである。スポンサーがエコシステムの全体像を捉えようとする際、デザイン・チームについて別の見方を必要とするのはよくあることだ。

デザイン・チームを結成したら、各メンバーの所属グループに関する認識やバイアスに基づいて、チーム内での対話を始めることから進めていく。言い換えるなら、デザイン・チームをシステム全体の「小宇宙」として、システムのマルチグループ・ダイナミックスを明らかにしていく。この過程を経て、デザイン・チームが偏った認識を乗り越え、互いを一個人として認めた上で、1つのチームであるという意識を持てるような場を作ること。これが、マルチグループを用いた働きかけにおいて初期に起こす必要がある、最も重要な変化の1つなのである。エコシステム内での分裂や葛藤の程度が著しい場合には、この変化が特に大切だ。これを実現するには、まずは各メンバーが課題に対する自身の貢献について表明する必要がある。

デザイン・チームのような「小宇宙」において、「私たち」という集合的な感覚を構築することにより、システム全体のマルチグループの関係にプラスの効果をもたらすことができるはずだ（Bushe and Shani, 1990; Gillette and McCollom, 1990）。

複数のグループを集める

複数のグループを集める場合、すべてのグループから報告を受けるような共通の権限者は存在しないのが普通である。マルチグループ・ダイアログのスポンサーは、自身の直接的な権限範囲にいないグループに所属するいかなる個人に対しても、対話中にアクションを起こすことを強要したり、アク

第14章 「彼ら」から「私たち」へ 481

ションを起こすという言質を無理やり取ったりしてはならない。また、第15章「変革の強化」で詳述するように、スポンサーはマルチグループ・ダイアログに続けて、参加グループ間のコミュニケーションを促すさまざまな施策も講じなければならない。グループが会う場を設ける。新たなアイデアを試す予算を提供する。すべての参加者がダイアログ後の成果や変化を共有できるようにフォローアップ・ダイアログを開催する。すべてのグループがダイアログ後の進捗や後退を把握できるよう、各グループと緊密にコミュニケーションして、彼らの成功例や失敗例の共有を図る。こうした施策が必要だ。

残念ながらマルチグループ・ダイアログでは、ダイアログに参加した個々人が互いの成果や失敗を知らないままに終わってしまうことがよくある。こうした知識の獲得や学習が行われないと、変革の潜在力を弱めることになる。

この過程では、対話型OD実践者にもいくつかの重要な役割がある。1つは、複数のグループを集める目的を明確化することである。まずは目的の明確化の一環として、枠組みとなる明快な問いをスポンサーが策定するのを支援していく。上述したように、枠組みとなる問いは探究への焦点の絞り込みを後押しする。複数のグループを集める場合は特に、ダイアログを推進するグループにとって意義深く、具体的な問いを策定すること、そして、他のグループのメンバーが自分たちの関心事もダイアログの中で取り上げられると確信できる程度に包括的な目的を策定することが重要となる。たとえば、新設された教育委員会のマルチグループ・ダイアログでは、枠組みとなる問いの焦点は当初、委員会の未来だったが、やがて地域内の公教育の未来へと変化した。後者の問いは十分な包括性を備えているため、たとえばその地域でビジネスをしている企業からデザイン・チームに加わり、3日間にわたる対話型ミーティングに参加したメンバーも積極的に関与してくれた。公教育の成功は、企業の成功にも関わってくるからである。

対話型OD実践者とスポンサーは、人々がさまざまな相違を乗り越えて一堂に会し、パートナーとして協働できるような場を構築する必要がある。筆者はこの過程を、「橋渡しのリーダーシップ（bridging leadership）」と呼んでいる（Pierce, 2002）。橋渡しのリーダーシップは、ある課題の改善のために

関係者の共同的な貢献が必要とされるとき、関係者間の効果的な協働関係を生み出し、維持することを目的として実践される。多様な見方とアイデアを受け入れることによって、深い傾聴を実現し、グループが最も複雑な課題の解決策について、共通の理解をともに進化させるためのプロセスである。

　人々が互いの違いを受け入れ、相違を乗り越えて協働するのを支援する上で、万能の方程式はない。とはいえ、第13章の「コンテナをホストしホールドする」が、必要な条件やファシリテーションのプロセスについて有意義な見識を提供している。効果が実証されている有益な戦略を、いくつか簡単に紹介しよう（原注1）。

1. 対話の開始時に参加者1人ひとりに発言の機会を与えることで、各自の差異化を図る。第6章の複雑性と創発に関する章で述べたように、対話型の変革プロセスにおいて差異化は、統合化と同じくらい重要な作業だ。大規模なマルチグループ・ミーティングでは、差異化によって違いを標準化し、良し悪しをなくすことで、違うことを単なるデータとして見なすことができるようになる。

2. 差異化は、参加者1人ひとりに各自の視点を尋ねるなどのごく簡単な方法で図ることができる。12人以上の参加者がいるような大規模なミーティングでは、見方が同じ人同士が集まらないように配慮しつつ、参加者を7人程度の小さなグループに分ける。その上で、各グループ内で対話を通じて生まれたアイデアや、お互いの間の違いを発表してもらう。筆者の場合は、課題を象徴するようなオブジェや象徴的なものを参加者に持ってきてもらうよう依頼することもある。ミーティングの開始時に、議題となる課題に関してそのオブジェや象徴的なものがどのような意味を持つか、それらを使って説明してもらうのである。第13章にあるように、対話を活性化させるツールとして、そうしたオブジェをミーティングルームの中央に置いてもよいだろう。

（原注1）大部分はワイスボード＆ジャノフ（2007）を出典としている。

3. マルチグループ・ダイアログは、分断化の危険を絶えずはらんでいる。この危険性を軽減するには、誰かが意見やアイデアを出して、それが優勢な意見となったときに、別の見方がないかどうかを参加者全員に尋ねるとよい。すべての参加者が、違いの解消や自らの見方の正当化をすることなく、自分の考えを述べられるような余白を設けることが重要である。

4. 違いを解消する必要はない。それらの違いは、エコシステムが今後学んでいくことの一部というデータとして残しておけばよい。違いの解消に焦点を当てるのではなく、異なるアイデアの一致点や共通点を明らかにするよう、マルチグループを促すのが望ましい（合意や意見の一致を目指す必要はない）。

5. 両極性や対立はいつなんどきでも起こり得る。両極性にうまく対処するためには、意見が対立する人同士に議論をさせてはならない。言い争いのような場面が見られたら、まずは議論に介入する。続けて、異なる意見を持った人たちに対話の機会を与えるとよい。たとえば、イスラエル人とパレスチナ人で構成される、イスラエルのとある組織のミーティングでは、宗教に端を発する暴力行為についてどちらに非があるか、両者の間で議論が勃発した。筆者はこの議論を途中でやめさせ、パレスチナ人グループとイスラエル人グループのそれぞれに、サブグループを結成するよう呼びかけた。それから、一方のサブグループをミーティング・ルームの中央に呼び、この問題についてどう考えるか意見を述べてもらった。他方のサブグループはこれを囲むように円になって座り、傾聴した。最初のグループが意見を述べたら、もう一方のグループが円の中心に移動し、独自の視点から問題について意見を述べてもらった。その結果、共通点があるはずのサブグループ内でも、少なからぬ相違点があることがわかった。また、意見が異なるはずのグループ間に、共通点があることも明らかになった。この作業

を経て2つのグループは、新たな中核的ナラティブを共創するための「集約点」があることを発見し、課題の改善に向けて前進できた。

6. 創造性と新たなアイデアを促すために、小グループで課題について話し合ってもらう。続けて、異なるグループの人とペアを組み、対話を通じて学んだことについて話し合ってもらう。全体に対して報告を行ってもらってもよいだろう。いずれの場合でも、小グループを作ることにより、参加者1人ひとりが対話に参加する機会を生むことができる。たいていの人はグループ全体での対話よりも、小グループでの対話のほうが本心を口にしやすいと感じるからだ。

7. あなたが次に何をすればよいかわからなくなったときや、グループが対話に行き詰まった場合は、グループに何をするのかを尋ねてみるとよい。例外なく、対話を進める前向きな方法につながるようなアイデアが出てくるだろう。それらの中から最も刺激的な結果を生みそうな複数のアイデアをフリップチャートに書き出し、どのアプローチを用いるべきかをドット投票などで決める。ドット投票にはマーカーやドットシールを使い、各参加者に1つから3つのアイデアを選んでもらう。全参加者が投票を終えたら、全員で結果を見ながら、結果について話し合ってもらう。最も多くのドットを獲得したアイデアについて、それが最良のアイデアであるかどうか、欠けているものはないかどうかを尋ねる。さらに、投票によって浮かび上がってきたパターンがないかどうか意見を述べてもらうとよい。

8. ミーティングの参加者が課題の改善に向けて前進できる可能性がなければ、ミーティングを終えることを提案する。たとえば筆者は、疾病に関する課題の改善を望むクライアントと協働したことがあり、ミーティングには医療サービス提供者や保険会社、雇用主、組合、負傷した労働者、人間工学の専門家、研究者が参加した。3日間の日程で予定されたミーティングを開始して30分後、ある高名な医師が立ち上

第14章 「彼ら」から「私たち」へ 485

がり、疾病について共通の定義がなければミーティングを行うべきで
はないと述べた。事実、共通の定義はなく、過去に何度となく定義を
試みては失敗していた。筆者は医師の指摘に同意し、125人の参加者
らに対し、これからどうするべきかを尋ねた。共通の定義がないまま
ミーティングを続けたいか（小グループを作って定義について対話を行えば、
3日間の日程である程度の定義はできる）、それとも、共通の定義がなけれ
ば対話にならないと考え、ミーティングを中止したいか。さらに、決
定権は参加者にあり、いずれの選択がなされても、参加者全員で従い
ましょうと伝えた。続く短時間の対話では、人々からさまざまな意見
が出された。この対話の後、ある参加者がミーティングを続行しま
しょうと提案し、さらに別の参加者が投票による決定を呼びかけた
（筆者が普段活用する戦略ではないが、グループの判断を尊重した）。結果的に
参加者の8割が続行を望み、ミーティングは続行された。

9. 複数のステークホルダーが参加するミーティングでは、見方を共有す
るグループ同士が手を組んだり、見方の異なるグループと対立したり
する傾向がある。同様に、難しいテーマに関する対話では、参加者が
一方の意見を支持し、心理的に連携し合ったり、サブグループを作っ
たりする傾向も見られる。また、その場の誰とも見方が著しく異なる
参加者がいると、孤立してしまうこともある。対話の目的が共通点と
相違点を見出し、全体像を描き出して、それを基に革新的なアプロー
チを発展させることであるのを忘れてはならない。

10. ロジャー・マーティン（Martin, 2009）は、明らかに対立する2つのア
イデアが創造的緊張を生み出すと指摘している。したがって、あるグ
ループが明らかに対立する2つのアイデアを提示したら、「それら2
つのアイデアを組み合わせて、より大きな目的の達成を目指すとした
ら、どのようなアイデアが生まれると思うか？」といった問いを投げ
るとよい。たとえば、情報セキュリティと情報共有という2つの対立
するアイデアがあるなら、「情報セキュリティを確保しながら、自由

に情報共有できる環境を構築するにはどうすればよいか？」といった転換的な問いを投げかけることができるだろう。このような問いが、前述したバリー・ジョンソンの「両極性思考」と同様、新たな中核的ナラティブの基盤を形成するはずである。

11. 1人の参加者が突飛な見方や、その場の誰もが唖然とするようなアイデアを提供することもある。しかし、対話ではすべての参加者に疎外感を覚えさせないことが大切で、対話がうまくいかなくなったときにもスケープゴートにされる人がいてはならない。アイデアが提示されたら賛同者がいないか尋ね、もしいなければ、ホストがそのアイデアの同意できる側面を見つけ、それについてのグループの意見を募るとよい。

マルチグループ・ダイアログのデザインに役立つ問い

第12章の「探究を組み立てる」でナンシー・サザンは、ダイアログの特性に基づいて探究の5つのモデルを提示している。筆者も多くのマルチグループ・ダイアログをホストする際に、異なるタイプの質問を用いてプロセス・デザインを行っている。

1. マルチグループ・ダイアログではまず、サザンの「肯定的探究」を使って課題を検討することにより、その課題に対するさまざまな見方からの強みを引き出すことができる。肯定的探究は時間がかからず、たとえば、ある組織とのコミュニケーションでの最高の体験を他者と共有する、対話のテーマとなっている課題について意見を共有するといったことが可能である。共有は小グループ内で行うこともあり、そこからさらに、共有した事柄の要点がミーティングルーム内のほかの人に伝えられたり、別のグループとの共有が行われたりすることもある。肯定的探究の成果は、未来に焦点を当てた対話の中で再び脚光を

第14章 「彼ら」から「私たち」へ 487

浴びることがよくある。肯定的探究がさまざまな視点の強みを引き出し、その強みがエネルギーとなって、信頼関係が醸成される。

2. マルチグループ・ダイアログでは続けて、現状を探ることへと移るのが一般的である。具体的には、より大きな文脈や課題の本質について、あるいは、課題の本質を踏まえた上でどのような変革の機会があるかについて探る。課題の根底にある前提や、可能性に関する思い込み、現状に対する各グループの責任について検討を行う段階である。つまり、サザンの「批判的探究」に相当し、目の前の緊張の本質や、その背景にある前提や思い込み、生産的な関係性を構築するために変化が必要なグループなどを浮き彫りにできる。また、どのグループに共通点があるか、彼らのどこに相違点が潜んでいるかを明らかにすることも可能だ。ただし、違いが明らかになっても、それを解消しようとしてはならない。この種の会話はダイアログの初期に行われるもので、違いの核心を生産的に探ることへの十分な情報や理解、信頼関係がまだないからだ。あくまで、基盤としての真実を確立することを目的とした探究なのである。

筆者は通常、視点の異なる人々で構成された小グループでこの取り組みを行ってもらっている。続けて、全体の話またはペアを組んでの意見の共有、共有した事柄の意味づけを行うための対話へと移る。この種の探究により、課題が難しすぎると除外される問題もあれば、集合的な意味づけの場が築かれることもある。後者の場合だと、課題を前向きに検討するための下地作りができる。さらに批判的探究は、参加者が別の方向からやって来た［異なる見方や前提、思い込みをもつ］場合であっても、1つのボートに乗っている感覚を植え付けることもできる。

たとえば、ある都市計画機関との3日間にわたるダイアログには、同機関のスタッフや事務局、市民、法的機関および教育機関の職員も参加した。緩いつながりを持ったこれらの関係者は、過去に経験した問題や

成功例についての対話を通じてアイデンティティを共有し、街をより健全かつ安全な場所にすることについて学ぶことができた。また、異なるステークホルダーが混じるグルーピングをすることで、当初は分断化や対極化していたシステムに対して、1つの全体性の感覚が認識されるようになり、未来に関する生成的なイメージが生まれた。

　このような探究を行った後は、参加者を同じ見方を持つ者同士（現場の従業員同士、本社スタッフ同士、営業スタッフ同士など）で小さなグループに分けるのが最良の方法のようである。問題に対して各グループがいかに貢献できるかを明らかにするためだ。ホストはここで、参加者が発する言葉に注意を払う必要がある。他のグループを非難するような発言があれば、OD実践者はその人に対し、その発言を現状に寄与するような別の表現に言い換えるよう促すとよいだろう。その際、別の表現を幾通りも考えなければならなかったり、当事者意識を持つに至るまでグループ内の誰かが手助けをしなければならなかったりする場合もある。いずれにせよマルチグループ・ダイアログは、この段階で参加者が相互理解を深め、問題の解決を試みたり、課題について前進を図ったりする必要もなく、終了できることもある。

3. この段階まで来たら、グループはサザンの言う「生成的探究」、「戦略的探究」に進むことができる。まずは、実現可能な望ましい未来を共創するために、生成的探究を実践する。最もよいのは、見方が異なる人同士で小グループを作り、その後、全体グループに対して発表するアプローチだ。さらに次のステップで、最も説得力のあるアイデアを浮き彫りにするような探究を行う。ここでは、この対話に参加していない人々にも、それらのアイデアが注目されるよう、責任をもって尽力してくれる参加者を明確にすることも大切だ。グループ間に共通の責任体制はないのが普通なので、このステップの成否は主に、それまでの対話で築かれた信頼関係の度合いによることになる。また、ダイアログの目的が集合的なインパクトの創出であることが、すべての参加者と彼らの属する組織に明確に示されているかどうかも重要である。

つまり、ダイアログの最終的な成果とアクションに対する当事者意識は、エコシステム内の誰もが持てるのである。たとえば、家庭と子どものための支援機関が行ったダイアログでは、子どもたちが大学在学中の支援サービスについて、この機関の外部からダイアログに参加した人も責任を負うこととなった。

4. 戦略的探究は、次のステップに進んで未来へのプランニングを行うための作業である。自ら選択したタスクグループの話し合いで行われることが多い。参加者が関心事やエネルギーの度合いをベースに自らグループを作り、具体的なアクションを決定するためのプロセスである。

本章のまとめ

スポンサーが単なるコンサルティングではなく、マルチグループ・ダイアログへの積極的関与を通じた新たな戦略づくりや、複雑な課題の改善、集合的なパフォーマンスの向上といったことを望んでいる場合、その組織は、継続的な学習と全ステークホルダーによる積極的関与に向けて前進していると言える。このようなダイアログには、何か違うものが生まれるのではないかという期待がつきものだ。マルチグループ・ダイアログの実践に当たってリーダーは、複数のグループにダイアログへの参加を一回呼びかけた後に、命令を下してコントロールする関わり方に戻り、新たな組織のあり方を考えないという姿勢であってはならない。マルチグループ・ダイアログを終えた後、それらの全グループによる組織への積極的関与をリーダーが推進しなければ、参加者の間に否定的な態度が生まれ、組織内でサポートを得ることはできなくなるだろう。

対話のプロセスにさまざまなグループの積極的関与を促すことを、軽々しく考えないほうがよい。ちょっと試してみたいという程度の気持ちで、あるいは、組織が解決できずにいる問題の特効薬になるという実践者とスポンサーの思い込みだけで、マルチグループ・ダイアログに挑戦してはならない。

さまざまなメリット（エコシステムの全体像を捉えられる、イノベーションを実現し得る生成的イメージを生み出せる、不可能を可能にする組織へと転換できるなど）を考えれば、マルチグループ・ダイアログは挑戦するに値するプロセスだが、本書に記述されている慎重な準備を怠ってはならないのである。

引用文献 ……………………………………………………………………………………

Bohm, D., Factor, D., & Garrett, P. (1991). *Dialogue: A Proposal*. Retrieved from http://www.albany.edu/cpr/gf/resources/Dialogue-3.htm.

Brown, J., & Isaacs, D. (2005). *The World Café*. San Francisco, CA: Berrett-Koehler. （『ワールド・カフェ——カフェ的会話が未来を創る』アニータ・ブラウン、デイビッド・アイザックス、ワールド・カフェ・コミュニティ著、香取一昭、川口大輔訳、ヒューマンバリュー、2007年）

Bushe, G. R., and Shani, A. B. (1990). *Parallel Learning Structures*. Reading, MA: Addison-Wesley.

Cooperrider, D. L., & Whitney, D. (2005). *Appreciative Inquiry*. San Francisco, CA: Berrett-Koehler.（『AI「最高の瞬間」を引きだす組織開発——未来志向の"問いかけ"が会社を救う』デビッド・L・クーパーライダー、ダイアナ・ウィットニー著、本間正人、市瀬博基、松瀬理保訳、PHPエディターズグループ、2006年）

Earl, S., Garden, F., & Smutylo, T. (2001). *Outcome Mapping*. Ottawa, Canada: International Development Research Centre.

Gillette, J., & McCollom, M. (Eds.) (1990). *Groups in Context*. Reading, MA: Addison-Wesley.

Heifetz, R. (1998). *Leadership Without Easy Answers*. Cambridge, MA: Harvard University Press.（『リーダーシップとは何か！』ロナルド・A・ハイフェッツ著、幸田シャーミン訳、産能大学出版部、1996年）

Isaacs, W. (1999). *Dialogue*. New York, NY: Doubleday.

Jacobs, J. (1961). *The Death and Life of Great American Cities*. New York, NY: Random House.（『アメリカ大都市の死と生』ジェイン・ジェイコブズ著、山形浩生訳、鹿島出版会、2010年）

Jacobs, R. J. (1994). *Real-Time Strategic Change*. San Francisco, CA: Berrett-Koehler.

Johnson, B. (1992). *Polarity Management*. Amherst, MA: HDR.

Kotter, J. P. (2008). *A Sense of Urgency*. Cambridge, MA: Harvard.（『企業変革の核心』ジョン・P・コッター著、村井章子訳、日経BP社、2009年）

Marquardt, M. J. (2004). *Optimizing the Power of Action Learning*. Boston, MA: Nicholas Brealey.（『実践 アクションラーニング入門——問題解決と組織学習がリーダーを

第14章 「彼ら」から「私たち」へ 491

育てる』マイケル・J・マーコード著，清宮普美代，堀本麻由子訳，ダイヤモンド社，2004年）

Martin, R. (2009). *The Opposable Mind*. Boston, MA: Harvard Business School Press. （『インテグレーティブ・シンキング』ロジャー・マーティン著，村井章子訳，日本経済新聞出版社，2009年）

Miller, H. (1944). *Sunday After the War*. New York, NY: New Directions.

Owen, H. (2008). *Open Space Technology*. San Francisco, CA: Berrett-Koehler. （『オープン・スペース・テクノロジー──5人から1000人が輪になって考えるファシリテーション』ハリソン・オーエン著，ヒューマンバリュー訳，ヒューマンバリュー，2007年）

Pierce, S. D. (2002). *Bridging Differences and Building Collaboration: The Critical Role of Leadership*. Retrieved from http://www.synergos.org/knowledge/02/bridgingdifferences.pdf.

Searle, J. R. (1970). *Speech Acts*. New York, NY: Cambridge University Press. （『言語行為──言語哲学への試論』J・R・サール著，坂本百大，土屋俊訳，勁草書房，1986年）

Weisbord, M. (1987). *Productive Workplaces*. New York, NY: Wiley.

Weisbord, M., and Janoff, S. (2007). *Don't Just Do Something, Stand There!* San Francisco, CA: Berrett-Koehler. （『会議のリーダーが知っておくべき10の原則──ホールシステム・アプローチで組織が変わる』マーヴィン・ワイスボード，サンドラ・ジャノフ著，金井壽宏監訳，野津智子訳，英治出版，2012年）

Weisbord, M., and Janoff, S. (Eds.) (2000). *Future Search*. San Francisco, CA: Berrett-Koehler. （『フューチャーサーチ──利害を越えた対話から、みんなが望む未来を創り出すファシリテーション手法』マーヴィン・ワイスボード，サンドラ・ジャノフ著，香取一昭，ヒューマンバリュー訳，ヒューマンバリュー，2009年，原書第2版）

Wenger, E. (1999). *Communities of Practice*. New York, NY: Cambridge University Press.

Westley, F., Zimmerman, B., and Patton, M. Q. (2009). *Getting to Maybe*. Toronto, Canada: Random House Canada. （『誰が世界を変えるのか──ソーシャルイノベーションはここから始まる』フランシス・ウェスリー，ブレンダ・ツィンマーマン，マイケル・クイン・パットン，エリック・ヤング著，東出顕子訳，英治出版，2008年）

Wolmark, J. P., and Jones, D. (2003). *Lean Thinking*. New York, NY: Free Press. （『リーン・シンキング』ジェームズ・P・ウォーマック，ダニエル・T・ジョアンズ著，稲垣公夫訳，日経BP社，2003年）

変革の強化

第15章 変革を目指す組織のための3段階のアプローチ

マイケル・J・ローリグ
ヨアヒム・シュヴェンデンヴァイン
ジャルヴァース・R・ブッシュ

　本章では、これまでの章で述べてきたようなラージグループの対話イベントを通じて生まれた変革への勢いを維持するための、フォローアップのステップについて見ていきたい。スポンサーやデザイン・チーム［対話イベントの設計と推進をするチーム（運営委員会）。第10章と第14章を参照］、コンサルタントは、イベントそのものに焦点を当て過ぎてしまい、そのために大切なフォローアップの構造やプロセスに適切な注意を払えないことがよくある。

　本章のタイトルを「変革の強化」としたのは、対話イベントを通して生まれたエネルギーやインスピレーション、ネットワークをいかに強化し、醸成させられるかによって、対話型ODが望ましい変化を生み出せるかどうかが決まるからである。対話型ODにおいて、意欲に満ちた人々が互いを知り、追求すべきアイデアを生み出せる場を作ることは確かに大切だ。しかし、それは出発点にすぎない。そうして作られた場において、変革を強化する戦略がなければ、エネルギーや勢いはやがて消滅してしまう。ODコンサルタント、スポンサー、そして組織のリーダーが真に効果的な変革を目指すならば、対話イベントの前よりも後のほうが、変革のプロセスに一層のエネルギーを注ぎ、尽力しなければならないのである。

　変革の強化とは、技術的な問題の解決や、既存のソリューションの導入、「チェンジ・マネジメント」などにおいてマネジャーがよく用いるような、トップダウンのアクション・プランニングやコントロール・プロセスを強行するものではない。そうではなく、対話イベントが新たなエネルギーやアイデアの創出、ならびに、未来を探ることに意欲を抱いた自発的なチームの結

第15章　変革の強化　［493］

成を促すのである。シニアリーダーはよく、対話イベント直後の段階において即座に意思決定を行おうとしたり、勝者を選ぼうとしたりしがちだが、そうした試みは逆効果だ。むしろイベント後には、生まれてきた新たなアイデアに注目し、成果につながりそうな何か、さらに醸成させたい何かを「強化」する必要がある。

　対話型の変革プロセスは、スポンサーによる投資や承認を必要とするアイデアやプロトタイプの創発につながることもある。だがそれよりも、当初は承認を得られなくても、議論し、熟成させ、発展させる時間を投じるに値するようなアイデアを探ることに熱意を注げる、人とチームの誕生につながることのほうがずっと多い。OD実践者の役割は、このような自発的かつ有益な対話が実践される場を作り、強化に値する有望な話し合いや議論を見極め、それらの話し合いを支え、発展させる方法を明らかにすることである。

　したがって変革の強化は、非常に生命体的なODプロセスだと言える。そして、流れに沿って生まれる自発性や積極性を歓迎することが重要となる。このような変革のアプローチは、フランク・バレットの臨機応変な変革(Barrett, 1998, 2012)、ジャルヴァース・ブッシュとトム・ピットマンのパフォーマンスの強化（Bushe and Pitman, 2008)、ブッシュとピットマンの「トラッキングとファンニング」（Bushe, 2001; Bushe and Pitman, 1991)、および、モニクとジェリー・スターニンの「ポジティブ・デビアンス」(Pascale, Sternin, and Sternin, 2010: Sternin, Sternin, and Marsh, 1997）にも見て取ることができる。アプリシエイティブ・インクワイアリーに関する主著の中でブッシュとカッサム(Bushe and Kassam, 2005）は、転換的な変革の成功事例では、ODにおいて伝統的に「アクション・フェーズ」と呼ばれる段階で即興的アプローチを必ず用いていると指摘している。該当箇所を引用してみよう。

　　さらに急進的な方法は、計画的な変革の取り組みによるコントロールを手放して、アクションリサーチのアクション・フェーズにおいて、より即興的なアプローチを育もうとすることだろう。即興的な計画的変革というと一見、矛盾しているように思われるかもしれない。だが、即興的アプローチを用いた転換的な変革のケースではいずれの場合も、リー

[494]　第Ⅲ部　対話型ODの実践

ダーは変革の目標を達成できている。しかも、変革に携わり、組織の変革について学んだ多くの人々が当然と考えるよりも、ずっと短い期間で達成しているのである。（中略）事例の結果からは（中略）達成する必要があることへの共同的な感覚が育まれること。その達成に向けた新たなモデルや理論を生み出すこと。組織に対して人々が本来抱いているモチベーションと目指すゴールおよびモデルを統合すること。さらに、人々が取り組みを主導していくことが奨励されて、実際に実践できること、である。以上のことを通して、組織のパフォーマンス向上につながる大きな変化が起きることが明らかになっている（p.176-177）。

　変革の強化は、因果関係が事前に把握できず、適切な解決策がすぐにはわからないような複雑かつ混沌とした状況において効果的なアプローチだ。そのような状況では、小さな実験を行って、どれがうまくいくかを見てみるのが最も懸命な戦略である（Collins and Hansen, 2011; Heifetz, Linsky, and Grashow, 2009; Snowden and Boone, 2007）。リーダーの役割は、実践する解決策を選ぶことではなく、最も有望と思われる複数の解決策に注目し、それらを支援し、強化することなのである。

　変革の強化について考えるのは、対話イベントの後に限らない。対話イベントを始める前に、変革の強化に向けてしなければならない事柄もある。たとえば、プロセスに適切な人を積極的に関与させる、強化のための計画をする、新たなアイデアや提案が生まれたときのために予備のリソースを取っておく、といったことだ。スポンサーと変革チームはイベント開始直後から、自発的に始まっていく変革に向けた実験をいかにしてモニタリングするか、そして、組織内の主な意思決定者に実験の成功を支援することにいかに関与してもらうかを計画しなければならない。この問題については第8、9、10、14章でも扱っているので、ここでは簡単に触れるにとどめたい。

　本章のテーマは、対話イベントの実施中および実施後に起きる必要がある事柄に焦点づける。それらの事柄についてモデリング、醸成、埋め込みという3つの段階に沿って述べていきたい。さらに各段階において対話型ODプロセスが生む勢いをいかにして強化するか、そして、この強化プロセスにお

第15章　変革の強化　　495

いてスポンサーとデザイン・チームが検討するべき主な問いについて詳述していく。最後にまとめとして、対話型ODを支援する最も重要な要素、すなわち、変革のエネルギーとなる新たなナラティブおよび生成的イメージの創出に関して論じる。

変革の「強制」と「醸成」の違い

1990年代、チェンジ・マネジメント関連の書物では、転換的な変革を実現するには「バーニング・プラットフォーム（burning platform：燃えさかる海洋プラットフォーム）」が不可欠だという主張が流行した。人々を海に飛び込ませるには、彼らが立っているプラットフォームを燃やしてしまうのが手っ取り早いという理屈である。しかし、燃えさかるプラットフォーム理論に基づいた変革プログラムは、実質的に全社員を解雇し、選りすぐりの社員だけを変革後の組織が再雇用しない限り成功しない。そうでもしなければ、人も組織も変革への免疫ができてしまうからだ。

新たなアイデアを強化していくことで実践する対話型の変革は、燃えさかるプラットフォーム理論のようにシステムを力づくで変えようとするアプローチではない。むしろ、システムそのものが持つ創造性と治癒力を促進し、醸成するアプローチである。内側から成長と変革を促す手法とも言えるだろう。組織全体の変革を強化するには、個人の変化と成長も強化することを伴う。人々が新たなアプローチで組織のあり方と相互に関わり方を意味づけし、それにより、彼らが日々実践する意思決定やアクションに変革をもたらすことがねらいである。本書の第9章「変革を可能にするもの」、第11章「対話型ODにおける変容的学習」、および理論について述べている各章に明らかなように、変革を起こすには学習、人々のメンタルマップ [第5章を参照] の変化、意味の形成を導くナラティブの変化、思考に命を吹き込む生成的イメージとメタファーの変化が必要となる。対話型OD実践者（ODコンサルタント、スポンサー、組織内のチェンジエージェント）は、未来に関する人々の信念に影響を与えるような会話の変化を、他者との関わりや組織内の意思決定のパ

496　第III部　対話型ODの実践

ターンに起こさなければならない。

抵抗勢力の再定義

　対話型アプローチによる変革の強化において重要な要素の1つが、レヴィンの言う「変革への抵抗勢力」とは別の視点を持つことである。レヴィンの理論［力の場における推進力と抑制力を指していると思われる］は、何か新しいことを起こそうとするときには、それを望む人々と、それに反対する人々が存在するというナラティブを生んでしまう。しかし、そうした抵抗勢力について語るよりも、変革のプロセスを通して人々が生み出すさまざまなエネルギーをチェンジリーダーやコンサルタントがいかにして活用し、対処するかについて論じるほうがより有用である。それによって、何らかの新しいアイデアの創発を促し、それらを強化して相互の違いを明らかにし、最も有望なアイデアを醸成することができる。

　フォルクハマーとストラウブ（Forchhammer and Straub, 2013）は、対話型OD の実践者が個人やステークホルダー・グループに対して早計かつ非生産的なレッテル貼りを行ったり、批判をしたりすることなく、対話の参加者による貢献を正当に評価するためには、4つの資質／エネルギー／役割が備わっていなければならないと述べている。変革のプロセスへの人々の貢献を正しく認識し、評価することによって、リーダーとコンサルタントは実践中および実践後の対話イベントに極めて積極的に関与することが可能となる。人々を変革の支持者と抵抗者に分類するような視点を、捨てることができるのである。フォルクハマーとストラウブの指摘する4つの資質はどれも等しく重要で、システムの安定を維持する上で不可欠であると同時に、対話を経て生まれる変革への提案や戦略を成功に導くのを助けてくれる。なお、これらの役割は固定したものではない。文脈や状況に応じてさまざまな人が個々の役割を継続的に、あるいは、非継続的に担うことができる。表15.1（499頁）に4つの資質／エネルギー／役割をまとめた。

- **センサー（感知者）**：センサーの目的は、一種の「警告灯」となり、システムの中で起こっていることを評価することである。変革のプロセス

第15章　変革の強化　［ 497 ］

においてこの役割を担う人は、異なる多様な意見が場に出され、それら
を人々が聴くことを支援する。異なる見方を歓迎する、支援的に関わる、
感受性の豊かさを示す、共感力をもって傾聴する、摩擦や葛藤を目に見
えるように示すといった、さまざまな機能を果たす。ただしセンサーは、
特定の変革案の唱道者ではない。変革のプロセスにはセンサーのほかに
も、変革案を積極的に唱道する人や位置付けを行う人、葛藤を解消する
人、個人のニーズを超えた戦略的な思考を行う人をバランスよく配置す
る必要がある。

- **フレーム・セッター（枠組み設定者）**：この役割を担う人は、自身とシス
テム全体に対してアイデンティティ［私と私たちは何のために何をするのか］
の感覚と方向性を確立していく。広い視野と戦略的な視点をもって、変
革のプロセスに方向性と指針を提供するのがフレーム・セッターである。
さらにフレーム・セッターは、戦術的かつ政治的な位置付けも考慮する。
しかしこの役割を担う人は、傾聴し、多様な視点を歓迎する能力に欠け
ている場合があるので、そうした役割を担える別の人を配置することが
重要だ。フレーム・セッターは、システムのリーダーが担うべきだと思
われがちだが、筆者の経験では、正式なリーダーの役割に就いていない
人を含め、チームや組織の中からこの資質を備えた人が現れることがよ
くある。このことからも、変革のために必要な多種多様な資質やエネル
ギーは、組織内の特定の役割や職位に求めてはいけないことがわかるだ
ろう。

- **スタビライザー（安定者）**：この役割を担う人は、安全や秩序、構造、落
ち着きを変革のプロセスに提供し、組織がカオス状態に陥るのを防ぐ。
スタビライザーは計画や構造、チェックリストを策定し、細部に注意を
払って、信頼性の高い、一貫性のある価値の提供を支援する。ただし、
変革のプロセスの初期においてこの役割を担っている人は、変化をなか
なか受け入れられない伝統主義者、あるいは過去に固執する人とレッテ
ルを貼られることもある。だがスタビライザーの全面的な支援を得て、

■ 表15.1　バランスのよい変革のための4つの役割

役割	目的	重要なアクション	課題
センサー（感知者）	警告灯となって、システム内で起こっていることを評価する。	異なる視点を浮き彫りにし、葛藤を可視化して、人々の関与を促す。	特定の変革を断定的に唱道することはない。多様な視点を考慮せずにすぐに前進したい人からは歓迎されにくい。
フレーム・セッター（枠組み設定者）	アイデンティティ、方向性、および他者への指針を確立する。	幅広い視野と戦略的な視点を備える。ポジショニングや境界の設定を支援する。	リーダーだけに限定せず、誰でも担えるようにする役割。この役割が優勢になると、人々のニーズやモチベーションが軽視される恐れがある。
スタビライザー（安定者）	秩序と構造を維持する。過去にうまくいった事柄に注目するよう促す。	計画と構造の策定を支援し、信頼性の高い、一貫性のある価値の提供を助ける。	システムのバランスや安定性の大切さを軽視しがちなイノベーターからは、過去に固執し過ぎではないかと批判を受ける恐れがある。
イノベーター（革新者）	変革のためのインスピレーションやエネルギーを対話にもたらし、組織の前進を後押しする。	アイデアを提示し、リスクを取り、システムに新しいことを探究するよう促す。	他の役割とのバランスを無視した、まるで見当違いのアイデアを提示することがある。プロセスの達成に向けた持久力に欠ける場合がある。

出典：Forchhammer and Straub（2013）

この役割が持つプラスのエネルギーを変革に活かすことは、彼らの貢献力を引き出し、システムの新しいバランスを見出す上で欠かせない。つまり、スタビライザーを対話から締め出すのではなく、対話に引き込むことが、最終的には利益を生むのである。

● **イノベーター（革新者）**：この役割は、変革のプロセスにアイデアやインスピレーション、エネルギーをもたらす。対話の「行き詰まり」を乗り越え、新しいものを見出そうとする状態へとシステムを導く上で欠かせない役割である。イノベーターの役割を担う人は、どのようにありたいかという可能性に関して対話を始めるのが望ましい。彼らの創造性やアイデア形成力を引き出し、リスクを取るよう促すことも大切である。またイノベーターが自身のアイデアのために闘えるよう支援する必要もある。たとえそれが不完全なアイデアや突飛なアイデアであっても、イノベーターの資質を備えた人の意見に他の参加者が耳を傾けることが、変革のプロセスにおいてはインスピレーションとなるからだ。イノベーターの持つエネルギーは、新たなアイデアの源となり、組織の対話に活用することができる。ただしこの役割は、実行可能性や、既存の戦略や文化との統合といった視点に欠けている場合もある。したがって変革のプロセスには、他の役割も同時に必要となるのである。

どのようなチームまたは組織においても、これら4つのエネルギーを対話に呼び込むことが可能である。その際、個々の役割は、その時の文脈やバランスの必要性に基づいた、あくまでその場限りの一時的なものであることを忘れてはならない。役割分担がない、健全かつオープンなシステムでは、人々は必要に応じて自らの特性を変えることができる。また、変革のプロセスにおいてある特定の役割が優勢になると、そのエネルギーが「過度な」状態に陥ってしまう。たとえば、センサーが優勢になれば、現状を嘆くムードに覆われる。フレーム・セッターが支配的になれば、方向性について議論することに終始する。スタビライザーが優勢になれば、「分析麻痺」の状態に陥り、対話は前に進まない。イノベーターが優位に立てば、革新的と評価さ

れたいがために、意味もなく創造性を追求する対話に終わる。

対話型の変革を強化するための3段階モデル

　初期の対話イベントの開催時および開催後に変革のプロセスを支援するアプローチとして、3段階モデルを提案したい。このモデルは、第2章と第9章で述べた戦略的プロセスデザインの大きな柱となるものだ。組織が変化と安定を同時に繰り返すものであることを踏まえると、いかなる変革モデルにも、複雑性を過度に簡素化してしまうリスクがある。だがこのモデルであれば、共通の課題に関する対話に大勢の人間が参加する際に、変革を強化するためのプロセス、機会、および要件について深く考えることが可能だ。3段階モデルは、対話イベントにおいて新たなネットワークや関係性、変革のためのアイデアが生まれた時点からスタートする。つまり、変革プロセスの初期段階（プロセスの目的と参加者の明確化）がすでに適切に実践され、変革の実現のために関与するべきステークホルダーの関心を引き出し、モチベーションを高めることに成功したという前提のもとで着手する段階である。

　3つの段階はそれぞれ、モデルづくり、醸成、埋め込みと呼ばれる。各段階は、厳密に順序立てて行うのではなく、自然にオーバーラップする形で実践される。段階間を行き来する場合もある。各段階の特性については、以下の3つの属性から理解を深めてほしい。

- **活動**：変革のために実践される、特定の段階に固有の独自の活動。
- **受入パターン**：活動に対してオープンになり、関心を抱いた人々に見られる、関与のパターン。
- **統合**：「新しい何か」を組織とその戦略や構造、文化に統合し、埋め込むための活動。

　これから述べていく各段階の概要を表15.2（503頁）に示した。本モデルは、何かが成長する生命体のプロセスによく似ている。モデルづくりの段階はい

第15章　変革の強化　501

わば植え付けに該当する。モチベーションを持った人々の心からアイデアが生まれたとき、それらを植え付けて成長の機会を与えるために肥沃な土壌を整えるのが、OD実践者の仕事である。醸成の段階は肥料をあげるフェーズである。参加者は最も有望なアイデアに水と栄養を与えて成長を促し、アイデアが根を張り、生きていくために必要な構造と強さを養うのを支援しなければならない。埋め込みの段階は、庭、すなわち、未来を目指す組織において、植物（アイデア）が最良かつ最も健全に成長するように注意深く育てるときである。

　本章では個々の段階の詳細を述べる中で、ODコンサルタントが個人やグループの行動を強化する際に役立つ方法も紹介したい。また、スポンサーとデザイン・チームが変革のプロセスを進める上で役立つ、主な質問も紹介する。これらの問いについては、スポンサーとコンサルタントが明快な答えを用意しておくことが重要である。そうでなければ、せっかく生まれようとしていた対話やアイデアを台無しにしたり、対話を停滞させて、参加者が醸成してきた勢いに歯止めをかけたりすることになる。

　特定の状況下で、強化のためのどのアクションが有効かは、課題の本質や、組織の文化、スポンサーの傾向、課題の急務性、利用できるリソースなど、さまざまな要因によって異なる。総体的に見ると、「理想的な」変革プロセスがどのようなものかをクライアントに示した後、クライアントの限界や制約を踏まえ、到達可能なゴールに向けてプロセスを微調整する形で戦略的プロセスデザインを行うのが望ましいと筆者らは考える。あるいは、第9章で述べたように、以前のステップで獲得した洞察や学び、新たなアイデアをもとに、クライアントと協働して次のステップを選択していくという、「未来に向けた学習」アプローチを取ることもできる。後者のようなステップ・バイ・ステップのアプローチの場合、各段階での主な質問は、次のステップを決定する指針となるはずだ。

第Ⅲ部　対話型ODの実践

表15.2　対話型ODで変革を強化するための3段階

	第1段階：モデルづくり	第2段階：醸成	第3段階：埋め込み
活動	● さまざまなグループ（プロジェクトや創発的取り組み）でアイデアを生み、実験し、プロトタイプを作る。 ● ステークホルダーや顧客とともにプロトタイプを試す。 ● フィードバック・ループに基づいてアイデアを繰り返し改善する。	● アイデアを応用し、より大きな実験を行う。 ● 継続的なフィードバック・ループを活用する。 ● さらなる創発への支援とリソース提供に関する意思決定において、シニアリーダーの関与を後押しする。	● 組織の構造やプロセス、制度化パターンに新たな解決策を埋め込む。 ● 「新しいこと」を継続するために、あらゆる相違に目を向ける。
受入パターン	● 「自発的な行動」を促し、「流れに乗る」協調的な環境を推進する。 ● プロジェクトや創発的取り組みに小規模な貢献者グループを招き入れる。 ● 探究のプロセスに関係者や顧客を招き入れる。	● より大きな貢献者グループを招き入れる。 ● 意思決定に「ゲート・モデル」を利用する。	● リーダーシップ行動が、標準作業手続きに組み入れられるように、そして関係者や顧客によって期待されるように、目に見える形で変化していく。 ● 組織の全メンバーの役割行動について目に見える変化が推進される。
統合	● 成功した新しい行動を、他者に示す。 ● 関係者や顧客、変革によって影響を受ける人々との共同的な探究を奨励する。	● 継続的なフィードバック・ループを奨励する。 ● 「意思決定ゲート」に関与していないステークホルダーや顧客の関与を促す。	● 新しいことをサポートするような構造的な要素が計画的に設定される。 ● 象徴的なアクションや望ましい行動をロールモデルとする（手本としてその行動が実践される）ことによって、組織の文化の「新しいもの」が埋め込まれていく。 ● 戦略、ブランディング、意思決定プロセス、長期的計画について新しいことが適応される。

モデルづくりの段階

　この第1段階は、オープン・スペースやワールド・カフェ、カンファレンスなどの対話型ODイベントで新たなアイデアが生まれることでスタートする。アプリシエイティブ・インクワイアリーの「デザイン」のステップに似た部分もある。対話と試行の段階であり、暫定的な意思決定を行って、望ましい方向性への変革を探るという形で進められる。幅広い関わりと対話を促進することを重視し、それによって、対話型ODプロセスから生まれるさまざまな提案やアプローチ、プロトタイプを試し、予備的なフィードバックに基づき微調整を加えていく。

　モデルづくりの段階では、センサー、フレーム・セッター、スタビライザー、イノベーターという4つの役割すべての関与が必要となる。OD実践者は多くの異なる視点に注意を払いつつ、自己組織化したチーム間に4つのエネルギーが生まれるよう支援しなければならない。この段階ではリーダーが、コンピテンシー／スキル開発のためのリソースを提供することもある。創発的な変革を支える環境を作るためであり、たとえば、わかりやすいコミュニケーションや対話のためのスキルを高めることにリソースが投じられる。

　モデルづくりの段階は、エネルギーを秘めた多数のアイデアを実験し、試す時である。アイデアを実践するのに他者の支援が必要な場合には、プロトタイピング（原型やたたき台を試行して検証すること）によってビジョンを共有するのが有用だ。プロトタイピングは、アイデアを広げるのを後押しし、最良のアイデアをモデルに統合して関係者や顧客と検証することができるため、完成形に至っていない解決策に多くの時間や金銭を投じるのを防止できる。この段階では、デザイン思考も実践方法として有益である（Brown, 2009; Lockwood, 2009）。デザイン思考の1つのテクニックとして、グループがアイデアを物理的なプレゼンテーションにまとめるというものがある（紙やさまざまな素材を使ってハンドメイドする）。30 〜 60分程度の短い時間でまとめ、これを新しいアイデアの象徴として関係者に見せ、心に響くかどうかを検証するというものである。関係者からのフィードバックをもとに、アイデアを再

度練り直すことができる。

　プロトタイピングの際には、早い段階で人々が1つのアイデアに夢中になってしまわないよう注意し、関係者や顧客にオープンな気持ちでアイデアを見せることが大切である。プロトタイプに対する他者の体験や反応に、柔軟かつ積極的に耳を傾ける必要があるからだ。

> 　筆者らのプロジェクトの1つで、あるグループから次のような提案があった。それは、人々が参加して貢献したいタスクやプロジェクトを自由に提案したり加入したりできるオープン・プロジェクト・マーケットを導入することでエンパワーメントを促進してはどうかというものだった。このアイデアはまず紙とペンで小規模に試行が行われたが、4カ月後にはすでに牽引力を発揮し始め、仮想コミュニティ・ソリューションという形に拡大された。そして発案グループもアイデアの拡大案に価値を見出し、流れに従うことにした。

　多くの組織では、人々はゴーサインを待ってから自らのアイデアを実行に移し、今はその時ではないと言われれば実践に移さない。しかしブッシュ（Bushe, 2013）は、対話イベント後に参加者らが職場に戻った後、彼らに新たなアイデアや善意の実践を促すのはごく簡単なことだと指摘している。たとえばブッシュは、人々のコミットメントがどのように高まるかに関するサランシック（Salancik, 1978）のモデルに基づいて、公言された行動、自発的な行動、言った限りは撤回しにくい行動を個人が実行していくプロセスを創るとよいと述べている。変革の実践、あるいは、今までとは異なる行動の実践を公言することで、その実践を促進することが可能だ。

　したがって、モデルづくりの段階における最も主たる活動は、対話イベント終了後に職場に戻ってから「それまでとは違う」行動を参加者に促進することだとも言える。

> 　たとえば、ある大規模な会計会社の対話型ODプロセスでは、従業員の大半が利益よりも誠実性のほうが重要な価値だと考えていることが明

第15章　変革の強化　　505

らかになった。この気づきを得た結果として、何らかのアクション・チームの結成や、実行プランの策定は行われなかった。代わりに、今後クライアントから実際には必要ではない要請があったときには、その必要はありませんと誠実に伝えるという新たな方針が取り入れられた。だが、この新たな行動を長い時間をかけて組織内に根付かせるには、組織の文化を変える方法を上層部で考える必要があった。会計士らの誠実な行動こそが顧客との関係を良好にして、ひいては、利益の拡大につながると信じ、誠実行動に基づいて「稼働時間」を算出するという組織文化への変更である。

　文化的な障壁を乗り越え、古い組織構造およびプロセスを見直す作業は、この後に続く醸成と埋め込みの段階で行われる活動だ。最初のステップであるこのモデルづくりの段階では、人々はリスクを取り、新たなアイデアを提示し、新たな行動を試し、さらにリーダーはリスクを取った人々を支援し、最終的に奏功しなくても彼らの挑戦を認めることが大切である。

モデルづくりの段階を強化するアクション

　ODコンサルタントやスポンサー、変革チームが、対話イベント中に生まれた新たな可能性を強化して、その潜在的エネルギーが失われないよう支援するために、イベント後に実践できるモデルづくりのアクションにはさまざまなものがある。

- イベント後に、新しいことを試すよう参加者1人ひとりに奨励する。たとえば、当初は有望視されていなかったが、後に重要なブレークスルーへとつながった、他社の変革アイデアを載せたニュースレターを作成するなどの試みが考えられる。
- スポンサーと協働して参加者らに行動を促し、上層部からの指示や承認を待たずに行動するよう奨励する。
- 物理的な、あるいは、オンラインの意見交換ネットワークを構築して、人々がそこで自らのアイデアを報告したり、非公式なサポートを得たり、

他者からフィードバックを得たりできるようにする。このアクションは、
変革のサポーターが支援してもよい。

- 関係者と経営陣（特に、対話イベントに参加しなかった人々）の間での明快
なコミュニケーションを促進することにより、彼らにも新しい何かを試
みることができる余地を与えて、イノベーションの場を守る。

- スポンサーと変革チームは、自分たちや他のリーダーらの行動の変化を
他者に見える形で示さなければならない。また、対話イベントの結果と
して、自分たちの行動がいかに変化しているかを言葉で伝えなければな
らない。第9章で述べたように、変革のモデルとして最も大きな影響力
を及ぼせるのは組織のリーダーだ。人はリーダーが従来と異なる行動を
実践しているのを目にすると、自らも行動を変えてもよいのだと安心で
きるからである。

- 必要に応じて、個人やグループがアイデアのプロトタイプを形にし、適
切な形で試みて、素早いフィードバックを得るのを支援する。

- ボランティアの「開拓者」を指名して、組織内での対話やアイデアのさ
らなる探索を促進してもらう。

- 対話のためのシンプルな枠組みを提供する。たとえば、筆者らが組織横
断的に共同で探る取り組みを促進する際によく使う、4つの質問をベー
スとした枠組みが有益だ。4つの質問は次の通りである。

> 1) 変革に着手する理由、きっかけ、背景は何か？
> 2) 変革は何に対して前向きな影響をもたらすか？　組織にとっての
> 望ましい未来像はどのようなものか？
> 3) 望ましい未来には、どうすればたどり着くことができるか？　そ
> のためにリソースや人々の潜在力をどのように活かすことができ
> るか？
> 4) 望ましい未来を目指す道のりにおいて、何を学ぶべきか？

　これらの問いに対する回答は、昔ながらの体系的な変革アプローチで
はトップダウンで提示されるのが一般的である。しかし対話型の変革ア

第15章　変革の強化　507

プローチでは、組織全体で問いについて考え、メンバーが互いの意見を検討し、ともに目指す未来を考えて供することを支援する。

モデルづくりの段階に備えるための有益な問い

スポンサーとデザイン・チームは、モデルづくりの段階で生じるさまざまな複雑な課題に気づく必要がある。それらの課題に備えるための有益な問いを以下に紹介しよう。

- 対話イベント後に職場に戻った参加者が、それまでとは違う行動が本当に実施可能だと信じるにはどうすればよいか？
- 変革案をスクリーニングしたり、実践する前に試行したりするべきか？　する場合は、どのようなスクリーニング基準を用いるべきか？　また、人々のエネルギーや勢いを高めながら迅速にスクリーニングを行うにはどうすればよいか？
- どのようなプロトタイピングを推奨するか？
- 変革に向けた活動を始めるためにリソース（時間、場所、予算など）が必要とされる場合、どのようにしてそれらのリソースを提供できるか？
- 優れた新しいアイデアを組織全体に行き渡らせ、自然に構築されるサポーターや賛同者のネットワークでの活用を促し、ネットワーク・メンバーのモデルづくりの段階への積極的関与を促進するにはどうすればよいか？
- 牽引力を発揮できない、望ましい目標にマッチしない、あるいは、共通の合意が得られないようなアイデアを、どのように取り扱うか？　その種のアイデアを提示した人々にどう説明すればよいか？　どのような混乱や摩擦が生じることが予想され、それらの混乱や摩擦にどう対処することができるか？　たとえば、1つの問題に対してまったく異なる複数の解決策が提案された場合、どう対応するのが望ましいか？　個々の提案内容が相反する場合はどうするか？

醸成の段階

　醸成の段階では、モデルづくりの段階で実践されたアイデア創出、対話、プロトタイピング、および職場での新たな行動から、人々が確実に学べるようにしていく。対話型ODが目指すことは昔ながらのプロジェクト・マネジメントと異なり、モデルづくりで生まれた何かにエネルギーが蓄積されないうちに、「ビッグバン」を起こすための引き金を引くことではない。そのようなアプローチは往々にして早計であり、裏目に出ることも少なくない。変革を急ぎ過ぎた結果、組織が昔のやり方に戻ってしまうことはよくある。新しい状態の定義が定まっておらず、組織のコミュニケーション・パターンや意思決定プロセスに時間をかけて統合されていないからだ。

　生命体の成長プロセスというメタファーを再度使って説明するなら、醸成の段階は、モデルづくりの段階で始められた試行や対話を継続的に育てていくときだと言える。何らかの成果があればこれを認め、組織が変化や成長を歓迎しているというメッセージを強化するのにも適した段階だ。醸成の段階の目的は、コミュニケーション・パターンに変化をもたらし得る小さなアイデアさえもきちんと育てて、行動を新たなレベルへと押し上げることにある。新しいアイデアを検証する個々人と、プロトタイピングを行う各グループに適切なやり方で肥料を与えれば、全社的な変革が実現する可能性は、あたかも芽生えを待つ畑のように成長していくはずだ。またこの段階では、雑草の除去作業も大切で、懸念や失望、恐れといった要素を探し出し、それらについて話し合い、留意することが求められる。

　このフェーズを強化する有効な方法の1つが、組織に「学習ループ」を取り込むことである。それにより、望ましい方向へと向かう変化を観察するよう人々に促し、さらにそれをフィードバックとして、他者（スポンサーのほか、望ましい変化を支援するリソースを持ち、変化を一層強化してくれる人々）と共有するよう奨励することが可能になる。醸成の段階におけるこのような学習ループでは、多くの洞察が新たに生まれる。また、人々は新たなアイデアや働き方の実践を阻む障壁を検知し、予測できるようにもなる。どの試行が功を奏し、どの試行が期待通りの成果を上げないかも明瞭に見えてくるだろう。驚

第15章　変革の強化　509

きから大きな学びを得ることも珍しくない。その驚きは、喜ばしいものもあれば、そうでないものもあるだろう。

　醸成の段階では、モデルづくりの段階でのコミットメントに対して人々に責任を担ってもらうのも有用である。ただし個々のコミットメントの評価は、その結果ではなく、何かに挑戦したということに基づいて行うことが重要である。解決策を実行して成功させるという責任を負わされると、人は学んだことを報告しなくなり、失敗を自分の中で抱え込み、結果をよく見せようとしてしまうからだ。

　さらに醸成の段階では、スポンサーと変革チームでミーティングを開き、あたかもプロジェクトの現状報告会のように、一般のスタッフはただ進捗や成果を報告するだけというスタイルを取ってはならない。そうではなく、何がうまくいき、何がうまくいかないか、望ましい変革を強化するために何ができるかといったことを、仲間同士で探っていけるようなミーティングを開く必要がある。スポンサーとリーダーが、変革を起こそうとしている人々とオープンかつ中立的な対話に積極的に関与することで、反復される対話とフィードバック・ループを通じ、解決策や戦略、組織文化が徐々に調和していくはずである。

　ここで、筆者らのコンサルティング事例を紹介しよう。

　　筆者はある企業から、プロジェクトのより効率的かつ効果的な管理に向けたコンサルティングを依頼された。顧客関連のプロジェクトに参加するスタッフらにプロジェクト・マネジメントのトレーニングを行うというのが、当初のアイデアだった。ところが、コンサルティング内容に関する経営陣とのセッションの結果、スタッフらはすでに複数のトレーニングを受けており、プロジェクト管理の改善を阻む要因はどうやらほかにあるらしいことが明らかになった。そこで筆者はプロジェクト・マネジャー、プロジェクト・メンバー、彼らの上司を集め、「プロジェクト・マネジメント・ダイアログ」を試みた。その結果、従来とは異なる別のナラティブが現れた。一部のプロジェクトにおける非効率性や障壁は、スキル不足から生じているわけではなかった。実は、「問題点を指摘する

のではなく、解決策を提案しなさい」というリーダーのマインドセットに起因していたのである。プロジェクト・マネジャーはリーダーからの叱責を恐れ、プロセスの初期段階で生じるデリケートな問題や課題を指摘してこなかったという。このような現状が、手遅れになるまで学ぶことができない環境を生み、場合によってはプロジェクトを期限内に、規定の品質で、あるいは予算内に終了できないという結果を招いていたのである。

　この新たな洞察から、プロジェクト・マネジメントに関する別のトレーニング・プログラムの導入は、無駄なコストになるだけだと判断された。代わりに、プロジェクト・マネジャーと彼らの上司が、プロジェクトの実行と成功に関するメンタルモデルを見直し、改善していくことになった。新たに生まれたナラティブについて上層部との継続的な話し合いを通して洗練させていった結果、各プロジェクトについて定期的に対話が行われるようになり、プロジェクトの成功をいかに改善できるか、関係者が協働して探る機会が生まれた。また、同社がグローバルに行ってきた既存のプロジェクト・マネジメント・トレーニング（多肢選択式でテストを行うプログラム化されたコース）には、アクションラーニングの要素や、実際の事例やプロジェクトをテーマとしたディスカッションが新たに加えられた。上層部の学習プログラムには対話やピア・コンサルティング・セッションも取り入れられ、現在では学習のあり方や、悪い報告への対処方法などについて、リーダー自身がマインドセットの見直しを実践している。

　醸成の段階では、モデルづくりの段階で試みて成功したアイデアに、さらなる改良と試行に向けたリソースを振り分ける必要がある。前述したように、醸成の段階で必要になるリソースは、変革プロセスの初期段階、つまりイベントを実行する前に用意しておかなければならない。リソースの配分をうまく行うには、ゲート・モデル（各段階の定義と次の段階へのゲートにおける透明な意思決定の基準がある方法）に従い、新たなアイデアや変革がどこでモデルづくりの段階から醸成の段階にシフトするかを明確化しておくとよい。ゲート・モデルがあれば、アイデアや解決策が投資に値するかどうかに基づいて、

第 15 章　変革の強化　　［511］

リソースに関する強固な意思決定を下し、適切に配分することができるはずだ。ゲート・モデルをリトマス試験紙として、リーダーシップ・チームが新たなアイデアへの支援を継続するかどうか見極めることも可能だろう。

　また、すでに広く受け入れられ、大勢が参加してきたアイデアや解決策を、リーダーが醸成の段階で台無しにしてしまうと、従業員や関係者のモチベーションや積極性が損なわれる恐れがある。したがってリーダーシップ・チームは、醸成の段階全体を通して変革プロセスに関与しなければならない。あるいは、対話イベントやモデルづくりの段階で形成されたプロジェクト・グループや変革の取り組みに、リーダーシップ・チームのメンバーが積極的に参画し、貢献できればなお望ましいだろう。組織の未来を築くのは、ホールシステムの共同責任である。そして、そのための道筋を切り開く作業は、リーダーシップ・チームが他者に委任できない特別な責務なのである。

醸成の段階を強化するアクション

　OD実践者やスポンサー、変革チームがこの段階の活動を強化するために実践できるアクションには、さまざまなものがある。

- 個人とグループが、有益な方向に進んでいるかどうか質問をしたり、対話を実践したりできる場所を提供する。彼らが創り出した生成的イメージに合わせ、フィードバックを提供して支援。
- スポンサーが個人やチームの行動を継続的に見守って鼓舞するような積極的な関与を奨励する。スポンサーが積極的な関与をやめてしまうと、個人やチームの勢いはあっという間に失われてしまうものである。
- 望ましい変革を見える化してくれる構造やプロセスをつくり始める。たいていのスポンサーは多忙な上級管理職で、成功につながり得る試行の特定をコンサルタントやデザイン・チームに任せがちだ。ODコンサルタントはこのことを踏まえ、支持者を獲得しつつあるアイデアの実践に必要な構造やプロセスの探索をサポートしていく。
- 人々が新たなアイデアに対して責任を持ち、それらを検証して、プロトタイピングと改良を経た後に、組織内および外部のステークホルダーに

対し垂直的にも水平的にも洞察を拡散させる方法を見出せるよう、絶え
ず支援を続ける。

- 変化や小さな勝利を発見し、称賛する方法を定める。望ましい変革を紹
介し、それらの変革について話し合うイベントを定期的に開いてもよい
だろう。イントラネットやウェブページを活用して、成果を発見し、紹
介することも可能だ。近ごろは多くの人がポケットにカメラを入れてい
るので、対話型の変革プロセスから生まれた変化を短い動画に撮り、サ
イトにアップロードすることで、変化を形あるものとして認識させるこ
とができる。

醸成の段階に備えるための有益な問い

コンサルタントやスポンサー、デザイン・チームが醸成の段階における変
革の強化に備えるには、以下のような問いが有益である。

- プロトタイプの有効性と可能性に関する初期の評価フィードバックに対
し、どのように対応するか？
- よいアイデアに対する障害や障壁を確実に発見し、対処するにはどうす
ればよいか？
- 目標の見直しはあったか？　あった場合、提案されていた解決策にどの
ような影響が及んだか？
- 予算もない、明確に定義もされていない変革の取り組みに、プライベー
トも仕事も忙しい人々が参画できるような時間と場所をどうすれば用意
できるか？
- 新たなアイデアやプロトタイプ、解決策を実践するために、新たに獲得
するべきスキルは何か？
- 対話イベントから生まれた多様な見方を人々が統合するのを、いかにし
て支援できるか？
- 価値ある変化を追求する個人とグループは、どのようなリソースと設備
を必要とするか？　それらのリソースは、いかにして獲得できるか？
- どの変革を支援し、リソースを配分するか（あるいは配分しないか）をい

かにして決定するか？　意思決定プロセスをどのように説明し、決定されたことをどのように伝え合うか？

- リーダーシップ・チームは組織内のどこで、どのようにして、変革のための実作業に関わるべきか。たとえば、対話セッションをホストする、プロジェクト・チームや変革の主導チームに貢献する、説明責任とコミットメントを継続する、といったアプローチのいずれが望ましいか？
- 体験の共有、ピア・コンサルティング、アクションラーニングなどのための土台をどのように確実にしていくか？

埋め込みの段階

　埋め込みの段階では、小規模な試行やプロトタイピング、ステップ・バイ・ステップの変革などを、より大規模なシステムに組み込んでいく。この段階では、リーダー同士が協働して、新たな現実をサポートし得る組織構造とプロセスを定義し、それらの構造とプロセスの確立を支援して、少なくとも次の変革の波がやって来るまで、目の前の変革を維持していくことが重要となる。

- **構造**：業務の振り分けと連携にかかわる、あらゆる構造のこと。さまざまなタスクや役割の設計、業務の連携、人材のグルーピング、権限の付与といったあらゆる変数を含む。
- **プロセス**：行動を導き、影響するような、組織内における公式的／非公式的な側面のこと。方針、手続き、ルール、規制、報奨制度、規範、価値観、信念、文化、「上司が注意を向けていること」などを含む。

　埋め込みの段階では、これまでのプロセスに参加してきたすべての人を招き、目指す変革をシステムに組み込むために考慮するべき要素を、協働して明らかにすることには意味がある。先に行ったプロトタイピングや試験的運用について、真の成果が明らかになるのがこの埋め込みの段階だ。プロタ

イピング／試験的運用における検証やフィードバック、アイデアの拡充といったステップが、成功する変革案と、そうではない変革案を明らかにしてくれるからである。目指す変革が複雑で、その効果が事前に予測しにくいとき、変革案の成否の判断は特に重要だ。実際にうまくいき、有益だとわかった新たなアプローチであれば、埋め込みの段階を経て組織とその文化に組み込むことができるからである。

　埋め込みの段階では、それまで誰も予測していなかった制約が、転換的変革の前にほぼ確実に立ちはだかる。前述した4つの役割を備えた参加者が変革プロセスに正しく参加しており、それらの参加者が各自のアイデアを融合し統合できるなら、埋め込みの段階で現れる数々の制約を明らかにして、比較的容易に対処することができるだろう。変革の勢いが停滞する場合、その理由はたいてい、システム内で対話に招かれず、変革のプロセスをほとんど理解していない、あるいは、プロセスを支持していない一部の人々による、プロセスへの関与の欠如にある。だからこそ、スポンサーが適切なネットワークの構築と発展に携わり、組織の上層部によるサポートを確保することが、変革プロセスの進捗とともにますます重要になっていくのである。

　新たなアイデアや試行、解決策が一定の成熟度に達し、ついにゴーサインが出たとき、リーダーシップ・チームはその実現を後押しするという判断を積極的に下さなければならない。この段階でのリーダーシップ・チームの躊躇は、せっかく築いてきたすべてのエネルギーや勢いに冷水を浴びせるようなものだ。こうなると、変革に対する意欲もコミットメントもまず維持できないだろう。

　この段階では、それまでの道程から学んだ教訓を蓄えて、未来の変革の取り組みに活用できるようにしておく。さらにこれらの教訓の一環として、成功を称賛したり、成果を認めたりすることも重要である。組織は常に変化し、発展し続けるものであり、この段階ではすでに別の課題に関する変革プロセスに入っている可能性もある。さまざまな教訓は、組織が未来の変革プロセスの糧となり、集合的な知恵と自尊感情を築くことができるような有益な土台を提供する。

第15章　変革の強化　515

埋め込みの段階の実践例として、7万人以上の従業員を抱えるあるグローバル企業が、従業員の6割を対象に対話スキルの開発を目標としたトレーニングの実施を決定したエピソードを紹介しよう。この変革の取り組みは、痛みを伴う組織再編の後、同社が自信を取り戻し、部門や国を横断して組織を結び付けることを目指して着手されたものだった。そして、信頼と継続的な学習の文化を醸成することも目的としていた。3日間にわたるトレーニングは、職位や部門、地域の異なる40〜50人の参加者グループごとに、社内のファシリテーター主導で、全14カ国語で実施された。従業員の過半数が戦略的あるいは生成的ダイアログを実践できるようになれば、ホールシステムで常に質の高いコミュニケーションが図れるようになり、それによって現状を絶えず把握しながら継続的な学習を実現できるだろうというのが、トレーニング実施の論拠である。最終的に人事部門のグローバル・マネジャーは、10年間にわたってこのアプローチを実践したことになる。

　筆者の1人が、同社の活動地域の1つで行われるトレーニングの統括役を担い、毎年2,000人以上の従業員にトレーニングを実施した。大規模な概念理解とスキル向上の取り組みの効果はまさに一目瞭然だった。あらゆる職位や部門の従業員が、変革に関する共通の言語を身につけ、業務領域を別にする同僚ともずっと容易につながれるようになった。「創造的緊張」、「メンタルモデル」、「戦略的対話」といった概念が組織内に広く浸透し、全社的に対話を促進するという成果も得られた。さらには、グローバルな環境で多様なチームと協働することにより、従業員らは以前よりも容易にコミュニケーションし、ともに探究することが可能になったのである。

　筆者らの見解では、この変革の取り組みは同社の文化に多大な影響を及ぼし、組織そのものも10年間というスパンで新たなレベルの成功を達成できたと言える。トレーニング・セッションから始まった対話や概念理解、スキル向上は、全社的な対話のきっかけとなった。その結果、従業員らは変革のアイデアを創出し、育めるようになり、効果的な対話と探究のプロセスをは

じめとする新たな要素を組織文化に組み込みながら、持続的な方法で関わり
方のパターンに変化を起こしていったのである。

埋め込みの段階を強化するアクション

　OD実践者やスポンサー、変革チームが埋め込みの段階の活動を強化する
ために実践できるアクションには、さまざまなものがある。

- リーダーとの対話を実践することで、先の2つの段階で生まれた新たな
  行動を持続させるために必要な構造とプロセスへの気づきを高める。
- プロトタイプを開発し、試験的運用を行ったチームによるプレゼンテー
  ションを支援して、関係者との成果の共有および教訓を見出すことを促
  す。
- 新たに発見された要素、デザイン基準、戦略および文化の連携や調和に
  ついて、リーダーシップ・チームが評価を行うためのオフサイト・ミー
  ティングを設ける。
- 構造やプロセスの新たな要素を組織内へ組み込むことに関する意思決定
  を支援し、組織文化への影響に関する気づきを高める。古い業務プロセ
  スや非公式なコミュニケーションのルーチンから脱却するには、新たな
  プロセスやルーチンが人々に大きな価値を確実にもたらすことが重要で
  ある。したがって、人々が新たなプロセスを実体験し、自らの目でその
  メリットを確認できるような方法を編み出すことで、彼らが新たなプロ
  セスの支持者になれるよう後押ししていく。
- 人々が新たなプロセスや手法を実験しながら、それらの新たな行動に対
  する経営陣の支援を目撃する場として、シミュレーション・ワーク
  ショップを開催する。このようなワークショップは、醸成の段階で開く
  ことも可能だ。埋め込みの段階で行う場合は経営陣も参加し、ワーク
  ショップで部下らとフィードバックやアイデアの改良を実践した上で、
  新たなプロセスに関する意思決定を下すことが望ましい。
- リーダーらが組織内で実現したいと考える変革の模範となるのを支援す
  る。これは、新たな構造とプロセスの組織内への埋め込みを強く後押し

第15章　変革の強化　517

するはずだ。リーダーは、良かれ悪しかれロールモデルであることを
しっかりと自覚していなければならない。たとえば、リーダーからの
フィードバックを定期的な活動として実践していくことが望ましい変革
なら、経営陣が率先して自らの上げた成果と学習について語る必要があ
る。

埋め込みの段階に備えるための有益な問い

　埋め込みの段階で変革を強化するには、以下のような問いが有益である。

- これまでに人々はどのような体験をしてきたか？　変革プロセスの成否
  を評価する上で、彼らの体験をどのように活かせるか？
- 貢献が認められ、称賛されるべき人は誰か？（従業員、マネジャー、経営陣、
  外部のステークホルダー）　誰が称賛するべきか？（従業員、マネジャー、経
  営陣、外部のステークホルダー）
- スポンサーや人々がサポートしようとしている変革にとって、障壁とな
  り得る古いシステムや文化規範はないか？
- リーダーらが真っ先に、望ましい行動の模範となるのを促進するにはど
  うすればよいか？　模範となれないリーダーには、どのように対応する
  べきか？
- スポンサーや人々が期待している変革を確実に実現するために、組織内
  の全領域を見渡してみて、プロセスに参画させるべき人は誰か？
- 変革のプロセスについて、参加者と組織は何を学んできたか？　それら
  の学習をいかにして組織内に組み込めば、イノベーションを推進できる
  か？
- 想定外の成果はあったか？　それらの成果にどう対処していきたいか？

3段階モデルによる対話型の変革の事例

　3つの段階に沿った変革の事例を紹介しよう。

　　　ある企業のシニアマネジャーらとの対話イベント（毎年行われるプランニ

ング・セッション）において、その年の目標と重要業績評価指標（KPI）を長期的な視野に立って今以上にうまく連動させるにはどうすればいいかが話し合われた。モデルづくりの段階では、社内のさらに幅広い領域からリーダーが参加してさまざまな対話が進められた。そして、ある対話をきっかけに、「一層幅広くリーダーを集めて」、「戦略ワークショップを開催する」ことが決定された（いずれもモデルづくりの段階の成果例と言える）。実際のワークショップでは、同社が市場リーダーおよび大手グローバル企業としてのポジションを維持する上で重要となる、3つの長期的な戦略が策定された。それぞれの戦略は、(1)新たなリーダーシップ文化を醸成し、(2)それによってグローバル・ビジネス・ネットワークとの結び付きを強化しながら、(3)イノベーション・リーダーになることを目指す、というものである。

　ワークショップのイベントに続き、参加者らはこれら3つの領域に関する探究に着手し、アイデアを醸成の段階へとシフトさせた。醸成の段階では、多様な意見の創出を目指し、経験豊富なリーダーや若手スタッフを社内のあらゆる分野から集めたラージグループ・イベントを開催。この対話イベントでは、複数のグループが自己組織化され、さまざまな課題についてさらなる探究が実践された。こうした醸成の段階を通じて各グループは、組織を横断したプロセスへの一層幅広い積極的関与を実現した。さらに自己組織化した多様なグループは、新たなアイデアのプロトタイピングも試みた（ここでモデルづくりの段階に戻っているが、前回より高いレベルでのモデルづくりである）。

　たとえば、イノベーションに向けた戦略的な変革を推進する上では、同社は社内の多様な領域でさまざまな「意識活性化プログラム」を試みた。従業員らが現代美術館を訪れ、メンタルモデルがどのように構築されるかを考察して、実際の対話にそれらのメンタルモデルを用いるといったプログラムである。この試みに続き、各部門のリーダーが新たなアイデアのいくつかを検証して改良し、ビジネス・チャンスへと発展させた（醸成の段階の成果例）。その後、さらなる対話とフィードバック・ループを経て、リーダーらは新たなトレーニング・プログラムを導入してスキル

第15章　変革の強化　　［ 519 ］

開発を行うことを決定した（埋め込みの段階）。プログラムを通じ、「イノベーション・エージェント」を育成して、イノベーションと未来のビジネス・チャンスに関する組織横断的な対話を推進する役割を担わせた。続けて、これまでのプロセスで明らかになったビジネス・チャンスに基づき、リーダーとイノベーション・エージェントが新規事業の開発を目的とした公式ワークショップを開いた（埋め込みの段階の成果例）。

　以上の対話、ワークショップ、リーダーシップの積極的関与はすべて、その場その場で生まれたアイデアであり、1つ前のステップでの成果に基づき、一歩一歩進められている。戦略的なプロセスデザイン、あるいは、ロードマップといったものは一切用意されていない。この事例では、こころの知能指数（EQ）と好奇心を兼ね備えたCEOが、変革プロセスにホールシステムを招いたことが成功の大きな要因と言えるだろう。

ナラティブと生成的イメージ：
2つの大いなる牽引力を強化するには

　これまで本章では、優れたアイデアとモチベーションあふれる人々から生まれた変革を、いかにして強化できるかを見てきた。このセクションでは続けて、組織において継続的な変容を実現する上で欠かすことのできない2つの牽引力、すなわち、新たなナラティブと生成的イメージの強化を、ODコンサルタントがいかにして支援できるかを考察していく。特に第4、5、16章で指摘するように、組織の変容の基盤となるコミュニケーションおよび意思決定の根底には、人々が物事やイメージ、シンボルを理解し、新しい何かを生み出す際に利用する「ストーリー」がある。
　対話型OD実践者にとって最も重要なスキルの1つが、可能性を秘めた新たなナラティブや生成的イメージが生まれたときに、それに気づく能力だ。これは、科学というよりむしろ芸術、データ分析というよりむしろ文学批評に近い力である。対話型OD実践者は、生成的イメージや強力なストーリー

が浮かび上がろうとするその兆候を、油断なく察知しなければならない。兆候は、エネルギーの変化あるいは人々によって反復される新たな思考パターンなどさまざまである。皮肉なのは、コンサルタント自身の自己内省によって兆候が見えてくることもあるという点だ。第4、7、9、17章で詳述される内省的なアプローチで組織と関与した場合、コンサルタントは、自らのエネルギーや好奇心、あるいは関心の変化を敏感に感じ取ることができる。そうした瞬間にこそ、ナラティブや生成的イメージは形成されている。だが強力な生成的イメージやナラティブになり得た何かは、それらをしっかりとつかみとり、注目して働きかけなければ、レーダーの届かない領域に消え去ってしまうこともある。

　生成的イメージや新たなナラティブは、容易につかみとれるわけではない。対話イベントの参加者の間から、完成した形で生まれてくることはまずない。OD実践者はいわば彫刻家となって、対話イベントで発掘されたデコボコだらけの岩を1つのアートとして形を整え、磨き上げなければならないのである。

　インマンとトンプソン（Inman and Thompson, 2013）が紹介する事例では、敵対する2つのマネジメント・チームとのワールド・カフェを開催後、社内の対話型ODコンサルタントが対話の内容に基づいてチームのために新しいストーリーを書いた。そのナラティブでコンサルタントは、両チームが潜在的に抱いているはずの希望を察知し、チームが従来のストーリーを見直すのを促した。各チームに対して新たなストーリーを読み聞かせた後、コンサルタントは彼らに、必要に応じてそのストーリーを変更してもかまわないと促した。チームが守りの態勢に入り、元のストーリーに近いものに変えようとするかどうかを試すのがねらいであった。結果として、マネジャーの誰一人として書き換えたがる者はおらず、むしろ新たなストーリーは歓迎された。1年半が経過した時点でも、両チームはこのストーリーを、新たな協働体制に向けて自分たちを引っ張ってくれた命綱として大切にしている（埋め込みの段階の成果例）。

　可能性を秘めていると思われるナラティブや生成的イメージを浮かび上がらせたら、いくつかの方法で、そのインパクトを強化することができる。あ

らゆる機会をとらえてそれを口にし、書き記し、シンボル化して、組織の
リーダーに受け入れてもらうのである。組織文化に変化を起こすには、リー
ダーがその先頭に立たなければならないが、そのためにはリーダー自身が語
るストーリーと用いるイメージを通して、変化を自ら体現する必要がある。

　最近の事例では、ローマ法王フランシスコが就任に際し、「癒やしの教
会」という生成的イメージを用いてカトリック教会の変容を推し進めた。フ
ランシスコ法王はその後も、貧困や行き過ぎた資本主義に関する文書や談話
を通じ、このイメージの強化に努めている。

　そもそも「フランシスコ」という法王名が、世俗のあらゆる所有権を放棄
したアッシジの聖フランシスコ（フランチェスコ）にちなんだ、包括的なナラ
ティブのシンボルなのである。さらに聖フランシスコ同様、フランシスコ法
王はナラティブのシンボルとして、法王らしい華麗な装飾物の使用をやめ、
宮殿ではなく近代的な2部屋のアパートメントに住み、運転手付きのメルセ
デス・リムジンを使わずに大衆車のフォード・フォーカスで市内を巡るとい
うスタイルを貫いてきた。フランシスコ法王の生んだ新たな生成的イメージ
とストーリーはすでに強力なインパクトを発揮しており、カトリック教徒の
バチカン巡礼が数十年ぶりの数に達しているほどだ。地球上で最も古く、最
も規模の大きな組織の変容を、フランシスコ法王がどこまで成し遂げられる
かはまだわからない。だが筆者らは、法王は一種の対話型OD実践者ではな
いかと考えている。

　ナラティブと生成的イメージのインパクトを強化し、転換的な変革の取り
組みを加速させるには、組織の日常にナラティブとイメージを具体的かつ象
徴的に統合すればよい。それにより徐々にナラティブとイメージが慣習化し
ていき、プロセスや構造が実現されていく。

［ 522 ］　第Ⅲ部　対話型ODの実践

本章のまとめ

　対話型の変革プロセスは、常に変化し続ける世界に対して組織が備えるための支えとなる。人生における変化と同様、ビジネス環境の絶え間ない変化に対応するためには、組織は自発性と柔軟性、そして、ゲームをリードし続ける能力を身につけていなければならない。対話型の変革プロセスは、即興性や創発性、流れ、試行という形で、絶えず変化する世界を形成するあらゆる有機的要素を活用できたときにこそ、その成果を発揮する。トップダウン・アプローチの変革と異なり、対話型アプローチの変革はアイデアを持った誰もが参加して、変革のための新たなモデルを提案したり、他者へのフィードバックを提供したりできるのである。

　本章では、3段階モデル（モデルづくり、醸成、埋め込み）を用いて対話型の変革を考察し、対話イベント終了後にさまざまな機会を強化する方法を詳述した。組織が変革の種をまき、肥料を与え、新たなモデルを育むための手法も紹介した。モデルづくりの段階ではスポンサーが、自己組織化のプロセスに積極的に参加し、新たな何かを試そうとする人々を支援し、彼らがリスクを取り、課題のために行動するのを奨励することが必要である。このような種をまく際には、成果を上げることではなく、何かを試みることを重視する必要がある。続く醸成の段階では、イノベーションの小さな芽や望ましい変革を目に見える形にすることで、スポンサーはいつ、どこで肥料を与えるかを知っていく。さらに埋め込みの段階では、他のリーダーの支援を受けながら、スポンサーが組織全体に変革を組み込んでいく。そうすることで、複雑性や反応性、適応性が増していく変革を、構造とプロセスによって支援することが可能となる。

　ODコンサルタントは、対話型の変革を力強く導くことができる。適切なスポンサーシップの構築、デザイン・チームの結成、さまざまな対話イベントを含めた戦略的なデザインの策定、多様な見方の統合、探究の組み立て、コンテナのホストといった役割に加えて、ODコンサルタントは対話型の変革プロセスにおいて生まれるエネルギーとアイデアを強化する戦略を駆使し、

優れたアイデアを組織の新しい現実に転換させる必要がある。そのために
ODコンサルタントは、小さな勝利や成功した試行、勢いを得たアイデア、
驚くべき成果、想定外の好ましい成果を活かす必要がある。また、構造とプ
ロセスを組織に組み込むのを支援し、対話イベントから生まれた変化をスポ
ンサーが見守って鼓舞することができるように、構造やプロセスを組み込む
のをODコンサルタントが支援することも必要だろう。

　シャインが本書の序文で述べているように、対話型アプローチの変革プロ
セスに必要なツールや行動様式、指向性は、60年以上も前から存在する。
にもかかわらず、現在このアプローチを意識的かつ意図的に応用している組
織はごくわずかである。これは、我々がまだ20世紀初期の科学的なマネジ
メント理論に基づいたリーダーシップ・スタイルから抜け出せていないこと
の証ではないだろうか。だがそのようなマネジメント・アプローチは、シン
プルかつ機械的な組織構造にしか、もはや通用しない。

　組織がネットワーク化されるに従い、日々直面する課題は一層複雑化し、
厄介になっていく。また、今日の創造的な人々は、職場とビジネスを共創す
ることを強く希望している。こうした環境で必要なのは、誰もが参加でき、
誰でも招くことができる、柔軟な組織の枠組みである。OD実践者が対話型
の思考を組織に組み込むのは、決して容易ではないだろう。道理や合理性は
往々にして、潜在意識下のプレッシャーや不安に駆逐されてしまうものだか
らだ。

　未来がどうなるかはわからないが、1つだけ明白なことがある。変革につ
いて私たちが今学んでいることも、変化し続けているということである。未
来の社会では、組織はもっとオープンに、対話と協働を通じて変革を実践し、
対処する新しい方法を探究していることだろう。これが、21世紀のネット
ワーク経済における適応を要する課題への、唯一の答えではないだろうか。

第Ⅲ部　対話型ODの実践

引用文献

Barrett, F. J. (1998). Creativity and Improvisation in Jazz and Organizations: Implications for Organizational Learning. *Organization Science*, 9, 605-623.

Barrett, F. J. (2012). *Yes to the Mess*. Boston, MA: Harvard Business Press Books.

Brown, T. (2009). *Change by Design*. New York, NY: HarperBusiness. (『デザイン思考が世界を変える』ティム・ブラウン著, 千葉敏生訳, 早川書房, 2014年)

Bushe, G. R. (2001). The Appreciative Self: Inspiring the Best in People. *In Clear leadership* (pp.155-180). Palo Alto, CA: Davies-Black.

Bushe. G. R. (2013). Generative Process, Generative Outcome: The Transformational Potential of Appreciative Inquiry. In D. L. Cooperrider, D. P. Zandee, L. N. Godwin, M. Avital, & B. Boland (Eds.), *Organizational Generativity* (pp.89-113). Bingley, United Kingdom: Emerald.

Bushe, G. R., & Kassam, A. (2005). When Is Appreciative Inquiry Transformational? A Meta-Case Analysis. *Journal of Applied Behavioral Science*, 41(2), 161-181.

Bushe, G. R., & Pitman, T. (1991). Appreciative Process: A Method for Transformational Change. *OD Practitioner*, 23(3), 1-4.

Bushe, G. R., & Pitman, T. (2008). Performance Amplification: Building the Strength Based Organization. *Appreciative Inquiry Practitioner*, 10(4), 23-26.

Collins, J., & Hansen, M. T. (2011). *Great by Choice*. New York, NY: Harper Business. (『ビジョナリーカンパニー 4──自分の意志で偉大になる』ジム・コリンズ著, モートン・ハンセン共著, 牧野洋訳, 日経BP社, 2012年)

Forchhammer, L. S., & Straub, W. (2013). *Verändern: Change Praxis für Entscheider und Führungskräfte*. Gmund am Tegernsee, Germany: Comteammedia.

Heifetz, R., Linsky, M., & Grashow, A. (2009). *The Practice of Adaptive Leadership*. Boston, MA: Harvard Business School Press. (『最難関のリーダーシップ──変革をやり遂げる意志とスキル』ロナルド・A・ハイフェッツ, マーティン・リンスキー, アレクサンダー・グラショウ著, 水上雅人訳, 英治出版, 2017年)

Inman, J., & Thompson, T. A. (2013). Using Dialogue Then Deliberation to Transform a Warring Leadership Team. *OD Practitioner*, 45(1), 35-40.

Lockwood, T. (2009). *Design Thinking*. New York, NY: Allworth Press.

Pascale, R. T., Sternin, J., & Sternin, M. (2010). *The Power of Positive Deviance*. Boston, MA: Harvard Business Review Press.

Salancik, G. (1978). Commitment is Too Easy. *Organizational Dynamics*, 6(1), 62-80.

Snowden, D. J., & Boone, M. E. (2007). A Leader's Framework for Decision-Making. *Harvard Business Review*, 85(11), 69-76. (『臨機応変の意思決定手法』デイビッド・J・スノウドン, メアリー・E・ブーン著, DIAMONDハーバード・ビジネス・レビュー, 2008年)

Sternin, M., Sternin, J., & Marsh, D. (1997). Rapid, Sustained Childhood Malnutrition Alleviation Through a "Positive Deviance" Approach in Rural Vietnam: Preliminary Findings. In E. Keeley, B. R. Burkhalter, O. Wollinka, & N. Bashir (Eds.), *The*

Hearth Nutrition Model: Applications in Haiti, Vietnam, and Bangladesh. Arlington, VA: Basics.

第16章

対話型ODパラダイムによるコーチング

シュネ・スワート

　本章では、コーチング現場での対話型ODの可能性と実践を詳しく見ていく。それらは、ポストモダンのパラダイムにおける社会構成主義（Burr, 1995; Gergen, 1994; Gergen and Gergen, 2003）、ポスト構造主義（Foucault, 1977, 1980）の概念から派生したナラティブ・プラクティス（White and Epston, 1990; Swart, 2013）に基づいている。なお、これらを支持する類似の概念については第3章と第4章でも論じられている。

　本章では以下のような課題を検証していきたい。ナラティブとは何か？　なぜナラティブが重要なのか？　その解釈においてコーチングとは何を意味するのか？　ナラティブ・コーチングはどう機能するのか？　ナラティブ・コーチングは対話型ODにどう一致するのか？　こうした協働的コーチング・プロセスからどのような成果が得られるか？　コーチングを行うことによって、クライアントの世界、または、クライアントと組織の関係はどのような影響を受けるのか？

　対話型ODアプローチにおいては、創発と協働により、コーチング関係におけるあり方が変容していく。そのような創発と協働の価値をこれから見ていくことにしよう。

ナラティブとは何か？　なぜナラティブが重要なのか？

　クライアントはそれぞれの人生の多様なナラティブと切っても切れない関

係にある。どのような関係に価値を見出すか。どのコミュニティに所属し、どのような過去を持っているか。どの都市、国家、経済制度のもとで育ったか。それらのナラティブや、テクノロジーの利用を通じて一構成員として参加する国際社会のナラティブも含め、ナラティブの多様性が彼らを彼らたらしめていると言えるだろう。

コーチングの会話においては、クライアントのナラティブの多様性を引き出し、受け入れ、探究する。不明瞭な点や矛盾点も含めて、洗いざらい語ってもらうのだ。そして、ナラティブを再び語り、ストーリーを書き直してもらう。初見の段階でナラティブの有用性を判断したり、区別したりすることはない。そのためクライアントはどんなナラティブでも語ることができ、コーチはすべてを聞く。クライアントは彼らが語るナラティブの多様性の豊かさをすべて知り尽くしたエキスパートであると同時に、彼らの人生およびナラティブのスポンサー、あるいは、書き手であると見なされる。

ナラティブは人生をストーリー化する過程で形成される。人生における出来事や行動に意味を見出し、それらを織り込みながら、一貫したストーリーラインを作り上げることでナラティブができあがる。このストーリーラインは、個人あるいはチームとして自分たちが何者であるかという「アイデンティティ結論」（White, 2004, p. 31）にたどり着く。たとえば、「私たちのチームはバラバラだ」、「自分は優れたリーダーではない」、「私はただ夢を追っているだけだ」といったアイデンティティ結論が考えられる。人間にはストーリー化する才能がある。その強みは、意味を生成するという行為を通して、自分たちのアイデンティティや相互関係、現実について結論を下せることにある。

アイデンティティに関するこうした結論の土台には、さらに別の層のナラティブがある。このナラティブは「当然と見なされている信念」や考え、あるいは「支配的ナラティブ」と呼ばれ、私たちが生まれ育ち、影響を受けてきた家庭や文化、地域社会、組織、国家の中で社会的に構築される。たとえば、「上司不在の会議は出席する価値がない」、「収益を左右しない活動は行う価値がない」、「仕事にすべてを捧げなければ昇進できない」、「成功しているかどうかは、着ている服や乗っている車で判断される」などである。

物事のあり方を説明する支配的なナラティブは、集団の中で共有され、

人々が世界を意味づけするのに一役買い、決定や行動の論拠となる。こうした支配的なナラティブには行動を形成する効果や構成する力があり、そのためクライアントの人生に影響を与え（White and Epston, 1990; White, 1991; Freedman and Combs, 1996）、彼らを人間性やアイデンティティ、望ましいナラティブから引き離すこともある。支配的なナラティブによって、クライアントは自分たちの行動には何ら特別なことはなく、ごく普通でありふれたものだと思うようになったり、現状を変えたり、その正当性を疑うことなど決してできないと感じるようになることもある。コーチは個人またはチームとともに、クライアントが日々行っている意味の形成に関わり、もはや持続可能ではなくなった、役に立たなくなった、あるいは、有害になった支配的ナラティブが彼らにもたらす効果や影響をともに探る。

対話型ODにおけるナラティブ・コーチング

クライアントが誰かの助けを借りなければ望ましいあり方を実現できないときや、別のナラティブや可能性、パターンが必要となったときは、対話型ODコンサルタントの出番だ。クライアントは問題の経緯や懸念についてコーチングの会話を始めるかもしれないし、特定の結果を求めている場合もあれば、一般的な結果を求めている場合もあるだろう。また、どのような変革やアクションが懸念を解消し、期待通りの結果をもたらすかを正確に理解している場合もあれば、していない場合もある。

対話型ODにおけるコーチングでは以下のことを行う。

- コーチとクライアントの間に、協働者として尊重し合い、生成的でいられるような、共構成される会話や関係性を提供する。
- クライアントは日々の生活を説明する際に構築するナラティブを通じて、自分たちの現実を創り、維持するものと考える。
- クライアントが自分の考えや行動を形作っているナラティブについて深く考えられるようにサポートする。

第16章　対話型ODパラダイムによるコーチング　［529］

- 協働的な会話に積極的に関与し、その会話を通じて新たな、あるいは変容したナラティブや語彙の出現を促し、それらが新たな可能性や意味、アクションへとつながるようにする。
- クライアントを中心に据えた協働的関係を築き、その関係においてコーチは客観的な診断者になるのではなく、進行中の会話の一部となる。

　コーチングは数多くの企業で行われている。これはクライアントの経験やアクション、変革を通じて、対話型ODの考え方と実践を紹介するまたとないチャンスだ。この後のセクションでは、コーチングの現場で対話型ODの民主的な、人間尊重の、そして、協働的な価値観がどのように現れてくるかを見ていこう。なお、対話型ODの立場からコーチングを行うに当たって対処すべき課題には以下のものがある。クライアントをどう見るか？　クライアントとの関係において何が可能になるか？　どのようなアクションや質問がこうしたコーチングの道のりを創造および共創するのか？　どのような種類の質問をし、どのように回答を聴くか？

専門家としてのクライアント

　ナラティブ・セラピーにおいて、「知識」という単語は、クライアントが彼らを特徴付けるナラティブだけでなく、知識を獲得する手段においても豊富なリソースを持っていることを強調するために使われることが多い。ハンコックとエプストン（Hancock and Epston, 2008）は、こうした知識を「インサイダー情報」と呼び、次のような特徴があると述べている。

　　インサイダー情報は通常の科学的な知識の獲得方法ではなく、想像やひらめきから生まれることも多い。そのため、局所的かつ固有のものであり、時として唯一無二のものでもある。（中略）第一にインサイダー情報は知的財産または当事者（たち）の所有物であり、部外者は正当にそれらの知識の発明または所有権を主張することはできない。「インサイダー情報」は雄弁ではなく、当事者（たち）を超えて何かを主張することはない。知識を独占する意図はなく、さまざまな種類の知識および知識獲得

手段を提供している。「インサイダー情報」は控えめなため、大がかりな
構想を提起することはなく（中略）ストーリーによって、またストーリー
を通じて最もうまく伝わる（p.485-486）。

　クライアントと彼らの知識に関するこの考え方は、コーチに対するよくあ
るイメージと矛盾するはずだ。一般的にコーチは、クライアントの必要に応
じて彼らを教え、導き、修正し、サポートするというサービスやアクション
を提供するものだと思われている。だがクライアントがコーチに依存する可
能性があるこの考え方は、力と知識を伴う関係にたどり着く。この関係では、
コーチが強い特権を持ってしまう。

　一方、対話型ODのパラダイムでは、この考え方を疑問視し、逆にクライ
アントのほうが多くのインサイダー情報を持っていると見なす。そのため本
章で「クライアント」という言葉が使われた場合、クライアントは自身の才
能やスキル、能力、希望、信念、価値観、力量、夢、コミットメント、歴史、
ナラティブ、そして、彼ら自身の人生の知識に関しては専門家だという意味
を含んでいる（Anderson and Goolishian, 1992; Morgan, 2000）。

聴き役としてのコーチ

　対話型ODのアプローチでは、コーチは常に心を開いてクライアントから
彼らのことを学び（Anderson, 1997）、会話を通じて自らも変容する（原注1）
[訳注1]。各会話において、コーチはクライアントの経験と見方に基づき、彼
らの人生とナラティブに関する自らの理解を深めることに集中する。そうす
ることで、コーチはクライアントの語彙を使ってクライアントの意味づけに
寄り添えるようになる。結果として、コーチが中心にならないスタンスは、
クライアントの意見と経験を優先することにつながる。

（原注1）このセクションは、スワート（Swart, 2013, Chapter5）を引用し、まとめたもので
　　　　ある。

[訳注1]　変容はtransformation（transforming）の訳。第11章に合わせて、個人レベルの
　　　　転換的変化を変容と訳している。

これとは対照的にコーチが表16.1に示した関わりをした場合、クライアントを理解するのではなく、彼らにコーチ自身の信念、さらには社会的概念を押しつけることになる。これらのやり方はすでに正解が用意されているため、好奇心を喚起しない。また、1人のクライアントについて効果や有用性が認められた方法は、ほかのクライアントにも役立つと想定されがちだ。

　コーチとして、私たちはどのようなスタンスを採るべきか。クライアントの話からどのような情報を得るべきか。これらを意識することで、クライアントとともにコンテナを構築でき、新たな可能性の出現が可能になる。したがって、表16.2に列挙する対話型OD式の聴き方を実践することで、クライアントがそれまでは話せなかったことまで話し、コーチがそれを聴けるようになるため、孤立状態から脱し、つながりとコミュニティへの変容を促せるはずだ。

　表16.2に提示した実践は、民主的で人間尊重の、そして、協働的な価値も反映している。たとえば、相手に敬意を持ち、クライアントとコーチの力関係に常に留意し、クライアントは協働的な環境に置かれれば変革を起こし、進歩することができると信じる、といった価値が考えられる。

質問者としてのコーチ

　クライアントのナラティブを探究する上で2番目に重要なのは、質問の技（アート）である（原注2）。本章では、会話がどのように展開するかイメージしやすいようにコーチング・プロセスのための質問の例を後述するが、筆者は次のハーレーン・アンダーソンの説明を支持している。「私が何を質問するのかを私は事前にはわからないし、期待どおりの答えを得るための言葉選びもしない。セラピストは一緒に進める会話の外側ではなく内側にいるのだから、私は気取らずに自然にそこに参加したいと思っている」（Anderson, 1997, p.126）。このようなコーチング・プロセスの中で編み出される質問は、共構築する知識、言語、関係、つながりに敬意を払ったものとなる。また、

（原注2）このセクションの情報の大半は、ハンコックとエプストン（Hancock and Epston, 2008）の質問の質とプロセスに関する議論に基づいている。

▍表16.1　対話型ODコーチが避けるべきこと、すべきでないこと

- 参加者を以下の方法で正そうとすること
    - 正解を教える、または、アドバイスをする
      「同じような状況のとき、私はこうしました」
    - 役に立とうとする
      「この3つのステップを行うだけで、人生はずっと上向きます」
    - 評価を下す
      「あなたの選択はまずかったと思います」
- 相手に確認せずに、参加者が話の内容や意味を理解していると思い込むこと
- 何らかの言動について、良い、または役に立つと思ったときに褒めること
  「奨学金に申し込んだのはとても良かったと思います」

▍表16.2　対話型ODのコーチである私たちの役割

- クライアントを専門家または、[ナラティブの] 書き手と見なす
- 確信が持てないときは質問する
- 好奇心を持つ
- 会話を通じて自らも変容しようとする
- 正解を用意しないで質問する
- ナラティブの多様性を大いに歓迎する
- 過去、現在、未来におけるナラティブを考える
- クライアントの話に関心を持ち、熱心に耳を傾ける
- 会話で用いられる語彙を注意深く聴き、自分でもそれらの語彙を使う

第16章　対話型ODパラダイムによるコーチング　533

コーチとクライアントの間で交渉しながら共構築されるため、文脈から離れることもない。

対話型ODのアプローチは、質問の役割、質、質問がもたらす結果や影響に配慮している。これに基づき、表16.3と16.4には避けるべき種類の質問やスタンスと、採用すべき種類の質問およびスタンスを示した。

変容を促す質問が生み出す効果

対話型ODの取り組みでは、意図的に変容を促す生成的な質問を行い、会話の中から別の可能性が生まれ、創発が起こるようにする。こうした質問をすることで、クライアントはそれまでとは違った新しい手段でナラティブを模索し、語るようになる。また、長いあいだ忘れていたナラティブを思い出し、それによって新しい、または、それまでとは違った行動の可能性が生ま

■ 表16.3 対話型ODコーチが避けるべき質問

- クライアントに関する事柄について、相手に質問せずに理解したつもりになっている質問
- 結論を急いだ質問
- 参加者について評価を下す質問
- クライアントに適した、あるいは、最善の方法を知っていると思い込んだ質問
- クライアントを見下した質問
- クライアントを特定の回答やコーチの望む回答へと誘導する質問
- 意図が伝わらず、クライアントを悩ませる質問
- 社会的信条や概念に迎合した回答をクライアントに仕向ける質問
- 「この道のプロとしてはこう思う」などの表現を用いた、プロという立場に安住した質問
- テイクアウト・フードのようにすでにできあがっている、いつでも手軽に手に入る回答を促す質問
- 情報を与えたり、引き出そうとする質問

れる。変容を促す質問から得られる回答は、参加者に深く関わり、（急速に発展する現代文化のスピードとは対照的な自然のスピードに近い）ゆっくりしたペースで会話の中から流れ出る。こうすることで、コーチとクライアントの双方がさらによく知りたい、まだまだ話し合いたいと思うようになり、継続的な会話が生まれてくる。

　変容を促す質問により、それまで包み隠されていたナラティブが姿を現し、クライアント自身の言語および語彙で語られるようになる。この語彙は、さらに新たな質問に織り込まれていく。質問を編み出す際、クライアントは自らが関係していると捉えているナラティブから切り離された状態にしていく。この手法は「外在化」と呼ばれている（White and Epston, 1990）。たとえば、クライアントが問題のナラティブに「この会社で成功するためにもがいている」という名前をつけたとしよう。これを外在化するには次のような質問を

▌ 表16.4　対話型ODコーチのすべき質問

---

* クライアントに会話の理由、目的、方向性を示す率直な質問
* 言語、文章、アイデア、イメージ、ナラティブ、回答、質問といった、会話の中で使われた語彙から発展した質問
* 事前に用意した質問ではなく、その場で考えた真新しい質問
* 返答や会話の文脈から生じた質問
* クライアントの協働とサポート、参加を求める質問
* クライアントの考えを敬意をもって評価する質問
* クライアントが質問者を導き、コーチの好奇心がクライアントを導くように対等な関係で参加した質問
* 想像力に訴える質問
* ナラティブの豊かさと多様性を探究する質問
* クライアントが積極性と興奮と参加意欲をもって答えるように促す質問
* クライアントの好奇心や関心が反映され、うまく伝わる質問

第16章　対話型OD パラダイムによるコーチング　535

すればよい。「成功するためにもがいていると気づいたのはいつですか？」、「この会社で成功するとは、どういう意味ですか？」、「この会社で成功することの対極にあるものは何ですか？」

　ナラティブの土台となる意味や考え、信念が明らかになったら、本にタイトルを付ける要領でナラティブに名前を付けてもらう。クライアントがナラティブに付けた名前にも独自の語彙が現れるので、後から尋ねる質問の中でその語彙を使うようにする。たとえば、クライアントがナラティブに「成功するためのもがき」という名前を付けたら、「『成功するためのもがき』はこの会社での昇進にどう影響していますか？」と尋ねることもできる。クライアントは否が応でもこの質問に注目する。ナラティブの名前を選んだのは自分だからだ。この手法には主にコーチが使い慣れている言葉や話し方で会話する場合とはまったく違ったインパクトがある。

　たとえば次のような質問がこれに当てはまる。

- このナラティブに映画や本の章のタイトルのような名前を付けるとしたら、何と名付けますか？
- もし「成功するためのもがき」を時々休めるとしたら、真っ先に何がしたいですか？

　この種の質問をする理由は、ナラティブが言語を通して作られるものであり、言語がナラティブを書き直すために見返してみる媒体になると考えられるからだ。クライアントの語彙でナラティブに名前を付けたら、そのナラティブの語り直しに焦点づけた変容を促す質問をする。そうすることで、このナラティブはさらに詳しく描写され、再著述できるようになる。

　クライアントとコーチの双方が、言語を通じて世界を構築している事実を認識できると、両者はより注意深く語るようになる。そして、会話をしたり質問したりするときに、言葉や行動、関係性を通して世界を創っていることをより強く意識するようになる。人は言語を通じて世界の意味を決めているため（Anderson, 1997）、質問には、普段とは違った考え方を促し、可能性にあふれた新たな世界への扉を開く潜在力がある。クライアントが提供し、創

り出した言語および語彙を使って彼らに質問することで、新たな素晴らしい意味の世界への扉が開かれるのだ。

　会社の役員として仕事で数々の成果を上げていると自負するあるクライアントは、その実践を「優位であること」と語った。この「優位であること」とはどういう意味かを考えていくうちに、実のところ、その実践は新しいものではなく、豊かな歴史があり、その経験を活用できることに気づいた。この気づきによって、彼はもはや上司や同僚、チームとの関係性や部署内の問題に対する彼らの意見を利用するだけではなくなった。職務上関係のある人々全員に積極的に関与し、会話をすることでより主導的になり、彼の立場として前向きにどう問題に対処しているか明確に伝え、当該分野の担当役員と協働し、話し合いながら信頼できる報告を受けられるようになった。

　質の高い変容を促す質問をすれば、コーチとクライアントは可能性に導かれ、自由に想像力を働かせて別の現実を探究できるようになる。たとえば「『成功するためのもがき』を休むことができたら、現在の自分や未来の自分に対する考え方にどんな影響を与えるだろう」と考えてみてもいいだろう。対話型ODのアプローチは、構築されるストーリーや会話、行動、可能性、考え方に対して質問がどのような影響を及ぼすかにも心を配る。質問は必ずしも無害で罪がないものではなく、回答者に対して大きな力を持ち、実際に影響を与える。コーチは、クライアントが彼らを喜ばせたいと考えたり、コーチが望んでいる行動を取ろうとしたり、あるいは、あえて違う行動をしたりすることを知っている。結果として、倫理的なコーチは、常に自分たちの発言や質問とその意図を意識していることになる。たとえば、倫理的なコーチは次のように自問しながら、自分自身のナラティブ、ストーリー、語彙について自己内省をしている。

- この質問をするのは私にとってなぜ重要なのか？
- この質問で利益を得るのは誰か？
- この質問をすることで誰の声を封じることになるだろう？
- この質問の背景にはどのような社会通念があるだろう？

コーチング関係を共創する

　クライアントがコーチと対等な存在としてコーチング関係に参加できるよう歓迎し、招待するのはコーチの役目だ。これはクライアントがもたらす人生経験やナラティブ、語彙、そして双方が置かれた力関係に基づき共構築される知識の豊かさに敬意を払うことでもある。

脱パワー構造へのいざない

　参画や協働、共創を促す最初の取り組みは、コーチの役割に関連したパワー構造から脱することである。その際、以下のような質問が有用であろう。

- あなたがこのコーチングの関係性に十分に参加できるように、コーチである私について知っておきたいことは何ですか？
- あなたのコーチング経験に関する情報で、コーチである私が知り、理解しておくべきことがあったら教えてもらえますか？

共構築へのいざない

　最初の会話で、コーチはクライアントにコーチング関係に対する考え、および、どのような関係や会話、結果がクライアントにとって有益かを質問する。コーチはクライアントにとってのコーチングの意味、および、それらの意味からどのような結果がもたらされることを期待しているかにも関心を持つ。以下はコーチが尋ねる質問の例である。

- コーチングの会話およびコーチング関係をどう理解していますか？
- 今回のコーチング関係や会話で扱うことの中で、あなたにとって重要なものは何ですか？
- あなたにとってコーチング関係をスタートする際に大切な話はどんなことですか？
- コーチング関係においてどのような成果があなたにとって意味を持ちますか？

- コーチングにおいてコーチとクライアントの双方が責任を共有するとしたら、このコーチング関係における私のコーチとしての責任をあなたはどう見なしていますか？　このコーチング関係において、あなたが担いたいと思う責任は何ですか？　また、2人が共同で担う責任は何でしょう？
- 今から1年後、あなたが見出したこのコーチング関係の価値について親友に語るとしたら、どんなことを話しますか？
- 望ましいコーチング関係を歌やイメージ、メタファー、自然の中の場所で表現するとしたら、それはどのようなものですか？

　クライアントがこれらの質問に答えたら、コーチがコーチング関係や自ら担いたいと考える責任、会話の中で心を打たれた内容をどう理解しているかについて熟考していく。

　参加へのいざないが受け入れられたら、クライアントとコーチはコーチング関係を共に構築し、設計することに同意したことになる。対等なパートナーとして、両者はこの関係に責任を持ちつつ、知識を共創し、学習し、教え、ともに変容していく。共構築した会話と関係を流体ラインで示すとしたら、会話が進み、転換し、必要に応じて止まるのに合わせて、このラインも呼吸するように変化するだろう。

　コーチングの会話において、有用となると思われるものを共同で設計するように促されたクライアントは、以下のことについて会話を始めていく。すなわち、彼らが抱えている課題、語りたいナラティブ、直面している困難なミーティングや会話、ともに祝いたいと思うこと、書き直したい問題のナラティブ、などである。この時点でクライアントは自分の発達成長に当事者意識をもち、その意味を理解している。もはやコーチから指導を受け、宿題を出してもらい、次のコーチング・セッションまでに成し遂げる目標を与えてもらうのを待つようなことはない。クライアントは前進を続けながら、これからの人生のストーリーをどう記述していくかについて責任を持つよう促され、励まされるのである。

第16章　対話型 OD パラダイムによるコーチング　539

知識の共構築にいざなう

コーチとクライアントは、共有している知識に基づき、注意深く関心を持ち、共同的な探究を行うことによって会話のための状態を共構築する（Burr, 1995）。知識は会話の外にあるものではなく、コーチとクライアントが2人で築き上げるものと見なされる。また、知識は2人の会話を通じて築かれ、双方を変容させうる新たなストーリーやアクション、洞察を促す。

人間らしい活力を引き出す

コーチとクライアントの関係は人間同士のつながりに依拠する。関係的存在として、両者はコーチであるということの意味とクライアントであるということの意味、ひいてはともにいる人間であるということの意味を共同的に構築する。コーチはクライアントを才能、リソース、知識、レジリエンス（精神的回復力）、能力、「よりナラティブな資源」（White, 2004, p. 90）を持つ人物と見なす。

対話型ODのマインドセットにおいて、コーチングの会話はコーチからの介入とは見なされていない。コーチの仕事はクライアントの欠点や弱点について診断を下し、それを直すことではないのだ。コーチはクライアントがさまざまな表現を使い、多様なつながりを持てるようにするとともに、「複数の意図を持つ人生 」（White, 2004, p.86）を歩む機会を作る。それゆえ、アイデンティティの物理的、感情的、知的、精神的な構築は、ときに言葉を超えた人間らしい活力の現れとして歓迎される。クライアントはたとえば自作の歌など、音楽や芸術、体の動きでアイデンティティを語り、表現することもできる。その例となる質問を挙げておこう。

- 職場や家庭、人生、組織、コミュニティであなたが担っている役割以外に目を向けた場合、あなたのアイデンティティはどこから来たと思いますか？
- これまでで最も活力や人とのつながりを感じたのはどんな時ですか？どんな出来事や関係性、瞬間、ナラティブかを聞かせてもらえますか？
- あなたにとって大切な意味があり、人間らしい活力についてのあなたの

捉え方をよく表している音楽の曲や場所は、どういうものですか？

　才能と能力、スキルに恵まれ、希望と夢を持った人間としての姿を強調することにより、クライアントは、ともすればそれまで長い間忘れ去られていたか、どこかに隠れていたナラティブや関係性を活用できるようになる。より好ましい別の（オルタナティブな）ナラティブの可能性として、これらのナラティブや関係性が再び姿を現すからだ。

内省にいざなう

　クライアントが深く感銘を受けたものの価値について、一番よく知っているのは本人だ。そこで各セッションの終わりに、そして、コーチングによる一連の取り組みの最後に次の質問をする。これらの質問は、コーチとクライアントそれぞれではなく、2人で共創したものに焦点づける。

- 私たちが今までしてきた会話で共感できた（琴線に触れた）ことは何ですか？
- 会話の中で、どんなことに好奇心を刺激されましたか？
- 今回取り上げた話題の中で、何が想像力をかき立てましたか？
- 会話の中でどのような疑問を持ちましたか？
- 会話から何を学びましたか？
- 私たちの会話から何が可能になりましたか？（White, 2004）

　コーチもクライアントとの会話から同じように心を動かされ、感銘を受け、変容しており（Anderson, 1997; White, 1997）、単なる傍観者や観客ではなく参加者であり、協力者であり、共同構築者でもあることから、コーチも上記の質問に答えるようにする。

変容にいざなう

　コーチングの取り組みがもたらす最も重要な変革は、クライアントが日常的にそれまでとは違った話し方、考え方、行動の仕方をするようになり、刷

新された、あるいは別のナラティブがクライアントの態度や前提にまで波紋を広げることである。考え方や話し方が変わることで、クライアントは新たな選択をし、自分のアイデンティティや可能性、理想に関するそれまでの信念や考え、ナラティブを変えられるようになる。

コーチングの会話の延長としての記録

コーチングの会話の際にコーチが書き留めたメモはクライアントの財産であり、会話をさらにふりかえりたければ、持ち帰ることができる。メモは、コーチがクライアント独自の語彙やナラティブ、考えを記録する上でも役に立つ。

コーチはセッションをふりかえり、生成的能力を高めるため、クライアントに手紙を書く際にこのメモを活用することもある。コーチからの手紙はクライアントのナラティブを再現したもので、クライアントはそれを訂正したり、納得できない点があればコーチに伝えたりできる。コーチが手紙を書く際には、クライアントの使った語彙と言語を使うことが重要である。これらの手紙は外在化された言語で書かれる。つまり、クライアントと問題を切り離して語るということだ。ナラティブ・ワークを実践する際、問題なのは問題そのものであり、個人を問題と見なしてはいけない。問題について話し合う際、クライアントは問題のナラティブとの関係を明らかにするよう促され、クライアント自身を問題とは見なさない。たとえば、クライアントが「私は無能なリーダーだ」と言ったとしよう。その場合、コーチは「あなたのキャリアにおいて、無能なリーダーシップについて考えるようになったのはいつですか?」と質問することができる。

記録は、歌や詩、修了証、動画などの形態にしてもいいし、ナラティブの形で文章を書いたり、歌ったり、提示することも可能である。主人公であるクライアントをめぐって出来事や事件が起こり、それを軸にナラティブが語られる。ナラティブは以下のことの豊かな記述だ。問題や望ましい別の選択肢(それぞれの選択肢にクライアントが選んだ名前を付ける)。ストーリーの基礎となる異なる信念や考え。こうしたストーリーが主人公の人生にどのような影響を与えたのか。そして、望ましいオルタナティブなナラティブから生まれ

る夢やビジョン、希望である。ここで、コーチからクライアントへの手紙の例を見てみよう。

> あなたがあなた自身について語ったストーリーは消防士ジョンの物語でした。消防士が通報を受けるのは火災が起こってから。だからいつも手遅れで、火消しに追われることになるのですよね。消防士のストーリーのナラティブは、目の前の火事に対処しつつ、火事を防ごうと懸命に努力するあなた自身の傾向を色濃く反映しています。ですが、現在の消防士のナラティブとの関係を離れて、もっと自由なリーダーのナラティブに乗り換えなければ、ワーク・ライフ・バランスが改善されることはないでしょうし、勤務時間はますます延びて、家族や社会生活が犠牲になることも、あなたはよく自覚しています。

さらにこの手紙には、変容を促す質問も記されている。

> ここでいくつか質問させてもらってもいいでしょうか？　ワーク・ライフ・バランスの改善を問題にしているのはどうしてですか？　消防士のナラティブに人生を支配され、家族を犠牲にするのは本望ではないと言っていましたね。自由なリーダーなら、家庭生活と社会生活のバランスを保つために喜んで犠牲を払うでしょうか？

この手紙はコーチング・セッションの後でクライアントに送付される。クライアントは電子メールで回答してもいいし、次のセッションの際にコーチと一緒に考えてもいいだろう。次のコーチング・セッションでは、クライアントが手紙を読み上げ、それをテーマにセッションを進める。何人ものクライアントが、1枚の手紙がコーチと何度もセッションを重ねるのと同じくらい価値を持つと報告している。

第16章　対話型 OD パラダイムによるコーチング　543

ナラティブの多様性を明らかにする

コーチングにおける会話では、「明らかにする」プロセスを通じてクライアントのナラティブの多様性を引き出し、歓迎し、探っていく。そして、クライアントにナラティブが何に由来するのか、どうして持続しているのか、自分やほかの人々に対してどのような影響力を持っているのかをよく考えてもらう。クライアントはつまるところ、彼ら自身のナラティブの豊かな多様性をすべて熟知した専門家であり、自分の人生とナラティブのスポンサー、あるいは書き手と見なされる。

支配的なナラティブを明らかにする

当然と見なしている信念や考え、つまり支配的なナラティブにはとても強い力が備わっている。こうしたナラティブが、特定のコミュニティや文化、組織、国家、大陸、世界観の中で受け入れられ、価値づけられている信念や考えの範囲内で、クライアントのあり方やアイデンティティを決定しているからである。支配的なナラティブが力を持つのは、それがとてもよく知られていて、誰もが「世の中そういうものだよ」と言って受け入れているためである。したがってクライアントは、持続的でも有用でもなければ、時として弊害をもたらす支配的なナラティブとの関係の効果や影響を明らかにし、検証するよう促される。支配的な考えや信念については、以下のような質問をしてもいいだろう。

- 24時間／週7日間、会社に人生を捧げなければならないという発想は、どこから来ているのでしょう？
- この発想を支持しているのは誰ですか？
- この発想はどのように発展してきたと思いますか？
- この発想は人類にどのような影響を及ぼすと思いますか？

対話型ODで行う質問は、社会的に構成された物事のあり方や、それを語る言語を創造的に破壊させ、物事のあり方を決めていると思われる人々に対

抗する。支配的なナラティブの影響や歴史、考えを解体することで、すでに確立し、「真実」と見なされていた考えが揺るぎ、新たな可能性とパターンが出現できるようになる。こうした創造的破壊を行うことで、クライアントが望ましいあり方を実現するのを妨げる支配的ナラティブの優位性を明らかにし、「分解」する（Morgan, 2000）。

問題のナラティブを明らかにする

　ナラティブを明らかにする際に焦点づけるのは、問題を診断し、解決することでも、欠陥を直し、解決策を見つけることでもない。コーチはどのナラティブが適切かつ正確で、最も優れているかを判断するのではなく、クライアントが語ったこれまでの人生のナラティブとの関係がもたらす結果や影響、その関係の歴史や有用性を本人が理解できるようにいざなう。これに加えて、コーチはどのナラティブが特権を持ち、好まれ、支配力を持っているかを確認し、新しい別のナラティブの創発を後押しする会話を共創する。いくつか例をあげよう。

- 24時間／週7日間、会社に人生を捧げるという発想が、職場に登場したのはいつですか？
- 24時間／週7日間、会社に人生を捧げるという発想やストーリーが、職場で成功する確率はどのくらいですか？
- 24時間／週7日間、会社に人生を捧げることは、職場におけるあなたとチーム・メンバーとの関係にどのような影響を及ぼしましたか？

別のナラティブを明らかにする

　ナラティブは言語や意味づけを通して作られるため、会話の中から新しい別の証拠や言語、知識、関係性、考え、信念、意味づけが現れれば、ナラティブはいつでもシフトまたは変容し得る。新しい別の考えやイメージが現れたら、クライアントは新しい行動やプロジェクトに自ら積極的に取り組むようになるため、それまで存在しなかったアクションのための選択肢や、変革のための新しい方法が活用できるようになる。ここでは別のナラティブの

誕生を促す質問の例をいくつか紹介しよう。

- この「アフリカ大陸への情熱」に最初に気づいたのはいつですか？
- この情熱が重要であることの理由は何ですか？
- 支配的なナラティブはアフリカを「暗黒大陸」と捉えていますが、それにもかかわらず、「アフリカ大陸への情熱」を持ち続けられるのはどうしてですか？
- 今日、私と「アフリカ大陸への情熱」について話し合っていることを聞いても、この人なら驚かないだろうと思える人は誰ですか？　故人でも構いません。

　クライアントの人生に関する望ましいナラティブまたは新しいナラティブが現れたら、それに肉付けし、より豊かなものにすることも対話型OD実践者の役目である。このプロセスはクライアントの望むナラティブの再著述と呼ばれている。クライアントの人生の再著述（Kotzé and Kotzé, 1997）とは、クライアントが再びペンを取り、望ましいナラティブを自らつづれるようにすることだ。そうすればクライアントは自分をめぐるストーリーを語る権利を取り戻し、ストーリーや関係性を利用して前へ進むことができる。

　たとえば、それまで問題のストーリーにばかり囚われていたクライアントが、別のナラティブを模索しているうちに、子どもの頃、おばとかけがえのない関係にあったことを突然思い出したこともあった。この特別な関係の記憶は、当時抱いていた将来の夢をよみがえらせ、そのおかげで彼女は自分にとって価値があり、重要なものを手に入れ、次の段階へ進めるようになった。これがきっかけで人生を語る権利を取り戻したように、彼女は自信と確信を得て、再び積極的に人生を著述できるようになったのである。

組織でのコーチングの課題と可能性

　組織内でクライアントとともにプロセスに臨むコーチの前には、数々の機

会とジレンマが姿を現す。まずは課題について、そのあとで可能性について
見ていこう。

組織の世界における交渉力の課題

　コーチングにおいては従来、コーチがクライアントよりも明らかに優位な
立場にあると考えられてきた。クライアントの属する組織が、クライアント
の発達成長を促して、組織が必要と考える変革を実現するためにコーチング
費用を負担している場合はなおさらである。クライアントの問題を解決し、
助けるために専門知識を持ったコーチが雇われ、コーチング関係を築くとい
うのは、クライアント、コーチ双方にとって気が重くなる話だ。

　問題が何であれ、コーチがクライアントをサポートしてそれを解決する義
務を負った専門家という立場を取る場合、コーチは期待と責任を担うことに
なるが、時にはクライアントの協力や支援が得られないこともある。クライ
アントが「コーチは自分たちのことをすべて知っていて、他者からも話を聞
いているかもしれない、問題を解決するのはコーチの役目だ」と考えていた
とすると、両者の関係は最初から波乱含みで、後に不信感や疑念が生まれる
こともある。だからこそ、前述したコーチング関係を共構築することが何よ
りも重要なのだ。

コーチング関係を受け入れてもらうために

　とりわけ難しいのは、チームの中でコーチングを受けるのがクライアント
1人だけの場合、あるいは、コーチングの会話を行う理由がきちんと伝えら
れていない場合である。上司からコーチングが必要だと判断されたクライア
ントの「コーチングが必要だって言われても……」という釈然としない気持
ちが、コーチング関係に反映されてしまうこともある。こうした状況におい
てコーチがまず行うことは、コーチングを行う理由がきちんと伝わっている
かを確認し、クライアントが明確なイメージを持って、自らコーチング関係
に取り組む決意ができるようにすることである。コーチング関係を始める前
にきちんと説明を受けておらず、疑念と絶望感、不信感を抱きながらクライ
アントが部屋に入ってくるのを、筆者は何度も目にしてきた。コーチングが

第16章　対話型 OD パラダイムによるコーチング　「547」

必要なのか、どうして自分が受けさせられることになったのか納得できていないクライアントには、以下の質問が有効だ。

- キャリアのこの段階でコーチングを受ける機会を得たのはなぜか、あなたの考えを聞かせてください。
- コーチングを受けることになった経緯は、あなたの仕事や職場の人間関係、このコーチング関係の可能性にどのように影響を及ぼすようになりましたか?

これらの最初の質問が済んでから、本章ですでに論じたコーチング関係を築くための残りの質問をするとよい。

支配的な組織的ナラティブ

クライアントは、リーダーや従業員、チームといった組織のあらゆる層に出現するナラティブと絶えず会話を重ねている。組織内では、1つの事柄に対していくつもの異なるナラティブが存在し、時には同じことについて論じていながら相容れないこともある。コーチングの会話でクライアントが組織の置かれた現実またはナラティブについて語るとき、その前後には、しばしば次のような表現が使われる。

- 「所詮こんなものでしょう」
- 「うちの会社ではこれが現実なのです」
- 「嘘じゃありません。その証拠に何度も繰り返し起こっています」

組織の支配的なナラティブが唯一の真実として根強く定着している場合、コーチングのプロセスがそれらの真実に対抗し、疑問を投げかけ、従わないようにクライアントを導くとジレンマが生じる。こうした状況では、クライアントは組織からつまはじきにされ、最終的に解雇されかねない。そして、コーチは倫理的ジレンマに陥る。そもそもコーチが組織に雇われたのは、組織の価値と支配的ナラティブに沿って、組織のリーダーたちとともにコーチ

ングを行うためだからだ。しかし、たとえコーチが組織から報酬を得ている
としても、クライアントの存在、そして、クライアントとコーチの間に築か
れた信頼関係は常に尊重されなければならない。

　こうした状況の場合、対話型コーチはクライアントとともに支配的ナラ
ティブの真の影響を明らかにし、それらの洞察から得た判断に基づいて会話
を進める。組織またはチームの重要人物とも会話を行う必要があるか、その
会話はどの程度重要かについて、クライアントとコーチで話し合うのもいい
だろう。また、コーチと組織内のほかのチーム・メンバーやリーダーとの話
し合いが役に立つとクライアントが判断したら、必ずクライアントの許可を
得て、何をどのような形で誰に話すかも相談しながらこれを実行することも
可能だ。さらに、クライアントが現状で最善の決断を下すことを意味づける
ために、支援してくれるコミュニティをクライアント自身が見出すことも重
要である。この件については後ほど、ジレンマの変容に関するセクションで
詳しく論じることとする。

異なるパラダイム

　対話型ODのパラダイムは、利益、スピード、確実性、予測可能性、競争、
コンプライアンス、株主価値、収益至上主義、終わりなき成長、生産性など
を追求する現代社会において、支配的なナラティブの対極に位置する新しい
ナラティブである (Brueggemann, 1999; Block, 2008; Saunders, 2013)。対話型
ODのマインドセットの一部として本書の理論に関する章で論じた社会構成
主義、創発、会話、ナラティブ、および生成的能力の理論と信念は、ほとん
どすべてのビジネス・アプローチが前提とする合理的な計画、コントロール
された変革、客観的現実の対極に位置する。対話型のコーチングのアプロー
チは、組織内で高く評価されている考えや行動に対して、時にあえて疑問を
投げかけ、対抗する。創発という行為が持つ生成的能力こそが、停滞からの
脱却を可能にし、経験への意味生成を通してナラティブの変化を起こすとい
う考え方に基づいたアプローチである。

　対話型ODパラダイムで活動するコーチが、別のパラダイムで機能してい
る組織に参入すると、数々の挑戦を強いられる。私たちが育った世界も、こ

第16章　対話型ODパラダイムによるコーチング　549

れから参加したいと思っている世界も、言葉が世界を創っているため、語られ方は話の内容と同じくらい重要だ。現実を社会的に構成する際のナラティブの創出や動向について、従来とは異なる語られ方をすると、初めは多くの人が疑問を呈し、難色を示すだろう。しかしながら、筆者はしばしば、クライアントがこのような取り組みを体験することで、理解して十分に参加するようになることを経験してきている。本章で例示した質問から、これまでとは異なる話し方が垣間見えたり、クライアントに提供したり、クライアントから提供されたりする語彙の用い方が少しつかめるのではないだろうか。

　もちろんクライアントの中には、コーチングの取り組みを経験してもなお、専門家に手取り足取り指導してもらいたいと願い、構造化されたプロセスを専門家の指導の下で実行することで得られる安定感を求める場合もある。創発、当事者意識、責任、生成的能力といった対話型ODのプロセスや特性を敬遠し、混沌としていて、不確かだと感じるクライアントもいるのだ。筆者の経験から言うと、こうした状況ではコーチングの会話を共創できるようになるまでに普段よりも時間がかかる。場合によってはクライアントに、セッションを終わらせたいか、別のタイプのコーチと交代してほしいか尋ねることもある。

変容のジレンマ

　組織の大規模な未来の取り組みの一環としてではなく、1つのチームのマネジャーまたはエグゼクティブの1人か2人だけにコーチングを行う場合、ほかにも一筋縄ではいかない問題がある。この問題は、さまざまな倫理的ジレンマを生じさせる。

　クライアントのナラティブがシフトまたは変化したとき、組織全体、特にクライアントの所属するチームはそのシフトを察知し、認識することになる。チームがクライアントの変化を期待し、堂々とその願いを口にしていて、転換を歓迎する場合もあるだろう。しかし、ナラティブのシフトや変化はチームにも影響を及ぼす。クライアントが考えや行動を変えたために、ほかの人々にも意に反したアイデンティティや行動の変化または転換を強いることになる場合もある。筆者はこれまで、クライアントの所属する組織のほかの

第III部　対話型ODの実践

メンバーが、クライアントがまた元の役に戻り、以前と同じように行動してくれることを期待したり、さらにはそれを奨励したりするケースをたびたび目にしてきた。

かつて一緒にコーチングの道のりをともに歩んだある役員は、卓越した技術的スキルを持っていたが、チーム・メンバーや同僚との関係は時として礼節を欠き、ほとんどの人は腫れ物に触るように彼女と接していた。コーチングでは、彼女はリーダーシップに関する好ましいストーリーを特定し、新しい考え方や行動の仕方、語り方をチームのメンバーに試みることになった。ところが、チームのほうは変化やシフトに積極的に向き合えず、受け入れる準備もできていなかった。チームが再び彼女を信頼し、恐れずに協力できるようになるまでに時間がかかるのはやむを得ない。だが新しい何かを試みるには、チーム・メンバーのナラティブもシフトしなければならない。チーム・メンバーも確かに変革を望んではいたが、クライアントのナラティブが変われば、メンバー自身のあり方やナラティブも変わらなければならなかったのである。

チーム・メンバーは、クライアントを非難することも、彼女の不適切さや失礼な態度、彼女と関わることへの不安についてのナラティブを語ることはなくなった。代わりに、クライアントのちょっとした振る舞いや行動に変化が現れても、どうせ長続きはしないだろうと言うようになった。組織内では、コーチングを受ける前のナラティブが依然として根強く、クライアントはこのナラティブにその後もぶつかり続け、状況が改善する兆しは見えず、結局、変化に対する希望を失っていくに至ったのである。

倫理的に対話型ODを実践する際、部分だけでなく全体に目を向け、仕事でクライアントと関わる人々が確実にクライアントの変容のパートナーやサポーターとなるよう促すのは、まさにこのためである。対話型OD実践者の主たる役目は、仕事とリーダーシップ、関係性についての望ましいナラティブを実現するためのアイデアが次々に浮かぶような場と好奇心をクライアントに提供することだ。クライアントが望ましいナラティブに名前を付けたら、コーチングの会話は、望ましいナラティブとアイデンティティ結論をより豊かにする方法を考える場を生み出す。クライアントだけではなく、チームや

好ましいコミュニティもクライアントとともに一連の取り組みに参加してくれれば、彼らも変容を目撃し、彼ら自身のナラティブも豊かになり、変容する。クライアントに関するグループやチームのナラティブのシフトやサポートは、クライアントおよび職場での関係性の変容に不可欠なのである。

　対話型ODパラダイムにおけるコーチングの会話を、組織のほかのレベルの会話の中で起こる変革から切り離して見ることはできない。1つの会話の中で生じるシフトは、連鎖反応を起こし、ほかの人々全員に伝わる。ナラティブは網の目のように相互に絡み合っており、それが組織の社会的に構築されたナラティブを動かすからである。対話型ODの影響力を考えると、このパラダイムがもたらす新たな種類の考え方に倫理的意味合いもあることを知っておく必要があるだろう。コーチは取り組みが実際に及ぼす影響に責任を負うことを想定しなければならない（White, 1997）。したがって、実践者は絶えず次のことを問い続けるべきだろう。

- この新たな考えは何を生み出しているか？
- この新たな考え方によって利益を得るのは誰か？

知識を共構築することで得られる可能性

　コーチングの会話を通じて知識を生み出し、構築する作業に参加すると、クライアントは以前よりもよくほかの人々の声に耳を傾け、そこから学習できるようにもなる。こうして心を開くことで、クライアントは好奇心を持ち、質問するようになり、さらにはチームや同僚が組織にもたらすインサイダー情報の価値を高く評価するようになる。組織内の人々が担当業務を行い、それらをする理由やその内容を当然のこととして受け入れる中で、実践やアクション、ナラティブに関するインサイダー情報が構築される。クライアントが組織内のチームや同僚と知識を共創すれば、より開放的になり、知らないことがあれば質問できるようになる。つまり、組織のあらゆる階層の人々が誰からでも学ぼうという姿勢を持つようになるのだ。そして、このコーチング・アプローチの変容を促す力に貢献する。

いざなう力

　自分たちが常に「権力の対象であると同時に権力を行使する立場」にある「権力の乗り物」（Foucault, 1980）であることに気づくと、クライアントは日々の関わりや関係性の構築、組織の中で権力が生み出すものに配慮するようになる。そして、注意深く思考するようになり、ほかの人々が確実に参加でき（Kotzé, 2002）、意見を言えるようにするために権力を行使する。こうした意識がクライアントを動機づけ、それまでほとんど、あるいは、まったく意見を言う機会のなかった人々にも確実に知識やアイデアを提供してもらえるようにする。イノベーションは組織の片隅から生まれることも決して少なくないからだ。彼らの声を取り入れることで、チームおよび組織内の夢やナラティブ、動機づけ、コミットメントがさらに豊かなものとなる。

孤立からコミュニティへのシフト

　クライアントは時として疎外感を持つこともあるが、この疎外感に対処するには、コーチがコーチングの会話の中で築かれた関係性を真剣に受けとめることが求められる。組織内のコーチングは、ほとんどが役員やマネジャーを相手にしている。こうしたクライアントは、支配的な考えや組織のナラティブに対する自分の意味づけについて、率直に話す場を与えられていない場合もある。支配的なナラティブや慣行が何を意味し、彼らの生活や業務にどう影響するか、相手の話を聞き、ともに検証することで、コーチはクライアントが望むアイデンティティ結論に達するのを目撃する。この目撃者という立場から、コーチは時として、コミュニティ構築および疎外と孤独のサイクルを断ち切ることの可能性を誰よりも早く示唆することになる。

　また、クライアントが組織内でより好ましいあり方を実現するためのプロセスでは、コーチが最初のコミュニティ・メンバーとなることもある。私たちのアイデンティティはコミュニティ内で社会的に構成されるものなので、組織内外のほかのメンバーもクライアントとのプロセスに招待し、参加してもらうことがとても重要になってくる。好ましいコミュニティ・メンバーに参加してもらうことで、疎外感や孤独を超えた新たなナラティブが活発になり、組織内の関係性にまで広がっていく。会話に新しい人々が加わり、新た

第16章　対話型 OD パラダイムによるコーチング　　553

なつながりができ、人間関係のストーリーが書き直されるため、組織内の関係性およびネットワークのこうした変化は、新しい可能性を生み出す。

関係性に再び人間らしさを加える

クライアントにとって重要なことや彼らが活き活きとする要素に注目することを通して、クライアントはチーム・メンバーに目を向け、時として人間性を奪う企業の慣習や支配的ナラティブにどうすれば人間的な活力を吹き込めるかを考えるようになる。必要なのは、人は個人であると同時に、プロフェッショナルとしても存在できるという認識を新たに持つことだ。人としての豊かな財産を活用すれば、まわりの人々や仕事、リーダーシップの実践、組織に対する見方が変わる。

コーチング関係の一環として、クライアントの好むアイデンティティやナラティブが、彼らにとって重要なあらゆる関係性にいかに影響を与え、それらを形作っているかについて、日頃の会話を通して探究する。クライアントは仲間やチーム・メンバーにとって本当に重要なものに耳を傾け、質問するようになるだろう。

組織的なナラティブを再著述する

組織の文脈で働くコーチは、組織における変革の道のりの同伴者となり、しばしば観客、目撃者、協働者として、クライアントのナラティブだけでなく、時には組織のナラティブのシフトにも立ち会う。普段は対話型ODの会話が行われていない組織において、クライアントが新しい語り方や考え方を採用した場合、混乱をきたすこともあるだろう。しかし、彼らが従来とは異なる言動を受け入れれば、個人が自分のナラティブの書き手になれるだけでなく、組織のナラティブの共著者にもなれる。

クライアントは、自身のナラティブの書き手になり、組織のナラティブの共著者になることで、ナラティブを非難するのではなく、その所有者となる。そして、自らも組織の現実を形作り、共創し、体現していることを認識し、自覚するようになる。クライアントは創発、生成的能力、組織的な意味の形成を共創する参加者であり、出来事や会話を以前よりもよく把握し、理解す

るように努め、変容を促す質問をし、それらのために行動を起こせるように
なる。さらにクライアントは生成のプロセスにも参加し、特にクライアント
独自の語彙と彼らのチーム・メンバーのナラティヴを動員して、組織におけ
る社会的現実の構成および再構成に影響を与える。こうしたアクションの1
つひとつが、それまでの問題を断ち切り、まったく新しい可能性と現実の創
出を促す贈り物となるだろう。

　それゆえ、これらのコーチングの会話には終わりがない。1つの会話が未
来の会話のきっかけとなるからだ（Anderson, 1997）。活動が続く限り、組織
とクライアントは絶えず意味の形成を行い、それと同時にコーチングの会話
は1つひとつ組織的なナラティヴを書き直していくのである。

引用文献 ....

Anderson, H. (1997). *Conversation, Language, and Possibilities*. New York, NY: Basic
　　Books.（『会話・言語・そして可能性──コラボレイティヴとは？　セラピーとは？』ハーレー
　　ン・アンダーソン著，野村直樹，吉川悟，青木義子訳，金剛出版，2001年）
Anderson, H., & Goolishian, H. (1992). The Client is the Expert: A Not-Knowing
　　Approach to Therapy. In S. McNamee & K. J. Gergen (Eds.), *Therapy as Social
　　Construction* (pp.25-39). London, United Kingdom: Sage.（『ナラティヴ・セラピー──
　　社会構成主義の実践』シーラ・マクナミー，ケネス・J・ガーゲン編，野口裕二，野村直
　　樹訳，遠見書房，2014年）
Block, P. (2008). *Community*. San Francisco, CA: Berret-Koehler.
Brueggemann, W. (1999). The Liturgy of Abundance, the Myth of Scarcity. *The
　　Christian Century* (March 24-31), 342-347.
Burr, V. (1995). *An Introduction to Social Constructionism*. London, United Kingdom:
　　Routledge.（『社会的構築主義への招待──言説分析とは何か』ヴィヴィアン・バー著，
　　田中一彦訳，川島書店，1997年）
Epston, D. (1994). Extending the Conversation. *Family Therapy Networker*, 18(6), 31-
　　33.
Foucault, M. (1977). *Discipline and Punish*. London, United Kingdom: Penguin.
Foucault, M. (1980). *Power/Knowledge*. New York, NY: Pantheon.
Freedman, J., & Combs, G. (1996). *Narrative Therapy*. New York, NY: Norton.
Gergen, K. J. (1994). *Realities and Relationships*. Cambridge, MA: Harvard University
　　Press.（『社会構成主義の理論と実践──関係性が現実をつくる』K・J・ガーゲン著，永

田素彦，深尾誠訳，ナカニシヤ出版，2004年）

Gergen, M., & Gergen, K. J. (2003). *Social Construction*. London, United Kingdom: Sage.

Hancock, F., & Epston, D. (2008). The Craft and Art of Narrative Inquiry in Organisations. In D. Barry & H. Hansen (Eds.), *The Sage Handbook of New Approaches in Management and Organization* (pp.485-502). London, United Kingdom: Sage.

Kotzé, D. (2002). Doing Participatory Ethics. In D. Kotzé, J. Myburg, & J. Roux (Eds.), *Ethical Ways of Being* (pp.1-34). Pretoria, South Africa: Ethics Alive.

Kotzé, E., & Kotzé D. J. (1997). Social Construction as a Postmodern Discourse: An Epistemology for Conversational Therapeutic Practice. *Acta Theologica*, 17(1), 27-50.

Morgan, A. (2000). *What is Narrative Therapy?* Adelaide, Australia: Dulwich Centre. （『ナラティヴ・セラピーって何？』アリス・モーガン著，小森康永，上田牧子訳，金剛出版，2003年）

Saunders, O. (2013). Shifting the Economics. In C. Swart, *Re-Authoring the World* (pp.100-102). Randburg, South Africa: Knowres Publishing.

Swart, C. (2013). *Re-Authoring the World*. Randburg, South Africa: Knowres Publishing.

White, M. (1991). Deconstruction and Therapy. *Dulwich Centre Newsletter*, 3, 21-40.

White, M. (1997). *Narratives of Therapists' Lives*. Adelaide, Australia: Dulwich Centre. （『セラピストの人生という物語』マイケル・ホワイト著，小森康永訳，金子書房，2004年）

White, M. (2004). *Narrative Practice and Exotic Lives*. Adelaide, Australia: Dulwich Centre. （『ナラティヴ・プラクティスとエキゾチックな人生——日常生活における多様性の掘り起こし』マイケル・ホワイト著，小森康永訳，金剛出版，2007年）

White, M., & Epston, D. (1990). *Narrative Means to Therapeutic Ends*. New York, NY: Norton. （『物語としての家族』マイケル・ホワイト，デビット・エプストン著，小森康永訳，金剛出版，1992年）

第17章 対話型プロセス・コンサルテーション

コンサルティングの現場から

ジョアン・ゴペルト
キース・W・レイ
[解説] パトリシア・ショウ

オープニング・シーン

CEO宅のダイニングルーム、午前9時。6人がテーブルを囲んでいる。2つのフリップチャートが用意され、2匹の猫が窓辺に寝そべっている。日差しは強く、涼しいそよ風が吹いている。沿岸部特有の秋の気候だ。

テーブルを囲んでいるのは以下の6人。

ブラッド：　　小規模なエンジニアリング会社デュラント社のCEO
トレント：　　デュラント社の人事部長
ジュリー：　　デュラント社の社内ODコンサルタント
ブリジット：　デュラント社の社内ODコンサルタント
あなた：　　　外部のコンサルタント
あなたのパートナー：　外部のコンサルタント

さわやかなあいさつを交わし、ミーティングを始める。

ブラッド——今日ここに集まってもらったのはほかでもない、リーダーシップ開発プログラムの再開について話し合うためだ。じゃあ始めてくれ（わずかにニューヨークなまりがある）。

第17章　対話型プロセス・コンサルテーション 557

ジュリー──こちらがアジェンダです（全員にアジェンダを配る）。最初に必要事項についてブレインストーミングをしてから、私たちそれぞれの担当業務をどう提携させるかを話し合い、最終的に目標達成のための計画をまとめられればと思います。

ブラッド──（ふんぞり返って腰掛けたまま）君たちがどう提携しようとかまわない。私が知りたいのは、我が社と社員にどのような価値がもたらされるかだ。

トレント──ですがブラッド、これらは同じことなのでは？（ため息をつきながら。不満そうな様子）

ブラッド──いいや。このプログラムを開始するには取締役会にかけて、支持を集めなければならないんだ。私の一存でどうにかなる問題ではないんだよ。

ジュリー──（当惑した様子で）社の目標に合わせて提携できれば、取締役会でも受け入れられるはずではないでしょうか？

ブラッド──（前に乗り出して）だが、10月の取締役会では、このプログラムの投資価値を証明する必要がある。明確で測定可能な目標に対して有効な投資だと、取締役たちを納得させなければならないんだ。必要事項のブレインストーミングなどしている場合ではない。それよりも君たちが何を提供できるか、論理的に説明してくれ。私はCEOだ。私に会うからには、価値ある提案を用意して来ているのだろう？
（ジュリーとブリジットが目を見合わせる）

ブリジット──今日集まったのは、CEOが求めているプログラムの基本方針を決定するためだと思っていました。最近は直接お話しする機会もあまりありませんでしたので、このプログラムについてどのようなビジョンをお持ちなのかもわかりません。本件についてCEOと話し合ったのは1回だけ。それも1カ月も前のことです。ご希望に沿うためには、まずCEOのビジョンについて話し合う必要があると思ったのですが……。それに、コンサルタントにまた参加してもらうことにしたのも、てっきりそのためかと思っていました。（あなたとパートナーに向かってうなずきながら）前回は私たちがビジョンを理解できるよう

[558]　第Ⅲ部　対話型ODの実践

に手伝っていただきましたから。

ブラッド——（書類をパラパラめくりながら）最後に受け取ったメールでは、プログラムを開始するのは1年半後だと言っていたが、どうしてそんなに待つ必要がある？　予算配分を決めなければならない時期に差し掛かっている。その前に最終的な計画と構造が必要だ。君たちは研修を実施して好意的なフィードバックを得ているようだが、私が言っている価値ある提案とは、そんなものじゃない（ジュリーとブリジットとトレントが顔を見合わせる。トレントは肩をすぼめ、ジュリーは腕を組んでいる）。

ブリジット——求めていらっしゃるものを教えていただければ、人選と方法の策定、理由付けはこちらで行えます。CEOはそれをお望みなのでしょう？

ブラッド——（イライラしながら）「理由」と「方法」はここへ来る前に詰めてあるものと思っていた。私が求めているのは理論的プランのプレゼンテーションだ。誰がこの場でそんなものを開発すると言った！

（重苦しい沈黙。ブリジットとトレントはあなたをじっと見ている）

生きた現実の中で行動する

　あなたがこの場面に同席していたら、どう対応するだろう？　次に取るべき行動は？　コンサルタントも組織のメンバーも日々これと似たような場面に遭遇する。そのようなときも意味の形成、行動、相互的関連づけを怠るわけにはいかない。筆者らの経験によれば、このような関わりの活動が求めているのはモデルや理論、標準的なプロセスではなく、ある種の実践であり、日常的に行われている関わりから社会的世界が創られるのである。

反響を探る

　本章では、詳しい状況描写と広範な考察を交えて対話型プロセス・コンサルテーションについて解説しながら、人の考え方と行動とを追い、明らかに

していきたい。本章のねらいは、プロセス・コンサルテーションの領域にお
ける特有の実践を紹介することにある。プロセス・コンサルテーションに初
めて注目したのはエドガー・H・シャイン（Schein, 1969）である。シャイン
は1999年にこれを改良し、再構成している。本章では筆者らが行っている
ことを「対話型プロセス・コンサルテーション（DPC）」と呼ぶ。ただし、
この名称は現在のところ、このコンサルテーションの呼称として使われては
おらず、私たちはほかの呼び名も認識していない。ちなみに、この名称は本
書の編著者［ブッシュとマーシャク］が提案したものであった。

　目下、私たちが行っていることと同じ方向に進んでいる実践者は増加の一
途をたどっている。彼らは自分たちの考えや行動について私たちとは異なる
説明をするかもしれないが、それでも私たちが行っているコンサルテーショ
ンの方向性を承認するだろう。この方向性をどう特定するかは、本章の中で
追って説明していきたいと思う。DPCに携わる多くの人々は、ラルフ・ス
テイシーやジョン・ショッター、パトリシア・ショウなどに影響を受けてい
る。本章を読むにあたっては、ラルフ・ステイシーによる第7章が参考にな
るだろう。ステイシーは本章で論じるアプローチにさらなる論理的方向性を
与えている。

　本章ではDPCのモデルを定義することもなければ、実践の理想的原則ま
たはDPCを行う際に成立する特定のプロセスを定義し、読者の同意を求め
ることもない。ウィトゲンシュタインは実践についてこう述べている。「1
つの実践を確立するためには、規則だけでは十分でない。実例を必要とする。
私たちの規則には抜け道があるのだから、実践は自らが自らを語るのでなく
てはならない」（Wittgenstein, 1969, 21e）。この論理に従い、重複した不完全な
エピソードを通じて、より広範な実践がおのずと姿を現すことを期待しつつ、
さまざまな事例を紹介していく。

　筆者らは活動の場を、特別なプロセスや状況から、人々がそれぞれの考え
にしたがって行う日常的なコミュニケーション行動の中に移してきた。本章
ではその理由を解説する。私たちは人々の行動の標準を定義しようとしてい
るわけではない。そうではなく、組織の日常で生きる人々に関わり、彼らの
役に立つような具体的な実践とヒューリスティック（感覚的な思考）を見定め

たいと思っている。これらは関わりや意味形成のプロセスに特に注意を向けたものである。コンサルタントは1人のクライアントやグループ、または、さらに大きな世界にどのように関わっているのかについて大きな意味を持つと思われる働きかけ方を記述していく。

なお、章末にはパトリシア・ショウによる解説を掲載する。パトリシアは本文を読みながら、彼女が「共感」したことを、組織的現象に創発的に取り組むことを強調する実践の主要な側面としてつづっている。

オープニング・シーン再訪

ここで先ほどのオープニング・シーンの続きを見ていこう。外部コンサルタント役は筆者ら（キースとジョアン）が務める。

キース──せっかく集まったのですから、先日の東海岸でのコンサルティングについて、考えを共有しておきませんか？（期待を込めて全員を見回す）10人としか話せませんでしたが、興味深い結果が得られました。

ジョアン──（ブラッドを見ながら）アイデアを出し合えば、CEOが求めている価値ある提案のアウトラインが描けるのではないでしょうか。（ブリジットとジュリーを見ながら）ブリジットとジュリーの見解も適宜加味していけたらと。

ブリジット──いいですね。あちらでおふたりがどう感じたのか、興味があります（ジュリーはゆっくりうなずき、ノートを見ながらペンを走らせ、トレントはコンピュータを開いてメモを取り始める）。

ブラッド──10月までに何か形にしなければならないわけだが、それにはあと数週間しかない。（一瞬の沈黙）2人がなにを耳にしたのか、どんなアイデアを持っているのか、私も興味がある。

キース──（間髪入れずに飛び込む）東海岸の従業員の中には、西海岸のTRPプロジェクトについて聞いている人もいました。ご存じのように、これは東海岸と西海岸の両方から複数の企業が参加している、極めて政治的なプロジェクトです。構成管理についての新しい通達が出たとき、彼らは非常に不満を感じたと言っていました。あの方針を策定し

第17章　対話型プロセス・コンサルテーション　「561」

たのがデュラント社の西海岸の社員だということを私たちは知っていますが、彼らは知らなかったからです。たとえ所属部署は違っても、同じプロジェクトに参加しているデュラント社の社員同士を結びつける機会が作れるのではないでしょうか？

ブラッド——（疑わしそうな顔つきで）だが、当社にとってどんなメリットがあると思う？

ジョアン——（即答する）顧客の価値をさらに高める方法を作り出せるかもしれません。目下、御社のTRPプログラム・マネジャーは東海岸と西海岸にまたがるチーム作りに苦慮し、その分プロジェクトに専念する時間を奪われています。御社のスタッフが自分たちで問題を解決できれば、今ほど顧客を巻き込むこともなくなるでしょう。御社としても、社員が常に協働しているという評判を得る価値はあるのではないでしょうか？

ブラッド——（ゆっくり考えをめぐらせながら）まあ、契約書にサインするのは別の人間だから、私たちが相手にしている顧客との関係については、それほど評判にこだわってはいない。だが、その方法はさておき、プロジェクト期間中に社員同士が今とは違ったつながりを持てるということは理解できる。どうやればいいかはわからないが。

流れに飛び込む

　実際の日常は本章の冒頭で紹介したシーンのように、「フェードイン」することはなく、絶え間ない1つの流れの中で、ある出来事が必ず次の出来事へと導かれていく。どの「シーン」も別の「シーン」の延長であり、多かれ少なかれ現在のシーンとつながっている。歴史も重要であり、「ここ」へたどり着いた経緯は、現在起こっている出来事と同じくらい、その意味の形成に影響している。

　現状を把握し切れていないことはわかっていても、とにかく反応しなければならない。反応すれば、その反応が別の反応を引き出す。そうするうちにシーンが展開し、やがてそれらのシーンが集まってより大きなドラマができあがる。だから、私たちは展開するシーンに注目し、その展開に建設的に貢

献するように意図していく。

　1つひとつの関わりが、網の目のように絡み合った進行中の会話への入口である。私たちはその流れに飛び込み、前進する動きを生み出すことを意識しながら対応する。手元にあるものを活用し、頭に浮かんだリソースを素早くとらえ、それらを用いて作れるものを作る。何かについて語ったり、言及したりする際に私たち1人ひとりが関わり、維持している会話やストーリー、ナラティブ、ディスコースは私たちに能力を与えると同時に制約も与えるが、これらを用いなければ意味の形成を行うことも、互いに協調して活動することもできない。私たちはこの流れに飛び込むことで、社会的世界を作り上げているのだ（Pearce, 2007）。

手元にあるもので共創する

　ジョン・ショッター（Shotter, 1993）は、センスメーキングのための共同行動を歴史の「共同著述」と呼んでいる。著者である私たちは不可能を可能にする制約の風景画、つまり、道徳的コミットメントのネットワークを作り上げ、互いにこの風景画について議論する。純然たるフィクションを書くことはできないので、私たちの作品は共通の経験や一貫した意味に立脚したものにならざるを得ない。したがって、まわりの状況がどう展開するか常に気を配りながら、手探りで先の道を感じなければならない。

　人類学者クロード・レヴィ゠ストロース（Lévi-Strauss, 1966）は、芸術および工芸作品から着想を得て「ブリコラージュ」という言葉を編み出した。そして、人々はいかにして手元にある無数の材料を手当たり次第につなぎ合わせ、役に立つものを生み出してきたかを解説している。こうした「ブリコラージュ製作者」は、一見何の役にも立たなそうなものを用いて、無秩序から秩序を生み出す。創造のプロセスは、部分あるいは全体の働きに関する完全に確立した一連の理論に基づいているわけではなく、むしろ試行錯誤的なアプローチである。そして、芸術性と利便性を兼ね備えたものが生まれる。

　またフランク・バレット（Barrett, 2012）は、組織の日常にはブリコラージュが欠かせないと指摘した。「手探りし、試行を重ね、細かい経験をつなぎ合わせて問題を理解し、手元にある材料で即興的に作る」（p.27）。ほかの

第17章　対話型プロセス・コンサルテーション　563

人々とともに細かな情報をまとめて新たな意味と行動を生み出し、それを共有することで、ブリコラージュを行い、社会的世界を構成しているのだ。集合的ストーリー、ナラティブ、ディスコース、描写、説明、文脈を用いて、何かを共創する。時にはこうして新しいものを生み出し、それが新たな行動の可能性をもたらす。

　これは意図や成果、評価、コントロールについての重要な考え方をもたらしてくれる。DPCでは日常的会話の流れから独立したものではなく、流れの一部として、手探りしながら社会的世界を創出する。特別なルールを作って特別な状況を意図的に生み出すのではなく、むしろ組織の日常という、ほとんど構造化されていない世界と関わるのだ（Ray and Goppelt, 2013）。これは単に積極的な関与をどのように高めるかを記述しているだけで、より構造化されたタイプの対話型OD（Bushe and Marshak, 2014）が無用だと言っているわけではない。予測しやすく、コントロールしやすい状況やプロセスを望む人々もいるだろうが、私たちの経験から言うと、成功率を高め、コントロールを維持するために「特別さ」を生み出そうとすると、人間性に関わる重要かつ不可欠な要素を見逃しがちである。ショッターはこう述べている。

> 　予測し、コントロールする力、つまり個人である自分たちの中だけにある力にも魅力がないわけではない。しかし、これでは実際に私たちは、まわりの他者、および他者性と自分を関連づけている普通の日常的な方法を見過ごしたままである。私たちは個々の人々と、個々の状況で関わりながら日々生活しているが、個々の人々や状況の固有の特徴を把握する方法をまだ知らずにいる。（中略）しかし、規則性や反復、普遍性や抽象化ではなく、この種の本質的に実践的な知識を得るには、個々の人々および決して二度と繰り返すことのない個々の出来事に対する固有の理解に至る必要がある。この種の理解こそが、特に実践的な状況において私たちが前進を続けられるようにしてくれるからだ（Shotter, 2005, p.110）。

　DPCはよりよい社会的世界を創り出せるような方法で、人々が「特に実践的な状況において前進を続けられる」ように支援する試みである。では、

どうすればこのブリコラージュがより優れたものだとわかるだろう？　より
よい社会的世界に向かっているとどのように知るのだろう？　人々がより楽
観的に関与すると捉えることから私たちは始めることができる。人々は、未
来についてはそれほど確信が持てなくても、次のステップについては一層確
信が持てるようになる。

　また、「どこにつながっていくかはわかりませんが、これは正しい行動だ
と思います」というように、人々が次に訪れると約束されたものに対する希
望を表明するようになる。通常、こうした関わりがよりよいものを生み出す
かどうかは、後になってみなければわからない。しかし、未来がよりよいも
のになるかは必ずしも明らかではないものの、ワクワクしながら可能性を語
ることは質の高い会話と言える。

会話を織り上げる

　デュラント社の話に戻ろう。新しく始まった会話をさらに発展させたかっ
たので、私たちはフォローアップとして、ほかの人々も誘って会話を行う一
連のスケジュールを立てた。これらの会話は意図した通り、意味が形成され
るエピソードを次々に明らかにした。私たちの役割は会話を織り上げること
にあった。1つの会話から発展してきた糸を別の会話へつなげていくのだ。

　会話の糸口になるよう、最初の会話で得られたアイデアを記したメモを提
供した。私たちは出席しなかったが、次の取締役会ではこのメモをもとに議
論してもらった。取締役向けにパワーポイント・プレゼンテーションをする
ため、抽象化して項目ごとにまとめようとする動きには強く抵抗した。メモ
を読みながら話し合ってもらいたかったからである。取締役たちにはそれぞ
れの反応や意見を交換してもらい、後日私たちと個別に会ってさらに議論を
続けることを取締役に伝えてもらった。私たちはアイデアや反応を集めて最
初のメモの追加資料を作成して配布し、その上で、全員とミーティングを
行った。

　ミーティングをホストし、会話を織り上げ、次のステップに進むための質
問をするのが私たちの役割だった。ミーティングの初めにはこう質問した。
「追加資料を読んでどんなことが頭に浮かびましたか？」。私たちはまとめた

第17章　対話型プロセス・コンサルテーション　565

り「報告」したりしたい衝動を抑え、取締役たちの意見や印象、懸念に応えていった。

　私たちは最初に行う一連のタスクを設定した。そのうちいくつかは私たち外部コンサルタントが主導し、ほかのいくつかはそれぞれ社内ODコンサルタントが主導した。人事担当者が中心となるタスクや、主に取締役が行うタスクもあった。タスクの始点と終点が明確なことが、全員で協調して共同作業を続ける上で役に立った。また、日常的な会話の流れに乗り、その中で仕事を続けるための正式な場を提供することにもなった。私たちはタスクを、次の動きにつながるタスクをしながら流れに参加していくものとして、そして、前進する道を見つけていくものとして捉えた。すべてのタスクは短期（3カ月以内）で、これらのタスクをこなすことで次のステップが見えてくるものと期待された。タスクは理想的な状態を目指して積み上げていくものではなく、次に創り出すものを共同で著述する手段なのである。

サプライズに備える

（数カ月後の場面）

　自宅のオフィスにいるジョアン。足元には犬が横たわり、背後にはクリスマスの飾りが見える。ジョアンはブラッドと電話で、デュラント社のコンサルテーションを進展させるための提案について最終的な詳細を話し合っている。

　　ジョアン——いただいたメールによると、まだいくつか質問があるようですね。それらに関しては、今送った改訂版でお答えしたつもりですが、どう思われますか？　（窓のほうを眺めるともなく眺めている）

　　ブラッド——準備は万端だと思う。スティーブにもコーチング・プログラムを受けさせるべきか迷ってはいるが。

　　ジョアン——（少し驚いた様子で）そうですね、それは可能だと思います。（無言でメモに目を通し）ですが、スティーブは上級社員ですし、SERプロジェクトにおける役割を考えるとその価値はないと以前おっしゃっていたように記憶しています。それにSERプロジェクトは今のところ棚上げになっていますよね。（目を上げて）何かあったのです

か？

ブラッド——彼の予算案が届いたのだが、私が求めた仕事をしていないの
　　は明らかなんだ。（深いため息）スティーブの要求額には論理的根拠が
　　ない。（声を荒らげて）まだ儲けを出していないのに、どうしてこんな
　　予算を使えると思ったのやら。そこで、コーチングでも受けさせれば
　　なんとかなるだろうと思ったんだ。

ジョアン——その予算で何をするように指示したのですか？

ブラッド——（イライラしながら）指示は明確だったはずなんだ。全員に同
　　じことを言っているのだから。数字を達成する方法と支出の根拠を明
　　示するようにとね。スティーブは自分のチームに知られないように情
　　報を隠している。私はスティーブがどんな販売予測を提出してきて
　　も、すぐに破棄しているんだ。とても信頼できないからね。

ジョアン——スティーブの件は、最近始まったことなのですか？　1年前
　　にお話ししたとき、彼はこの仕事に適任だとおっしゃっていたように
　　思うのですが。

ブラッド——スティーブはあまりにも楽観的で、できもしないことばかり
　　並べ立てる。現実的でもなければ具体的でもない。もうスティーブと
　　は口をきかないことにして、レオにこう言ったんだ。「君がスティー
　　ブを担当してくれ。私の言っている意味がわかるだろう」ってね。

ジョアン——（苦笑しながら心の中でつぶやく。「こんなことになるなんて、まった
　　く予想していなかったわ」）

　ジョアンはこのときブラッドと電話で話して初めて、自分たちのいないと
ころでどんなやりとりが行われているかを（かなり敏感に）察知した。提案に
掲げられた項目にはデュラント社におけるSERプロジェクトやスティーブ
に関することはあまり含まれていなかったが、会話の流れが変わったことで、
別の対応をするべき理由が得られた。
　ブラッドとの次の電話で、ジョアンはSERプロジェクトについてさらに
質問した。それだけでなく、SERプロジェクトがどうなっているのか、ほ
かの人々が何と言っているか注意して聞くようにした。その後、ブラッドか

第17章　対話型プロセス・コンサルテーション　　567

らSERチームのほとんどのメンバーが参加するミーティングを予定していると聞いたジョアンは、自分も出席するメリットがあるか尋ねた。ブラッドはこのことについてこれまで考えたことがなかったが、彼はそのメリットを認め、この提案を歓迎した。ジョアンはミーティングのアジェンダ作りも手伝った。ただし、アジェンダ作りを肩代わりしないように気を付けた。ブラッドと何度も電話で話し合い、ブラッド自身が電話中にミーティングに関する考えをアジェンダ形式で書きとめ、話し合いの後でそれに手を加えるようにしたのだ。

　ジョアンはアジェンダを話し合いの産物あるいは結果としてではなく、ブラッドと話し合うための手段の1つと見なしていた (Billing, 2009)。同時に、これらの関わりは現状およびこれから起こってくることについての双方の見解を形作り、それらを伝える役割を果たした。

内部者と交わる

　ミーティングではジョアンが一部ファシリテーターの役を演じたが、中立的なプロセス管理者 (Schwarz, 1994) という従来の意味でのファシリテーターではなかった。ジョアンは興味を持ったことを質問し、より詳しい説明や例を求めることもしばしばだった。好奇心のおもむくままに口を挟むこともあれば、黙っていることもあった。　グラウンドルールを提示することもなかった (Ray and Goppelt, 2013)。また、自分が導き出した結論を述べ、どんなことを考えていたか明らかにした。それがきっかけとなり、ほかの人々も同じように口を開くことも少なくなかった。同時にジョアンはフリップチャートに主要な合意事項を記載し、会話が出席者に有益な内容から離れていないか定期的にチェックしながら、ファシリテーションを行った。

　重要なこととして、ジョアンは公式な会議室以外の場所でマネジャーと会うよう務めていたことが挙げられる。ホテルで朝食をともにしたり、ランチ・ミーティングをしたり、空港まで往復する際に同じ交通機関を利用したりしたのだ。こうした行動はすべて「内部者」の立場を経験するための努力、あるいは試行であった。

　このミーティングの結果、新たな一連の会話が生まれた。思い出してほし

い。電話でのブラッドからの依頼は当初、スティーブにコーチングを受けさせることだった。ところが、ジョアンはその代わりにスティーブだけでなく、多面的により多くの人々と関わる方法を模索し、意味と統一性の流れを経験すると同時に、その流れに影響を与えたのである。

立ち現れた今と調和する

DPC（対話型プロセス・コンサルテーション）に関わることで、興味深い可能性の出現を目の当たりにすることになる。観察や計画からでは、未知のものに堂々と携わりつつ、次に可能な一連のステップを構築することはできない。活動を起こし、相手の反応に気づき、相互に応答を行うことが肝要である。ある時点で、共同で探り、同じものに関心を持ち、重複するアイデンティティを持ちつつ、ともに行動することで、エネルギーが得られ、期待が膨らむ。自分たちの行動の「共同性」に十分注意を払えば、関係性およびそれがどのようにアイデンティティと権力格差を生み出すかに焦点づけできる (Stacey, 2011)。DPC はとても関係的な実践なのだ (Lambrechts et al., 2009)。

私たちのいう創発とは、「より高次」の実在の実体 (Wilber, 2000)［訳注1］に転換するための意図的な目的論的プロセスではない。むしろ、ショー (Shaw, 2002) が言うところの「私たちはコミュニケーション活動のパターン化に参加しており、その活動においては社会における人々のアイデンティティと相異が常に同時に出現するような、次のステップへ進むための日常的な葛藤」(p.156) だ。エピソードごとに私たちはどう位置づけられ、相手をどう位置づけるかを取り決めるため、アイデンティティはその都度転換し、流れていく。

抽象化の誘惑（セイレーンの歌）に勝つ

DPC コンサルタントは、他者と自らの間でどのように位置づけが行われるかに留意している。私たちは約1年間、某企業における上級管理職間の協

［訳注1］　ケン・ウィルバーが『進化の構造1』（松永太郎訳、春秋社、1998年）の中で主張した、ホロンの考え方。彼は、実在や現実が全体であり部分でもあるホロンから構成されているとした。

第 17 章　対話型プロセス・コンサルテーション　569

力関係を改善するプロジェクトに携わったことがある。専門的サービスとトレーニングを提供している企業に所属する別のコンサルタント、ウィリアムもこのプロジェクトに参加しており、彼がCEOおよびマネジャー数名とミーティングを行う際に私たちも同席した。

　ミーティングの冒頭で参加者は進捗状況と確認できている情報を共有し、次に実行可能な、あるいは、実行すべき行動について暫定的な提案を行った。ウィリアムはホワイトボードの前に立ち、同グループに現状および将来ありたい状態について質問を始めた。彼はどのような労働文化を作りたいか、その文化がどのように現状での問題の欠陥を補えるか定義するよう促し、いくつか問いを投げかけた。これらを明らかにしない限り、現実的に前に進めないというのがウィリアムの考えだった。

　私たちは会話を観察していたのだが、やがて参加者の間で会話に変化が起き始めた。労働文化の特徴について、「オープンなコミュニケーション」、「信頼を深める」、「より協力的に」、「ストレスを減らす」などといった、議論や討論がしにくい抽象的な言葉で語りだしたのだ。また、参加者同士ではなくウィリアムとだけ話すようになっていった。当初は共同でのアクション実行の可能性を探っていたが、やがて「専門家」であるコンサルタントの質問に答える方向へ会話がシフトしていった。

　抽象的な概念や原理について議論し、理解し、同意を得るのは、組織で働く多くの人々にとって魅力的な作業だ。抽象的な思考とコミュニケーションは、ギリシャ神話に登場する海の妖精セイレーンを思い出させる。セイレーンは美しい歌声で船乗りを魅了しては、彼らの乗る船を座礁させる。抽象概念の合理性と内部整合性は確かに美しいが、一方で道を誤らせる危険性も秘めている。抽象概念にとらわれた人々は、しばしば自身の生きた経験や歴史、文脈、つまり、人生の無秩序な部分を否定する。ヴァーン・クローネン（Cronen, 1995）が指摘するように、私たちは自分たちの経験を真剣にとらえ、思い出す必要があるのだ。

1つの事柄が別の事柄につながる

　ITAはソフトウエアの開発およびテストを行う、社員約600人の組織であ

る。同社の最高財務責任者は社内のコミュニケーションを改善したいと考え、私たちにサポートを依頼した。コミュニケーションについて同社の人々と話していたとき、彼らがほかの問題について説明し、詳しく語るのを耳にした。中でも、新しいプロジェクト・リーダーに不満を持ち、失望していることがわかった。プロジェクト・リーダーの役割が話題に上ったとき、彼らに質問し、具体的な事例やストーリーを話してもらい、リーダーの役割が機能していないと思う理由や、そもそもなぜリーダーの役割が必要なのか、彼らの考えを聞かせてもらった。相容れない意見が聞かれることもあった。そうして私たちは、耳にしたことを13の「仮説」にまとめ上げた。あえて「仮説」という言葉を使ったのは、このクライアントの領域である、エンジニアリングおよび科学コミュニティにおいて、有用な意味を有する言葉だからだ。

世界を作り上げる

対話型OD全般、とりわけDPCにおいて重要なのは、世界は発見されるものではなく、作られるものであるという視点である。この世界に存在する物体が、人類が発見する前から存在していたとするなら、優れた科学者は、それらすべてに名前を付け、描写し、分類して正しく理解するのが自分たちの務めだと考えるだろう。

一方で、この世界の出来事や物体が作られたものなら、「より複雑な対応が可能になる」（Pearce, 2009, p.34）。通常、発見した世界についての人々の見解が真実かどうかを確認するには仮説を立てる。こうした仮説についてエンジニアや科学者のコミュニティと議論する場合、会話は気楽で論理的に一貫している。ところが上記のグループと仮説について議論する際、私たちはリスクを負うことになった。私たちと彼らは同じ世界観を共有していないからだ。もし私たちが彼らと同じ世界観を持っていたなら、各仮説を検証する方法を開発していたことだろう。しかし、私たちは世界が作られたものだと考えていたため、クライアントを多少異なる方法へと導かなければならなかった。

その後、私たちは同組織のリーダーに会って、次のような提案を行った。「私たちはこれらの仮説のすべてあるいは一部が『正しい』とか『間違って

いる』と言っているわけではありません。ほとんどの仮説が何らかの方法で機能しているというのが私たちの見解です。どの仮説が『最も正しい』か決定するよりも、むしろすべての仮説に価値があると考え、並行して活動または『実験』を行って、何が変わるかを学ぶほうが役に立つでしょう」

学びながら前進する

　ここでいう「実験」とは、これから何が起こるかわからないまま前進する方法を意味する。小規模で簡単かつ低コストで低リスクのアクションを試し、どのような反応が得られるかに注意して、これらの反応に耳を傾ける。このクライアントについて「実験」という言葉を用いたのは、彼らがこの概念を受け入れてくれそうだったからだ。もっとも、行動が不明瞭になるというリスクがあったが。実験の概念を議論するには十分不明瞭な点があったため、彼らは結果を明確に定義した詳細な計画を立てなくても、このアイデアを利用していくつかのことを試せるだろうと私たちは考えた。

　新たなプロジェクト・リーダーの役割に関する手引書を製作するよう指示されたチームとも会った。手引書の製作はこの組織内で、プロセス改善のための正当なアプローチと見なされていた。興味深いのは、すでにいくつもの手引書がありながら、日常業務では事実上まったく活用されていなかった点だ。事実、スタッフらに既存の手引書について尋ねると、ほとんど全員が使ってもいなければ、役にも立たないと答えた。つまり手引書の製作は、プロセス改善のアプローチにはつながっていなかったのである。

　私たちは彼らが自らの経験をふりかえることができるように、相互のやりとりを通じて集めた仮説のリストを再び共有した。こうして私たちは、彼らが自分たちのナラティブに疑問を持つことができるように手を貸した。DPCを実践するには、当然と見なされている知識に対して批判的になることも必要である（Burr, 2003）。

　このケースでは、私たちはプロジェクト・リーダーの問題について表立って人々にインタビューを行わなかった。ほかの方法で関わっていくうちに、この問題に関するこの情報を入手した。その後、内部者の会話に加わり、職場で自然に交流できれば、組織の中での日常生活に大きく関わる事柄に私た

ちの視点を提供できるはずだと気づいた。

　ある実験で私たちは、プロジェクト・リーダーとしての役割を担う人々全員をミーティングに招いた。混乱している点や成功談、疑問、そして、現在どのようにこの役割を遂行しているかについて、情報交換をするためであった。このように構造化されていない会話のほうが、役割の遂行の仕方について有益な話が聞けるはずだ。この会話には厳格なアジェンダもなければ、私たちがミーティングで「ファシリテーション」を行うこともなかった。私たちはただ最初のきっかけとなる質問をしただけで、あとは出席者同士で語り合ってもらった。私たちはその後も質問を続け、主張し、混乱しているときは、その旨を伝えた。

マイクロプラクティス

　ここで、私たちが関与していくありようについて、より簡潔に説明しておきたいと思う。「マイクロプラクティス」は、パトリシア・ショウとその同僚が作った言葉で、私たちがブリコラージュを共同著述する際に行う事柄の一例である。本章では、私たちが行っているマイクロプラクティスの一部の名称をあげ、マイクロプラクティスの関わり方についての実践の簡単なエピソードを紹介する。マイクロプラクティスは相互に関連し、相互依存しており、私たちの行動パターンを記述し、そうした行動の意味も記述している。これらはDPCに従事する上で最善の実践または原則というよりも、むしろ、常に変化しながら姿を現しつつある全体像と似た構造のフラクタルと見なすべきだろう。

　マイクロプラクティスは物象化のプロセスではないことを認識しておくことが重要だ。使用法に公式などはなく、「最善の実践」と見なされることもない。マイクロプラクティスは適切なときに「当てはめる」ものではないのだ。これを用いる機会は、生きた現実の中で、前進するための実用主義的な姿勢から生じる。しかし、逆説的ではあるが、私たちは行動と関わり方に十分に注意を向けることで、意図的にマイクロプラクティスを行えると考えて

第17章　対話型プロセス・コンサルテーション　　573

いる。私たちは行動に関する内省（Schön、1983）や、習慣および関わりのパターンとしてマイクロプラクティスを活用している。可能なマイクロプラクティスの組み合わせは膨大で、その解説はさらに広範囲におよぶ。したがって、読者には自分の実践、および、それらが何を生み出したかをふりかえってもらいたい。表17.1にはマイクロプラクティスの解説および相互関係をまとめた。

自分をさらけだす

　CEOとほかの取締役2人とのディナー・ミーティングで、ジョアンは前回のミーティングでのCEOの発言に対する印象を告白した。彼女は話を聞いてもらえていないと感じたと述べ、続いてその具体例をあげた。そして、彼女が伝えた3つのことについて、CEOに言葉を繰り返してもらうように頼んだ。

　この実践が重要なのは、私たちについて会話の中で直接触れるからである。また反応を求めることにより、ただ報告をするのではなく、流れの中に身を置くことができる。これはあなた自身の経験に関することであり、「現実」または他者がどう感じているかを理解しようとすることではない。

正論を疑う：話と経験を結びつける

　戦略を議論していたマネジャーたちに、投資利益率（ROI）について訊かれた。どのようにROIを測定すべきか知りたいのだという。そこで、これまでROI分析を用いて業務の有効性を判断したことがあるか、その分析に参加したことがあるか尋ねたところ、答えは「ノー」だった。ほかのストーリーを使ったということだったので、それらのストーリーについて語ってもらった。

　この方法が重要なのは、人は一見「正しく」見えるが実行不能に思える力強いディスコースに従うことが時にあるからだ。しかし、人々を彼ら自身の実体験と結びつけることで、抽象的なディスコース（あるいはナラティブ）と「生きた現実」の具体的な文脈とのパラドックスや矛盾を明らかにできる。これは人々がより正当で実用的だと感じる活動形態へと導く。

[574]　第Ⅲ部　対話型ODの実践

▌表17.1 対話型プロセス・コンサルテーションのマイクロプラクティス

名称	解説	ほかの行動様式との関係
自分を さらけだす	自分の考えや感覚、反応を観察結果としてではなく、他者との会話の流れの中にいる1人の人間として明らかにする	● 飛び込む ● 内部者の間に入る ● 結果にこだわらない
正論を疑う： 話と経験を 結びつける	人々が現実的な実体験ではなく、抽象的な管理の概念を使っていることに気づき、それを指摘する	● 意味を揺るがす ● パラドックスの影側に 　光を当てる
始点と終点 を疑う	自分は常に何かの途中にいることを意識し、過去に何が起こり、次に何が起こるか尋ねて伝えてもらう	● 内部者の間に入る ● 普通の方法で異例の 　ことをホストする
結果に こだわらない	ペースと秩序をコントロールしようとする努力と行動を減らしつつ、そこで明らかになることに積極的に参加する	● 普通の方法で異例の 　ことをホストする ● 自分をさらけだす
意味を 揺るがす： 別の見方を 提供する	意味の多様性に気づき、見解について議論するのではなく、新たな見解を提示することで別の意味や結論についてうまく伝える	● 自分をさらけだす ● 飛び込む ● 正論を疑う
パラドックス の影側に 光を当てる	パラドックスという袋小路に入り込んだ状況で、見方が結合していることを認識し、伝えるパラドックスを指摘する	● 正論を疑う ● 意味を揺るがす
内部者の 間に入る	部外者の立場を取るのではなく、日々の意味づけに影響を及ぼすような形で関わる	● 結果にこだわらない ● 飛び込む ● 始点と終点を疑う
普通の方法で 異例のことを ホストする	組織の外で人々が関わっているような関わり方が生まれるプロセスや状況を作り出す	● 始点と終点を疑う ● 結果にこだわらない
飛び込む	取り組みについて計画し話す必要を減らし、代わりに最初の会話から取り組みに取りかかる	● 自分をさらけだす ● 内部者の間に入る

第17章　対話型プロセス・コンサルテーション　　575

始点と終点を疑う

マネジャーが「変革に着手したい」、「何か新しいことを始めたい」と言った場合、私たちは「そう考えるに至ったきっかけは何ですか？」、「何が発端となって、そうしようと考えたのですか？」と質問する。そして、「もしそれを実践したら、次に何が起こると思いますか？」または「次にどんなことが起こると想像できますか？」と尋ねる。

理想の最終状態を定義するために多大なる時間をかけるのは、現実的とは言えない。全体の流れのどの時点で、特定のエピソードや思考の流れが出現するか判断するほうが役に立つだろう。この種の質問を行うことによって、創造され得る結果について別のことに気づき、たった今起きたことについて異なる説明を生み出せるだろう。

結果にこだわらない

新任の部長は自部門の提供するサービスに対する顧客の評価を知りたがっていた。顧客満足度調査を打診されたとき、私たちは代わりに、顧客と部下であるマネジャーたちが2時間にわたって直接会話を交わす機会を設けることを提案した。肩ひじの張ったプレゼンテーションは行わず、全員が1つのテーブルを囲み、「このサービスについて評価している点は何ですか？」あるいは「不満な点、わかりにくい点は何ですか？」という質問をきっかけに会話を始める。参加者にも、質問したり、頭に浮かんだことについて意見を言ったり、例を挙げたりするよう勧めた。

この実践が重要なのは、人々を学習モードにするからだ。誰が何を言うのか予想できない状況に置かれることで、人は次に何を言われるかに基づいて、あるいは、何を言うべきかに基づいて、あらかじめ準備した台本通りに答えるのではなく、よく話を聞き、その場その場で反応するようになるのである。それは安全な場を作るということではなく、人々が前進でき、明らかになることに反応することができる経験を提供するということである。

意味を揺るがす：別の見方を提供する

　気難しい顧客への対応について、あるマネジャーからアドバイスを求められたとき、私たちはまず顧客との実際のやりとりに関する彼女の説明を聴いた。続けて、そのやりとりについて、顧客ならばどう描写すると思うか尋ねた。さらに、私たちが同じような状況に遭遇したらどう感じると思うかを話した。このような別の見方の獲得は、内省をするときでも、全員が顔を合わせているときでも行うことができる。

　自分の意見や意味、結論にこだわっていると、次の動きの選択肢を狭めてしまう。別の見方を考慮することで、混乱と新奇性の両方がもたらされることもある。混乱するのは、次の動きが不明確になり、個人的枠組みが取り除かれるからだ。また、新奇性によって、それまで明らかではなかった動きが出現する。

パラドックスの影側に光を当てる

　ある企業のマネジャー陣が、我が社の商品の独自性は開発者たちのユニークな（代わりがきかない）スキルと知識によって生まれていると説明してくれた。その一方で、実のところ同社にとって最大のリスクは、開発部で主要ポストを引き継げる人材がいないことだという。後継者を外部に探す方法に話が及ぶと、彼らはすかさず今いるスタッフを入れ替えるのは不可能だと説明した。キースはこの話し合いから明らかになったパラドックスをこう解説した。ユニークさが開発チームに価値を与え、代わりがきかない存在にしたが、まさにそのせいで会社にとって最大のリスクとなっているのだ。

　このように、パラドックスを明確化することによって、人は二者択一の発想から離れることができる。すると、会話そのものは複雑性を増すが、議論のための議論からは脱出することが可能になる。パラドックスに光を当てることで、パラドックスのある一方の側面を隠しがちな習慣的な反応に取って代わり、別の方法で前進できるようになるのである。

内部者の間に入る

　クライアントの職場を訪ねるときは、さまざまな方法で自然にクライアン

第17章　対話型プロセス・コンサルテーション　[577]

トと会い、関わるよう心がけている。知り合いを訪ねてふいに立ち寄ること
もあれば、ミーティングに出席することもある。オフィスで会うこともあれ
ば外で会うこともあるし、1対1のこともあれば、グループのときもある。
全員と知り合うことで、廊下などでばったり会ったときに会話に混ぜてもら
えたり、アイデアを交換し合ったり、次の訪問予定を聞かれたりするように
なる。

　私たちは日々の複雑性にできる限り関与したいと思っている。日常的な会
話に影響を与え、行き詰まりを解消できるかもしれないからだ。特別な出来
事があったり、危機に直面したりしたときだけ顔を出していたら、「調停
人」と見なされ、そのような特別な出来事や危機に対してしか影響を与えら
れなくなるだろう。

普通の方法で異例のことをホストする

　エグゼクティブ・ディレクターが大勢のマネジャーを一堂に集め、将来に
ついて話し合わせた。彼らの業務や労働力はどう発展しているだろうか？
すでに何らかの兆しは見えているか？　どんなことが起こると思うか？　会
話において、徐々に1人が話し、常務とだけやりとりするという形になって
きたとき、私たちは一旦休憩することを提案した。そして、休憩は長め（45
分）にするので、これまでの会話の内容から、話してみたいと思った相手と
話をするように勧めた。すると誰も部屋を離れず、全員が入り交じり、関心
のある話題または取り上げたかった話題について、自然に会話を交わし始め
た。

　多くの組織で行われている関わりの方法では、自然な会話のアートがフィ
ルターにかけられて取り除かれてしまう。この実践は、その瞬間に人々が非
公式に話し、交流するスキルを取り戻すことを期待して行った。それが始ま
る段階では、これから何が立ち現れ、どのような反応が生まれるか、何も予
想していない。

飛び込む

　何人かの社員が、自分たちの提案している変革を拒否している人物につい

て、実名を挙げずに話し合っていた。私たちはそれが誰なのか尋ねた。ほかの人々はみな誰の話かわかっているようだった。知らないのは私たちだけだったのだ。彼らがその人物の名前を明かしてからは、実名でその人物について話し合った。私たちはこの人物の反応についてどう思うかについて尋ねた。その上で、彼らの話に対して自分たちならどう反応するか、素朴な意見を述べた。こうして検証することにより、彼らは十分な根拠のない仮説を立てて、それを口実にこの人物を会話から外し続けていたことに気づいた。

多くの状況において、後から会話に加わった私たちは、網の目のように複雑に絡み合った会話の中でほかの人々が引き出した結論について、誰よりも知識がなかった。そのような状況下で興味本位の質問をした場合、混乱をきたすこともあれば、ナラティブが生んだ障害物が明らかになることもある。いずれの結果になっても、それはある種のチャンスとなるはずだ。

倫理

すでに説明したとおり、DPCを実践するということは、コンサルタントがクライアントと密接に関わり、クライアントの社会的世界の変革を手伝い、コンサルタント自身も相互に変化するということを意味する。コンサルタントの関心は報酬の支払いにとどまらない。では、私たちは倫理についてどう考えているのだろうか？　DPCを実践する際の倫理的行動とはどんな行動なのだろうか？

バフチンはこう述べている。「モノローグ性は、極端な場合、自己の外に自己と同等の権利と責任を有する別の意識、別の私（汝）が存在することを否定する。モノローグ的アプローチを取る場合（その究極的に純粋な形態において）、別の人物は別の意識ではなく、完全に単なる意識の対象にとどまる」(Bakhtin and Emerson, 1984, p.292)。

ショッター（Shotter, 2005）は、人間が相互に関わる場合、お互いに相手を「汝」として捉えて関わることが期待されており、それが必要であり、倫理的規範になっていると述べている。あなたから人間らしい反応が得られてい

ないと感じた場合、「つまり、あなたが私に反応せず、自分のことに没頭しているように感じたら、私はすぐさま倫理的に侮辱されたと思うはずだ。そして、私たちの仕事だけでなく私自身に対しても敬意を払っていないと感じるだろう」（Shotter, 2005, p.103）。

　続けてショッターは、対話型のアプローチだけが、直接的表現反応を生み出し、自分以外の人間の意識を評価できるようになり、「集合体としての私たち」という感覚を生み出すと論じている。このことは、組織内の人々を客観的かつ科学的に見ようとする場合、問題になる倫理的立場である。もし、人または組織の変革に関する一般化された理論を現状に当てはめようとしたり、マネジャーに問題の解決策を提案したりするのは、少なくとも暗に「人」や「組織」を自分たちが影響を及ぼすことのできる研究や操作の対象と見なしていることになる。私たちはこうした理論を使うことに抵抗があった。そして、自分たちが実践して唱道していることと、自分たちが知り合った実際の人々との間で板挟みになっているように感じた。理論に根本的な欠陥があると言っているわけでもなければ、一般論を個別の事例に当てはめることはできないと言っているわけでもない。むしろ、私たちは自分たちの積極的関与の人間らしさを避けていたのだ。今はこれを倫理的ジレンマと見なしている。

　DPCアプローチなら、このジレンマを回避し、組織の日常を形作っている関わりや不安、希望、葛藤に直接関われるようになる。不安を生むのと同じ関わり方のプロセスが私たちの支援する力を創り、倫理的行動を促す。DPCの視点は、ほかの人々を「それ」ではなく「汝」として扱う。その際、たとえば「グラウンドルール」（Schwarz, 1994）を設定したり、「倫理規定」（Egan and Gellerman, 2005）を作ったりといった、奨励あるいは禁止すべき言動をコントロールする特別なプロセスを行うのではない。むしろ、逆説的な社会的世界と直接対峙するという方法を取る。ピアースが述べているように、この見方が持つ意味の1つは「成功のための基準、倫理的プロセスは、コミュニケーション・プロセスの外からではなく、中から得られる。つまり、何がよいかを示す一般的な定義が存在し、そこから目標とすべき基準が決まるわけではなく、基準は積極的関与の質から生まれる」（Heath et al., 2006, p.345）のである。

　倫理的であるために、私たちは「積極的関与（エンゲージメント）」について、現在会話を交わしている相手だけでなく、できるだけ多くの会話が構成するリアリティを含んだものとして見なす必要がある。そして、次の問いに答えることだ。「私たちは一緒に何を作り出そうとしているのか？」、「誰が得をするか？」、「誰が不利益を被るか？」。これらはただ夜中に反省しながら考えることではなく、会話のきっかけであり、私たちのアイデンティティと能力、それらを用いて何を行うかに一層注目することができるようにする。クライアント**について**これらを問いかけるのではなく、彼らと**ともに**問いかけていく。私たちは自分たちを進行中の関わりのプロセスの一部と見なしているため、これらの質問は集合体としての私たちについて問うものであり、創造における自分たちの役割も同様に考慮しなければならない。これらの質問に対して明確な回答が得られる場合はほとんどないが、手探りで前進する中で、次のステップは何か、それをどう行うべきかを知るためのヒントを得ることはできる。

　DPCには、より本心からの倫理的試行を行えるという別の一面もある。あるクライアントが打ち明けてくれた話によると、特別なプロセスやモデルを用いる場合、彼女は結果に対する自分の責任と不安からいくぶん解放されたように感じるという。うまくいかなかった場合、それはモデルに問題があったか、コンサルタントの問題であって、自分の落ち度ではないからだ。さらに、私たちと仕事をするようになってから、彼女は業務を改善するためのリーダーとしての自分の能力にもっと自信を持てるようになった。その一方で、以前ほど自分の希望通りの結果を得る自信がなくなったことに気づいたという。それでもプロセスが「活発で無秩序」なほうが力を注げるので、私たちと協働しているときのほうがよい気持ちだとも言っていた。

　私たちは、コンサルタントが特別なプロセスを用いたり、特別な状況を作ったりすることで、マネジャーは不安をいくぶん解消できることに気づいた。これは彼らが「プロセスを信頼」することで、責任の一部を手放せるためだろう。「結果」が芳しくなかった場合、多かれ少なかれ、マネジャーとコンサルタントの両方がその原因について説明を求められる。責められるの

第17章　対話型プロセス・コンサルテーション　581

はプロセス、コンサルタント、マネジャーであり、これらがいずれも該当しない場合はプロセスに「従わなかった」あるいは「抵抗した」組織のメンバーが非難される。

DPCを実践するとき、コンサルタント、マネジャー、その他の関係者は「結果にこだわらない」で責任を共有するよう促される。社会的世界は関わりの複雑反応プロセスから生じたもの（Stacey, 2001）であり、基本的に未来を予知することは不可能だが、それでも意図を持って日々の相互作用を行わなければならない。私たちが社会的世界を創り出す自分たちの能力を信じているなら、自らの意図と行動を批判的に分析することができる。また、意図と行動だけでなく、意味のブリコラージュを構成する際に使っているディスコースも試される。この批判的な試行の間、一瞬一瞬、事あるごとに、そして、1つひとつの会話から倫理規範が生まれる。

クライアントから見たコンサルタントの活動

ここまでは、クライアントとコンサルタントが社会的世界をいかに共創しているか、そして、彼らは関わりの複雑反応プロセスの中で日々これを行っていることを説明した。その際、2つの疑問が絶えず頭に浮かぶ。「私たちが協力しているクライアントは私たちの活動をどのように見ているのだろうか？」、「なぜ私たちの参加を求めるのだろうか？」。この議論にクライアントの声も交える必要があると考えたため、長年のクライアントの1人に参加してもらい、私たちとの協働について話し合ってもらった。仮に彼女を「ペギー」と呼ぶことにしよう。いつも通り、私たちはクライアントとの会話を通じてともに学んでいる。

キース——これまで私たちが行ってきた仕事をどう見ていますか？
ペギー——見るだけでなく、感じてもいます。正真正銘の創造的な学習法のように。時には紛らわしくて、これまでとは違うと感じることもありました。自分自身やリーダーとしての導き方について、従来とは

違った考え方ができるようになったと思います。それまでは専門家に参加してもらい、解決策を提示してくれるのを当てにしていましたが、自ら何が起きているのか、どんな解決策があるのか関心を持ち、関わるようになりました。数年前、まだ皆さんと仕事を始めていないころ、手に余る仕事を引き受けてしまったことがあったのです。私は皆さんの言う、診断型アプローチのODに頼っていました。コンサルタントがやって来て、モデルを提示してくれたので、私は救命ボートのようにそのモデルにしがみつきました。最終的にそれは成功したので、私は結果に満足し、探し求めていた聖杯を手に入れたような気になっていました。

その後、このモデルとプロセスに頼っていたことで、「ペギー」のリーダーシップが貢献していることを自分で認めることができなくなることに気づきました。自分が人任せだったように感じました。今思うと、人任せの状態が好きだったのは、いろいろな意味で責任から解放されるからだったのでしょう。今でも信じられないのは、自分も成功に貢献していたことに気づくまでに何年もかかってしまったことです。そのせいで、その後散々な目に遭いました。転職しても、しばらく自分が貢献していないという意識に囚われていたのです。ひたすら戦略的計画が必要だと訴えるだけでした。霧を晴らしたかったのです。皆さんはそれを手伝ってくれました。継続的に内省し、コーチングを受けたおかげです。今でも前と同じお願いばかりしていますが、あなたがたは、いつも優しく導いてくれます。

ジョアン——導いていると言っても、私たちが正しいと思う答えに導くと言うより、あなたの成功経験を活用して、私たちが学んでいるのだと思います。私たちが知りたかったのは、こうした戦略的計画のセッションの「間」で何が起こったかです。あなたの経験と私たちの体験を比較していました。これまでこうした戦略的計画プロセスを何十回も実行していますが、私たちが試みていたことは、あなたが作り上げた文脈と何が違うのかを学ぶことでした。それには、あなたの説明がとても役に立ちました。

第17章　対話型プロセス・コンサルテーション　583

ペギー——皆さんがこうした質問で私を導いてくれたおかげで、これは過去の経験から引き出した私の結論よりもずっと複雑でダイナミックだということがわかりました。戦略的計画が、ほかの人々と関わり、関係性を築くための場になっていて、それが私の貢献だったことに気づいたのです。ところが、ほかの人にこの発見について説明しようとしても、手応えが得られなくてイライラしました。

ジョアン——数年前、投資利益率について話し合ったのを覚えていますか？　ひとりよがりのリーダー開発プロジェクトへの投資の継続を正当化できるように投資利益率を計算する方法を探して、行き詰まっていましたよね？（このエピソードの詳細はRay and Goppelt, 2013を参照）あのとき私たちは何をしていると思いましたか？

ペギー——投資利益率の議論のことはよく覚えています。私が変化するきっかけとなった経験ですから。今ならあれがより大きな文脈の中の罠だったこともわかります。自分たちで自分たちを罠にかけていたんですよね。私は自分が正しいと思うことをしようとせずに、ほかの人たちがやるべきだと思っていそうなことをしていました。

キース——私なら、この結果はあなたの人生を取り戻す手段だったと考えますね。取り戻す前は、この「投資利益率」とやらにあなたの存在の一部を引き渡していたと言えるでしょう。あなたのレパートリーから投資利益率を削除すべきだったと言っているのではなく、投資利益率は1つの選択肢であり、納得できるときにだけ使えばいいのであって、それに振り回される必要はないのです。

ペギー——あのタイミングで「皆さんが生み出そうとしているものは何ですか？」と聞かれたのは面白かったです。そのことについてもう何週間も話し合っていましたからね。何を生み出したいかをリストアップしたスライドを持ち出したら、今度は「どうしてそれを従来の方法で測定するのですか？」と訊かれました。私もみんなも、測定するのではなく、ストーリーで説明することならできることがわかりました。点と点が線でつながったのです。この2つの質問は私にとってとても深い意味がありました。

「584」　第Ⅲ部　対話型ODの実践

キース——いくつかキャッチフレーズも使いましたね。「結果にこだわらない」とか。これはあなたにとってどんな意味がありますか？

ペギー——「結果にこだわらない」と聞くと、力が湧いてきますね。答えを知らなくても許されるのですから。「解放」という言葉が頭に浮かびます。実行の場から学習の場へと導いてくれるとも言えるでしょう。今の仕事でも同じです。いつの間にか実行の場に戻っていて、あの瞬間のことを思い出すのです。そんなときは自分にこう言います。「ペギー、誰も答えなんて知らないし、わかりようがないの。どんな結果になろうと、結果は結果なのよ」って。それに私はこうして自分の道を進む、ただの触媒に過ぎない。答えを知っている必要なんてないんです。

キース——ですが、そのような中でも何らかの意図や欲求、希望やニーズを持って行動していますか？

ペギー——ええ。この事例で言うと、従業員のために輝かしく活気のある未来を創り上げることですね。組織をこの方向へ向かわせるために、できることは何でもします。それが簡単にできているとはとても言えませんが。ほかの人はどうかわかりませんが、私としては、その過程でつながりや関係性を築く必要があるのです。事前に知っていたこともありましたが、そのほかのことは実際にステップを踏んでいくまで気づきませんでした。

対話型プロセス・コンサルテーションの解説（パトリシア・ショウ）

　実践者たちが相互に認識できる方法で自らの取り組みについて語り、説明するうちに、彼らのコミュニティから1つの実践が姿を現す。本章をふりかえりながら、反響を探る筆者たちに応えつつ、私が共感した部分に注目し、なぜそれらの特徴が重要だと考えるのか、改めて解説する。そうすることで、「対話型プロセス・コンサルテーション」として本章で提案するODがどのような方向へ向かっているのか、さらに明らかにしていきたい。

出来事の渦中に身を置く

　本章は何の前触れもなしに、これから展開する場面を詳しく説明することもなく、ある出来事の途中から始まる。それはなぜか？　読者の注意を引きたかったからだろうか？　私はそうではないと思う。この場面では、あるアプローチに欠かせない特徴が強調されていることに私は気づいた。その特徴とは、新たな出来事の流れに飛び込むことである。読者はこの場面の質の高さや脚本の種類、登場人物にはどのような可能性が与えられているかにすぐ気づくだろう。そして、物語の背景に関する包括的知識を持たない読者は、数ページ読むと「一体何が起こっているのだろう？」、「どうすればこの先に進めるだろう？」、「自分ならどう答えるだろう？」といった疑問が湧いてくる。冒頭から、即座に行動が求められる文脈での知的な対応は、最初から強調されている。

　実践者として、以前から気づいていたことがある。それはまったく新しい変革の取り組みを目にしたことは一度もなく、ついでに言えば、うまくきれいにまとまった結末も見たことがないということだ。むしろ、私は多様な始点、中間点、終点が同時進行する複雑な流れの中に常に身を置いている。段階的プロセスに従うのではなく、周りには多くの方向が示されているが、そのうちどれも最終目的地までは続いておらず、また別の数々の可能性へと導くだけだ。

　このオープニング・シーンではキースが「流れに飛び込み」、その後「飛び込む」というマイクロプラクティスに触れている。ある意味これらの表現は誤解を招きかねない。これらを聞くと、どこかの川岸で待っているところを想像したくなるが、実は私たちはすでに流れの中にいる。参加者はアクションの文脈の中に「浸って」いるのだ。

　キースが口を開いて参加する方向にシフトしたのは、ミーティングで人々が彼に目を向けたのがきっかけだった。ここから場面が動き出す。これは、オープニング・シーンの逆説的性質を象徴しているとも言えるだろう。この場面にはキースまたはジョアンが、この場面の「要求」に「応える」ように話さなければならないという制約がある一方で、その回答の性質および可能

性の中には自由がある。さらに、力のバランスはいつでもシフトする可能性がある。

このときのジョアンとキースの対応について読んだときに気づいたのは、ブラッドは物事の道理として、概念的議論から始めたいと思っていたが、2人は彼の希望を汲んでいないことだった（ついでに言えば、ブレインストーミングが必要だというジュリーの意見にも取り合っていない）。その代わり、2人は横道にそれ、組織内の別の人々の声を紹介した。実際の出来事に関する解釈について他者の意見を紹介することで、ミーティング会場の権力バランスを崩し、参加者の中から新しい注目の対象が出現するようにしたのだ。

このシーンの1つの解釈として、どのように進めていくかについての見方が葛藤して行き詰まっていたところから、明確な目標を持たずに潜在的価値を求めて方向性を模索する方向へ、会話が方向転換したと見ることもできるだろう。

コンサルティングの現場から

以下はこの章を読んで私が選んだ、価値ある仕事としてジョアンとキースの記述していることの要点である。

- 参加者にとっての活動の意味を検証し、強化する会話を促し、自らも参加し、刺激している。
- 一般論または抽象的な会話ではなく、焦点を絞り、具体的で経験に則った会話を奨励している。
- 関心、エネルギー、期待、明確な意図があるところに次の動きが立ち現れる。
- 不確実性、不安、不測の事態を価値づけ、検証することで、これらは制約または障害と見なされるのではなく、むしろその取り組みに不可欠な要素となる。
- 人々が実現しようとしていると思い込んでいる展開ばかりに注目するのではなく、それがどれほど「無秩序」だろうと、実際に起こっていることを重要なものと見なす。

第17章　対話型プロセス・コンサルテーション　587

- 活動の地平線は短いにもかかわらず、関係的地平線（協働しようとする努力）はそれよりも長い。
- コンサルタントが求める、あるいは、自ら関与するすべての場面を正当な取り組みのセッションとして扱う。

　キースとジョアンは、手に入るあらゆる材料を用いて共同で構築する「ブリコラージュ」のメタファーを気に入っている。一方、違いはそれほど大きくはないと思われるかもしれないが、私は共同で即興を行う「アンサンブル・インプロビゼーション」のメタファーをよく使う。どちらのメタファーも、継続的な創造的発展における共同作業に目を向けさせる。こうした作業から生まれたものは、不安定だったり、ところどころ崩れたりするかもしれないが、新鮮な推進力や明確な目標を持っている。

　こうした試みの形態および意義は、参加者の中から立ち現れるため、直近の発展が「ここ」にいることの意味に影響を与えるのと同時に、すでに起こったことについて後ろ向きに、また、次に起こりそうなことについて前向きに、どのような新しい意味を付与するかに常に影響を受けている。「アンサンブル・インプロビゼーション」のメタファーを好むのは、私は社会や組織の日常生活における筋書きのない現在進行中のドラマの中の登場人物としての、自分たちの経験に注目を促したいと願うからである。私たちはドラマに出演している役者であって、その制作者ではない。アイデンティティと目的に対する自分たち自身の感覚は、こうしたシーンが集まってできあがり、個々の場面に意味を与えている、より大規模なドラマの形態や確固とした目的と同じくらい重要なのだ。

物象化を軽く保持する

　本章に登場するコンサルタントたちは、多くのマネジャーが経営状態のよい企業とは正反対のものと考えるような経験、たとえば、結論が出ない、不安定、能力不足、そして意図や動機や目標がいくつも存在するなどの経験をしているクライアントの組織に、比較的高いレベルの安心を提供できている。私が携わる多くの人々は、実際のところ複雑な状況から「結果」が得られる

とは考えておらず、そうした彼らの説明は日常的経験から得られる実際の感覚から目を閉ざしている。

　ここでクライアントが安心し、リラックスできたのは、考え方および語り方としての物象化（プロセスを静止した物に還元すること）を軽く保持すること[以前は物象化として捉えていたが、その捉え方が減ってくること]を学んだからだろう。多くの人々は、物の観点からばかり考えるように教育されてきた。そして、概念的なことも物質的に扱う。これらは明確に定義され、安定していて、把握でき、測定可能で、数えることもでき、完成した実体である。

　たとえば、文化や戦略、プロジェクト、役割について人々がこういう話し方をするとき、彼らはこうした明らかな「物」の持つ、社会的に構成された性質を見落としがちである。組織内に広がった会話の形態は、こうした「社会的な物」があたかも1つの秩序にしたがって「どこかに」存在していると思い込ませる。そのため私たちは、世界を物象化された社会的な物が構造的に整理され、結びついた場所と見なす。これらは規則や手順、標準にしたがって分析可能である。そして、この機能は調査や監査、統計的な品質管理によってモニターされた上で、適切な変革を保障するために実行される推奨された手法および規制の枠組みにつながる。さらに、これによって当然ながら私たちは物事を把握し、コントロールしているという感覚に陥る。

　仲間の実践者たちは、本章で当然ながら彼らの義務として、こうした物象化に対応しているが、彼らが注目しているのは概念的な物でないことは明らかだ。彼らは常に人生のシーンに関心を持っている。日常生活の会話の中で物象化が話題に上り、それが刺激となってさらなる会話が生まれ、意味は変化し、変革について語るだけでなく、実際に変革が起こる。彼らが「意味を揺るがす」、「話を経験につなげる」、「結果にこだわらない」など、多くのマイクロプラクティスを提示したのもそのためだ。

会話の現実を扱う

　これらの実践者たちは、従来の組織的ディスコースという通常のハンドルや手すりに頼らずに、どうやって「流れの中で」仕事を進めているのだろうか。キースとジョアンは「内部者の間に入る」ことの意味を、継続的かつ即

興的に可能性と次の動きを見逃さないようにすることと説明した。私は、変化に富み、豊かに表現された自発的な発言がとても重要であり、しばしば人間の意味形成に影響を及ぼすのは、重要な場面での話す行為や発言と密接に関係した行動であることに気づいた。

　私は仕事の際、活動の文脈の途中で発言を用いるが、それはともすれば見落とされがちな私たちに共通する状況の側面を浮き彫りにし、それらを潜在的に利用可能にするためである。たとえば、メタファーが従来とは違う意味で使われていたら、それに気づき、メタファーを変えて新しいつながりを生み出したり、さりげないコメントを追求したり、一見多様な貢献をつなぎ合わせたり、ある現象の事例をもっと挙げるように促したりしている。

　また、設定や場面を変えるために、体を使って実際に動いてもらうこともある。詳細な情報にも関心を示し、ナラティブを補足してもらい、現状の意味を形成するためにナラティブの始点を前後に動かすことを提案する。そして、印象的な瞬間に留まり、模索し、沈黙を重んじて、沈黙を生み出す。使い古された表現や「企業向けの話」は控え、他者に向けた自発的な発言を奨励する。いずれもコメンテーターあるいはファシリテーターとして行うのではなく、会話のパートナーとして行うように心がけている。私たちが扱う会話上での現実——自分たちがどういう人間で、何をしているのか、どこへ向かい、次に何が起きるのかについて、私たちが形成している意味——が活き活きと語られるよう心がけている。

　流れの中に渦ができるように、会話を進める中で人々が同じことに関心を持ったり、別のことに関心を持ったりすることで動きが生まれる。つながりがまとまって、特定の表現の意味を豊かにし、ある種の感触と方向性を伴う焦点づけが現れ、関係者がそのまわりに導かれ、それが方向性と目的意識をもたらす。また、こうした「感触と方向性を伴う形」には、鋭い、緊迫した、熱心な、弱気な、緩和する、要求が多いなど、さまざまな性質があり、ジョアンやキースが示唆していたように希望にあふれているだけではないことも付け加えておく。

　DPC実践者にとって進行中の組織の変化を生み出すのは、この方向付けの作業であり、その中で関連する活動を通じて明らかになった複雑に絡み

合ったアイデンティティが実際にシフトし、「経験として」再構築されるのである。

リーダーシップ教育のとらえにくい形態

不必要なストレスや事前に定義された結果への執着を持たず、関連した目的意識を育めるようにしながら、そして新たに発生した自発的で実用的な判断をしながら、立ち現れてくる出来事の流れを導く方法を学ぶことは、DPC実践者が組織の日常に貢献する上で非常に重要である。この「公の領域」において、比較的安心していられる実践者たちは、しばしばほかのマネジャーやリーダーが同様の能力を開発するのを助ける。彼らは複雑な状況を「管理」したり、「掌握」したりしなくても影響を及ぼせること、そして、極めて構造化した緻密な作戦を指揮するだけでなく、不確実な状況の中でもさほど不安を抱かずにリードしていくことを学ぶ。これはクライアントである「ペギー」とコンサルタントたちによる終盤の会話からも明らかである。

これはリーダーシップ教育の繊細かつ力強い形態と言えるだろう。よく知られているように、1817年に詩人のジョン・キーツが「事実と理屈を苛だって追い求めたりせずに、不確かさ、あいまいさ、疑問の中にいられる」状態である「ネガティブ・ケイパビリティ（答えの出ない事態に耐える力）」(Rollins, 2012, p.193) と呼んだ能力を、この形態で育成しているからである。この概念については、特に不安定な状況でもさほど不安を覚えずに生きる能力や、経験を拙速に既存のハコに分類せずに、人生の多様な現象に対処する能力、暫定的な意味とともに行動する能力、そして、創発を受け入れる能力を培うことにおいて、数々の議論が交わされてきた。こうした能力は、複雑な世界で効果的になるために欠かせないものだ。しかし、たとえ「モデル」や実演を交えても、決して従来の方法で教わることはできない。これらは私たちが世界や自分自身を経験する方法に深い変化をもたらす、関わりの特別な形態から立ち現れる。

人間の行動の日常的な政治学およびその予測不可能性

人々が語り、行動する生き物として一緒にいるとき、彼らの間でどのような力が生じるのか。ここで、それを研究した政治哲学者ハンナ・アレントの

著書に目を向けたい。アレント（Arendt, 1958）は人間の行う製作と活動を決定的に区別した。製作、つまり完成品を想像し、道具を巧みに操って物を作り上げるという行為は、人間にしかできない。重要なのはこうして作り出された物で、製作物は手段に与えた影響が正当化されたものである。

　物を作るにはしばしば技術や力、忍耐力が求められる。一方、活動は人間の複数性（人数が多く、それぞれの人間が異なること）と公的領域を必要とする。この領域では、1人ひとりがさまざまな言動を行いながら危険を冒しつつ前進する。これは公的空間であり、私たちは仲間とともに役者として登場し、リスクを冒し、自己を発見する。誰も孤立した状態では活動できない。そして、私たちの活動の意味は、展開するナラティブとして常に後から出現する。

　アレントは人間の活動の脆弱性と予測不可能性に特に注目している。私たちが主導することは、予測不能な波紋を生じさせると同時に、常に他者が主導することの波及効果の相互作用に影響されている。私たちはいつも新しく立ち現れる状況に直面し、誰も部分的にしかそれを予想できない。予想できない未来に向かっていくため、活動はリスクと勇気、抑制を求める。人間の活動の現実に向き合うことがためらわれるとき、私たちはよりコントロールしやすいものに作りかえようとする。プロジェクト計画や戦略的枠組み、ベストプラクティスの手順などから、事前にストーリーを決めようとするのである。これらは常に論理的で否定できない。出来事の流れを完ぺきに説明し、実際の現在の経験のオープンエンドさから目を逸らすようにできているからだ。

　組織のディスコースにとても広く浸透している、この「未来作り」は、思考を経験から切り離すというリスクを伴う。未来を「作りたい」という願いは、さまざまな形態の抑圧へつながるとアレントは繰り返し警告している。計画の理論的一貫性にこだわるようになり、経験もこの計画に合わせざるを得なくなる。この傾向が軽度な場合、官僚主義的手続きに対する不満を招く（技術的計算が実用的判断に取って代わり、モデルを当てはめることで何をどう認識し、議論するかが定まり、特定の状況に対する反応の自発性が萎縮する）。一方、最悪の事例としてアレントは、この傾向が不可避ではないまでも、20世紀において左翼と右翼で初の全体主義政権の出現に結びついた、西洋思想の流れの1

つとなったことを示した。「すべてを欠かすことのできないものとして一緒にする」ことで、人間らしい自発性そのものに脅威を与えたという意味で、これらの全体主義政権は過去に例を見ないものであった。

DPC実践者にとって重要な姿勢は、人間の活動の脆弱性と予想不可能性を受け入れること、つまり、日常的政治の移ろいやすい緊張の中で継続的に働けるようになることである（Arendt, 2005, 2007）。自分たちの行動が後々どのような意味を持つことになるのかを完全に理解していなくても、意欲的に活動できなければならない。また、自分がしたと思っている行動、伝えたと思っている意味、賛成したと思っていることが、直線的な原因と結果の関係ではない不確定な方法で波及することを覚悟しておく必要がある。

コンサルタントである私たちは、内省する力を鍛え、次のことに気づける敏感な内省力を発達させていく必要がある。どのようにして影響を受けたり失ったりするか。権力バランスが傾くか。特定の行動や声が封じられるか。緊張が高まったり、和らいだりするか。邪魔が入っても耐えるか。葛藤を避けるか、あるいは強調するか。共犯者を招き入れるか。エネルギーを解放するか、あるいは自発性を抑えつけるか。機会を逸するか、あるいは機会を正当化するか。そして、より広範な関わりの歴史の中でこれらすべてがどのように出現してくるか。

アレントは日常的政治に参加する能力の敵は、思考の欠如、つまり、自分の行動について考えられなくなることであると警告している（Arendt, 1963）。第7章でラルフ・ステイシーは、組織の日常におけるナラティブについて開かれた形式の再帰的探究を行うという組織的実践者の「テクニック」を推奨した。第9章と第16章ではそれぞれストークとスワートがその方法を提案している。キースとジョアンが紹介したエピソードは、この種の鋭い内省や倫理的で優れた判断力、議論が分かれるような特殊で複雑な状況のさなかにも実用的判断に努めることの重要性を明らかにしている。

人間的に構成された世界に参加する

DPCで問われるのは、私たちが共同で行っていることの「有意性」であ

る。抽象概念による知的な議論を行うのではなく、特定の状況における生きた経験の流れの中で、正義や真実、平等、品質、価値、目的、効率性、成功など、私たちが配慮する要素について、繰り返し異議を唱えて探究していかなければならない。意味を理解するためのナラティブのモードの重要性を強調するのは、意味を定義しようとするという過ちを犯さずに、ナラティブの中からおのずと意味が明らかになってくるからだ。

　本章は、ここで紹介したことが、プロセス・コンサルテーションの創始者たちの先駆的仕事からどのように発展し、時としてそこからどのように離れていくかという議論をいざなう。この進化を理解する鍵は、現象学的方法への移行と見なすことである。プロセス・コンサルテーションは複雑な現象の中に規則性を見出す能力や、これらを有益なモデルとして引き出す能力を強調することから始まった。この理論は「プロセス」という名詞を私たちにもたらした。たとえば、コンサルティング・プロセス、意思決定または問題解決プロセス、グループ発達のプロセスなどである。プロセス・コンサルタントの専門性は、モデルに基づいて気づき、明確に表現し、ファシリテーションを行い、教育する能力にあり、彼らはこれらのモデルをガイドとして、組織内の人々が自分たちの経験について理解を深め、そのモデルを念頭にコミュニケーションが取れるようにする。

　その後、創発のダイナミックスへの評価が高まるにつれて、私たちは安定した規則性に注目すると、複雑な関わりの中で初めて目にする独自の要素に注意を払わなくなることに気づいた。こうした関わりにおいては小さな差異が予測不可能性を増幅し、大幅な転換を引き起こす。ショッター（Shotter, 2010）は、これを共同行動の流れの中での「aboutness（何について）」の考え方から、「withness（何とともに）」の考え方への移行と呼び、事後に行う概念化よりも、事前に具体的に経験した生きた意味に注目することを提唱した。一方、現象学の観点から、ボートフト（Bortoft, 2012）は、これを上流からこちらへ流れてきた完成品としての「理解」ではなく、「そのものがどう見えるか」に注意を向けるという意味で、「上流へ向かうこと」と呼んでいる。

引用文献 ……………………………………………………………………………………

Arendt, H. (1958). *The Human Condition*. Chicago, IL: University of Chicago Press. (『人間の条件』ハンナ・アレント著, 志水速雄訳, 筑摩書房, 1994年)

Arendt, H. (1963). *Eichmann in Jerusalem: A Report on the Banality of Evil*. New York, NY: Viking. (『エルサレムのアイヒマン——悪の陳腐さについての報告』ハンナ・アーレント著, 大久保和郎訳, みすず書房, 201年)

Arendt, H. (2005). *Responsibility and Judgement*. Berlin, Germany: Schocken. (『責任と判断』ハンナ・アレント著, 中山元訳, 筑摩書房, 2007年)

Arendt, H. (2007). *The Promise of Politics*. Berlin, Germany: Schocken. (『政治の約束』ハンナ・アレント著, 高橋勇夫訳, 筑摩書房, 2008年)

Bakhtin, M. M., & Emerson, C. (1984). *Problems of Dostoevsky's Poetics*. Minneapolis, MN: University of Minnesota Press. (『ドストエフスキーの詩学』ミハイル・バフチン著, 望月哲男, 鈴木淳一訳, 筑摩書房, 1995年)

Barrett, F. (2012). *Yes to the Mess*. Boston, MA: Harvard Business Press Books.

Billing, S. (2009). Inside the Client-Consultant Relationship: Consulting as a Complex Process of Relating. In A. F. Buono & F. Poulfelt (Eds.), *Client-Consultant Collaboration* (pp.29-45). Charlotte, NC: Information Age.

Bortoft, B. (2012). *Taking Appearance Seriously*. Edinburgh, United Kingdom: Floris Books.

Burr, V. (2003). *Social Constructionism* (2nd ed.). London, United Kingdom: Routledge.

Bushe, G. R., & Marshak, R. J. (2014). Dialogic Organization Development. In B. B. Jones & M. Brazzel (Eds.), *The NTL Handbook of Organization Development and Change* (2nd ed.) (pp.193-212). San Francisco, CA: Wiley-Pfeiffer.

Cronen, V. E. (1995). Coordinated Management of Meaning: The Consequentiality of Communication and the Recapturing of Experience. In S. J. Sigman (Ed.), *The Consequentiality of Communication* (pp.17-65). Hillsdale, NJ: Erlbaum.

Egan, T., & Gellerman, W. (2005). Values, Ethics, and Practice in the Field of Organization Development. In W. J. Rothwell & R. Sullivan (Eds.), *Practicing Organization Development* (2nd ed.) (pp.493-509). San Francisco, CA: Pfeiffer.

Heath, R. L., Pearce, W. B., Shotter, J., & Taylor, J. R. (2006). The Process of Dialogue: Participation and Legitimation. *Management Communication Quarterly*, 19(3), 341-375.

Lambrechts, F., Grieten, S., Bouwen, R., & Corthouts, F. (2009). Process Consultation Revisited: Taking a Relational Practice Perspective. *Journal of Applied Behavioral Science*, 45(1), 39-58.

Lévi-Strauss, C. (1966). *The Savage Mind*. Chicago, IL: University of Chicago Press. (『野生の思考』クロード・レヴィ゠ストロース著, 大橋保夫訳, みすず書房, 1976年)

Pearce, W. B. (2007). *Making Social Worlds*. Malden, MA: Blackwell.

Pearce, W. B. (2009). Communication and Social Construction: Claiming Our Birthright. In W. Leeds-Hurwitz & G. Galanes (Eds.), *Socially Constructing Communication* (pp.33-56). Cresskill, NJ: Hampton Press.

Ray, K. W., & Goppelt, J. (2013). From Special to Ordinary: Dialogic OD in Day-To-Day Complexity. *OD Practitioner, 45*(1), 41-46.

Rollins, H. E. (Ed.) (2012). *The Letters of John Keats: Vol. 1.* Cambridge, United Kingdom: Cambridge University Press.

Schein, E. H. (1969). *Process Consultation.* Reading, MA: Addison-Wesley.（『職場ぐるみ訓練の進め方——スタッフ，コンサルタントのための指針』エドガー・H・シャイン著，高橋達男訳，産業能率短期大学出版部，1972年）

Schein, E. H. (1999). *Process Consultation Revisited.* Reading, MA: Addison-Wesley.（『プロセス・コンサルテーション——援助関係を築くこと』エドガー・H・シャイン著，稲葉元吉，尾川丈一訳，白桃書房，2012年）

Schön, D. A. (1983). *The Reflective Practitioner.* New York, NY: Basic Books.（『省察的実践とは何か——プロフェッショナルの行為と思考』ドナルド・A・ショーン著，柳沢昌一，三輪建二訳，鳳書房，2007年）

Schwarz, R. M. (1994). *The Skilled Facilitator.* San Francisco, CA: Jossey-Bass.（『ファシリテーター完全教本——最強のプロが教える理論・技術・実践のすべて』ロジャー・シュワーツ著，寺村真美，松浦良高訳，日本経済新聞社，2005年）

Shaw, P. (2002). *Changing Conversations in Organizations.* New York, NY: Routledge.

Shotter, J. (1993). *Conversational Realities.* Thousand Oaks, CA: Sage.

Shotter, J. (2005). Acknowledging Unique Others: Ethics, "Expressive Realism," and Social Constructionism. *Journal of Constructivist Psychology, 18*(2), 103-130.

Shotter, J. (2010). *Social Construction on the Edge.* Chagrin Falls, OH: Taos Books.

Stacey, R. D. (2001). *Complex Responsive Processes in Organizations.* London, United Kingdom: Routledge.

Stacey, R. D. (2011). *Strategic Management and Organisational Dynamics* (6th ed.). New York, NY: Financial Times/Prentice Hall.

Wilber, K. (2000). *Sex, Ecology, Spirituality* (2nd ed.). Boston, MA: Shambhala.（『進化の構造（1）（2）』ケン・ウィルバー著，松永太郎訳，春秋社，1998年）

Wittgenstein, L. (1969). *On Certainty.* New York, NY: Harper.（『ウィトゲンシュタイン全集9——確実性の問題』ウィトゲンシュタイン著，黒田亘，菅豊彦訳，大修館書店，1975年）

第IV部

結論──今後に向けて

結論——今後に向けて

ジャルヴァース・R・ブッシュ
ロバート・J・マーシャク

　ODの教科書に十分取り上げられていないと思われるODの実践について、筆者らが文献やアイデアを交換し合うようになってから、かれこれ10年になる。当初は議論するのも楽ではなかった。私たちが話し合っていたODは、名称が不適切であったり、説明に用いられる基本概念や語彙が私たちの見てきた今の実践に合っていなかったりしたからだ。同時に、筆者自身もこうした概念や語彙に基づく教育を受けていたため、この異なる形態のODの名称も含めて、自分たちの観察や考察を説明する新しい概念や言葉を見つけるのに苦労した（Marshak and Bushe, 2009）。自らのアイデアを実行し、論文を発表し、プレゼンテーションをするうちに、私たちが目にし、考えてきたことについて、ほかの人々に説明する別の方法も発展させ始めた。本書全般を通じて論じた2つの形態のOD、診断型ODと対話型ODの名称もこうして誕生した。

対話型ODの実践および研究のための共通言語構築へ向けて

　2013年前半、対話型ODの書籍の執筆に取り組むことを決意したとき、対話型モデルを用いて組織変革および組織の転換のファシリテーションに成功している人々の考え方と実践を解説するための、概念と語彙をさらに開発しなければならないことは明らかだった。2人だけで思い描いている通りに本を執筆できるほど、十分な知識を持っているとは考えていなかった。そこ

で、この仕事に最も適した世界中の人々に声をかけ、プロジェクトに参加してもらった。

それから18カ月。彼らは私たちをほかの人々に紹介し、当初のメンバーの何人かは途中でプロジェクトを離れたが、新たに加わってくれた人々もいた。何度も原稿を書き直し、筆者（と何人かの書き手）が相互に原稿を確認し合い、成功している対話型OD実践者たちが行っていることには多くの共通点があるという私たちの直感が正しかったことを確信した。彼らによる自分たちの行動の説明は一致していなかった。著者全員との作業プロセスの一部は、対話型ODの概念とプロセスに名前をつけて説明するための新しい方法を学ぶ、つまり、対話型ODとその実践者に語彙とアイデンティティを与えるということだった。その点においては前進できたと自負しているが、同時にまだまだやるべきことが残っていると考えている。ほかの人々が本書で紹介した概念と洞察をさらに拡大してくれることを願っている。対話型プロセスの進行中のテーマの1つと同じように、私たちが述べたことが対話型ODに関する結論だと思っているわけでは決してない。

対話型ODに対する私たちの理解を深めるには、共通の語彙と一連の概念だけでなく、対話型のマインドセットで組織と変革のプロセスについて一層詳しく学び、説明するよう配慮することも必要である。こうしたプロセスの研究を通じ、対話型の実践理論が問うべき最も重要な質問のいくつかについて、洞察を深めることができた。以下はその質問の例である。

- 転換の対話型プロセスは実際にどう機能するか？
- 対話型ODのアプローチが求められるのはどのようなときか？
- 対話型ODが定期的に直面する主要な選択点は何か？
- 彼らおよび組織のリーダーたちが行う選択は何か？　その理由は何か？
- 対話型ODを実際に成功させるために必要なスキルおよび知識は何か？

次のセクションでは、上記およびその他のさらなる探究と研究を必要とする問いと考察を手短に見ていこう。

さらなる探究のための問いと考察

　対話型の変革プロセスが成功した事例は、いずれも核となるナラティブおよび生成的イメージにおける創造的破壊、創発、変革という3つのプロセスに基づいている。私たちが提示したこの見解を追認、修正、あるいは否定するには、まだまだ多くの実証的調査が必要だ。

　この見解の妥当性の証拠となる事例研究はあまた存在するものと確信しているが、明確に妥当性を示す研究はかなり限られている。少なくともその一因は、今まで筆者らに入手可能な対話型ODに関する概念および語彙の構造が存在していなかったことにある。たとえば、フザード、ヘルストレーム、リフファーゲン（Huzzard, Hellström, and Lifvergen, 2014）、ニールセン、マシアッセン、ネウェル（Nielsen, Mathiassen, and Newell, 2014）などの最近の研究事例は、論文内で生成的イメージの概念や対話型ODの語彙は使っていないものの、生成的イメージやその変容の展開の仕方から、対話型による転換的変革に関する豊かな説明と解釈し直すことも可能である。

対話型の変革の核となる概念を裏付ける必要性

　組織の変革（またはその欠如）を説明するナラティブとディスコースを変える重要性は、組織研究の分野で近年大いに注目を集めている。しかし、その研究のほとんどはディスコースの重要性を証明することに注目しており、変革の推進に関心のあるリーダーとコンサルタントにとって実用的な情報はあまり提供していない。その一方で、言説的な焦点づけをしたODの事例研究はあまりない。大半は核となるナラティブおよびディスコースの根本的変化ではなく、特定の対話型の方法の実行を通じて起こった変化に焦点づけている。

　同じことが、アプリシエイティブ・インクワイアリー（AI）の事例研究にも当てはまる。ただし、AIの理論はナラティブおよび生成的能力の原則に基づいている。複雑性の観点から組織の変革について記した文献には、時として創発プロセスの理想化が見られる。こうした文献では、創発プロセスを通じて導くことができるリーダーはほとんどいないかのように、推進者の意

味が取り消されていることもしばしばだ。とりわけ適応を要する課題が多く存在する今日では、活気のある創発的組織化ができるようにするためにプロセスへの注目を高めることが必要だと私たちは考えている。

経営思想の主要な学派は、いまだに複雑なものを単純化して、管理とコントロールを可能にすることに集中している（たとえばChao and Kavadias, 2008; Sargut and McGrath, 2011など）。この伝統は、少なくともジェームズ・トンプソンまでさかのぼる。トンプソンは「複雑な組織体にとっての中心的問題は、不確実性への対処を行うことである」（Thompson, 1967, p.13）と述べている。対話型ODはこれとは違った道を提示する。創造的破壊を受け入れ、対話により複雑性に働きかけるのだ。しかし、これを成功させる実行方法のガイダンスに今よりはるかに力を入れない限り、最も勇気と先見の明のあるリーダーたちに受け入れられることはないだろう。

対話型手法の重要な違いを理解する

対話型ODの実践理論を明確にすることで、実践者は数ある利用可能なアプローチや重視すべき点を容易に区別できるようになる。そのためには、各アプローチと特定の状況を結びつけるのに役立つ、プロセスおよび戦略のデザインの根底にある要素を考慮する必要がある。以下にそのような要素を4つ提示し、成功を促すと思われる問いと考察を記していく。

1. **どの程度の構造とデザインを用いるか**　構造は、対話型ODイベントまたは長期的プロセスの中で参加者たちが遭遇する、既存のデザインやプロセスの量と関連している。デザインが構造化されていればいるほど、人々の行動およびその方法がより管理され、あるいはファシリテートされる。構造には潜在的に肯定的な面と否定的な面があり、可能な対話型の手法とアプローチを選択する際に参考になる。端的に言うと、構造化の肯定的な面には、不安を管理し、方向を示し、境界を確立しやすくなることなどがある。否定的な面には、構造が依存を助長し、柔軟性が損なわれて探究や創造性が制限され、新しい創発的関わりを始めにくくなることなどがある。

有効な問いの例：特定の対話型の手法はどれだけの構造とデザインを必要とするか？　より構造化された、あるいは、構造化されていないデザインが最も適しているのは、それぞれどのような場合か？　対話型OD実践者がより構造化された、あるいは、構造化されていないプロセスをうまく用いる上で、必要となるのはどのようなスキルか？

2. **どの程度内省するか**　対話型 OD プロセスがより内省的であればあるほど、どのような変革を実現したいかを考えることに移る前に、個人やグループ、組織は、現行のナラティブ、コミュニケーションおよび関わりのパターン、当然と見なされている信念や仮説、その他の体系的なプロセスの影響を考慮することをより推奨される、あるいは、より必要とされる。

　重要なのは、現状での問題の明確な意味づけをして、なぜ今の状態が続いているのかを明確に理解した上で、どのような未来が望ましいかを見定め、その実現に取り組むことである。より内省的になるメリットには、気づきを高めることで、変革へのモチベーションが高まること、自動的あるいは習慣的に同じ行動を繰り返さなくなること、変革のために必要なことについて、グループの連携および合意が強まることなどがある。これに対して内省を強調するデメリットとしては、気づきを高めること自体が目標となり、外に現れる変革が行われないこと。さらに、現状のパターンを理解するためには複雑性と深さが必要だが、それが重圧となりやる気を失わせること。そして、個人およびグループの見解の相違から管理しがたい葛藤が表面化して分裂する、あるいは、分裂に乗じて力のある者がない者に自分たちの解釈を押しつけることなどがある。

有効な問いの例：対話型ODアプローチはどの程度の内省を求めるのか？　より内省的な、あるいは、内省的でないプロセスが役に立つのはどのような状況か？　より内省的なアプローチを用いるために対話

型 OD 実践者に求められるスキルのレベルはどれくらいか？　対話型
OD 実践者として成功するにはどの程度の自己内省が必要とされる
か？

3. **どの程度のコミュニティ・ビルディングを行うか**　コミュニティ・ビル
ディングとは、変革プロセスにおける関係性、所属意識、コミュニ
ティ全体に対する思いやりや気遣いの感覚を築くための時間と努力を
意味する。対話型 OD アプローチは、コミュニティ・ビルディング
にどれだけ配慮するか、対話型プロセスを行う上でのコミュニティの
必要性をどれだけ強調するか、コミュニティ・ビルディングにどれだ
け時間と労力をかけるか、によって異なる。たとえば、最も本質的な
部分において、ボームのダイアログやワールド・カフェはコミュニ
ティの感覚を必要としない。これに対して、アプリシエイティブ・イ
ンクワイアリーの実践者は対話型の変革プロセスのためのディスカバ
リーおよびドリームの段階におけるコミュニティ・ビルディングを大
いに重視している。オープン・スペースは同じ関心事を持つコミュニ
ティの存在を前提にしているようだが、コミュニティ・ビルディング
の試みはほとんど行わない。

　信頼し合い、思いやりがあり、人々を内包する、対話型の変革プロ
セスの基盤となるコミュニティのメリットは、自分のニーズだけでな
く他者や全体のニーズも考慮するよう促すこと、それまで顧みられな
かった参加者にもより大きな発言権が与えられること、多様な意見を
意欲的に検討することなどである。さらに、人々は安全で安心できる
と感じれば、リスクを恐れず、より創造的に行動するだろう。一方、
過度に思いやりがあり、内包的すぎるコミュニティの場合、良好な関
係を維持することに執着しすぎたり、直面化を避けて現状について集
団思考に陥ると、対話型の変革プロセスの妨げになる。グループの団
結または調和に対するプレッシャーがあると、多様な意見を述べたり、
聞いてもらったりすることが難しくなる。疎外されることを恐れるあ
まり、創造性が損なわれ、リスクを恐れるようになる。他者を失望さ

[604]　第IV部　結論——今後に向けて

せることへの不安は、行動にコミットする意欲をそぐ。

有効な問いの例：対話型の3つの変革プロセス（創発、ナラティブ、生成性）のそれぞれが効果を発揮するために最適なコミュニティのレベルはどれくらいか？　それぞれの対話型アプローチを有効に活用するには、どの程度のレベルのコミュニティが必要か？　対話的観点から、特定の状況においてどういった種類のコミュニティ構築を重視すべきか？

4. **実践者のスキルに頼る**　対話型OD実践者が表1.2（52頁）に示したアプローチを実践する上で必要となるのは、どういったレベルおよびタイプのスキルだろうか。アプローチによっては、特定のスキルがほかのスキルよりも必要となる。これは考慮すべき重要な変数である。というのも、よく似た状況にまったく異なるアプローチを用いることができることもあるからだ。潜在的に敵対的で確執がある状況で取り組みをしようとする場合は、なおさらだろう。新たに対話型の方法で取り組みを始める前に、どのタイプのスキルがどの程度のレベルで必要かを知っておくと役に立つ。

有効な問いの例：ほとんどの対話型ODアプローチにとって重要な基本的スキルのセットはあるだろうか？　特定の対話型ODメソッドやアプローチにはどのような特別なスキルのセットが必要だろうか？　アプローチを成功させるために必要となる実践者の能力のレベルを特定するのに有効な方法は何だろう？

対話型の手法を選ぶ際、状況について考慮することは何か？

シチュエーションに合わせて対話型アプローチを選ぶには、数々の利用可能な対話型ODプロセスによって生み出される効果の違いについて理解する必要がある。また、どの手法を選ぶにしても、その手法を選ぶ際に影響する状況の主な違いも理解する必要がある。ここでは2つの例を見ていこう。

結論——今後に向けて　［605］

変革するグループへのアイデンティティ意識のレベル　ブッシュ（Bushe, 2002, 2013）は、アプリシエイティブ・インクワイアリーで用いられる探究とクライアントを導くためのイメージの性質は、グループまたは組織内の人々が当該のグループまたは組織に対してどれだけアイデンティティを持っているかに左右されると論じている。ほかの対話型アプローチにも同じことが言えるだろう。要するに人々がグループに対してアイデンティティを持てない場合（共通のアイデンティティを持たない複数のグループの中で働いている場合、メンバーが組織の中で疎外感を感じながら働いている場合など）、参加者たちが共通のアイデンティティを育む手助けをする対話型プロセスは有効であり、効果を実感してもらえるだろう。

　一方、人々がすでにグループまたは組織にアイデンティティを持っている場合、アイデンティティ構築の対話型プロセスは自己陶酔のように感じられがちである。そういったグループは、むしろグループの効率性やまわりの環境との相互作用に焦点づけた対話型プロセスを考えることが多い。たとえば、グループが何を望んでいるかに焦点づけたイベントの場合、アイデンティティ意識の低いグループには効果があるが、グループの効率性向上に焦点づけたイベントの場合はアイデンティティ意識の高いグループに対してのほうが効果があるだろう。

　　有効な問いの例：グループのアイデンティティの度合いは対話型プロセスの成功にどのような影響を及ぼすか？　「十分な」レベルのアイデンティティを築くのに多かれ少なかれ有効な方法は何か？　仮に異なる対話型アプローチでグループのアイデンティティの問題を解決するとしたら、どうするか？

既存の葛藤のレベル　対話型の変革の取り組みの主要な参加者間にすでにどれだけ、どのような性質の葛藤が存在するかは、その取り組みがどのように機能するかに影響を与える。では、どう変わるのか？　創発の変革プロセスは創造的破壊のための葛藤を当てにするが、ナラティブの変革プロセスの

第Ⅳ部　結論——今後に向けて

一部はファシリテーションによってある種の葛藤を解消する必要がある。いずれの場合も、「不合理」または深く根付いた葛藤は、早い時期に対処しないと、人々が対話型の変革プロセスに関わるのが困難になる。対話型の変革プロセスは意欲的に語り、話を聴き、影響を受け入れる必要があるからだ。

　有効な問いの例：転換的な変革を実現するためには、どういった種類の葛藤がどのくらい必要か？　対話型アプローチがほかのアプローチよりもうまく機能するような、葛藤の種類はあるのだろうか？　長年にわたり定着した有害な葛藤が存在するか否か、またはどのような種類の葛藤かによって、対話型ODプロセスの効果に影響するか？　葛藤があるグループに向いている対話型ODアプローチと、葛藤があまりないグループに向いている対話型ODアプローチがあるのか？

診断型の方法が適している場合と対話型の方法が適している場合

　診断型OD、および、より一般的なアクションリサーチには、長く由緒ある歴史がある。診断をした上で計画的な働きかけを行うという手法は間違いなく最も一般的なコンサルティングおよび変革プロセスだ。しかし、その効果については何十年も前から疑問視されている（例、Mirvis and Berg, 1977; Nutt, 1992）。にもかかわらず、いまだに大手コンサルティング会社に最もよく採用され、さまざまな肯定的評価を得て推薦されている。では、どのような条件が揃うと、対話型アプローチが診断型アプローチよりも成功しやすくなるのだろうか？　以下にさらなる探究が必要な3つの領域を紹介する。

1.　**複雑性の度合い**　問題および状況の相対的な複雑性、状況に影響を及ぼしている因果関係を説明できるか否かは、診断型アプローチが成功する可能性を左右する要素とみられている。筆者を含め、本書で紹介したさまざまな執筆者が、リーダーが質問に対し適切に回答できる場合は診断型アプローチが適しており、状況が複雑過ぎる、あるいは、客観的に見て「適切」な回答が見つからない場合は対話型アプローチが最適であると述べている。これはさらなる研究のための重要な提言

結論——今後に向けて　［607］

である。

2. **リーダーやフォロワーのレディネス**　リーダーおよび変革の取り組みに従事しなければならない人々が、より野心的で創発的な対話型の変革プロセスを開始する能力と意欲を持っているかは、診断型の方法か対話型の方法かを選択する際に考慮する重要事項であると見なされている（Gilpin-Jackson, 2013; 第 10 章）。スポンサーにとって不明確で、確信を持てていない場合でも、対話型 OD コンサルタントがクライアントを説得して、対話型 OD プロセスを始められることもある。

質問の例：どのような場合に適していて、どのような場合に裏目に出るか？　どれだけ理解し、どれだけのレディネスがあれば十分と言えるだろうか？　ギルピン－ジャクソン（Gilpin-Jackson, 2013）が論じているように、経験の少ない変革スポンサーと仕事をする場合、診断型 OD から始め、成功してから対話型プロセスを導入するほうが効果的か？　あるいは、対話型プロセスが適切な働きかけである場合、対話型プロセスを学ぶには体験するほかないのか？

3. **フォロワーの関心、コミットメント、積極的関与**　対話型の変革プロセスを成功させるためには、その影響を受ける人々に対し、診断型変革プロセス以上に高いレベルの関心と積極的関与が求められるということはあり得るだろうか？　対話型 OD、中でも複数のステークホルダーのグループが関与する構造化されたものは、最初からより多くの人々の関心と積極的関与を必要とするものと思われる。一方、診断型 OD の場合、当初は少人数でデータを集め、集まったデータおよび診断を活用してより大きなグループの関与を図り、何をどう変革すべきか話し合う。初期のフォロワーの関心および積極的関与の度合いおよび広がりは、診断型アプローチを選ぶか、対話型アプローチを選ぶかを決定する際に重要な変数である。
　　また、どちらのアプローチにおいても初期のフォロワーの関心およ

び積極的関与が重要である。診断型の計画的変革のアプローチの成功率が低いのは、関心が広がっていない状況で使われていることも一因かもしれない。確かにいくつかの対話型の変革プロセスに関しては、初期の変革への取り組みを形作り、関心と積極的関与を広めることが不可欠と考えられている。両方のタイプのODにとって、これは成功に欠かせないが、対話型ODについてはさらに重要かもしれない。

対話型ODにとって欠かせない成功の要素とは何か？

　状況が対話型ODに適している、あるいは、対話型ODを必要としていると考えられる場合、成功に貢献しそうなほかの要因は何か？　以下の4つの問題はさらなる研究が必要である。

1. **能力があり、コミットし、積極的に関与するスポンサー**　変革の取り組みの失敗をめぐり、最もよく引き合いに出されるのは、能力があり、積極的に関与するリーダーシップの欠如であり、対話型の変革プロジェクトが失敗した原因に関する、わずかに存在する研究結果もこれと一致している。しかし、診断型の変革プロセスと対話型の変革プロセスが必要とするリーダーの能力と積極的関与のレベルに差があるか否かは、それほど明白ではない。筆者らの認識では、対話型ODが成功するには、創発的な変革を理解して快く受け入れ、最初から最後まで変革プロセスに積極的に関与し、仲間やフォロワーとよくつながり、彼らから尊敬されているスポンサーが欠かせない。だが、対話型ODの実践者および理論家も一般に私たちと同じ立場を取っているわけではない。診断型ODは、トップダウンの変革パラダイムに則って行われがちだが、対話型マインドセットは変革を「誰でも始めて、前進させることができる」ものと捉える。対話型の変革プロジェクトを成功させるためにどのようなスポンサーシップがどれだけ必要かは、まだわかっていない。

2. **感情的に関与し、動機づけがある人々が影響を受ける**　頼まれて対話

結論――今後に向けて　［ 609 ］

型の変革プロセスに参加した人々が、解決しようとする課題に当初から関心を持っていることはどれだけ重要だろうか？　たとえばオーエン（第6章参照）や他の人たちは、対話型プロセスは情熱的なコミットメントがないと成功しにくいと述べている。これに対し第13章のコリガンらは、参加者のコミットメントのレベルが異なる場合、最もコミットしている人々が核となりつつ、コミットメント・レベルの低い人々も含まれる構造をつくることについて議論している。実行可能な対話型の変革プロセスは、初期段階で大きなシステム内の1つの小さなグループが参加しさえすれば開始できるのだろうか？　関心のある人々とともに小さい規模から始めて、変革に取り組むほうがよいか？　それとも最初に変革の枠組みを作り、その上により大きなグループを巻き込んだ変革の構造を築き上げるほうがよいか？　ある研究（Bushe, 2010）では、対話型の変革プロセスは、広く認識されている関心事を扱っているほうが成功率が高まることを明らかにした。関心の度合いと広がりは、さらなる研究が必要な分野である。

3. **関わりとネットワーク構築のための時間と空間**　会話を通じた関わりを行わずに対話型の変革プロセスを成功させる方法を想像するのは難しい。しかし、どのくらいの量の会話をどの程度まで行うべきかを研究することはできる。たとえば、対話型ODはコンピュータを介した会話でも機能するだろうか？　この件に関しては、機能すると思われる理由（よいアイデアが生まれる）も機能しないと思われる理由（これらのアイデアを実際に遂行できたケースは少ない）もある。人々が日頃から職場で関わっている場合、対話型ODは関わりのための時間や空間を特別に作らなくても機能するようだ（Ray and Goppelt, 2013; 本書第17章）。しかし、普段は職場で関わっていない場合、特別な時間や空間を設けなくても対話型ODは成功するのだろうか？

　また、変革が必要な人々の間のコミュニケーションとネットワークの豊かさ、多様性、密度を向上させずに、対話型の変革プロセスを成功させられるとは想像しがたい。筆者らは、創造的破壊がよりよい創

発的な社会的世界を生み出せるようになると考えている。しかし、どれだけの時間、より大きなグループのうちの何%がこれらの会話およびネットワークに関与する必要があるか、これらの関わりがどこでどのように行われるべきか（職場、社外、直接対面して、コンピュータ上で、など）、これらすべての課題はさらなる研究を要する。

4. **優れたアイデアを持ったやる気のある人々に試行を支援するリソースを与え、自由にやらせる**　本書では、対話型 OD を成功させるには新しいアイデアの創発が必要であり、また、マネジャーがアイデアを実行する人々を選んだり、実行を管理したりするのではなく、アイデアを思いついた人々が自ら実行できるよう促す必要があると論じた。スポンサーもマネジャーも新しいアイデアを試行として扱うべきである。彼らは試行を支援するリソースを提供すべきであって、人々に「成功」の責任を負わせるのではなく、彼らもリーダーも責任を持って「学ぶ」必要がある。変革への即興的アプローチが実際に成功した研究は、そのようなエピソードを除くとほとんどない。同アプローチおよびこのアプローチを成功させる条件については、さらなる研究が必要だ。

対話型 OD 実践者が必要とする重要なスキルと知識

　現在、OD プログラムはあらゆる OD 専門家の役に立つ共通のスキルセットを提供していると思われる。これらの中には、コーチング、コンサルティング、グループプロセス、ファシリテーション、文化的多様性への取り組み、アクションリサーチ、組織デザイン、その他の重要なテーマが含まれる。以下に、現在の OD プログラムには含まれないことが多いが、対話型 OD の実践を成功させるために不可欠と思われる知識とスキルを列挙する。

知識分野

- 診断型と対話型それぞれのアプローチと実践の出現を含むODの歴史および発展
- 社会構成主義、言語、ディスコース、行動のナラティブ・ベース、センスメーキング、カルチュラル・スタディーズ、関連する実践を含む解釈的社会科学の理論
- 複雑性および創発の理論と実践
- 生成的能力および転換的プロセスと実践
- 組織化と変革のプロセスの理論と関連する実践

対話型スキル

- 支配的なナラティブがどう形成され、強化され、変化したか、シンボルとセンスメーキングの役割を含む、多面的なディスコースのプロセスに気づき、参加する能力
- 新たなイメージ導入のファシリテーション、創発的イメージの活用、遂行のファシリテーションを含んだ、生成的イメージと取り組む能力
- 個人およびグループが現在イベントをどう構成しているか気づくよう支援し、再構成のための問いとプロセスを提供し、再構成した考えと行動を支援することも含めた意味の形成、再構成する能力
- 自分自身の経験に基づいて他者の言葉や意味を解釈せずに、深く傾聴して共感することで、他者の意味形成とつながる能力
- ほかの人々が自らの考えと行動について一層対話型の内省ができるように支援する能力

イベントのファシリテーションのスキル

- コンテナをデザインし、ホストする能力
- 参加者が共通のアイデンティティを構築するのを支援する能力
- 両極性とパラドックスを扱う能力
- イベントの間、差異化と統合のペースを調整する能力
- パワーを公正かつ効果的に活用し、取り扱う能力

- 創発的な機会とプロセスに基づくイベントのための契約ができる能力

戦略的プロセスデザインのスキル

- 対話型および創発的な変革プロセスを組み立て、設計する能力
- 運営委員会とデザイン・チームを導入し、発展させる能力
- 新たなアイデアおよび可能性を増幅させ、境界線を越えてイベントや活動をより広範な組織まで拡大する能力

倫理面への考慮

- 自らが常に共創のプロセスの一翼を担っていること、行動も無行動も進行中の意味形成のプロセスに貢献し得るアクションであることを理解する
- 他者の価値と選択を重んじるという倫理的スタンスに立って、共創のプロセスに参加できるような、哲学と価値観を身につける
- 特に組織の変革および転換のために働くという文脈の中で、自己内省的な気づきを高めていくパーソナルな取り組みを行う

まとめの言葉

　最後に1つだけ申し添えておきたいことがある。本書の出版に携わった人々のほとんどが、世界中に仲間がいることを知って喜び、さらには安堵したということだ。こうした仲間たちは、組織および組織化についてよく似た見解を持ち、力強く倫理的に変革を推し進めること、そして、人々のためになり、組織の効果性を高め、彼らが携わるコミュニティをさらに繁栄させる新たな形態の組織を創り出す基準に見合う活動に、同じように価値を見出している。

　本書を通じて、私たちは対話型ODを研究あるいは実践しているコミュニティの繁栄を支える、共通言語を創り出すプロセスを加速できるよう願っている。私たちが到達した概念と原則は、本書の多様な執筆者たちの支持が得

結論——今後に向けて　[613]

られるものであり、ほかの多くの人々もこれらのアイデアと語彙に共鳴して
くれると楽観視している。対話型の変革プロセスのファシリテーションにつ
いては、まだまだ学ぶことがたくさんあり、共通の意味構造があれば、有益
な知識体系を構築する上で私たち全員の役に立つはずだ。リーダーシップと
変革について論じる研究者と実践者が、組織の変革プロセスの研究において、
この構造を用いて、洗練し、拡大してくれるよう願ってやまない。

引用文献 ··

Bushe, G. R. (2002). Meaning Making in Teams: Appreciative Inquiry With Preidentity and Postidentity Groups. In R. Fry, F. Barrett, J. Seiling, & D. Whitney (Eds.), *Appreciative Inquiry and Organizational Transformation* (pp.39-63). Westport, CT: Quorum.

Bushe, G. R. (2010). A Comparative Case Study of Appreciative Inquiries in One Organization: Implications for Practice. *Review of Research and Social Intervention*, 29, 7-24.

Bushe, G. R. (2013). Generative Process, Generative Outcome: The Transformational Potential of Appreciative Inquiry. In D. L. Cooperrider, D. P. Zandee, L. Godwin, M. Avital, and B. Boland (Eds.), *Organizational Generativity* (pp.89-122). Bingley, United Kingdom: Emerald.

Chao, R. O., & Kavadias, S. (2008). A Theoretical Framework for Managing the New Product Development Portfolio: When and How to Use Strategic Buckets. *Management Science*, 54(5), 907-921.

Gilpin-Jackson, Y. (2013). Practicing in the Grey Area Between Dialogic and Diagnostic Organization Development: Lessons From a Healthcare Case Study. *OD Practitioner*, 45(1), 60-66.

Huzzard, T., Hellström, A., & Lifvergen, S. (2014). System-Wide Change in Cancer Care: Exploring Sensemaking, Sensegiving, and Consent. *Research in Organizational Change and Development*, 22, 191-218.

Marshak, R. J., & Bushe, G. R. (2009). Further Reflections on Diagnostic and Dialogic Forms of Organization Development. *Journal of Applied Behavioral Science*, 45(3), 378-383.

Mirvis, P. H., & Berg, D. N. (Eds.) (1977). *Failures in Organization Development and Change*. New York, NY: Wiley.

Nielsen, J., Mathiassen, L., & Newell, S. (2014). Theorization and Translation in Information Technology Institutionalization: Evidence From Danish Home Care. *MIS Quarterly*, 38(1), 165-186.

Nutt, P. C. (1992). Helping Top Management Avoid Failure During Planned Change. *Human Resource Management*, 31(4), 319-344.

Ray, K. W., & Goppelt, J. (2013). From Special to Ordinary: Dialogic OD in Day-To-Day Complexity. *OD Practitioner*, 45(1), 41-46.

Sargut, G., & McGrath, R. (2011). Learning to Live With Complexity. *Harvard Business Review*, 89(9), 68-76. (『「入門」複雑系のマネジメント』ギョクセ・サルガト, リタ・ギュンター・マグレイス著, DIAMONDハーバード・ビジネス・レビュー, 2012年)

Thompson, J. D. (1967). *Organizations in Action*. New York, NY: McGraw-Hill. (『行為する組織――組織と管理の理論についての社会科学的基盤』J・D・トンプソン著, 大月博司, 廣田俊郎訳, 同文館出版, 2012年)

謝辞

　長年にわたり、対話型ODについて考えを深めていく中で、多くの人々からアイデアを授かり、励まされた結果、本書を完成させることができた。お世話になった方々に、この場を借りて感謝の意を表したい。

　まずは19名の執筆者たちに心から感謝する。彼女ら／彼らは論文そのものの執筆も含めた、さまざまな交流を通して私たちの思考の水準を高めてくれた。それだけでなく、読者に最良の書を届けたいという私たちの編集者としての志を理解し、編集や修正、書き直しの依頼（たいていは複数回に及んだ）にも協力的に取り組んでくれた。

　ドナルド・アンダーソンとステファン・カントールにも感謝を伝えたい。本書の前半部分について貴重な意見を寄せてくれたこと、積極的に協力を申し出てくれたことに心から感謝している。彼らの助言を得て、本書は一層価値のあるものになったと断言できる。

　ODの研究および実践において、対話型ODを1つの分野として確立することに貢献した5人の同僚たちについては、特に言及しなくてはならない。*Journal of Applied Behavioral Science*編集長のディック・ウッドマンは、私たちが診断型ODと対話型ODという考え方を検討し始めたころから、査読プロセスで指針を与えてくれた。その結果、私たちは2009年に最初の論文を発表することができた。さらに、私たちの論文により多くの関心が集まるよう、解説的な記事も掲載してくれた。

　ジェーン・マグラダー・ワトキンスは、2010年に開催されたNTLメンバー会議（NTL Conference on the New OD）を取り仕切ってくれた。この会議で私たちのアイデアが認められ支持されたことで、関心を持ってくれる多くの研究者や実践者と出会い、交流を深めることができたのである。*OD Practitioner*編集長のジョン・フォーゲルザングは、2013年の対話型ODを特集した特別企画号に、私たちをゲスト編集者として招き、実践者のコミュ

ニティからの注目を得られるよう計らってくれた。*NTL Handbook of Organization Development and Change*（第2版、2014年）の共同編集者であるブレンダ・B・ジョーンズは、第2版に対話型ODの章を新たに追加するよう企画し、他の章の執筆者に対して、改訂にあたって以前の内容に対話型ODへの考察を追加するよう呼びかけてくれた。ジーン・バーチュニクは、多くの著書で私たちのアイデアを紹介するなど、さまざまな側面で私たちをサポートしてくれた。彼女の支援によって、私たちは対話型ODを論じる書籍の必要性と出版の可能性を確信することができた。

　ベレット・コーラー・パブリッシャーズのスタッフにも感謝しなければならない。とりわけ、スティーブ・ピエールサンティ、ジーバン・シバシブラマニアン、ニール・マイエ、マイケル・クロウリー、そして私たちの担当編集者エドワード・ウェイドとジェームズ・カッピオは、私たちの構想を深く理解し、精力的に本書の制作に取り組んでくれた。スタッフ全員が協力的であり、プロ意識に満ちており、終始私たちをサポートしてくれたことに心から感謝している。

ジャルヴァースから

　この10年間、研究面ならびに精神面で私をサポートしてくれた友人と同僚たちに感謝の意を表したい。彼らのおかげで本書を完成させることができた。まず、妻のカルメン・ファレル。彼女は常に辛抱強く、わたしのすべての仕事をサポートしてくれた。次に、ヒューマン・システムズ・ディベロプメント・プロフェッショナルズ（Human Systems Development Professionals）の仲間たち。彼らは情熱を持って本書のアイデアを発展させる取り組みに協力してくれた。リン・グリーンとクリス・ケリーは、大規模な対話型ODの取り組みへの参加と研究の機会を数多く支援してくれ、また、多額の研究助成金の確保に尽力し、私たちのアイデアの発展に大きな刺激を与えてくれた。

　タオス・インスティテュートと、同研究所の古参のメンバーであるダイアナ・ホイットニー、ケネス・ガーゲン、そしてデヴィッド・クーパーライダーは、本書のアイデアを早い時期から取り入れて議論を展開しており、論文執筆者の何人かを私たちに引き合わせてくれた。ジャック・マーチン・

リースの人気ブログと対話型ODへの情熱は、ベレット・コーラーが本書に関心を寄せるきっかけを作ってくれた。バート・ヴェリセンは、8月のある土曜日、ベルギーで60名が集まる、対話型ODの概念について考え知識を深めるイベントを開催してくれた。

最後になったが、長期に及ぶ冒険的な研究を可能にする環境を提供してくれた、サイモンフレーザー大学ビーディー・スクール・オブ・ビジネスに心から感謝する。

ボブから

まず、常に私を励ましサポートしてくれた妻のアリソンに感謝を伝えたい。私がパソコンの前に居座り続けること、そしてジャルヴァースと延々電話で話すことにじっと耐えてくれた。そして本書の進捗状況を伝えると、いつも心から喜んでくれた。

組織ディスコースの研究における、私の共著者や同僚であるデヴィッド・グラント、クリフ・オズウィック、ロイゾス・ヘラクレオス、そしてトム・キーノイは、私をディスコースの世界に導いてくれ、その結果、対話型ODのアイデアを展開することができた。これまで彼らが私の思考に大きな刺激を与えてくれたこと、また彼らの友情と協力に支えられてきたことをここに記したい。

最後に、まだ名称も無く明確な概念化もされていない頃から、対話型ODについて語る私の話に耳を傾けてくれたアメリカン大学MSOD（Master of Science in Organization Development）プログラムの同僚たちに感謝の意を表したい。これまでの長い間には、興味を示す人もいれば、懐疑的な見方を隠さない人もいたが、すべての人々は、私の見解を尊重し、励ましてくれた。そして、今、本書の完成をともに喜んでくれている。

カナダ・ブリティッシュコロンビア州ノース・バンクーバーにて
ジャルヴァース・R・ブッシュ

米国フロリダ州ポンテヴェドラにて
ロバート・J・マーシャク

謝辞 「619」

訳者あとがき

　本書は、*Dialogic Organization Development: The Theory and Practice of Transformational Change*（Berrett-Koehler Publishers, 2015）の全訳である。編著者であるブッシュ氏とマーシャク氏が第１章で触れているように、本書には対話型ODの研究や実践の知が豊富に蓄積されている。

　本書が翻訳され、日本に紹介されることには多くの意義があるが、その中でもインパクトが大きいと考えられる、以下の３つについて述べていきたい。１つめは、対話型ODに対する誤解が減り、理解が深まること。２つめは、対話型ODの実践の質が向上する可能性があること。そして３つめは、「訳者まえがき」にも触れたが、日本企業における職場のマネジメントへの示唆である。

本質的に理解する──第一のインパクト

　はじめに、対話型ODに対する誤解が少なくなり、理解が深まることのインパクトについて考えたい。ODに関心をもつ人々の多くが、診断型ODと対話型ODという呼び名を知っていることだろう。しかし、その本質的な違いを理解している日本人は少ないと思われる。

　よくある誤解は「診断型ODとは、OD実践者がクライアントを〈診断〉するアプローチで、対話型ODは〈対話〉するアプローチである」というものだ。だが実際には、対話が行われないODはない。診断型ODでも、現状についてODの実践者からフィードバックが行われた後に、フィードバック・ミーティングにおいてクライアント間（そしてOD実践者－クライアント間）で対話が行われる。

訳者あとがき　621

もう一つの誤解は、「診断型ODでは診断というフェーズがあり、OD実践者がデータ収集、データ分析、フィードバックを行う。一方で対話型ODには診断フェーズがなく、代わりに参加者が現状について対話していく」というものである。これは方法レベルでは両者の違いを捉えており、具体的な進め方の違いとしては正しいかもしれない。しかし、本書で繰り返し述べられているように、診断型ODと対話型ODの本質的な違いは、具体的な進め方ではなく、背景となっているパラダイムやマインドセットにある。

つまり、アプリシエイティブ・インクワイアリー（AI）やオープンスペース・テクノロジーなどの対話型ODの手法が用いられていたとしても、それらを通して現状が望ましい状態に変化していくという「計画的変革」や「アクションリサーチ」の発想による実践の場合は、対話型ODのマインドセットのもとで取り組まれていることにはならない。本書を通して、対話型ODの考え方やマインドセットという本質を理解したうえで、さまざまな手法に取り組む実践者が増えていくことが期待できる。

ちなみに本書の中でも触れられているように、「対話型OD」という言葉や考え方自体が社会的に構成されたものであり、そして従来のODのマインドセットに対する創造的破壊であり、これまでの支配的ディスコースに対する新しい意味づけを提供するものだ。

そして、対話型ODの概念や手法、マインドセット自体も今後、探究され続ける必要があるだろう。というのも、本書は対話型ODを推進する立場から執筆されているので、一部の執筆者または章で記述された診断型ODの説明によって、診断型ODに対する誤解を生じさせる（社会的に構成される）可能性もある。私たち日本のOD実践者や研究者が対話と探究をすることを通して、OD自体や診断型ODと対話型ODの本質をさらに理解していくことが重要だ。

実践の質の向上——第二のインパクト

次に、対話型ODの実践の質が向上する可能性について考えたい。これは

私の主観だが、近年、日本におけるODの実践では、ワールド・カフェや
AIのハイポイント・インタビューなどの手法が、安易に用いられている傾
向があるように感じる。ワールド・カフェは短時間で実施でき、導入すれば
参加者は楽しそうに対話をして盛り上がりやすいので、便利な手法として研
修や対話の場で数多く用いられている。だが、参加者が楽しそうに対話をし
て盛り上がるだけでは、現場の問題は解決されないし、よりよい状態への変
化も生まれない。OD（組織開発）の名のもとで、その場限りの対話の場が実
施され、参加した方々が日常業務の変化を実感できない、というパターンが
繰り返されると、そのうちODから人々は離れていってしまうだろう。そし
て数年後には、日本においてODへの関心度が低くなる可能性もある。

　対話型ODとしてワールド・カフェを設計するなら、その対話の場は、参
加者のマインドセットが変化することや、対話の場が行われた後に組織内や
職場での話され方や対話のありようが変化することを目的とする必要がある。
つまり、対話型ODに取り組む実践者が、対話型ODのマインドセットを理
解して、本質を踏まえた実践を行っていくことが重要である。それによって、
盛り上がるだけの一過性の場から、日常業務に変化が生まれる場へと、実践
の質が高まっていく可能性がある。ODの実践者が、本書を通して対話型
ODの本質を理解することで、実践の質が高まることを願っている。

　日本のODにおける実践の質がさらに向上していくために、本書は2つの
転換の必要性を示している。

　1つは、イベントとしてのODから、組織や職場の日常におけるODに転
換していくことである。対話型ODは、組織の日常での語られ方が変わるこ
とを目指した、継続的で循環的な変革の取り組みである。一過性の対話イベ
ントだけで、組織の日常での語られ方が抜本的に変わることは不可能だ。

　組織や職場での語られ方が変わるためには、後述するように、マネジャー
を中心とした人々のマインドセットが変わる必要がある。そのためにOD実
践者は、対話イベントのデザイナー兼ファシリテーターというから脱却して、
組織の転換的変革を継続的に支援するチェンジエージェントになっていく必
要がある。たとえば第17章でパトリシア・ショーが、OD実践者はドラマの

訳者あとがき　「623」

制作者ではなく役者であると述べているように、OD実践者が従来よりも
「中の人」となって対話に積極的に関与することを本書は勧めている。

　2つめは、職場や組織における人々の語り方が変わるために、会話の質に
気づき、会話の質に働きかけることができるように、OD実践者がさらに変
化成長していくことである。人々の語り方が、自分たちが構成している現実
にどのような影響を及ぼしているかに人々が気づけるように、そして、人々
の語り方と探究のありようが変わるように、OD実践者が働きかける力が必
要とされる。そのためには、OD実践者自身の語り方や言葉（その背景にある
マインドセット）に気づくことが重要になってくる。

　加えて、前述したようにOD実践者が「外の人」から「中の人」に転換し
ていくためには、自分自身の影響（語り方や言葉を含む）にさらに敏感で内省
的になる必要がある。なぜならば、「中の人」になることによって、OD実
践者とクライアントとの間のバウンダリー（境界線）があいまいになるからだ。
対話イベントのデザインやファシリテーションをする「外の人」または「バ
ウンダリー上の人」ならば、OD実践者はコンテントには関わらずにプロセ
スに働きかける、などの自身の役割についての境界線を引くことが可能とな
る。

　しかし、「中の人」となって対話に積極的に関与するということは、会話
のコンテントに入る可能性も高まり、その場合に自分はコンテント／プロセ
スのどちらに働きかけているのか、そしてどのような影響があるのかに気づ
く必要性が生じてくる。つまり、従来のOD実践者のポジションよりも混沌
とした状況の中で、意図的にさまざまな働きかけを行っていくことになる。

　OD実践者のそのような力を高めるためには、混とんとした状況の中で関
わる力、気づく力、働きかける力を養うトレーニングが適している。そのよ
うなトレーニングは、新しいものではなく、ODの原点である、Tグループ
であろう。Tグループでは、グループの中の混とんとした「今ここ」を生き
て関わるトレーニングである。また、第13章の終盤で紹介されているよう
な実践がOD実践者の基礎力を育ててくれる。

　（私自身を含めた）日本のOD実践者が、本書を通して対話型ODの基礎を理
解したうえで、実践のマインドセットや働きかける力がトレーニングや日頃

[624]

の実践を通してさらに磨かれていくことを願っている。

職場マネジメントへの示唆——第三のインパクト

　最後に、日本企業における職場のマネジメントへの示唆について考えたい。具体的には、組織内で語られているナラティヴが変わることの重要性、そして、マネジャーのマインドセットを見直すことの重要性という2つの側面から考えていく。

　まず、組織内のナラティブが変わることについてである。組織の中には、多くの人々が会話の中で用いている語られ方がある。働き方改革の例を挙げると、これまでの支配的な語られ方は、「22時まで仕事をするのは当たり前」、「17時に退社するのは憚られる」というようなものであったと考えられる。しかし、働き方改革が叫ばれ、会社が残業時間を減らすことに本気に取り組むようになった結果、「仕事は効率的に進めて17時に仕事を終える」、「残業は避けて、定時退社が望ましい」、「長々と仕事をするより、短時間で効率的に仕事をすることが重要だ」という、別の語られ方に変化してきている。

　だが、多くの企業が働き方改革の施策として、20時になったら会社の電気を消す、残業の上限枠を減らすといったルールや仕組みを設けることで対処している。そのようなハードな側面の変革だけではなく、組織内で語られる会話が変わること（ソフトな側面の変革）の重要性を、対話型ODは示唆している。対話型ODでは、組織の中での語られ方が変わること、組織の日常における会話の言葉が変わることが、本質的な変化だと捉えている。「残業を減らせと上から言うなら仕事も減らしてくれ。これ以上個人で対応するのは無理」という不平不満が語られる会話から、「職場のみんなで協働して仕事を効率化し、活き活きと仕事をしよう」と語られる会話へ変わること。「仕事は辛いものでストレスがあるのは当たり前」という発言から、「仕事はしんどいこともあるけど、協働してやり遂げる達成感も味わえる」という発言に変化していくこと。

　そのような会話の変化は、マインドセットや関係性の変化から生まれ、マインドセットや関係性のさらなる変化を促進する。社会構成主義を端的に表

訳者あとがき　［ 625 ］

した表現である、「言葉は世界を創る（Words create world）」ならぬ「言葉は職場を創る」、「言葉は組織を創る」のである。

　次に、マネジャーのマインドセットを見直すことの重要性について述べたい。「訳者まえがき」でも触れたように、日本企業のマネジャーの中には、入社時から経験してきた「指示命令型マネジメント」を信奉して実施し続けている人が大勢いる。指示命令型マネジメントは、取り扱う業務が「技術的な問題」（解くべき問題とその解き方がわかっていて、専門家によって技術的に解決できる問題。ロナルド・ハイフェッツ氏が提唱）であり、マネジャーが解決策を知っている場合は機能する。

　しかし、時代とともにマネジャーの役割も変化しているのではないだろうか。凄まじい技術の発展、業務内容の複雑化に伴い、マネジャーよりも部下の方が、業務内容に精通している場合が多い。にもかかわらず、指示命令型のマネジメントにこだわり、業務内容や部下の取り組みを知ろうとせず、数値目標の達成のみを指示し、達成できなかった場合に叱咤激励を繰り返す。この関わり方を続けている限り、部下との協働関係は構築されず、マネジャーに対する不信感が高まることになるだろう。

　加えて、マネジャーの役割とともに問題の質も変化しているようだ。VUCAの時代（不安定で、不確実で、複雑で、不明確な時代）と言われる現在、私たちは多くの局面で「適応を要する課題」（これまでの経験や技術では解決できない問題。自らの価値観や考え方、行動を見直して、自らを新しい環境に適応させる必要がある課題）に直面している。既存の解決策では対応できない場合、上司と部下たちがチームとして対話を行い、自らの見方や前提を見直し、新しい見方や前提、発想やアイデアを創発していく必要がある。

　このような「チームとしての創発」を可能とするには、マネジャーがもつマインドセットの変化が必要となる。指示命令型のマネジメント観では、マネジャーは自らの役割を、指示命令によって成果をコントロールすることだと認識していた。一方で、対話型ODが示唆するのは、マネジャーが対話型ODのマインドセットをもつことの重要性、すなわち、マネジャーが成果のコントロールを手放して、チームによる探究と創発という生成的能力を高め、潜在力発揮と自己組織化を促進することの重要性である。

さらに言えば、上司と部下の関係自体が「適応を要する課題」だといえる。マネジメントそのものが課題の一部であり、新しい部下や新しいチームに適応し協働するためのマネジメントのあり方について、対話を通して探究しつづけることが要求されている。

　ある１つのマネジメントのありようが正解ではなく、マネジャーも当事者として探究しつづけることの重要性について、私が担当するゼミの例を用いて考えてみたい。

　私が担当するゼミは、学部生たちがODを学んでいる。ゼミの運営は学生主体で行われ、各学期前の合宿で学生が授業内容を計画・決定する。学期中のゼミの授業では学生が教え合ったり、ファシリテーターを担当したりして進行している。ゼミの授業の際、私は後ろから見ていて、時々働きかけたり、コメントをしたりするのみである。

　こうした「学生主体のマネジメント」を取り入れているが、これが唯一の正解というわけではない。メンバーの構成や風土によって、うまく機能することもあれば、問題を抱えたまま解消できないこともある。そうした際に、自分のマネジメントの仕方が正解だと信じて固執することは、ゼミのメンバー構成や風土という環境の変化に適応できないことにつながる。そのため私は、「学生主体のマネジメント」を運用しながら、ゼミ生との対話を心掛けて、ゼミのマネジメントについて探究しつづけることを意識している。

　ゼミの授業内や時間外で、ゼミ運営の課題（「学生主体のマネジメント」はうまく機能しているのか、新たに立ち現れてきた課題にどのように対処するか、など）について、ゼミ生とともに対話を通して探究することで、私もその瞬間に必要だと感じた働きかけを行い、ゼミ生も潜在力が発揮されて積極的に行動してくれる。

　そして、私の予想を超えた動き、たとえば、ゼミ生が自主的にある企業にODの取り組みを提案して実施するといった、まさに自己組織化が起こることがある。そのような経験から、私の役割は、授業内容を自らが決めてコントロールすることではなく、教師－学生間やゼミ生同士で本気で対話し、探究し、創発が可能となる関係づくりに向けた働きかけをすることだと考える

訳者あとがき　［627］

ようになった。

　ある1つのマネジメントの仕方が正解であるとは言えないように、対話型ODのマインドセットが唯一の正解であるとも言えない。対話型ODのマインドセット自体を、対話を通して探究し、見直し、意味づけ、新しい見方や考え方を創発していくことが今後の課題であろう。

　現在、日本企業の活性化の打ち手として、ODへの期待は高い。だが、組織の人間的側面の問題は「適応を要する課題」であり、あらかじめ決まった解決策があるわけではない。安易な解決策として、ODのある手法をそのまま当てはめて実施しても、職場や組織の人間的側面の課題は解決できないだろう。

　重要なのは、OD実践者が自らの実践について、そしてマネジャーが自らの職場のマネジメントについて、自らの中にある正解を見直して探究し続けることである。OD実践者はクライアントと、マネジャーは部下やチームメンバーとの対話を通して探究し、自分たちの見方や前提、思い込みを問い直し、新しいアイデアや行動を創発していく。そのようなマインドセットが、今の時代には必要とされていることを本書は示唆している。

◆◆◆

　本書の翻訳にあたっては、神野直子さん、プレシ南日子さん、平林祥さんに下訳をしていただき、訳者である中村が全文を原書と対応させながら、ODの文脈に合わせて日本語訳を行った。下訳者の方々の多大な貢献により、この大著を日本語でお届けすることができた。

　また、翻訳プロジェクトの中盤に差しかかった2017年3月、ODに従事されている方々に集まっていただき、訳語を検討する対話の場をもった。参加くださったのは、新井宏征さん、宇田川元一さん、中土井僚さん、永石信さん、吉田創さんである。それぞれの経験や知識を持ち出しながら対話を重ね、数々の訳語について探究することができた、楽しく刺激的な場であった。

そして日本の組織開発の発展のために、本書出版を英断された英治出版の皆さんに感謝申し上げる。利益のみを追求するのでなく、良書をパブリックにすることを重視した英治出版だからこそ、この本を世に送り出すことができたと感じている。大部となった本書の編集の労をお執りいただき、探究の精神と読者視点で向き合ってくださった山下智也さんにも深く感謝している。

　最後に、翻訳のために夜な夜な自宅の書斎にこもる私を見守り、応援してくれた妻の典美に心から感謝したい。

2018年6月　中村和彦

執筆者紹介

トーヴァ・アヴェルブッフ（Tova Averbuch）、MSc

イスラエルのテルアビブ大学で、組織コンサルティング学科の教鞭を執っている。経験豊富なODコンサルタントであり、実業界ならびに一般社会を対象としたホールシステム・アプローチとラージグループ介入のパイオニアである。と同時に、オープン・スペース・テクノロジーの優れた実践者でもある。また、「オーガニム──集団的知性のためのオープン・スペース」の共同創設者に名を連ね、*The Handbook of Large Group Methods*の共同執筆者でもある。

J・ケビン・バージ（J. Kevin Barge）、PhD

テキサスA&M大学教授（コミュニケーション学科）。社会構成主義に基づくリーダーシップ研究が専門。互いの価値を認め合う手法と組織変革の関係を明確にし、さらに、ディスコースと公開討議の関連性を調査している。また、組織とコミュニティに有用な知識を創出するために、協働的研究をどのように活用できるかという点に強い関心を寄せている。

フランク・J・バレット（Frank J. Barrett）、PhD

カリフォルニア州のモントレーにある海軍大学院大学の経営・公共政策大学院において、マネジメントと国際公共政策学の教授を務めている。その著述は、社会構成主義、アプリシエイティブ・インクワイアリー、組織変革、ジャズの即興演奏、および組織学習など、幅広い分野に及ぶ。*Yes to the Mess: Surprising Leadership Lessons from Jazz*（2012年）の著者。

ジャルヴァース・R・ブッシュ（Gervase R. Bushe）、PhD

サイモンフレイザー大学ビジネススクール教授。専門はリーダーシップと組織開発。組織の構造や文化、プロセスを、指示コントロール型から、より協働的なありように転換していく過程の実践と研究に30年以上にわたり従事。組織の変革にアプリシエイティブ・インクワイアリーを実施する研究で国際的に知られている。100本以上の論文と3冊の書籍を執筆し、著書 *Clear Leadership*は6か国語に翻訳。英国HRマガジン「最も影響力のあるHR思想家30人」に選出（2017年）。

クリス・コリガン（Chris Corrigan）

ハーベスト・ムーン・コンサルタント（Harvest Moon Consultants）の代表者である。同社はカナダに拠点を置き、組織、コミュニティ、およびリーダーシップ開発のための対話プロセスのファシリテーションを行っている。オープン・スペース・テクノロジーやワールド・カフェなどの大規模グループを利用した手法の専門家として世界中に名前を知られている。アート・オブ・ホスティングの世話人、指導者、実践者でもある。自らの論述を www.chriscorrigan.com に発表している。

マウリツィオ・フローリス（Maurizio Floris）、PhD

オーストラリアにあるシドニー大学ジョン・グリル・センターのメジャー・プロジェクト・プログラムにおいて、経営幹部のリーダーシップ学を担当するプログラム・ディレクターである。その活動は国際的であり、数多くの企業で経営に携わり、多様な業界でコンサルタント事業を展開している。ビジネス誌と学会誌の両方において論文を発表しており、主に、組織開発、戦略、および変革に焦点を当てている。

ヤボン・ギルピン・ジャクソン（Yabome Gilpin-Jackson）、PhD・MBA・MA・CHRP

リーダーシップおよび組織開発の分野で活躍する研究者、実践者である。特に力を入れているのは、リーダーシップ開発手法の転移方法、変容的学習、および心的外傷後の成長に関する分野であり、研究論文も発表している。また、カナダ・ブリティッシュコロンビア州の医療サービス制度の上席ODコンサルタントを務めている。大学および大学院のリーダーシップ・組織開発学のコースで教鞭をとりながら、独立コンサルタントとしての業務も行っている。

ジョーン・ゴッペルト（Joan Goppelt）、PhD

アクト・ツー・コンサルティング（Act Too Consulting）のプラクティス担当役員。同社は組織を対象にしたコンサルティングと調査を提供している。数学とコンピュータ・サイエンスの学位をすでに取得しているが、ごく最近になって、フィールディング大学院大学から人文・組織システム学の博士号も授与されている。研究テーマは、協働、リーダーシップの再概念化、およびマネジメント・ディスコースの分析などを含む。

レイ・ゴルデスキー（Ray Gordezky）、MPH

スレッシュホールド・アソシエイツ（Threshold Associates）の共同設立者である。同社は世界規模で展開するコンサルティング・ネットワークであり、変革に関する複雑な問題、戦略的学習、および社会正義の実現に取り組んでいる。カナダODインスティテュートで教鞭を執っており、カナダ・ヨーク大学のシューリック・スクール・オブ・ビジネスの国際学習プログラムのプログラム・ディレクターでもある。また、ポラリティ・パートナーシップのカナダ支部長や、ジェンダー・アット・ワーク（Gender at Work）のコンサルタントも務めている。

デヴィッド・S・グラント（David S. Grant）、PhD

オーストラリアのシドニーにあるニューサウスウェールズ大学ビジネススクールの経営学科副学科長、教授である。言語およびその他の記号的メディアが、リーダーシップの実践と、組織全体ならびにグループや個人レベルの変革にもたらす影響を研究テーマとしている。彼の論文は、査読付き学会誌や実践者向けジャーナルなどにおいて数多く掲載されている。*The SAGE Handbook of Organizational Discourse*（2004年）の共同編集者。

ペギー・ホルマン（Peggy Holman）、MBA

受け身から参加への移行を目指した対話型実践を行うコンサルタント、著述家。*The Change Handbook*（2007年）では、共同執筆者とともに、多様なグループがそれぞれの望ましい将来を創出するための61のプロセスを紹介している。受賞作*Engaging Emergence: Turning Upheaval into Opportunity*（2010年）は、複雑な課題に対処するための指針を提示している。

ロバート・J・マーシャク（Robert J. Marshak）、PhD

アメリカン大学公共政策大学院ODプログラム名誉上級研究員。組織開発コンサルタントとして40年以上にわたり活躍している。コンサルティングおよび組織変革について90本以上の論文と3冊の書籍を執筆。著書に*Covert Processes at Work*など。米国OD Network生涯功労賞、Academy of Management優秀教育者賞を受賞。米国政府の政策及び経営分析の上級管理職を歴任。

キース・W・レイ（Keith W. Ray）、PhD

アクト・ツー・コンサルティング（Act Too Consulting）の調査研究部長である。ネブラスカ大学で物理学を修めたのち、フィールディング大学院大学で人文・組織システム学の博士号を取得。科学者としてキャリアをスタートさせた後、プロジェクト・マネジャーを経て、ODの内部コンサルタントとなった。現在は、社会構成主義と複雑性の原理を活用する外部コンサルタントとして活躍している。

マイケル・J・ローリグ（Michael J. Roehrig）

20年以上にわたり、集団的リーダーシップの養成と変革の創出に携わっている。企業経営、人間性心理学、ならびにシステム思考を学んだ経験を生かし、内部および外部コンサルタントとして、また2つの世界的企業における組織開発の実践リーダーおよび担当役員としての豊富な経験を持つ。国際的なパートナー・ネットワークを展開しながら、本拠地のドイツでコンサルティング活動を行っている。

エドガー・H・シャイン（Edgar H. Schein）、PhD

マサチューセッツ工科大学スローン・スクール・オブ・マネジメントの名誉教授。2008年に教授職を引退するも、コンサルティング、コーチング、執筆活動を活発に行っている。『キャリア・マネジメント』（2013年、ジョン・ヴァン・マーネンとの共著）、『組織文化とリーダーシップ』（2010年）、『企業文化』（2009年、以上白桃書房）、『人を助けるとはどういうことか』（2009）、『問いかける技術』（2013年、以上英治出版）などの著書がある。

ヨアヒム・シュヴェンデンヴァイン（Joachim Schwendenwein）、PhD

コンサルタントとしてグローバルに活動し、組織開発と組織変革のプロセスによってリーダー、チーム、および組織をサポートしている。また、企業の変革および学習に関して多くの著作がある。欧米の大学で教鞭を執り、また、オーストリア・グループダイナミックス・組織コンサルティング協会（OEGGO：the Austrian Association for Group Dynamics and Organization Consulting）の会長も務めている。

パトリシア・ショウ（Patricia Shaw）、PhD

英国デボン州にあるシューマッハ・カレッジのサステナビリティ学のインターナショナルセンターで研究員を務めている。また、客員教授を務める英国ハートフォードシャー大学ビジネススクールでは、組織における複雑性に関する2つの

シリーズ出版物に寄稿している。現在はフランス在住であり、ヨーロッパの実践者団体とともにインクワイアリー・セッションを主導している。また、より多くの人が日常の政治的活動に参加できるようにするための活動にも精力的に取り組んでいる。

ナンシー・サザン（Nancy Southern）、EdD

セイブルック大学の組織リーダーシップ・組織変革学部の教授である。また、同大学における組織システム論博士課程プログラムのディレクター。有意義な参加と対話を通して変容的学習と組織変革を促進する協働的文化を創出するための探究や取り組みに関連する、数多くの論文を執筆している。

ラルフ・ステイシー（Ralph Stacey）、PhD

英国ハートフォードシャー大学ビジネススクールの経営学の教授である。組織の複雑性、および継続性と変革に関して多数の著書を出版しており、共著作や論文も数多い。また、コンサルタント、グループ・ファシリテーターとしても活動している。

ヤコプ・ストーク（Jacob Storch）、PhD

北欧諸国最大の対話型ODのコンサルティング会社の創設者として、また経営者として15年間活動した後、現在はコンサルティングと研究の両方の分野で活躍している。デンマークのオルフス大学で教鞭を執る傍ら、*Leadership Based Coaching*（2006年）をはじめとする5冊の本の著者・共著者として活発な執筆活動も行っている。また、ディスコース的アプローチを用いたマネジメントと変革への取り組みに関して多数の論文を発表している。

シェネ・スワート（Chené Swart）、DTh

国際的にトレーニング、コーチング、ならびにコンサルティング活動を行っている。個人および集団の活動、新しい行動様式と存在様式、および変容した生き方を導くオルタナティブ・ナラティブの共同構成と再著述にナラティブ・アプローチを適用している。*Re-authoring the World*（2013年）の著者でもある。現在は南アフリカを拠点として、個人、企業、および市民社会団体とともに活動している。

索引

人名索引

ア

アージリス，クリス　25, 135, 178, 442
アイザック，ウィリアム　442
アッカーマン，リンダ　81
アナン，コフィ　103
アリストテレス　267, 295
アレント，ハンナ　591
アンダーソン，ハーレーン　532
インマン，ジョン　521
ヴァーラ，エーロ　163
ウィートリー，マーガレット　208
ウィトゲンシュタイン，ルートヴィヒ　128
ウェーバー，マックス　55
ウェストリー，フランシス　238
ウェルチ，ジャック　233
エプストン，デビッド　530
エメリー，フレッド　207
エリクソン，ミルトン　187
オーエン，ハリソン　208-209
オークス，マーク　294
オースチン，J　145
オーヤン，グレンダ　239
オブライエン，ビリー　457
オリバー，クリスティーン　291

カ

ガーゲン，ケネス・J　128, 175, 303
カウフマン，スチュアート　208, 216
ガダマー，ハンス・ゲオルク　126
カッサム，アンク・F　54, 494
カッシーラー，エルンスト　178

ガリレオ　118
カント，エマニュエル　118-119
キキリ，ヴィピ-リイサ　298
キャンベル，アーネスト　286, 292
キンボール，リサ　239
クーパーライダー，デヴィッド　103, 184-185
グールドナー，アルヴィン　121
グラント，デビッド　155
クラントン，パトリシア　393, 408
グリック，ジェイムズ　207-208
グリフィン，ダグラス　209
クレス，グンター　157
ケイナー，サム　454
ケルナー・ロジャース，マイロン　222
ゲルマン，マレー　210
コッター，ジョン　136
コリガン，クリス　441
コリンズ，ジム　238
コント，オーギュスト　119

サ

サン-シモン，アンリ・ド　119
サンプソン，エドワード　138
ジェイコブズ，ジェイン　466
シャーマー，オットー　449
シャイン，エドガー・H　90, 419, 432, 560
ジャクソン，サリー　294
ジャノフ，サンドラ　298, 421
シャピロ，ロバート　234
ショウ，パトリシア　209
ジョージー，キンバリー・S　301
ショーン，ドナルド　135, 178, 302, 427

ショッター，ジョン　563, 579, 594
ジョンソン，バリー　198, 473
シルバ，アルトゥール　229
シンドラー゠レインマン，エバ　207
スタンジェール，イザベル　207
ステイシー，ラルフ　208, 593
ストーク，ヤコプ　191-192
スノーデン，デビッド・J　85
スパーノ，ショウン　288
スリバストバ，スレシュ　184-186
センゲ，ピーター　135, 424, 442
ソルソ，カリナ　325

タ

タルコット，パーソンズ　121
ダロー，ローレン・A・P　403
ダンミラー，キャシー　207
ツァイ，シュクホウ　229
ツィーセン，モーテン　191-192
ツィンマーマン，ブレンダ　238
ティシー，ノエル・M　50
テイラー，F・W　121
テイラー，エドワード・W　396
デカルト，ルネ　118-119
デューイ，ジョン　123
デュルケーム，エミール　121
デンプシー，サラ　285
トリスト，エリック　207
トロステンブルーム，アマンダ　424
トンプソン，ジェイムズ・D　521

ナ

ナイバーグ，ダニエル　155
ナドラー，デビッド・A　70
ニールセン，クルト・S　285
ニッセン，モニカ　223

ハ

バーガー，ウォーレン　418
バージ，J・ケビン　291
ハーセルボ，ギッテ　285
バーチュネク，ジーン　145

ハーディ，シンシア　159
ハーマン，マイケル　229
ハイデガー，マルティン　124
ハイフェッツ，ロナルド・A　85, 230-233, 236, 347
パスカル，リチャード　233
パットン，マイケル　238
バフチン，ミハイル・M　579
バレット，フランク　38, 184-187, 494, 563
パンヴィッツ，マイケル　229
ハンコック，フランシス　530
ハンセン，モートン・T　238
ピアース，W・バーネット　292, 317, 323, 580
ピアース，キンバリー・E　317, 323
フィリップス，ネルソン　159
フーコー，ミシェル　262
プーチオ，リスト　289
フォン・ベルタランフィ　144
ブッシュ，ジャルヴァース・R　54, 66, 79, 107, 188, 192, 198, 275-276, 385, 408, 459, 494, 505
ブラウン，マーヴィン　430
プリゴジン，イリヤ　207-208, 213-216
フリッツ，ロバート　424
ブルードーン，アレン・C　301
フレイレ，パウロ　123, 408
ブロック，ピーター　359, 451
ベイトソン，メアリー・キャサリン　417
ベックハード，リチャード　49
ヘフト，リサ　229
ホイットニー，ダイアナ　424
ポーター，ラリー　34
ボートフト，ヘンリ　594
ボーム，デヴィッド　223, 303
ボールドウィン，クリスティーナ　462
ホルマン，ペギー　107

マ

マーシャク，ロバート・J　79, 188, 275-276, 385, 408
マーティン，ロジャー　486

638

マクネリ，スコット　235
マッカンドレス，キース　239
ミーズ，J　286
ミラー，スティーブ　235
ムイリア，トゥーク・パウデン　223
メジロー，ジャック　41, 386, 403
メドウズ，ドネラ　442
モラン，シガン　353

ラ ────────

ライト，クリストファー　155
ラエリン，J・A　289
リー，フィオナ　195
リップマノウィズ，アンリ　239
リヒタート，イングリッド　466
リピット，ロナルド　207
リンスキー，マーティ　231-233
レヴィ=ストロース，クロード　563
レヴィン，クルト　48-49, 72, 136, 311, 419
ローティ，リチャード　123, 191
ローマ法王フランシスコ　522
ローリー，ドナルド　231, 347
ローレンツ，エドワード　212

ワ ────────

ワールストロム，ジャール　298
ワールドロップ，ミッチェル　208
ワイスボード，マーヴ　34

事項索引

CDEモデル　239

NCDD（the National Coalition for Dialogue and Deliberation; 対話と熟考のためのコミュニティ）　99

NTL（ナショナル・トレーニング・ラボラトリー）　90

OD実践の基本的構造の比較　86

ODネットワーク　33

ODの理論と実践における生成的能力　184

あ

アート・オブ・コンヴィーニング　96

アート・オブ・ホスティング　99, 223, 457

アイデアと実践者　88

アイデンティティ結論　528

アクション　389

アクション実行計画　404

アクションリサーチ　33, 48-49, 79, 419

足並み揃え（アライメント）　350

遊びとしての学習　335

新しく出現したパターン　249

アフォーダンス　157

アプリシエイティブ・インクワイアリー　52-53, 66, 80, 99, 188

新たな役割、関係、アクション　403

アンサンブル・インプロビゼーション　588

生きた現実　559

いざなう力　553

意識高揚　395

意識する　87

意思決定　135, 472

意思決定モデル　236

一時的な変革　92

一般化された他者　258-259

イデオロギー　264

イデオロギー批評　400

イノベーター（革新者）　499-500

イベント設計　320

イベントのファシリテーションのスキル　612

意味　128, 130-131, 188, 190-192, 257, 577, 594

意味を形成するシステム　51, 57

依頼者　350

インクルージョンとエクスクルージョン　261-262, 273, 334

ウォルマート　102

受入パターン　501, 503

器理論　123

うめきのゾーン　454

埋め込みの段階　514, 517

運営委員会　360

運営コミッティ　100

円環的質問　324

エンゲージメント・ストリームズ・フレームワーク　100

オープンシステム理論　49, 144

オープン・スペース・テクノロジー　96, 216, 229, 301

オブジェ　460

か

開催の判断　475

開催目的の明確化　477

解釈　126

解釈主義　143-145

解凍　48, 311

外発的動機づけ　194

会話　91-93, 148-149, 158, 284, 296, 538, 565, 576

会話の現実　589

会話を設計　106

カオス　63

カオスと複雑性の理論　227

科学的管理法　122

学習　186, 188, 417

学習ループ　509

640

核となる前提　149
核となるナラティブ　64
課題に対する新たなアクション　478
葛藤　251
株主の利益　91
関係性　296
関係性に再び人間らしさを加える　554
感情　71
感情的環境　441
機械モデル　144
聴き役　531
技術的問題　85, 233
期待　375
規範的－再教育的　48
客観的リフレーミングと主観的リフレーミング　397
境界　99, 445, 602
境界線　221, 356, 417
共構築　538
共創　563
共通言語　599
共同アクション　292
協働的なコンサルティング　283
共同内省　289
共同の学習プロセス　285
共同ミッション、共同設計、共同内省、共同アクション　285, 286
局所的相互作用　250, 252, 254, 263, 265-266
規律訓練型権力　262
クネビン　236-237
組合　468
クライアント　530
クライアントとコンサルタントの協働的な関係　328
クライアントのレディネス　40, 392
グリーンピース　174
グローバル・コンパクト　103
継続している会話　145
継続的な探究　442
啓蒙主義　117-119
啓蒙主義の伝統への挑戦　122

契約　369-370
結果にこだわらない　575
謙虚な問いかけ　432
言語　126, 128, 133
権力　164
権力とディスコース　159
権力の関係性　260
好奇心　417
貢献　451
貢献のための空間　461
公式な契約　369
交渉力　547
構成的ディスコース　403
構造　514, 602
構造機能主義　121
肯定　296
肯定的探究　422, 487
コーチング　94
コーチング関係を共創する　538, 547
国連　103
個人的なナラティブ　65
個人の行動　65
個人の内面　153-154
答えが難しい問い　433
言葉　57, 64, 66, 88
言葉使い　359
コミットメント　358, 505, 510, 608
コミュニケーション　90, 256
コミュニティ　553
コミュニティ・ビルディング　604
孤立した自己から対話する自己　138
コンサルタント　59-60, 71, 73, 83, 408, 512
コンサルタントの立場　86
コンサルティング　285
コンサルティングの現場　587
コンサルティング料　376
コンテナ　41-42, 71, 107, 441
コンテナ内での創造　448
コンテナ内での探究　448
コンテナの確立　451
コンテナの形成と安定化　450, 452-453

コンテナの終了　456
コンテナの特性　446
コンテナの不安定　448
コンテナをホスティングする　457
混沌　207
混沌としたシステム　55
混乱的ジレンマ　392, 399

さ

サーチ・カンファレンス　207
再帰的　269
再著述　546, 554
再定義　497
参加型マネジメント　219
サンタフェ研究所　208
サン・マイクロシステムズ　235
時間給モデル　379
新たな思考を生み出す問い　432
自己吟味　393
自己準拠　221-222
自己組織化　58, 209, 216, 221, 227
自己組織化と創発　234
自己内省的　85
自己に気づく力　325
持続可能な開発　174, 428
実践　457, 560-561
実践コミュニティ　334
実践者　83, 85, 87, 95, 164, 520, 605
実践者の変容的学習　408
実践知　295
実践的判断力　268, 270
質問　507, 532, 576
質問と探究のプロセス　200
シナジェネシス　193
支配的なディスコース　247
支配的なナラティブ　528, 544
自分をさらけだす　574-575
シミュレーション・ワークショップ　517
社会科学的な視点　388
社会科学　119
社会構成主義　56-57, 124, 131, 133
社会的構成　57, 84, 89, 152

社会的世界　563
社会的相互作用　131
社会文化的レベル　155
集合的な感覚　481
出現　63, 65, 85, 89, 91-92
熟考　269
熟考や内省のためのチーム　324
状況について考慮すること　605
醸成の段階　509, 512-513
情緒的質問　393
情報共有的探究　421
情報共有的な問い　421
助言者　268
真正さ　408
診断型OD　36, 48-49, 70
診断型ODと対話型ODの類似点　69, 73
診断型ODのコンサルタント　70
診断型ODのマインドセット　47
進展に向けたレディネス・レベル　478
浸透的な変革　93
信念　135
信頼構築　365
心理的契約　369
スタビライザー（安定者）　498-499
ステークホルダー　105, 360
ストーリーライン　88-89, 158
ストーリーを生み出す問い　433
スポンサー　97, 101, 104, 354, 400, 506,
　508
スポンサーがたどるべき変容　356
スポンサーの役割　375
成功への焦点づけ　332
政治的プロセス　159-160, 164, 260
生成　39, 423
生成的イメージ　66, 89, 95, 173, 198,
　428, 520
生成的質問　200
生成的潜在力　175
生成的探究　426, 489
生成的能力　91, 191-192, 296
生成的メタファー　178, 183, 186
生成理論　175

生物学的モデル　144
世界観の変遷　213
積極的関与　398
設計チーム　195
設計としてのコミュニケーション　293
ゼネラル・エレクトリック　34, 234
善　132
センサー（感知者）　497, 499
センサーの役割　399
センスメーキングのためのシステム　144
戦略的探究　489
戦略的プロセス設計　100
戦略的変革への取り組み　95
相互作用　87-89
創造性　485
創造性についての研究　194
創造性の緊張　424
創造的破壊　61, 240-241, 545
想像力　296
創発　62-63, 85, 239-240, 242, 254, 594
創発、緊張、そして協働　297
創発的変革の育み方　104
創発の理論　266
創発：変革のパターン　240
ソーシャルフィールド（社会的土壌）　449
組織　144-145, 247
組織研究：構造と機能の重視　120
組織ディスコース　151-152
組織ディスコースの概念　146-147
組織ディスコース理論　159
組織的コミュニケーション　91
組織的ナラティブ　548
組織の現実に影響を及ぼす方法　86
組織の構成概念　388
組織の支配的なナラティブ　548
組織の誠実性　430
組織の日常　229, 563
組織変革の3つの重要なプロセス　61
即興的アプローチ　494
存在論と認識論　51, 388

た

タイム・ワーナー社　235
対話　109-110, 374
対話型OD　35-37, 70, 79, 155, 239, 275, 388, 551, 607
対話型ODにおける生成的イメージの活用　195
対話型ODにとって欠かせない成功の要素　609
対話型ODの契約　344, 370
対話型ODのコンサルタント　70
対話型ODのコンサルティングに欠かせないスキル　40
対話型ODのマインドセット　52, 80. 385
対話型探究　392
対話型ファシリテーション　322
対話型プロセス・コンサルティング　89
対話型プロセス・コンサルテーション　557, 559, 575
対話型プロセスの設計　199
対話に適した場所を選び　459
対話による相互作用　87
対話の環境作り　330
対話のジャーニー　398
対話を通じて変革を起こすスキル　316
多元的なエントリー・プロセス　101
脱パワー構造　538
多様性　105, 161-162
多様性を重視　105
多様な関係者を集めること　467
多様なディスコース　153, 161
多様な見方　471
探究　41, 197, 416, 440
探究のタイプ　423
探究の場を作る　440
チームの焦点　96
チェックインのプロセス　459
チェンジエージェント　72, 163-164
チェンジエージェントの役割　389
知識　16, 117-118, 302, 471, 530, 572, 612
知識と行動　133

知識の共構築　540, 552
知識の社会的構成　129
知識の導管理論　123
中核的な価値　388
抽象化　569
超理性的・社会文化的視点　387
通訳者／翻訳者　137
抵抗しようとする力　49
抵抗勢力　497
ディスコース　146-147, 150, 153-154, 161,
　247
ディスコースと変革　151, 153, 162-163
適応を要する課題　85, 96, 110, 180, 181,
　230-233, 321, 347, 383, 389, 440, 470, 602
適用の環境　102
デザイン・チームの結成　479
哲学的ムーブメント　55
転換的な変革　58, 85, 384, 515
問い　418, 432-433, 513, 518, 601
統一性　240-241, 259
動機づけ　609
トラッキングとファンニング　494

な ━━━━━━

内省　289, 541, 603
内省的なディスコース　403
内的プロセス　389
内発的動機づけ　194
内部者　568
ナラティブ　64-65, 87, 147-148, 158, 389,
　400, 527, 545, 548
ナラティブ・コーチング　529
ナラティブと生成的イメージ　520
ナラティブの多様性を明らかにする　544
日常的経験　249
日常的な政治学　591
人間らしい活力　540
ネガティブ・ケイパビリティ　591
熱力学　210
粘度のある土壌　456
望ましい状態　428
望ましい成果に焦点づけた問い　432

は ━━━━━━

場　441, 507
ハードル　451
バウンダリー（境界線）　379
橋渡しのリーダーシップ　482
バタフライ効果　212
発見のプロセス　372
パラドックス　577
反復　163, 396
ピア・スピリット　223
非難　489, 582
批判　423
批判的視点　150
批判的探究　425, 488
批判的評価　396
ヒューマン・システムズ・ダイナミックス・イ
　ンスティテュート　239
表象理論　117
ファシリテーション　324
ファシリテーター　446, 451, 459, 463, 590
ファシリテーターの役割　411
不安　39, 63, 353-356, 394
不安感　100
フォローアップ・セッション　406
複雑性　228, 339, 607
複雑性マネジメント・センター　225
複雑性理論　227
複雑適応系　39
複雑適応系理論　39, 55
複雑反応プロセス　252, 255, 263, 276-277
複数のグループ　99, 481
物象化　588
フューチャーサーチ　52, 191, 207
ブリコラージュ　563-564
ブルントラント・レポート　174
フレーム・セッター（枠組み設定者）　498-499
プレクサス・インスティテュート　239
プロスペリティ・ゲーム　289
プロセス・コンサルテーション　560
プロセス理論　136
フロネシス　268

分岐点　63, 213-214
文脈　147, 418-419
平衡状態　213
別のナラティブ　545
別の見方　577
ベルカナ研究所　222-223
ベルカナ研究所の2つのループ・モデル　225
変革　33, 48-49, 51, 61, 86-87, 417, 499
変革の強化　493
変革の強化のための3段階モデル　136, 501
変革の「強制」と「醸成」の違い　496
変革のメタファー　189
変革への抵抗勢力　497
変革を可能にする　327
変化する単位　389
変化のあり方　389
変化のプロセスの目標　389
変化の方法　389
変容　541
変容的学習　94
変容的学習戦略　411
変容的学習の10のプロセス　387
変容的学習プロセス　411
変容のジレンマ　550
変容の道のり（ジャーニー）　399
変容を促す質問　534
包括的な戦略的設計モデル　104
ホール・スケール・チェンジ　207
ポスト・アイデンティティ　107
ポラリティ・マネジメント　198

ま ───────

マイクロプラクティス　573
マインドセット　312
マネジメント・チーム　360
マルチグループ・ダイアログ　477
ミーティングやイベントの設計　95
ミーティングを終える　485
身振り　256-257
メタファー　88-89, 92, 198

メンター　268
メンタリング　405
メンタルモデル　135, 416
目的　371
目的を作る問い　478
目標　371
最も主たる活動　505
モデルづくりの段階　504
問題設定　179
問題のナラティブ　545

や ───────

役立つ問い　487
役割　311, 498
役割と期待　375
譲れない条件　356
予測不可能性　591
予測不能性　250

ら ───────

リーダー　195, 347, 517, 591, 608
リーダーシップ　65, 108, 231, 405, 462
理性の時代　118
理想型　55, 60
リフレーミング　323
リフレクティング・チーム　324
両極性　370, 473, 484
倫理　407, 579-580
倫理的　550-551
倫理面への考慮　613
レヴィン派　48
歴史の「共同著述」　563
レディネス　348, 608
ロールモデルとしてのリーダー　338
論調　299

わ ───────

ワールド・カフェ　97, 447
ワールド・マップ　229
枠組みとなる問い　477
枠組みの再構築　182

索引　645

編著者	ジャルヴァース・R・ブッシュ

ジャルヴァース・R・ブッシュ
Gervase R. Bushe

サイモンフレイザー大学ビジネススクール教授。専門はリーダーシップと組織開発。組織の構造や文化、プロセスを、指示コントロール型から、より協働的なありように転換していく過程の実践と研究に30年以上にわたり従事。組織の変革にアプリシエイティブ・インクワイアリーを実施する研究で国際的に知られている。これまで100本以上の論文と3冊の書籍を執筆し、著書 *Clear Leadership* は6か国語に翻訳。2017年のイギリスのHRマガジンでは、「最も影響力のあるHR思想家30人」に選出された。

ロバート・J・マーシャク
Robert J. Marshak

アメリカン大学公共政策大学院ODプログラム名誉上級研究員。組織開発コンサルタントとして40年以上にわたり活躍している。コンサルティングおよび組織変革について90本以上の論文と3冊の書籍を執筆。著書に *Covert Processes at Work* など。米国OD Network生涯功労賞、Academy of Management優秀教育者賞を受賞。米国政府の政策及び経営分析の上級管理職を歴任。

訳者	中村和彦

中村和彦
Kazuhiko Nakamura

南山大学人文学部心理人間学科教授。名古屋大学大学院教育学研究科教育心理学専攻後期博士課程満期退学。教育学修士。専門は組織開発、ラボラトリー方式の体験学習、グループ・ダイナミックス。米国NTL Institute 組織開発Certificate Program修了。NTL Instituteメンバー。トレーニングや組織開発コンサルティングなど、様々な現場における実践に携わるとともに、実践と研究のリンクをめざしたアクションリサーチに取り組む。主な著書に『入門 組織開発』（光文社）、『組織開発の探究』（共著、ダイヤモンド社）、『マンガでやさしくわかる組織開発』（日本能率協会マネジメントセンター）。

● 英治出版からのお知らせ
本書に関するご意見・ご感想を E-mail（editor@eijipress.co.jp）で受け付けています。
また、英治出版ではメールマガジン、Web メディア、SNS で新刊情報や書籍に関す
る記事、イベント情報などを配信しております。ぜひ一度、アクセスしてみてください。

メールマガジン：会員登録はホームページにて
Web メディア「英治出版オンライン」：eijionline.com
ツイッター ：@eijipress
フェイスブック：www.facebook.com/eijipress

対話型組織開発　その理論的系譜と実践

発行日	2018 年 7 月 7 日　第 1 版　第 1 刷
	2022 年 7 月 7 日　第 1 版　第 3 刷
編著者	ジャルヴァース・R・ブッシュ
	ロバート・J・マーシャク
訳者	中村和彦（なかむら・かずひこ）
発行人	原田英治
発行	英治出版株式会社
	〒 150-0022 東京都渋谷区恵比寿南 1-9-12 ピトレスクビル 4F
	電話　03-5773-0193　　FAX　03-5773-0194
	http://www.eijipress.co.jp/
プロデューサー	山下智也
スタッフ	髙野達成　藤竹賢一郎　鈴木美穂　下田理　田中三枝　安村侑希子
	平野貴裕　上村悠也　桑江リリー　石﨑優木　渡邉吏佐子　中西さおり
	関紀子　齋藤さくら　下村美来
印刷・製本	中央精版印刷株式会社
装丁	英治出版デザイン室
校正	株式会社ヴェリタ
翻訳協力	神野直子、プレシ南日子、平林祥／株式会社トランネット（www.trannet.co.jp）
編集協力	ガイア・オペレーションズ

Copyright © 2018 Kazuhiko Nakamura
ISBN978-4-86276-230-6　C0034　Printed in Japan
本書の無断複写（コピー）は、著作権法上の例外を除き、著作権侵害となります。
乱丁・落丁本は着払いにてお送りください。お取り替えいたします。

● 英 治 出 版 の 本　　　好 評 発 売 中 ●

最難関のリーダーシップ　変革をやり遂げる意志とスキル

ロナルド・A・ハイフェッツ、マーティ・リンスキー、アレクサンダー・グラショウ著　水上雅人訳　本体 2,400 円

企業合併、組織再編、文化構築、イノベーション…いま私たちが直面しているのは、技術的問題ではない、適応課題である――。本当に大切なことをやり遂げる「アダプティブ・リーダーシップ」の理論と実践を、ハーバード・ケネディスクールの人気教授が熱く語る。

ダイアローグ　対立から共生へ、議論から対話へ

デヴィッド・ボーム著　金井真弓訳　本体 1,600 円

創造的なコミュニケーションはどうすれば可能なのか。「目的を持たずに話す」「一切の前提を排除する」など実践的なガイドを織り交ぜながら、チームや組織、家庭や国家など、あらゆる共同体を協調に導く、「対話（ダイアローグ）」の技法を解き明かす。

人を助けるとはどういうことか　本当の「協力関係」をつくる7つの原則

エドガー・H・シャイン著　金井壽宏監訳　金井真弓訳　本体 1,900 円＋税

どうすれば本当の意味で人の役に立てるのか？　職場でも家庭でも、善意の行動が望ましくない結果を生むことは少なくない。「押し付け」ではない真の「支援」をするには何が必要なのか。組織心理学の大家が、身近な事例をあげながら「協力関係」の原則をわかりやすく提示。

会議のリーダーが知っておくべき 10 の原則　ホールシステム・アプローチで組織が変わる

マーヴィン・ワイスボード、サンドラ・ジャノフ著　金井壽宏監訳　野津智子訳　本体 1,900 円

多くのビジネスパーソンが日々、会議を「時間のムダ」と感じている。それはつまり、やり方がまずいのだ。人をコントロールしようとせず、「場の構造」に目を向ければ、どんな会議も有意義なものになる。会議運営のプロフェッショナルが、真に「価値ある会議」を行う方法をわかりやすく解説。

人と組織の「アイデア実行力」を高める　OST（オープン・スペース・テクノロジー）実践ガイド

香取一昭、大川恒著　本体 2,400 円

もう「アイデア出し」で終わらせない――。企業の新規事業創出から、地域コミュニティの活性化まで、さまざまな問題解決の突破口を見いだすために全国各地で活用される「場づくり」の技法を第一人者が解説。大成建設、大分 FC、京都市伏見区ほか事例満載！

組織は変われるか　経営トップから始まる「組織開発」

加藤雅則著　本体 1,800 円＋税

健全な危機意識を抱く社内の有志が、組織コンサルタント、社長、役員、部長の順に対話を重ねることで、会社に組織開発の機運が醸成され、現場の変化が生まれていく。実在企業をモデルにした組織変革ストーリー。2 兆円企業から中堅、外資まで、17 年の実践が生んだ日本企業の変革論。

TO MAKE THE WORLD A BETTER PLACE - Eiji Press, Inc.